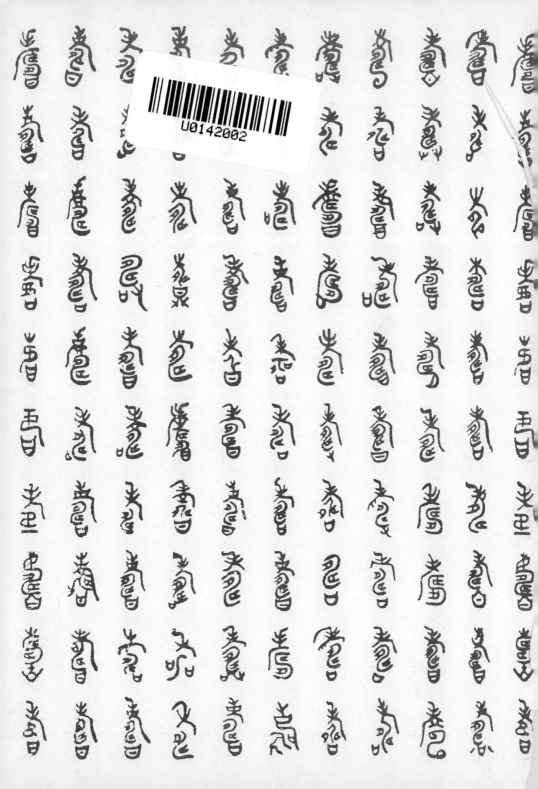

陳伯元先生六秩壽慶論文集 / 陳伯元先生六秩壽
慶祝壽委員會編. -- 初版. -- 臺北市：文史
哲，民83
　　面；　　公分
ISBN 957-547-856-8(精裝)

1. 論文 - 講詞

030

陳伯元先生六秩壽慶論文集

編　　　者：陳伯元先生六秩壽慶祝壽委員會
出 版 者：文 史 哲 出 版 社
發 行 人：彭　　　正　　　雄
登記證字號：行政院新聞局局版臺業字第五三三七號
發 行 所：文 史 哲 出 版 社
印 刷 者：文 史 哲 出 版 社
　　　　臺北市羅斯福路一段七十二巷四號
　　郵　撥：〇五一二八八一二彭正雄帳戶
　　電　話：三 五 一 一 〇 二 八
　　實價新台幣八〇〇元

中 華 民 國 八 十 三 年 三 月 初 版

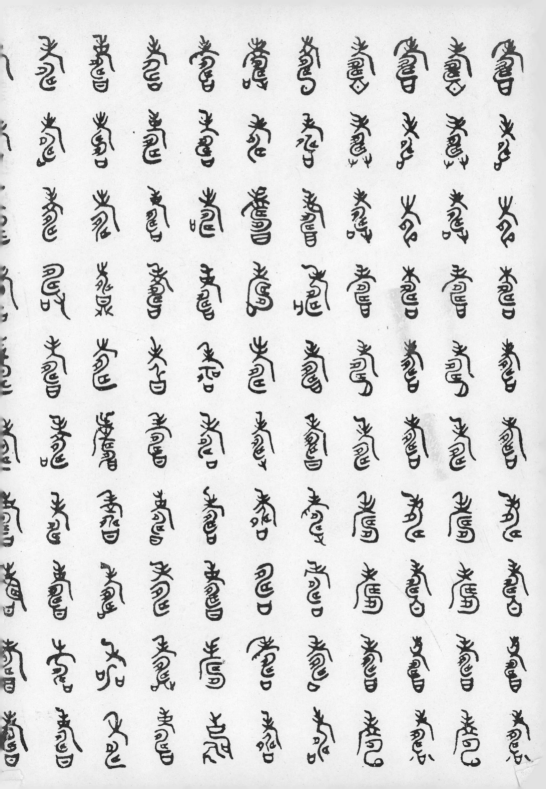

陳伯元先生
六十肖像

先生十五歲時與
友人曾開明、張
少傑攝於花蓮

先生十八歲時
攝於臺北建國中學

先生二十一歲
攝於師範大學

先生二十五歲
接受預官訓練

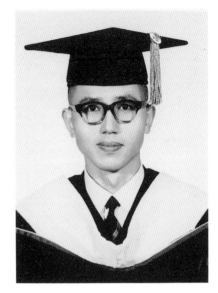

五十八年先生得博士學位後
與林尹教授合影

先生五十八年得博士學位

先生與夫人葉詠琍女士婚前同遊陽明山合影

六十三年先生在文化學院中文系系主任
任上與潘重規教授攝於華岡

民國六十六年先生攝於美京
華盛頓紀念碑前

先生與李方桂院士攝於師大

第六屆聲韻學會與丁邦新院士攝於
高雄師範大學

先生五十歲攝

民國八十年夏　先生全家合攝於
美京華盛頓國會山莊前

民國八十年先生與夫人葉詠琍女士
合攝於岳陽樓

民國八十年先生與中國音韻學會前任會長邵榮芬
現任會長唐作藩攝於武昌黃興紀念碑前

民國八十一年先生與周祖謨教授
攝於北大中關園周宅

八十一年九月與唐作藩、董忠司、李添富
攝於北京大學蔡元培銅像前

八十二年五月與黃季剛先生哲嗣念寧、念平
及孔仲溫、李添富、金泰成攝於武漢大學

琴臺知音

松鶴遐齡

新雄仁兄六秩榮慶

孔德成

德成用箋

吾友江西陳伯元教授幼稟庭訓長而受業于

景伊夫子之門景伊夫子為黃 侃先生高足通

聲韵訓詁之學旁及子史詩文伯元盡得其傳而學

執教上庠莘莘學編及國內外蔡猫樸學不僭真

農友也今逢甲還曆之慶特隼古語籍表賀

忱語曰

學而時習默而讀之博學於文依仁游藝

花甲重刋春秋不老

弟黃錦鈜賀

膺祿美厚

伯元兄周甲之慶

兩盦書西狹頌句

中国社会科学院语言研究所

伯元學兄六十華誕

學文益茂佳什名篇流宇內

德智兼崇春風化雨育英才

邵榮芬敬賀 一九九四年
初春于北京

伯元兄花甲介壽三慶

上庠夫子桃李滿園眾慶頌

韻學巨頭海峽兩岸皆聞名

唐作藩
楊耐恩 敬賀

元公教授六秩壽慶

道術深沈戀堂唯緒
詞章瀟脫東坡本心

後學施隆民拜賀

恭祝

伯元師六十大壽

新擇多方學中稱伯

雄觀百代貞下起元

甲戌杏正元吉莘子陳慶煌祥撰

嵩雲佳氣呈祥春風凍靄繁霜隆芳菲囊

艷青蔥裁錦流霞綺思追琢文林瑩悟詞

苑徽言深閟更論聲折韻抄書暴富振高

鐸人驚起喜見斗回同甲慶今朝壽康眉

繳蒼松挺秀孤標江表金甌補碎膏雨停雲

裁成桃李高山流水憶時艱莘：河山萬里青

英雄淚

水龍吟　奉賀伯元夫子六十花甲　黃坤堯和作

新交舊朋稱萬壽

伯元夫子六十萬慶

雄心壯志化三千

學生蔡宗陽

李旭昇恭撰

清詞健筆墨痕新展幅燈窗憶漢濱

釋古評今開閉塞光風霽月沐心身

久欽學術超前哲頻見芳菲秀後

昆詩思渾渾涵曠代胸襟浩浩絕

塵六旬身是通天塔一寸心為渡海

津愛惜斯文天假壽再從甲戌作

青春

陳伯元師六十壽誕敬述七言六韻以賀　甲戌元旦

施向東於貝滿楊萊德寓所

陳伯元先生六秩壽慶論文集

目　次

陳伯元先生玉照

賀　辭

序……………………………………潘　重　規………1

壽　序………………………………孔　仲　溫………3

慶長春………………………………鍾　克　昌………5

六十自賦詩…………………………陳　新　雄………7

1.焦循「假借說易」方式之商榷……………孫　劍　秋………1

2.毛詩稽古編所闡釋之治道理念……………林　葉　連………17

3.詩經周南召南尚賢思想探微………………文　幸　福………33

4.宋儒書奏中引用《尚書》之方式及觀點……汪　惠　敏………53

5.莊子的生命觀………………………………王　金　凌………65

6.王符尚賢說析論……………………………劉　文　起………83

7.杜甫七律詩初探……………………………劉　黎　卿………113

8.柳宗元〈天對〉研探………………………高　秋　鳳………133

9.蘇軾詩中「詩」字探究……………………江　惜　美………167

10.蘇軾農耕詩探索……………………………劉　昭　明………185

11.袁枚性靈論之眞義及其發揮………………司　仲　敖………227

12.論中日兩位作家對於神話傳說題材的處理
　　——以《聊齋誌異》及《夜窗思談》爲例…王　三　慶………239

13.中國歌詩的形式與音樂的關係⋯⋯⋯⋯⋯⋯徐　信　義⋯⋯⋯257

14.詩歌「吟唱誦讀」觀念及要領⋯⋯⋯⋯⋯潘　麗　珠⋯⋯⋯303

15.秦「二十等爵」論略⋯⋯⋯⋯⋯⋯⋯⋯⋯汪　中　文⋯⋯⋯311

16.漢籍在日本的流傳和影響⋯⋯⋯⋯⋯⋯⋯瀨戶口律子⋯⋯⋯335

17.論漢語語言學體系的建立⋯⋯⋯⋯⋯⋯⋯林　慶　勳⋯⋯⋯343

18.論詞彙學體系的建立⋯⋯⋯⋯⋯⋯⋯⋯⋯竺　家　寧⋯⋯⋯365

19.字頻統計法與學術利用⋯⋯⋯⋯⋯⋯⋯⋯曾　榮　汾⋯⋯⋯377

20.論設問的分類⋯⋯⋯⋯⋯⋯⋯⋯⋯⋯⋯⋯蔡　宗　陽⋯⋯⋯393

21.散氏盤譯釋⋯⋯⋯⋯⋯⋯⋯⋯⋯⋯⋯⋯⋯季　旭　昇⋯⋯⋯415

22.汲古閣毛氏景鈔本《類篇》後記⋯⋯⋯⋯孔　仲　溫⋯⋯⋯433

23.從音理上看塞音Ｔ與塞擦音ＴＳ之

　　諧聲關係⋯⋯⋯⋯⋯⋯⋯⋯⋯⋯⋯⋯⋯金　鐘　讚⋯⋯⋯447

24.從黃季剛先生「古無上聲說」論古聲調⋯⋯柯　淑　齡⋯⋯⋯457

25.《史記》三家注之開合現象⋯⋯⋯⋯⋯⋯黃　坤　堯⋯⋯⋯479

26.斯四二七七號、列一四五六號法忍抄本殘卷

　　王梵志詩用韻考⋯⋯⋯⋯⋯⋯⋯⋯⋯⋯林　炯　陽⋯⋯⋯489

27.庾信詩歌用韻考⋯⋯⋯⋯⋯⋯⋯⋯⋯⋯⋯李　義　活⋯⋯⋯511

28.從《廣韻》又音論《廣韻》之性質⋯⋯⋯李　貴　榮⋯⋯⋯525

29.日本最古漢詩集・懷風藻用韻研究⋯⋯⋯朴　萬　圭⋯⋯⋯541

30.《中原音韻》入聲問題再探⋯⋯⋯⋯⋯⋯姚　榮　松⋯⋯⋯563

31.從李漁〈別解務頭〉試說曲律上

　　的幾個問題⋯⋯⋯⋯⋯⋯⋯⋯⋯⋯⋯⋯金　周　生⋯⋯⋯599

32.《韻略匯通》之入聲系統⋯⋯⋯⋯⋯⋯⋯吳　傑　儒⋯⋯⋯615

33.系聯同源詞的音韻條件⋯⋯⋯⋯⋯⋯⋯⋯吳　世　畯⋯⋯⋯635

34.論郭璞的「反訓」觀念及其舉例

　　——兼論反訓是否存在⋯⋯⋯⋯⋯⋯⋯葉　鍵　得⋯⋯⋯653

35.戴震訓詁學述要……………………………鮑　國　順………667

36.黃季剛〈求本字捷術〉的音韻層次…………李　添　富………689

37.黃季剛先生《說文同文》訓詁術語

　　類例初探……………………………………成　　　玲………701

38.The Literary Techniques of Nathamiel

　　Hawthorne's Young Goodman Brown

　　………………………………………………許　玫　芳………723

39.蘇東坡映顯終生達觀之詩詞名篇徽音譜……鍾　克　昌………735

附錄：

　一、聲韻功夫・詩詞情懷——在學術道路上

　　　鍥而不捨的陳新雄教授………………潘　麗　珠………749

　二、陳新雄教授六秩華誕紀事年表…………成　　　玲………757

　三、陳新雄教授著作目錄……………………王　玉　如………785

　四、陳新雄教授指導完成博、碩士

　　　論文目錄……………………………………李　添　富………801

　五、陳新雄教授六秩壽慶論文集作者簡歷……………………807

「陳伯元先生六秩壽慶文集」序

　　贛州陳新雄伯元教授，余同門瑞安林君景伊之高第弟子也。民國四十四年秋，余主臺灣師範學院國文系務。伯元以第一志願入學。余招集新生，問生平志向。伯元對曰：「弟子曾拜讀先生『論羅家倫所提倡之簡體字』一文，至為欽服。先生通洽今古，剖析精微，探賾之論，非羅氏可比；而淺人妄解說文，信口雌黃，侈言改革文字，深可歎也！先生有云：學術事業，斷無取巧之方，任何學人，無不潛心為學，孜孜不倦，以求其眞正有所貢獻。』此言深獲我心，遂有志於國學之研究。」余大奇之而垂意焉。旋以新加坡創立華文大學，師資缺乏，余受聘往教，故延聘景伊來師院講授，並介伯元入其門下。伯元應景伊之招，寄寓其家，勤研文字聲韻之學，昕夕講論，盡得其傳。含咀融會，卓然自樹，遂以小學鳴於時。伯元承名師之教，廿四歲即講授上庠，任國立臺灣師範大學教授二十餘年，並歷任國內外著名大學講席，啓廸後進，裁成弟子遍及國際。今歲夏正甲戌二月六日，即民國八十三年三月十七日為伯元六十誕辰，諸從遊者感念師恩，僉議撰述論文，結集為壽，由弟子林炯陽、林慶勳、姚榮松、竺家寧、孔仲溫、李添富等理其事。凡得論文三十九篇，包羅綦富，大率言之有物，各具匠心，足徵諸學子治學之勤，與伯元誘導之力。夫伯元早歲受業於景伊，能承其教，高自期許，精研小學，深思獨造，從遊弟子又能秉守師訓，日進有成，章黃絕學，薪傳有人，足可欣慰矣！余早歲廁列蘄春黃先生門牆，遭逢國難，流蕩海隅，垂老無成，愧不能闡揚師說，日夕引為深愧。今乃得伯元及諸弟子薪傳不替，光大可期，

又於論文集付梓之際，徵言於余，故不禁歡喜慶幸而爲之序云。中華
民國八十三年三月婺源潘重規識於臺北寓居。

贛州陳伯元先生六秩壽序

當今之世，國學領域，其勤奮苦學，致學問精湛，成其家數者，蓋鮮；而復肆通餘學，宏富著述，並凝鑄偉辭者，益鮮；至能春風化雨，誨人不倦，弟子英發，脩禮從游，四方上庠，爭相延聘者，尤鮮，而能兼之者，其唯吾　師贛州陳新雄伯元先生乎？

先生少即聰穎過人，玉質彰明，早萌遠志，夙窺國學之津途，逮入上庠，潛研絕學，得林景伊、潘石禪等名師之披引，遂騁驥騄於千里，振鵬翼乎雲漢，揚聲兩岸，播名四方。　先生之學，於文字聲韻，發明特多，貫洞古今，新舊並陳，廣韻、說文，用力尤深，古音之學，集明清以來之大成，蔚然一家，所論元元本本，至精至悉，承先啓後，有功士林。非止小學通明，亦遍覽群籍，舉凡詩書左國，莫不涉獵，而於通鑑一書，用力尤勤，其博學鴻儒，已然成形。不獨此也，且縱情文學，咸可觀采，發爲文章，或記遊歷，或抒所懷，皆流暢通達，蘊籍有味；睿發忠言，宏議讜論，則志秉霜雪，正直宏肆，彰君子之大道，疾斗筲之醜行；吟詠詩詞，才思敏捷，對客揮毫，信手立成，迄今已積稿二千餘篇，洵可驚歎。

觀夫　先生其所以精博宏通，成就高明者，豈恃英才卓躒而已哉？乃在秉志不回，專結於一，夕惕若厲，自強不息，由　先生鍥不舍名齋，可窺一二。其生徒肅列門牆，近悅遠來，而咸謹諾持禮，彬彬有節者，豈徒拘拘於經師而已？尤在人師之身教言教，所喻者絲毫不苟，嚴師尊道，金聲玉振，繼聲承志。此所以名聞內外，四方仰止，豈唯教學而已？　先生於學術之唱導，卓爾有成，蓋不辭艱難，創立聲韻、

訓詁學會，主辦學術會議，提振研究水準，推動兩岸學術交流，環顧當今戮力宏揚國學，並世諸儒，孰能出　先生右者乎？

　　今　先生六十初度，猶精明強固，囟力不衰，一如壯年，自茲而往，著書立言，作育英才，信益臻純青，大有助於後學，當繼康成百代宗師之偉業，永留文子裁育茂俊之美談；吾儕幸沐沂風舞雩於帳下，固當光大先生之德業，雖吾儕之幸，亦國學之幸也夫。

陳伯元先生六秩壽慶祝壽委員會敬祝

弟子孔仲溫恭撰

慶長春 恭賀恩師陳伯元先生六十華誕

民國八十三年春
弟子鍾克昌塡詞擬曲

先生　重道，享華封　三祝，元亨時

蘊。歲歲　利貞　通萬彙，妙解徽音

神　韻。化雨　時行，春風　常拂，

桃李　咸興奮；爭妍　搖

曳，仰瞻　南極輝　暈。

耳順　歡慶長　春，金聲　玉振，中

州揚聲　聞。美意延年　猶日

月，古往今來長運。松竹蒼蒼，惠風

和暢，鳳德芳華擴；馨香

何許，四方　佳勝尋　問。

（附注）
①慶長春——念奴嬌詞牌別名。本詞仿東
　坡「憑空眺遠」調。
②元亨、利貞——易乾卦之四德。謂君子
　體仁而行此四德。文言：元者善之長也
　；亨者嘉之會也；利者義之和也，貞者

事之幹也。
③南極——指壽星南極老人。
④金聲玉振——喻聲名洋溢廣布。
⑤何許——何處。
⑥佳勝——指有名望地位者。

六十自賦詩

行年六十一沈吟，海外棲遲感不禁。
白雪雖教春事已，貞松何懼歲寒侵。
栽蘭育蕙盈庭綠，述學論文積紙深。
自度無須愁覆瓿，生徒相繼有知音。

焦循「假借說易」方式之商榷（註一）

孫劍秋

壹、本文研究旨趣及研究方法

　　古籍文字往往有通假（註二），讀古書而不知通假，則難免發生穿鑿附會，望文生訓的情形。

　　自漢代以來，解經的傳注層出不窮，其中雖不乏明通假的訓釋，而望文虛造、歧違古義的，也所在多有。

　　宋以後古音學研究漸興，至清代而初步規模已成。於是藉由聲音以通古義，藉由古義而明經旨，便成學者之共識。如顧炎武〈答李子德書〉云：「讀九經必自考文始，考文自知音始，以至諸子百家之書，亦莫不然。」《文集卷四》稍後的著名學者，如錢大昕《潛研堂答問》、戴震〈段玉裁六書音韻表序〉、段玉裁〈廣雅疏疏證序〉、王念孫〈廣雅疏證自序〉、王引之〈經義述聞序〉、朱駿聲〈說文通訓定聲序〉中，也都有相同意見。（註三）民國以來，研究者日眾，在專門著作方面：如高本漢《先秦文獻假借字例》、魯實先《假借溯原》、張亨《荀子假借字譜》、周富美《墨子假借字集證》、王淑玫《晏子春秋假借字集證》、黃子降《用字假借釋例》、龍良棟《國語假借字考》，或圖建立古音系統，或明書中本義，或糾前人謬誤，大抵皆能從前人研究成果上，得出極佳成果。而專家學者如董同龢、戴君仁、王力、王叔岷、張以仁、龍宇純等諸先生，於假借方式之分析，訓詁原理之紹述，啓迪後學最著；羅常培、周祖謨、丁邦新、杜其容、陳師新雄、謝師雲飛、林師炯陽、簡師宗梧等諸先生，於古音系統之研究，提攜

後學、引領入門、致力尤多。

在前人如此豐碩的資料採集及系統研究下，我們實不難比較出，清人在「破其假借之字，而讀以本字」時（註四），所犯的錯誤，其一便是思之太深、求之太過。其二便是缺乏例證，只憑聲音就自由心證地認定爲通假。其三便是假借與通假的定義混淆不清。就第一點來說，古人字少意多，不得不一字多用。且在寫書時，也可能有忘字的時候，他們不像我們，隨手有字典可以翻閱，所以使用同音字來通假，便成爲權宜的方式。如果反而認爲其中必有微言大義，只怕是誤會古人了。就第二點來說，不論雙聲、疊韻或同音，音近即相借，則條件未免過寬（註五），況且又多無明顯例證。如此音聲輾轉相通，難保不把莊子和楊朱看成同一個人。就第三點來說，無本字的假借，固不必論，即有本字的假借和通假，仍然是有不同的。陸德明〈經典釋文序〉引鄭玄云：「其始書之也，倉卒無其字，或以音類比方假借爲之，趣於近之而已。」這才是通假的原義，與「有意」去製造出來的有本字假借，自然不同。（註六）

本人在研究《易經》學的過程中，深服屈萬里先生能直指漢代《易》例的謬誤，本以爲從漢魏直到近代，雖也有小變漢《易》而說者，終是小道，不足識者一笑。然卻於閱讀焦循《易學三書》時，驚其竟能以音聲相假之理，而幾有彌縫漢《易》之功，不覺引發探究之心，期復《易》學本來面目。

在研究方法上，如眾周知，從古書中辨識通假字，是頗爲困難的工作，因爲撰作古書的人，在忘掉本字，而使用通假字時，並未特別作上記號以供辨認。西漢及其以前的經師雖已開始作訓解經籍的工作，但他們卻可能沒有通假的概念。而東漢經師古注中所指明的通假——「讀爲」、「讀如」、「讀曰」、「讀若」——雖頗具參考價值，然亦只能視爲間接材料。因爲語音是會隨時代而變的，《易經》經文的

著成時代，雖眾說紛紜，然最晚亦必早於西漢數百年，其間雖未經秦火，但仍應顧及輾轉傳抄的偽字。因此，如果僅根據這項材料，則通假關係仍須存疑。

清代學者在小學與考據上，確實有其地位，但是，依《說文》追索本義，據《方言》比對異讀、引《爾雅》論證說解，卻是我們所不能滿意的。畢竟這些書籍的時代，與《易經》經文的時代是有相當距離的。由於他們所用的材料不健全，於上古語音系統又僅具間架，如此便影響他們所定通假字的可信度。正如高本漢〈詩經注釋序〉中所言：

> 因爲沒有現代語言學的方法，尤其對於中國上古語音系統實在缺乏確切的認識——這是他們的時代沒有辦法的——他們的工作就不免大大的受到限制，並且他們的論證價值也要受到影響……在他們只知道古代語音系統的間架，而不知道古音實值的時候，任何一個字，都未嘗不可以用那一套理論（指「古音同」「雙聲」「疊韻」），說作等於另外一個字。（董同龢譯）

自然，焦循也不免有這些缺憾，不過由於清儒已使用聲音來說明通假，想從語音系統上與清儒爭勝，恐非易事。且既知他們所使用的是間接材料，如果還在上面打轉，即使有所成就，恐亦因欠缺直接證據，而難以令人信服。因此除了運用現代語音知識外，勢必要另闢門徑。於是本文擬從三方面著手來加以處理：

㈠反求原文經義：將焦循所認定的通假字，置於經文中逐條比對，查看句式相同者，是否可以一概適用。（焦循認爲易經經傳，乃聖人有意通假，此已誤解通假之義。又將經、傳字詞，一併討論，更是昧於撰著時代之作法。）

㈡旁徵古籍異文：古籍引經，時有異文，如果此一異文能證成焦說，自不敢輕蔑前賢。（引經異文應視爲直接證據，當然時代越早越

可靠。）如若不然，自當反駁。

　　㈢運用考證資料：如郭沫若考訂《周易》時代的社會生活方式。王國維據殷商甲骨文，考訂殷代帝系。羅振玉《殷墟書契考釋》證明有王亥。顧頡剛《古史辨》考定史實有喪羊於「易」，喪牛於「易」的故事，並說明「易」爲地名。徐世大《易解頤》考定「孚」爲俘虜等等。

　　至於運用前人對上古語音系統的研究成果，如《先秦文獻假借字例》、《上古音韻表稿》、《漢字古音手冊》，來作初期的篩選比對工作，當然是有必要的。

貳、焦循的假借理論

　　焦循既用假借的方式來研究《易經》，那麼他的理論根據爲何？假借方式又爲何？便是我們首先應該了解的。他在〈周易用假借論〉一文中說：

六書有假借，本無此字、假借同聲之字以充之，則不復更造此字。如許氏所舉令、長二字。令之本訓爲號，長之本訓爲久遠，借爲官吏之稱，而官吏之稱，但爲令、爲長，別無本字。推之、而爲面毛，借爲而乃之而；爲爲母猴，借爲作爲之爲，無可疑者也。（《雕菰集》卷八）

焦循這段話雖是根據〈說文解字序〉而來，也敘述了許慎所舉的二個有問題的字，不過隨後所舉的「而」、「爲」二字，確是無本字的假借。又云：

又有從省文爲假借者，如省押爲甲，省旁爲方、省社爲土，省虞爲吳，或以爲避繁就簡，猶可言耳。惟本有之字，彼此互借，如麓、錄二字，本皆有者也，何必借錄爲麓；壺瓠二字，本皆有者也，何必借瓠爲壺？疑之最久，叩諸深通六書之人，說之

皆不能了。近者，學易十餘年，悟得比例引申之妙、乃知彼此
相借，全為易辭而設。

從本段敘述，我們已可發現焦循錯誤所在了。麓錄二字互借，壺瓠二
字互借，原因即「倉促無其字，或以音類比方假借為之。」而非有意
相借。換句話說，他將有本字假借和通假混合為一。所謂假借應指文
字的構成而言，所謂通假，卻表明文句中的使用狀況，本就不能混而
為一，而竟然還附會成「彼此相借，全為易辭而設」，實在是很大的
誤解。再深入探討相關典籍後發現，造成此一誤解，原來是導源於《
韓詩外傳》。他在《易話》中說（註七）

> 韓詩外傳云：「易曰：『困於石，據於蒺藜，入于其宮，不見
> 其妻、凶。』此言困而不疾據賢人者：昔者秦穆公困於殽，疾
> 據五羖大夫、蹇叔、公孫支而小霸；晉文以困於驪氏、疾據咎
> 犯、趙衰、介子推，而遂為君；越王句踐，困於會稽、疾據范
> 蠡、大夫種，而霸南國；齊桓公困于長勺，疾據管仲、寧戚、
> 隰朋，而匡天下。此皆困而知疾據賢人者也。夫困而不知疾據
> 賢人而不亡者，未嘗有也。」以疾據賢人、解據于蒺藜，則借
> 蒺為疾。由此可悟易辭之比例。《漢書，儒林傳》稱韓嬰亦以
> 易授人，推易意而為之傳，於此可見其一端。余於其以疾解蒺
> ，悟得經文以假借為引申。（韓氏易）

由本段可知，焦循以假借說易的方式，確從《韓詩外傳》中，領悟而
來。不過我們也因而很容易找出其中的錯誤：

第一：《韓詩外傳》之所以稱《外傳》，已明確告訴後人，非就
本義而發，而是附會或過度引申本義的有意創作，因此焦循藉以立論
之根源，已經靠不住了。

第二：通假是因為「其始書之也，倉卒無其字，或以音類比方借
為之，趣於近之而已」（見前引），並不是明知本字寫法，而故意使

用其他同音字，以造成微言大義。

　　然而焦循對他言一發現，卻頗爲得意，《易通釋》中·隨處可見相關字。如〈速、疾、 〉 條下云：「易辭凡顚倒增損一字，俱未容以大略觀之。」〈祥、詳、羊、翔〉條下云：「易經傳以聲音假借爲鼂貫，其例如此。」〈約、酌、豹、襘〉「易之辭，多用六書假借、轉注以爲貫通。當於聲音訓詁間求之。」

　　焦循這一說解方式，也很受當時人的推崇，如阮元於《揅經室集》中，稱其：

> 深明乎九數之正負此例，六書之假借轉注，而後使聖人執筆著書之本義，谿然大明於數千年後。聞所未聞者驚其奇，見所未見者服其正。卓然獨聞，確然不磨……元于嘉慶十九年夏，速郵過北湖里中，見君，問易法，君匆匆于終食間舉三十證語元，元即有聞道之喜。（〈焦氏雕菰樓易學序〉）

焦循於〈易通釋序〉中也提到：

> 循旣學洞淵九容（數學）之術，乃以數之比例，求易之比例。向來所疑，漸能理解，初有所得，即就正於高郵王君伯申（引之），伯申以爲精銳，鑿破混沌。

阮元撰有《經籍纂詁》、王引之撰有《經義述聞》，皆爲當時名家，只不過同受限於清代的學術水平，因此有如許的推崇讚譽，是可以理解的。

　　清末以來，讚舉不輟，皮錫瑞認爲近人說易，焦爲通學、能采漢儒之長而去其短。（卷一〈論近人說易張惠言爲顓門焦循爲通學學者當先觀二家之書〉條）梁啓超列之爲國學必讀書目；程石泉先生以爲「深明乎歷代易學家之失……證之以辭，無不條貫明當，是乃發千古之幽光，開後世之門徑。」（《雕菰樓易義》第一章導言）何澤恆先生也認爲「里堂之易學，苟袪其表相，求其裏眞，則不惟與漢儒不相

佇，即在宋儒中，亦毋寧更近程伊川之《易傳》，而與朱子《易本義》之宗旨較相遠。」（《焦循易學三書探析》）以上的讚譽，想必都是未從小學入手，以致於有如此過度的推崇吧！否則，附會出來的學問，再怎麼好，也不過似空中樓閣，又如何能發千古之幽光，與程頤相比美呢？

叁、焦循假借說易例釋

㈠焦循假借說易的方式

焦循認為聖人作易時，費盡心思地大量使用假借字，以溝通卦與卦的旁通，爻與爻的升降。他在〈周易用假借論〉中說道：

> 古者命名辨物，近其聲即通其義……施諸易辭之比例引申，尤為神妙矣！是故柏人之過，警於迫人；稊歸之地，原於姊歸；髮忽蒜而知算盡，屨露卯而識陰謀，即楊之通於揚，娣之通於稊也。梁簡文、沈約等集有藥名、將軍名、郡名等詩，唐權德輿詩云：「藩宣秉戎寄，衡石崇位勢，年紀信不留，弛張良自愧。」宣秉、石崇、紀信、張良，即箕子、帝乙之借也。陸龜蒙詩：「佳句成來誰不伏，神丹偷去亦須防，風前莫怪攜詩稿，本是吳吟濫槳郎。」伏神、防風、稿本；即蕨薇、莧陸之借也。溫飛卿詩：「井底點燈深燭伊、共郎長行莫圍棋；玲瓏投子安紅豆，入骨相思知不知。」借燭為屬，借圍棋為違期，即借蚌為邦、借鮒為附之遺也。相思為紅豆之名，長行為雙陸之名，借為男之行而女之思，即高尚其事為逸民，匪躬之故為臣節、借為當位之高，失道之匪也。合艮手坤母而為拇，合坎弓艮瓜而為弧，即孔融之離合也。樽酒為對卑之尊，蕨薇為遲疾之疾，即子夜之雙關也。

由本段引文，可大略分析成六類：第一類形音相近的假借：如柏之為

迫，卯之爲謀。第二類詞性轉換的假借：如宣秉、石崇，紀信，張良。
第三類承上合意的假借：如伏神、防風、稿本。第四類同義異名的假
借：如相思爲紅豆之名。第五類上下合義的假借：如合艮手坤母而爲
拇。第六類雙關互代的假借：如樽酒爲尊卑之尊。

從以上六類看來，焦循確是求之太過、思之太深。後人之所以有如此
多的假借方式，是由於文人挖空心思，所作的奇言巧語。若說作易之
時，便已有如此多的方式，只怕附會成份居多。

　㈡焦循假借說易的商榷

甲　狗、拘相假借

　　焦循於《易通釋》〈狗、拘〉條下云：

> 狗即拘也，拘之義爲止，狗叩氣以守，亦取於止。經無拘，而
> 傳言狗者，明經文假借之例。與馬、牛、豕、羊並言，則爲狗。
> 不可云狗係之，則爲拘。

焦循認爲《易傳》經傳，都是聖人所作，因此將經傳訓解一併討論。
他主觀的認爲，《易傳》經文的撰作時代與地理位置，已經有狗這樣
的動物存在。於是經文中之所以未提「狗」這個字，必定有其用意，
所以他找了二個證據來證明：

> 〈說卦傳〉前云：「艮爲狗」，後於艮又云「爲狗」。虞仲翔
> 云「指屈伸制物，故爲拘。拘舊作狗。」（同右）

今考之如下：

　　其一，周易經文無狗字，有拘字，焦循將〈說卦傳〉和虞翻的解
釋當作證據，是忽略了經文、傳文、漢魏易家的時代差異性，以及文
明的演化。

　　其二，郭沫若考訂周易時代的社會生活發現，當時的農業並不發
達，經文中僅在〈無妄，六二，爻辭〉有「不耕穫，不菑畬」一句有
關耕種的話。至於耕種的器具、五穀的名目、卻一個字也沒有。此外，

經文中雖有五個田字，但在田裏的卻是動物，如〈乾九二〉：「見龍在田」。〈師六五〉：「田有禽」。〈恆九四〉：「田無禽」。〈解九二〉：「田獲三狐」。〈巽六四〉：「田獲三品。」郭氏認為周易時代還處於漁獵畜牧鼎盛，而農業正待萌芽的階段。而狗之所以有「叩氣以守」、「取於止」必當是農業形成，居有定所，養狗看家，而引申有守、止的意思。以上的說明，配合郭氏的考訂，想來是相當合理的。（郭氏的考訂，見於《中國古代社會研究》）

乙、箕子借為荄茲

焦循〈周易補序〉云：

余撰《易學三書》漸有成，夏月、啓書塾北窗，與一二友人看竹中紅薇白菊，因言易及趙賓解箕子為荄茲。或　其說曰：「非王弼輩所能知也」。余笑而不答。或曰「何也？」余乃取王弼注指之曰：「弼之解箕子、正用趙賓說，孔穎達不能申明之也。」

焦氏於補疏卷二〈箕子之明夷〉條下，作有說明：

《釋文》云：「蜀才箕作其。」劉向云：「今易箕子作荄滋。」……《漢書，儒林傳》：「蜀人趙賓好小數書，後為易，飾易文。以為箕子明夷，陰陽氣亡箕子。箕子者，萬物方荄茲也。」古字箕即其，子通滋，滋通茲。王氏讀箕子為其茲。故云：「險莫如茲，而在斯中。」以茲字解子字，以斯字解其字。

《易通釋》卷十三〈箕子之明夷，其子和之、得妾以箕子〉條下，更補充說道：

顧王弼於帝乙、高宗皆顯述之，而注中不言箕子，僅曰茲斯。弼之說即用賓之說而小變之。

今考之如下：

其一，箕子解為荄茲，最早是趙賓所提出的。而〈儒林傳〉也批評這種說解是「好小數書」、「飾易文」。焦循只顧著曲護己說，連

歷史事實也置而不論了。

其二，王弼注：「險莫如茲，而在斯中。」意思應爲「沒有比處在這樣惡劣環境中，還危險的」。王弼所謂的「茲」，並無「滋生」、「滋惡」的意思。

其三，王弼注未明言箕子，並不一定就認爲無箕子其人。相反的王弼注經是承襲費氏易的系統，他們的方法是以十翼解經的。（這在我的另一篇文章《周易王弼注中的思想》已有說明。）而〈明夷〉的象辭，便明顯指出了箕子其人：「內文明而外柔順，以蒙大難，文王以之……內難而能正其志，箕子以之。」句中以文王和箕子對比，可見箕子應爲人名。

丙、祥、詳、羊、翔相互通假

焦循《易通釋》卷十〈祥、詳、羊、翔〉條下云：

〈履上九〉：「視履考祥」。吉祥字通作羊，考祥即考羊也……
……不可云考羊故借作祥……祥有吉義……當位吉，則變羊而稱祥……失道不吉，第爲羝羊，而不可爲祥，此假借中取義之妙色。

經傳文字的相互假借，是焦循旁通升降說，能否貫通的重要憑藉。焦循認爲聖人作《易》辭時，此卦旁通爲彼卦，若當位，則用祥字，不當位則用羊字，是按爻義來借字的。

今考之如下：

其一，《易經》經文中，羊字凡五見，即〈大壯九三〉：「羝羊觸藩。」〈大壯六五〉：「喪羊于易。」〈大壯上六〉：「羝羊觸藩。」〈夬九四〉：「牽羊悔亡。」〈歸妹上六〉：「士刲羊無血。」此五處之羊字，皆爲動物名，不可借爲吉祥的祥。

其二，引文中認爲，用羊字而不用祥字，是由於卦爻不當位的緣故。則〈旅上九〉：「喪牛于易」，與「喪羊于易」句式相同，理應

解法相同。而焦循並未對「喪牛于易」的牛字，作一妥善的假借。

　　其三，羊的正確解釋，便是動物名。無需另有當位則祥，不當位則羊的另一層轉折。王國維於〈殷卜辭中所見先公先王考〉一文裡，引《山海經大荒東經》、《郭璞山海經引眞本竹書紀年》、《楚辭天問》，證明了商的先祖有名爲王亥者，在有易這個地方，爲當地人所殺，並被奪走牛、羊。可見這兩句爻辭，是借用史實來說明爻義，而非另有微言大義。（按顧頡剛〈周易卦爻辭中的故事〉亦收錄本段故事。又王亥其人，羅振玉《殷墟書契考釋》也有詳細考訂。）

我們從以上所舉的甲、乙、丙三個例子，可以清楚看到焦循的假借說易，根本是附會出來的。附會的理由是焦循想爲他的易學理論，找出超越前人，且直承聖人之意的方法。而當時古音之學研究正盛，天文曆算學也漸精密，於是焦循便在這兩項基礎上，來建構他的一家之學。從好的方面來說，他要比漢儒的解易方式，有條理，也較有憑據。至少，本文在考證焦循認爲是假借字的上古音時，發現它們的關係、除了聲調略有出入外，不是同音，就是同部，這也可看出焦循治學的謹嚴。

肆、結論──對焦循假借說易的批評

　　焦循運用清代學術中最具代表性的小學，來構築一己的學說，不僅備受當時碩學大儒的推崇，即今人也稱譽有加。若未仔細觀察，是很容易被他富數理邏輯的相互引證，及頗具古音知識的假面外表所矇騙。不過焦循本人並不是有意如此，而是當時的人都把假借和通假，當成同一件事。所以焦循以此立論，還以爲深契聖人之旨；阮元、王引之看了焦循的著作，也自以爲找到能印證自己學說的作品。又那裡料得到假借是有意去造它，而通假卻是無意間隨時都可能出現的呢？今總結焦循學說的誤失，有以下幾項：

(一)小學方面

其一，假借這個詞彙是漢儒在分析古代造字方法時，所出現的名詞。它被用來指特定的一類字。然而如此的分類法，是漢儒才開始的。況且字的分類也可能因分析角度不同，而有不同的分法，如龍宇純先生，便以形、音、義的結合方式，將中國文字重新劃分爲八類。因此，繫卦爻辭的時代，是否和漢儒的分法相同，或是否已有意識要分類？分幾類？恐怕都有問題。

其二，古籍中的通假字，並不是明知此字寫法，而故意找其他同音字寫上，以寄託微言大義的。而是一時想不起來，才用他字暫代的。（董同龢認爲古人用字也不嚴謹）。

（二）易經方面

其一，1.《易經》的〈卦辭〉、〈爻辭〉、〈十翼〉，完成時間各有距離。甚至十翼的內容，也不是同時完成。而焦循卻以〈十翼〉來解說卦爻辭，甚至使用漢儒的訓解解說卦爻辭，還說成是聖人有意用通假的方式，來寄託微言、闡明旁通升降，很明顯的是他忽略了時代性，不然便是有意的曲說附會。

其二，焦循在《易通釋》二十卷的說解中，經常是爲求旁通後能說解順暢，而有此條以王弼說駁倒虞翻，下一條卻反以虞翻駁倒王弼。甚至有捨置象辭解說不用、而用異說的（如箕子爲荄茲）。這正好和他認爲聖人所作必有微言大義的主張相違背。（他認定〈十翼〉爲孔子作）

由以上兩方面的四點論證，我們敢對焦循的學說下一斷語：與其稱爲假借說〈易〉，不如稱爲附會說〈易〉，還比較符合實情。柯紹忞《續修四庫提要，周易補疏》條下說他：「自命太高，而視古人太淺」。朱駿聲〈書焦孝廉循易圖略後〉也認爲：「《雕菰樓易學》一書，以九章之正負比例爲易意，以六書之假借轉注爲易詞。雖其間不

無心得，而傅會難通者十居八九。」由此看來，本文的撰作還是有其
價值的。

【附註】

註　一　「假借說易」這個名詞是借用皮錫瑞在《經學通論》卷一〈易經通論〉
　　　　裡，對焦循運用假借解說易經方式的稱呼。

註　二　六書中的假借和古籍中的通假，都是使用同一個同音或音近字，來代
　　　　表另一個語詞，只不過前者是爲了補造字的不足，而後者卻是爲了書
　　　　寫時偶然的方便。

註　三　錢大昕：「古人因文字而定聲音，因聲音而得訓詁，其理一以貫之」。
　　　　戴　　震：「六經字多假借，音聲失而假借之意何以得？故訓音聲，相
　　　　　　　　　爲表裡」。段玉裁：「治經莫重於得義，得義莫切於得音」。
　　　　王念孫：「墨守成訓而尟會通，易簡之理既失，而大道多歧矣」。
　　　　王引之：「詁訓之旨，存乎聲音，字之聲同聲近者、經傳往往假借。
　　　　　　　　　學者以聲求義，破其假借之字，而讀以本字，則渙然冰釋」。
　　　　朱駿聲：「不知假借者，不可與讀古書；不明古音者；不足以識假借」。

註　四　引用王引之的話，見註三。

註　五　高本漢〈先秦文獻假借字例緒論〉中提到，即使兩個字的韻母同音或
　　　　音近，它們的聲母仍必須是在同一類中，才有可能被假借，如聲母爲
　　　　脣音的字，便僅在脣音各組中，尋找韻母相同或音近來假借，不會借
　　　　到齒音系，喉音系等不同聲類上去。

註　六　有關假借與通假的區別，胡楚生先生在〈訓詁學大綱〉，第七章中有
　　　　詳細分析。

註　七　焦循著作中的〈易話〉：〈易廣記〉，筆者遍尋不得，實感缺憾。本
　　　　條資料，乃轉引自皮錫瑞〈經學通論〉卷一〈易經通論。論焦循以假
　　　　借說易本於韓詩發〉人所未發〉條。

註　八董同龢〈假借字的問題〉：「什麼語詞用什麼字來代表，古人不如近代
　　　人嚴格，當某字比較異乎尋常的只以音的關係代表某語詞時，他就是
　　　假借字」。

參考書目

一、焦循的作品

　　焦循之易學（四種）　楊家駱主編　鼎文書局

　　　　　　易章句十二卷

　　　　　　易通釋二十卷

　　　　　　易圖略　八卷

　　　　　　周易補疏二卷

　　雕菰集　鼎文書局

二、關於焦循的研究書目期刊

　　焦氏雕菰樓易學序　阮元　揅經室集卷五

　　書焦孝廉易圖略後　朱駿聲　傳經室文集卷二

　　經學通論　皮錫瑞　商務印書館

　　雕菰樓易義　程石泉　商務印書館

　　焦循易學三書探析　何澤恆　國立編譯館刊十三卷二期

　　戴東原的繼承者焦里堂　王永祥　東北叢刊十二期

　　焦里堂先生評傳　李承祐　中國語文研究　一九七一年

　　焦循生平及著述　歐陽炯　東吳中文系刊　第一期

　　江都焦理堂先生年表　范耕研　斯文一卷十七、十八、二十期

　　焦理堂先生年表　戴培之　師大學報　二期

　　焦循學述一卷　荀生　鼎文版焦循之易學後附

　　焦循學記一卷　仰彌　鼎文版焦循之易學後附

三、小學類

　　先秦文獻假借字例上下　高本漢著陳舜政譯　中華叢書

上古音韻表稿　董同龢　中研院史語所專刊

漢字古音手冊　郭錫良　北京大學出版社

荀子假借字譜　張亨　台大文史叢刊

墨子假借字集證　周富美　台大文史叢刊

古代漢語　王力　香港時代圖書公司

昭明文選通假文字考　李鍌　嘉新文化研究論文第廿九種

用字假借釋例　黃子降　文史哲出版社

假借溯原　魯實先　師大出版社

晏子春秋假借字集證　王淑玫　文史哲出版社

國語假借字考　龍良棟　淡江學報四期

訓詁學概要　林尹　正中書局

訓詁學大綱　胡楚生　蘭臺書局

四、經學類

周易注疏　藝文印書館

易程傳　世界書局

周易古義　惠棟　九經古義　皇清經解

周易古義補　屈萬里　收錄於易經論文集中黎明文化圖書公司

周易古義　楊樹達　河洛圖書公司

十三經引得易經引得　蔣致成　宗青圖書公司

周易王弼注中的思想　孫劍秋　中華易學月刊

五、雜引

顧亭林詩文集　漢京文化公司

經義述聞　王引之　商務印書館

殷墟書契考釋　羅振玉　藝文書局

古史辨第三冊易經與詩經　顧頡剛　未載

中國古代社會研究　郭沫若　天文圖書公司

觀堂集林　王國維　藝文印書館

毛詩稽古編所闡釋之治道理念

林葉連

前　言

　　《詩經》學乃致用之學，清朝《詩經》學有所謂漢、宋學派之別，前者精於訓詁考據，後者注重微言大義之闡發。論者多以為煩瑣細碎、為學術而學術，忽視經世致用之功能為漢學派之缺失，然此般缺失用以評論末流小儒則可，陳啓源（以下簡稱陳氏）大儒，固無此病。茲探究其《毛詩稽古編》所闡釋之治道理念，以見大儒恢弘之器識，淑世濟民之襟懷，非拘拘於考校蟲魚、勘點鳥獸之流所能同日而語。

一、古聖先賢垂訓立教

　　漢學派之學者率皆以《詩三百》為上古之政典，先賢寓微言大義於其中，以垂教萬世，而非民間歌謠、男女相與詠歌之「文藝創作」。
　　〈小雅都人士〉，〈詩序〉曰：「〈都人士〉，周人刺衣服無常也。古者長民衣服不貳，從容有常，以齊其民，則民德歸一，傷今不復見古人也。」其首章曰：

> 彼都人士，狐裘黃黃。其容不改，出言有章。行歸于周，萬民所望。

朱子〈詩集傳〉（以下簡稱《朱傳》）解之曰：

> 亂離之後，人不復見昔日都邑之盛、人物儀容之美，而作此詩以歎息之也。

《朱傳》與〈詩序〉頗有差異，陳氏曰：

〈敘意〉是舉古之節儉駁今之奢淫，《朱傳》謂亂離之後，不
復見昔日之盛美，而歎惜之，義稍異。若較論之，則〈敘〉義
長也。觀詩篇所述，並非紛華綺靡之事，狐裘充耳垂帶卷髮，
皆平常之服飾也，臺笠緇撮，尤儉之至也。春秋之世，亂離更
有加矣，覺弁裘服瓊玉斧珈之儀容載於國風及《左氏傳》者，
尚燦然可觀，豈西京之世反不得見乎？況舉古之節儉以駁今之
奢淫，方是立訓之意，所以爲經也。若如《集傳》之說，則直
是蕭后之述煬帝、宮女之說元宗耳，何關於世教，而夫子錄之
哉！（註一）

陳氏深信《詩三百》乃古聖先賢寄寓微言大義以垂訓立教之理念，故
其解詩，大體依〈詩序〉立說。

二、德教儀法之重要

〈魏風園有桃〉，〈詩序〉云：「〈園有桃〉，刺時也。大夫憂其
君國小而迫，而儉以嗇，不能用其民，而無德教，日以侵削，故作是
詩也。」朱子《詩序辯說》於此〈詩序〉獨取其「國小而迫，日以侵
削」二語，其餘皆以爲非，陳氏評朱子曰：

是謂魏之侵削，專因國小，不由於無德教也。信如斯言，則德
教之有無無關於國之興亡，而小國不必自彊，大國不妨自恣矣，
豈可爲訓乎？（註二）

有德則興，無德則亡，德教乃治國之根本要務。〈小雅桑扈〉：

交交桑扈，有鶯其羽。君子樂胥，受天之祜。　交交桑扈，有
鶯其領。君子樂胥，萬邦之屏。　之屏之翰，百辟爲憲。不戢
不難，受福不那。　兕觥其觩，旨酒思柔。彼交匪敖，萬福來
求。

「君子樂胥，受天之祜」一句，各家說解如下：

「胥，皆也。」（《毛傳》）

「胥，有才知之名也。祜，福也。王者樂臣下有才知文章，則賢人在位，庶官不曠，政和而民安，天予之以福祿。」（《鄭箋》）

「與天下皆樂，樂之大者。天子四海之內無違命，則天子樂矣。諸侯四封之內無違命，外內無故，則諸侯樂矣。大夫官府之內無違命者，謀謀行於上，則大夫樂矣。士進以禮，退以義，則士樂矣。庶人耕稼樹藝以養父母，刑罰不加於身，則庶人樂矣。」（正義引孫毓說）

「毛以爲佼佼然飛而往來者，桑扈之鳥也。有鶯然其羽之文章，故人皆觀視而念愛之。以興動而升降者，王與群臣也，當有威儀禮法，則天下亦觀視而樂仰之。君子既有禮文，爲天下所愛，盡得其所，故能樂；與天下所共，是與天下皆樂而得受天之祜福也。」（《孔疏》）

《孔疏》就本詩首章之興義立說，可謂深得毛旨。陳氏謂：「孫毓述毛樂胥之旨，足稱閎義，然猶未醒。」評《鄭箋》：「以胥爲有才智之名，迂矣！」故暢衍其說曰：

> 禮文法度，王者所以辨名定分，範圍一世，不可一日無也。故君臣上下，守此勿失，則尊卑得安其位，親疏得遂其情，長幼得明其敘，家邦鄉國、内外大小皆得循其分，而洽其歡；政令於是乎成，風俗於是乎美，中國以寧，四裔以服，天祐之，萬邦賴之；此非徒一人之樂，而天下之樂也，樂莫大焉，故曰樂胥；胥，皆也。不然，鶯然之桑扈，猶有文章之可觀，人反不如乎？三章之戢難，君上之有禮文者也。末章之思柔、匪敖，臣下之有禮文者也。幽王之朝，動無禮文，則放恣驕僻，無所不爲，將何以示軌物、保福祿乎？（註三）

關於〈桑扈〉之主旨，陳氏採〈詩序〉「刺幽王」之說。鶯然之桑扈，

猶有文章可觀，人無禮文法度，反飛鳥之不若，是解《毛傳》之「興」義。「樂胥」訓皆樂，則是毛而非鄭，並推闡皆樂之因由，可謂詳確。

〈周頌天作〉：

> 天作高山，大王荒之。彼作矣，文王康之。彼徂矣，岐有夷之行。子孫保之。

「彼徂矣，岐有夷之行，子孫保之」《朱傳》作「彼徂矣岐，有夷之行，子孫保之」，並譯曰：「於是彼險僻之岐山，人歸者衆，而有平易之道路，子孫當世世保守而不失也。」陳氏已辨其不當（註四），至於「有夷之行」僅解作「平易之道路」，陳氏引《薛君章句》曰：「彼百姓歸文王者，皆曰：岐有易道，可歸往矣；易道，謂仁義之道易行。」陳氏又曰：

> （朱子）以岐山之道路平易釋「有夷之行」，斯舛矣。夫有夷之行，謂平易之道也。康成引《易》「乾易坤簡」當之，《韓詩章句》亦以爲仁義之道。故曰「子孫保之」，言世世守此道耳。今以爲道路平易，豈欲子孫保守此道路乎？（註五）

「有夷之行」，陳氏以《鄭箋》《孔疏》「乾易坤簡」（註六）及韓詩「仁義之道」解之，近人傅隸樸先生比之爲〈小雅鹿鳴〉「示我周行」之「行」，爲至美之道也（註七），皆勝《朱傳》。蓋德教乃立國之大本也。

〈鄭風溱洧〉，〈詩序〉曰：「〈溱洧〉，刺亂也。兵革不息，男女相棄，淫風大行，莫之能救焉。」朱子《詩序辯說》以爲鄭俗淫亂，是風聲氣習流傳已久，不爲兵革不息、男女相棄而後然。陳氏評朱子：

> 此特據《漢地理記》，鄭地山居谷汲，男女亟聚會語耳。夫敘不可信，班固之書，何以必可信乎？敘以淫風大行，歸於亂離之故，使爲民上者知教養不可一日缺，斯誠有裨治道之言。縱

令其事未確，猶當信之，況師傳有自乎！嚴華谷云：「鄭衛多淫詩，衛由上之化，鄭由時之亂也。《漢書》以爲風土之習使然，則教化爲虛言，而〈二南〉之義誣矣。」噫！此篤論也！（註八）

〈秦風無衣篇〉，陳氏曰：

《集傳》極稱雍州土厚水深，其民重厚質直，周用之，易以爲仁義，秦用之，易以成富彊，後世建國者，宜定都焉。……殊不知古帝王之興，各因利乘便，相度時宜，以建立都邑，豈容執一乎？況此特論其形勢耳，非論其土俗也。若民性貞淫厚薄，未嘗盡由地氣；堯舜之仁義，不下於文武，元之彊暴，不減於秦，皆非以雍興也。俗有淳澆，力有彊弱，惟上所化耳。如必恃地氣爲之，則禮樂刑政反在所後矣。（註九）

由此可知，風俗之淳磽、民性之貞淫厚薄、國力之強弱，其關鍵在於德教儀法，而非地氣風水。

三、君王之修養

〈周頌昊天有成命〉：「昊天有成命，二后受之。成王不敢康，夙夜基命宥密。於緝熙，單厥心，肆其靖之。」陳氏曰：

「宥密」二字，《外傳》訓宥爲寬，密爲寧。《鄭箋》申其意云：「寬仁所以止苛刻，安靜所以息暴亂。」甚爲正當。《朱傳》改訓宥爲宏深，近世楊用修非之，良有見也。案：宥字，說文本訓寬，其見於經典者，……蓋宥字義止一寬盡之，更無他訓。朱子因寬而轉爲宏，又因宏而轉爲深，全是遷就經文以入己說耳。況寬仁安靜，乃是帝王御世大德，與書「臨下以簡，御眾以寬」同義，一二字足垂法千古，所以爲經也。宏深靜密，取義不已迂乎？（註一〇）

〈檜風匪風〉之末章曰：「誰能亨魚，溉之釜鬵。誰將西歸，懷之好音。」陳氏曰：

> 《鄭箋》謂夷屬時，檜之變風始作，〈匪風〉篇其作於屬王世乎！周自文武以來，專以優柔寬簡爲治，此所謂周道也。屬變爲嚴急，監謗專利，民焦然不安生矣！群小逢迎其意，更舊章、制法則，見刺於〈板〉〈蕩〉諸詩。〈六月序〉言小雅盡廢，正指是時也。而《國語》亦云：屬始革典則，政煩而民散可知。故〈匪風〉詩人思得一西仕於周者，告以周之舊政令，使以烹魚之法爲治民之道也。《毛傳》云：烹魚煩則碎，治民煩則散，知烹魚則知治民矣！老氏亦曰：治大國若烹小鮮，意正相同。聃爲周柱史，得窺周室藏書，述所聞以立言，斯言正周道也乎！毛公師授最遠，《傳》語亦有自來矣。又案，《書》言帝德寬簡，《易》言至德易簡，自古治術，率用斯道，不獨周也。《詩》寓其說於烹魚，詞近而意遠矣！（註一一）

烹魚煩則碎，治民煩則散，若王以寬仁安靜之德御世，則近乎西周治世矣。《老子》之說，淵源在此。

四、任 賢

〈小雅南山有臺〉，〈詩序〉曰：「〈南山有臺〉，樂得賢也。得賢則能爲邦家立太平之基矣。」陳氏曰：

> 此詩五章，而臺萊桑楊杞李栲杻枸楰，取興於卉木者，凡十焉，皆以爲賢者之喻也。《埤雅》縷而析之，每物各豎一義（註一二），持說甚優。然《鄭箋》云：山有草木以成其廣大，喻人君有賢臣以自尊顯，義亦平正。（註一三）

「君有賢臣，以自尊顯」乃此詩篇之寫照。至於用賢之道及效用如何？〈卷阿〉篇云：

有卷者阿，飄風自南。豈弟君子，來游來歌，以矢其音。　　伴
奐爾游矣，優游爾休矣。豈弟君子，俾爾彌爾性，似先公酋矣。
　　爾土宇昄章，亦孔之厚矣。豈弟君子，俾爾彌爾性，百神爾
主矣。　　爾受命長矣，茀祿爾康矣。豈弟君子，俾爾彌爾性，
純嘏爾常矣。　　有馮有翼，有孝有德，以引以翼。豈弟君子，
四方為則。　　顒顒卬卬，如圭如璋。令聞令望。豈弟君子，四
方為綱。　　鳳凰于飛，翽翽其羽，亦集爰止。藹藹王多吉士。
維君子使，媚于天子。　　鳳凰于飛，翽翽其羽，亦傅于天。藹
藹王多吉人。維君子命，媚于庶人。　　鳳凰鳴矣，于彼高岡。
梧桐生矣，于彼朝陽。菶菶萋萋，雝雝喈喈。

君子之車，既庶且多，君子之馬，既閑且馳。矢詩不多，維以遂
歌。陳氏評析此篇曰：

「能信任大賢，處之尊位，則眾賢滿朝矣。」（註一四）

「人主用賢，始則虛心詘體，以致其來，終則寵賚賜予，以報
其功。而賢者既用，上則能成就君德，下則能表正民俗，中則
能使庶僚竭力，以致太平，其義皆具於〈卷阿〉詩矣。首章取
興卷阿，末章稱述車馬，正用賢始終之道也。二三四章，三言
俾爾，謂君德成也。五六章兩言四方，謂民俗正也。七八章兩
言藹藹，謂庶僚竭力也。九章言鳳鳴之和、桐生之盛，謂致太
平也。此用賢之效也。首尾二章，論人君用賢之道，而中八章
皆盛稱其效以爲勸，篇法章法最爲完整。」（同前）

〈大雅抑〉篇二章「無競維人，四方其訓之」，《朱傳》曰：「言天
地之性，人爲貴，故能盡人道，則四方皆以爲訓。」陳氏曰：

無競維人，言莫強於得賢人也。訓四方而化其俗，是得賢之效，
正見其所以彊也；古注本明白正當，後儒皆從之。《集傳》「
盡人道」之解，頗爲迂闊。案：《左傳》哀二十六年，子貢言

衛輒內無獻之親，外無成之卿，而引此詩，因繼之曰：「若得
其人，四方以爲主，而國於何有。」此詩說之最古者，《箋》
《疏》之解不謬矣。《注一五》

《箋》《疏》與《左傳》相合，此言得賢人之效也。〈大雅桑柔〉：
「好是稼穡，力民代食。稼穡維寶，代食維好。」《孔疏》申毛曰：

（又教王用人之法）當愛好是知稼穡艱難之人，有功於民者，
使之代無功者食天祿，如此則王政善矣，民心樂之。所以然者，
此知稼穡之事者，維爲國之寶也，使能者代不能者食祿，維使
政之好也，王何不擇任之乎？

然《朱傳》曰：「……於是退而稼穡，盡其筋力，與民同事，以代祿
食而已。當是時也，仕進之憂甚於稼穡之勞，故曰：稼穡維寶，代食
維好；言雖勞而無患也。」毛公以爲作詩者教王用賢之法，朱子以爲
賢人退而務農，其間差異不可謂不大。陳氏贊同前說，並以爲嚴粲「
重農、任賢」之說甚的，其言曰：

好是稼穡四語……呂記兼用李歐二氏之說，謂好是稼穡，民力
不可輕也，惟有功於民者，使之代耕而食，稼穡當以爲寶，必
以祿養賢才，意實本於王肅之申毛。而《嚴緝》衍之，尤爲明
確。嚴以「好稼」言重農，「代食」言任賢，「維寶」言詔祿
不可輕，「維好」言擇人不可濫，此青出於藍矣。（註一六）

五、執政者之責任

執政者對風俗之淳磽影響甚鉅，〈大雅桑柔〉之末二章云：「民之
罔極，職涼善背。爲民不利，如云不克。民之回遹，職競用力。　民
之未戾，職盜爲寇。涼曰不可，覆背善詈。雖曰匪予，既作爾歌。」
《孔疏》曰：

王肅云：「民之無中和，主爲薄俗，善相欺背。」《傳》意當

　　然。此《傳》以涼爲薄，職謂民所主爲，則下云職競、職盜，

　　皆是民之所主。不得與鄭同。……《箋》以民之爲惡，由政不

　　善，則所言職者，皆主由君政，不宜爲民意所主。

王肅與鄭玄之異，在於歸咎處之不同；前者責民，後者歸咎於執政者。

陳氏曰：

　　〈桑柔〉詩末二章，三言民俗之敗，皆歸咎於執政之人。上欺

　　違，則民心罔中矣，上尚力而不尚德，則民行邪僻矣，上爲寇

　　盜之行，則民心不能安定矣。此詩刺王而兼及朝臣，故篇末縷

　　陳之也。王肅述毛，皆主民言，殆非毛意；當以箋爲正。（註一

　　七）

近人傅隸樸先生對〈桑柔〉末二章之譯解如下：

　　人民的行爲不正，

　　主要的是王德涼薄，

　　太不守信，

　　……

　　人民之不安定，

　　主要的是

　　一般盜賊之臣

　　爲害太甚！

此解當不違《毛傳》《鄭箋》。〈小雅雨無正〉曰：「浩浩昊天，不

駿其德。降喪饑饉，斬伐四國。昊天疾威，弗慮弗圖。舍彼有罪，既

伏其辜；若此無罪，淪胥以鋪。」《朱傳》曰：

　　此時饑饉之後，群臣離散，其不去者作詩以責去者，故推本而

　　言昊天不大其惠，降此饑饉，而殺伐四國之人。如何昊天！曾

　　不思慮圖謀，而遽爲此乎？彼有罪而饑死，則是既伏其辜矣，

　　舍之可也。此無罪者，亦相與而陷於死亡，則如之何哉！

陳氏曰：

> 雨無正首章……皆刺王之詞也。《集傳》用蘇氏之説，全以天
> 變言……源謂：詩人刺亂，不得專爲怨天之語。刺詩之作，原
> 以諷切當世，俾聞之者，因之省悟耳。語語怨天，豈欲天之省
> 悟乎？況使荒主亂臣得委其責矣。（註一八）

傅隸樸先生譯此段如下：

> 偉大的老天，
>
> 因爲幽王不能體行
>
> 他的恩德，
>
> 才降下死喪
>
> 饑饉的災難，
>
> 使四方的諸侯
>
> 互相摧殘，
>
> 老天雖然如此憤怒，
>
> 但幽王仍是不知悔悟，
>
> 那些有罪的人，
>
> 既已問斬，
>
> 這些無罪的人，
>
> 就應該赦免，
>
> 可是他對於這般
>
> 無罪的人，
>
> 也普遍地加以淫刑。

朱子以天變解此章，陳、傅兩家則將政治責任歸予幽王及執政者，正
符合〈詩序〉「大夫刺幽王也」之説，是以較《朱傳》爲優也。此一
「治亂在人，不在天」之主張，與荀子學説互爲呼應。《荀子天論篇》
曰：

「天行有常，不爲堯存，不爲桀亡，應之以治則吉，應之以亂
則凶。彊本而節用，則天不能貧；養備而動時，則天不能病；
脩道而不貳，則天不能禍。故水旱不能使之飢，寒暑不能使之
疾，祅怪不能使之凶。本荒而用侈，則天不能使久之富；養略
而動罕，則天不能使之全；倍道而妄行，則天不能使之吉。…
…受時與治世同，而殃禍與治世異，不可以怨天，其道然也。
故明於天人之分，則可謂至人矣。」

「治亂，天邪？日月星辰瑞曆是禹桀之所同也，禹以治，桀以
亂；治亂非天也。時邪？曰：繁啓蕃長於春夏，畜積收藏於秋
冬，是又禹桀之所同也，禹以治，桀以亂；治亂非時也。地邪？
曰：得地則生，失地則死，是又禹桀之所同也，禹以治，桀以
亂；治亂非地也。」

六、治世之徵驗

　　陳氏以爲太平治世，百姓並非質樸無知。〈小雅天保〉：「民之
質矣，日用飲食。群黎百姓，徧爲爾德。」《毛傳》：「質，成也。」
《鄭箋》：「成，平也。民事平，以禮飲食相燕樂而已。」以「民事
平」解「民之質矣」，自是恰當。陳氏評之曰：

　　《易需卦九五》，需于酒食，與此義同。虞之無爲，周之垂拱，
　　所以爲至治也。（註一九）

《朱傳》採程子之說，故曰：

　　質，實也。言其質實無僞，日用飲食而已。

陳氏評朱子曰：

　　夫百姓日用而不知，《易大傳》之所譏也，詩反歸美於君上耶？
　　（同前）

〈大雅靈臺〉：「經始靈臺，經之營之。庶民攻之，不日成之。經始

勿亟，庶民子來。王在靈囿，麀鹿攸伏；麀鹿濯濯，白鳥翯翯。王在
靈沼，於牣魚躍。虡業維樅，賁鼓維鏞。於論鼓鐘，於樂辟廱。　於
論鼓鐘，於樂辟廱。鼉鼓逢逢，矇瞍奏公。」陳氏分析其章法曰：

> 〈靈臺〉篇先言靈德及於民，次言靈德及於物，終言靈德見於
> 樂，意凡三層；然合樂於璧離，正以驗民物之和也。《箋》云：
> 文王立靈臺，而知民之歸附，作靈囿靈沼，而知鳥獸之得其所，
> 以爲聲音之道與政通，故合樂以詳之，此足盡一篇之大恉矣。
> （註二〇）

又曰：

> 《說苑》云：「積愛爲仁，積仁爲靈」，是也。……《嚴緝》
> 譏《毛傳》靈道行於囿沼之語，以爲鹿之馴、鳥之潔、魚之躍，
> 皆性之常，豈必靈道之行；嚴語非是。鹿與魚鳥，至微之物，
> 亦各適其天性，正見萬物得所，文王德化之無不　也。案：虞
> 舜簫韶既奏，而致儀舞之祥；文王民物含和，而有鼓鐘之樂；
> 一以樂而播其和，一以和而被之樂，其爲德化之所感，一也。
> （註二一）

又〈大雅旱麓〉「鳶飛戾天，魚躍于淵」下，陳氏曰：「道被飛潛，
萬物得所，作人氣象如此，尤爲廣大也。」此皆驗民物之和也。〈大
雅皇矣〉：「作之屛之，其菑其翳；脩之平之，其灌其栵；啓之辟之，
其檉其椐；攘之剔之，其檿其柘。」陳氏曰：

> 檉翳灌栵檉椐檿柘八者，除檉翳灌非木名，餘五木皆嘉植也。
> ……五者皆有用於人，而與橋（檉）、樊（翳）、叢生（灌）
> 之木同在刊除之列者，詩特借此以見民之樂就有德，歸懷日眾，
> 嚮時囿圃林麓漸變爲民居耳。周之興也，轉榛棘爲室廬；其衰
> 也，化宮廟爲禾黍。興衰氣象徵於草木，而可知詩人，言在此，
> 意在彼，不可徒泥其詞也。若從伊川之解，則僅老圃之事耳，

　　豈所以美文王哉！（註二二）
此即興衰氣象徵於草木者也，其詞隱微，其義宏大，不其然乎！

結　論

　　由以上探討，可知陳氏對一部《詩經》作何看法，《詩經》爲古聖先賢垂訓立教之智慧結晶，非里巷歌謠，男女相與詠歌之作。

　　歷代注解《詩經》之著作纂夥，但必須以〈詩序〉及《毛傳》爲根本、爲首要，此亦陳氏立說之原則。朱子廢序言詩，以致詩中不少微言大義爲之銷亡。陳氏特加駁斥，以還古訓之眞面目。

　　西周治世爲人所推許讚歎，其後世君王昏庸無道，詩人遂有「以古諷今」之作，〈詩序〉言之歷歷；是以知《詩三百》固多美刺諷諭之篇什，不容置疑。

　　周人之治國理念如何？陳氏所論及者如下：
　㈠德教爲治國之根本。
　㈡寬仁安靜爲君王御世大德。
　㈢治國如烹魚，烹魚煩則碎，治民煩則散。
　㈣當任用賢才。
　㈤執政者當爲人情之厚薄、風俗之淳磽負政治責任。
　㈥「積愛爲仁，積仁爲靈」，仁及草木鳥獸，乃治世之徵驗。

【附註】

註　一　陳啓源《毛詩稽古編》，頁九六四，《皇清經解》第二冊。
註　二　書同註一，頁八六九。
註　三　書同註一，頁九五七。
註　四　關於「徂」字，陳氏駁朱子，意謂：朱子雖於詩之本文作「徂」，而文末則改爲「岨」，訓爲險僻；但既譯爲「人歸者衆」顯然訓「徂」

　　　　　　爲「歸」矣，又何來「岨」字以訓「險僻」乎？又《後漢書南蠻傳》
　　　　　　引詩「彼徂者，岐有夷之行」注引《薛君章句》云：「徂，往也」，
　　　　　　已有正訓矣，朱子何得改經以就己意乎？（參書同註一，頁一〇二八）

註　五　　書同註一，頁一〇二八。

註　六　　《鄭箋》云：「後之往者，又以岐邦之君有佼易之道，故也。《易》
　　　　　　曰：乾以易知，坤以簡能。易則易知，簡則易從；易知則有親，易從
　　　　　　則有功；有親則可久，有功則可大；可久則賢人之德，可大則賢人之
　　　　　　業；以此訂大王文王之道，卓爾與天地合其德。」《孔疏》云：「引
　　　　　　《易》曰盡賢人之業，皆〈繫辭〉文也。……易簡而天下之理得，是
　　　　　　天地之德，易簡而已，岐邦之君亦有易簡之行，是與天地同功。訂者，
　　　　　　比並之言，卓然，高遠之稱。以此乾坤之義比並大王、文王之道，則
　　　　　　此二王之德，卓爾高遠，與天地合其德矣。」（《詩經注疏》，頁七
　　　　　　一三，藝文印書館）

註　七　　〈鹿鳴〉「示我周行」，《毛傳》訓周行爲至道，《鄭箋》訓爲周之
　　　　　　列位。胡承珙評《鄭箋》：「鄭注《禮記緇衣》引詩，以爲示我忠信
　　　　　　之道。注〈鄉飲酒〉〈燕禮〉云：嘉賓示我以善道。此皆在箋詩之先，
　　　　　　當是用三家詩說，正與毛合。至作《箋》時，……取義迂曲，似非詩
　　　　　　旨。」（毛詩後箋，頁五三八九）

註　八　　書同註一，頁八六二。

註　九　　考朱子《詩集傳》，並無「後世建國者，宜定都焉」之意，朱子此處
　　　　　　之理論與陳氏相近，陳氏未深察耳。（參朱傳頁七八及書同註一，頁
　　　　　　八七八）

註一〇　　書同註一，頁一〇二九。

註一一　　書同註一，頁八八二。

註一二　　宋，陸佃《埤雅》卷十七，叢書集成新編，冊三八，頁三二四，新文
　　　　　　豐出版。

註一三　書同註一，頁九〇六。

註一四　書同註一，頁一〇〇五。

註一五　書同註一，頁一〇一二。

註一六　書同註一，頁一〇一四。

註一七　書同註一，頁一〇一五。

註一八　書同註一，頁九三六。

註一九　書同註一，頁八九九。

註二〇　書同註一，頁九八八。

註二一　書同註一，頁九八九。

註二二　書同註一，頁九八四。

詩經周南召南尚賢思想探微

文幸福

一、前　言

　　子曰：「吾自衛反魯，然後樂正，雅頌各得其所。」司馬遷遂據以謂：古詩三千餘篇，孔子取其可施於禮義者三百篇。是則，詩三百乃孔子選訂以爲禮義之教材者，是時人所熟習能誦者，故得以諷誦流傳，不獨於竹帛也。梁任公謂：「現存先秦古籍，眞贗雜糅，幾於無一書無問題，其精金美玉，字字可信可寶者，詩經其首也。」（要籍解題及其讀法）三百之數，雖皆持人性情，義歸無邪；然雅頌之音，嘽緩冗沓；十三國之風，聲多淫靡；是以推其得性情之正，人倫之厚者，厥爲周南召南矣。無怪乎孔子一則曰：「汝爲周南召南乎？人而不爲周南召南，其猶正牆面而立也與！」再則曰：「關雎樂而不淫，哀而不傷。」「關雎之亂，洋洋乎盈耳。」其期許之重，蓋有以也。先儒以爲詩之首周召，猶易之首乾坤，書之首典謨，推崇尤爲備至。關雎續序云：「正始之道，王化之基。」則周南召南二十五篇，皆德化所深入民心而見諸歌詠者，又可想見也。

二、周南召南大義簡述

　　聖人論詩，特以周召二南爲大，以其陳正家之道，以諷天下人倫之端，王化之本也。故二南之風行，則人倫正，朝廷治。是知聖人編詩行教，必寓大義於其間，此固學者所深信也。朱熹曰：「按此編首五詩皆言后妃之德：關雎，舉其全體而言也；葛覃、卷耳，言其志行

之在己；樛木、螽斯，美其德之及人；皆指其一事而言也。其詞雖主
於后妃，然其實皆所以著明文王身修家齊之效也。至於桃夭、兔罝、
芣苢，則家齊國治之效。漢廣、汝墳，則以南國之詩附焉，而見天下
已有可平之漸矣。若麟之趾，則又文王之瑞，有非人力所至而自至者，
故復以是終焉；而序者以爲關雎之應也。」（詩集傳周南之國十一篇）
又曰：「愚按鵲巢至采蘋，言夫人大夫妻，以見當時國君大夫被文王
之化，而能修身以正其家也。甘棠以下，又見方伯而能布文王之化，
國君能修之家以及其國也。其詞雖無及於文王者，而文王明德新民之
功，至是而其所施者溥矣。」（召南之國十四篇）是則，朱子以爲周
召二南，聖人寓修齊治平之大義也。自斯論之興，學者咸以爲是，紛
然尾從。逸齋范處義首闡而明之，其言曰：

昔者先聖誨人以經，固莫詳於詩，又以二南爲大；故曰：「人
而不爲周南召南，其猶正牆面而立也與？」蓋「不學牆面」，
古之格言，先聖謂人而不爲二南之學，辟之面牆而立，豈能知
齊家治國平天下之道。雖曰能學，猶不學也。夫二南之詩，先
聖之所以大之者，以其所陳皆文王正始之道，自家而國，自國
而天下，此古今不易之理也。（詩補傳）

趙悳亦以爲言：

二南之詩，皆文武盛時，德化深入人心而見之歌詠者，無非禮
義之正。孔子刪詩冠之篇首，所以正始基王化，故嘗喟然歎曰：
「周南召南，其周道所以盛也。」是豈十三國所可例論哉？故
先儒云：「詩之首二南，猶易之首乾坤，書之首典謨。」觀此
可知矣。蓋二南者，修齊之本，而修齊又平治之本，夫子舉其
要以教人，本末先後，固自有序。（詩經疑問附編）

而朱善尤能詳之：

讀聖賢之書，必自大學始，誦三百篇之詩，必自二南始。二南

之與大學，實相表裏，蓋大學言修齊治平之理，二南言聖人修
齊治平之事；大學是聖人立法以教人，如射之必至於彀，大匠
必用夫規矩。二南是聖人躬行心得於上，而化行俗美於下，乃
羿之發而必中大匠之巧，用規矩以成其室家者也。然則讀大學
者，固不可不知二南；而學二南者，又豈可徒誦其文，而不考
聖人行事之實哉！（詩解頤二南總論）

是皆以周召二南之詩，端合乎修齊治平之道也。拙作二南發微亦持此
論，以爲合乎大學三綱八目之旨：蓋關雎淑女，有愼固幽深之德，以
雎鳩、荇菜況其德之專一貞潔，是能格物致知而身修者，故可以爲君
子之好儔。人君寤寐求之，方其求之未得時，猶能樂觀進取，是哀而
不傷也；及其既得之後，但以琴瑟友之，鍾鼓樂之而已，是樂而不淫
也。哀而不傷，樂而不淫，非正心誠意，曷克臻此哉！葛覃言后妃務
本，方其未廟見前，勤修婦德，勤治絺綌，且服之不厭；是格物而身
修也。及其廟見之後，猶能浣衣濯私，貴而能勤，富而能儉，已長而
敬不弛於師傅，已嫁而孝不衰於父母，此所謂意誠而心正者也。卷耳
乃后妃懸想其君子求賢審官之事，路遠難至，賢才難求，此身修家齊
而祈於國治也。樛木下接，葛藟上附，君子之心恆樂，而福祿安之；
螽斯之頌祝后妃仁厚，而子孫眾多；二詩皆家齊之極至也。桃夭乃后
妃之所致，挾其窈窕清淑之姿，化行天下，故女子于歸，皆能淑愼，
此家齊而國治之漸也。兔罝言國家人才眾多，並冀於野無遺才，則呂
望、閎夭、大顚之賢，盡網羅以爲國家之良弼賢佐矣。芣苢則盛平安
樂之氣象，故婦人相率以采采之，是盛平樂有子，國治之極也。漢廣，
德廣所及也；汝墳，道化行也；是皆王者之化行，而天下歸心，此國
治天下平也。是以明明德、新民之綱目備之矣。麟之爲神獸，王者之
瑞也；世不常出，治世乃有麟應，豈非其化行俗美，天下大治而止於
至善哉！是則三綱八目之事，周南備之矣。自近而遠，自己身及國家

天下，先後相承，井然有條，非聖人有意安排而何？（詳拙作周南召
南詩繹及大義）

　　凡此之論，固皆理之所暢，然亦僅得其一端耳。三綱八目，修齊
治平，此聖人理想之極至，寔其架構而已；然其致此者之途何在？則
前人尚尟論及。斯篇之作，即欲就此二十五篇，詳其內容，析其類別，
論其指歸，以明『尚賢』乃致此之途，而後乃知聖人編詩寓教之深意
也。故二十五篇所示，毋論其為人臣、婦媳、子女，莫不以『賢』為
尚；蓋修齊治平，三綱八目，必待『尚賢』，而後始克竟厥功。是知
修齊治平之與『尚賢』，實相表裏，可無疑也。

三、周南召南尚賢思想探微

　　宣聖編詩，其所以寓於周南召南之義者，實以三綱八目為理想，
而『尚賢』為其至之之由也。三綱八目，修齊治平之寓意，前人闡論
頗詳，概述之如上矣；今更進考二十五篇，詳其內容，而分賢臣、賢
女、賢子三類，論其指歸，以明『尚賢』乃至此之由，其與修齊治平，
互為表裏，不可以不察也。

㈠賢臣

⑴求賢：

　　周南卷耳

　　　采采卷耳，不盈頃筐。嗟我懷人，寘彼周行。
　　　陟彼崔嵬，我馬虺隤。我姑酌彼金罍，維以不永懷。
　　　陟彼高岡，我馬玄黃。我姑酌彼兕觥，維以不永傷。
　　　陟彼砠矣，我馬瘏矣。我僕痡矣，云何吁矣！

　　此詩託為后妃懸想其君子求賢審官之事也。淮南子俶眞篇引此詩
首章謂：「以言慕遠世也。」高誘註：「言我思君子官賢人置之列位
也；誠古之賢人各得其列，故曰慕遠也。」姚際恆云：「（此詩）當

依左傳謂文王求賢官人。」並引楊用修：「原詩人之旨，以后妃思念文王之行役而言也。」（詩經通論）所謂依左傳，即襄公十五年：「君子謂楚於是乎能官人。官人，國之急也。王及公、侯、伯、子、男、采、衛、大夫各居其列，所謂『周行』也。」此詩託爲婦人之言，故首章以「執筐采耳」婦人之事爲興，以明聖君求賢之切，聖朝用賢之永感不足也。后妃設想其君子之所爲，雖對面用筆，正可以明婦人以君子之職志爲志也。古序云：「卷耳，后妃之志也。」其此之謂乎！

周南兔罝

> 肅肅兔罝，椓之丁丁。赳赳武夫，公侯干城。
> 肅肅兔罝，施於中逵。赳赳武夫，公侯好仇。
> 肅肅兔罝，施於中林。赳赳武夫，公侯腹心。

此詩言獵者設網捕獸，以比王者四出訪賢，而期於朝無倖位，野無遺才。以其設置罟網羅賢人，故肅肅然恭敬也。果而得此武夫，外可依以爲干城，內可以爲輔弼良佐，而其忠信復可倚以爲腹心，以見王者之樂得賢人衆多也。錢澄之云：「以喻文王之網羅賢才也。丁丁，以喻求賢之聲，遠聞四方也。中逵，當四方之衝，爲人才畢集之所；中林，則深林隱伏之士，皆入吾彀中矣。」（田間詩學）其言特爲有見。墨子載「文王舉閎夭、太顚于網罟之中，西土服。」則此篇之義，其必有所指，概可知也。

召南騶虞

> 彼茁者葭，壹發五豝。于嗟乎騶虞。
> 彼茁者蓬，壹發五豵。于嗟乎騶虞。

其茁然而盛之葭蓬，爲豵豝所匿，以喻山林田野之間，爲賢者藏器隱麟之所。而王者田獵，車一發（註一）而得五豝，亦以喻德如騶虞義獸之君，發車求賢而得其五也。國君訪賢於巖穴，其仁心可見，故詩人以騶虞爲比而歎美之。射義曰：「天子以騶虞爲節，樂官備也。」

鄭玄因之云：「一發五犯，謂得賢人多也。」得賢人眾多則官備，可謂知言。

(2)頌賢：

召南羔羊

　　羔羊之皮，素絲五紽。退食自公，委蛇委蛇。

　　羔羊之革，素絲五緎。委蛇委蛇，自公退食。

　　羔羊之縫，素絲五總。委蛇委蛇，退食自公。

姚際恆曰：「此篇美大夫之詩。詩人適見其羔裘而退食，即其服飾、步履之間以歎美之；而大夫之賢，不益一字，自可於言外想見，此風人之妙致也。」（詩經通論）其言得之。惟其俯仰不愧，故出入從容；否則，促迫匆遽之不暇，寧有委蛇之氣象哉！

周南樛木

　　南有樛木，葛藟纍之。樂只君子，福履綏之。

　　南有樛木，葛藟荒之。樂只君子，福履將之。

　　南有樛木，葛藟縈之。樂只君子，福履成之。

此篇頌賢者之惠及其下也。上惠恤其下，則下亦必愛敬其上，斯理之固然也。苟能充其屈己就下之德，則福祿歸之。

(3)慕賢：

周南汝墳

　　遵彼汝墳，伐其條枚。未見君子，惄如調飢。

　　遵彼汝墳，伐其條肄。既見君子，不我遐棄。

　　魴魚赬尾，王室如燬。雖則如燬，父母孔邇。

錢澄之田間詩學：「此汝旁之民，聞文王之德化而思得一見也。汝去紂都近，去岐周遠，墳崖最高，又有樹以蔽之，思文王而不見，故欲伐去條枚條肄以望西土耳。」文王之道，化行汝墳，而民思慕之，故遵彼墳崖以望之也。「魴魚赬尾」，則商末汝旁憔悴之民可知也。

「王室如燬」（註二），則紂都王室之事，其急如火，不可緩也。然父母孔邇，則又亟思文王之代紂也。

(4)勸賢：

召南殷其雷

　　殷其雷，在南山之陽。何斯違斯，莫敢或遑。振振君子，歸哉歸哉！

　　殷其雷，在南山之側。何斯違斯，莫敢遑息。振振君子，歸哉歸哉！

　　殷其雷，在南山之下。何斯違斯，莫敢遑處。振振君子，歸哉歸哉！

雷出地奮，震驚百里，山出雲雨，以潤天下，故雷聲以喻教令行也。而何此君子而離此地乎？斯土斯民，勤於公事，而無願一息之或懈者，故振振公子，尤應歸而效命，此即所謂勸之以義也。方玉潤詩經原始云：「諷眾士之歸周也。當時文王政令方新，天下聞聲嚮慕，有似雷聲殷殷，群蟄啓戶，而其振興起舞之意，則有不勝其來歸恐後之心焉。」其言特爲有見。

(5)思賢：

召南甘棠

　　蔽芾甘棠，勿翦勿伐。召伯所茇。

　　蔽芾甘棠，勿翦勿敗。召伯所憩。

　　蔽芾甘棠，勿翦勿拜。召伯所說。

召公當西伯之時，奉使觀風，布宣教令，嘗止於甘棠之下；國人被其德，悅其化，而懷思其人，因以敬愛其樹，則其得民心之至，可知也。故史記燕世家載：「召公之治西方，其得兆民和；召公巡行鄉邑，有棠樹，決獄政事其下，自侯伯至庶人，各得其所，無失職者。召公卒，而民思召公之政，懷甘棠不敢伐，歌詠之作甘棠之詩。」此

則四家無異說。

(6)用賢：

召南小星

> 嘒彼小星，三五在東。肅肅宵征，夙夜在公。寔命不同。
>
> 嘒彼小星，維參與昴。肅肅宵征，抱衾與裯。寔命不猶。

原詩人之意，實爲小官長奉特召入朝也。天未亮而星猶在，則「夙夜在公」，「抱衾及裯」，必其任務重大，不遑寢息也。而「是命不同」，亦必其所受之君命不同於平常也。于省吾以「肅肅宵征」爲肅肅然恭敬有儀之小官長；聞一多以「抱衾及裯」爲拋棄衾裯，猶唐人所謂「辜負香袋衾事早朝」也。二公之言（註三）甚辨，今用之。是則小官長受君上垂愛，奉特召勤於公所，恪共職事，則古序云：「惠及下也。」正所以美其能用下賢也。

(二)賢女

(1)求賢女：

周南關雎

> 關關雎鳩，在河之洲。窈窕淑女，君子好逑。
>
> 參差荇菜，左右流之。窈窕淑女，寤寐求之。求之不得，寤寐思服。悠哉悠哉，輾轉反側。
>
> 參差荇菜，左右采之。窈窕淑女，琴瑟友之。
>
> 參差荇菜，左右芼之。窈窕淑女，鍾鼓樂之。

續序謂：「關雎樂得淑女以配君子，憂在進賢。」又云：「哀窈窕，思賢才，而無傷善之心焉；是關雎之義也。」則幽閒淑德，貞靜自守之賢女，宜爲君子所好逑也。雎鳩，毛傳謂：「鳥性摯而有別。」後漢書明帝紀引薛君章句：「雎鳩貞潔慎匹。」素問陰陽自然變化論：「雎鳩不再匹。」古文苑張超誚青衣賦：「感彼關雎，性不雙侶。」易林晉之同人：「貞鳥雎鳩，執一無尤。」（註四）姚際恆詩經通論、

崔東璧讀風偶識皆以「窈窕」爲深閨，女子貴自重，故以深居幽邃，貞靜自守爲賢。則深居簡出，正所以養其幽閒氣質；故貞靜幽閒之大家閨秀，宜乎君子之所夢寐以求也。

周南漢廣

> 南有喬木，不可休息。漢有游女，不可求思。漢之廣矣，不可泳思。江之永矣，不可方思。
>
> 翹翹錯薪，言刈其楚。之子于歸，言秣其馬。漢之廣矣，不可泳思。江之永矣，不可方思。
>
> 翹翹錯薪，言刈其蔞。之子于歸，言秣其駒。漢之廣矣，不可泳思。江之永矣，不可方思。

喬木高不可攀，漢水清潔如藍，以興賢女之高潔，不可以非禮犯。故其下復陳漢廣不可泳，江永不可方，言其廣長，非方永所能濟，是禮義有所不可也。「楚」、「蔞」於「錯薪」中爲最突出者，以喻眾賢女中之尤賢者，則其爲君子所亟欲求之者，概可知也。故於是子之願歸我，則願秣馬秣駒，致禮餼以迎，亦所以止於禮，而合於義也。鄭箋云：「賢女雖出遊流水之上，人無欲求犯禮者，亦由貞潔使之然。」朱傳亦曰：「其幽閒貞潔之女，見者自無狎褻之心，決知其不可求也。」而嚴緝則謂：「以小家女而在曠僻可動之地，見者竟無狎褻之心，於是陳其不可得之辭，見其正潔之意，使人望之而暴慢之志不作矣。人無陵犯之心，知紂之淫風已變，由文王風化所及。」皆爲有見。古序云：「德廣所及也。」正是。

召南摽有梅

> 摽有梅，其實七兮。求我庶士，迨其吉兮。
>
> 摽有梅，其實三兮。求我庶士，迨其今兮。
>
> 摽有梅，頃筐墍之。求我庶士，迨其謂之。

此篇詩人諷眾士以求賢女也。書云：「若作和羹，爾爲鹽梅。」

婦道亦所以主中饋，調和室家者，故詩人以梅爲興也。其梅熟（註五）
於樹上者，尚餘其七，則其三已爲人所採矣；以況女子長成已嫁者三，
其長成而未嫁者尚餘其七，故諷眾士宜趁吉日良時以求也。二章已嫁
去其七，三章則全歸人矣。古序曰：「男女及時也。」其此之謂乎。
章潢曰：「詩人傷賢哲之凋謝，故寓言摽梅，使求賢者及時延訪之耳。」
（圖書編）姚際恆云：「此乃卿大夫爲君求庶士之詩。」（詩經通論）
方玉潤：「諷君相求賢也。」（詩經原始）其言亦辨，惟不合於古序，
故不取。

　(2)頌賢女：

　　周南葛覃

　　　葛之覃兮，施於中谷，維葉萋萋。黃鳥于飛，集于灌木，其鳴
　　　喈喈。
　　　葛之覃兮，施於中谷，維葉莫莫。是刈是濩，爲絺爲綌，服之
　　　無斁。
　　　言告師氏，言告言歸。薄污我私，薄澣我衣。害澣害否，歸寧
　　　父母。

　　朱熹詩集傳曰：「於此可以見其已貴而能勤，已富而能儉，已長
而敬不弛於師傅，已嫁而孝不衰於父母，是皆德所厚而人所難也。小
序以爲后妃之本，庶幾近之。」其言至爲平實。嚴粲謂：「味『服之
無斁』一語，可見后妃之德性，後世妃后以驕奢禍其俗者，皆一厭心
爲之也。詩人詞簡而旨深矣。」（詩緝）又豈無所見也哉！

　　周南桃夭

　　　桃之夭夭，灼灼其華。之子于歸，宜其室家。
　　　桃之夭夭，有蕡其實。之子于歸，宜其家室。
　　　桃之夭夭，其葉蓁蓁。之子于歸，宜其室人。

　　毛傳云：「有色有德，形體至盛也。」是詩首詠其華，言其美也。

次詠其實，言其德厚也。末詠其葉，言其才盛也。崔述謂：「此詩祇欲其『宜家室』、『宜家人』，其意以爲『婦能順於夫，孝於舅姑，和於姒娣。』即爲至貴至美。」（讀風偶識）可謂知言也。

召南鵲巢

維鵲有巢，維鳩居之。之子于歸，百兩御之。

維鵲有巢，維鳩方之。之子于歸，百兩將之。

維鵲有巢，維鳩盈之。之子于歸，百兩成之。

鄭箋：「鳩因鵲成巢而居有之，而有均一之德，猶國君夫人來嫁居君子之室，德亦然。」埤雅：「有均一之德，蓋其哺子：朝自上而下，暮自下而上，均也。其子在梅、在棘、在榛，而己則常在乎桑，一也。」或曰：「鳩，拙鳥也。」禽經：「鳩拙而安。」不知此正中國傳統婦女之美德，周易曰：「婦道無成有終。」即是之謂也。

召南何彼襛矣

何彼襛矣！唐棣之華。曷不肅雝！王姬之車。

何彼襛矣！華如桃李。平王之孫，齊侯之子。

其釣維何？維絲伊緡。齊侯之子，平王之孫。

古序曰：「美王姬也。」王姬下嫁侯爵，詩人即其車服儀容而言之耳。儀容豔麗，且能肅敬雝和，而又無貴盛自驕之態，色德雙美，故以爲慶也。「曷不」與「何彼」同意，朱傳謂：「皆設問之辭也。」陳奐亦曰：「曷不，曷也。曷，何也。曷不肅雝者，何肅肅雝雝者，王姬車也。」（詩毛氏傳疏）其言是也。王姬在車，言其車，即神注於車中之人也。

召南采蘩

于以采蘩？于沼于沚。于以用之？公侯之事。

于以采蘩？于澗之中。于以用之？公侯之宮。

被之僮僮，夙夜在公。被之祁祁，薄言還歸。

采蘩，所以生蠶也。夫人有親蠶之祭，所以儀則天下也。詩言彼夫人僮僮然竦敬，夙夜在公以助祭祀，祭畢，又祁祁然舒遲而歸，猶有餘敬焉。其孝敬宗廟，周旋中禮，則賢德可見矣。崔述云：「春秋傳云：『風有采蘩采蘋，昭忠信也。』蓋有誠敬之心，凡事致其精潔，則雖蘋蘩之菜，可以奉宗廟，不在於備物也。」其言得之。又曰：「抑傳又有之，秦穆公用孟明而修國政，以霸西戎，則引采蘩之首章以美其舉人之周，與人之壹，然則是義也可通於用人。何者？沼與沚非難至之地，蘋與蘩非難得之物，采之用之，即可以共公侯之事。是知天下未嘗無才，人主苟能求之，則隨處皆可以得人，所謂『舉人之周』者此也。」（並見其所著讀風偶識）其言可以並參而觀之。

召南野有死麕

　野有死麕，白茅包之。有女懷春，吉士誘之。

　林有樸樕，野有死鹿，白茅純束。有女如玉。

　舒而脫脫兮，無感我帨兮，無使尨也吠。

此詩頌賢女之惡無禮也。王雪山曰：「女至春而思有所歸，吉士以禮通情，而思有所耦，人道之常也。」（詩總聞）則「舒而脫脫兮」，責男子之辭也；以其禮之未備，不可急於一旦，而應循禮慢慢而來，乃「無感我帨兮」，「無使尨也吠」也。帨，拭物之巾，女子佩以常自潔淨者。禮內則篇：「子事父母，婦事舅姑，皆左佩紛帨。」又曰：「男懸弧于門左，女設帨于門右。」則帨為女子所專徵，取喻其名節也，猶云：「無損我名節也。」故鄭箋曰：「奔走失節，動其佩飾。」尨，長毛犬，見怪異輒吠，猶蜀犬之吠日，喻世俗恆因異事而怪，今粵人猶稱無理之謾罵為犬吠，所謂犬聲犬影也。鄭風將仲子：「父母之言，亦可畏也。」「諸兄之言，亦可畏也。」「人之多言，亦可畏也。」其斯之謂耶！左傳昭公元年夏四月載晉趙孟入於鄭，鄭伯享之，子皮賦此詩之卒章，杜預注云：「喻趙孟以義撫諸侯，無以非禮相加

陵。」趙孟賦棠棣，且曰：「吾兄弟比以安，尨也可使無吠。」。古序曰：「惡無禮也。」其於詩意最爲有合。後世每以「賦」解之，而目之爲淫詩，誠邑犬群吠也。（詳拙作二南淫詩辨）

召南草蟲

> 喓喓草蟲，趯趯阜螽。未見君子，憂心忡忡。亦既見止，亦既覯止，我心則降。
>
> 陟彼南山，言采其蕨。未見君子，憂心惙惙。亦既見止，亦既覯止，我心則說。
>
> 陟彼南山，言采其薇。未見君子，我心傷悲。亦既見止，亦既覯止，我心則夷。

古序云：「大夫妻能以禮自防也。」切合詩旨。歐陽修復申之，曰：「此大夫妻能以禮自防，不爲淫風所化，見彼草蟲喓喓然而鳴呼，阜螽趯趯然而從之，有如男女非其匹偶，而相呼誘以淫奔者，故指以爲戒。而守禮以自防閑，以待君子之歸。故未見君子之時，常憂不能自守，既見君子，然後心降也。」（詩本義）觸物感時而謹身以待其歸，正所謂以禮自防也。

召南行露

> 厭浥行露，豈不夙夜？畏行多露。
>
> 誰謂雀無角？何以穿我屋？誰謂女無家？何以速我獄？雖速我獄，室家不足。
>
> 誰謂鼠無牙？何以穿我墉？誰謂女無家？何以速我訟？雖速我訟，亦不女從。

此篇頌賢女之能持正辨誣也。物與事有似而非者，事亦有非意而相干者，故誰謂「雀無角、鼠無牙」，正見其出人意計之外；惟其守正不阿，終必有辨誣之時。今強暴之男，本無室家之道，勢迫之而不從，遂致造謗興訟，遽欲侵陵，尚幸召公聽斷明察，辨其曲直，使貞

女得申其志。其守正不阿，自防閑以保其身如此，故詩人頌之也。

召南江有汜

江有汜，之子歸，不我以。不我以，其後也悔。

江有渚，之子歸，不我與。不我與，其後也處。

江有沱，之子歸，不我過。不我過，其後也歌。

古序曰：「美媵也。」續序申之：「媵遇勞而無怨，嫡亦自悔也。」嫡忘其褊，媵得其所，而相安和樂；則此篇爲頌賢之作也。

(3)**教賢女**：

召南采蘋

于以采蘋？南澗之濱。于以采藻？于彼行潦。

于以盛之？維筐及莒。于以湘之？維錡及釜。

于以奠之？宗室牖下。誰其尸之？有齊季女。

毛傳曰：「古之將嫁女者，必先禮之宗室，牲用魚，芼之以蘋藻。」鄭箋引禮記昏義：「古者婦人先嫁三月，祖廟未毀，教于公宮；祖廟已毀，教于宗室。教以婦德、婦言、婦容、婦功。教成之祭，牲用魚，芼用蘋藻，所以成婦順也。」朱傳曰：「少而能敬，尤見其質之美。」其言近之。（註六）

㈢**賢子**

(1)求賢子：

周南芣苡

采采芣苡，薄言采之。采采芣苡，薄言有之。

采采芣苡，薄言掇之。采采芣苡，薄言捋之。

采采芣苡，薄言袺之。采采芣苡，薄言襭之。

毛傳曰：「芣苡，宜妊也。」芣苡即薏苡，論衡、吳越春秋皆載禹母吞薏苡而生大禹，則此詩爲求賢子，可無疑也。

周南螽斯

　　螽斯羽，詵詵兮，宜爾子孫振振兮。

　　螽斯羽，薨薨兮，宜爾子孫繩繩兮。

　　螽斯羽，揖揖兮，宜爾子孫蟄蟄兮。

　　毛公：「螽斯，蝍蜙也。」鄭箋曰：「凡物有陰陽情欲者，無不妒忌，維蝍蜙不耳，各得受氣而生子。」古人精察物理，故有以知其不妒忌也。而其振振然仁厚，繩繩然戒慎，蟄蟄然和靜，則預祝其得賢子，亦可知也。

(2)**頌賢子：**

　　周南麟之趾

　　麟之趾，振振公子。于嗟麟兮！

　　麟之定，振振公姓。于嗟麟兮！

　　麟之角，振振公族。于嗟麟兮！

　　朱傳曰：「詩人以麟之趾興公之子，言麟性仁厚，故其子亦仁厚。」崔述以爲深得詩人之旨，其言亦頗有見。方玉潤詩經原始亦云：「美公族龍種盡非常人也。夫文王爲開國聖主，其子若孫，即武王、周公、邶叔、康叔輩，當時同在振振公子中，德雖未顯，而器宇自異。詩人窺之，早有以卜其後之必昌，故欲作詩以贊美其人，而非神獸不足以相擬，乃借麟爲比。口中雖美麟兮不置，其實神注諸公子而不已也。」其言最爲有得。

　　職是之故，卷耳爲君子求賢審官；兔罝比王者四出訪賢；騶虞喻得賢人眾多；羔羊推美大夫之賢；樛木頌賢者之惠及下；汝墳渴慕賢者來治；殷其雷勸賢歸義；甘棠思懷昔賢；小星言惠及下賢；皆賢人之詩也。關雎樂得賢女以配君子；漢廣言賢女之高潔；摽有梅諷眾士求賢女；葛覃頌賢女之務本；桃夭頌賢女之能宜其室家；鵲巢美賢女有均一之德；何彼襛矣美王姬之肅敬雝和；采蘩頌夫人有親蠶助祭之賢；野有死麕頌賢女之惡無禮；草蟲頌大夫妻能以禮自防；行露頌賢

女之能持正辨誣；江有汜美媵之賢；采蘋教賢女以成婦順；皆賢女之詩也。芣苢言群婦求賢子；螽斯祝賀人得賢子；麟之趾頌人子之賢；皆賢子之詩也。賢人治國，賢女齊家，賢子則祈於繼往開來，固有其深意焉。第以五倫肇端夫婦，而八目始於齊家，故夫婦和，室家樂，乃能孝親忠君，敦里睦鄰；所謂家齊而後國治，國治而後天下平，此先王慮天下之遠，而先教之以此，故言之特詳也。曹元弼云：

> 夫婦有義而後父子有親，男正位乎外，女正位乎內，正家道以篤孝慈，無相瀆也。故男女居室，人之大倫，非若禽獸牝牡苟合而已。將以事先祖，繼後世，寧父母，而可以不敬慎重正乎？禮昏經自同牢以前，明男女之別，夫婦之禮。見舅姑以下，明婦禮。詩關雎首章及鵲巢，言夫婦之禮也。關雎下二章及采蘩采蘋，言婦禮也。婦道本於內道，內外有別，禮之大節。女子十年不出，婦學之法，諭教有素。父母戒女，夙夜無違；故葛覃陳后妃之本，尊敬師傅，歸安父母。采蘋能循法度；草蟲以禮自防；是以躬行四教，非禮不動。蓋言正夫婦以篤父子，一出於天命民彝之正，爲致中和，位天地，育萬物之本；內治既正，婦順章明，是以化行俗美。桃夭男女以正；漢廣無思犯禮；行露貞信教興；摽有梅男女及時；野有死麕惡無禮。禮義廉恥，國之四維，於是畢張。（二南備禮教大義）

理順辭暢，可謂深於詩義者也。

四、結　語

尚賢思想與賢人政治，固孔門之所素重；故論語曰：「見賢思齊。」（里仁）又曰：「賢賢易色」（里仁）、「舉賢才」（子路）、「樂多賢友」（季氏）。而前於孔子之舊聞，易書詩三者而已；（註七）詩經之尚賢思想，於二南可見，概述之如上矣。而易經之尚賢思想，則

散見易傳，大畜象曰：「剛健、篤實、輝光，日新其德；剛上而尚賢，能止健，大正也。不家食，吉；養賢也。利涉大川，應乎天也。」頤象曰：「天地養萬物，聖人養賢以及萬民，頤之時義大矣哉。」鼎象曰：「聖人亨以享上帝，而大亨以養聖賢。」君民者尚賢、養賢，可以澤及萬民，利涉大川，應天而治，蓋以「君子以居賢德善俗」（漸大象），故國君須「外比於賢」（比六四象），養賢備用。否則，「天地變化，草木蕃；天地閉，賢人隱。」（坤文言）「貴而無位，高而無民，賢人在下位而無輔，是以動而有悔。」（乾文言孔子言）則國家無道，賢人隱遯；在位者無賢人以輔，是以動輒得悔也。繫辭上第一章：

> 乾以易知，坤以簡能。易則易知，簡則易從。易知則有親，易從則有功。有親則可久，有功則可大。可久則賢人之德，可大則賢人之業。易簡而天下之理得矣。天下之理得，而成位乎其中矣。

繫辭上第十二章：

> 天之所助者，順也；人之所助者，信也。履信思乎順，又尚賢也。是以自天祐之，吉無不利也。

是知賢人政治、尚賢思想，爲治國平天下之最簡易可行之法也。史記載：「人君無愚智賢不肖，莫不欲求忠以自爲，舉賢以自佐；然亡國破家相隨屬，而聖君治國累世而不見者，其所謂忠者不忠，而所謂賢者不賢也。懷王以不知忠臣之分，故內惑於鄭袖，外欺於張儀，疏屈平而信上官大夫、令尹子蘭。兵挫地削，亡其六郡，身客死於秦，爲天下笑。此不知人之禍也。易曰：『井泄不食，爲我心惻，可以汲。王明，並受其福。』王之不明，豈足福哉！」（屈平列傳）司馬遷引易經井九三以井水清潔，可以汲食，喻賢者之忠言可以謀國；若君主昏昧，賢人不用，則亡國破家，亦必相隨屬而無疑也。

　　尚書更是上古尚賢之書，多爲國君賢臣之嘉言，治國平天下之良策，故曰：「所寶惟賢」（旅獒），「佑賢輔德」（仲虺之誥），「崇德象賢」（微子之命），「推賢能讓」（周官）。則其治國也，必「任官建官惟賢」（咸有一德、武成），「簡賢附勢」（仲虺之誥）；務使「野無遺賢」（大禹謨），「任賢勿貳」（大禹謨），乃可致國家於「成允成功」（大禹謨）之境也。

　　由是以言，『尚賢』之爲政治思想，其源久矣；其爲治國者不可須臾或缺之理念，又可知也。周易、尚書二經，皆先後有所闡述，而詩經周南召南，言之尤詳，此固孔門示人治國之法也；是以後之孟、荀，其言尚賢之思想，更趨完備。影響所及，諸子百家之學，亦莫不以賢者爲尚，墨翟有尚賢專篇之論，燕昭王更築黃金之臺，此後世所稱道者。逮乎後祀，治國者私心自用，惟權力之爲尚，而賢者不穀，不求士祿，不樂所生，世風頹矣。晚近此風尤甚，「王之不明，豈足福哉！」則斯篇之作，蓋有以也。

【附註】

註　一　方玉潤詩經原始謂周官大司馬中冬教大閱曰：『鼓戒三闋，車三發，徒三刺，乃鼓退。』似一發之發，乃車一發可取獸，非矢一發而中獸五。

註　二　嚴粲詩緝、朱熹集傳、姚際恆詩經通論皆以王室爲紂都，得之。其時商朝未亡，王室自以指紂都爲是。崔述讀風偶識謂爲東遷後驪山亂亡之事，屈萬里詩經釋義謂爲西周末年喪亂之詩，皆未爲得也。（詳拙作周南召南之著作年代）

註　三　于氏詩經新證：「宵、小古通。禮記學記『宵雅肄三』，注：『宵之言小也。』文選江文通雜體詩鮑參軍詩注引春秋孔演圖注：『宵猶小也。』正、征、政古同用。貟鼎：『征月』即正月。周禮司勳『惟加

田無國正』，釋文：『正，本亦作征。』禮記深衣『以直其政』注：
『政或爲正。』然則宵征應讀爲小正，爾雅釋詁注：『正伯皆長官。』
小正謂小長官也。」聞氏詩經新義：「抱當讀爲抛。史記三代世表：
『姜嫄以爲無父，賤而棄之道中，牛羊避不踐也；抛之山中，山者養
之。』錢大昕謂抱即抛字。又玉臺新詠十近代吳歌：『芙蓉始結葉，
抛豔未成蓮。』樂苑抛作抱。並二字古通之證。」

註　四　禽經謂：「雎鳩，魚鷹也。」實則魚鷹即魚雁。其證據有五：㈠鄭樵
　　　　謂：「凡雁鶩之類，其喙褊者，則其聲關關。」鷹之喙銳，其聲鷙鷙。
　　　　關關之爲雁聲，其非鷹明矣。㈡河州爲雁窩所在，雁群之所作息處，
　　　　而鷹則非其地。㈢鷹雁二字，其於古文形構相同。㈣古人於問名納采
　　　　有奠雁之禮。㈤雁爲衆鳥之最貞節者，元好問有邁陂塘詞詠雁，其序
　　　　謂：「乙丑歲赴并州，道逢捕雁者，云『今旦獲一雁，殺之矣。其脫
　　　　困者悲鳴不能去，竟自投於地而死。』予因買得之，葬之汾水之上，
　　　　累石爲識，號曰雁丘。」其詞曰：「問世間，情是何物？直教生死相
　　　　許。……」其情摯可知，而雁之失其配者爲雁奴，則其有別亦可知矣。
　　　　（民國七十年余以詩經授課即以此爲說，近年復睹駱賓基《詩經新解
　　　　與古史新論》三十五頁〈詩經關雎首章新解〉亦持此論，雖論證稍異，
　　　　固可互爲參考，尤喜其先獲我心。）

註　五　毛公：「摽，落也。」落有落成之意。說文：「摽，擊也。」無落成
　　　　之意。趙岐孟子章句引詩作「苃有梅」。漢書食貨志顏師古注：「苃，
　　　　音『蔈有梅』之蔈。」蔈爲成熟之貌，淮南子天文訓：「秋分蔈定。」
　　　　謂禾芒穀熟也。是蔈爲本字，摽爲假借。否則，擊落之梅宜在地，而
　　　　不宜在樹。

註　六　古序謂：「大夫妻能循法度。」射義云：「卿大夫以采蘋爲節，樂循
　　　　法也。」方玉潤謂：「觀其歷敘祭品、祭器、祭地、祭人，循序有法，
　　　　質實無文。」凡此皆教化之功也。

註　七　史遷儒林傳謂：「禮固自孔子時而其經不具。」春秋則成於孔子之手，
　　　　故知孔子前之舊聞，易書詩三者而已。

參考文獻

毛詩註疏　南昌學府刊本

詩本義　宋歐陽修　通志堂經解本

逸齋詩補傳　范處義　通志堂經解本

詩集傳附斠補　朱　熹　臺北學海出版社

詩辨說　趙悳通志堂經解本

詩經解頤　明朱　善　通志堂經解本

毛詩稽古　清陳啓源　皇清經解正編

詩經通論　姚際恆　廣文書局

田間詩學　錢澄之　四庫全書

毛詩後箋　胡承珙　皇清經解續編

毛詩傳箋通釋　馬瑞辰　皇清經解續編

詩毛氏傳疏　陳　奐　皇清經解續編

詩經原始　方玉潤　臺北藝文印書館

詩經四家異文考　陳喬樅　皇清經解續編

古典新義　民聞一多　聞一多全集

詩經周南召南發微　文幸福　臺北學海出版社

詩經毛傳鄭箋辨異　文幸福　臺北文史哲出版社

朱熹詩集傳辨微　文幸福　臺北金楓出版社

孔子論詩及詩之成經探微　文幸福　趙鶴山華甲紀念論叢

宋儒書奏中引用《尚書》之觀點

汪惠敏

　　宋代關於《尚書》著作，不論在質、量方面，均超越前代，見於載籍著錄者，即逾二百部以上。其間有：承繼漢唐經學、專注訓詁者；有開新學風氣，注重義理闡說者；有究心經世，亦有疑古改經者。學者研究，成績斐然。然而《尚書》之中，典、謨、誥、訓、誓、命，皆先代施政之法則，可以做為治國施政之方針，亦可以為修身輔國之用。儒者經世致用，以《尚書》之言，援於政事，不論是諷諫政治得失，抑討論一般時務，用來盡官守之言責，先天上即具備了良好條件，不需特別引申附會，此種風氣，漢代以來，一直賡續不絕。

　　然而經學思想至宋代，疑經改經，已成為當時全面性之學術活動，學者懷疑經書之不合理、懷疑經書著作者、懷疑經文之脫簡、錯簡、訛字等，以《尚書》而言，懷疑古文尚書為偽作，百篇書序非孔子作，尤其為尚書學上的重大突破，筆者嘗由宋史及宋名臣奏議之中檢查，發現宋儒在經世致用之際，對於此種風氣之反應，似不若經學史中表現激烈，對於今古文尚書，則是兼而並探，不太受疑經風氣之影響。然而卻有逐漸轉變之趨勢，可見流風所趨。

一、今古文並用

　　宋儒引用《尚書》，仍然多依唐代《五經正義》本篇目，較少受辨偽古文之影響。統計宋儒引用《尚書》之目，《今文尚書》部分有〈堯典〉、〈皋陶謨〉、〈禹貢〉、〈高宗肜日〉、〈盤庚上〉、〈牧誓〉、〈洪範〉、〈大誥〉、〈康誥〉、〈梓材〉、〈召誥〉、〈

無逸〉、〈立政〉、〈顧命〉總計八十四人次；《古文尚書》部分有〈舜典〉、〈大禹謨〉、〈益稷〉、〈五子之歌〉、〈胤征〉、〈仲虺之誥〉、〈伊訓〉、〈太甲中〉、〈太甲下〉、〈咸有一德〉、〈說命上〉、〈說命中〉、〈說命下〉、〈泰誓上〉、〈泰誓下〉、〈旅獒〉、〈蔡仲之命〉、〈周官〉、〈君臣〉、〈畢命〉、〈君牙〉，總計一百三十人次。可見只要有益於政事，宋儒皆採而用之。

　　至於所採用之篇章，以〈洪範〉最普遍，計三十七次，其他依次為：〈大禹謨〉二十七人次，〈舜典〉二十一人次，〈皋陶謨〉十五人次，〈益稷〉十一人次；有些篇如〈洛誥〉、〈酒誥〉、〈多士〉等不見引用，而〈牧誓〉、〈大誥〉、〈康誥〉、〈梓材〉、〈顧命〉等僅出現一次，筆者以爲此種現象與今古文篇自關係不大，應是篇章內容的關係，如〈洪範〉篇「建用皇極」、「無偏無陂，遵王之義」、「惟辟作福、惟辟作威」；〈大禹謨〉「任賢勿貳、去邪勿疑」、「惟德動天，無遠弗屆」、「滿招損，謙受益」；〈舜典〉「三載考績，三考，黜陟幽明，庶績咸熙」；〈皋陶謨〉「知人則哲，能官人」，〈堯典〉「欽明文思安安，允恭克讓，光被四表，格于上下」等等，都是歷朝以來最現成而且實用的諫書題材，君臣相互早已熟知，不但容易引用，而且爲雙方所接受。

二、引用《尚書》之方式

　　㈠直接引用《尚書》內容，不稱引篇名，甚至連「書曰」也不提示。如王禹偁〈上眞宗論軍國大政五事〉：

> 凡今天下言帝王之盛者，豈不曰堯舜之道，具在方冊。堯之時，百姓不親，五品不遜，契作司徒，敷五教；蠻夷猾夏，寇賊姦宄，咎繇作士，明五刑，伯夷典禮，后夔典樂，禹平水土，益作虞官。大矣哉，堯之爲君，可謂委任責作，而無疑矣。或曰：

「誠如是，堯有何功德耶？」臣曰：有知人任賢之德爾。（註一）
孫升〈上哲宗乞依天聖舊制引對臣寮〉：

> 臣竊以謂至治之世，銷患於無形；居安慮危，防微杜漸，正在
> 今日。夫堯舜以聰明文思濬哲文明之德，而必曰「明四目，達
> 四聰」，又曰：「稽於眾，舍己從人」者，廣耳目以防壅蔽也。
> （註二）

按：堯、舜之德，早已成為君臣以至百姓，眾人熟知的修德典範
及歷史故事，學者順手引來，即不必再加以稱引出處。

㈡只用「書曰」、「書稱」，不提篇名，這是先秦以來最常引用
之方式。宋儒引用此種方式最多，約計一百二十人次，如曾肇〈上徽
宗論內降指揮不可直付有司〉：

> 立法輕重，委曲關防，皆有司之職，非人主之務。《書》曰：
> 「文王罔攸兼于庶言，庶獄庶慎，惟有司之牧夫。」蓋謂此也。
> （註三）

富弼〈上神宗論誕日罷燕雨澤之應〉：

> 昔漢文帝集上書囊為殿帷，唐明皇寫〈無逸圖〉置於內殿，憲
> 宗以自古君臣善惡事跡畫於屏風，施諸便殿，今陛下只以臣一
> 妄庸人所說，而遽已置之枕席，是所謂市骨始隗之意，若果有
> 真賢出，而為朝廷謀謨天下之事，則陛下待之將如何耶？《書》
> 曰：「皇天無親，惟德是輔；民心無常，惟惠之懷」又曰：「
> 民罔常懷，懷于有仁；鬼神無常享，享于克誠。」（註四）

按：曾肇之語出〈立政〉，富弼則引自〈蔡仲之命〉、〈太甲下〉，
此數篇，宋儒引用頻率不高，而曾肇亦只用「書曰」，不稱引篇名，
可見是襲用自古以來之通習。

㈢明確著明引用篇目者，約計二十餘人次。如曾鞏〈上神宗乞六
部長貳自舉屬寮〉：

竊觀於書，其在〈堯典〉稱堯之德曰：「平章百姓，百姓昭明。」平
其賢、不肖功罪之分，而章之以爵賞，使百官莫不昭明者，此
人主之事也。其在〈說命〉曰：「惟說式克欽承，旁招俊乂，
列于庶位」，則承人主之志，廣引人材，進諸朝廷者，此宰相
之事也。其在〈冏命〉，穆王命伯冏爲周太僕，正其戒之曰：
「愼簡乃僚，無以巧言令色、便辟側媚，其惟吉士。」則使自
簡屬僚以共成其任者，此諸司長官之事也。其上下之體相承如
此，所以周天下之務，蓋先王之成法也。（註五）

江公望〈上徽宗諫獵〉：

〈五子之歌〉曰：「內作色荒，外作禽荒」有一於此，未或不
亡。老聃曰：「馳騁田獵，令人心發狂。」心狂志荒，何事不
忘？莊周曰：「用志不分，乃凝於神。」志分於外，神亦隨之，
神志不一，何事不失？王者之治，斷可識矣。（註六）

按：宋儒書奏之中稱引〈五子之歌〉六人次、〈說命〉三人次、
〈冏命〉僅一人次，由此可見，或許是一般人不常習用，故需提稱篇
目以彰顯所出。

㈣僅提稱篇目所出時代，如「虞書」、「夏書」、「商書」而不
著篇名，此種約十餘人次。如司馬光〈上仁宗五規〉：

〈周書〉曰：「若作梓材，既勤樸斲，惟其塗丹雘。」此言爲
國家者，必先務實而後文也。夫安國家、利百姓，仁之實也；
保基緒八傳子孫，孝之實也；辨貴賤、立綱紀，禮之實也；詰
姦邪、禁暴亂，刑之實也；察言行、誠政事，求賢之實也；量
材能、課功狀，審官之實也；詢安危、訪治亂，納諫之實也；
選勇果、習戰鬥，治兵之實也；實之不存，盛美無益也。（註七）

鄒浩〈上徽宗乞至誠終始納諫〉：

臣伏讀〈虞書〉，見舜命群臣，作股肱耳目而戒之曰：「予違

汝，弼汝，無面從，退有後。」言夫面從以成其違者是諛也，
後言以指其違者是謗也，二者非事君之道也。有虞之臣皆大賢，
豈不知之？舜且以此戒焉，是知拂心忤意非人臣之所樂，在於
人君有以導之而已。（註八）

　　按：司馬光引〈周書‧梓材〉、鄒浩引〈虞書‧益稷〉，皆不直
接提稱篇名，只較前引「書曰」，稍具體列出時代而已，其中固然與
習慣有關，亦有少數篇章似已略見開宋代疑經風氣之先。

三、對疑經改經問題之觀點

㈠〈堯典〉與〈舜典〉分合問題

今本〈舜典〉是由〈堯典〉分出來。

《僞古文孔傳》分〈堯典〉「愼徽五典」以下爲〈舜典〉，孔序
以爲是伏生「以〈舜典〉合於〈堯典〉」，宋儒林之奇《尚書全解》
提出相反意見：

　　伏生以〈舜典〉合於〈堯典〉，至孔安國纂壁中書，始釐而爲
　　二，由是始爲二篇。然「愼徽五典」之文與「帝曰欽哉」之文，
　　辭意相接，其實一篇也。」（註九）

趙彥衛考之《史記》，謂二典原本相連，曰：

　　〈書序〉云：「伏生又以〈舜典〉合於〈堯典〉」，今觀《史
　　記》載「釐降二女於嬀汭，嬪於虞，帝曰：欽哉。」，即接「
　　愼徽五典」，此乃伏生本文。蓋二典堯、舜事相連，虞朝方成
　　書，故曰《虞書》，則知今〈舜典〉孔安國所分無疑。（註一○）

王柏則據《孟子》所引〈堯典〉證二典於戰國時並未分篇：

　　《孟子》又曰：「〈堯典〉曰：『二十有八載，放勳乃徂落。』」今
　　卻皆載於〈舜典〉，有以證戰國之時，孟子所讀〈堯典〉未嘗
　　分也。亦明矣。（註一一）

趙汝談亦謂二典原是一篇（註一二），其人列舉之證據雖強而有力，然此數人皆出孝宗之後，蓋二典分合問題其來久矣。觀之宋儒書奏，援用《五經正義》本之分疏，其明白稱引〈舜典〉者僅二人次，陳靖〈上太宗乞天下官屬三年替移一年一考〉：

> 誠以考課之法尚缺，升降之資不常，得之者未必賢才，失之者未盡不肖。〈舜典〉曰：「三載考績，三考，黜陟幽明。」夫子曰：「苟有用我者，三年有成。」蓋聖人因其國而設其官，久其官以行其政。（註一四）

王覿〈上徽宗論好問不可不擇其人邇言不可不察其實〉：

> 臣謹按：《中庸》曰：「舜好問而好察邇言」夫好問不察，而邇言則察者，蓋舜欲有問，必擇乎端人正士而後問之。〈舜典〉曰：「朕聖讒說殄行，震驚朕師，命汝作納言，夙夜出納朕命，惟允。」舜之好問，察言既如彼，用以命龍者又如此，可謂重且謹矣。」（註一五）

其他引用〈舜典〉之二十一人次頻率中，皆稱「帝典曰」或「虞書曰」、「書曰」或泛稱堯舜之德。如司馬光〈上英宗乞罷刺陝西義勇〉：

> 昔舜稱堯之德曰：「稽于眾，舍己從人」，仲虺稱湯之德曰：「用人惟己，改過不吝」臣願陛下勿以先入之言為主，虛心平意以察臣前後五次所言。（註一六）

田錫〈上太宗論邊事〉：

> 能審利害則為聰明，以天下之耳聽之，則聰；以天下之目視之，則明；故《書》曰：「明四目、達四聰」，惟此聰明，在無壅塞，盡去相蒙之弊，乃協和知幾之神。（註一七）

按：唐代雖採用古文孔傳本，當時馬融、鄭玄、王肅書注尚在，馬、鄭、王書不分「慎徽五典」以下為〈舜典〉，學者習用之，所引〈舜

典〉之文詞，仍多稱〈堯典〉。如《詩·時邁》引鄭箋：《書》曰：
「歲二月，東巡狩，至于岱宗，柴望秩于山川，遍于群神。」此句在
今〈舜典〉之中，而《正義》云：「《書》曰以下〈堯典〉。」〈周
禮正義序〉賈公彥曰：「〈堯典〉云：伯禹作司空。」又曰：「〈堯
典〉有典樂納言之職」。賈公彥所引〈堯典〉之句亦在《五經正義》
本〈舜典〉之中，可見唐代之時即已如此，不待宋儒而始。

　　㈡〈益稷〉與〈皋陶謨〉分合

　　〈益稷〉原是〈皋陶謨〉的下半篇，《僞孔傳》序曰：「伏生〈
益稷〉合於〈皋陶謨〉」，以爲是伏生誤合，故分而爲二。蘇軾《東
坡書傳》以〈皋陶謨〉末「思曰贊贊」與〈益稷〉首「予思曰孜孜」
文意相接，謂「伏生合二篇爲一」爲是（註一八），其後林之奇《尚書
全解》（註一九）、呂祖謙《呂氏家塾讀書記》（註二〇）、蔡沈《書集
傳》（註二一）、王柏《書疑》（註二二），皆相同主張，觀之宋儒書奏，
亦彷彿有此趨向，書奏中引〈益稷〉之文凡十一人次，皆無稱〈益稷〉
篇名，而用「禹戒之曰」或「書曰」：如富弼〈上神宗論探聽旣多，
當辨君子小人〉：

　　　《書》曰：「知人則哲，惟帝其難之」，注云：「帝謂堯也」
　　　夫堯爲大聖人，仲尼比之如天，而尚未盡得知人之道，況乎居
　　　堯之下者哉？近日上殿，臣僚頗蒙面賜緋紫者，爵位金帛固不
　　　可非次而與之，其餘唯章服華顯，人亦貴重，亦可以爲勸獎之
　　　物。《書》曰：「車服以庸」，傳曰：「惟名與器不可以假人」
　　　以此知不可不稍貴之、惜之，以爲勸獎之一端也。（註二三）

按：「知人則哲」句，出自〈皋陶謨〉，「車服以庸」句則出自〈益
稷〉，五經正義本《尚書》分爲二篇，富弼皆以「書曰」帶過，不引
稱篇名，是亦疑而如此乎？

　　范祖禹〈上哲宗進經書要言以備聖札〉：

以舜之聖，而益戒之曰：「罔失法度，罔游于逸，罔淫于樂」；
禹戒之曰：「無若丹朱傲」，湯有盤銘，武王於宴席之四端爲
銘，於几杖爲銘、於衣帶爲銘，……而況於後世之君乎？」（註
二四）

按：「罔失法度」句出自〈大禹謨〉，「無若丹朱傲」句則出自〈益
稷〉，范氏亦籠統而言「禹戒之」、「益戒之」而已。

司馬光〈上仁宗乞謹擇儲貳或典宿衛尹京邑以鎮安人心〉：

〈虞書〉曰：「天之命，惟時惟幾」，陛下若失時不斷，使天
下之人有以議陛下之純孝，則臣雖欲畢命捐軀以報陛下，亦無
已。（註二五）

楊繪〈上神宗乞因轉對召訪以事閱其能否〉：

臣竊以人君之所難者，其惟知人乎？〈虞書〉曰：「萬方黎獻，
共其惟常，臣惟帝時舉數納以言，明庶以功，車服以庸。」此
之謂也。（註二六）

鄒浩〈上徽宗乞至誠終始納諫〉：

臣伏讀〈虞書〉，見舜命群臣作股肱耳目，而戒之曰：「予違
汝弼汝，無面從，退有後言」夫面從以成其違者，是諛也；後
言以指其違者，是謗也，二者非事君之道也。（註二七）

按：此數人，非但不稱引〈益稷〉篇名，其言「虞書曰」亦與《五經
正義》本異。五經正義本《尚書》，分列〈皋陶謨〉、〈益稷〉，各
屬〈虞書〉與〈夏書〉，而司馬光、楊繪、鄒浩諸人則云「虞書曰」，
顯然已是併〈益稷〉于〈皋陶謨〉。

　㈢〈顧命〉與〈康王之誥〉：

伏生所傳《尚書》，原無〈康王之誥〉，〈孔傳〉分「王出在應
門之內」以下爲〈康王之誥〉，《正義》云：「伏生以此篇合於〈顧
命〉共爲一篇，後人知其不可分而爲二。馬、鄭、王本此篇自『高祖

寡命」已上內於〈顧命〉之篇」則是《正義本》與馬、鄭、王本分合不同。朱熹曰：「伏生以〈康王之誥〉合于〈顧命〉與〈康王之誥〉二篇只是一篇：

　　〈顧命・康王之誥〉二書只是一篇，一正其始，一正其終，中間命誥之辭不多，全是國家始終之大典。（註二八）

　　觀之《宋史・禮志》所載：

　　淳熙十四年十月八日，高宗崩，孝宗號慟擗踊，踰二日不進膳，二十日丁亥，小祥，帝服未改，王淮等乞俯從禮制，上流涕曰：「大恩難報，情所未忍。」帝批淡黃袍，改服白袍。二月己亥，大祥；四日辛丑，禫祭禮畢；五日壬寅，百官請聽，不允；八日，百官三上表引〈康誥〉「被服冕服」、「出應門」等語以證。九日，詔可。（註二九）

按：正義本〈顧命〉云：「惟四月，哉生魄，王不懌，甲子，王乃洮頮，相被服冕服，憑玉几。」〈康王之誥〉曰：「王出在應門之內，太保率西方諸侯入應門之左。」是「被服冕服」與「出應門」分列二篇。百官上表引〈康誥〉之語，應爲〈康王之誥〉之誤，而合二篇爲一，其時較朱、王二人爲早，已是開始疑〈顧命〉了。

結　論

　　大致說來，宋儒書奏中對於《尙書》是今古文並用，不受疑古風氣的影響，其篇名稱引的方式，也與前代相似，直接稱「夏書」、「商書」、「周書」，或籠統的記「書曰」，較少直接稱引篇名，然而對一些有問題的篇目如〈舜典〉、〈益稷〉、〈康王之誥〉，似乎已有逐漸變更的趨向：

　　一、〈堯典〉、〈舜典〉之分合問題，馬融、鄭玄、王肅早已與五經正義本不同，由宋儒二十一人次中，只有二次明白稱引〈舜典〉

篇名之情形看來，宋儒似乎比較採用馬、鄭、王的說法。

　　二、〈益稷〉與〈皋陶謨〉，宋儒書奏之中皆不稱〈益稷〉篇名，而司馬光、楊繪、鄒浩等人也不遵從正義本置〈益稷〉於〈夏書〉之分疏，而逕稱「虞書曰」，其中應可見對經書篇目分合的不同意見。

　　三、〈顧命〉與〈康王之誥〉合爲一篇，書奏之中僅有一例，然而此例在孝宗之時，彼時正爲朱熹、王柏、林之奇等人在經學上懷疑經書風氣盛行之時，似乎不能僅以「唯一孤例」而忽略之。陸游曾云：「唐及國初，學者不敢議孔安國、鄭康成，況聖人乎，自慶曆後，諸儒發明經旨，非前人所及。」皮錫瑞評之曰：「其實風氣實然。」由宋儒書奏引用經書之情行觀之，議可略見慶曆以後學術之流風。

【附註】

註　一　《宋名臣奏議》卷一百四十五。
註　二　《宋名臣奏議》卷七十七。
註　三　《宋名臣奏議》卷三十二。
註　四　《未名臣奏議》卷九十二。
註　五　《宋名臣奏議》卷七十一。
註　六　《宋名臣奏議》卷十一。
註　七　《宋名臣奏議》卷一。
註　八　《宋名臣奏議》卷十九。
註　九　《宋名臣奏議》卷二。
註一〇　《雲麓漫鈔》卷十。
註一一　《書疑》卷十二〈二典三謨總疑〉。
註一二　《宋史》卷四百十三。
註一四　《宋名臣奏議》卷七十二。
註一五　《宋名臣奏議》卷二十一。

註一六　《宋名臣奏議》卷一百二十三。

註一七　《宋名臣奏議》卷一百二十九。

註一八　《東坡書傳》卷四。

註一九　《尚書全解》卷六。

註二〇　《呂氏家塾讀書記》卷四。

註二一　《書集傳》卷一。

註二二　《書疑》卷二〈典謨總疑二〉。

註二三　《宋名臣奏議》卷四十四。

註二四　《宋名臣奏議》卷六。

註二五　《宋名臣奏議》卷三十。

註二六　《宋名臣奏議》卷七十七。

註二七　《宋名臣奏議》卷十九。

註二八　《書疑》卷八〈顧命、康王之誥疑〉。

註二九　《宋史》卷一百二十二。

莊子的生命觀

王金凌

壹、儵、忽與渾沌

莊子對生命的看法是：生命始於衝突，終於圓融。衝突是生命事實，圓融則是莊子的生命理想。這個生命觀在渾沌之死中已透露端倪。〈應帝王〉中，莊子敍中央之帝渾沌善待南海王帝儵與北海之帝忽，儵與忽欲報德，而鑿渾沌七竅。歷七日，七竅成而渾沌死。在這段寓言裏，儵與忽有何寓意？渾沌有何寓意？渾沌之死又有何寓意？

七竅以視聽食息，四者是生命本能，其中又有高低層次之別。食息是低層次的生命活動能力，視聽是高層次的生命活動能力，它引導食息活動。人除了視聽食息之外，又有意識，能思維，生命進入自覺階段。人既能藉視聽食息而接觸外物，又能反思其視聽食息與思維。向外和向外的能力顯現了自我意識。而自我意識呈現了自身統一性，也呈現與物分裂的事實。若無統一性，自我將不成其為自我；若不與物分裂，自我也消失。不僅如此，視聽食息的向外特性，使自我意識在統一性之外，又具有擴張性。儵與忽欲將七竅推及渾沌，便是自我意識擴張性的表徵。

擴張性是外馳的，統一性卻是內聚的，二者相反。擴張性吸納外物，自我卻必須藉與物分裂而存在，二者又相反。自我不能消滅伴隨視聽食息而來的擴張性，否則生命不存。於是自我的統一性必須隨擴張性而調整其統一範圍，換句話說，自我的統一性變動不居。一個不斷變更統一內涵的自我能說完成了他的統一嗎？況且自我不容許其擴

張性充量至極的發揮，而將外物完全吸納入自我，否則自我的擴張性和統一性將失去對象。對象一旦消失，自我隨即不存。因此，自我的統一性和擴張性須是永未完成的。既然之未完成，則自我的情感將永遠處於未定不安之中。

自我的統一性和擴張性在一群體中互動而形成文化，在歷史中發展成文明。因此，文化和文明也處於永遠的擴張和統一中，之遠處於未定和不安中。這就是生命始於衝突的意義，自我的擴張性和統一性衝突，自我和外物衝突，而儵與忽就象徵這個生命的衝突。這個衝突的結果，莊子藉南海與北海呈現出來。南北是方位之稱，與中央相較，南北偏至，而中央圓融。生命偏至是其衝突本性的結果，超拔之道在於渾沌的圓融。圓融的渾沌有何寓意？

渾沌本指宇宙未生、「未始有物」（〈齊物論〉語）的超時空概念，是個純粹形式的概念。然而儵與忽使渾沌在本義之外，有了引申義。若渾沌只具本義，則不應有儵與忽，因爲二者爲萬物之一。與儵、忽相較，渾沌引申爲文明未啓的素樸狀態。既然文明未啓，則渾沌的素樸狀態實無貴賤可言，價值判斷不施之於渾沌，因爲價值判斷是文明之物。但是莊子敘渾沌之死，又儼然有憾，則渾沌不僅是文明未啓的素樸狀態。與儵、忽相較，渾沌超越視聽食息之上，其引申義是超越自我意識的擴張性和統一性之上，超越擴張性和統一性所導致的未定不安。擴張性和統一性發揮在群體歷史而形成文化、文明時，本具利欲趨向，渾沌則超越利欲之上。渾沌之死象徵自我意識的獨秀、未定、和不安。自我意識從此踏上彼此之間和是非之間，無休無止的擺盪。這個擺盪的歷程就是彼此和是非。

貳、彼　此

生命歷程裏，自我以什麼方式完成其統一？這個方式決定於視聽

食息的擴張性，而視聽食息得智力思維之助，以外物爲對象，包括具體的和抽象的對象。自我將外物攝歸自身的方法是以智力把外物納入一理序，掌握理序即完成自的的統一性，換句話說，自我以建構世界觀完成其統一。

這個統一的歷程是艱辛的，成就是宏偉的。〈大宗師〉說：

> 知天之所爲，知人之所爲者，至矣！知天之所爲者，天而生也；
> 知人之所爲者，以其知（智）之所知，以養其知（智）之所不
> 知。終其天年，而不中道夭者，是知之盛也。

天之所爲有其理序，人之所爲也有其理序，自我的統一就是賴智力探索天道、人事、和天人之際的理序，建構一世界觀。天道固然難知，人事也不易盡明。關於人事的理序，吾人以推論的方式建構，故稱「以其知（智）之所知，以養其知（智）之所不知」。關於天的理序，須有天縱之智，以直觀而知之，故稱「知天之所爲者，天而生也」。而這個天的理序既不賴經驗推論，因而不是物理的，而是倫理的。不論推論或直觀，面對繁賾的外物，而欲窮其理序，勢必歷經漫長與艱辛。能不挫退，可謂大勇。然而這大勇相對於結果來說，極爲悲壯。何故？每一知識欲其確當無誤，都必須有依據，而所依據的依然是一知識，依然需要另一個依據，如此則知識的確當無誤遙遙無期。因此，〈大宗師〉接著說：

> 雖然，有患。夫知有所待而後當，其所待者，特未定也。

而〈養生主〉也說：

> 吾生也有涯，而知也無涯，以有涯逐無涯，殆矣！已而爲知者，
> 殆而已矣！

雖然如此，自我意識的統一性和擴張性並不因此而猶豫不前，否則自我將消失。自我意識仍須積極建構世界觀，以完成其統一。

自我的世界觀是以「此」和「彼」構成的。視聽食息和思維的特

性是分裂與組合，將外物分裂組合而知之。經分裂的外物，莊子稱之為「此」和「彼」，故〈齊物論〉說：「物無非彼，物無非是。」分辨彼此就是將外物分類，而彼和此的指涉隨分類層級而變。在 B 層級類別中，有彼和此，這個彼或此自身是個體。降至 C 層級類別中，B 層級的彼或此本身是一類別，中含更小的彼和此。若升至 A 層級，則 B 層級的彼和此結合為一彼或一此，即結合成 A 層級中的個體。智力就以此方式將外物分辨和建構成龐大的分類系統，形成世界觀。

　　然而以彼和此構成的世界觀是否堅實不移，不可改易？不然。彼此之別會消失，彼此之別也是相對的。

　　在分類系統中，每一層級內的彼和此之別都消失在更高層級的類別中。故〈齊物論〉說：

> 今且有言於此，不知其與是類乎？其與是不類乎？類與不類，相與為類，則與彼無以異矣！

語言表述所認識的外物。說一物（此）時，此物若非與相似之物同屬某類，就是不相似而不屬於某類，相似與不相似有別，故此與彼有別。但是此與彼若結合，而從屬於更高層級的類，則原層級的彼此之別消失，故稱「類與不類，相與為類，則與彼無以異矣」。

　　彼此之別在分類系統中逐層消失，這是為了實現自我意識的統一性。那麼，在分類系統中逐層消失的彼此之別是否會澈底泯除，而完全實現自我意識的統一性？不會。彼此之別雖然逐層消失，彼、此、及其分別仍然存在於更高層級的類，並未淪入虛無。〈齊物論〉說：

> 有始也者，有未始有始也者，有未始有夫未始有始也者。有有也者，有無也者，有未始有無也者，有未始有夫未始有無也者。俄而有無矣，而未知有無之果孰有孰無也？今我則已有謂矣，而未知吾所謂之其果有謂乎？其果無謂乎？

莊子論始和有是將二者作為彼此之別的一例。彼此之別可以從實物著

手,在分類系統中逐層升高之後,終於到最高層級的始和有。那麼,始和有是否沒有彼此之別?不然。此和彼本就有所肯定或否定。肯定「此」,則否定「非此」;肯定「彼」,則否定「非彼」。當以「始」爲「此」時,則有「未始有始」爲「非此」(彼)。而自我意識的統一性必須消融「此」和「彼」,於是「始」和「未始有始」更升一層級,而有「未始有夫未始有始」。如此無窮後退,無盡無已,於是自我意識的統一性永未完成。

同理,當以「有」爲「此」時,就有「無」爲「非此」(彼)。若以「無」爲「此」,則有「未始有無」爲「非此」(彼)。若進而以「未始有無」爲「此」,則有「未始有夫未始有無」爲「非此」(彼)。如此無窮後退,無盡無已,於是自我意識的統一性永未完成。

彼此之別的消失不僅無盡無已,彼此之別也是相對的。〈齊物論〉說:

> 物無非彼,物無非是。自彼則不見,自知則知之。故曰:彼出於是,是亦因彼。……是亦彼也,彼亦是也。彼亦一是非,此亦一是非,果且有彼是乎哉?果且無彼是乎哉?

自我意識的本性是以其自身爲衡量萬物的尺度,自我經彼此之別而建構的世界觀具有核心地位,爲「此」,他人所建稱的世界觀則居於邊緣地位,爲「彼」。但是他人的世界觀亦有自我意識,有其核心地位。於是吾人所視爲「彼」者,在「彼」而言,是「此」;而吾人所視爲「此」者,在「彼」而言,反而成爲「彼」。故稱「自彼則不見,自知(智)則知之」。彼此之別既然相對而不定,則自我意識的統一性也永未完成。

在分類系統中,彼此之別逐層消失,且無有已時;在不同的世界觀之間,彼此之別相對而不定。這都顯露自我意識的擴張性不足以使統一性充分且完全的實現,亦即智力所建構的世界觀與自我意識的統

一性是衝突的，這也是儵與忽雖秉善意報德，反而致渾沌於死的原因。

　　智力對彼和此的分辨，莊子在〈齊物論〉中以地籟、人籟爲喻，又以朝三暮四爲喻。地籟系風因萬竅而怒呺，竅各不同，怒呺隨之而異，這就是萬竅的此與彼。狙公賦芧時，若朝三爲此，則暮四爲彼，反之亦可；若朝四爲此，則暮三爲彼，反之亦可；若朝三暮四爲此，則朝四暮三爲彼，反之亦可。而眾狙卻堅持以朝四暮三爲此，則眾狙亦猶儵與忽。

　　以彼和此爲基礎所建構的分類系統或世界觀是以語言表述的。世界觀與自我意識統一性的衝突既已如前文所述，則語言與自我意識的統一性也有衝突。故〈齊物論〉說：

> 夫言非吹也。言者有言，其所言者，特未定也。果有言邪？其未嘗有言邪？其以爲異於鷇音，亦有辯乎？其無辯乎？道惡乎隱而有眞僞？言惡乎隱而有是非？道惡乎往而不存，言惡乎存而不可？道隱於小成，言隱於榮華。

所謂「吹」，係指天籟。天籟與地籟、人籟不同，它沒有彼此之別。語言則不然。語言表述此或彼，而彼此之別，無盡無已，則語言也是無盡無已。言者所言在其分類系統或世界觀中，有約定俗成的既定意義。但是這個意義發生在言者和聽者之間，而言者和聽者各有其自我意識所建構的世界觀，於是約定俗成的語言意義無法確定不移，而常有游移、衍生、轉變的情形。換句話說，語言意義的游移、衍生、轉變是言者和聽者的彼此之別所致。故稱「言者有言，其所言者，特未定也」。但是「未定」不是不可理解，「未定」是相對於自我意識的統一性而言。自我意識的統一性要求「已定」，而語言意義卻陷於彼此之別而未定，則欲透過語言去實現自我意識的統一性乃不可能。語言意義和彼此之別一樣是永未完成的歷程，語言無法描述、確定莊子所企慕的「道」。故〈齊物論〉說：

> 天地與我並生，而萬物與我爲一。既已爲一矣，且得有言乎？
> 既已謂之一矣，且得無言乎？一與言爲二，二與一爲三，自此
> 以往，巧歷不能得，而況其凡乎？

所謂「巧歷不能得」，就是指語言描述彼和此是個永未完成的歷程。透過語言描述所建構的世界觀是可理解、有意義的，因此是「成」，但是卻因「未定」而只是「小成」。世界觀龐大、曲折、複雜，則描述世界觀的語言自是榮華之言。

　　不僅彼此之別和榮華之言使自我的統一性永未完成，是非之辨更使自我陷於永不止息的哀樂流轉。

叁、是　非

　　自我並非只是秉其智力如實的建構世界觀而已，根源於視聽食息的情緒本能對此世界觀不由自主的有所好惡。情緒是生物本能，情感則是智力思維與情緒的混合。人的能力從視聽食息進而有思維之後，思維能反思自身和視聽食息所伴隨的情緒反應。爲了與情緒本能有別，這種能力可稱爲情感。廣義的情感好惡可稱爲「是非」。「是非」施之於外物，隨自我的意向而分化爲善惡、美醜、眞僞、質量優劣等判斷。由於自我意識以建構世界觀來實現其統一性，而建構涉及用途，於是一切是非可歸攝於有用或無用。

　　自我意識首先注意到自己的身體，拋離身體，自我意識將無所附麗。我的身體與他人的身體形成此和彼，人的身體和其他物種的形體又形成此和彼。雖然彼此之別使自我意識的統一性永未完成，但是自我意識的統一性在此或彼可得暫時完成，這種完成也就是〈齊物論〉中所謂的「小成」。自我意識在此或彼完成其統一性時，就形成定見。合乎定見者爲是，反之則爲非。人的身體和其他物種相較，各有其固定的相狀，合乎其相狀者爲全，反之則爲殘。貴全與賤殘就是「是非」

之施於身體。〈德充符〉說：

申徒嘉，兀者也，……曰：「人以全其足，笑吾不全足者多矣。我怫
然而怒，而適先生子產之所，則廢然而反，不知先生之洗我以善邪？
吾之自寤邪？吾與夫子（子產）遊十九年矣，而未嘗知吾兀者也。今
子與我遊於形骸之內，而子索我於形骸之外，不亦過乎？」

子產以喻自我意識居於暫定的此世界觀以評斷不合乎此世界觀者為非
而笑之，申徒嘉則喻超越暫定的此世界觀。申徒嘉也曾經沈陷在暫定
的此世界觀，故人笑之而怒，及其超越，則怒息。

是非施之於身體而有貴全賤殘，施之於身體的活動則有貴我而賤
人。萬物各有其形，因此各有其活動方式，不可替代。此理，人皆知
之。但是因為人類隨其文化差異，也各自有其活動方式，人卻不知之。
〈逍遙遊〉中，鯤、鵬、蜩、學鳩正是喻此。鯤、鵬形大，自有其活
動方式；蜩與學鳩形小，亦有其活動方式。然而自我意識以其所建構
的世界觀為是，不合此世界觀者為非。蜩與學鳩的世界觀在榆枋之間，
鯤、鵬的世界觀則在北冥與南冥之間。以榆枋之間的世界為此，為是，
則南冥與北冥之間的世界為彼，為非。反之亦然。〈逍遙遊〉中只見
蜩與學鳩笑大鵬，未見大鵬反譏之，這是暗喻自我意識對此和彼妄加
是非乃淺小之見。

從鯤、鵬、蜩、學鳩的形體活動方式轉至人類，則人類身體的活
動方式發生在群體內、社會內。在一社會內，人類的活動方式（制度）
應如何，人人各有定見，而是此非彼。「故有儒墨之是非，以非其所
非，而是其所是」（〈齊物論〉語）。這是是非施之於知識的真偽。
然而究竟孰真孰偽？孰是孰非？當人人都使用同一套邏輯時，所得的
只是形式相同，內涵依然有別，依然有彼此，依然有是非。因此關於
身體在社會內活動方式的是非、真偽，不是邏輯問題，而是自我意識
所建構的世界觀有別，猶如鯤鵬與蜩、學鳩，難以相互取代。故〈齊

物論〉說：

> 既使我與若辯矣，若勝我，我不若勝，若果是也？我果非也邪？
> 我勝若，若不吾勝，我果是也？而果非也邪？其或是也？其或
> 非也邪？其俱是也？其俱非也邪？我與若不能相知也。則人固
> 受其黮闇。吾誰使正之？使同乎若者正之？既與若同矣，惡能
> 正之？使異乎我與若者正之，既異乎我與若矣，惡能正之？使
> 同乎我與若者正之，既同乎我與若矣，惡能正之？然則我與若
> 與人，俱不能相知也，而待彼也邪？

所謂「我與若與人俱不能相知」，並非無法相互理解，而是不能相互
取代各人之所知。因爲各人所知之間有勝負，而知勝負必須以知彼此
之所知爲前提。則各人之所知是指自我意識所建構的世界說或活動方
式。而人每因自我意識中的統一性之故，而對其他的世界說或活動方
式有所是非，同於我者爲是，異於我者爲非。

　　不僅在諸世界觀之間有是非，在同一世界觀內也有是非。世界觀
既是智力施於外物所構成的理序，人在社會內的活動方式就依循這個
理序。但是人的活動實際上並不必然循此理序。於是有是否循此理序
而生的是非判斷。理序在倫理上有道德的善與惡，合乎理序，則善而
有名；違背理序，則惡而有刑。但是〈養生主〉卻說：「爲善無近名，
爲惡無近刑，緣督以爲經。」何故？「彼出於是，是亦因彼」（〈齊
物論〉語）之故。不論爲善所根據的道理如何，都必須消除惡，但是
惡若消除澈底，善亦從此不存在。此理猶如自我意識的統一性必須將
外物攝歸自我，但是外物盡攝於自我時，自我亦消失。若以善爲此，
則惡爲彼，反之亦然，這就是彼是相生之說。在社會內，善與惡是藉
名和刑規定出來的，既然勿近名，勿近刑，則無爲善爲惡可言，於是
〈養生主〉所云爲善爲惡實爲超越惡，故稱「緣督以爲經」。

　　是非施之於身體，則貴全而賤殘；施之於身體的活動方式，則貴

此而賤彼，以此爲眞，以彼爲僞；施之於倫理，則貴善而賤惡，這都是由自我意識統一性發用，而流衍出來的。自我意識統一性之永未完成已如前文所述，若昧於此理，則是非貴賤之術愈益精巧，自我與外物的分裂也愈益嚴重，大悖初衷。故〈齊物論〉說：

大知閑閑，小知間間；大言炎炎，小言詹詹。其寐也魂交，其覺也形開。與接爲構，日以心鬥，縵者窖者密者。小恐惴惴，大恐縵縵。其發若機栝，其司是非之謂也。其留如詛盟，其守勝之謂也。其殺如秋冬，以言其日消也。其溺之所爲，不可使復之也。其厭也如緘，以言其老洫也。近死之心，莫使復陽也。喜怒哀樂，慮歎變慹，姚佚啓態。樂出虛，蒸成菌。日夜相代乎前，而莫知其所萌。

是非、守勝、日消、老洫都是種種貴賤所衍生的巧術，導致喜怒哀樂，日夜相代。而自我意識欲完成其統一性又何嘗逆料及此。溯其根源，端在以自我意識的統一爲其目的。既有此目的，則一切完成此目的所需的事物皆成爲工具，而工具有有用與無用之別。於是身體之全爲有用，殘則無用；知識之眞爲有用，僞則無用，倫理之善爲有用，惡則無用。凡一切有用之外物，則貴之，珍之，保之，愛之，凡一切無用之外物，則賤之，棄之，捨之，厭之。但是，用施之於自我時，自我斷無自居無用之理，而實際上自我時時不免流於無用，於是不能不出之以守勝、老洫的巧術，以自致於有用。巧又無必勝之理，遂致喜怒哀樂，日夜相代。況且，有用固然值得貴愛，無用也是一存在，並非虛無，則將如何處之？如今只因汲汲於有用，竟然不知如何對待無用。既不知如何對待無用，則自我意識所建構的世界觀仍未將無用攝納而未完成。因此，當惠施爲大瓠無用而掊之時，莊子譏其拙於用，譏其心有蓬。（見〈逍遙遊〉）

一切的是非都發生在生到死之間，亦即任何世界觀都發生在生到死之間，但是生和死卻不是是非的對象。〈大宗師〉說：

> 死生，命也，其有夜旦之常，天也，人之有所不得與，皆物之
> 情也。

人不得與乎死生意即是非不能加諸其上。雖然如此，自我意識知道有
死有生，不能不把死生納入其世界觀，猶如自我意識不能不把無用納
入世界觀內。死生對建構自我的世界觀可說毫無用處，它不是建構世
界觀的素材，反而是對世界觀的限制。於是在彼此是非極其繁複的世
界觀裏，有一處不屬於彼此是非的領域。在這個領域，只有哀樂之情，
它成爲超越彼此是非之門。〈養生主〉說：

> 老聃死，秦失弔之，三號而出。弟子曰：「非夫子之友邪？」
> 曰：「然。」「然則弔焉如此，可乎？」曰：「然。始也，吾
> 以爲其人也，而今非也。向吾入而弔焉，有老者哭之，如哭其
> 子；少者哭之，如哭其母。彼其所以會之，必有不蘄言而言，
> 不蘄哭而哭者。是遁天倍情，忘其所受，古者謂之遁天之刑。
> 適來，夫子時也；適去，夫子順也。安時而處順，哀樂不能入
> 也，古者謂是帝之懸解。」

樂生而哀死是人情之常，它源於自我意識的擴張性和統一性。在建構
世界觀的歷程中，擴張性和統一性因暫得實現而樂，因暫受挫折而哀。
儘管哀樂相代，猶有所進。但是面臨死亡，自我意識的擴張性和統一
性至此戛然而止，彼此是非一概無所施用，能不大哀？知其爲大哀而
猶哀，則自我顯得無能爲力，只有承受，這正如受刑之人無法反抗，
只能承受，故稱爲天刑。然而自我是否甘心受刑？抑或不甘心而尋求
懸解之道？其道如何？

肆、心　齋

　　當自我意識所建構的世界觀面臨死亡，戛然而止，心生大哀之時，
反身回顧大哀之源，正在物我分裂之際，在儵、忽鑿渾沌以七竅之際。

當時，自我秉其智力，欲彌縫物我的分裂，以完成統一，豈料自我的統一非智力所能承擔，不得不在智力之外開啓另一種心靈能力。〈人間世〉說

> 回曰：「敢問心齋？」仲尼曰：「一若志，無聽之以耳，而聽之以心；無聽之以心，而聽之以氣。聽止於耳，心止於符，氣也者，虛而待物者也。唯道集虛，虛者心齋也。」

物我分裂是事實，是命，但是二者仍有媒介可通。這個媒介就是人的能力，分耳、心、氣二種。耳與心是儵與忽賴以鑿渾沌七竅的能力。耳代表視聽食息的生物本能，心指人所特有的智力。自我意識所建構而充滿彼此是非之言的世界觀，正是仰賴這兩種能力，也正是這兩種能力使喜怒哀樂日夜相代乎前，終至大哀。於是必須在心與耳之外開啓另一種能力，這種能力以「氣」爲喻。氣瀰漫六合，遍在而具有普遍性，耳與心則有彼此是非之辨而偏在，具有限性。什麼樣的心靈能力具有普遍性？與耳、心相較，虛的心靈始具有普遍性。耳與心汲汲於取此捨彼，是此非彼，因此充滿了複雜曲折的外物之符，爲實，爲偏。心齋則虛以待物。虛以待物並不否定心、耳對外物的是非彼此，因爲待物必須先知物。若否定，則不知物，亦無從待物。

然而心齋之虛究竟何所指？心齋待物時，必須有待物者，待物者爲誰？代表智力的心、耳既已不堪爲待物者，道德之善心又不免與惡相對而偏至，於是吾心之中唯有情感可堪以虛待物者。但是情感仍有待昇華，始能至心齋而虛以待物。

前文曾分辨情緒與情感，以情緒爲生物本能，情感爲情緒與智力混合之物。當智力將彼此是非施於外物時，自我意識的統一性永未完成，而處於有得有喪的歷程中，面對得喪，自我油然興起喜怒哀樂之情。這種情感與情緒有相似之處，都是緣於感物得喪而起的反應。況且這種情感依附在分辨彼此是非的智力，此智力既然不足以成爲虛以

待物者，則喜怒哀樂之情也不可能是心齋之所指。必將分辨彼此是非
的智力轉爲泯除此是非的智慧，而後喜怒哀樂之情始能昇華爲悅樂之
情，而虛以待物。因此，心齋所指就是這種超乎哀樂的悅樂之情。老
聃既死，衆人哭之，這是哀樂之情，而秦佚能知其來爲時，其去爲順，
就是能有泯除死生彼此是非之智，所以哀樂之情不入於心，唯有悅樂
而已。死生爲外物之大者，對此能哀樂不入，則其餘外物更無足論。
因此虛以待物者實爲悅樂之情，而悅樂之情緣乎超越彼此是非之智。
〈德充符〉述惠子與莊子之言說：

> 惠子謂莊子曰：「人故無情乎？」莊子曰：「然。」惠子曰：
> 「人而無情何以謂之人？」莊子曰：「道與之貌，天與之形，
> 惡得不謂之人？」惠子曰：「既謂之人，惡得無情？」莊子曰：
> 「是非吾所謂情也，吾所謂無情者，言人之不以好惡內傷其身，
> 常因自然而不益生也。」惠子曰：「不益生，何以有其身？」
> 莊子曰：「道與之貌，天與之形，無以好惡內傷其身。今子外
> 乎子之神，勞乎子之精，倚樹而吟，據槁梧而瞑。天選子之形，
> 子以堅白鳴。」

惠子以喜怒哀樂之情爲人的本質，但是在莊子眼中，這種情感與生物
本能的情緒相去不遠。爲了彰顯眞正的人，而不得不說人無情。這不
是澈底的否定好惡之情，而是辯證的否定期使內傷其身的好惡之情昇
華爲悅樂之情。

　　雖然心齋是拯救物我分裂、免至大哀的途徑，在實踐上並非易事。
心齋一方面必須肯定視聽食息和智力所建構的世界觀及其結習，另一
方面又須超越之，則心齋須從彼此是非之中走過，而後才有可能虛以
待物。〈大宗師〉敘女偊聞道的歷程說：

> 聞諸副墨之子，副墨之子聞諸洛誦之孫，洛誦之孫聞諸瞻明，
> 瞻明聞之聶許，聶許聞之需役，需役聞之於謳，於謳聞之玄冥，

　　玄冥聞之參寥，參寥聞之疑始。

這是一段隱喻，以生命歷程喻聞道歷程。副墨喻文字，洛誦喻語言，
瞻明喻視，聶許喻聽，需役喻動，於謳喻嬰兒聲，玄冥喻寂靜，參喻
廣漠，疑始則喻泯沒彼此終始。在個人生命裏，自我醒覺於文化、文
明之中。符號是文化、文明的表徵，而文字、語言是各種符號中功用
最強者，足以建構世界，分辨彼此是非。因此吾人可說自我醒覺於語
言之繭中。但是語言之繭中充滿彼此是非及其所帶來的哀樂相代，終
至死亡之大哀。於是欲破繭而出。破繭而出是一大關鍵。如何喻此破
繭之後的情境？唯有嬰兒。嬰兒始生有於謳的哭聲，有本能的活動，
而後能聽，能視，能學習語言、文字。而學習語言、文字之前，未蒙
文化、文明，可喻破繭之後的情境。但是既有自我意識之後的破繭畢
竟與嬰兒不同。嬰兒只是暗喻泯除符號世界的彼此是非，是精神境界
之喻。

　　由於自我已深陷於充滿符號的文化、文明中，一旦破繭而出，將
無依無靠，無父無母，無兄無弟，無兒無女，無鄰無里，無家無國，
所面對的世界與伏羲、女媧之時無殊。彼此是非，在此斷絕。也正因
無依無靠，心生驚恐，自我意識內視聽食息和智力的結習遂發揮作用，
而退回語言之繭內。若克服驚恐，在寂靜、廣漠的世界，見萬物莫不
如其所生，而領悟符號世界內彼此是非的局限，則超越而自繭之外觀
照繭之內。然而超越並非超離。庖丁解牛十九年，由技進乎道，雖進
乎道，解牛如故，則技緣道而神，道寓技而明。牛猶然為牛，不因技
進乎道而成為非牛。同理，自我意識所建構的世界觀並不因自我超越
了彼此是非而被摧毀，只是自我超越了好惡之情，而不再受此世界觀
桎梏，反而能順此有限、偏至的世界觀而賞悅之，故稱「遊」，稱「
逍遙」。

　　自我超越了智力所建構的彼此是非世界觀，也超越了對此世界觀

內諸事的好惡之情，然而猶有死生。不僅自我意識的世界觀、好惡之情發生在死生之內，逍遙遊也發生在死生之內，於是超越死生成為心齋的最高境界。〈應帝王〉述鄭國神巫季咸與壺子之事深明此義。

季咸能知人之生死存亡，禍福壽夭。相壺子，則無所施其術。壺子先「示之以地文，萌乎不震不正（正宜作止）」，使季咸見其「杜德機」。繼而「示之以天壤，名實不入，而機發於踵」，使季咸見其「杜權」與「善者機」。復「示之以太沖莫勝」，使季咸見其「衡氣機」，「衡氣機」顯現於九淵，而壺子僅示其三，即「鯢桓之審為淵，止水之審為淵，流水之審為淵」。最後，壺子「示之以未始出吾宗」，虛與委蛇，使季咸見弟靡、波流之無相，而不知壺子究竟為誰人。

季咸與壺子之喻甚有意味。季咸所以能知人生死存亡、禍福壽夭，端在人有相。有相則有我、有動，有我、有動則有徵，有徵則可知其人將來之勢。相、我、動、徵是季咸之智對人的分析，以喻自我意識秉其智力對外物分辨彼此是非所建構的世界觀。在此世界觀內，一切皆有理序可循，因此可以解釋。季咸是精密複雜的知識系統的象徵，也是文明的象徵。然而遭逢壺子這般超越死生，臻於無我的人，季咸不能不逃之夭夭。

生命在動與靜之間經歷。壺子示之以地文，而不震不止時，暗喻無動無靜。無動無靜即無生，故稱「杜德機」。「德」為生之德，「機」乃動之微。連細微的生機都杜絕不顯，則無相無我無動無徵，季咸當然以為死而不活。然而壺子所示為地文，既有所示，則顯然非死，乃有所喻。不震不止是喻生命未受文化、文明擾動之時，而相、我、動、徵是文化、文明烙下的痕跡。季咸知人不能離文化、文明而生，但是不知人能超越文化、文明而活，因此，乍見未受文化、文明洗禮的地文，自是以為有如濕灰。

當壺子示之以天壤時，名實不入，則壺子已入於文化、文明之中，

已顯現生命之動。因此季咸謂其痊然有生。壺子所示的天壤,超越了智力所建構的世界觀。名實就是此世界觀的表徵,它是分辨彼此是非的利器。分辨則權衡在其中,因此季咸也稱其「杜權」,意謂斷絕對外物的權衡,而超越彼此是非。生命臻此,已向上提振,故稱「善者機」。

名實不入時,儼然自我與文化、文明對立而批判之,猶如宋榮子(見〈逍遙遊〉),既已超越「知效一官,行比一鄉,德合一君,能徵一國者」,而能「舉世而譽之而不加勸,舉世而非之而不加沮,定乎內外之分,辨乎榮辱之境」,但是未能息其憤世之情,而遊乎人間之世。而壺子示之以太沖莫勝時,已超越名實不入的境界。名實不入猶有相、有我、且以我為主,太沖莫勝則有相、有我、而我與物齊,故稱「莫勝」。(列子以「莫勝」作「莫朕」)既與物齊,則無往而不可。鯢桓、止水、流水為不齊之物,壺子既超越好惡之情,故能齊之以淵。而這種境界,壺子稱為「衡氣機」,「氣」即〈人間世〉所云「無聽之以心,而聽之以氣」之「氣」,以喻普遍、平等。

太沖莫勝則物我齊,物我齊則我相無徵,因此季咸不得而相之,欲待壺子有徵,而後可相。然而壺子竟示之以未始出吾宗,則是無我無相無徵,而不知其為誰。無我為超越死生的境界。誠如前文所述,逍遙遊仍發生在死生之內,而遊有遊者,死生有死生者。死生是最大的限制,未能超越,則一切逍遙皆未究竟。壺子的未始出吾宗正是喻此,心齋至此至極。

伍、結　語

孟子承孔子的仁說,而立善端,成為人心須為善的道德之理。孟子擴其善端時,必須在社會人群之中。當孟子欲己立立人,己達達人時,固然有萬章之徒願承其教,卻也有蘇秦、張儀之輩譏其愚不可及。

當孟子爲王，而欲施仁政，且以此待鄰國時，其國中政敵是否果眞信
之，而不以爲只是面仁懷詐而抗拒之？其鄰國是否果眞信之而弛兵備？
是必不然。其政敵即使願意信之，也不能不有萬一之備，其鄰國即使
願意信之，也不能不整軍以防萬一之患。則孟子如何使人信其仁？除
捨生之外，別無他途。能爲仁而捨生，其仁果眞。但是捨生不是言語
之事，若止於言語，他人之懷疑一如懷疑其仁。則捨生須實踐，其仁
果驗而爲眞。然而孟子果能捨生，孟子之徒未必有其仁德，將舉兵復
讎，而大悖孟子仁政初衷。因此捨生以求信其仁不是行仁良法，反而
是愚行。於是孟子欲行仁政不能待其政敵、鄰國之信，而必須逕自推
行。凡抗拒者，強力制之。則孟子之行仁政將仰仗法。若孟子一時茅
塞，不能集義養氣，而致夜氣伐盡，則其藉法行仁將流於術。若孟子
藉法行仁而遭有力抗拒者，其仁政將不行而罷之，甚至遭有力抗拒者
革命，推翻其王位而流放。當孟子流放而行吟澤畔，猶未沈江之時，
宜有反躬自省：仁政若果行，實賴法術之力，惜力不足以制敵，而仁
化不行。然而逝者如斯，縱法術之力足以制敵，終不免衰竭，仁化趨
微，暴力又作。若法術之力不竭，則是猶有不仁者在，仁化猶未普行；
若仁化普行，則法術之力可廢。然而人之生皆未蒙仁化，人之生復世
世無窮，則法術之力終不可廢，而仁化與法術糾纏無有已時。將如何？

　　孟子可能的一生及其行吟澤畔之所思，正是莊子思想的起點，由
此而上，以心齋照臨彼此是非的生命。《荀子·解蔽篇》說：「莊子
蔽於天而不知人。」其實不然，莊子是「知乎人而遊於世」。

王符尚賢説析論

劉文起

一、前　言

　　兩漢四百年間，無論學術、文治、武功諸事，均有不同於往昔之發展與成就。惟一般言之，東漢除早期之光武帝、明帝、章帝外，其餘諸帝之治績，非特績效不彰，且復每下愈況，卒導致帝國滅亡。推究其中原委，外戚專權，宦官得勢，及豪門權貴之助紂爲虐，洵爲主因，以致國家財政枯竭，社會貧富不均，國防外患頻仍，整個國家制度隨即解體。

　　尤以和帝、安帝後，漢王朝之統治結構、社會風氣，均有劇烈之遷變，在此情形下，唯非常之人，方能面對變局，充分因應。可惜當朝上下，既多非其人，政教措舉，復漫無章法，國之將亡，實屬必然。唯此須指陳者，蓋處變局之中，仍有志士君子，不甘淪亡，挺身而起，力挽狂瀾，故顧炎武《日知錄》嘗寄以贊美曰：「光武……尊崇節義，敦厲名實，所舉用者莫非經明行修之人，而風俗爲之一變。至其末造，朝政昏濁，國事日非，而黨錮之流，獨行之輩，依仁蹈義，舍命不渝，風如晦，雞鳴不已。三代以下，風俗之美，無尚於東京者，故范曄之論，以爲桓靈之間，君道粃僻，朝綱日陵，國隙屢啓，故自中智以下，靡不審其崩離，而強權之臣，息其窺盜之謀，豪俊之夫，屈於鄙生之義，所以傾而未巔，決而未潰，皆仁人君子心力之爲，可謂知言者矣！」〈卷十七〉而此「仁人君子」群中，王符即其中之佼佼者。

　　《後漢書》以王充、王符、仲長統三人同傳，〈王符傳〉云：

> 「王符字節信，安定臨涇人也。少好學，有志操，與馬融、竇
> 章、張衡、崔瑗等友善。安定俗鄙庶孽，而符無外家，爲鄉人
> 所賤。自和、安之後，世務游宦，當塗者更相薦引，而符獨耿
> 介不同於俗，以此遂不得升進。志意蘊憤，乃隱居著書三十餘
> 篇，以譏當時失得，不欲章顯其名，故號曰潛夫論。其指訐時
> 短，討讁物情足以觀見當時風政。」

其後韓愈有〈後漢三賢贊〉之作，其論王符亦謂：「王符節信，安定
臨涇。始學有志，爲鄉人所輕。憤在著論，潛夫是名。……不仕終家，
吁嗟先生。」是王氏之志節言行，由此可以得見。王符約生於和、安
之時，卒於桓、靈之際，目睹時政凋敝，又不得升進，乃發憤著述，
寄寓感慨，《潛夫論》三十六篇，始贊學而終敘錄，自《隋志》以下，
歷代公私書錄，均有記載，「所敷陳多切中得失，非迂儒矯激務爲高
論之比」《四庫全書簡明目錄》，「切中得失」一語，實爲王氏其書
價值所在。《潛夫論》中，或論時政、或論國防、或論經濟、或論社
會、或論「人道日爲」之思想……，幾全與東漢中葉後之朝政流俗相
緊扣，而王符「發憤著論」之宗旨，於全書三十餘篇中，幾篇篇均有
述及者，實爲其「尚賢」之主張。《潛夫論》全書，不惟有〈賢難〉、
〈思賢〉、〈潛歎〉諸篇，發揮其「尚賢」之一貫理論；其他諸篇，
殆亦此一主張之補充與強調。故今檢尋全書（註一），以「王符尚賢說
析論」爲題試加申論，以見先哲潛心默運之意。

二、王符何以倡言尚賢

　　尚賢原爲儒家政治思想之一環，王符有此主張，原不足爲奇，且
王符家世原本寒微，「安定俗鄙庶孽，而符無外家，爲鄉人所賤」〈
本傳〉，意欲出人頭地，一展所長，應屬理之當然，「尚賢」即此意
念之發揮；而和、安之際，「世務游宦，當塗者更相薦引」，王氏雖

無能一展長才，然「尙賢」觀念之提出，既爲「志意蘊憤」之發抒，亦其「指訐時短，討　物情」之沉痛呼籲；而王符素與馬融、竇章、張衡、崔瑗相友善，查馬融諸人，雖皆顯貴之後（註二），但皆勤於任事著述，王符終身未任，於政情之考察、社會經濟脈動之掌握，必有取於彼者，然則王符之「尙賢」說，殆亦非其一人之私意也。

此外，東漢章帝以後之政經社會，漸趨崩壞，尤足強化王符之尙賢主張，王符曰：

> 「世之所以不治者，由賢難也。所謂賢難者……乃將言乎，循善則見妒，行賢則見嫉，而必遇患難者也。」〈賢難〉

> 「夫朝臣所以統理，而多比周則法亂，賢人所以奉己，而隱遯伏野則君孤，法亂君孤，而能存者，未之嘗有也。」〈明闇〉

> 「何以知國之將亂也，以其不嗜賢也，……亂國之官，非無賢人也，其君弗之能任，故遂於亡也。」〈思賢〉

闇君所以孤危，國之所以亂亡，原其所自，皆起於不尙賢，蓋君上執政，「未嘗不欲治也，而治不世見者，所任不賢故也。」〈潛歎〉影響所及，「國有傷賢之政，　則民多橫夭」〈德化〉，而「民爲國基」〈本政〉，今若橫夭折絕，基石不立，國家焉能不亡？故王符復言：

> 「國之亂，待賢而治。」〈思賢〉

> 「明君莅眾，務下言以招外敬，納卑賤以誘賢也，其無距言，未必言者之盡可用也，乃懼拒無用而讓有用也，其無慢賤，未必其人盡賢也，乃懼慢不肖而絕賢望也。是故聖王表小以屬大，賞鄙以招賢，然後良士集于朝，下情達于君也。」〈明闇〉

唯有良士集於朝，下情達於君上，上下施政，庶幾可以無弊，國家敗亡之危機，方能免除。今將王符所處時代之政經背景，分述於左，以見其尙賢說之懇切叮嚀所在：

　㈠政治情勢：

　　光武起義之初，即得南陽、潁川、河北等地之豪族大家支持，所
謂「雲臺二十八將」、「三百六十五功臣」，均屬州郡大姓及地方長
吏出身。東漢新立之初，大批權貴，會合地主、富商、官僚、透過土
地兼併、商業經營等手段，營取驚人貲財，復以察舉、征辟等選任官
吏制度之不實，遂演成「邪佞未去、權門請托，殘吏放手」《後漢書
劉植傳》之情況。明帝之後，三輔竇氏、南陽鄧氏、安定梁氏，前後
專政，把持權柄，世代為宦之豪門閥閱，遂乃形成，即以中興元功著
稱之鄧禹一家論之，在東漢一代「凡侯者二十九人，公二人，大將軍
以下十三人，中二千石十四人，列校二十二人，州牧、郡守四十八人，
其餘侍中、將、大夫、郎、謁者，不可勝數」《後漢書鄧禹傳》，世
族大家，掌控中央及地方行政機構，隨意支配國家之政經資源，胡作
妄為，「直如弦，死道邊，曲如鉤，反封侯」《後漢書五行志》，情
性耿介之王符，豈能坐視不顧？其有言曰：

> 「今世得位之徒，依女妹之寵以驕士，藉亢龍之勢以陵賢，而
> 欲使志義之士，匍匐曲躬以事己，毀顏諂諛以求親，然後乃保
> 持之，則貞士採薇凍餒，伏死巖穴之中而已爾，豈有肯踐其闕
> 而交其人者哉？」〈本政〉

京師貴戚，「衣服飲食，車輿文飾廬舍，皆過王制，僭上甚矣」〈浮
侈〉，養生之道，固是窮奢極欲，而送死葬埋，更復「必欲江南楩梓，
豫章梗柟，……求之連日，然後見之，伐斫連月，然後訖，會眾然後
能動擔，牛列然後能致水潰油入海，連淮逆河，行數千里，然後到雒，
工匠彫治，積累日月，計一棺之成，功將千萬，夫既其終用，重且萬
斤，非大眾不能舉，非大車不能輓」（同上），「生不極養，死乃崇
喪，或至金鏤玉匣，糯梓梗柟，良田造塋，黃壤致藏，多埋珍寶，偶
人車馬，造起大冢，廣種松柏，廬舍祠堂，崇侈上僭，寵臣貴戚，州
郡世家，每有喪葬，都官屬縣，各當遣吏齎奉，車馬帷帳，貸假待客

之具，務爲華觀」（同上），「貴戚懼家之不吉，而製諸令名，懼門
之不堅，而爲作鐵樞」〈忠貴〉，朝政由彼輩爲之，王符特指出其惡
果所在，其言曰：

> 「人君世主，棄此不察，而苟以親戚邑人典官者，譬猶以愛子
> 易御僕，以明珠易良藥，雖有可愛好之情，然而其覆大車而殺
> 病人也，必矣。」〈思賢〉

外戚權貴既已囂張跋扈如此，宗室列侯亦不遑多讓，實爲一丘之貉，
王符復一併聲討，其言曰：

> 「當今列侯，率皆襲先人之爵，因祖考之位，其身無功於漢，
> 無德於民，專國南面，臥食重祿，下殫百姓，富有國家，此素
> 餐之甚者也。」〈三式〉「且夫列侯，皆剖符受策，國大臣也，雖身在外
> 而心在王室，宜助聰明，舉智賢，以佐天子，何得坐作奢僭，驕贏負責，欺
> 枉小民，淫恣酒色，職爲亂階，以傷風化而已乎？」〈同上〉

此外，三公郡國守相，王符更揭露其所作所爲，全是循己之私，爲姦
謀利而已：

> 「令長守相，不思立功，貪殘專恣，不奉法令，侵冤小民，州
> 司不治，令遠詣闕，上書訴訟，尚書不以責三公，三公不以讓
> 州郡，州郡不以討縣邑，是以凶惡狡猾，易相冤也。」〈考績〉
> 「今者刺史守相，率多怠慢，違背法律，廢忽詔令，專情務利，
> 不卹公事，細民冤結，無所控告，下土邊遠，能詣闕者，萬無
> 數人，其得省治，不能百一。」〈三式〉
> 「今公卿始起州郡而致宰相，此其聰明智慮，必未闇也，患其
> 苟先私計而後公義爾。」〈愛日〉

權貴囂張，實有賴於官府之強勢相抗，然官府當塗之人，「既不能招
練賢鄙，然又怯於貴人之風旨，脅以權勢之囑託，請謁闐門，禮贄輻
湊，迫於目前之急，則且先之」〈本政〉。總而言之，官場敗壞，乃

至於是，實足令識者齒冷心寒，故王符喟歎而道曰：

> 「自封君王侯貴戚豪富，尤多有之，假舉驕奢，以作淫佟，高
> 負千萬，不肯償責，小民守門，號哭啼呼，曾無怵惕慚怍哀矜
> 之意，苟崇聚酒徒無行之人，傳空引滿，啁啾罵署，晝夜鄂鄂，
> 慢游是好，或毆擊責主，入於死亡，與群盜攻剽，劫人無異，
> 雖會赦贖，不當復得在選辟之科，而州司公府反爭取之，且觀
> 諸敢妄驕奢而作大責者，必非救饑寒而解困急，振貧窮而行禮
> 義者也，咸以崇驕奢而奉淫涵爾。」〈斷訟〉

貴戚近親，百僚師尹，但崇驕奢而奉淫涵，身處斯際，尚賢雖是古調，
但就王符言之，實爲不得不彈之唯一選擇矣。

㈡經濟狀況

和、安以後，東漢之經濟活動，多半由豪門大家、官僚權貴直接
或間接掌控。以農業言之，牛耕技術普遍，水利工程之興建修復，與
農耕方法之進步，雖屬事實（註三），惟因無法將土地平均分配，然則
增加耕地面積，提高農業生產力之二事，即付之闕如，「禁民二業」、
「井田」、「限田」主張雖先後提出，徒虛張聲勢而已。豪強貴族大
肆兼併土地，既未發揮地利，甚或移作宅第園林、苑囿池澤之用，如
梁冀「多拓林苑，禁同王家，西至弘農，東界滎陽，南極魯陽，北達
河、淇，包含山藪，遠帶丘荒，周旋封域，殆將千里，又起菟苑於河
南城西，經互數十里，發屬縣卒徒，繕修樓觀，數年乃成。」《後漢
書梁冀傳》；侯覽「前後請奪人宅三百八十一所，田百一十八頃，起
立第宅十有六區，皆有高樓池苑，堂閣相望，飾以綺畫丹漆之屬，制
度重深，僭類宮省。」《後漢書宦者列傳》，可憐百姓「奪土失業，
又遭蝗旱饑遺」，只有「逐道東走，流離分散，幽冀兗豫荊陽蜀漢，
饑餓死亡，復失太半，邊地遂以丘荒，至今無人。」〈實邊〉；若論
商業，雖謂傳統重農抑商政策，至東漢稍有改易，然流弊所及，貧富

不均，兩極對立之窘況，因之而起，平民百姓依然爲衣食愁苦，貴族階級與都市民衆，反屯積居奇，樂逸豐厚，坐享既得利益，《潛夫論浮侈篇》中，至有如下之描述，其言曰：

> 「牛馬車輿，塡塞道路，游手爲巧，充盈都市，治本者少，浮食者衆，商邑翼翼，四方是極。今察洛陽，浮末者什於農夫，虛僞游手者什於浮末，是則一夫耕，百人食之，一婦桑，百人衣之，以一奉百，孰能供之？天下百郡千縣，市邑萬數，類皆如此。」

「商邑翼翼，四方是極」，足可想見都市商業活動之頻繁，而掌控都市活動之京師貴戚，舉凡衣服飲食，車輿文飾廬舍，「皆過王制，僭上甚矣」〈浮侈〉；在下者又「富者競欲相過，貧者恥不逮及」〈浮侈〉，故「一饗之所費」，足以破農人「終身之本業」，朝庭雖透過不同名目之租稅手段，亦無法縮短貧富差距，富者益富，貧者更貧，名義上之輕徭薄賦，徒留笑柄而已。國家財政之驚人支出，舉凡俸祿、軍費、營造、供養、祭祀、賞賜，終須由廣大無依之下層民衆承擔，王符雖大聲倡言道：

> 「爲政者，明督工商，勿使淫僞，困辱游業，勿使擅利，寬假本農，而寵遂學士，則民富而國平矣。」〈務本〉

奈何「國已亂而上不知，禍既作而下不救」〈明闇〉，而賢者因常與寵貴爲讎，所謂「恃舊寵沮之於內，而己疏賤欲自信於外」〈明闇〉，雖難作爲，但欲對症下藥，語其成效，除尚賢外，亦別無他途可言。

㈢社會風氣

社會風氣之良窳，恆取決於經濟活動，司法風氣，與德化教育三者之互動。東漢時際，經濟活動，既無法創造均富祥和之社會，司法風氣亦一籌莫展，毫無作爲，王氏究其原因，一則乃「今一歲斷獄，數一萬計」〈斷訟〉，官司纏訟，形成風氣，「皆起民不誠信，而數

相欺詒」〈同上〉；再則，司法權力全取決於官僚，百姓如欲申冤，
即是「以羸民與豪吏訟」，其勢自是不如，王符嘗詳考其根由而謂：

> 「怨家略主者，結以貨財，故鄉亭與之爲排直家，後反覆時，
> 吏坐之，故共排之於庭，以羸民與豪吏訟，其勢不如也。是故
> 縣與部并，後有反覆，長吏坐之，故舉縣排之於郡，以一人與
> 一縣訟，其勢不如也，故郡與縣并，後有反覆，太守坐之，故
> 舉郡排之於州，以一人與一郡訟，其勢不如也，故州與郡并，
> 而不肯治，故乃遠詣公府爾。公府不能察，而茍欲以錢刀課之，
> 則貧弱少貨者，終無已曠旬滿期，豪富饒錢者，取客使往，可
> 盈千日，非徒百也。治訟若此爲務，助豪猾而鎭貧弱也，何冤
> 之能治？」〈愛日〉

豪富饒錢者，以金錢賄賂當道，坐待時日之我與，貧賤百姓，則「非
朝晡不能通，非意氣不得見，訟不訟，輒連月日，舉室釋作，以相瞻
視，辭人之家，輒清鄰里，應對送餉，比事訖，竟無一歲功，則天下
獨有受其饑者矣」〈愛日〉，既處理訴訟文書，又須應對官府，以一
人須耗費一天時間計，則「一日之間，廢十萬人」，如再往下計之，
「一人有事，二人護餉」，是則將有三十萬人，離開農桑本業，即所
謂「是爲日三十萬人，離其業也」，進而言之，以中等農力計之，中
農食七人，「則是歲二百萬口，受其饑也」，勞民傷財，煩擾苛刻，
「盜財何以消，太平何以作」〈以上均見愛日〉，社會風氣遂因而大
壞。王符曰：

> 「洛陽至有主諧合殺人者，謂之會任之家，受人十萬，謝客數
> 千，又重饋部吏，吏與通姦，利入深重，幡黨盤互，請至貴戚
> 寵臣，說聽於上，謁行於下，是故雖嚴令尹，終不能破壞斷絕。」〈
> 述赦〉

所謂主諧合殺人者，即今所謂職業殺手集團，洛陽京畿，操此業者，

「高至數十，下至四五，身不死則殺不止」，彼輩所爲，請託上達主上，拜謁行於下層，勾結利誘，連成網路，暴力傾軋，風氣敗壞，由此可見一斑。王符又曰：

> 「昆弟世俗，朋友世親，此交際之理，人之情也。今則不然，多思遠而忘近，背故而向新，或歷載而益疏，或中路而相捐，悟先聖之典戒，負久要之誓言，斯何故哉？……富貴則人爭附之，此勢之常趣也，貧賤則人爭去也，此理之固然也。」〈交際〉

與富者貴者交，「上有稱舉之用，下有貨財之益」〈交際〉，故人人爭之附之；與貧者賤者交，「大有賑貸之費，小有假借之損」〈交際〉，故人人去之棄之。王符斯語，實是道盡世態炎涼，人情澆薄，「凡百君子，競於驕僭，貪樂慢傲，如賈三倍，以相高下，苟能富貴，雖積狡惡，爭稱譽之，終不見非，苟處貧賤，雖素恭謹，祇爲不肖，終不見是」〈交際〉，質言之，凡此巧言如簧，相互蒙騙之風氣，斯　乃「俗化之所以浸敗，而禮儀之所以消衰」之因由也。

　　政治經濟資源分配既不均，司法制度又不克伸張公理正義，人人「言方行圓，口正心邪，行與言謬，心與口違」〈交際〉，王符以爲救亡圖存之根本之道，唯德化教育乃可。而德化之實施，亦唯「躬顏閔之行，性勞謙之質，秉伊呂之才，懷救民之道」〈交際〉之賢者，方能勝任。

㈣國防邊患

　　匈奴、烏桓、鮮卑、與西域諸國，夙爲漢代邊患，唯至東漢中葉之後，南匈奴先歸附，北匈奴勢亦躄，烏桓漸與漢族融合，鮮卑至東漢末逐漸分裂，西域諸國，經班超、班勇父子之經營，五十餘國亦先後納質內屬，而「兵不若匈奴之強，衆不逮鮮卑之盛，而患轉盛於匈奴、鮮卑」（呂思勉著《秦漢史》）之羌患，乃爲東漢之邊防大患。

　　徵之史策，自光武建武十年，先陵羌與諸種相結，侵略金城、隴

西，爲中郎將來歙等擊破始，至靈帝時當煎羌爲段熲所擊破，獻帝時，馮翊降羌造反，又爲郭汜、樊稠擊退爲止，東漢與羌人之爭戰，前後數十餘次，而尤慘烈者，計有三次。

第一次始於安帝永初元年，至元初五年爲止，前後計十二載，「兵連師老，不暫寧息，軍旅之費，轉運委輸，用二百四十餘億，府帑空竭，延及內郡，邊民死者不可勝數，并涼二州遂至虛耗」《後漢書西羌傳》；第二次由順帝永和年間，至沖帝永嘉元年隴右復平爲止，「費用八十餘億，諸將多斷盜牢稟，私自潤入，皆以珍寶貨賂左右，上下放縱，不恤軍事，士卒不得其死者，白骨相望于野」〈同上〉；第三次則自桓帝延熹二年始，至靈帝建寧二年當煎羌破滅止，費用爲五十四億〈同〉。人命貲財之耗損，可謂驚人。

《潛夫論》書中，〈救邊〉、〈勸將〉、〈邊議〉、〈實邊〉四篇，即針對羌亂而作，據金發根先生考定，此四篇乃王符於永初元年涼州羌亂後五至十年間寫定（註四），亦即前所述之第一次大規模羌亂時，以後之羌亂，王符雖未述及，然舉一反三，正足以了解東漢末之羌患坐大，實與漢庭之愚昧無能有關。

據王符之評估，羌亂初起之時，漢庭「藉富厚之蓄，據列城而處利勢，權十萬之衆，將勇傑之士，以誅草創新叛散亂之弱虜，擊自至之小寇」〈勸將〉，羌亂原不足畏，後漢書敘西羌亦謂「強則分種爲酋豪，弱則爲人附落，更相抄暴，以力爲雄，其兵長在山谷，短於平地，不能持久」《後漢書西羌傳》，「不立君臣，無相長一」〈同上〉，「時羌歸附長久，無復器甲，或持竹竿木枝，以代戈矛，或負板案，以爲楯，或執銅鏡以象兵」〈同上〉，王符於此，亦有類似記載：「羌始反時，計謀未善，黨與未成，人衆未合，兵器未備，或持竹木枝，或空手相拊，草食散亂，未有都督，甚易破也」〈邊議〉，「前羌始叛，草創新起，器械未備，虜或持銅鏡以象兵，或負板案以類楯，惶

懼擾攘，未能相持，誠易制爾」〈實邊〉，原本應穩操勝算之東漢王朝，竟遲遲未能全竟其功者，政策搖擺不定，厥爲主因。據王符分析，時或以放縱不理之態度視之，王氏曰：

> 「內郡之士，不被殃者，咸云當且放縱，以待天時。」〈救邊〉
> 「乃者，邊害震如雷霆，赫如日月，而談者皆諱之曰：尤羊竊盜，淺淺善靖，俾君子息，欲令朝庭以寇爲小而不蚤憂，害乃至此，尚不欲救。」〈同上〉

亦有不知唇亡齒寒之理，反主張放棄涼州，退保三輔者，王氏曰：

> 「前羌始反，公卿師尹，咸欲捐棄涼州，退保三輔，朝廷不聽，後羌遂侵掠，而論者多恨不從咸議，余竊笑之，所謂媾亦悔，不媾亦有悔者爾。」〈救邊〉

至或有不顧百姓死活安危，以爲出兵所費過鉅，因而畏憚不前者，王氏曰：

> 「今邊陲搔擾，日啓族禍，百姓晝夜望朝廷救己，而公卿以爲煩費不可。」〈邊議〉

公卿師尹，位極人臣，原應仁智兼備，今反「內不傷士民滅亡之痛，外不慮久兵之禍」〈邊議〉，以「陶陶閒澹，臥委天時」〈救邊〉爲上策，殊不知「已且須後，後得小安，則恬然棄志，旬時之間，虜復爲害」〈救邊〉，況夫羌人「新擅邊地，未敢自安，易震蕩也，百姓新離舊壞，思慕未衰，易獎厲也」〈救邊〉，今坐失良機，「尚云不當救助，且待天時」〈邊議〉，宜乎王符斥之爲「癡兒騃子」〈邊議〉；至若退守三輔之論，王符尤譏之爲「未始識變之理」〈救邊〉，蓋「地不可無邊，無邊亡國，是故失涼州，則三輔爲邊，三輔內入，則弘農爲邊，弘農內入，則洛陽爲邊，推此以相況，雖盡東海，猶有邊也」〈救邊〉，「而云邊不可守，欲先自割，以便寇敵，不亦惑乎」〈救邊〉；而以軍費支出過懼爲憂者，王符則以爲「今數州屯兵，十餘萬

人，皆稟食縣官，歲數百斛，又有月值，但此久耗，不可勝供，而反憚暫出之費，甚非計也」〈救邊〉，久耗則無止，速戰可速決，孰是孰非，自不必多言。

　　政策搖擺之外，王符又明言，將帥士卒既不明戰守之勢，又不嫻習軍事，復以朝庭賞罰不明，導致「彼此之情，不聞乎主上，勝負之數，不明乎將心，士卒進無利而退無畏」〈勸將〉，「今吏從軍敗沒死公事者，以十萬數，……典兵之吏，將以千數，大小之戰，歲十百合，而希有功」〈同上〉，終至「令遂雲蒸霧起，合縱連橫，掃滌并涼，內犯司隸，東寇趙魏，西鈔蜀漢，五州殘破，六郡削跡，此非天之災，長吏過爾」〈同上〉，凡此種種，可為浩歎。

　　羌亂至東漢末，雖陸續為皇甫規、張奐、段穎等人平定，惟問題仍在。晉武帝泰始七年，晉魏帝元康六年，羌人復多次舉兵相抗，以致於日後之五胡入居，中原大亂，實肇因於東漢諸帝愚昧自專，未能如王符所言，「一命大將，以掃醜虜」〈救邊〉，「遣大將誅討迫脅，離逖破壞之」〈同上〉，而邊境將帥又怯劣軟弱，不敢討擊，「但坐調文書，以欺朝庭，實殺民百則言一，殺虜一則言百，或虜實多而謂之少，或實少而謂之多，傾側巧文，要取便身利己」〈實邊〉，甚或又徙郡縣以避羌騎，「至遣吏兵，芟民禾稼，發徹屋室，夷其營壁，破其生業，疆劫驅掠，與其內入，捐棄羸弱，使死其處，當此之時，萬民怨痛，泣血叫號，誠愁鬼神而感天心」〈同上〉，故王符救邊之議，實邊之法，終因「太守擅權，臺閣不察」（敘錄），而無回應（註五），然王氏尚賢所指之賢，已不僅指盛德高才之人言之，又已將「智以料敵，仁以附眾，敬以招賢，信以必賞，勇以益氣，嚴以一令」之兵戰必勝條件，為其賢者慎選之考量矣。

三、賢者何以不能進用

　　綜合前述，可知王符所處之環境，十分複雜艱難，秉持朝政之人，或由於愚闇，或源於私心，竟以大漢之廣博，士民之眾多，遂至「官無直吏，位無良臣」〈實貢〉，王符嘗明言所以如此者，非本無賢，乃「賢者廢錮，而不得達於聖主之朝」〈同上〉，「太平之世，而云無士，數開橫選，而不得眞，甚可憤也」〈同上〉，故王符一則力言：「物有盛衰，時有推移，事有激會，人有變化」〈邊議〉，「君臣夫婦，……當其歡也，父子不能間，及其乖也，怨讎不能先」〈交際〉，針對天子三公但崇空語，毫無實行，提出強烈之警告，一則極力闡揚尚賢之必要與方法，用心可謂良苦。

　　王符以爲「國之亂，待賢而治」〈思賢〉，人君固當「務下言以招外敬，納卑賤以誘賢」〈明闇〉，倘不如此之圖，則必「處士不得直其行，朝臣不得直其言，此俗化所以敗，闇君所以孤也」〈賢難〉。然而，賢竟不能舉，言亦不能用，據王氏之觀察，原因肯在於：

(一)考核不公：

　　漢世選拔人才，授以官職，以察舉和征辟二途爲主。察舉乃地方州郡以賢良、孝廉、茂才等名目，將夙具名望德行之賢才，予以推荐，經考核後，授以官職；征辟即由朝庭官府直接征召賢者，授官任職，惟行之既久，弊端自現，所謂「公府門巷，賓客填集，送去迎來，財貨無已」《後漢書郎顗傳》，王符亦明白指陳：「不當復得在辟選之科，而州司公府反爭取之」〈斷訟〉，所以然者，「以族舉德」、「以位命賢」〈論榮〉也，王符曰：

> 「今觀俗士之論也，以族舉德，以位命賢，茲可謂得論之一體，而未獲至論之淑眞也，堯，聖父也，而丹凶傲；舜，聖子也，而叟頑惡；叔嚮，賢兄也，而鮒貪暴；季友，賢弟也，而慶父淫亂；論若必以族，是丹宜禪而舜宜誅，鮒宜賞而友宜夷也，論之不可必以族也若是；昔祁奚有言，鯀殛而禹興，管蔡爲戮，

周公祐王，故書稱父子兄弟不相及也。幽厲之貴，天子也，而
又富有四海；顏原之賤，匹庶也，而又凍餒屢空；論若必以位，
則是兩王爲世士，而兩處爲愚鄙也，論之必不可以位也又若是
焉。」〈論榮〉

仲長統《昌言》亦謂：「天下士有三俗，選士而論族姓閥閱，一俗。」
〈意林引〉，若此之人，虛談則知道義，貢薦則必閥閱，渾然不知「
賢愚在心，不在貴賤，信欺在性，不在親疏」〈本政〉之理，一味多
此之反，正足以成其昏亂而已。

(二)扼於權貴

選舉初始，賢者常圇於出身世家，不易中選，即或有之，亦必爲
權貴之利口所加誣覆冒，卿士之箴規，朝廷既不能納，則「勸之使諫，
宜之使言」〈明闇〉，必無可能，王符曰：

「凡驕臣之好隱賢也，既患其正義以繩己矣，又恥居上位而明
不及下，尹其職而策不出於己……由此觀之，處位卑賤而欲效
善於君，則必先與寵人爲讎矣。恃舊寵沮之於內，疏賤欲自信
於外，思善之君，願忠之士，所以雖並生一世，憂心相噭，而
終不得遇者也。」〈明闇〉

「遠跡漢元以來，驕貴之臣，每受罪誅，黨與在位，并伏辜者，
常十二三，貴寵之臣，未嘗不播授私人，進姦黨也。……自成
帝以降，至于莽，公卿列侯，下訖令尉，大小之官，且十萬人，
皆自漢所謂賢明忠正貴寵之士也，莽之篡位，唯安眾侯劉崇、
東郡太守翟義，思事君之禮，義勇奮發，欲誅莽，功雖不成志
節可紀。夫以十萬計之，其能奉義報恩，二人而已，由此觀之，
衰世群臣，減少賢也。」〈本政〉

權貴播授私人，引進姦黨，賢者必不能居位任職，即或有之，亦必遭
竄斥流離，故王符又曰：

「夫在位者之好蔽賢而務進黨也，自古而然。……今夫列士之
行，其不及堯舜乎遠矣，而俗之荒唐，世法滋彰，然則求賢之
君，哀民之士，其相合也，亦必不幾矣。」〈潛歎〉

「俗之荒唐，世法滋彰」，社會風氣與政治局勢，淪亡殆盡，既有伐
賢之斧，又有噬賢之狗，兩害兼施，王符不勝悲之曰：

「末世則不然，徒信貴人驕妒之議，獨用苟媚蠱惑之言，行豐
禮者蒙愆咎，論德義者見尤惡，於是諫臣佞人從以詆訾之法，
被以議上之刑，此賢士之妬困也。夫詆訾之法者，伐賢之斧也，
而驕妒之臣者，噬賢之狗也，人君內秉伐賢之斧，權噬賢之狗，
而外招賢，欲其至也，不亦悲乎？」〈潛歎〉

若再析之，權臣顯貴所以如此者，其理亦甚明，即妬賢而已。王符曰：

「故所謂賢難者，乃將言乎，脩善則見妬，行賢則見嫉，而必
遇患難者也。」〈賢難〉原賢者之所以爲賢，以其有大本者四，王符明白
言之曰：

「一曰恕，二曰平，三曰恭，四曰守。夫恕者，仁之本也；平
者，義之本也；恭者，禮之本也；守者，信之本也。四本並立，
四行乃具，四行具存，是謂眞賢。」〈交際〉

四本並立，四行並存，則賢者在朝，必「不損君以奉佞，不阿眾以取
容，不墮公以聽私，不撓法以吐剛，其明能照姦，而義不比黨」〈潛
歎〉，然趨勢小人視之，自必去之而後快，所謂「妬媚之攻擊，亦誠
工矣，賢聖之居世也，亦誠危矣」〈賢難〉，雖謂妬賢扼賢，自古而
然，然觀潛夫論諸篇所述，則此弊習，至東漢之季，尤足可畏。

四、賢者之養成、拔取、任用、考課

　　賢者之不能進用，王符既已檢尋原由，則補綴遺闕，以挽海內凋
敝，實即責無旁貸之事，《潛夫論》書中，於賢者之養成、拔取、任

用、考課諸事，闡述甚多，茲分述如左：

　　㈠養成

　　《抱朴子》審舉篇嘗有語曰：「靈憲之世，臺閣失選用於上，州郡輕貢舉於下，故時人語曰：舉秀才，不知書，察孝廉，父別居，寒素清白濁如泥，高第良將怯如雞。」此不獨靈、憲時爲然，王符之時即已如此，〈考績篇〉有言曰：

> 「群僚舉士者，或以頑魯應茂才，以桀逆應至孝，以貪饕應廉吏，以狡滑應方正，以諛詔應直言，以輕薄應敦厚，以空虛應有道，以囂瘖應明經，以殘酷應寬博，以怯弱應武猛，以愚頑應治劇，名實不相副，求貢不相稱，富者乘其財力，貴者阻其勢要，以錢多爲賢，以剛彊爲上，此在位所以多非其人，而官職所以數亂荒也。」

兩漢選舉之法，實承古代而漸有變，「事雖相承，然一統之世，規模遠較列國爲大，其利弊，遂亦難以一言盡矣。」（呂思勉著《秦漢史》下）所謂弊者，實即「名實不相副，求責不相稱」，「以族舉德，以位命賢」〈論榮〉也。《漢書》有言：「俗皆曰：何以孝弟，爲財多而光榮，何以禮義，爲史書而仕宦，何以謹愼，爲勇猛而臨官，故鯨劓而髠鉗者，猶復攘臂爲政於世，行雖犬彘，行富執足，目指氣使，是謂賢耳。」〈貢禹傳〉，偷勢取名，以得濟渡，前漢後漢，實殊無二致，故賢者之養成，實爲刻不容緩之事。就王符論之，養成之道，胥在於學，蓋人非生而既明且智，唯有假學而後能，其言曰：

> 「天地之所貴者，人也，聖人之所尚者，義也，德義之所成者，智也，明智之所求也，學問也。雖有至聖，不生而智，雖有至材，不生而能。……上聖也，猶待學問，其智乃博，其德乃碩，而況於凡人乎？」〈讚學〉

> 「君子者，性非絕世，善自託於物也，人之情形，未能相百，

而其明智，有相萬也。此非其眞性之材也，必有假以致之也。君子之性，未必盡照，及學也，聰明無蔽，心智無滯，前紀帝王，顧定百世，此則道之明也，而君子能假之以自彰爾。」〈同上〉

王符此說，實近於戰國時《荀子》勸學之旨。且《荀子》又曰：「學惡乎始？惡乎終？曰：始乎誦經，終乎讀禮。」〈勸學〉潛夫論書中，亦同倡此意，王符曰：

「夫此四子者（案：即董仲舒、京房、倪寬、匡衡四人），耳目聰明，忠信廉勇，未必無儔也，而及其成名立績，德音令問不已，而有所以然，夫何故哉？徒以其能自託於先聖之典經，結心於夫子之遺訓也。」〈讚學〉

「是故索物於夜室者，莫良於火，索道於當世者，莫良於典，典者，經也，先聖之所制，先聖得道之精者，以行其身，欲賢人自勉，以入於道。……先聖之智，心達神明，性直道德，又造經典，以遺後人，試使賢人君子，釋於學問，抱質而行，必弗其也。」〈同上〉

蓋經書乃不刊之鴻教，亦爲恆久之至道，修身可以內聖，治世可以外王。「身之病，待醫而愈，國之亂，待賢而治，治身有黃帝之術，治世有孔子之經」〈思賢〉。今者人與人相與之際，恆多「因利生親，積親生愛，積愛生是，積是生賢，情苟賢之，則不自覺心之親之，口之譽之」〈交際〉，以致身病不愈國亂不治者，王符以爲此非「鍼石之法誤，而五經之誣」也，乃「用之者非其人」〈思賢〉之故。況乎今學問之士，「好語虛無之事，爭著彫麗之文，以求見異於世，品人鮮識，從而高之」〈務本〉，此輩好放言高論，自欺欺人，「虛無譴詭，此亂道之根也」〈務本〉，與其「高論而相欺」，不若「忠論而誠實」〈實貢〉，欲此之求，則莫有過於「學問聖典，心思道術」〈讚

學〉。

　　經典之道，實即先聖所已實踐奉行者，王氏明言「聖人以其心來
造經典，後人以經典往合聖心」〈讚學〉，則「脩經之賢，德近於聖」
〈同上〉；次輔以堅強意志力及高貴之品格，即王符所言「道成於學
而藏於書，學進於振而廢於窮」〈讚學〉，「能勤精若此者，材子也」
〈同上〉，是賢才之養成，即屬可能。賢者「昭其道，底其德，宣其
義」，勸將篇中，王符嘗言世有非常之人，然後定非常之事，必遇非
常之事，然後見非常之功，東漢季世，真不可謂尋常，亦唯「教之以
明師，文之以禮樂，導之以詩書，幽讚之以周易，明修之以春秋」〈
讚學〉之賢者方能定之，無怪乎王符有「其有不濟乎」之期許也。

　　㈡拔取

　　東漢之後，選舉諸制，乃貴族豪門結黨營私，壟斷仕途之工具，
家世二千石，，累世台輔之例，不勝枚舉。選舉不實，以致公卿大夫，
州牧郡守，「王事不恤，賓客為務，冠蓋填門，儒服塞道，饑不暇餐，
倦不獲已，殷殷沄沄，俾夜作晝」，下及小司及列城墨綬，莫不「相
商以得人，自矜以下士，星夜夙駕，送往迎來，亭傳常滿，吏卒傳問，
炬火夜行，闇寺不閉，文書委於官曹，繫囚積於囹圄」《中論譴交》，
而《潛夫論》中，王符亦同有鮮明之指斥批判，其言曰：

　　　「今世得位之徒，依女妹之寵以驕士，藉亢龍之勢以陵賢，而
　　　欲使忠義之士，匍匐曲躬以事己，毀顏諂諛以求親，然後乃保
　　　持之，則貞士採薇凍餒，伏死巖穴之中而已爾，豈有肯踐其闕
　　　而交其人者哉？」〈本政〉
　　　「舉世多朋黨而用私，競背實而趨華，貢士者非復依其質幹，
　　　準其才行也，直虛造空美，掃地洞說，擇能者而書之，公卿刺
　　　史掾從事茂才孝廉，且二百員，誠歷其狀，德侔顏冉，觀其行
　　　能，多不及中，誠使皆如狀文，則是為歲得大賢二百也，然則，

災異曷爲譏?此非其實之效。」〈實貢〉

章帝建初五年,詔公卿以下舉直言極諫之士,以嚴穴爲先,勿取浮華;和帝永元六年,亦令昭嚴穴,披幽隱,今則「競背實而趨華」,「貞士採薇凍餒,伏死嚴穴之中」。故王符又曰:

> 「古者,諸侯貢士,一適謂之好德,載適謂之尚賢,三適謂之有功,則加之賞。其不貢士也,一則黜爵,載則黜地,三黜則爵土俱畢,附下罔上者死,附上罔下者刑,與聞國政而無益於民者斥,在上位而不能進賢者逐。」〈考績〉

案一適載適云云,亦見《尚書大傳》,此正〈讚學篇〉所言「導之以詩書」之例,亦即「國以賢興」,「君以忠安」之理。而今「聖漢踐祚,載祀四八,而猶未者,教不修而功不考,賞罰稽而赦贖數」〈考績〉者,實因「主有索賢之心,而無得賢之術,臣有進賢之名,而無進賢之實」〈潛歎〉,故賢才之拔取,遂爲《潛夫論》中,恆常關切之處,王符之言曰:

> 「得臣以選爲本,法令正則選舉實,法令詐則選舉僞,……是故國家存亡之本,治亂之機,在於明選而已矣。」〈本政〉

> 「選賢貢士,必考覈其情素,據實而言,其有小疵,勿彊衣飾,以壯虛聲,一能之士,各貢所長,出處默語,勿彊相兼,則蕭曹周韓之倫,何足專美?吳鄧梁竇之徒,可得而致也。」〈實貢〉

拔舉賢才,端在明選與實貢,二者如何落實完善,觀《潛夫論》中所言,殆皆以遵循漢世法制爲主,王符未有新意。唯此處可以一述者,兩漢諸帝,屢下明詔,以求非常之才,若選舉不實,有司則免職貶秩,其罰不可謂不重,然忠良之吏,竟不能得者,「顧聖王欲之不爾」〈實貢〉,是王符以君上尤須擔此職責,無容浮口虛聲置身事外。以一介平民,有此壯語,洵足可貴。

得賢則治,任不賢則亂,此乃理之所必然,人主雖身居至高之位,

執無上之權柄,王氏以爲應知「雖有至聖,不生而知,雖有至材,不生而能」〈讚學〉之理,人乃達,時論乃信之畎畝佚民,山谷隱士,自應謙虛無私,審愼拔取,王符之言曰:

> 「昔宣皇帝,興於民間,……明選守相,其初除者,必躬見之,觀其志趣,以昭其能,明察其治,重其刑賞,……由此觀之,牧守大臣者,誠盛衰之本原也,不可不選練也。」〈三式〉

復次,人主尤應有接受批評之雅量,「凡士之所以爲賢者,必有觸焉」〈賢難〉,直言無諱,天子不以爲忤,賢才之進用,方有可能。而「比干之所以剖心,箕子之所以爲奴,伯宗之所以死,郤宛之所以亡」〈賢難〉者,實爲「德薄者惡聞美行,亂政者惡聞治言」之注腳也。

除愼選與雅量之外,王符復明言,人主尤應以「兼聽」作爲選賢之依據,切忌以一己之私,誤人誤國,其言曰:

> 「人君之取士也,不能參聽民氓,斷之聰明,反徒信亂臣之說,獨用污吏之言,此所謂與仇選使,令囚擇吏者也。」〈潛歎〉

> 「聖人之施舍也,不必任眾,亦不必專己,必察彼己之爲,而度之義,或舍人取己,故舉無遺失,而政無廢滅也。」〈同上〉

蓋在位者之好蔽賢務進黨,自古如此,人主倘偏聽左右,獨用苟媚之言,則賢者從何得?唯「不專驅於貴寵,惑於婆媚,不棄疏遠,不輕幼賤,又參而任之」〈潛歎〉,賢者自必輻輳而至,國事方有可爲。

又本書《論榮篇》,王符又拈舉「以族舉德」、「以位命賢」二事,謂此乃「遠於獲眞賢」之人主,所尤當深自警惕者,蓋「(秦)二世所以共亡天下者,丞相御史也,高祖所以共取天下者,繒肆狗屠也,驪山之徒,鉅野之盜,皆爲名將」〈本政〉,故王符曰:

> 「苟得其人,不患貧賤;苟得其才,不嫌名跡。」〈論榮〉

> 「人之善惡,不必世族;性之賢鄙,不必世俗。」〈同上〉

又人主選賢,亦不必求全求備,王符曰:

「夫聖人純，賢者駁，周公不求備，四友不相兼，況末世乎？
是故高祖所輔佐，光武所將相，不遂僞舉，不責兼行；亡秦之
　所棄，王莽之所捐，二祖任用，以誅暴亂，成致治安。」〈實貢〉

僞舉者，即「以族舉德」，「以位命賢」也，「不遂僞舉」，則賢才
之拔取進用，方有平等公正之基可立；「不責兼行」者，實以天下神
器，其事龐雜，若責求備能於賢者，必有不能爲治者，「其有小疵，
勿疆衣飾，以壯虛聲，一能之士，各貢所長，出處默語，勿疆相兼」
〈實貢〉，既得集思廣益之功，亦不予不肖者循私彝弊，排除異己之
口實，唯其如此，賢才方可得而至，「各以所宜，量材援任」，則「
庶官無曠，興功可成，太平可致，麒麟可臻」〈實貢〉。

(三)進用

賢者之拔取，既已如上述，惟人主空言求賢，不欲認眞落實，大
力進用，則欲求長治久安，固無可能。〈思賢篇〉中，王符嘗以治疾
爲例曰：

「夫治世不得眞賢，譬猶治疾不得眞藥也，治疾當得眞人參，
反得支羅服，當得麥門冬，反得蒸穬麥。己不識眞，合而服之，
病以侵劇，不自知爲人所欺也。……人君求賢，下應以鄙，與
眞不以枉，己不別眞，受而官之，國以侵亂，不自知爲下所欺
也，乃反謂經不信而賢皆無益於救亂，因廢眞賢，不復求進，
而更任俗吏者，雖滅亡可也。」

賢與不賢，既不能分，即或「受而官之」，亦因不復求進，則所謂「
坐調文書，以欺朝庭」〈實邊〉之俗吏者，比比皆是，此輩所爲，務
在刀筆筐筴，自不知治國之大體，況乎俗吏之外，東漢中葉之後，貪
官與酷吏，所見尤多，「志道者少與，逐俗者多讎」〈本政〉，考諸
史籍，王符所言，豈是虛妄？而諸侯寵貴，或尸位素餐：「將相權臣，
必以親家，皇后兄弟，主壻外孫，年雖童妙，未脫桎梏，猶籍此官職，

功不加民，澤不被下，而取封侯，多受茅土，又不得治民効能，以報
百姓，虛食重祿，素餐尸位，而但事淫佚，坐作驕奢，此所以破敗而
不及傳世者也」〈思賢〉；或既驕且妬：「行豐禮者蒙懲咎，論德義
者見尤惡，於是諛臣佞人從以詆訾之法，被以議上之刑」〈潛歎〉，
故王符力陳進賢用賢，當各司其職之理，其言曰：

> 「故有周之制也，天子聽政，使三公至於列士獻典，良史獻書，
> 師箴，瞍賦，矇誦，百工諫，庶人傳語，近臣盡規，親戚補察，
> 瞽史教誨，耆艾脩之，而後王斟酌焉，是以事行而無敗也。」
> 〈潛歎〉

> 「乃惟慎貢選，明必黜陟，官得其人，人任其職，欽若昊天，
> 敬授民時，鎰彼南畝，上務節禮，正身示下，下悅其政，各樂
> 竭己，奉戴其上。」〈班祿〉

官得其人，人任其職，實爲政之首要。而賢人既已進用，如何使其陳
力就列，奉職不渝？王符以爲俸祿當使足以養優，實有必要，其言曰：

> 「先聖籍田有制，供神有度，奉己有節，禮賢有數，上下小大，
> 貴賤親疏，皆有等威，階級衰殺，各足祿其爵位，公私達其等
> 級，禮行義得。」〈班祿〉

> 「其班祿也，以上農爲正，始於庶人在官者，祿足以代耕，蓋
> 食九人，諸侯下士亦然。中士倍下士，食十八人，上士倍中士，
> 食三十六人，大夫倍之，食七十二人，小國之卿，二於大夫，
> 次固之卿，三於大夫，大國之卿，四於大夫，食二百八十八人，
> 君各什其卿，天子三公，采視公侯，蓋方百里，卿采視伯，方
> 七十里，大夫視子男，方五十里，元士視附庸，方三十里，功
> 成者封。是故官政專公，不慮私家，子弟事學，不干財利，閭
> 門自守，不予民交爭，而無饑寒之迫，君任德而不陷，臣養優
> 而不隘，吏愛官而不貪，民安靜而疆力，此則太平之基立矣。」

〈同上〉

祿須足養，而後官政專公，不為私利；祿不足供養，則必營私舞弊，苟妄專為。兩漢官吏俸祿微薄，尤其順桓以下，多次減俸、假俸，甚或絕俸，欲官吏潔身自好，殊無可能，故王符又曰：

> 「明君臨眾，必以正軌，既無厭宥，務節禮以厚下，復德而崇
> 化，使皆阜於養生，而競於廉恥也，是以官長正而百姓化，邪
> 心黜而姦匿絕，然後乃能協和氣而致太平也。」〈班祿〉

> 「易曰：聖人養賢以及萬民。國以民為本，君以臣為基，基厚，
> 然後高能可崇也；馬肥，然後遠能可致也。人君不務此，而欲
> 致太平，此猶趾薄而塑高牆，驥瘠而責遠道，其不可得也，必
> 矣。」〈同上〉

俸祿微薄，固能影響吏治，然高官厚祿，倘操守不固，志節有虧，以至「用法或持巧心，析律貳端，深淺不平，增辭是非，以成其罪」《漢書宣帝紀》，則〈三式篇〉中，王符已有驚人之描述，其言曰：

> 「今者刺史守相，率多怠慢，違背法律，廢忽詔令，專情務利，
> 不恤公事。細民冤結，無所控告。下土邊遠，能詣闕者，萬無
> 數人，其得省治，不能百一，郡縣負其如此也。故至敢延期，
> 民日往上書，此皆太寬之所致也。」

官俗積怠，則善不勸而惡不懲，故王符於賢者之進用後，又闡釋官場考課之道，以為尚賢之最終步驟。

(四)考課

賢者因材任職後，則績效之持續考課，是為加強行政效率，與行政管理之必要手段。王符嘗謂「封疆立國，不為諸侯；張官置吏，不為大夫。必有功於民，乃得保位，故有考績黜陟，九錫三削之義」（三式）。張官置吏，固是為民，若官失其守，民必不堪，故《潛夫論》中，又有〈考績〉之篇，王符之言曰：

「凡南面之大務，莫急於知賢，知賢之近途，莫急於考功。功
誠考則治亂暴而明，善惡信則眞賢不得見障蔽，而佞巧不得竄
其姦矣。……今群臣之不試也，其禍非直止於誣誾疑惑而已，
又必致於怠慢之節焉。」〈考績〉

「大人不考功，則子孫惰而家破窮；官長不考功，則吏怠傲而
姦宄興；帝王不考功，則眞賢抑而詐偽勝。故書曰：三載考績，
黜陟幽明，蓋所以昭賢愚而勸能否也，聖王之建百官也，皆以
承天治地，牧養萬民者也，是故有號者必稱於理，名理者必效
於實，則官無廢職，位無非人。」〈同上〉

案西漢之時，於官吏之治績考課，頗爲完備，即所謂上計是也。依上
計制所訂，丞相三公對郡國實施考核，郡國則對屬縣實施考核。就考
課之內容言，郡國每年歲末遣郡丞或長吏一人，攜有關戶口、墾田、
錢穀、盜賊之簿冊，赴京師向丞相及御史兩府報告，「漢制歲盡遣上
計掾史各一人，條上郡內眾事，謂之計諧簿」《通典、郡太守》，丞
相府以之爲考核郡國政績之依據，而由御史府審察，政績優者稱最，
劣者稱殿，最者可升遷，殿者則責問或免其職位；郡國對屬縣之考課，
則由郡國守相主之，「秋冬歲盡，各縣計戶口墾田、錢穀出入、盜賊
多少，上集簿，丞尉以下歲詣郡課校其功」《通典、縣令》，亦各有
獎懲。時至東漢，上計之制，奉行不變，「凡郡國皆掌治民，進賢勸
功，決訟檢姦，常以春行所主縣，勸民農桑，振救乏絕。秋冬遣無害
吏案訊諸囚，平其罪法，論課殿最，歲盡遣史上計」《後漢書百官志
五》，所異者，唯中央主領郡國上計者，已非丞相，而由尚書爲之而
已。《潛夫論》書中，雖於上計之制，不見論述之言，然觀王符所道
「有號者必稱於理，名理者必效於實」，「群僚師尹，咸有典司，各
居其職，以責其效，百郡千縣，各因其前，以謀其後，辭言應對，各
緣其文，以覈其實，則奉職不解，而陳言者不得誣矣」〈考績〉，及

盛贊「先師京君，科察考功，以遺賢俊，太平之基，必自此始」〈同上〉，（案：《漢書京房傳》云：「房奏考功科吏法。」晉灼曰：「令丞尉治一縣，崇教化，亡犯法者，輒遷。有盜賊，滿三日不覺者，則尉事也，令覺之，自除二尉，負其罪，率相准如此法。」）則其於考課之重視，固不待言。自王符言之，倘能依法（如上計律）而行，課其職守，考其功效，則養黎民而致時雍，應屬可能。

　　然徵之實際，東漢中葉後之考課制度又如何？王符曰：

「今則不然，令長守相，不思立功，貪殘專恣，不奉法令，侵冤小民，州司不治，令遠詣闕，上書訟訴，尚書不以責三公，三公不以讓州郡，州郡不以討縣邑，是以凶惡狡滑，易相冤也。」〈考績〉

《後漢書質帝紀》載本初元年詔曰：「頃者州郡，輕慢憲防，競逞殘暴，造設科條，陷入無罪」，州郡如此，而尚書三公，又不為理治，「在位所以多非其人，而官職所以數亂荒」者，正以考課之獎懲不公之故，故王符又曰：

「今則不然，有功不賞，無德不削，甚非勸善懲惡，誘進忠賢，移風易俗之法術也。」〈三式〉

「賞重而信，罰痛而必，群臣勸畏，競思其職，……法令賞罰者，誠治亂之樞機也，不可不嚴行。」〈同上〉

「賞不重則善不勸，罰不重則惡不懲」〈三式〉，唯明其賞罰，考課吏治，方有績效可言。而漢世官吏員額之數，動輒以十餘萬計，欲考其政績，王符以為當由三公列侯起始，其言曰：

「三公在三載之後，宜明考績黜刺，簡練其材，其有稷禼伯夷申伯仲山甫致治之效者，封以列侯，令受南土八蠻之賜，其尸祿素餐，無進治之效，無忠善之言者，使從渥刑，是則所謂明德慎罰，而簡練能否之術也。誠如此，則三分競思其職，而百

　　　　寮爭竭其忠矣。」〈三式〉

東漢伊始，初鑒於王莽篡漢之故，遂削減三公之實權，擴大尙書臺之地位，「雖置三公，事歸臺閣」《後漢書仲長統傳》，「今之三公雖當其名，而無其實，選舉誅賞，一由尙書，尙書見任，重於三公」《後漢書陳寵傳》，然三公固有其名義上之領導地位，故考核三公之政績，足可爲群僚之表率也。三公之外，王符又曰：

　　　「今列侯年卅以來，宜皆試補，長吏墨綬以上，關內侯補黃綬，
　　　以信其志，以旌其能，其有韓侯邵虎之德，上有功於天子，下
　　　有益於百姓，則稍遷位益土，以彰有德，其懷姦藏惡，尤無狀
　　　者，削土奪國，以明好惡。」〈三式〉

高祖初即位，以秦漢行郡縣制，「內亡骨肉本根之輔，外亡尺土藩翼之衛」，即「剖裂疆土，立二等（王、侯）之爵，功臣侯者百有餘邑，尊王子弟，大啓九國」《漢書諸侯王表》。諸侯王或稱爲王，位高於列侯，王國之行政體制，「同制京師」《漢書諸侯王表》；諸侯王外，復分封功臣、親屬、外戚爲列侯（初沿秦制爲徹侯，後避武帝諱，改爲列侯），漢之列侯，不僅有其封國，且「得臣其所食吏民」、「皆令自置吏，得賦斂」《後漢書百官制五》，侯國疆域相當於縣，大者萬戶，小者五六百家，其後列侯勢力逐漸擴大，文景之時，「列侯大者至三四萬戶，小國自倍，富厚如之，子孫驕逸」《漢書功臣表序》，自此以後，漢天子始壓抑限制，武帝時之酎金律，即其較者。而《潛夫論》中，王符亦以當今列侯，「率皆襲先人之爵，因祖考之位，其身無功於漢，無德於民，專國南面，臥食重祿，下殫百姓，富有國家，此素餐之甚者也」〈三式〉，則列侯之考課，亦有實際之需要也。

　　三公列侯之外，郡國守相之考課，亦不可不詳審，王符曰：

　　　「今之守相，制地千里，威權勢力，盛於列侯，材明德義，未
　　　必過古，而所治逾百里，以此所治多荒亂也，是故守相不可以

不審也。」〈三式〉

考《漢書循吏傳》載，宣帝屬精爲治，五日一聽事，「及拜刺史守相，輒親見問，觀其所繇，退而考察所行以質其言，有名實不相應，必知其所以然。常稱曰：庶民所以安其田里而亡歎息愁恨之心者，政平訟理也，與我共此者，其唯良二千石乎！」，故二千石有治理之效者，「輒以璽書勉厲，增秩賜金，或爵至關內侯，公卿缺則選諸所表以次用之」，案宣帝所言良二千石云云，《潛夫論三式篇》中，亦嘗追述之，王氏並謂宣帝所以能「致治安而世升平，降鳳凰而來麒麟，天人悅喜，符瑞並臻，功德茂盛」者，實以能嚴課郡國守相，「其初除者，必躬見之，觀其志趣，以昭其能，明察其治，重其刑賞，姦冗減少，戶口增息者，賞賜金帛，爵至封侯，其耗亂無狀者，皆銜刀瀝血於市」，誠以牧守大臣者，「盛衰之本原也，不可不選練也。」〈三式〉

由三公列侯，郡國守相，以次自下，嚴明賞罰，層層考課，則王符尚賢之說，就理論言之，庶幾可以圓滿確立。

五、結　語

東漢二百年間，外戚宦官專政爲其特色；但彼閹尹輩中，敬謹之人，亦往往有之。以外戚論之，光武之舅樊宏謙柔畏愼，不求苟進，「每當朝會，輒迎期先到，俯伏待事，時至乃起。帝聞之，常勅驂騎臨朝乃告，勿令豫到。宏所上便宜及言得失，輒手自書寫，毀削草本，公朝訪逮，不敢衆對。宗族染其化，未嘗犯法。」《後漢書樊宏傳》；光烈皇后之前母兄陰識，母弟陰興，皆有名聲，「帝每巡郡國，識常留鎭守京師，委以重兵，入雖極言正議，及與賓客語，未嘗及國事，帝敬重之，常指識以勅戒貴戚，激厲左右焉。」《後漢書陰識傳》；「興字君陵，……光武所幸之處，輒先入清宮，甚見親信。雖好施接賓，然門無俠客，……世稱其忠平，第宅苟完，裁蔽風雨。」《同上》；

和帝時大將軍竇憲恃宮掖聲勢，權傾一時，但其父竇融卻以兄弟並受爵位，久專方面，懼不自安，屢上書求代；融弟友之子竇固，亦愛人好施，士以此稱之；順帝時梁冀攬事，其父梁商，性雖「慎弱無威斷，頗溺於內豎」，然「居大位，每存謙柔，虛己進賢，……每有飢饉，輒載租穀於城門，賑與貧餒，不宣己惠。檢御門族，未嘗以權盛干法。」《後漢書梁統傳》。再就宦官論之，阿旨曲求，排斥忠公，其勢盛於桓靈之際，惟和帝時之鄭衆，「一心王室，不事豪黨，及（竇）憲兄弟圖作不軌，衆遂首謀誅之，以功遷大長秋。策勳班賞，每辭多受少，由是常與議事。」《後漢書宦者列傳》；蔡倫於永平末始給事宮掖，建初中，爲小黃門，和帝即位，轉中常侍，倫「有才學，盡心敦慎，數犯嚴顏，匡弼得失。每至休沐，輒閉門絕賓，暴體田野。」〈同上〉；桓、靈之時，雖有宦官單超、徐璜、具瑗、左悺、唐衡五人因誅梁冀有功，同日受封，及侯覽、曹節弄權玩法，但也有「奉事四帝，未嘗有過，其所進達，皆海內名人」之曹騰《後漢書宦者列傳》，及「爲人清忠奉公」之呂強、「稱爲清忠，皆在里巷，不爭威權」之丁肅、徐衍、郭耽、李巡、趙祐五人。即此以言，則東漢國事亦非全無可爲者，而東漢士風，尤足稱道，或不畏外戚宦官（如虞延、蔡茂、袁安、周章、范滂、第五倫、王暢、趙岐、李固、李膺……），或以風骨相倡（如朱穆、黃憲、徐稺、姜肱、陳寔……等），而考課拔舉之制，雖弊端時見，然盛德高才之士，往往亦循此而進，良莠同朝，賢佞並列，歷代所從來久矣，非獨東漢方始如此。然自靈帝時鉅鹿張角以黃巾爲標幟，率衆起義後，漢王朝遂一敗塗地，終至滅亡。跡其所以，天子以下，率多鄙忽賢者，實爲首因。今舉二事以論之：明帝善刑理，法令分明，史稱內外無倖曲之私，然永平元年，長水校尉樊儵上言郡國舉孝廉，「率取年少能報恩者，耆宿大賢，多見廢棄」《後漢書樊宏傳》；而後桓帝時，政刑暴濫，平原襄楷嘗自家詣闕上疏曰：「臣

聞殺無罪，誅賢者，禍及三世。自陛下即位以來，頻行諸伐，梁（冀）、寇（榮）、孫（壽）、鄧（萬世），並見族滅，其從坐者，又非其數。李雲上書，明主所不當諱，杜衆之死，諒以感悟聖朝，曾無赦宥，而并被殘戮，天下之人，咸知其冤。漢興以來，未有拒諫誅賢，用刑太深如今者也。」《後漢書襄楷傳》，或失於尋訪，或誅以嫌憎，賢者雖有心回天，徵之實際，亦徒呼負負而已。桓帝時趙岐雖仕州郡，夙以廉直疾惡見憚，後遭疾臥蓐，乃為遺令勅兒子曰：「可立一員石於吾墓前，刻之曰：漢有逸人，姓趙名嘉。有志無時，命也奈何。」王符《潛夫》諸篇，殆亦「有志無時」之作也。其書雖未能匡濟時艱，然仔細研鑽，自有其「書生道義之為貴」〈本傳〉者在，以之與史、漢典冊同觀，王氏書中，「指訐時短，討讁物情」〈本傳〉之言，正可考知漢世風俗，然則本傳所謂「足以觀見當時風政」，又豈是虛語？

【附註】

註　一　《潛夫論》一書，近世研治者，論精博醇正，則以蕭山汪繼培之《箋》為最；而網羅諸說，參酌取捨，又莫過於胡楚生先生《集釋》之作，今茲所據，即以《集釋》為本。

註　二　見《後漢書馬融傳》。
　　　　《後漢書崔瑗傳》。
　　　　《後漢書張衡傳》。
　　　　《後漢書竇融傳》。

註　三　參見曾延偉《兩漢社會經濟發展史初探》。一九八九年中國社會出版社出版。羅彤華《漢代的流民問題》。民國七十八年台灣學生書局出版。

註　四　《王符生卒年歲的考證及潛夫論寫定時間的推論》。見中央研究院歷史語言研究所集刊四十本下冊。

註　五　汪繼培箋曰：「《後漢書龐參傳》云：『永初元年，涼州先零種羌反叛，遣車騎將軍鄧騭討之，參上書曰：『萬里運糧，遠就羌戎，不若總兵養衆，以待其疲，車騎將軍騭，宜且振旅，留征西校尉任尙，使督涼州士民，轉居三輔。』四年，羌寇轉盛，兵費日廣，參奏記於鄧騭曰：『參前數言宜棄西域，乃爲西州士大夫所笑，果破涼州，禍亂至今，善爲國者，務懷其內，不求外利，務富其民，不貪廣土，三輔山原曠遠，民庶稀疏，故縣丘城，可居者多，今宜徙邊郡不能自存者，入居諸陵，田戍故縣，孤城絕郡，以權徙之。』又〈虞詡傳〉云：『永初四年，羌胡反亂，殘破并涼，大將軍鄧騭以軍役方費，事不相贍，欲棄涼州，議者咸同，詡聞之，乃說李修曰：『先帝開拓土宇，劬勞後訂，而今憚小費，舉而棄之，涼州既棄，即以三輔爲塞，三輔爲塞，則園陵單外，此不可之甚者也。』節信所言，與詡合，〈參傳〉『西州士大夫』，蓋即指節信諸人。』」

杜甫七律詩初探

劉黎卿

　　杜甫是我國詩歌史上的詩聖，作品眾多，諸體皆備，其中尤以七律最具開創性。由於七律的體式極爲端整，格律又極嚴密，因此束縛了資質平庸的詩人，無法就此體式自在地抒發其所見、所聞、所思、所感，初唐時僅運用於奉和、陪幸、應制、贈答等方面，藝術成就並不高，內容亦復空洞無奇。迨至盛唐，杜甫以其天縱之才華，苦心經營，辛勤創作，大幅提昇七律的藝術性，豐富其內容開闢出另一美麗新園地。

　　所以胡應麟說：

> 大概杜有三難：極盛難繼，首創難工，邁衰難挽。子建以至太白，詩家能事都盡，杜後起集其大成，一也；排律近體，前人未備，伐山道源，爲百世師，二也；開元既往，大曆繼興，砥柱其間，唐以復振，三也。（註一）

　　七律在唐代是新興體式，所以杜甫身負披荊斬棘的任務，而也由於杜甫的努力，七律才告成熟。所以錢木庵說：

> 初唐諸家長律詩，對偶或不甚整齊，第二字或不相黏綴，如胡鍾正書，猶略帶八分體，至右軍而楷法大備，遂爲千古立極。詩家之少陵，猶書家之右軍也。少陵作而沈宋諸家可祧矣。故五言長韻，七言四韻律詩，斷以少陵爲宗。（註二）

　　至於本篇所談的七律要件如下：

> 何謂律體？此格定於沈宋；實沿於齊梁以來八句四韻，迄爲定式，至今不易。蓋律者法也，偶也；有法則不可亂，有偶則不

可孤，而名因之以生。大抵起於平仄定式之後。蓋定式仄起平起二聯四句盡之矣。雖至百韻不能少易。故四句全備而後成篇，名曰絕句，爲一體。蓋詩之小成，言平仄之式單備也。因而重之，則成八句，每聯兩用，皆有偶而成篇，名曰律詩，爲一體。蓋詩之大成，言平仄之雙備而各得其偶，非孤行之可比也。過此以往，則多寡隨人，無定聯亦無定數，則統爲長律而已。此又絕律之定式也。或問四句既單備矣，何以又必雙備？曰：此所以申黏法也。三二句之黏明矣，而五四之黏則實以首句黏四句，故必八句雙備，而後黏法乃大備也。此所以定爲四韻也。

（註三）

所以，七律指的是每句七字，共有八句，第一句及第二句稱首聯，第三句及第四句爲頷聯，第五、六句爲頸聯，頷聯、頸聯須對仗；第七、八句爲尾聯。第一、三、五、七句爲出句，第二、四、六、八句爲對句。同一聯出句與對句平仄相對，但前一聯的對句與下一聯的出句必相黏。一首詩共計五十六字，而對句的末一字必押韻，如此四韻八句的七律才是本文的討論範圍。

杜甫七律詩計一百五十一首，內容包括寫景、詠懷、題贈、詠史、行旅、應制、遊仙，大致以抒情者爲多。本文擬就音律及裁章謀篇兩部分來探討。

一、音律美

杜甫「爲人性僻耽佳句，語不驚人死不休。」〈江上值水如海勢聊短述〉而「晚節漸於詩律細」〈遣悶戲呈路十九曹長〉，閒暇並喜歡「陶冶性靈存底物，新詩改罷自長吟。孰知二謝將能事，頗學陰何苦用心。」〈解悶十二首之一〉凡此皆顯示杜甫非常注重音律的美。而劉勰亦曾說過：「故言語者，文章神明，樞機吐納，律呂唇吻而已。」

（註四）又「聲畫妍蚩，寄在吟詠，吟詠滋味，流於字句。」（註五）都是在強調聲音、韻律的美妙、功用。本篇所談的集中於韻腳的運用及平仄的安排。

（一）韻腳的運用

段玉裁曾云：「聲與義同源，故凡形聲之偏旁多與字義相近，此形聲、會意兩兼之字致多也。」又「凡字之義，必得之於字之聲。」、「凡從某聲之字，皆有某意。」（註六）又近人劉師培研究出：

> 字音既近，則取義多符。……試以古韻同部之字言之：如之耕二部之字，其義恆取於挺生；支脂二部之字，其義恆取於平陳；歌魚二部之字，其義多近於侈張；侯幽宵三部之字，其義多符於斂曲，推之蒸部之字，象取凌踰；談類之字，義鄰隱狹；真元之字，象含聯引；其有屬於陽侵東三部者，又以美大高明為義，則同部之字，義恆相符。」（註七）

即此，可就詩韻而歸納成類目，經由此類目的字音，去揣摹詩的意境、感情。清人周濟亦云：

> 東真韻寬平，支先韻細膩，魚歌韻纏綿，蕭尤韻感慨，各有聲響，莫草草亂用。（註八）

雖是說詞，但道理一樣，足見每種韻所傳達的感情不同，以下將就八個類目說明。

1.「佳、咍」韻有悲哀的感情，如〈登高〉：

> 風急天高猿嘯哀，渚清沙白鳥飛迴。無邊落木蕭蕭下，不盡長江袞袞來。
> 萬里悲秋常作客，百年多病獨登臺。艱難苦恨繁霜鬢，潦倒新停濁酒杯。

2.「微、灰」韻有氣餒抑鬱的情思，如〈曲江二首其二〉：

> 朝回日日典春衣，每日江頭盡醉歸。酒債尋常行處有，人生七

十古來稀。

穿花蛺蝶深深見，點水蜻蜓款款飛。傳語風光共流轉，暫時相賞莫相違。

3.「蕭、肴、豪」韻都含有輕佻、夭嬈的意思，如〈堂成〉：

背郭堂成蔭白茅，緣江路熟俯青郊。愷林礙日吟風葉，籠竹和煙滴露梢。

暫止飛烏將數子，頻來語燕定新巢。旁人錯比楊雄宅，嬾惰無心作解嘲。

4.「尤、侯」韻有千般愁怨，無法申訴的意味，如〈和裴迪登蜀州東亭送客逢早梅相憶見寄〉：

東閣官梅動詩興，還如何遜在揚州。此時對雪遙相憶，送客逢春可自由。

幸不折來傷歲暮，若爲看去亂鄉愁。江邊一樹垂垂發，朝夕催人自白頭。

5.「寒、桓」韻都有黯然神傷，獨自傷心的意思，如〈有客〉：

幽居地僻經過少，老病人扶再拜難。豈有文章驚海內，漫勞車馬駐江干。

竟日淹留佳客坐，百年麤糲腐儒餐。不嫌野外無供給，乘興還來看藥欄。

6.「眞、文、魂」韻都含有苦悶、深沉、怨恨的情調，如〈登樓〉：

花近高樓傷客心，萬方多難此登臨。錦江春色來天地，玉壘浮雲變古今。

北極朝廷終不改，西山寇盜莫相侵。可憐後主還祠廟，日暮聊爲梁甫吟。

7.「庚、青、蒸」有一種淡淡的哀愁，卻不乏思致，如〈暮登四安寺鐘樓寄裴十迪〉：

暮倚高樓對雪峰，僧來不語自鳴鐘。孤城返照紅將斂，近市浮煙翠且重。

多病獨愁常闃寂，故人相見未從容。知君苦思緣詩瘦，大向交遊萬事慵。

8. 「魚、虞、模」都含有日暮途窮、極端失意的感情，如〈發劉郎浦〉：

挂帆早發劉郎浦，疾風颯颯昏亭午。舟中無日不沙塵，岸上空村盡豺虎。

十日北風風未回，客行歲晚晚相催。白頭厭伴漁人宿，黃帽青鞋歸去來。

以上所用各韻，率皆妥善表達出詩人當時的情緒，使聲情合一。（註九）

(二)平仄聲調的運用

在詩的格律中，聲調只分平仄：陰平、陽平屬平聲，上、去、入屬仄聲。而實質上，這四聲給人的感受是不同的。如唐人云：「平聲哀而安，上聲厲而舉，去聲清而遠，入聲直而促。」（註一○）而我們若把這四聲拿來細分的話，會發現除了平仄的差別外，尚有長短的差異。

所謂平仄的差別，是指發平聲時，音波平平而行，不升不降；而仄聲（上、去、入）則調值不一，如上聲先抑後揚，去聲先升後降，入聲短促急沒，音波都不平穩，所以合稱仄聲。此外，所謂長短之別，是指平、上、去三聲如果中氣十足，發聲可以無限延長，屬長音；而入聲則由於韻尾收塞音（-p、-t、-k），一發聲隨即切住，無法往下延伸，算是短音。

也由於四聲上述之特質，所以會產生不同的旋律。如明人謝榛云：

夫平仄以成句，抑揚以合調，揚多抑少，則調勻；抑多揚少，

則調促。若杜常華清宮詩「朝元閣上西風急，都入長楊作雨聲」，上句二入聲（閣、急），抑揚相稱，歌則為中和調矣。王昌齡長信秋詞「玉顏不及寒鴉色，猶帶昭陽日影來」，上句四入聲相接（玉、及、鴉、色），抑之太過，下句一入聲（日），歌則疾徐有節矣。劉禹錫再過玄都觀詩「種桃道士歸何處，前度劉郎今又來」，上句四去聲相接，揚之又揚，歌則太硬；下句平穩。（註一一）

又云：

東字平平直起，氣舒而長，其聲揚也。董字上轉，氣咽促然易盡，其聲抑也。棟字去而悠遠，氣振愈高，其聲揚也。篤字下入而疾，氣收斬然，其聲抑也。（註一二）

上述都是在說平、去聲屬揚聲，上、入則屬抑聲，唯有抑揚字數適中，搭配得宜，才是一種美。為了精確表達內心的情緒，必須運用四聲來表達，若是作者當時心境平穩，用的當是合乎格律的字，且形成抑揚相稱的旋律。如〈江上值水如海勢聊短述〉：

為人性僻耽佳句，語不驚人死不休。老去詩篇渾漫興，春來花鳥莫深愁。

新添水檻供垂釣，故著浮槎替入舟。焉得思如陶謝手，令渠述作與同遊。

而詩人當時的心境，或激動、或沉鬱，往往必須借助於抑揚強烈的節奏，以傳達其感情，如此一來，則破壞了詩的平衡，必借助於「拗救」，因而形成有名的拗律。如〈送鄭十八虔貶臺州司戶，傷其臨老陷賊之故，闕為面別，情見於詩〉：

鄭公樗散鬢成絲，酒後常稱老畫師。萬里傷心嚴譴日，百年垂死中興時。

蒼惶已就長途往，邂逅無端出餞遲。便與先生應永訣，九重泉

路盡交期。

鄭虔因安祿山反時，曾任僞職，待賊平後，與張通、王維等具囚宣陽里。後貶臺州司戶參軍。（註一三）而杜甫未能親自餞別，所以寫了這首詩。首句在格律上爲本句自救的拗救體，原先的格律應作「平平仄仄仄平平」，此作「仄平平仄仄平平」，第一三字互爲拗救。而頷聯「萬里傷心嚴譴日，百年垂死中興時」說明在天下太平時，鄭虔卻有被處死的可能。此聯下句用拗救體，其格律本爲「平平仄仄仄平平」，此作「仄平平仄仄平平」，第一字拗，第三字救，爲本句自救格。而虞世澣曰：

> 虔之貶，既傷其垂老陷賊，又關於臨行面別，故篇中徬徨特至。如中二聯，清空一氣，萬轉千迴，純是淚點，都無墨痕。詩至此，直可使暑日霜飛，午時鬼泣，在七言律中尤難。末逕作永訣之詞，詩到眞處，不嫌其直，不妨於盡也。」（註一四）

又於〈白帝城最高樓〉：

> 城尖徑仄旌旆愁，獨立縹緲之飛樓。峽坼雲霾龍虎臥，江清日抱黿鼉遊。
>
> 扶桑西枝對斷石，弱水東影隨長流。杖藜嘆世者誰子？泣血迸空回白頭。

此詩僅第三句合格律。其他如第一句第三字「徑」應平而仄，造成突兀不平的音效。第二句第二字「立」改用仄字亦是要表達惆悵之意。又如尾聯出句、對句都用四仄聲，藉由峭折的聲調，抒發其激憤。所以黃生說：

> 城尖徑仄，與花近高樓，寓慨一也。花近高樓，以傷心而直陳其事。城尖徑仄，以泣血而微見其辭。直陳其事，不失和平溫厚之音。微見其辭，翻成激楚悲壯之響。若以本集較之，花近高樓，正聲第一。城尖徑仄，變聲第一。又曰：拗律本歌行變

體，故次句得用之字。（註一五）

杜甫運用拗律，使聲拗情蟠外，句法亦受到影響，使其音步不同於平常的七律。此外，在〈曲江二首其一〉中：

> 一片花飛減卻春，風飄萬點正愁人。且看欲盡花經眼，莫厭傷多酒入唇。

> 江上小堂巢翡翠，苑邊高塚臥麒麟。細推物理須行樂，何用浮名絆此身。

則運用「四聲遞換」，將律詩中出句的末字「春、眼、翠、樂」作平、上、去、入的精細安排，使整首詩聲律諧美，抑揚動聽。

二、裁章謀篇

(一)單篇

　　一般而言，律詩四聯八句，可作起承轉合的安排，歷代皆有人論述之。如嚴羽云：「有頷聯，有頸聯，有發端，有落句。」（註一六）說的便是律詩的章法。而到了楊載時才有起承轉合的名稱：

　　　　起承轉合

破題　或對景興起，或比起，或引事起，或就題起。要突兀高遠，如狂風捲浪，勢欲滔天。

頷聯　或寫意，或寫景，或書事，用事，引證此聯要接破題，要如驪龍之珠，抱而不脫。

頸聯　或寫意、寫景、書事、用事，引證與前聯之意相應、相避，要變化如疾雷破山，觀者驚愕。

結句　或就題結，或開一步，或繳前聯之意，或用事，必放一句作散場，如剡溪之棹，自去自回，言有盡而意無窮。

　　　　（註一七）

此外，如范梈亦云：「作詩成法，有起承轉合四字，以絕句言之，第

一句是起，第二句是承，第三句是轉，第四句是合；律詩則第一聯是起，第二聯是承，第三聯是轉，第四聯是合。」（註一八）皆在說明起承轉合之結構，試舉杜甫〈閣夜〉詩以明之：

> 歲暮陰陽催短景，天涯霜雪霽寒宵。五更鼓角聲悲壯，三峽星河影動搖。
>
> 野哭千家聞戰伐，夷歌是處起漁樵。臥龍躍馬終黃土，人事音書漫寂寥。

詩題中閣字即西閣。大曆元年，子美自雲安往夔州寓西閣時作。首聯以歲暮流年，寒宵雪霽興「起」，而頷聯「鼓角」之聲，夜所聞，當更盡而悲壯，「星河」之影，夜所見者，映峽水以動搖，都是寒宵雪霽的景致，「承」接上句而來。頸聯則屬「轉」，「野哭」、「夷歌」都屬令人感傷的愁情，如此則由景而「轉」入情。尾聯則是「合」，認為定亂的臥龍及起亂的躍馬，終歸一抔黃土，終究一場空。

(二)連章之作

一題數首的形式，在六朝時已存在，當時呼為組詩，其結構散漫，根本沒有內在的聯繫。杜甫連章之作計十篇三十七首，其首尾連貫，渾然成篇，為昔賢所推崇。先介紹〈秋興八首〉：

> 玉露凋傷楓樹林，巫山巫峽氣蕭森。江間波浪兼天湧，塞上風雲接地陰。
>
> 叢菊兩開他日淚，孤舟一繫故園心。寒衣處處催刀尺，白帝城高急暮砧。
>
> 夔府孤城落日斜，每依北斗望京華。聽猿實下三聲淚，奉使虛隨八月槎。
>
> 畫省香爐違伏枕，山樓粉堞隱悲笳。請看石上藤蘿月，已映洲前蘆荻花。
>
> 千家山郭靜朝暉，一日江樓坐翠微。信宿漁人還汎汎，清秋燕

子故飛飛。

匡衡抗疏功名薄，劉向傳經心事違。同學少年多不賤，五陵衣馬自輕肥。

聞道長安似奕棋，百年世事不勝悲。王侯第宅皆新主，文武衣冠異昔時。

直北關山金鼓振，征西車馬羽書遲。魚龍寂寞秋江冷，故國平居有所思。

蓬萊宮闕對南山，承露金莖霄漢間。西望瑤池降王母，東來紫氣滿函關。

雲移雉尾開宮扇，日繞龍鱗識聖顏。一臥滄江驚歲晚，幾回青瑣點朝班。

瞿塘峽口曲江頭，萬里風煙接素秋。花萼夾城通御氣，芙蓉小苑入邊愁。

珠簾琼柱圍黃鵠，錦纜牙檣起白鷗。回首可憐歌舞地，秦中自古帝王州。

昆明池水漢時功，武帝旌旗在眼中。織女機絲虛夜月，石鯨鱗甲動秋風。

波漂菰米沉雲黑，露冷蓮房墜粉紅。關塞極天惟鳥道，江湖滿地一漁翁。

昆吾御宿自逶迤，紫閣峰陰入渼陂。香稻啄餘鸚鵡粒，碧梧棲老鳳凰枝。

佳人拾翠春相問，仙侶同舟晚更移。彩筆昔曾干氣象，白頭吟望苦低垂。

王嗣奭云：

〈秋興八首〉以第一首起興，而後七首具發中懷，或承上，或起下，或互相發，或遙相應，總是一篇文字，折去一章不得，

單選一章不得。

起來發興數語，便影時事，見喪亂彫殘景象。「故園心」三字固是八首之綱，至第四章「故國平居有所思」，讀者當另著眼；「故國思」即「故園心」，而換一「國」字，見所思非家也，國也，其意甚遠，故以「平居」二字該之，而後面四章，皆包括於其中。如人主之荒淫，盛衰之倚伏，景物之繁華，人情之逸豫，皆足以招亂；而平居思之，已非一日，故當時彩筆上干，已有憂盛危明之思，欲爲持盈保治之計，志不得遂，而漂泊如此，人已白頭，匡時無策，止有「吟望低垂」而已。此中情事，不忍明言，不能盡言，人當自得於言外也。（註一九）

另外如〈諸將五首〉也將國家的國防做了五方面的考察，反映出國家嚴重的內憂外患。

漢朝陵墓對南山，胡虜千秋尚入關。昨日玉魚蒙葬地，早時金盌出人間。

見愁汗馬西戎逼，曾閃朱旗北斗殷。多少材官守涇渭，將軍且莫破愁顏。

韓公本意築三城，擬絕天驕拔漢旌。豈謂盡煩回紇馬，翻然遠救朔方兵。

胡來不覺潼關隘，龍起猶聞晉水清。獨使至尊憂社稷，諸君何以答昇平？

洛陽宮殿化爲烽，休道秦關百二重。滄海未全歸禹貢，薊門何處盡堯封。

朝廷袞職雖多預，天下軍儲不自供。稍喜臨邊王相國，肯銷金甲事春農。

回首扶桑銅柱標，冥冥氛祲未全銷。越裳翡翠無消息，南海明珠久寂寥。

　　殊錫曾爲大司馬，總戎皆插侍中貂。炎風朔雪天王地，祇在忠
　　良翌聖朝。

　　錦江春色逐人來，巫峽清秋萬壑哀。正憶往時嚴僕射，共迎中
　　使望鄉臺。

　　主恩前後三持節，軍令分明數舉杯。西蜀地形天下險，安危須
　　仗出群材。

所以郝敬說：

　　此以詩當紀傳，議論時事，非吟風弄月、登眺游覽，可任興漫
　　作也。必有子美憂時之眞心，又有其識學筆力，乃能斟酌裁補，
　　合度如律，其各首縱橫開合，宛是奏議訓誥，與三百篇並存可
　　也。（註二○）

而方東樹亦云：

　　此詠時事，存爲詩史，公所擅場。大抵從〈小雅〉來，不離諷
　　刺，而又不許訐直，致傷忠厚。總以吐屬高深，文法高妙，音
　　調響切，彩色古澤，旁見側出，不犯正實。情以悲憤爲主，句
　　以朗俊爲宗，衣被千古，無能出其區蓋。此統詠當時諸將，以
　　見用皆不得其人，不專主一人一處一事也。（註二一）

此外，〈詠懷古跡五首〉則以蜀楚爲背景，藉五個人物，抒發自己懷
才不遇、漂泊西南的悵恨。

　　詠懷古跡五首
　　支離東北風塵際，漂泊西南天地間。三峽樓臺淹日月，五谿衣
　　服共雲山。

　　羯胡事主終無賴，詞客哀時且未還。庾信平生最蕭瑟，暮年詩
　　賦動江關。

　　搖落深知宋玉悲，風流儒雅亦吾師。悵望千秋一灑淚，蕭條異
　　代不同時。

江山故宅空文藻，雲雨荒臺豈夢思。最是楚宮俱泯滅，舟人指
點到今疑。

群山萬壑赴荊門，生長明妃尚有村。一去紫臺連朔漢，獨留青
塚向黃昏。

畫圖省識春風面，環珮空歸月夜魂。千載琵琶作胡語，分明怨
恨曲中論。

蜀主窺吳幸三峽，崩年亦在永安宮。翠華想像空山裏，玉殿虛
無野寺中。

古廟杉松巢水鶴，歲時伏臘走村翁。武侯祠屋長鄰近，一體君
臣祭祀同。

諸葛大名垂宇宙，宗臣遺像肅清高。三分割據紆籌策，萬古雲
霄一羽毛。

伯仲之間見伊呂，指揮若定失蕭曹。運移漢祚終難復，志決身
殲軍務勞。

其一敘說庾信羈留北方，官位雖高，但心境蕭瑟悲涼，時時思歸故土。
楚襄王以宋玉為騷人墨客，命其賦雲雨荒臺事，而不知宋玉的政治抱
負。一般人也只欣賞宋玉〈悲秋〉之作，但不知他是傷心人別有懷抱。
是以杜甫希望人們重新評價宋玉，不要僅如往常一樣地看待他，而誤
解了宋玉原本的用意。

其三說到王昭君，一般我們都強調王昭君怨恨的是入後宮卻三年不見
君面，出嫁和番後，想念漢皇帝，甚至連戲曲《漢宮秋》也就此主題
發揮。但王嗣奭說：「既連朔漠，而塚獨留青，知其雖死不忘故土也。
至今圖畫可識者乃其面耳，不知魂猶南歸。」（註二二）

足見王昭君「千載琵琶作胡語，分明怨恨曲中論。」是怨恨不得回歸
故土，所以「獨留青塚向黃昏」，而且常懷念荊門香谿的明媚風光，
故有「環珮空歸月夜魂」之語。

而其四、其五則抒寫賢臣明主相遇、知遇之難，杜甫詠諸葛孔明的詩頗多，大都稱許其才幹，可惜劉備不聽他的計策，終而「遺恨失吞吳」，遂因與吳分裂而勢單力孤，終究被曹魏攻破。

以上五首，有人以爲渾然一體，不可分割，如王嗣奭：

> 五首各一古跡。第一首古跡不曾說明，蓋庾信宅也。借古跡以詠懷，非詠古跡也。
>
> 公於此自稱「詞客」，蓋將自比庾信，先用引起下句；而以己之衰時，比信之哀江南也。荊州有庾信宅，「江關」正指其地。
>
> 公自蕭瑟，借詩以陶冶性靈，而借性以自詠己懷也。（註二三）

又楊倫云：

> 此五章乃借古跡以詠懷也。庾信避難，由建康至江陵，雖非蜀地，然曾居宋玉之宅，公之漂泊類似，故借以發端。次詠宋玉以同調相憐。詠明妃爲才高不遇寄慨，先主武侯則有感於君臣之際焉。或疑首章與古跡不合，欲割取另爲一章，何其固也。
>
> （註二四）

所謂「或疑首章與古跡不合，欲割取另爲一章」者，即浦起龍云：

> 此題四字，本兩題也，或同時所作，偶合爲一耳。並讀殊不成語，必非原文，但沿襲既久，不敢擅分，有辨語在首章後。
>
> 〈首章後辨語〉此「詠懷」也，與「古跡」無涉，與下四首，亦無關會。……按舊說俱五詩例看，殊無具眼，《杜臆》疑首章不類，遂以爲五詩總冒，其說似是而非。古跡則各人其人，各事其事，與〈諸將〉一類，彼何以獨無冒乎？既云總冒矣，又謂其古跡則庾信宅也，一詩兩用，成何體裁？且詩中止言庾信，不言其宅，而宅又在荊州，公身未到，何得詠及之？自知不的，因以將至江陵爲言，枝梧特甚。至顧宸則謂因己懷而感古跡，黃生則謂因古跡而自詠懷。總緣胸中爲本章所礙，不得

解脫，遂添幾許蛇足耳。予直以詩意詩法斷之，世或不以其言
爲河漢也。（註二五）

比較上述說法，當以前者較符合作者本意。

此外，其他連章七律，如《將赴成都草堂途中有作先寄嚴鄭公五首》、
《舍弟觀赴藍田娶妻子到江陵喜寄三首》等皆爲佳篇。

三、後代評七律詩

宋代以後，對七律詩自有一套評價標準，而且標準不一，於是選
出的佳作亦不同。比如明人楊愼云：

> 宋嚴滄浪取崔顥黃鶴樓詩爲唐人七言律第一；近日何仲默、薛
> 君采取沈佺期「盧家少婦鬱金堂」一首爲第一。二詩未易優劣。
> 或以問予，予曰：「崔詩賦體多，沈詩比興多。以畫家法論之，
> 沈詩披麻皴，崔詩大斧劈皴也。」（註二六）

而後，王世貞認爲崔、沈二詩都不算是最好的（註二七），胡應麟則以
爲杜甫的〈登高〉詩不但是唐人七律第一，而且是古今七言律第一：

> 杜「風急天高」一章五十六字，如海底珊瑚，瘦勁難名，沉深
> 莫測，而精光萬丈，力量萬鈞。（註二八）

又云：

> 一篇之中句句皆律，一句之中字字皆律，而實一意貫串，一氣
> 呵成。驟讀之，首尾若未嘗有對者，胸腹若無意於對者；細繹
> 之，則緇銖鈞兩，毫髮不差。（註二九）

如果以首聯「風急天高猿嘯哀，渚清沙白鳥飛回」爲例，則出句、對
句相對，如「風」對「渚」、「天」對「沙」，「猿嘯」對「鳥飛」。
此外，句中尙可自對，如就上四下三句式來看，則出句「風」對「天」，
「急」對「高」，對句則「渚」對「沙」、「清」對「白」。而就頷
聯「無邊落木蕭蕭下，不盡長江滾滾來。」，經由落木窸窣之聲，長

江洶湧之勢，傳達出韶光易逝，壯志難酬的感傷。如此沈鬱悲涼的詩句，誠如胡應麟所言有「建瓴走坂之勢，如百川東注于尾閭之窟。」

而他評結句則云：「此篇結句似微弱者，第前六句既極飛揚震動，復作峭快，恐未合張弛之宜，……只如此軟冷收之，而無限悲涼之意，溢于言外。」又云：「通篇章法、句法、字法前無昔人，後無來學，……自當為古今七言律第一。」（註三〇）

綜上所述，唐以後各詩評家各以己之所好而推選心目中的七律作品。如嚴羽推崔顥〈黃鶴樓〉，何仲默、薛君采推沈佺期〈古意〉，王世貞則以為杜甫〈登高〉、〈九日藍田崔氏莊〉、〈秋興八首其一〉、〈秋興八首其七〉四首都足以為壓卷之作。而胡震亨則說：崔詩自是歌行短章，律體之未成者。體製都不合格，遑論其他。而沈詩篇題原名〈獨不見〉，一結翻題取巧，六朝樂府變聲，非律詩正格。至於杜甫四首詩，「風急天高」篇，則「結語腿重」、「起處『鳥飛回』三字亦勉強屬對無味。」，而「老去悲秋」篇，「藍水一聯尤乏生韻」，「玉露凋傷」篇，「較前二作似勻稱」，然而，「一繫對兩開」，「甚無著落，為瑕不小」；「昆明池水」篇，「前四語故自絕，奈頸聯肥重，『墜粉紅』尤俗。」（註三一）
所以他認為學者應開拓眼界，「『轉益多師是汝師』，何必取宗一篇。」好詩很多，學者當多讀多學為是。

無庸置疑的一點是杜甫的努力及才力，促成七律正式成熟，而後人對其律詩雖推崇備至，但也未必全為佳作。誠如柴紹炳所云：

> 迨開元、天寶以還，茹六朝之華而去其靡，本初唐之莊而化其滯，於是風格遒上，音節諧會，色理必工，旨趣俱遠。如王維、李頎、岑參、高適諸公，並臻其妙。號曰盛唐，斯實古今詣極矣。然隋珠和璧，人不數首，杜少陵獨以魁傑之才，應其蘊憤之氣，揮斥百代，包舉眾家。集中七律，亡慮數什佰首，大抵

謝膚澤而敦骨力，厭俳儷而尚矜奇，勢取矯屬，意主樸眞，沈
著有餘，流逸不足。彼雖雄視千古，間參長律之變調矣。夫長
律既屬緣情，尤貴合調，婉轉深穩，音流管弦，務極天然，故
杜氏卓然作者，難乎折衷也。然就厥體而辨之，亦有工拙利鈍。
如〈秋興〉、〈諸將〉、〈詠懷古跡〉、〈恨別〉、〈退朝〉
……或遒麗精深，或沈雄悲壯，或眞至雋永，或曠逸清疏，咸
稱傑構。其他率爾成篇，漫然屬句，予嘗覽而摘之。中有近鄙
淺者，如「富貴必從勤苦得，男兒須讀五車車」；有近輕邀者，
如「酒債尋常行處有，人生七十古來稀」；有近濡滑者，如「
聞道長安麴米春，纔傾一盞即醺人」；有近纖巧者，如「侵凌
雪色還萱草，漏洩春光有柳條」；有近粗硬者，如「爲人性僻
耽佳句，語不驚人死不休」；有近酸腐者，如「炙背可以獻天
子，美芹由來知野人」；有近平鈍者，如「繡衣屢許攜家醞，
皂蓋能忘折野梅」；有近徑露者，如「此日此時人共得，一談
一笑俗相看」；有近沾滯者，如「寂寂繫舟雙下淚，悠悠伏枕
左書空」。凡此皆杜律之病，瑕瑜固不相掩，正在學者之善擇
耳。（註三二）

　　總之，杜甫一生顚沛流離，這些坎坷經歷內化爲他的生命，經由
鎚鍊，以其天才融合知性、感性二種特質，開闢七律的新境界，功不
可沒。至於後人批評的缺點，應屬求好心切，大體而言，瑕不掩瑜，
而推論何者爲唐七律第一，則牽涉到個人的審美觀，僅可就其評選作
品找出其審美標準，以爲讀詩的參考。綜覽唐七律的發展，唯有杜甫
的才大思深，才使七律體式成熟，並且知道此體式的豐姿富美，使當
時的人加入創作，形成文學史上一種重要的體裁，無疑的，杜甫是居
於承先啓後的地位。

【附註】

註　一　見《詩藪‧內編》卷五。

註　二　見《唐音審體‧律詩五言長韻論》。又根據逯欽立輯校《先秦漢魏晉南北朝詩》來看，作七言八句詩的只有沈約〈四時白紵歌〉五首、蕭綱〈烏夜啼〉、庾信〈烏夜啼〉、燕射歌辭〈徵調曲〉六首其二、江總〈芳樹〉、〈雜曲〉三首其一、〈姬人怨〉、隋煬帝〈江都宮樂歌〉、〈泛龍舟〉、〈四時白紵歌〉二首、虞世基〈四時白紵歌〉二首，總共還不到二十首。到了初唐，五律格律成立，七律也略具雛形，只是初唐七律作品並不多，即連沈佺期、宋之問雖大力拓展五律，但七律作品並不多，有待來者開闢。

註　三　董文煥《樂調四譜》，引見朱自清《語文通論》。

註　四　見《文心雕龍‧聲律》。

註　五　同註四。

註　六　見《說文解字注》。如段氏於《說文》「禎」篆下注云：「聲與義同源，故龤聲之偏旁多與字義相近，此會意形聲兩兼之字致多也，說文或偁其會意，略其形聲；或偁其形聲，略其會意，雖則淆文，實欲互見，不知此，則聲與義隔。」於「鎭」篆下提出：「凡字之義必得諸字之聲。」的條例。而於「坤」篆下注云：「故文字之始作也，有義而後有音，有音而後有形，音必先乎形。」而於「甬」篆下注曰：「小徐曰：『甬之言涌也。若水涌出也。周禮鐘柄爲甬，按凡甬聲之字，皆興起之意。」

註　七　見《左盦集卷四‧古韻同部之字義多相近說》。

註　八　《宋四家詞選敘》。

註　九　引見謝雲飛《文學與音律‧韻語的選用和欣賞》。

註一〇　《元和韻譜》。

註一一　《四溟詩話》卷三。

註一二　同註十一。

註一三　見《新唐書》列傳第一百二十七。

註一四　《杜詩詳註》卷之五。

註一五　《杜詩詳注》卷之十五。

註一六　《滄浪詩話》。

註一七　《詩法家數》。

註一八　《詩法正論》。

註一九　《杜臆》卷之八。

註二〇　《唐宋詩醇》卷十七。

註二一　《昭昧詹言》卷十七。

註二二　《杜臆》卷之四。

註二三　《杜臆》卷之八。

註二四　《杜詩鏡銓》卷十三。

註二五　《讀杜心解》卷四之一。

註二六　《升菴詩話》。

註二七　《藝苑巵言》卷四。

註二八　《詩藪‧內編》卷五。

註二九　同註廿八。

註三〇　同註廿八。

註三一　《唐音癸籤》卷十。

註三二　《杜詩詳注》附編引。

柳宗元〈天對〉研探

高秋鳳

前　言

　　柳宗元〈天對〉是第一篇能對屈原〈天問〉中各種自然、歷史、神話等問題，一一作出回答的著作。自〈天對〉問世後，相繼有朱熹在《楚辭集注・天問》中的回答、王廷相的〈答天問〉（註一）、陳雅言的〈天對〉（註二），可以說都是受〈天對〉影響而創作的。但前人對〈天對〉的評價並不一致：有的認爲他可與〈天問〉比美，〈天問〉因他而相得益彰；（註三）然而也有認爲就〈天問〉而言，他是蛇足，根本不必作的。（註四）究竟〈天對〉是否應作？〈天對〉有無價值？以及柳宗元爲什麼要作這樣一篇頗具爭議性的詩篇？這些都是值得探討的問題。

　　本文主要透過與〈天問〉的比較，分析〈天對〉在內容、體製上的特色，然後再據其特色，說明他的價值所在。全文分五部分：一、〈天對〉解題，二、〈天對〉的內容，三、〈天對〉的體製，四、〈天對〉的價值，五、〈天對〉值得商榷的地方。

一、〈天對〉解題

　　〈天問〉就是「問天」，但〈天對〉可不是「對天」。然而篇名爲什麼叫「天對」？柳宗元又是在什麼背景下創作這樣的詩篇呢？這是研探〈天對〉應該先了解的。

　　㈠何謂「天對」？

對，就是「答」，「天對」就是天的回答。楊萬里〈天問天對解〉曾說：

> 大抵屈原〈天問〉，原之問天也；柳子〈天對〉，柳子代天而答原也。（註五）

楊氏以爲〈天對〉是柳完元假借天的口氣回答屈原對天的提問。這個說法可從〈天對〉本文找到證據。〈天對〉在回答屈原「天何所沓？十二焉分」的問題時，說：

> 折篔剗筳，午施旁豎，鞠明究曛，自取十二。非余之爲，焉以告汝！（註六）

另外，在回答屈原「受賜茲醢，西伯上告，何親就上帝，罰殷之命以不救」的問題時，也說：

> 肉梅以頒，烏不台訴！孰盈癸惡，兵躬殄祀！

前一例的「余」是天自稱，「汝」則指屈原；後一例的「台」，音怡，也是我的意思。從這兩個例子，就可明顯看出：〈天對〉的確是柳宗元假借天的語氣，回答屈原對天的提問。所以〈天對〉就是：天給屈原的回答；簡單的說，就是：天的回答。

綜上所說，可知〈天對〉是假借天的口氣回答屈原的〈天問〉，所以篇名叫「天對」。但前人也有以爲篇名如此是不妥當的。《何義門讀書記》引：

> 定遠云：「柳州作〈天對〉，其文亦幾于三閭也。題曰『天對』，似是未安。天尊不可問，故不曰『問天』。柳子之文，自擬于天，斯罔矣。宜曰『對天問』也。（註七）

定遠批評宗元不應自擬於天，而認爲〈天對〉應稱「對天問」，這是傳統讀書人以天爲尊的成見。其實柳宗元以爲天道不與人事相涉，天只是自然存在的物質，他當然不會認爲「天對」有何不妥。而且題目改爲「對天問」，不僅沒有「天對」簡明，而且也不能表現用天的口

氣作答的事實。

　　㈡〈天對〉的創作背景：

　　目前一般柳學專家，都認為〈天對〉是柳氏被貶永州任司馬時所寫。（註八）聯繫他的遭遇與其他作品，這個說法應是可信的。

　　柳氏與屈子一樣，都是年少得志，在年輕歲月即參與政治領導中心，可是卻同在企圖心旺盛、最能有所作為的壯年時期被貶謫、放逐；不僅遠離權力中心，更被摒棄到荒遠之地。這對恃才傲物、孤高自賞、積極上進的詩人政治家，可說是相當大的打擊。在這種情況下，宗元自然會把屈原引為同「禍」相憐的古之知己。所以他在赴永州時，曾作〈弔屈原文〉，既表達對屈原的深刻同情，也寄寓自己被貶謫的憤懣。到永州後，宗元更肆力於騷學，不僅在寫作上「參之離騷以致其幽」（註九），更有二十餘篇的騷賦創作。《新唐書》本傳說他：

> 既竄斥，地又荒癘，因自放山澤間。其堙厄感鬱，一寓諸文，倣離騷數十篇，讀者咸悲惻。（註一○）

易重廉也說：

> 支持柳氏在山澤間度著竄斥生活的精神力量，相當的部分來自屈原的〈離騷〉。（註一一）

因為司馬是個沒有治權的閒職，在永州的日子，除了藉遊山賞水紓解鬱悶外，讀騷、擬騷也是他自我嘆憐、自我消愁的法子。再加上這段期間，他正與韓愈、劉禹錫討論有關天的問題，先後完成〈天說〉、〈答劉禹錫天論書〉。（註一二）在這種情形下，難免會觸發他藉回答〈天問〉，提出自己對天的看法。

　　屈原創作〈天問〉，就客觀因素說，是受廟堂壁畫的觸發；就主觀意識言，是既為抒憤，也因諷諫，更要推究事理。（註一三）柳宗元寫作〈天對〉，就客觀因素說，自然是受〈天問〉的激發；就主觀意識言，也是抒憤、諷諫、究理兼而有之。〈天對〉既是回答〈天問〉

之作，當然是因〈天問〉激發才寫作的。如果沒果〈天問〉這客觀存在的作品，自然不會有〈天對〉的出現。〈天問〉兼抒憤、諷諫、究理的創作動機，必然反映在他的提問上，〈天對〉既是針對他的提問回答，在寫作時，主觀意識一定受到〈天問〉的制約，所以也兼有抒憤、諷諫、究理。但因問、對性質不同：一連串只問不答的問題，既可就事理所不知發問，也可就事理之可疑者爲問，更可透過問疑表達譴責、感嘆、讚賞，（註一四）所以從作品表現探討他創作的動機，是抒憤、諷諫、究理三者無分軒輊。但回答就不同了，答案是肯定的　、說明性的　。從作品來看，他的創作動機顯然是究理多於諷諫，諷諫又強過抒憤。所謂「彼痛迫而號呼，此從容而譚論」（註一五），這正是問、對本質上的不同。

　　還應指出的是：柳宗元是個無神論者，他認爲天道與人事不相涉。但他卻假借天的口吻來回答〈天問〉，天似乎又成了有意志的人格神。其實這與〈愚溪對〉一樣，是他在窮愁無聊下，用遊戲筆墨來抒發鬱悶，寄寓諷諫，推究事理。〈天對〉中的天，就像〈愚溪對〉中的溪神，不過是柳氏虛構的一個角色罷了。

二、〈天對〉的內容

　　〈天對〉既是回答〈天問〉的著作，他的內容當然與〈天問〉關係密切。但因爲問、對性質不同，加上柳宗元的思想意識未必跟屈原一樣，而且唐代的歷史觀、哲學思想、科學常識，也和戰國時代有異，所以〈天對〉的內容，雖受〈天問〉制約，但卻不完全等於〈天問〉。以下先介紹〈天對〉的大略內容，再探討他的主題，及所蘊含的思想。

　　㈠〈天對〉的內容大要：

　　〈天問〉的內容，可大略分爲自然、人事兩大部分。自然部分，從宇宙起源問到天體構造、日月星辰的運行等天文問題，再問治水問

題，及有關地形和奇境怪物等問題。人事部分，問有關夏、商、周三族的歷史傳說，與楚國史事，及屈原自身之事。（註一六）〈天對〉是回答〈天問〉之問的，所對與所問對象既然相同，內容也必相近。近似之處，自不必贅言。但因為有些是所對未必是所問，有些是柳氏根據王逸注回答，而王逸注卻未必是屈子本意；當然也有部分是因為柳氏的思想、看法與屈原不同，所以〈天對〉與〈天問〉不同處，還是不少。以下依〈天對〉原文之次，列舉較重要者略言之。

1. **自然部分：**

(1)宇宙起源：

> 本始之茫，誕者傳焉。鴻靈幽紛，曷可言焉！冥黑晰眇，往來屯屯，厖昧革化，惟元氣存，而何為焉！

〈天問〉只是從懷疑、質詢中，隱隱透露宇宙之生成乃從渾沌之氣中誕生；〈天對〉則明確指出宇宙是由「元氣」演化而成的，無所謂神創宇宙之事。

(2)天文問題：

> 輻旋南畫，軸奠于北。孰彼有出次，惟汝方之側！平施旁運，惡有谷、汜！

〈天問〉只是問所不知，〈天對〉則否認湯谷、蒙汜的傳說，並說明所以有白天、黑夜的變化，是人所在位置與太陽照射角度的關係。

> 燠炎莫儷，淵迫而魄，遲達乃專，何以死育！玄陰多缺，爰感厥兔，不形之形，惟神是類。

〈天問〉只是問所不知、問所不信，〈天對〉則說明月所以有朔望的原因，及月中陰影是因月球表面不平造成的。

(3)治水問題：

> 惟鯀謏諓，鄰聖而孼。……盜堙息壤，招帝震怒。……氣孼宜害，而嗣續得聖，汙塗而蕖，夫固不可以類。……厥十有三載，

　　乃蓋考醜。……惟氏之繼，夫孰謀之式！

　　〈天問〉頗為鯀的遭遇不平，並以為禹的成功，是靠鯀打下的基礎。但〈天對〉卻受傳統歷史觀影響，視鯀為惡人，而且不同意禹是「纂就前緒，遂成考功」，反倒說禹只是「惟氏之繼，夫孰謀之式」，並且以為禹的功績「乃蓋考醜」。

　(4)地理問題：

　　東窮歸墟，又環西盈。脈穴土區，而濁濁清清。墳壚烤疏，滲渴而升。充融有餘，泄漏復行。器運洨洨，又何溢為！

　　〈天問〉只是問：「東流不溢，孰知其故？」〈天對〉卻說出水在地面和地下循環的道理。

　　積高于乾，崑崙攸居。蓬首虎齒，爰穴爰都。……鯪魚人貌，遍列姑射。虺雀峙北號，惟人是食。

　　〈天問〉從「崑崙縣圃，其尻安在」，到「鯪魚何所，魑堆焉處」，都是以懷疑的態度提出問題，柳氏卻多用神話傳說對答，反而肯定神話傳說似乎真有其事。（註一七）

　2.人事部分：

　(1)夏族的歷史傳說：

　　彼呱克臧，俾姒作夏。獻后益于帝，諄諄以不命。復為叟者，曷戚曷孳！……益革民羼，咸粲厥粒。惟禹授以土，爰稼萬億。……姑不失聖，夫胡往不道！

　　〈天問〉有關啟、益爭位的提問，本事可見於《古本竹書紀年》與《韓非子・外儲說》，但柳宗元受正史影響，以為是益自動讓位，並且說像禹這樣的聖人，他的後代自然會昌盛。

　　湯奮癸旅，爰以區拊。載厥德于蔿，以詰仇餉。

　　〈天問〉：「湯謀易旅，何以厚之？」是問少康中興事，柳氏據王逸注而以商湯事回答。

(2)商族的歷史傳說：

> 該德胤孝，蕢收于西。……牧正矜矜，澆虺爰睹。……階干以
> 娛，苗革而格。……辛后駿狂，無憂以肥。……民仇焉寓，啓
> 床以断。殷武踵德，爰獲牛之朴！……解父狄淫，遭怒以赧。
> 彼中之不目，而徒以色視。

〈天問〉「該秉季德，厥父是臧」，到「何繁鳥萃集，負子肆情」，
據王國維〈殷卜辭中所見先公先王考〉（註一八）的論證，已知是問殷
先公王亥、王恒及上甲微的故事。但有關王亥之問，柳氏分別答以蕢
收、少康、舜、紂及啓事；有關王恒及上甲微事，又據王逸注，以商
湯及解居父事回答。

(3)周族的歷史傳說：

> 文德邁以被，芮鞠順道。醢梅奴箕，忠咸喪以醜厚。

〈天問〉：「何聖人之一德，卒其異方？梅伯受醢，箕子佯狂？」
是問梅伯、箕子事。〈天對〉據王逸注，以文王之事回答前二句。

> 魄醢己毒，不以外肆。細腰群螫，夫何足病？

〈天對〉只回答「蜂蟻微命，力何固？」卻沒有解決「中央共牧，
后何怒」的問題。

(4)楚國的歷史與屈子的遭遇：

> 咨吟于野，胡若之很！……甘恬禍凶蠚鉏夷，愎不可化徒若罷。
> 欸吾敖之闋以旅尸。誠若名不尚，曷極而辭？

〈天問〉自「薄暮雷電」以下是問楚國歷史與屈子自身遭遇。〈
天對〉篇末一段，並沒有針對〈天問〉所問一一作答，而且「欸吾敖」
一句，竟一改天的語氣，而用屈原的口吻說出。所以陸元熾說這一段
是「借屈原的遭遇，抒寫柳宗元自己的感慨。」（註一九）

以上所列舉的是〈天對〉在內容上與〈天問〉有較顯著不同的例
子。當然更多的情況，是問對的對象、課題相同，但因為問、對本質

的差異，具體內容還是有不同的。

　　㈡〈天對〉的主題：

　　〈天問〉具多義性主題，其主題大略可歸納爲五點：第一，立足在楚國的現實，提出自己的政治主張，並指陳君臣間的大義。第二，國君有道，國家自然興盛；國君無道，國家自然衰亡；國家的興亡，主要在人事。第三，懷疑上帝，以爲天命是不可信的。第四，懷疑傳統福善禍淫的天道觀。第五，窮究宇宙一切事物的道理。（註二〇）其中第二、第五點，也是〈天對〉主題所在。至於三、四兩點，因爲柳氏主張天人不相與，天道與人事毫無關係，所以他不只是懷疑上帝，而是根本否定有上帝的存在；不只以爲天命不可信，而是更進一步，反對有天命的存在。正因如此，他認爲是福是禍，都是取決於人事的爲善爲惡，所以無所謂福善禍淫的天道觀。對於第一點，因柳氏所處時代已與屈原不同，他對君臣關係的看法也與屈原不太一樣，所以他的政治思想與屈原不盡相同，對君臣間的大義也沒有特別強調。他的政治思想，將於下節再談。以下就從三方面舉原文爲例，說明〈天對〉的主題：

1.窮究宇宙一切事物的道理：

　　這是〈天對〉最重要的主題。〈天對〉所以要代天回答屈原的問題，正是爲了窮究宇宙一切事物的道理。所以不管屈原問所不知、問所不信，或是問所不平，甚至是故意設問，（註二一）他都要一一作出回答。如：〈天問〉問：「厥利維何，而顧菟在腹？」他就說：「玄陰多缺，爰感厥兔，不形之形，惟神是類。」又如：〈天問〉問：「地方九州，何以墳之？」他就說：「從民之宜，乃九于野。墳厥貢藝，而有上中下。」再如：〈天問〉問：「女媧有體，孰制匠之？」他就說：「媧軀甿號，占以類之。胡日化七十，工獲詭之。」這些都可證明柳氏對宇宙一切事物都想窮究其理。

2.**國家的興亡，主要在人事：**

　　〈天對〉在很多地方，反映國家興亡要在人事這個主題。如：「惟桀嗜色，戎得蒙妹。淫處暴娛，以大啓厥伐。」又如：「辛后駿狂，無憂以肥。肆蕩弛厥體，而充膏于肌。嗇寶被躬，焚以旗之。」再如：「孺賊厥說，爰纍鬠其弧。幽禍挐以夸，憚褒以漁。淫嗜薿殺，諫尸謗屠。孰鱗鬈以徵，而化黿是辜！」以上三例分別指出：夏桀、商紂、周幽王所以被滅，都是因爲人事作爲的不當。在「天集厥命，惟德受之。胤怠以棄，天又佑之」一節，更明確指出：有德則興，怠道即亡。

3.**反對天命：**

　　前舉「孺賊厥說」一節，說明周幽王的被殺，與龍沫化黿的徵兆是沒有關係的。在回答〈天問〉「天命反側，何罰何佑」之問時，更指出：「天邈以蒙，人么以離。胡克合厥道，而詰彼尤違。」這是說：天是無限遙遠，沒有意志的。人是渺小的，與天沒有關係。怎麼能要求人事與天道相合，而責怪天的賞罰不公呢？（註二二）由此可知，柳氏以爲天是自然物，是與人毫無關係的，所以當然沒有所謂「天命」這回事了。

　　㈢〈**天對**〉**蘊含的思想：**

　　〈天問〉蘊含豐富思想，表現了屈原的宇宙觀、天道觀、歷史觀、政治觀、認識論、懷疑思想、科學思想、愛國思想。（註二三）以下分別就這八個子目，看看〈天對〉與〈天問〉的異同：

1.**宇宙觀：**

　　〈天問〉的宇宙觀，主要反映在對宇宙起源及宇宙結構的質問上。就宇宙起源說，屈原的提問，顯示是屬於「唯物主義的宇宙發生論」，並隱約有「元氣說」的輪廓。就宇宙結構言，屈原對蓋天說的質疑，已開渾天說先河。〈天對〉有關這兩方面問題的解答，可見他對宇宙的看法與屈子有同也有異：

(1)宇宙起源：

> 本始之茫，誕者傳焉。……厖昧革化，惟元氣存，而何爲也？
>
> 合焉者三，一以統同。吁炎吹冷，交錯而功。

這兩段話，不僅否認造物主的存在，更明確指出宇宙的本源是元氣。由於元氣自身的運動，形成寒暑冷暖的交替，才促成天地萬物的演化。這就是大陸學者所謂的「唯物主義元氣一元論」。（註二四）

(2)宇宙結構：

> 無營以成，沓陽而九。轉輠渾淪，蒙以圜號。
>
> 烏徯繫維，乃縻身位？無極之極，漭瀰非垠。或形之加，孰取大焉！
>
> 皇熙亹亹，胡棟胡宇！宏離不屬，焉恃夫八柱！
>
> 無青無黃，無赤無黑，無中無旁，烏際乎天則！

從這四節，可知〈天對〉與〈天問〉同樣否定傳統天圓地方的蓋天說。柳氏以爲天是陽氣構成的，所以不必靠任何東西去維繫、支撐。他還提出宇宙空間無限性的看法。所謂無極、非垠、無中無旁，即是說明宇宙空間的無限性。（註二五）

2.**天道觀**：

〈天問〉懷疑至上神、懷疑君權天授、懷疑福善禍淫的天道觀，以爲天命不常，主張重人事輕天命。但柳氏以爲天人不相與，所以不僅是懷疑，而是根本否定。他認爲至上神是不存在的，當然無所謂福善禍淫的天道觀，所以他反對天命，否定君權天授，強調君權的獲得全靠人事。

楊萬里〈天問天對解〉在「中譖不列，恭君以雉，胡蠙訟蟯賊，而以變天地」下說：

> 柳子之論，大抵以天人爲不相關，以天理爲漠然無知，皆憤懟很忮之所發，非正論也。（註二六）

楊氏看出〈天對〉反映天人不相關的思想是正確的，但天人不相關是否爲宗元憤激之言，是否是「非正論」，恐怕值得商榷。我們當然不能排除〈天對〉反映的天人不相與有宗元的激憤，但聯繫其他作品，如〈天說〉、〈貞符〉等來看，他的確是主張天人不相干的。

因爲天人不相干，所以他說：「厖昧革化，惟元氣存，而何爲焉？」否定有造物主的存在。在回答「帝降夷羿」一節時，他更說：「夫孰作厥孽，而誣帝以降。」在「天命反側，何罰何佑」的問題中，他更指出：「天邈以蒙，人么以離。胡克合厥道，而詰彼尤違。」天既與人不相關，自然無所謂天命，無所謂君權神授。所以他認爲：商湯滅夏桀是「仁易愚危，夫曷揆曷謀」；殷紂所以滅亡，是「孰盈癸惡，兵躬殄祀」。君權的獲得與喪失全都是人事作爲的關係。有仁有德則興，棄仁絕德就亡。

〈天對〉既然否定天神，反對天命，認爲天是客觀存在的物質，與人事不相涉，那就無所謂「天道觀」了。

3. **歷史觀：**

〈天問〉的歷史觀可歸納爲四點：第一，闡明「有道而興，無道則喪」的歷史規律。第二，暗示國家治亂興亡的主因在民心向背與賢能的任棄。第三，歷問成敗存亡禍福，既是藉歷史經驗爲教訓，也在表明美政的理想。第四，懷疑儒家標榜的「信史化」歷史，具反傳統精神。

前文談及〈天對〉主題「國家的興亡，要在人事」時，已舉例說明夏桀、商紂周幽所以被滅，都是由於人事作爲不當。所謂人事作爲不當，也就是「無道」。相對於亡國之君的，〈天對〉在回答開國明主的問題時，往往指出他們是以仁德易暴虐，所以才能得到民心擁戴。如〈天問〉問伊尹佐湯滅夏事，〈天對〉說：「仁易愚危，夫曷揆曷謀。咸逃叢淵，虐后以劉。」再如：〈天問〉問周武王伐紂事，〈天

對〉說：「捧盃救灼，仁興以畢隨，鷹之咸同，得使萃之。」還有，
回答「登立爲帝，孰道尙之」的問題時，〈天對〉更明白的說：「惟
德登帝，師以首之。」在回答帝位的遞禪問題時，〈天對〉更以國君
的有德與否爲改朝換代的根本原因。他說：

> 位庸庇民，仁克葆之。紂淫以害，師殛圮之。
>
> 天集厥命，惟德受之。胤怠以棄，天又祐之！

據上所述，可知：〈天對〉與〈天問〉同樣闡明「有道而興，無
道則喪」的歷史規律。但〈天對〉因爲是肯定的答案，所以不只是暗
示，而是明揭：「國家治亂興亡的主因在民心向背與賢能的任棄」。
另外，在有關三代歷史的回答中，宗元也是有意藉歷史經驗爲教訓，
警惕當時的朝廷，同時揭櫫自己以符合「生人之意」（註二七）爲美政
理想的主張。

然而由於受傳統儒學的影響，〈天對〉對〈天問〉「懷疑儒家標
榜『信史化』歷史，具反傳統精神」的歷史觀卻不能體會。如：〈天
問〉對鯀有高度的同情心，〈天對〉卻極力醜化鯀。又如：〈天問〉
中多處對堯、舜、禹的行徑表示懷疑，柳氏卻極力加以維護。再如：
啓益相爭事，柳氏也從傳統之說，而對〈天問〉有所批評。這當然是
受唐代學術環境的影響，但也是柳宗元服膺孔孟學說的關係。

柳氏雖因囿於所學，不敢懷疑古聖先賢，以致不能認同〈天問〉
反傳統精神。但總的說來，〈天對〉關於人類歷史部分，能排除天命、
神怪的說教，而據人事的變化說明歷史事件。又提出：無所謂「天」
意決定歷史趨向，朝代的興替端看民心的是否歸附。這與柳氏在他篇
提出的「生人之意」是相通的。誠如侯外廬、李學勤所言：

> 柳宗元的歷史觀點雖然並未觸及歷史規律的本質，但與傳統的
> 神學歷史觀相對立，其進步的歷史意義也很顯著。（註二八）

4.政治觀：

　　〈天問〉反映以民爲本、舉賢授能、修明法度的政治觀。這在〈天對〉中有更深刻的表現。

　　〈天對〉「位庸庇民」即指出保護百姓是君主職分。在朝代的更替上，柳氏更強調百姓、群眾的力量。他說后羿被滅是「舉土作仇，徒怙身弧」；夏桀被放，「民用潰厥疣，以夷于膚，夫曷不謠」；有扈的被殺是「民仇爲寓，啓床以斳」。又說商湯伐桀是「師憑怒以割」；殷紂失位是「淫以害，師殛玘之」。這在在突顯王朝的興廢是繫於民心的向背上，不正是提醒當政者要以民爲本。

　　〈天對〉指出：齊桓「幸良以九合，逮孽而壞」；殷紂「醯梅奴箕，忠咸喪以醜厚」，更導致滅亡。對商湯、伊尹的遇合，說：「昧始以昭末，克庸成績」；對文王任用太公，說：「岐目厥心，瞭眂顯光。奮刀屠國，以髀髊厥商。」這都反映〈天對〉舉賢授能的主張。在有關子文之對下，更加上「哀今無此人，但任子蘭也」的注語，更是意在言外。

　　〈天對〉與〈天問〉同樣都是從反面論證修明法度的重要。這從他譴責執政者因荒淫暴虐而身亡國喪的事例中可以得知。如：

惟桀嗜色，戎得蒙妹。淫處暴娛，以大啓厥伐。

辛后駿狂，無憂以肥。肆蕩弛厥體，而充膏于肌。曾寶被躬，焚以旗之。

　　還應特別指出的是：對〈天問〉的注目於君德，柳氏顯然有更深切的體會。「呱勤於德，民以乳活」，「載厥德于葛，以詰仇餉」「惟德登帝」，「殷武踵德」，「內克厥合，而外弼于德」，「位庸庇民，仁克蒞之」等語，都凸出柳氏認爲國君要有德才能治理人民的主張。在回答「彼王紂之躬，孰使亂惑」的問題，他更說：「紂無誰使惑，惟志爲首。」把國君無道的主因，歸結到國君一己之志，而不像前儒每每推到女色、讒臣之身。這話可是一針見血，讓執政者沒有脫

罪的藉口。

5. 認識論：

湯炳正先生在〈天問與屈原的認識論〉中說：

> 屈原的認識論，較之戰國諸子，獨具特點，更有其樸素唯物主
> 義的鮮明色彩的。（註二九）

〈天對〉則較〈天問〉更進一步。柳氏用元氣一元論的唯物主義世界
觀，試圖解開宇宙起源之謎；又考察自然的運動規律，揭示宇宙運動
的基本原則：「合焉者三，一以統同。吁炎吹冷，交錯而功。」又反
覆闡明宇宙在空間上的無限性：「無極之極，潒瀷無垠。……無中無
旁，烏際乎天則？」柳氏還依據他所能理解的科學知識，力闢神話中
有關日月運行、山川分布等怪誕的迷信，對世界的可知性，力求科學
的解釋。（註三〇）這都可見他的認識論較屈子更具唯物主義色彩。

6. 懷疑思想：

〈天問〉的懷疑思想表現在三方面：關於宇宙起源與自然現象的
疑問，關於至上神與天命觀的懷疑，關於古史傳說與人事現象的質疑。
〈天對〉本為解決〈天問〉這些疑問而作，所以有「異端的疑古精神」
（註三一）的柳氏，在〈天對〉中是直接依據他的科學、哲學、社會、
歷史常識去解釋宇宙起源、自然現象，以及古史傳說、人事現象，並
反對至上神與天命觀。如此一來，自然無法在文中表現他的懷疑思想。

7. 科學思想：

〈天問〉在有關自然部分，提出不少科學問題，雖隱含一些頗具
進步意義的科學見解，不過因為採用問的形式，所以不能有明確的解
說。〈天對〉既然是針對這些問題的回答，從答案中便反映了柳氏的
科學思想。除前文論「宇宙觀」已提及對宇宙起源、宇宙結構的見解
外，還有四項關於自然現象的解釋，值得注意：

> 輻旋南晝，軸奠于北。……平施旁運，惡有谷、汜！

柳氏以爲：大地在圍繞著太陽運移的過程中，不斷地從太陽的一側移到另一側。這豐富了古代地動的思想。（註三二）更值得注意的是，〈天對〉結合地圓說和地動說，比《春秋元命苞》的地動觀念有進一步發展。（註三三）

　　熶炎莫儷，淵迫而魄，……不形之形，惟神是類。

　　柳氏根據自己的天文學知識，解釋人爲什麼有時看得見月光，有時卻看不見；又解釋因月球表面不平，所以才有看起來像兔子的陰影。

　　東窮歸墟，又環西盈。……器運浟浟，又何溢爲！

　　柳氏根據自己的理解，說明水在地面和地下循環的道理。所說雖未必正確，但在當時卻有重要科學價值，連朱熹都不能不說「其說近似」。（註三四）劉文英更以爲其中蘊含物質往來轉化中守恒不滅的思想萌芽。（註三五）

　　倡者幽幽，壽焉孰慕！短長不齊，咸各有止。胡紛葦漫汗，而
　　潛謂不死。

　　柳氏這條對答，繼承王充「物無不死，人安能仙」的無神論思想，尖銳地批駁仙人不死的傳說，這在煉丹求仙等迷信活動盛行的中唐時代，也是很有現實意義的。（註三六）

　　除自然部分外，如駁斥有關伊尹出生的傳說，否認龍鷔化黿亡周的徵兆，可見他反對神祕主義，反對用神話解釋人事現象。這也是科學求眞的精神。

　　〈天對〉運用唐代自然科學，主要是天文、曆算方面的成就去解釋自然現象。他的解釋以現代科學的觀點看，未必完全正確，但在當時卻是先進的，（註三七）富有科學精神的。所以輓近學者大多肯定他在中國科學史上的地位。

8.**愛國思想**：

　　〈天問〉並沒有明白表示存君興國的意念，但由於末段提及楚史

及屈原自身事,表現了憂國之思;而在有關三代興亡的質問中,也隱
寓關懷國事之心。〈天對〉在三代興亡的探討中,強調國君要有仁德
才能得天下,並突顯百姓群眾在政權交替中的關鍵地位。這與他在其
他作品提到的「利安元元爲務」、「生人之意」是一樣的。(註三八)
可以說柳氏的愛國思想較屈原更多幾分愛民之思。至於篇末,柳氏一
改代天回答的語氣,借屈原的遭遇,抒寫自己的感慨,反映他雖遭貶
謫,仍冀望再被重用。(註三九)這雖然是古代遷客逐官的共同心願,
但聯繫他的其他作品,我們可以知道他的冀望重獲重用,的確有爲國
爲民服務的大志,而絕不是只求個人的聞達而已。他後來在柳州的政
績,就是最好的證明。

　　綜上所述,可知柳氏反對天命,而且否認有至上神,所以無所謂
「天道觀」。又因爲〈天對〉答對的性質,也使他無法展露他的懷疑
思想。除此之外,〈天問〉所蘊含的宇宙觀、歷史觀、政治觀、認識
論、科學思想、愛國思想也都見於〈天對〉,只不過是有同有異罷了。

三、〈天對〉的體製

　　〈天對〉在內容上一定得受〈天問〉的制約,但在體製上卻未必
然。這從王廷相〈答天問〉用散文形式即可了解。但柳氏〈天對〉在
體製上卻仍有意模擬〈天問〉,不過因爲問、對本質有別,作者時代、
文風不同,自然也會有差異。以下分別就謀篇、造句、遣詞、押韻四
方面來分析:

(一)謀篇:

　　〈天問〉以曰字領起全文,連續問了一百七十餘個問題,而且只
問不答。全文一千五百餘字,三百七十六句,每四句一章,共九十五
章。(註四〇)〈天對〉因爲現在通行的本子都是經過後人整理的,無
法知道本來面目。如果根據四庫珍本《柳河東集》所收,沒有雜入〈

天問〉原文的形式來看，〈天對〉也是以「曰」字領起全文。

〈天對〉因爲是根據〈天問〉所問，一一作答，所以章節次序的安排與〈天問〉相同。不過〈天問〉每四句一章，非常整齊，〈天對〉卻不然。〈天對〉受〈天問〉影響，以四句一章爲最多，但也有一些以二句、六句、八句、十句，甚至多到十四句爲一章的。更特別的是，還有一處是三句一章，兩處是五句一章，一處是七句一章的。因爲不是整齊的四句一章，所以各家的分章稍有不同。以百家註本爲底本的漢京《四部刊要》本分爲一百二十二章，五百五十二句。所以較〈天問〉九十五章，多出二十七章，是因爲〈天對〉很多地方，把〈天問〉一章拆成兩部分，分別回答。如：「出自湯谷，次于蒙汜。自明及晦，所行幾里？」這一章〈天問〉只是四句一問，但柳氏卻拆成兩節：「輻旋南畫，……惡有谷、汜」六句，回應〈天問〉並無提問的前兩句，而以「當焉爲明，……不可以里」四句回答後二句。

㈡造句：

與〈天問〉比較，〈天對〉在造句方面，有四點值得注意：

第一：〈天問〉以四言句做基礎，又雜入三、五、六、七言句。〈天對〉受〈天問〉影響，也是以四言句做基礎，但除雜入三、五、六、七言句外，又有「鼇厥首而恒以恬夷」、「欸吾赦之闕以旅尸」兩個八言句。再者，他的雜言句，也是有意模擬〈天問〉，運用疑問詞、虛詞使句子長短參差，如：「焉恃夫八柱」、「夫唯陋民是冒」。

第二：四種特殊句型顯然是仿自〈天問〉：甲、句末「之」字型，如：「要釋而陵，殆或謫之。」「位庸庇民，仁克涖之。」共二十例。乙、句末「焉」字型，如：「本始之茫，誕者傳焉。」「翼冰以炎，盍崇長焉。」計六例。丙、句中「是」字型，如：「太虛是屬」、「後世是郊」等十例。丁、偶句疊問，即：「皇熙亹亹，胡棟胡宇？」「茫忽不準，孰衍孰窮？」「仁易愚危，夫曷揆曷謀？」三例。另，

「孰旦孰幽，繆躔于經」則是單句疊問。

第三：篇末也是模仿〈天問〉，採四三結合之七言句。即：

> 嚴墬誼殄丁厥任，合行違逆固若所。咿嗄愁毒意誰與？醜齊徂
> 秦啗厥詐，讒登狡庸咈以施。甘恬禍凶巫鉏夷，憿不可化徒若
> 罷。

第四：使用頗多問句，雖然都是反詰之問，不像〈天問〉是提問，
但全文將近半數章節都採用問句形式，明顯是受〈天問〉影響。如：
「惟元氣存，而何爲焉！」「盡邑以墊，孰譯彼夢！」

〈天對〉造句，除受〈天問〉影響外，也可見到仿擬《詩經》句
型的例子。如：「攸字攸墍」、「以歡以都」、「維莞維蒲」、「維
菇維蘆」。

㈢遣詞：

〈天對〉既是回答〈天問〉的作品，在遣詞上必然近似〈天問〉。
如問：「伯強何處？惠氣安在？」答說：「怪瀾冥更，伯強乃陽。順
和調度，惠氣出行。時屆時縮，何有處鄉？」再如問：「皇天集命，
惟何戒之？受禮天下，又使至代之？」答案是：「天集厥命，惟德受
之。胤怠以棄，天又佑之？」但除了因問、對對象相同，或所對承所
問，而在措詞上的近似外，〈天對〉在遣詞上還有五項特色：

第一：〈天對〉承襲〈天問〉疑問詞大量使用且神明變化的特色。
（註四一）在全文一百二十二節中，有五十九節使用疑問詞。不僅疑問
詞位置多變化，而且除〈天問〉所用的「何」、「焉」、「孰」、「
誰」、「胡」外，（註四二）還運用先秦載籍已見的疑問詞「曷」、「
烏」、「惡」、「盍」、「疇」等字。

第二：有關三身指稱詞的使用，除承襲〈天問〉外，可見好古的
傾向。第一身指稱詞，〈天問〉「余」、「我」各一見，「吾」二見；
〈天對〉則「台」二見，「吾」一見。「台」作第一身指稱詞，見《

尚書》的〈禹貢〉、〈湯誓〉等篇，但後世已罕用。柳氏選用此字，
應是有意爲之。第二身指稱詞，〈天問〉未見，〈天對〉則有「爾」、
「汝」、「若」三字。第三身指稱詞，〈天問〉用「之」、「厥」、
「其」三字，〈天對〉也一樣，但「其」字用得少，「厥」字卻使用
頻繁。「厥」字在《詩經》、《尚書》中也常用作第三身指稱詞。柳
氏少用「其」，多用「厥」，顯然也是出於好古。

　　第三：〈天問〉因受四言句制約，部分文句割截名詞，簡縮字語
的特色，同樣出現在〈天對〉中。如：「王子怪刻，蜺形弗裳。文裼
操戈，猶懵夫藥良。」將王子喬、崔文子省作王子、文。再如：「牙
伏牛漁，積內以外萌。岐目厥心，瞭眂顯光。」把姜子牙、周文王簡
稱爲「牙」、「岐」，如不透過注解，實在難以了解。

　　第四：多把名詞當作動詞用。如：「焚以旗之」、「爭徂器之」、
「惟栗厥文考」中的「旗」、「器」、「栗」都是名詞當作動詞用。

　　第五：好用古文奇字。如「矉額使試」、「三門以不眂」、「象
不兄龔」中的「矉」、「眂」、「龔」，其常用字爲「顰」、「視」、
「恭」，但柳氏不用，卻故意用這三個罕見字。

　　㈣**押韻**：

　　〈天問〉押韻方式，以二、四句句末協韻，二韻一換爲基本形態。
除此外，較多見的方式，依次是：甲、「之」字、「焉」字前協韻；
乙、一、二、四句句句末協韻；丙、一、三句，二、四句各自協韻。
（註四三）〈天對〉也同樣是以二、四句句末協韻，二韻一換爲基本形
態。除此外，其他三種押韻方式，也是〈天對〉較多見的方式。以下
各舉二例證明之：

1.**第二、四句句末協韻**：

　　　無營以成，沓陽而九。轉輠渾淪，蒙以圜號。

　　　啓達厥聲，堪輿以呻。辨同容之序，帝以賀嬪。

2.句末「之」、「焉」，而取前一字協韻：

> 頸紂黃鉞，旦臲喜之！民父有鼙，嗟以美之。
> 既岐既嶷，宜庸將焉。紂凶以啓，武紹尚焉。

3.第一、二、四句句末協韻：

> 南有怪仳，羅首以噬。儵、忽之居，帝南、北海。
> 發殺曷遅，寒民于烹。惟粟厥文考，而虔子以俎征。

4.第一、三句與第二、四句各自相協韻：

> 無青無黃，無赤無黑。無中無旁，烏際乎天則！
> 鲮魚人貌，遍列姑射。魃雀峙北號，惟人是食！

〈天對〉四句一節的，押韻方式大體與〈天問〉類似；不是四句一節的，如六句、八句一節的，也大多是在偶句句末押韻。八句一節的，大多兩韻一換；六句一節的，有的在二、四、六句句末押同一韻，有的是二、四句句末押韻，有的是四、六句句末押韻。然而〈天對〉與〈天問〉最大的不同在：有部分章節不押韻，尤其是二句一節的，幾乎都不押韻，另外，也有一些章節部分押韻，部分卻沒有押韻。

綜上所述，可知〈天對〉在體製上模擬〈天問〉的痕跡是很明顯的，不過還是有他自己的特色。

四、〈天對〉的價值

與〈天問〉兼具文學、史學、哲學、科學、藝術各方面的價值比較，（註四四）〈天對〉最被今人肯定的，是在哲學、科學上的價值。其實，〈天對〉在文學上的影響力雖然比不上〈天問〉，但也還有一定的價值，尤其在楚辭研究上。以下就從哲學、科學、文學三方面來探討：

㈠哲學價值：

〈天對〉在哲學上的價值是當今柳學、楚辭學及中國哲學的學者

所共同肯定的。翟廷瑨以爲歷代注家能夠打破字法、詞義、詮釋的局限，而從哲學和天體科學的高度，對〈天問〉中有關宇宙天體詰難予以回答的，先有〈天對〉的作者柳宗元，後有〈天問〉注者朱熹。（註四五）聶恩彥則說：

> 柳宗元〈天對〉的主要成就，不在注釋〈天問〉，而在於借回答屈原所提出的問題，堅持和發揚屈原〈天問〉中的樸素唯物主義世界觀；並根據自己時代的科學研究成果，進一步解釋天的問題，闡明天人之間的正確關係，從而徹底否定唯心主義的天命論。（註四六）

〈天對〉在哲學上的價值，主要表現在宇宙起源與天人關係的探討上。就宇宙起源言：「厖昧革化，惟元氣存，……吁炎吹冷，交錯而功。」這一段話不僅明確指出宇宙由元氣構成，而且說明天體的演化，是元氣本身發展變化的結果，沒有其他的動力。這種「太虛元氣說」是聯繫王充元氣本源論和張載元氣本體論的中介。（註四七）就有關天人關係的探討言，〈天對〉以爲天人不相關，所以反對天命的思想較〈天問〉明確自覺。不僅指出朝代更迭，政權轉移的原因不在天，而在君主個人的意志與行爲，而且更進一步否定君權神授。這種天人關係說，是對荀子「明于天人之分」、「制天命而用之」思想的直接繼承和發展。（註四八）

正因〈天對〉具有極高的哲學價值，所以《天問天對註》肯定他在哲學史上居有很重要的地位。（註四九）侯外廬、李學勤也指出〈天對〉是第一篇從唯物主義觀點出發，系統地解答〈天問〉的有首創性的著作。（註五〇）覃溥更認爲〈天對〉對柳氏在中國無神論思想發展史上具承先啓後的地位，是極其有力的。（註五一）

(二)科學價值：

〈天對〉在科學上的價值，也是多數學者所肯定的。如：《天問

天對注》及聶思彥〈天問和天對〉除肯定他在哲學上的地位外，也指出他在科學上的地位。

〈天對〉在科學上的價值，主要反映在對宇宙起源、宇宙結構的探索，及有關自然現象的解釋。〈天對〉不僅否認造物主的存在，更明白指出宇宙的本源是元氣，而天體的演化只是元氣本身發展變化的結果。這種看法較之於傳統的神創說與後來朱熹的「理造說」（註五二），更具科學意義。還有，〈天對〉以為天不必靠任何東西維繫、支撐，又提出宇宙空間的無限性。這在當時都是進步、科學的見解。至於對自然現象的解釋，前文論「科學思想」已提及有關地動、月亮陰影及水流循環的解釋，雖不是全然無誤，但卻有重要科學價值。除此外，對土地的肥瘠、地形的變化，也提出較科學的解答。又能掃除迷信邪說，把人的生死壽夭作為自然規律來認識，而且反對用神話解釋人事現象，更具科學求真精神。

所有這些，在今日看來，當然極其平常，而且柳氏的答案還有一些不科學，甚至是錯誤的。但對於距今一千多年的作家，能運用當時的自然科學研究成果，對〈天問〉的諸多問題，尋求較客觀、正確的解答，他的求實精神、科學頭腦，及敢於堅持真理的勇氣，乃至於他的自然科學知識的淵博，都值得我們敬佩。（註五三）

㈢**文學價值：**

聶恩彥〈天問和天對〉說：

> 〈天問〉這首奇詩，在中國文學史、哲學思想史和科學史上，都有其突出的歷史地位。而〈天對〉除在哲學思想史和科學史上有一定地位外，在中國文學史上，不是一篇好作品。（註五四）

與柳宗元的遊記、寓言、議論文比，〈天對〉自然不是一篇好作品。但誠如黃伯思所說的：

> 〈天問〉之章，辭嚴義密，最為難誦。柳柳州於千祀後，獨能

　　作〈天對〉以應之，深宏傑異，析理精博。而近世文家，亦難
　　遽曉。（註五五）
所謂「深宏傑異，析理精博」，正肯定〈天對〉在思想內容上的價值。
僅就蘊含思想的豐富來說，〈天對〉仍是一篇內容深刻，值得研讀的
詩作。但正如蔣之翹所言：「凡義皆於發難生情，若一指破，縱解頤
之論，亦覺無味。」（註五六）況且〈天對〉因有意仿擬〈天問〉，遣
詞故求古奧奇僻，加上或韻或否，不免減低詩歌情韻。所以陸元熾說：
「〈天問〉確確實實是一首隱寓哲理的詩，而〈天對〉則是以詩的形
式寫的論文。」（註五七）

　　由此可知，〈天對〉的文學魅力及藝術感染力是比不上〈天問〉
的。但〈天對〉在文學上卻有一重要價值：在楚辭研究上，〈天對〉
是不容忽略的資料。

　　晁補之以為「〈天問〉因對而益彰」，王萌自言：「取柳子〈天
對〉與〈天問〉並讀，時有發明」。（註五八）易重廉以為：用哲學的
方式評論楚騷，首推柳氏。〈天對〉與屈原的本意雖未盡相合，但卻
大大豐富了〈天問〉的內容，加深人們對〈天問〉的理解。（註五九）
大體說來，〈天對〉在楚辭研究的貢獻有五點：

1.以對為解，及所附元注，都是研究〈天問〉的重要資料：

　　朱熹《楚辭集注・天問》有關自然諸問，多引〈天對〉為說；洪
興祖《楚辭補注・天問》則自然、人事諸問，每每引〈天對〉立論。
由此可知〈天對〉對後代注家的影響。除此之外，柳氏對〈天問〉的
看法，亦多為後學所承。舉較重要者為例證明之：甲、柳氏代天回答
屈原，可見以〈天問〉題義為「問天」。乙、據王逸說，以為〈天問〉
是據壁畫而作，所以文中有「厥圖以詭」、「工獲詭之」的話。丙、
「於菟不可以作」下注曰：「問云『爰出子文』，哀今無此人，但任
子蘭也。」深知屈子問意。丁、由「欸吾敖之閟以旅尸」句，可知柳

氏以為〈天問〉作於懷王入秦後，未棄世前。

2.首開回答〈天問〉之風，影響後學：

朱熹《楚辭集注·天問》中，多見「今答之曰」云云的解答。再如明王廷相有〈答天問〉，陳雅言也有〈天對〉。這些作品雖說是受〈天問〉激發所作，但如果沒有〈天對〉的前導，恐怕也難以問世。

3.糾正不少王逸的謬誤：

據〈天對〉原文及所附元注，可知柳氏糾正不少王逸錯誤的說法。如：「合焉者三」一節，據《穀梁傳》駁斥王逸之說。「有萍九歧」、「鯪魚人貌」二節，引《山海經》證明王逸的說法有問題。「鍼欲兄愛」一節，明指王逸誤以車為金。而「該德胤孝」一節，以該為蓐收，雖不正確，但卻是最先看出「該」是人名的。楊萬里《天問天對解》所以能糾正舊說，大體也是根據〈天對〉的說法加以闡發。這是《四庫全書總目提要》已指出的。（註六〇）

4.多本《山海經》答〈天問〉，影響後來的注家：

王逸雖然也引用《山海經》，但不如柳氏用得多。柳氏之後，如洪興祖《楚辭補注》、丁晏《楚辭天問箋》都廣泛引《山海經》、《十洲記》等書為注，實受〈天對〉影響。

5.據〈天對〉文字，可校定〈天問〉異文：

〈天問〉「湯謀易旅」，朱熹以為「湯」字是「康」字的訛誤，但丁晏《楚辭天問箋》即據王逸注及〈天對〉「湯奮癸旅」證漢唐本俱作湯。（註六一）再者，「玄鳥致貽女何喜」，「喜」字一本作「嘉」，如據〈天對〉「胡乙毂之食，而怪焉以嘉」，則可知唐本作「嘉」。

〈天對〉是柳氏研究《楚辭》最大的成果。儘管他的文學魅力與藝術感染力比不上〈天問〉，但他在文學上還是有其貢獻的。

五、〈天對〉值得商榷的地方

　　〈天對〉在哲學、科學及楚辭學上的價值是不容忽視的。但不可否認的，他確實也存在若干值得商榷之處。主要原因在：柳氏沒有仔細體會屈子提問的本意，把〈天問〉全看成是有疑而問；再加上有意擬騷，務爲古奧，以致在內容、體製上出現一些問題。以下分別說明之：

　　㈠內容上的問題：

1.誤解〈天問〉問意，所對有問題：

　　　　南有怪虵，羅首以噬。儵忽之居，帝南北海。

朱熹《楚辭辯證》已指出其誤：

　　　　「雄虺九首，儵忽焉在」，此一事耳。其詞本與〈招魂〉相表裡，王注得之，但失不引〈招魂〉爲證耳。而柳子不深考，乃引《莊子》南北二帝之名以破其說，則既失其本指，而又使雄虺一句爲無所問，其失愈遠矣。

再者，「羿焉彈日！烏焉解羽？」二句雖爲二問，但仍同指一事，〈天對〉卻拆成二事。以「焉有十日，其火百物？羿宜炭赫厥體，胡庸以枝屈」四句答前一問，而以「大澤千里，群鳥是解」答後一問，更據《山海經》改〈天問〉「烏」字爲「鳥」字。除此二例外，如問該事，誤以爲蓐收事。這些都是誤解〈天問〉問意，而所對值得商榷的。

2.承王逸誤注而所對有問題：

　　「何勤子屠母」一節指啓事，王逸誤以爲禹事，柳氏承之，而答說：「禹母產聖，何嬲厥旅」。「湯謀易旅」一節，王逸以爲是商湯取夏事，柳氏承其說，答曰：「湯奮癸旅，爰以偪拊」，其實這是問少康事。再如：「胡終弊于有扈」、「恒秉季德」兩節，分別問殷先公亥及恒之事，柳氏都承王逸注，以澆、扈、商湯事回答。又如：「何聖人之一德」一節也承王逸誤注，而以文王化芮事答之。這些都是承王逸誤注而所對有問題的。

3. **有所答非所問，或不問而有答的：**

「南北順橢，其衍幾何」是問地球南北與東西長度的差距，但〈天對〉所答「茫忽不準，何衍何窮」卻是指整個宇宙。又如：「何由并投，而鯀疾修盈」是問鯀何以惡名長留，〈天對〉卻說：「堯酷厥父，厥子激以功，克碩厥祀，後世是郊。」至於不問卻有答案的，如：「啓棘賓商，九辯、九歌」，只是交代「何勤子屠母，而死分竟地」問意的背景，但〈天對〉卻回答說：「啓達厥聲，堪輿以呻。辨同容之序。帝以賀嬪。」再如：「該秉季德，厥父是臧」是作為「胡終弊于有扈，牧夫牛羊」之問的前提，而〈天對〉也說：「該德胤孝，蓐收于西。爪虎手鉞，尸刑以司慝。」

4. **無法回答的問題，便用「偶然如此」來搪塞：**

有關棄出生的傳說，〈天對〉說：「棄靈而功，篤胡爽焉！翼冰以炎，盍崇長焉！」再如：「驚女采薇，鹿何祐？」回答說：「萃回偶昌，鹿何祐以女！」所以易重廉說：

> 在柳氏無法回答某些問題的時候，他的偶然論的缺點便暴露出來了。（註六二）

5. **受傳統觀念束縛，對歷史人物的評價，與〈天問〉不一致：**

〈天問〉對堯、舜、禹、啓的評價並非都是正面的。

> 彭鏗斟雉，帝何饗？受壽永多，夫何久長？
>
> 舜服厥弟，終然為害。何肆犬體，而厥身不危敗！
>
> 禹之力獻功……胡為嗜欲不同味，而快鼂飽？
>
> 啓代益作后，卒然離孽。何啓惟憂，而能拘是達？

從上引幾節可知：〈天問〉對歷史上的聖王是有所不滿的，但〈天對〉卻極力為他們辯護，強調他們行事都出於仁德，屈原所以批評他們，是受謠言傳說誤導。再如，〈天問〉對鯀的同情，〈天對〉全然不能理解，反而屢次醜化這位失敗的英雄。

6.否定神話傳說，與屈原對神話傳說的認識背道而馳；但有些問題，又依古代傳說性知識作答（註六三）：

神話傳說是人類幼年時期認識客觀世界的一種方式，有些神話傳說中更隱含歷史事實，所以〈天問〉只是提問，但〈天對〉卻加以否定。如〈天問〉：「康回馮怒，地何故以東南傾？」〈天對〉答說：「彼回小子，胡顛隕爾力！夫誰駭汝爲此，而以隳天極？」又如：〈天問〉「女媧有體，孰制匠之？」〈天對〉卻說：「媧軀尨號，占以類之。胡日化七十，工獲詭之。」但〈天問〉有些問題是針對神話傳說的可疑提出的，〈天對〉卻引用神話傳說來回答，難免變成指實神話傳說。比起〈天問〉的懷疑反倒退後一步。如：「女歧無合，夫焉取九子」是問所不信；〈天對〉卻說：「陽健陰淫，降施蒸摩，歧靈而子，焉以夫爲？」這反倒是相信無夫可以生子。又如：「崑崙縣圃，其尻安在？」〈天問〉是問所不信，〈天對〉卻答說：「積高于乾，崑崙攸居。蓬首虎齒，爰穴爰都。」說得煞有其事。再如：「日安不到？燭龍何照？」〈天問〉也是致疑於神話傳說，〈天對〉卻說：「修龍口燎，爰北其首，九陰極冥，厥朔以炳。」似乎肯定燭龍的傳說。

7.不能真正理解屈原的拳拳忠心與九死無悔的性格：

〈天對〉篇末「咨吟于野，胡若之很！……誠若名不尚，曷極而辭」勸屈原應「合行違逆固苦所，咿嚘忿毒意誰與？」又批評屈原如果不是有意求忠名，又爲什麼要咨吟于野，寫下〈天問〉一詩呢？他的看法顯然與揚雄的〈反離騷〉批評屈原不能隱德全身相似，都是不能真正理解屈原的拳拳忠心和九死無悔的性格。

除上列七項外，〈天對〉在「欸吾敖之闕以旅尸」句下注：「楚人謂未成君而死曰『敖』……逸注以爲堵敖爲楚賢人，大謬。」這段話對屈子問意頗能了解，也指出王逸注的謬誤，但以「堵敖」爲楚文王兄，卻弄錯人物關係，因堵敖是文王之子，成王之兄。

㈡體製上的問題：

1.答問的語氣前後不一，影響作品統一性：

〈天對〉是假託天的口氣回答屈原〈天問〉的，但篇末「欸吾敖之闖以旅尸」句，又換成屈原的口氣說。而篇中「天邈以蒙，人么以離」，及「天集厥命，惟德受之。胤怠以棄，天又佑之」等句，卻用第三者的語氣回答屈子的提問。答問觀點的改變，語氣的前後不一，影響了作品的統一性。

2.措詞艱深奇僻，有故求深奧傾向，造成閱讀困難：

蔣驥《山帶閣注楚辭‧餘論》說：

> 古人重辭達，屈子之文，本皆平易正大，〈天問〉亦然。間有
> 艱深佶屈之言，乃當時故寔，經秦火後，荒略無稽，或間有錯
> 簡訛字，故使人難曉。柳子〈天對〉，乃務為奇僻，欲以擬騷，
> 此震霆塞聰之智也。（註六四）

前文分析〈天對〉遣詞時，已指出柳氏好用古文奇字，遣詞造語有故求深奧的傾向，不免造成後人閱讀的困難。蔣氏的批評是相當中肯的。

3.簡縮字語，割截名詞，句太簡拙，以致晦澀難解：

前文也提到〈天對〉與〈天問〉同樣受四言句的制約，而有簡縮字語，割截名詞的現象。這種現象難免使句子因為太過簡拙而晦澀難解。

4.部分章節不押韻，部分章節只是局部押韻，減低全詩的聲情之美：

前文已指出〈天對〉有部分章節不押韻，尤其是二句一節的，幾乎都不押韻，還有部分章節只是局部押韻。這與從頭到尾都押韻的〈天問〉比起來，詩歌的聲情之美顯然遜色不少。

結　語

黃文煥《楚辭聽直》指出〈天問〉無可答之故有四，（註六五）王

萌《楚辭評注》也說〈天問〉原不必對。（註六六）平心而論，就屈子
主觀創作言，〈天問〉確實沒有必要作答；但就作品客觀存在說，既
是有問無答，後人自然可以回答，何況經由後人的對答，更可見他的
影響力。所以問題的關鍵不在可不可以對，而在所對是否有意義、有
價值。綜上所述，可見〈天對〉雖有值得商榷之處，但他的意義、價
值卻更值得重視：第一，〈天對〉是〈天問〉產生後第一篇能對〈天
問〉逐條對答的作品，而且比後來朱熹在《楚辭集注》中的回答和王
廷相的〈答天問〉成就還高。（註六七）第二，〈天對〉在內容、體製
上，雖有承襲〈天問〉處，但仍有自己的特色。尤其是內容的豐富深
刻，和能批判地繼承〈天問〉的思想，更是不容忽視。第三，〈天對〉
在哲學、科學及楚辭學上都有重要價值。第四，〈天對〉不僅有助於
後人理解〈天問〉，對〈天問〉更有所闡揚發展。第五，〈天對〉多
方面反映柳氏的宇宙觀、歷史觀、政治觀等，不僅是柳宗元哲學著作
中，規模最宏偉的名著，（註六八）更可讓後人了解唐代知識分子對〈
天問〉諸多自然、人事問題的看法。這些正可說明〈天對〉的撰著是
有意義、有價值的。他絕對不是蛇足。

　　〈天對〉既是有意義、有價值的著作，然而與〈天問〉比，他的
地位如何呢？湯炳正先生以為：〈天問〉只問不答，可以永遠啟迪人
們的思考和探索。他比歷史上任何哲學上的結論、科學上的結論或宗
教上的結論，都具有更為永恆的藝術魔力。（註六九）〈天對〉既是回
答〈天問〉的著作，自然要有確定的答案、推定的結論，所以他的文
學魅力及藝術感染力是無法與〈天問〉相比的。但他既是第一篇能對
〈天問〉逐條作答的優秀作品，在內容、體製上也有自己的特色，所
以在文學上仍有應得的地位。至於在哲學、科學上的地位，根據前文
所論，可知他是可與〈天問〉並駕齊驅的。前人把這兩篇作品視為我
國哲學史和文學史上的姊妹篇，（註七〇）確實是有道理的。

【附註】

註　一　見《王氏家藏集》卷四十一，偉文圖書出版社《明代論著叢刊》，六
　　　　十五年。

註　二　《千頃堂書目》卷三十一著錄。

註　三　參見漢京本《柳宗元集》卷十四〈天對〉題下注引晁補之《續楚辭‧
　　　　天對序》語。

註　四　胡文英《屈騷指掌‧天問》：「至柳州〈天對〉，未免爲蛇添足。」
　　　　見卷二頁二一，北京古籍出版社，一九七九年。

註　五　見《誠齋集》卷九十五，《四部叢刊初編》本，頁八三八。

註　六　本文所引〈天對〉原文，皆據漢京文化事業有限公司七十年初版《柳
　　　　宗元集》。

註　七　見《何義門讀書記》卷三十五頁二六，四庫珍本。

註　八　參見易重廉《中國楚辭學史》頁二〇八，湖南出版社，一九九一年。

註　九　柳宗元〈答韋中立論師道書〉語。

註一〇　見《新唐書》卷一六八，頁五一三二，鼎文書局。

註一一　見易重廉《中國楚辭學史》頁二〇七。

註一二　柳氏於元和八、九年間作〈天說〉，與韓愈辯論對天的看法，劉禹錫
　　　　以爲柳說「非所以盡天人之際」，所以作〈天論〉上中下三篇，其後
　　　　柳氏再撰〈答劉禹錫天論書〉。

註一三　參見拙作《天問研究》頁二六一，臺灣師範大學八十年博士論文。

註一四　參見拙作《天問研究》頁二八九。

註一五　見陸時雍《楚辭疏‧讀楚辭語》，新文豐出版社《楚辭彙編》第三冊，
　　　　頁八三。

註一六　同註一三，頁二六九至二八四。

註一七　參見陸元熾《天問淺釋》附《天對簡釋》，頁一五五，北京出版社，
　　　　一九八七年。

註一八　收入《王觀堂先生全集》，文華出版公司，五十七年。

註一九　同註一七，頁二〇五。

註二〇　同註一三，頁二六二至二六九。

註二一　參見拙著《天問研究》附表四「〈天問〉提問性質分析表」。

註二二　同註一七，頁一九〇。

註二三　參見拙著《天問研究》第四章第一節伍、蘊含思想。本節提及〈天問〉思想處，不注明出處者，皆同此。

註二四　相關論說參見翟廷瑨〈古代宇宙論的一場探索——從「天對」和「天問注」看柳、朱宇宙論的異同〉，上海《社會科學》，一九八四年四期。

註二五　參見劉文英〈中國古代的時空觀念〉，《蘭州大學學報》，一九八〇年一期。

註二六　同註五。

註二七　柳宗元〈貞符〉語。「生人之意」即「生民之意」。

註二八　本節結論及引言參見侯外廬、李學勤〈柳宗元天對在中國唯物主義史上的科學地位——兼看哲學黨性原理的具體表現〉，《歷史研究》，一九六三年二期。

註二九　見《楚辭類稿》頁二七六，巴蜀書社，一九八八年。

註三〇　參見柯兆利〈論柳宗元無神論的思想特點〉，《中國哲學》十四輯，人民出版社，一九八八年。

註三一　柯兆利語，同註三〇。

註三二　參見吉林師範大學歷史系編《天問天對譯注》，頁一一，人民出版社，一九七六年。

註三三　參見復旦大學中文系古典文學教研組《天問天對註》頁九，上海人民出版社，一九七三年。

註三四　朱熹《楚辭集注·天問》語。

註三五　參見劉文英〈從《楚辭集注・天問篇》看朱熹的哲學〉，甘肅《社會科學》，一九八三年六期。

註三六　參見吳文治《柳宗元簡論》頁三七，中華書局，一九七九年，北京。

註三七　參見劉光裕、楊慧文《柳宗元新傳》頁一七三，上海人民出版社，一九八九年。

註三八　「利安元元爲務」乃〈寄許京兆孟容書〉語。

註三九　同註一七，頁二〇五。

註四〇　每章四句，九十五章應有三八〇句，因中有缺簡四句，故僅有三百七十六句。（參見游國恩《天問纂義》頁一〇七、一四八，中華書局，一九八二年，北京。）

註四一　同註一三，頁三五三至三五九。

註四二　〈天問〉疑問詞還有「安」、「幾」二字，〈天對〉未用。

註四三　同註一三，頁三八五至三八七。

註四四　參見拙作《天問研究》第六章「〈天問〉之價值」。

註四五　參見翟廷瑨〈古代宇宙論的一場探索──從天對和天問注看柳、朱宇宙論的異同〉，上海《社會科學》一九八四年四期。

註四六　參見聶恩彥〈天問和天對〉，《山西師大學報》一九八五年一期。

註四七　參見屠承先〈柳宗元的自然觀在中國哲學史上的地位〉，《杭州大學學報》一九八四年二期。

註四八　同註四七。

註四九　同註三三，「前言」頁一。

註五〇　同註二八。

註五一　參見覃溥〈試從天對看柳宗元在中國無神論思想史上的地位〉，《中國哲學史研究》一九八五年四期。

註五二　朱熹《楚辭集注・天問》回答「陰陽三合，何本何化」時，在陰陽之上，又提出「理」來。

註五三　參見彭丙成〈柳宗元的天對〉，《新湘評論》一九八一年五期。

註五四　同註四六。

註五五　見《楚辭書目五種》頁三七引。上海古籍出版社，一九九三年。

註五六　見《柳河東集》卷十四頁七，中華書局《四部備要》本。

註五七　同註一七，頁一一。

註五八　見王萌《楚辭評註・自序》，《楚辭書目五種》頁一七二引。

註五九　同註一一，頁二〇八、二一〇。

註六〇　參見《四庫全書總目提要》第四冊頁七。臺灣商務印書館影印武英殿本。

註六一　參見丁晏《楚辭天問箋》頁八八，廣文書局，六十一年。

註六二　同註八，頁二一〇。

註六三　同註六二。

註六四　見《山帶閣注楚辭・楚辭餘論》卷上頁三一，廣文書局，六十年。

註六五　見《楚辭評論資料選》頁四二二引，湖北人民出版社，一九八五年。

註六六　見《楚辭評註》卷三〈天問〉頁一，愼修堂本。中研院史語所藏。

註六七　〈天對〉與朱、王二氏著作的比較，參見：劉文英〈從《楚辭集注・天問篇》看朱熹的哲學〉，甘肅《社會科學》一九八三年六期。又，胡楚生〈柳宗元天對與王廷相答天問之比較〉，收入《韓柳文新探》，學生書局，八十年。

註六八　同註三六，頁三五。

註六九　參見湯炳正《楚辭類稿》頁二七五，巴蜀書社，一九八八年。

註七〇　同註六八。

蘇軾詩中「詩」字探究

江惜美

前　言

　　北宋蘇東坡無論詩詞文賦、表章書記，皆獨樹一幟，卓然有成，爲後世學者所宗。其論詩一端，中國文學批評史間有論及。吾人自其詩作二千八百二十三首中（註一），觀其詩學理論，洵爲知詩者；蓋「有南威之容，乃可以論於淑媛；有龍泉之利，乃可以議於斷割」（註二），東坡以詩人本色，論及作詩之法，自有其器識。

　　歷來研究東坡詩論者，常歸納其片斷論詩之語，言其「主妙遠」、「貴禪悟」；而本文擬就另一角度──東坡詩中論及「詩」字──探討之，如此可免漫漶之失，并收見微知著之效。

　　根據筆者整理東坡詩之統計：東坡詩中提及「詩」字者，凡五百二十九次。提及「作詩」四十九次，「新詩」四十三次，「詩人」三十六次，「清詩」二十七次，「詩酒」二十次，「詩成」二十三次，「吟詩」十四次，「題詩」、「小詩」十三次，「詩句」、「君詩」十一次，「詩書」、「賦詩」十次，餘如「詩律」、「詩筆」、「詩壇」等計二百四十九次。將其分類，可得東坡論詩梗概，益之以詩文中所見詩論，遂成斯篇。

　　茲論列東坡「論詩人」之語，以啓本論焉。

壹、東坡論詩人

　　詩人創作，受時代、環境、人類共性與個別性影響，呈現個人風

格面貌（註三）。東坡生當北宋之際，所爲宋詩自與唐詩有所不同。
南宋嚴羽《滄浪詩話》云宋詩「以文字爲詩，以才學爲詩，以議論爲
詩」（註四），此亦東坡詩之特色；然此與其詩人特質是否有關，頗
值探究。

　　東坡詩論及「詩人」之語，泰半流露一己寫照，言詩人實喻己也。
詩云：

　　　　詩人例窮蹇，秀句出寒餓。（《蘇軾詩集》、卷四、頁一五九。下同）

　　　　詩人例窮苦，天意遣奔逃。（卷六、頁二六六）

　　　　詩人情味眞嘗遍，試問於今底處虧。（卷六、頁二七四）

　　　　詩人固長貧，日午飢未動。（卷一九、頁九七八）

　　　　天憐詩人窮，乞與供詩本。（卷九、頁四五二）

　　　　逐客不妨員外置，詩人例作水曹郎。（卷二〇、頁一〇三二）

案：東坡之見，詩人泰半宦途多舛，命運常蹇。杜甫遭安史之亂，顏
眞卿則舉家猶有食粥時，漢陳平長貧，北宋詩僧清順空齋蒲褐，芒屩
自捆，殆非常人之境，然皆能處之泰然，爲後世之楷模。東坡因「詩
案」之禍，遭黃州貶置，思及己之遭逢，竟與梁何遜、唐張籍無異，
不禁唏噓不已，而有「逐客不妨員外置，詩人例作水曹郎」之歎，此
誠一筆雙意，人我雙寫，而妙無跡痕。進而提出一己之詩論：

　　　　非詩能窮，窮者詩乃工。（卷一二、頁五七七）

　　　　秀語出寒餓，身窮詩乃亨。（卷三三、頁一七五一）

　　　　惡衣惡食詩愈好，恰是霜松囀春鳥。（卷三四、頁一八七一）

　　　　黃金散行樂，清詩出窮愁。（卷三五、頁一九〇六）

　　　　安心有道年顏好，遇物無情句法新。（卷四五、頁二四五六）

案：此即東坡體悟「詩窮後工說」，散見于詩集中。蓋人於物質有所
匱乏，必轉求精神之支柱，爲詩之人，感物吟志，見物興感，此乃想
當然耳！吾人於此，可見其非無病呻吟者，殆有其作詩之意也。東坡

詩曾述及作詩之目的，論列如下：

> 我作西園詩，以爲里人箴。（卷一七、頁八八四）
> 作詩銘其背，以待知者看。（卷一八、頁九三〇）
> 作詩記餘歡，萬古一昏曉。（卷一九、頁九六九）
> 夢中與汝別，作詩記忘遺。（卷四二、頁二三二六）

案：以上各詩，乃誌其事以免忘遺而作，東坡詞作，始於中年，自少至老，則未嘗廢其詩作，蓋以詩紀事，以詩代言，中時有類口語之句，淺顯易曉。又如：

> 作詩解子憂，持用日三省。（卷六、頁二八〇）
> 作詩謝二子，我師與蘧。（卷一五、頁七五七）
> 作詩遺故人，庶解俗子譙。（卷二一、頁一一三三）
> 作詩相楚挽，感動淚再滴。（卷二二、頁一一七七）

案：以上各詩，乃應酬、唱和之作。蓋詩屬文學一環，有其實用之效，東坡既以詩言志，復以詩酬唱，此其所以勤於詩作，不稍懈怠之故也！

東坡於詩人中，喜「蘇李之天成，曹劉之自得，陶謝之超然」（註五）此皆晉以前人；而唐詩人中，好韋、柳「發纖穠於簡古，寄至味於澹泊」（註六），李太白、杜子美「以英瑋絕世之姿，凌跨百代，古今詩人盡廢」（註七），王維「詩中有畫，畫中有詩」（註八）；宋詩人中，蘇州定慧長老守欽詩「清逸絕俗」，思聰聞復師「作詩清遠如畫，工而雄逸，愛放而不流」（註九），綜言之：詩以清新自然爲貴，能臻此境，乃爲上乘。至如孟郊詩，東坡曾有〈孟郊詩二首〉：

> 夜讀孟郊詩，細字如牛毛，寒燈照昏花，佳處時一遭。孤芳擢荒穢，苦語餘詩騷；水清石鑿鑿，湍激不受篙；初如食小魚，所得不償勞；又似煮彭蚏，竟日持空螯。要當斗僧清，未足當韓豪。人生如朝露，日夜火消膏，何苦將兩耳，聽此寒蟲號。不如且置之，飲我玉色醪。

我憎孟郊詩，復作孟郊語。飢腸自鳴喚，空壁轉飢鼠；詩從肺
腑出，出輒愁肺腑。有如黃河魚，出膏以自煮。尚愛銅斗歌，
鄙俚頗近古；桃弓射鴨罷，獨速短簑舞，不憂踏船翻，踏浪不
踏土。吳姬霜雪白，赤腳浣白紵，嫁與踏浪兒，不識離別苦。
歌君江湖曲，感我長羈旅！（註一〇）

案：其一有感孟郊「孤芳擢荒穢，苦語餘詩騷」，與「清新自然」相
悖，甚爲歎惋；其二美其「詩從肺腑出，出輒愁肺腑」，歷練之深，
豈容菲薄，故云，「我憎孟郊詩，復作孟郊語」爲譴者，答曰：『是
所謂惡而知其美也。著此二句，郊之地位固在，此詩筆之妙也。』」
（註十一）王氏誠得詩旨。東坡論詩，甚爲持平，不以己之好惡，妄
下斷語，而能就詩論詩人之優劣，其鍾愛詩人之心，不言可喻。是故
吾人亦可自其詩語中，摭拾其論詩人之地位：

摩詰本詩老，佩芷襲芳蓀。（卷三、頁一〇九）

古來畫師非俗士，摹寫物像略與詩人同。（卷六、頁二七八）

不嫌冰雪繞池看，誰似詩人耐巧寒。（卷一四、頁六六八）

柯丘海棠吾有詩，獨笑深林誰敢侮。（卷二二、頁一一八八）

知君不向窮愁老，尚有清詩氣吐虹。（卷二四、頁一二九七）

古來畫師非俗士，妙想實與詩同出。（卷三六、頁一九六二）

淵明作詩意，妙想非俗慮。（卷四〇、頁二一八四）

詩人與畫手，蘭菊爭春秋。（卷四七、頁二五四三）

少陵翰墨無形畫，韓幹丹青不語詩，此畫此詩真已矣，人間駑
驥漫爭馳。（卷四八、頁二六三〇）

案：詩人與畫家，地位等同，俱應有超然物外之姿，不流俗薄。而詩
人之志節，乃「貧賤不能移，威武不能屈」（註十二），愈遭困塞，
愈清操自屬，能如是，方能流芳百世，使後人景仰。其〈次韻張安道
讀杜詩〉亦爲明證：

大雅初微缺，流風困暴豪；張爲詞客賦，變作楚臣騷。展轉更崩壞，紛綸閱俊髦。地偏蕃怪產，源失亂狂濤。粉黛迷眞色，魚蝦易豢牢。誰知杜陵傑，名與謫仙高。掃地收千軌，爭標看兩艘。詩人例窮苦，天意遣奔逃。塵暗人亡鹿，溟翻帝斬鼇。艱危思李牧，述作謝王褒。失意各千里，哀鳴聞九皋。騎鯨遁滄海，捫虎得綈袍。巨筆屠龍手，微官似馬曹。迂疏無事業，醉飽死遊遨。簡牘儀型在，兒童篆刻勞。今誰主文字？公合抱旌旄。開卷遙相憶，知音兩不遭。般斤思郢質，鯤化陋鰷濠。

恨我無佳句，時蒙致白醪。殷勤理黃菊，未遣沒蓬蒿。（註十三）

案：東坡論詩云「子美詩外，別有事在」（註十四），對杜詩「有寄託」極爲贊許。此詩則肯定杜甫與太白詩名可齊，以其窮愁中，不廢詩作，故云「巨筆屠龍手，微官似馬曹」；美其「簡牘儀型在，兒童篆刻勞」，進言己欲效法前賢，名留青史，東坡以詩人自況，可見一斑。

由上述觀之，東坡自許爲一詩人，詩人之窮愁，本意料中事，然若能不畏艱險，致力詩作，其與畫家摹寫物象，地位相等，值得肯定，非一般俗士可相比並也！

貳、東坡論詩法

詩之有法，猶文之有理，無理不成文，無律不稱詩。東坡論作詩之法，最著者爲〈送參寥師詩〉：

上人學苦空，百念已灰冷，劍頭惟一吷，焦穀無新穎。胡爲逐吾輩，文字爭蔚炳？新詩如玉屑，出語便清警。退之論草書，萬事未嘗屏，憂愁不平氣，一寓筆所騁；頗怪浮屠人，視身如邱井，頹然寄淡泊，誰與發豪猛？細思乃不然，眞巧非幻影，欲令詩語妙，無厭空且靜：靜故了群動，空故納萬境。閱世走

人間，觀身臥雲嶺。鹹酸雜眾好，中有至味永。詩法不相妨，
此語當更請。（註一五）

案：此詩揭示欲令詩語妙遠，舍「空靜」末由，而空靜之道，在於「
參禪」，此即後世「以禪說詩」所本（註十六）。然東坡除此詩之外，
論及詩之作法，散見各篇詩什中，今一併縷列以論述之。

茲就取材而言，東坡博學廣識，草木山川，皆可入詩。詩中曾提
及：

牽牛與葵蓼，采摘入詩卷。（卷五、頁二○二）

清詩為題品，草木變芬菲。（卷一三、頁六一八）

眼明小閣浮煙翠，齒冷新詩嚼雪風。（卷一四、頁六九八）

醉呼妙舞流連夜，閒作清詩斷送秋。（卷一五、頁七四○）

纖纖入麥黃花亂，颯颯催詩白雨來。（卷一六、頁八一九）

臘酒詩催熟，寒梅雪鬥新。（卷二一、頁一一○二）

纖纖翠蔓詩催發，皎皎霜葩髮鬥新。（卷二八、頁一四七六）

夜燭催詩金爐落，秋芳壓帽露華滋。（卷三一、頁一六四九）

水洗禪心都眼淨，山供詩筆總眉愁。（卷三二、頁一六八六）

蜜中有詩人不知，千花百草爭含姿。（卷三二、頁一七○八）

案：東坡以為，取材宜廣，大自然無物不可入詩，無事不可入詩，因
此詩乃「說盡萬物情」。然則欲得佳詩，當由何入門？東坡詩云：

別來十年學不厭，讀破萬卷詩益美。（卷六、頁二三四）

孤芳擢荒穢，苦語餘詩騷。（卷一六、頁七九六）

筆老詩新疑有物，心空客寂本無根。（卷二八、頁一五○五）

暫借好詩消永夜，每逢佳處輒參禪。（卷三○、頁一六一六）

清詩要鍛鍊，乃得鉛中銀。（卷四五、頁二四四二）

案：東坡之見，勤讀書，勤作詩，勤鍊句，方能覓得佳詩。《彥周詩
話》引東坡教人作詩云：「熟讀毛詩、國風與離騷，曲折盡在是矣！」

即為明證（註十七）。除〈送參寥師詩〉所言「欲令詩語妙，無厭空且靜」，並明言致空靜之道，即「參禪悟道」，唯有深究人情事理，方有佳句，方成妙理。然而勤學、明道之外，東坡亦言及靈感之來，無法力強而致，故有詩才，亦須藉靈感之觸發。詩云：

> 作詩火急追亡逋，清景一失後難摹。（卷七、頁三一八）

> 我詩久不作，荒澀旋鋤墾。（卷九、頁四五二）

> 惟當火急作新詩，一醉兩翁勝酒美。（卷二三、頁一二二三）

案：靈感一來，揮筆力就，倘廢耕日久，則筆澀難成，此即明言作詩當日起有功，不可一日捕魚，三日晒網，否則文思枯澀，難有佳構。而何為佳詩，東坡詩云：

> 新詩如洗出，不受外垢蒙。（卷一二、頁五七七）

> 新詩如玉屑，出語便清警。（卷一七、頁九〇六）

> 新詩如彈丸，脫手不暫停。（卷一八、頁九四九）

> 新詩如彈丸，脫手不移晷。（卷二六、頁一四〇〇）

> 清詩似庭燎，雖美未忘箴。（卷二七、頁一四四六）

> 詩畫本一律，天工與清新。（卷二九、頁一五二五）

> 好詩真脫兔，下筆先落鶻。（卷三四、頁一八〇六）

案：一首佳詩，當圓美如彈丸。《石林詩話》述及論詩之語，提及「古今論詩者多矣，吾獨愛湯惠休稱謝靈運為『初日芙蕖』，沈約稱王筠為『彈丸脫手』，兩語最當人意。『初日芙蕖』非人力所能為，而精彩華妙之意，自然見於造化之妙。靈運諸詩可以當此者亦無幾。『彈丸脫手』雖是輸寫便利，動無留礙，然其精圓快速，發之在手，筠亦未能盡也。然作詩審到此地，豈復更有餘事？」（註十八）東坡喜以彈丸喻之，蓋本於此。其主「天工」、「清新」、「清警」等語，亦即前所言及「主妙遠」，而言「雖美忽忘箴」，則主詩有寄托之意。

《東坡詩話》云：「詩須有為而作，用事當以故為新，以俗為雅。好

奇務新，乃詩之病。」（註十九）由此可知，欲得佳詩，當以故爲新，以俗爲雅，取材不妨舊有，然需自出新意，亦即「出新意於法度之中，寄妙理於豪放之外」（註二十），舍此末由！

叁、東坡言己詩

東坡詩於北宋已爲人傳誦，有所作即刊布流行（註二十一），然針對此舉，東坡有何見解？此當爲吾人所欲究之事。吾人可於其詩集中得知：東坡常貶己詩以顯揚他人之詩，詩云：

> 吾詩慎勿刻，猿鶴爲君羞。（卷五、頁一九六）
> 我詩無傑句，萬景驕莫隨。（卷一七、頁八六九）
> 吾詩不用刻，妙語有黃香。（卷二四、頁一二五四）
> 我詩如病驥，悲鳴向衰草。（卷二六、頁一三七六）

案：英宗治平年間，東坡自清平鎭遊樓觀、五郡、大秦、延生、仙遊，往返四日，得十一詩，中〈馬融石室詩〉，乃東坡不齒馬融爲梁冀草奏李固，因言「猿鶴爲君羞」，東坡詩中自有褒貶，吾人明其用事之深，方知所指爲何。又元豐元年，修繕黃樓已畢，秦太虛以黃樓賦見寄，東坡美太虛「雄辭雜古今，中有屈宋姿」，而自言「我詩無傑句」，此蓋抑己以揚人之語。至於「妙語有黃香」一語，黃指「黃魯直」，語出〈張庖民挽詞〉；此詩因黃魯直詩有感，亦美魯直以貶己詩之意。至如言「我詩如病驥」，見於〈迨作准口遇風詩，戲用其韻〉。蘇迨即蘇東坡之子，東坡戲爲此詩，美迨似杜子美之子宗武，能壓倒衆作。東坡曾於他首詩中云：「傳家詩律細，已自過宗武」（註二十二），稱許另一子蘇邁能與杜宗武媲美也。

然而，東坡間或有自詡之作，不可不知。詩云：

> 我詩雖云拙，心平氣韻和。（卷六、頁二六三）
> 讀我壁間詩，清涼洗煩煎。（卷一三、頁六四五）

　　吾詩堪咀嚼，聊送別酒嗛。（卷一七、頁八七二）

　　吾詩自堪唱，相子棹歌聲。（卷一八、頁九四九）

　　吾詩固云爾，可使食無肉。（卷二八、頁一五二三）

案：神宗熙寧二年，東坡通守杭州，七月出京至陳州，見所乘船題詩
八首，有感於心，而自言「心平氣韻和」以自解脫，並言己「心平德
和」之意也。又熙寧八年，東坡懷想西湖景，時曹端彥提點兩浙刑獄，
置司杭州，東坡勸其至西湖「暫借僧榻眠」，則可讀其壁間詩，一掃
煩煎，言下之意，頗以自作詩為榮。又元豐元年，東坡知徐州軍州事
任，與孫勉、頓起游，曾有詩勉孫勉「君才無不可，要使經百鍊」，
而後言「吾詩堪咀嚼」句，勸其三思，此亦詩人自勉勉人之語也。至
元豐二年，東坡與秦太虛、參寥會於松江，次韻答參寥，云「莫作孺
子歌，滄浪濯吾纓，吾詩自堪唱，相子棹歌聲」（註二十三），亦以
詩相勉之意也。元祐二年，東坡有〈書晁補之所藏與可畫竹三首〉，
末言「可憐先生盤，朝日照苜蓿。吾詩固云爾，可使食無肉。」（註
二十四）意指晁補之所藏與可竹臻於至妙，蓋身與竹俱化，故能清新
如是，足使人食可忘肉矣！換言之，東坡言己詩，乃有為而作，細察
之，殆有深意寓焉，倘言自訕，亦有感而發哉？

　　東坡既多有所感發之作，自言創作經驗亦有獨到處，散見各篇：

　　溪光自古無人畫，憑仗新詩與寫成。（卷一四、頁六七四）

　　詩書與我為麴蘖，醞釀老夫成搢紳。（卷二一、頁一一一七）

　　心閒詩自放，筆老語翻疏。（卷四四、頁二三九四）

案：東坡以畫為無聲詩，詩為有聲畫，而後有詩、書、畫一律之說。
其〈書鄢陵王主簿所畫折枝二首〉云：賦詩必此詩，定知非詩人；詩
畫本一律，天工與清新」（註二十五），已明言詩為有聲畫，畫即無
聲詩之理。而〈書唐氏六家書後〉亦提及「永禪師書骨氣深穩，體兼
眾妙，精能之至，反造疏淡。如陶彭澤詩，初若散緩不收，反覆不已，

乃識其奇趣。」（註二十六）詩書並論，蓋深得相通之理。東坡於〈柳氏二外甥求筆跡二首〉亦云：「退筆如山未足珍，讀書萬卷始通神」（註二十七）言己創作詩什，所恃無何，唯「腹有詩書氣自華」（註二十八）耳！多聞廣識，積學儲寶，則胸中自有邱壑，試拈詩筆，若有神助，此即創作之不二法門。依此悟道，則舉凡詩書、繪畫，其理可通，可不假外求也！東坡晚年，閱歷深，見識廣，猶復韜光養晦，以淵明自比，力求詩風疏淡清新，乃進言創作之道，求其放心爾！蓋汲汲乎名，營營為利，則未能就審美一端為詩，詩亦鮮有情趣矣！是故東坡指出創作經驗之二，乃不泥於物，鍛鍊日久，自有深味。

　　試觀東坡評淵明詩「質而實綺，癯而實腴」（註二十九）並和淵明詩凡一百九篇，可知東坡創作之準則。蓋由淺入深易，深入淺出則難矣！讀書之效，在於深於事理；而鍛鍊之功，豈非技巧日臻於美，乃無斧鑿痕乎！《冷齋夜話》引東坡言：「淵明詩初視若散緩，熟視有奇趣，如曰：『日暮巾柴車，路闇光已夕，歸人望煙火，稚子候簷隙。』又曰：『採菊東籬下，悠然見南山。』又曰：『靄靄遠人村，依依墟里煙，犬吠深巷中，雞鳴桑樹顛。』大率才高意遠，則所寓得其妙，遂能如此。如大匠運斤，無斧鑿痕，不知者疲精力至死不悟。」（註三十）此亟言淵明「才高意遠」，正東坡論詩、作詩之底蘊也！

　　吾人綜觀以上各節，知東坡創作最高境界：欲抵「天工清新」四字，乃揭櫫欲造此境界，積學儲寶，研閱窮照，為不二法門。東坡常以詩自勉勉人，甚且不惜抑己揚人，此即溫柔敦厚之詩教，有以致之也！

肆、論詩與生活

　　文人與酒，淵源甚深，自古以來，論述之篇章甚夥。淵明好酒，東坡亦好酒。東坡〈和陶飲酒二十首〉敘云：「吾飲酒至少，常以把

盞爲樂。往往頹然坐睡，人見其醉，而吾中了然，蓋莫能名其爲醉爲醒也。」（註三十一）而詩中言「偶得酒中趣，空杯亦常持」，此實爲生活之寫照。

　　吾人自東坡詩中，綜論其論詩酒之語，約有數耑：一爲上句論酒，下句論詩；二爲上句論詩，下句言酒；三爲詩酒合稱，足見東坡作詩常伴隨酒興，興到之時，詩思泉湧，堪爲生活一樂。茲依類分述，以窺其豹。

　　先酒後詩，泰半言己酒量甚淺，惟作詩乃不稍遲滯。詩云：

　　　但掛酒壺那計盞，偶題詩句不須編。（卷四、頁一七〇）

　　　平生不飲酒，對子敢論詩。（卷八、頁三六三）

　　　酒社我爲敵，詩壇子有功。（卷九、頁四二二）

　　　淺量已愁當酒怯，非才猶覺和詩忙。（卷一一、頁五三九）

　　　已分酒杯欺淺懦，敢將詩律鬥深嚴。（卷一二、頁六〇六）

　　　東州趙傁飲無敵，南國梅仙詩有聲。（卷一三、頁六四八）

　　　先生未出禁酒國，詩語孤高常近謗。（卷一四、頁六九四）

　　　醉呼妙舞留連夜，閑作清詩斷送秋。（卷一五、頁七四〇）

　　　醉中忽思我，清詩綴瓊琚。（卷一五、頁七五七）

　　　酒酣箕坐語驚眾，雜以嘲諷窮詩騷。（卷一六、頁七八八）

　　　沽酒獨教陶令醉，題詩誰似皎公清。（卷一七、頁八八八）

　　　眼花亂墜酒生風，口業不停詩有債。（卷一八、頁九五〇）

　　　愛酒陶元亮，能詩張志和。（卷一九、頁九六六）

　　　卻對酒杯疑是夢，試拈詩筆已如神。（卷一九、頁一〇〇五）

　　　落第汝爲中酒味，吟詩我作忍飢聲。（卷二一、頁一〇九五）

　　　超然置酒尋舊跡，尚有詩賦鑱堅頑。（卷二六、頁一三八二）

　　　昔我常陪醉翁醉，今君但吟詩老詩。（卷二九、頁一五二三）

　　　斷送一生消底物，三年光景六篇詩。（卷三六、頁一九七四）

　　　敢因逃酒去，端爲和詩留。（卷四五、頁二四三〇）

　　　風流能痛飲，敏捷好論詩。（卷四八、頁二六〇二）

案：東坡於上列詩中，言酒泰半襯筆，論詩乃其本義。蓋東坡年少不
善飲，然能識酒中趣也，故稱淺量、不飲酒；然年事既增，酬酢益繁，
亦往往醉飲。作詩則不然，自少至老，以詩自得，悠遊自適，甚至因
詩賈禍，亦不諱言，觀其謙稱「對子敢論詩」、「非才猶覺和詩忙」，
實則「試拈詩筆已如神」、「吟詩我作忍飢聲」，黃州貶謫後，所爲
詩什，已見雄健之姿。論及詩酒二字，輒以「酒」襯「詩」，足見東
坡所過生活乃「詩酒相伴」，無怪乎悠游其中，沈潛自得。

　　　先詩後酒，亦以詩爲主，以酒爲輔，中多有論詩之語者，綜論如
下：

　　　讀書不用多，作詩不須工，海邊無事日日醉，夢魂不到蓬萊宮。
　　　（卷六、頁二四三）。

　　　莫將詩句驚搖落，漸喜樽罍省撲緣。（卷六、頁二五一）

　　　不辭歌詩勸公飲，坐無桓伊能撫箏。（卷六、頁二七七）

　　　靄靄君詩似嶺雲，從來不許醉紅裙。（卷九、頁四五三）

　　　袖中出子詩，貪讀酒屢暖。（卷一三、頁六二六）

　　　詩詞如醇酒，盎然熏四支。（卷一四、頁六六六）

　　　苟無百篇詩，何以醒睡兀。（卷一四、頁六八五）

　　　避謗詩尋醫，畏病酒入務。（卷一四、頁六九一）

　　　詩新眇難和，飲少僅可學。（卷一五、頁七二〇）

　　　吾詩堪咀嚼，聊送別酒嚥。（卷一七、頁八七二）

　　　清詩獨吟還自和，白酒已盡誰能借。（卷二〇、頁一〇三三）

　　　老夫作詩殊少味，愛此三篇如酒美。（卷二一、頁一一一七）

　　　惟當火急作新詩，一醉兩翁勝酒美。（卷二三、頁一二二三）

　　　能爲五字詩，仍戴漉酒巾。（卷二三、頁一二三一）

案：詩與酒，東坡視爲密友，常於唱和之中，脫口而出，頗富情趣。
尤以「詩詞如醇酒，盎然熏四支」句，直將詩譬喻爲酒，可謂恰切。
依東坡之見，一壺濁酒，一卷歌詩，亦足以暢敘平生，詩人以情趣爲
依皈，可見一斑。

　　至於各篇中詩酒兩相論列，則有下列詩句：

告我當北渡，新詩侑清樽。（卷一五、頁七二六）

何時得見悲秋老，醉裡題詩字半斜。（卷一五、頁七六一）

念君官舍冰雪冷，新詩美酒聊相溫。（卷一五、頁七七五）

不將醉語作新詩，飽食應慚腹如鼓。（卷一九、頁九七八）

江湖常在眼，詩酒事豪縱。（卷一九、頁九七九）

臘酒詩催熟，寒梅雪鬥新。（卷二一、頁一一〇二）

那能廢詩酒，亦未妨禪寂。（卷二二、頁一一七四）

二生年少兩豪逸，詩酒不知軒冕苦。（卷二四、頁一二七四）

魯公賓客皆詩酒，誰是神仙張志和。（卷二五、頁一三二四）

詩酒暮年猶足用，竹林高會許時攀。（卷二六、頁一三九八）

吾猶及前輩，詩酒盛冊府。（卷二八、頁一四八一）

聊將詩酒樂，一掃簿書冗。（卷三〇、頁一五八六）

平生詩酒眞相污，此去文書恐獨賢。（卷三一、頁一六四二）

載酒邀詩將，臞儒不是仙。（卷三二、頁一六七八）

吾儕詩酒污，欲往無乃觸。（卷三二、頁一七〇六）

飄零洛社數遺民，詩酒當年困惡賓。（卷三二、頁一七〇六）

樽前侑酒只新詩，何異書魚餐蠹簡。（卷三三、頁一七四九）

齗張乃我結襪生，詩酒淋漓出狂怪。（卷三三、頁一七五六）

吐酒茹好詩，肝胃生滓污。（卷三四、頁一七九九）

風流越王孫，詩酒屢出奇。（卷三四、一八〇八）

豈知入骨愛詩酒，醉倒正欲蛾眉扶。（卷三四、頁一八二二）

俯仰各有態，得酒詩自成。（卷三五、頁一八八四）

天香國艷肯相顧，知我酒熟詩清溫。（卷三八、頁二○七六）

會與江山成故事，不妨詩酒樂新年。（卷四○、頁二二一四）

莫赴花月期，免爲詩酒縈。（卷四一、頁二二五九）

淵明墮詩酒，遂與功名疏。（卷四三、頁二三五六）

我亦困詩酒，失道愈渺茫。（卷四四、頁二三九○）

遠訪交親情益重，共論詩酒興偏長。（增補，頁二七八三）

案：詩酒固爲文人寂寥之益友，亦爲詩人豪放之寵兒，尤其晚年，東坡悟得淵明因詩酒與功名無緣，己亦因詩酒，未能悟道，然詩與酒一如人情，予詩人一絲溫暖，出處窮達，兩者皆不可缺也！

綜論以上三耑，東坡常以詩酒對稱，然酒皆應景之物，實借此以論詩也。至如詩酒合稱，則主從不分，皆爲東坡所喜之物，因言「聊將詩酒樂，一掃簿書冗」，蓋詩人生活中，此二物爲要也！

再者，詩中有幾許徹悟語，吾人可知東坡論及詩與生活者，論列如下：

不禱自安緣壽骨，深藏難沒是詩名。（卷八、頁四○○）

靈水先除眼界花，清詩爲洗心源濁。（卷一○、頁五○二）

莫笑吟詩淡生活，當令阿買爲君書。（卷一三、頁六二○）

夢裡青春可得追，欲將詩句絆餘暉。（卷一三、頁六二八）

潮聲半夜千巖響，詩句明朝萬口傳。（卷一三 頁六三九）

詩書膏吻煩，菽水媚翁媼。（卷一五、頁七四九）

天寒正好深藏手，吟詩寫字有底忙。（卷一五、頁七七六）

關雎卷耳平生事，白首孌臣正坐詩。（卷一九、頁一○○二）

詩成自一笑，故疾逢蝦蟹。（卷二五、頁一三二二）

一紙新詩弔興廢，塵埃零落梵王宮。（卷二八、頁一五一三）

憐君嗜好更迂闊，得我新詩喜折屐。（卷三三、頁一七五四）

春秋古史乃家法，詩筆離騷亦時用。（卷四二、頁二三〇六）

懸知合浦人，長誦東坡詩。（卷四三、頁二三七三）

舊賞未應忘楚國，新詩聞已滿皇都。（卷四七、頁二五三三）

細氈淨几讀文史，落筆璀璨傳新詩。（卷四八、頁二五九八）

十年讀易費膏火，盡日吟詩愁肺肝。（卷四八、頁二六九八）

由來有詩書，所以能絕俗。（卷四九、頁二七三一）

案：東坡自知因詩成名，亦因詩賈禍，然始終以寫詩為樂，且樂此不疲，因詩可言志，可寫心，令人滌盡俗慮，況且時人競欲得坡詩，傳誦不已，東坡遂寄情於斯，創作不輟。然東坡深知「文史不分」之理，故出入經史之中，以汲取詩材，盡日以詩書自娛，無怪乎詩中用典使事如反掌耳！

吾人自東坡詩中，可綜論詩人平日泰半出入文史，用力甚勤，且詩酒之間，吟詠之際，寄情於詩什中，以抒鬱抑之情，甚或天寒地凍，亦不廢詩筆，可謂痴情矣！

結　語

東坡詩中曾言：「詩文非他師，家法乃富春。」（註三十二）此語雖美孫介夫，實亦自況之語也！吾人自其論詩詩文中，摭其要者羅列觀之，知東坡誠「知詩」者。

蓋論及詩人，則析前賢生平，知古來詩人命途多舛，然風雨如晦，雞鳴不已，皆不以時代亂離之故，輕廢詩筆，是以東坡起而效尤，雖逢逆境，亦作詩不輟，且東坡深知，詩非止風花雪月一端耳，古人以詩言志，以詩酬酢，亦風雅之事，東坡既以文人自許，則以詩代言，有何不可？尤難能者，乃東坡品評歷代詩人，獨具隻眼，一經其論斷，後人無出其右者，至今傳誦不已。觀其「詩書畫合一」之詩論，將詩人、書家、畫家等量齊觀，言其理可通，其意可會，開啟後世公安派

「主創新」之說，影響不可謂不深遠矣！

　　至於東坡論及詩法，尤爲作詩者不二法門。詩之取材宜廣，出入百家詩書，深究人情事理，蓄積日富，自有詩興，間或「參禪悟道」，以出新意，方成佳詩。此數語啓黃庭堅「奪胎換骨」、「點鐵成金」作詩之法，力求以故爲新，以俗爲雅，影響既深且遠也！然東坡非徒空言理論，復以詩什印證之，參見拙著《蘇軾詩學理論及其實踐》，其標明詩應「天工清新」，以晚年詩證之，全然吻合。

　　末就東坡論及詩與生活關係至密，以爲本文結論。東坡言「詩酒」之詩什最豐，己雖不善飲，然引酒爲知交，每詩興一發，則以酒相佐，讀文史、繪書畫，閒來以詩紀事，織就詩人生活面貌。吾人於遍覽其眾作之後，不唯可登詩作之堂奧，且喜東坡之精神，歷久彌新也！

　　今後欲明東坡詩中論詩之語，則茲編抑或有助益焉者！

【附註】

註　一　此據王文誥、馮應榴先生輯注《蘇軾詩集》卷一至五〇，凡二千七百
　　　　九十四首，益以增補輯佚二十九首，計二千八百二十三首詩。學海出
　　　　版社。下同。

註　二　參見《文選‧與楊德祖書》、卷四十二、頁六〇五、藝文印書館。

註　三　參拙著《文學論簡編》、章九、頁六〇、書銘出版社。

註　四　參見嚴羽《滄浪詩話校釋‧詩辨》、頁二十四、東昇出版事業。

註　五　參見郎曄先生《經進東坡文集事略》、卷六十、頁九九九。世界書局。

註　六　見同註五。

註　七　見同註五。

註　八　參見增修《詩話總龜》引蔡寬夫《詩史》、卷八、評論門、頁二〇八。

註　九　參見張健先生《中國文學批評》、章七、頁一二四。五南圖書公司。

註一〇　見《蘇軾詩集》、卷一六、頁七九六。

註一一　見《蘇軾詩集》。頁七九八。

註一二　參見《孟子‧滕文公》、頁一〇七。藝文印書館。

註一三　見《蘇軾詩集》、卷六、頁一六五。

註一四　參見《古今詩話》引《東坡詩話》、頁四四一。廣文書局。

註一五　見《蘇軾詩集》、卷一七、頁九〇五。

註一六　見同註九。

註一七　參見《歷代詩話》引《彥周詩話》、頁二二七。藝文印書館。下同。

註一八　參見《歷代詩話》引《石林詩話》、卷下、頁二六一。

註一九　同註十四。

註二〇　見同註五。

註二一　見趙翼《甌北詩話》、卷五、頁六四、木鐸出版社。

註二二　見《蘇軾詩集》、卷二一、頁一一二六。

註二三　見《蘇軾詩集》、卷十八、頁九四九。

註二四　見《蘇軾詩集》、卷二八、頁一五二三。

註二五　見《蘇軾詩集》、卷二九、頁一五二五。

註二六　見同註五。

註二七　見《蘇軾詩集》、卷一一、頁五四三。

註二八　見《蘇軾詩集》、卷五、頁二二二。

註二九　參見蘇轍《欒城集‧子瞻和陶淵明先生詩集引》、卷二十一、頁一四
　　　　〇二、上海古籍出版社。

註三〇　見同註九、頁一二六。

註三一　見《蘇軾詩集》、卷三十五、頁一八八二。

註三二　見《蘇軾詩集》、卷四五、頁二四四二。

蘇軾農耕詩探索

劉昭明

一、前　言

　　東坡出身農家，在〈題淵明詩二首〉中自稱是「世農」（卷六七）（註一）之人，在〈浣溪沙〉中又稱「使君元是此中人」（卷一）。東坡自小即有農圃經驗，擅長接果移花，〈接果說〉云：「蜀中人接花果，皆用芋膠合其罅，予少時頗能之。嘗與子由戲用苦棟木接李，既實，不可饗口，無復李味。」（卷七三）及長大出仕以後，常有歸田之思。然東坡平日雖有開荒南野、隱居田園之心，卻不曾眞正辭官歸田，只有在獲罪貶謫黃州、惠州與昌化之時，才眞正有躬治田圃的機會，〈次韻孔毅父久旱已而甚雨三首〉云：「去年東坡拾瓦礫，自種黃桑三百尺。今年刈草蓋雪堂，日炙風吹面如墨。」（其二‧卷二一）〈次韻王鬱林〉亦云：「晚途流落不堪言，海上春泥手自翻。」（卷四四）我們可以說，歸耕對東坡來說，固是他的本心、夙願，但從另一個角度來看，歸耕也是東坡貶謫生涯中迫不得已的經濟生產活動！因而，東坡慕耕之詩極多，俯拾即是，不下數百首，是東坡詩中的最常見的一個主題；但眞正從事田圃活動的農耕詩卻只有數十首，兩者相距極大，對比極顯明。在東坡的一生，曾從事過什麼田圃活動？各期的田圃活動有何不同的風情與面貌？東坡的田園生活有何收穫？有何體會？有何感慨？這是一個值得探討的有趣課題。

二、黃州墾荒
㈠墾闢東坡種植稻麥

　　宋神宗元豐三年，東坡因烏臺詩案被謫放黃州，「脫冠還作扶犁叟」（〈又一首答二猶子與王郎見和〉・卷二一），開始了首次的農耕生涯。東坡在黃州，家口既多，食指浩繁，有出無進，因而經濟非常拮据，〈與章子厚參政書〉云：

> 黃州僻陋多雨，氣象昏昏也。魚稻薪炭頗賤，甚與窮者相宜。然軾平生未嘗作活計，子厚所知之。俸入所得，隨手輒盡。而子由有七女，債負山積，賤累皆在渠處，未知何日到此。見寓僧舍，布衣蔬食，隨僧一餐，差爲簡便，以此畏其到也。窮達得喪，粗了其理，但祿廩相絕，恐年載間，遂有饑寒之憂，不能不少念！（卷四九）

〈與章子厚〉云：

> 江淮間歲豐物賤，百須易致，但貧窶所迫，營幹自費力耳。（卷五五）

〈答秦太虛〉云：

> 初到黃，廩入既絕，人口不少，私甚憂之。但痛自節儉，日用不得過百五十，每月朔便取四千五百錢，斷爲三十塊，掛屋梁上，平日用畫叉挑取一塊，即藏去叉，仍以大竹筒別貯用不盡者，以待賓客，此賈耘老法也。（卷五二）

〈與王定國〉亦云：

> 廩入雖不繼，痛自節儉，每日限用百五十，自月朔日取錢四千五百足，繫作三十塊，掛屋梁上，平明以畫杷子挑取一塊，即藏去杷子，以大竹筒別貯用不盡者，可謂至儉。（卷五二）

至若黃州詩更屢屢以窮爲言，如〈遷居臨皋亭〉云：「雖云走仁義，未免違寒餓。」（卷二十）〈姪安節遠來夜坐三首〉云：「落第汝爲中酒味，吟詩我作忍飢聲。（其三・卷二一）〈徐使君分新火〉云：「起攜蠟炬遶空室，欲事烹煎無一可。」（卷二一）〈大寒步至東坡

贈巢三〉云：「空床斂敗絮，破灶鬱生薪。相對不言寒，哀哉知我貧。」
（卷二二）類此之例實不勝枚舉。在這種窘境之下，爲了增加收入，
解決衣食問題，東坡決定開荒闢田，種稻植麥，〈東坡八首・并敘：
余至黃州，日以困匱。故人馬正卿哀余乏食，爲於郡中請故營地數十
畝，使得躬耕其中。地既久荒爲茨棘瓦礫之場，而歲又大旱，墾闢之
勞，筋力殆盡。釋耒而歎，乃作是詩，自愍其勤，庶幾來歲之入以忘
其勞焉〉：

> 廢壘無人顧，頹垣滿蓬蒿。誰能捐筋力，歲晚不償勞。獨有孤
> 旅人，天窮無所逃。崎嶇草棘中，欲刮一寸毛。喟然釋耒歎，
> 我廩何時高。（其一）
>
> 荒田雖浪莽，高卑各有適。下隰種秔稌，東原蒔棗栗。江南有
> 蜀士，桑果已許乞。好竹不難栽，但恐鞭橫逸。仍須卜佳處，
> 規以安我室。家童燒枯草，走報暗井出。一飽未敢期，瓢飲已
> 可必。（其二）
>
> 自昔有微泉，來從遠嶺背。穿城過聚落，流惡壯蓬艾。去爲柯
> 氏陂，十畝魚蝦會。歲旱泉亦竭，枯萍黏破塊。昨夜南山雲，
> 雨到一犂外。泫然尋故瀆，知我理荒薈。泥芹有宿根，一寸嗟
> 獨在。雪芽何時動，春鳩行可膾。（其三）
>
> 種稻清明前，樂事我能數。毛空暗春澤，針水聞好語。分秧及
> 初夏，漸喜風葉舉。月明看露上，一一珠垂縷。秋來霜穗重，
> 顛倒相撐拄。但聞畦壟間，蚱蜢如風雨。新春便入甑，玉粒照
> 筐筥。我久食官倉，紅腐等泥土。行當知此味，口腹吾已許。
> （其四）
>
> 良農惜地力，幸此十年荒。桑柘未及成，一麥庶可望。投種未
> 逾月，覆塊已蒼蒼。農父告我言，勿使苗葉昌。君欲富餅餌，
> 要須縱牛羊。再拜謝苦言，得飽不敢忘。（其五）

種棗期可剝，種松期可斲。事在十年外，吾計亦已愨。十年何
足道，千載如風電。舊聞李衡奴，此策疑可學。我有同舍郎，
官居在灙岳。遺我三寸甘，照座光卓犖。百栽倘可致，當及春
冰渥。想見竹籬間，青黃垂屋角。（其六・卷二一）

〈次韻孔毅父久旱已而甚雨三首〉亦云：

去年東坡拾瓦礫，自種黃桑三百尺。今年刈草蓋雪堂，日炙風
吹面如墨。平生懶惰今始悔，老大勸農天所直。沛然例賜三尺
雨，造物無心悅難測。四方上下同一雲，甘霛不爲龍所隔。蓬
蒿下濕迎曉耒，燈火新涼催夜織。老夫作罷得甘寢，臥聽牆東
人響屐。奔流未已坑谷平，折葦枯荷恣漂溺。腐儒粗糲支百年，
力耕不受眾目憐。破陂漏水不耐旱，人力未至求天全。會當作
塘徑千步，橫斷西北遮山泉。四鄰相率助舉杵，人人知我囊無
錢。明年共看決渠雨，飢飽在我寧關天。誰能伴我田間飲，醉
倒惟有支頭磚。（其二・卷二一）

這些都是東坡在黃州親操耒耜、躬犯風霜的實錄，他在佈滿山石的荒
地裏，撿拾瓦礫，燒刈草茅，疏水浚井，撒種栽植，無所不爲，可說
是一位標準的農夫。而東坡在黃州也一再地以「老農夫」自稱，如〈
好事近・黃州送君猷〉云：「紅粉莫悲啼，俯仰半年離別。看取雪堂
坡下，老農夫淒切。」（卷二）〈王定國詩集敘〉云：「今余老不復
作詩，又以病止酒，閉門不出，門外數步即大江，經月不至江上，眊
眊焉眞一老農夫也。」（卷十）對「平生未嘗作活計」的東坡來說，
這種體力勞動當然非常辛苦，非常疲累。但夙願得償，衣食有歸，因
而他的心情非常愉悅！加上東坡生性樂觀，凡事充滿希望，在種植之
初，就已預想日後收成時的美妙景況，所以詩作也洋溢著喜悅、希望
的氛息，宋・趙次公評說「大率先生是詩八篇皆田中樂易之語，如陶
淵明。」（註二）此時，東坡的繼室王閏之對其農耕活動更全力支持，

夫耕妻蠶，「蓬蒿下濕迎曉耒，燈火新涼催夜織。」可說是東坡的好
幫手。有一次，蘇家的耕牛患病將死，獸醫束手無策，王夫人卻將牠
醫好了，令東坡刮目相看，大肆宣揚，〈與章子惇〉云：「僕居東坡，
作陂種稻，有田五十畝，身耕妻蠶，聊以卒歲。昨日一牛病幾死，牛
醫不識其狀，而老妻識之，曰：『此牛發豆斑瘡也，法當以青蒿粥啖
之。』用其言而效。勿謂僕謫居之後，一向便作村舍翁。老妻猶解接
黑牝丹也。言此，發千里一笑。」（卷五五）所謂「黑牝丹」，是東
坡對所飼耕牛的戲稱，透過信中的文字，我們不難感受到東坡眉飛色
舞的得意之情。詩云：「力耕不受眾目憐」，〈次韻和王鞏六首〉亦
云：「老大服犁鋤，解佩付鎔鑠。雖無獻捷功，會賜力田爵。敲冰春
搗紙，刈葦秋織箔。櫟林斬冬炭，竹塢收夏簜。四時俯有取，一飽天
所酢。」（其二・卷二一）〈東坡〉亦云：「雨洗東坡月色清，市人
行盡野人行。　莫嫌犖确坡頭路，自愛鏗然曳杖聲。」（卷二二）東坡
從自給自足的農耕生活裏，肯定了自我，尋回了失去的自尊與自信，
因而詩中也常透出兀傲之氣。

　　唐・白居易為忠州刺史時，曾在州治「東坡」種植花樹，曾寫了
一系列以「東坡」為題的詩篇，如〈東坡種花二首〉：「持錢買花樹，
城東坡上栽。但購有花者，不限桃梅杏。百果參雜種，千枝次第開。
天時有早晚，地力無高低。紅者霞豔豔，白者雪皚皚。遊蜂逐不去，
好鳥亦棲來。前有長流水，下有小平臺。時拂臺上石，一舉風前盃。
花枝蔭我頭，花蕊落我懷。獨酌復獨詠，不覺月平西。巴俗不愛花，
竟春無人來。唯此醉太守，盡日不能迴。」（其一）「東坡春向暮，
樹木今何如。漠漠花落盡，翳翳葉生初。每日領童僕，荷鋤仍決渠。
泪土雍其本，引泉溉其枯。小樹低數尺，大樹長丈餘。封植來幾時，
高下齊扶疏。養樹既如此，養民亦何殊。將欲茂枝葉，必先救根株。
云何救根株，勸農均賦租。云何茂枝葉，省事寬刑書。移此為郡政，

庶幾貶俗蘇。」（其二）（註三）〈步東坡〉又云：「朝上東坡步，夕上東坡步。東坡何所愛，愛此新成樹。種植當歲初，滋榮及春暮。信意取次栽，無行亦無數。綠陰斜景轉，芳氣微風度。新葉鳥下來，萎花蝶飛去。閑攜斑竹杖，徐曳黃麻屨。欲識往來頻，青苔成白路。」（註四）白居易這些詩的意境極佳，《唐宋詩醇》評〈東坡種花二首〉云：

> 前一首細寫種花之趣，靜觀物理，及時行樂，獨善之義也。後一首推廣言之，與柳宗元〈郭橐駝種樹說〉同意，兼濟之志也。妙在說得極纖悉，極平淡，乃具眞實本領。宋儒謂杜子美情多，得志必能濟物，亦是此意。陳蕃不事掃除一室，而欲經營天下，宜其志大而才疏也。勸農均賦、省事寬刑，豈獨治一郡哉！雖以治天下可矣。。（註五）

東坡素來敬慕白氏（註六），熟讀其詩，在黃州曾「略改樂天〈寒食〉詩歌之」（註七），忠州「東坡」既在其故鄉四川，他所開墾的田圃又正好在黃州城東的一處山坡上，所以就將之命名爲「東坡」，又以「東坡」自號。從此，蘇軾「只寫東坡不著名」（〈和人見贈〉・卷二五），爲自己在黃州的農耕生活留下了一個最好的見證與紀念，而宋人對此事更是津津樂道，如宋・洪邁《容齋三筆》云：「蘇公責居黃州，始自稱東坡居士，詳考其意，蓋專慕樂天而然。……則公之所以景仰者，不止一再言之，非東坡之名偶爾暗合也。」（註八）值得注意的是，「東坡」之名雖源於白居易，但其心境與手足胼胝辛苦耕稼的景況實近於陶潛，因而戲以「釀糟裏陶靖節」自號，〈與王定國〉云：「近於側左得荒地數十畝，買牛一具，躬耕其中。今歲旱，米貴甚。近日方得雨，日夜墾闢，欲種麥，雖勞苦卻亦有味。鄰曲相逢欣欣，欲自號『釀糟裏陶靖節』，如何？」（卷五二）於詞則〈江城子・陶淵明以正月五日遊斜川，臨流班坐，顧瞻南阜，愛曾城之獨秀，乃作

斜川詩，至今使人想見其處。元豐壬戌之春，余躬耕於東坡，築雪堂居之。南挹四望亭之後丘，西控北山之微泉，慨然而歎，此亦斜川之遊也。乃作長短句，以江城子歌之〉：

> 夢中了了醉中醒。只淵明。是前生。走遍人間，依舊卻躬耕。昨夜東坡春雨足，烏鵲喜，報新晴。雪堂西畔暗泉鳴。北山傾。小溪橫。南望亭丘，孤秀聳曾城。都是斜川當日境，吾老矣，寄餘齡。（卷二）

東坡與陶潛，同樣躬耕力田，同樣是懷抱理想、品格高潔、仕途失意的人，東坡從陶潛的身上，發現了自己的影子，找到了仰慕的對象，失落心靈終於能有所寄託，有所安頓，化荊棘為坦途，自艱辛困逆中超脫解化。日後，東坡之所以「飽喫惠州飯，細和淵明詩。」（註九）在豪放雄健的詩風之外，另又發展出淡遠自然、雋永質樸的藝術風格，實得力於此時之「犍耕躬稼」（〈西山戲題武昌王居士〉‧卷二一），以及對陶潛的敬慕，對陶詩的體會。

(二)種菜補充副食

東坡未出仕前，因家有菜園，所以頗有種菜、摘菜的體驗，出仕以後曾回味不已，〈答任師中、家漢公〉云：「門前萬竿竹，堂上四庫書。高樹紅消梨，小池白芙蕖。常呼赤腳婢，雨中擷園蔬。」（卷十五）熙寧三年正月，東坡在殿中丞直史館判官告院時，職務清閒，就特地在庭園中規畫出一塊地來種菜，〈次韻楊褒早春〉云：「細雨郊園聊種菜，冷宮門戶可張羅。放朝三日君恩重，睡美不知身在何。」（卷六）〈與楊濟甫〉亦云：

> 都下春色已盛，但塊然獨處，無與為樂。所居廳前有小花圃，課童種菜，亦有少佳趣。傍宜秋門，皆高槐古柳，一似山居，頗便野性也。（卷五九）

東坡出知徐州時，亦曾在園圃中種菜，〈與參寥師行園中，得黃耳蕈〉

云：「寒蔬病甲誰能探，落葉空畦半已荒。老楮忽生黃耳菌，故人兼
致白芽薑。」（卷十七）不過，徐州的冬天因過於寒冷，蔬菜不易蕃
茂，讓東坡對故鄉四季不斷的菜蔬懷思不已，〈春菜〉云：

> 蔓菁宿根已生葉，韭芽戴土拳如蕨。爛蒸香薺白魚肥，碎點青
> 蒿涼餅滑。宿酒初消春睡起，細履幽畦掇芳辣。茵陳甘菊不負
> 渠，繪縷堆盤纖手抹。北方苦寒今未已，雪底波稜如鐵甲。豈
> 如吾蜀富冬蔬，霜葉露芽寒更茁。久拋菘猶細事，苦筍江豚那
> 忍說。明年投劾徑須歸，莫待齒搖并髮脫。（卷十六）

謫居黃州時，東坡除了種植稻麥之外，免不了也種一些蔬菜以供副食，
〈與楊元素〉云：「近於城中葺一荒園，手種菜果以自娛。」（卷五
五）〈南堂五首〉云：「山家為割千房蜜，稚子新畦五畝蔬。」（其
四‧卷二二）〈雨晴後，步至四望亭下魚池上，遂自乾明寺前東岡上
歸，二首〉云：「拄杖閑挑菜，鞦韆不見人。」（卷二十）〈寒食雨
二首〉云：「空庖煮寒菜，破灶燒濕葦。」（其二‧卷二一）〈次韻
和王鞏六首〉云：「春蔬黃土軟，凍筍蒼崖坼。」（其一‧卷二一）
〈寄周安孺茶〉云：「幽人無一事，午飯飽蔬菽。」（卷二二）東坡
晚年對於黃州這段種菜而食的日子非常懷念，〈狄韶州煮蔓菁蘆菔羹〉
云：「我昔在田間，寒庖有珍烹。常支折腳鼎，自煮花蔓菁。中年失
此味，想像如隔生。」（卷四四）當時的東坡，在飽食黃州菜之餘，
甚至計畫將故鄉特有的巢菜移植到黃州來，〈元修菜‧并敘：菜之美
者，有吾鄉之巢。故人巢元修嗜之，余亦嗜之。元修云：「使孔北海
見，當復云吾家菜耶？」因謂之元修菜。余去鄉十有五年，思而不可
得。元修適自蜀來，見余於黃。乃作是詩，使歸致其子，而種之東坡
之下云〉：

> 彼美君家菜，鋪田綠茸茸。豆莢圓且小，槐芽細而豐。種之秋
> 雨餘，擢秀繁霜中。欲花而未萼，一一如青蟲。是時青裙女，

採擷何匆匆。蒸之復湘之，香色蔚其饛。點酒下鹽豉，縷橙芼薑蔥。那知雞與豚，但恐放箸空。春盡苗葉老，耕翻煙雨叢。潤隨甘澤化，暖作青泥融。始終不我負，力與糞壤同。我老忘家舍，楚音變兒童。此物獨嫵媚，終年繫余胸。君歸致其子，囊盛勿函封。張騫移苜蓿，適用如葵菘。馬援載薏苡，羅生等蒿蓬。懸知東坡下，塉鹵化千鍾。長使齊安民，指此說兩翁。

（卷二二）

東坡對自己的家鄉菜，可謂情有獨鍾了。可惜，一年後，東坡即量移汝州，離開黃州，因而這個移植巢菜的計畫並未成功。

㈢種茶、採茶與製茶

茶與酒都是中國的傳統飲料，茶比酒多一分飄逸，酒比茶多一分浪漫，兩種飲料各自有不同的情趣、品味，未易軒輊。因而，東坡雖喜歡喝酒，但對茶也有所偏愛，茶藝精湛，有研究，有心得，〈漱茶說〉云：「除煩去膩，世不可闕茶。」（卷七三）〈試院煎茶〉云：「不用撐腸拄腹五千卷，但願一甌常及睡足日高時。」（卷八）〈遊諸佛舍，一日飲釅茶七盞，戲書勤師壁〉云：「何須魏帝一丸藥，且盡盧仝七碗茶。」（卷十）〈和錢安道寄惠建茶〉云：「我官於南今幾時，嘗盡溪茶與山茗。胸中似記故人面，口不能言心自省。」（卷十一）〈雨中過蘇教授〉云：「濃茗洗積昏，妙香淨浮慮。」（卷十六）〈次韻曹輔寄壑源試焙新芽〉：「從來佳茗似佳人」（卷三二）〈浣溪沙〉云：「雪沫乳花浮午盞，蓼茸蒿筍試春盤。人間有味是清歡。」（卷二）〈行香子·茶詞〉云：「鬥贏一水，功敵千鍾。覺涼生、兩腋清風。」（卷二）這些都是東坡對茶的禮讚。東坡甚至有意繼唐·陸羽之後再寫作一本《茶經》，〈送南屏謙師·南屏謙師妙於茶事，自云：「得之於心，應之於手，非可以言傳學到者。」十二月二十七日，聞軾游落星，遠來設茶，作此詩贈之〉云：

> 道人曉出南屏山，來試點茶三昧手。忽驚午盞兔毛斑，打作春
> 甕鵝兒酒。天台乳花世不見，玉川風腋今安有。先生有意續《
> 茶經》，會使老謙名不朽。（卷三一）

我們從末聯便可略知東坡在茶道上的造詣與自負了。桃花茶是茶中絕
品，滋味甘美，喉韻悠遠，《名勝志》載：「桃花寺，在興國州南十
五里桃花尖之下。寺有泉，甘美，用以造茶，勝他處，號曰桃花絕品。
宋時，知軍事王琪〈桃花茶〉詩云：『梅花既掃地，桃花露微紅。風
從北苑來，吹入茶塢中。』」（註一〇）東坡在黃州曾特地向人索取桃
花茶來栽植，〈問大冶長老乞桃花茶栽東坡〉云：

> 周時記茶苦，茗飲出近世。初緣厭梁肉，假此雪昏滯。嗟我五
> 畝園，桑麥苦蒙翳。不令寸地閑，更乞茶子蓻。飢寒未知免，
> 已作太飽計。庶將通有無，農末不相戾。春來凍地裂，紫筍森
> 已銳。牛羊煩呵叱，筐筥未敢睨。江南老道人，齒髮日夜逝。
> 他年雪堂品，空記桃花裔。（卷二一）

東坡對桃花茶可說珍愛備至了。東坡在黃州，與茶的關係非常密切，
除了種茶、烹茶之外，更親自採茶、製茶送給友人，將茶具借給友人，
〈與陳季常〉云：「茶臼更留作樣幾日」（卷五三），〈與王定國〉
云：「馬公過此嘉便，無好物寄去，收拾得茶少許，謾充信而已。」
（卷五二）〈徐君猷挽詞〉云：「雪後獨來栽柳處，竹間行復采茶時。」
（卷二二）〈寄周安孺茶〉又云：

> 大哉天宇內，植物知幾族。靈品獨標奇，迥超凡草木。名從姬
> 旦始，漸播《桐君錄》。賦詠誰最先？厥傳惟杜育。唐人未知
> 好，論著始於陸。常、李亦清流，當年慕高躅。遂使天下士，
> 嗜此偶於俗。豈但中土珍，兼之異邦鬻。鹿門有佳士，博覽無
> 不矚。邂逅天隨翁，篇章互賡續。開園頤山下，屏跡松江曲。
> 有興即揮毫，粲然存簡牘。伊予素寡愛，嗜好本不篤。粵自少

年時，低佪客京轂。雖非曳裾者，庇蔭或華屋。頗見紈綺中，
齒牙厭粱肉。小龍得屢試，糞土視珠玉。團鳳與葵花，碔砆雜
魚目。貴人自矜惜，捧玩且緘櫝。未數日注卑，定知雙井辱。
於茲事研討，至味識五六。自爾入江湖，尋僧訪幽獨。高人固
多暇，探究亦頗熟。聞道早春時，攜籝赴初旭。驚雷未破蕾，
采采不盈掬。旋洗玉泉蒸，芳馨豈停宿。須臾布輕縷，火候謹
盈縮。不憚頃間勞，經時廢藏蓄。髹筒淨無染，箬籠勻且複。
苦畏梅潤侵，暖須人氣燠。有如剛耿性，不受纖芥觸。又若廉
夫心，難將微穢瀆。晴天敞廬府，石碾破輕綠。永日遇閒賓，
乳泉發新馥。香濃奪蘭露，色嫩欺秋菊。閩俗競傳誇，豐譨面
如粥。自云葉家白，頗勝中山釀。好是一杯深，午窗春睡足。
清風擊兩腋，去欲凌鴻鵠。嗟我樂何深，水經亦屢讀。陸子詫
中泠，次乃康王谷。嫫培頃曾嘗，瓶罌走童僕。如今老且嬾，
細事百不欲。美惡兩俱忘，誰能強追逐。薑鹽拌白土，稍稍從
吾蜀。尚欲外形骸，安能徇口腹。由來薄滋味，日飯止脫粟。
外慕既已矣，胡為此羈束。昨日散幽步，偶上天峰麓。山園正
春風，蒙茸萬旂簇。呼兒為招客，采製聊亦復。地僻誰我從，
包藏置廚簏。何嘗較優劣，但喜破睡速。況此夏日長，人間正
炎毒。幽人無一事，午飯飽蔬菽。困臥北窗風，風微動窗竹。
乳甌十分滿，人世真局促。意爽飄欲仙，頭輕快如沐。昔人固
多癖，我癖良可贖。為問劉伯倫，胡然枕糟麴。（卷二二）

東坡在詩中娓娓訴說著他對茶的見解，以及品茶、摘茶、製茶、愛茶
的種種情緣。閩俗以為「葉家白」勝過「中山釀」，東坡也認為茶香
勝過酒趣，「病貪賜茗浮銅葉，老怯香泉灩寶樽。」（〈次韻蔣穎叔、
錢穆父從駕景靈宮二首〉其二・卷三六）對茶的情感由「素寡愛」漸
漸進展成「樂何深」，並對劉伶之枕麴藉糟感到不解，透過此詩，可

幫助我們了解東坡與茶的深厚情緣。

三、惠州老農

　　東坡在黃州，曾數度看田，卻因種種緣故，皆未買成。離開黃州以後，雖曾買田宜興，然時來運轉，東坡的官位以極快的速度往上竄升。元豐八年，東坡以汝州團練副使的罪人身份，復朝奉郎，起知登州。到任僅五日，即以禮部郎中召還，再遷起居舍人。翌年升中書舍人，尋除翰林學士，知制誥。元祐二年兼侍讀，三年領禮部貢舉，四年除龍圖閣學士知杭州。七年徙揚州，未閱歲，召爲兵部尚書，兼侍讀，爲南郊鹵簿使。不久，復任禮部尚書，兼端明殿、翰林侍讀兩學士。在短短幾年間，東坡從卑微的罪人身份躍居爲尊貴的三品官，但他對自己一手開闢的黃州「東坡」依然念念不忘，仍有重返黃州，再作「東坡」主人，再把「東坡」鋤耰的心願，〈與潘彥明〉云：

> 東坡甚煩葺治，乳媼墳亦蒙留意，感戴不可言。……僕暫出苟祿耳，終不久客塵間。東坡不可令荒蕪，終當作主，與諸君遊，如昔日也。願遍致此意。（卷五三）

〈如夢令〉云：

> 爲向東坡傳語。人在玉堂深處。別後有誰來，雪壓小橋無路。歸去。歸去。江上一犁春雨。（卷二）

> 手植堂前桃李。無限綠陰青子。簾外百舌兒，驚起五更春夢。居士。居士。莫忘小橋流水。（卷二）

甚至在觀賞圖畫之時，他也會興發歸耕「東坡」之思，如〈書王定國所藏「煙江疊嶂圖」〉云：

> 江上愁心千疊山，浮空積翠如雲煙。山耶雲耶遠莫知，煙空雲散山依然。但見兩崖蒼蒼暗絕谷，中有百道飛來泉。縈林絡石隱復見，下赴谷口爲奔川。川平山開林麓斷，小橋野店依山前。

行人稍度喬木外，漁舟一葉江吞天。使君何從得此本，點綴毫
末分清妍。不知人間何處有此境，徑欲往買二頃田。君不見武
昌樊口幽絕處，東坡先生留五年。春風搖江天漠漠，暮雲卷雨
山娟娟。丹楓翻鴉伴水宿，長松落雪驚醉眠。桃花流水在人世，
武陵豈必皆神仙。江山清空我塵土，雖有去路尋無緣。還君此
畫三歎息，山中故人應有招我歸來篇。（卷三十）

東坡雖然屢屢以歸耕為言，然因種種原因，東坡始終未曾辭官歸田，
以致再陷入黨爭的漩渦，無法自拔，於宋哲宗紹聖元年又被貶謫到嶺
南惠州。

㈠種植藥材禦瘴強身

　　《晉書‧良吏傳》載：「廣州包帶山海，珍異所出，一篋之寶，
可資數世，然多瘴疫，人情憚焉。」（註一一）惠州氣候濕熱，山川蒸
鬱，瘴疫極多，流布極快，故東坡〈次韻定慧欽長老見寄八首〉云：
「微生山海間，坐受瘴霧侵。」（其七‧卷三九）〈食檳榔〉云：「
瘴風作堅頑，導利時有補。」（卷三九）東坡在惠州瘴鄉，已是六十
老翁，年紀已老邁，體力也較往日衰弱，亟需藥物抵禦毒瘴，調養身
體，〈縱筆〉云：「白頭蕭散滿霜風，小閣藤床寄病容。」（卷四十）
〈與翟東玉〉云：「馬，火也。故將火而夢馬。火就燥，燥而不已則
窮，故膏油所以為無窮也。藥之膏油者，莫如地黃，以啖老馬，皆復
為駒。樂天〈贈採地黃者〉詩云：「與君啖老馬，可使照地光。」今
人不復知此法。吾晚覺血氣衰耗如老馬矣，欲多食生地黃而不可常致。
近見人言，循州興寧令歐陽叔向於縣圃中，多種此藥。意欲作書干求
而未敢，君與叔向故人，可為致此意否？此藥以二、八月採者良。如
許以此時寄惠為幸，欲烹以為煎也。」（卷五八）由於東坡在惠州迫
切需要藥材，可是卻苦於「不可常致」，也不能盡向友朋索取，所以
他乾脆自己開圃種植人參、地黃、枸杞、甘菊、薏苡，再度重溫睽違

已久的農圃生活，〈小圃五詠〉云：

> 上黨天下脊，遼東眞井底。玄泉傾海腴，白露瀼天醴。靈苗此
> 孕毓，肩股或具體。移根到羅浮，越水灌清沚。地殊風雨隔，
> 臭味終祖禰。青椏綴紫萼，圓實墜紅米。窮年生意足，黃土手
> 自啓。上藥無炮炙，虀醢盡根柢。開心定魂魄，憂恚何足洗。
> 糜身輔吾生，既食首重稽。（〈人參〉）
> 地黃餉老馬，可使光鑑人。吾聞樂天語，喻馬施之身。我衰正
> 伏櫪，垂耳氣不振。移栽附沃壤，蕃茂爭新春。沉水得稚根，
> 重湯養陳薪。投以東阿清，和以北海醇。崖蜜助甘冷，山薑發
> 芳辛。融爲寒食餳，嚥作瑞露珍。丹田自宿火，渴肺還生津。
> 願餉內熱子，一洗胸中塵。（〈地黃〉）
> 神藥不自閟，羅生滿山澤。日有牛羊憂，歲有野火厄。越俗不
> 好事，過眼等茨棘。青蕪春自長，絳珠爛莫摘。短籬護新植，
> 紫筍生臥節。根莖與花實，收拾無棄物。大將玄吾鬢，小則餉
> 我客。似聞朱明洞，中有千歲質。靈厖或夜吠，可見不可索。
> 仙人倘許我，借杖扶衰疾。（〈枸杞〉）
> 越山春始寒，霜菊晚愈好。朝來出細粟，稍覺芳歲老。孤根蔭
> 長松，獨秀無眾草。晨光雖照耀，秋雨半摧倒。先生臥不出，
> 黃葉紛可掃。無人送酒壺，空腹嚼珠寶。香風入牙頰，楚些發
> 天藻。新蕊蔚已滿，宿根寒不槁。揚揚弄芳蝶，生死何足道。
> 頗訝昌黎翁，恨爾生不早。（〈甘菊〉）
> 伏波飯薏苡，禦瘴傳神良。能除五溪毒，不救讒言傷。讒言風
> 雨過，瘴癘久亦亡。兩俱不足治，但愛草木長。草木各有宜，
> 珍產駢南荒。絳囊懸荔支，雪粉剖桃榔。不謂蓬荻姿，中有藥
> 與糧。春爲茨珠圓，炊作菰米香。子美拾橡栗，黃精誑空腸。
> 今吾獨何者，玉粒照座光。（〈薏苡〉‧卷三九）

黃庭堅〈跋子瞻和陶詩〉云：「子瞻謫嶺南，時宰欲殺之。」（註一二）
此時的政治情勢較貶黃州時險惡，因爲以章惇爲首的紹聖新黨一心置
東坡於死地；相反的，只要東坡能健健康康、快快樂樂地活著，就是
對朝中新黨的一種反擊與譏刺，所以東坡在惠州必須特別珍攝自己的
身體。由於東坡種植人參、地黃、枸杞、甘菊、薏苡五種農作物的主
要目的在於祛病強身，所以在這一組詩裏，很明顯地具有一個特色，
即特別強調它們功效與煉製的方法，從中我們也能窺見東坡的醫藥常
識。值得我們特別注意的是，末章云：「讒言風雨過，瘴癘久亦亡。
兩俱不足治，但愛草木長。」這可說是〈小圃五詠〉的總綱。因爲人
參、地黃、枸杞、甘菊、薏苡雖可治病強身，可是東坡更喜愛它們的
蓬勃生氣與盎然綠意，這種心情與陶淵明〈癸卯歲始春懷古田舍二首〉
所云：「平疇交遠風，良苗亦懷新。雖未量歲功，即事多所欣。」
（其二）（註一三）正相吻合。東坡這種意念，在日後的農圃詩中也會一
再地表露出來。由於東坡非常喜愛這些作物，在細心養護和朝夕相對
之中，東坡對它們的生長、形貌都能有細緻的觀察和生動的描繪，並
寄託著他個人的心志與感情，如〈人參〉云：「地殊風雨隔，臭味終
祖禰。」人參從上黨、遼東，以至嶺南惠州，並不因環境的變遷，就
改變其佳美的質性；而從宋神宗熙寧、元豐，以至宋哲宗元祐、紹聖，
現實的政治環境雖有變化，東坡卻從未變易其志節操守！東坡本人對
此非常自傲，〈卜算子・黃州定慧院寓居作〉云：

> 驚起卻回頭，有恨無人省。揀盡寒枝不肯棲，寂寞沙洲冷。（卷
> 二）

〈與子明〉云：

> 軾到闕二年，以論事方拙，大忤權貴，近令南床掎摭彈劾，尋
> 下諸路體量，皆虛，必且已矣。然孤危可知。春間，必須求鄉
> 里一差遣，若得，即拜見不遠矣。忠義古今所難，得虛名而受

實禍，然人生得喪皆前定，斷置已久矣，終不以此屈。（〈蘇軾
佚文彙編〉卷四）

〈與楊元素〉亦云：

> 某近數章請郡，未允。數日來，杜門待命，期於必得耳。公必
> 聞其略，蓋爲臺諫所不容也。昔之君子，惟「荆」是師，今之
> 君子，惟「溫」是誰。所隨不同，其爲隨一也。老弟與「溫」
> 相知至深，始終無間，然多不隨耳。致此煩言，蓋始於此。然
> 進退得喪，齊之久矣，皆不足道。老兄相知之深，恐願聞之，
> 不須爲人言也。（卷五五）

而時人與後人也特別尊崇東坡這種「獨立不倚」（〈杭州召還乞狀〉．
卷三二）、「不能降意委曲隨世」（〈與子明〉．〈蘇軾佚文彙編〉
卷四）的心志氣節，如同僚劉安世云：「東坡立朝大節極可觀，才意
高廣，惟己之是信，在元豐，則不容於元豐，人欲殺之；在元祐，則
雖與老先生議論，亦有不合處，非隨時上下人也。」（註一四）《宋史．
蘇軾傳》更論說：「器識之閎偉，議論之卓犖，文章之雄雋，政事之
精明，四者皆能以特立之志爲之主，而以邁往之氣輔之。故意之所向，
言足以達其有猷，行足以遂其有爲。至於禍患之來，節義足以固其有
守，皆志與氣所爲也。」（註一五）今日，我們從東坡對人參的讚美裏，
彷彿也看到了他的心志面影。昔日，馬援因薏苡而遭謗；今日，東坡
亦因謗而投瘴海，雖然如此，「讒言風雨過，瘴癘久亦亡。」東坡這
兩句話完全是衝著朝中新黨小人而說的，他切情切景地宣示出自己不
憂不懼的心志，清．紀昀也譽稱：「五詩皆語質而味腴，東坡用意之
作。」（註一六）

(二)借地種菜終年飽飫

東坡初至惠州時，其菜蔬多由他人所饋贈，故〈新釀桂酒〉云：
「酒材已遣門生致，菜把仍叨地主恩。爛煮葵羹斟桂醑，風流可惜在

蠻村。」（卷三八）然求人不如求己，後來東坡便向人借地，親自種
植，既可滿足慕耕之心，享受園圃之樂，又可補充菜食，大飽口福，
可謂一舉數得，〈雨後行菜圃〉云：

> 夢回聞雨聲，喜我菜甲長。平明江路濕，並岸飛兩槳。天公真
> 富有，乳膏瀉黃壤。霜根一蕃滋，風葉漸俯仰。未任筐筥載，
> 已作杯盤想。艱難生理窄，一味敢專饗。小摘飯山僧，清安寄
> 真賞。芥藍如菌蕈，脆美牙頰響。白菘類羔豚，冒土出蹯掌。
> 誰能視火候，小灶當自養。（卷三九）

東坡〈小圃五詠〉偏重於作物的描摹，對自己躬治園圃的喜悅心情著
墨不多，本詩則不然，自發端起就充滿了喜悅之情。「夢回聞雨聲，
喜我菜甲長。」這是夜半聽雨、遙知菜長的想像之樂，東坡對此畦蔬
菜的喜愛與期待由此可見。等到東方微白，東坡顧不得天雨路滑，立
刻奔赴江邊，乘船操槳前往察看。詩云：「並岸飛兩槳」，一個「飛」
字，道盡了東坡迫不及待的急切心情。到了菜園以後，縱目所及，青
翠茂美，生意盎然，賞心悅目，「霜根一蕃滋，風葉漸俯仰。」「白
菘類羔豚，冒土出蹯掌。」寫雨後菜蔬躍動勃興的樣態非常生動活潑，
如在眼前，是細密觀察所得之語。東坡生性樂觀，凡事充滿希望，故
在種植之初，常已預想日後收成時的快樂，如在黃州才剛種稻，東坡
就已遙想日後收成之樂，〈東坡八首〉云：「種稻清明前，樂事我能
數。……新春便入甑，玉粒照筐筥。我久食官倉，紅腐等泥土。行當
知此味，口腹吾已許。」（其四）甚至，還未種柑橘，就已懷想結實
纍纍的美麗景致，如「舊聞李衡奴，此策疑可學。我有同舍郎，官居
在灊岳。遺我三寸甘，照座光卓犖。百栽倘可致，當及春冰渥。想見
竹籬間，青黃垂屋角。」（其六・卷二一）而〈雨後行菜圃〉也有相
同的情境：「未任筐筥載，已作杯盤想。」此時菜蔬尚未收成，可是
東坡在園圃裏早已垂涎欲滴，已經在懷想來日大快朵頤的快樂，即境

生情，質樸有味，非常有趣，故清‧汪師韓評說：「質而實綺，癯而實腴，得陶公田園諸詩之神髓。」（註一七）此時的東坡，再也不是那位「會挽雕弓如滿月，西北望，射天狼」（〈江城子〉‧卷一）的勇士，而是一位快樂的菜農。

　　在未收成之時，東坡已將園中菜蔬寫得醰醰有味，讓人垂涎三尺，等到眞正飽享美味時，又將會是怎樣地一個快樂光景？〈擷菜‧并引：吾借王參軍地種菜，不及半畝，而吾與過子終年飽飫，夜半飲醉，無以解酒，輒擷菜煮之。味含土膏，氣飽風露，雖粱肉不能及也。人生須底物，而更貪耶？乃作四句〉：

　　　　秋來霜露滿東園，蘆菔生兒芥有孫。我與何曾同一飽，不知何
　　　　苦食雞豚。（卷四十）

東坡的胃口非常好，不僅喜歡肉食，也喜歡吃蔬菜，如〈自金山放船至焦山〉云：「困眠得就紙帳暖，飽食未厭山蔬甘。」（卷七）〈元修菜〉云：「蒸之復湘之，香色蔚其饈。點酒下鹽豉，縷橙芼薑蔥。那知雞與豚，但恐放箸空。」（卷二二）〈岐亭五首〉云：「房櫳鏘器聲，蔬果照巾冪。久聞蔞蒿美，初見新芽赤。」（其一‧卷二三）〈泗州南山監倉蕭淵東軒二首〉云：「溪中亂石牆垣古，山下寒蔬匕箸香。」（卷二四）這些都是東坡對菜蔬的禮讚！尤其是自己親手栽植的菜蔬，味含土膏，氣飽霜露，風味之佳，雖雞鴨魚肉亦難以相比。《晉書‧何曾傳》載：「性豪奢，務在華侈。帷帳車服，窮極綺麗，廚膳滋味，過於王者。每燕見，不食太官所設，帝輒命取其食。蒸餅上不坼裂作十字不食。日食萬錢，猶曰無下箸處。人以小紙爲書者，敕記室勿報。」（註一八）對於這種食肉而鄙的人，東坡是看不起的，故〈狄韶州煮蔓菁蘆菔羹〉又云：

　　　　我昔在田間，寒庖有珍烹。常支折腳鼎，自煮花蔓菁。中年失
　　　　此味，想像如隔生。誰知南岳老，解作東坡羹。中有蘆菔根，

　　尚含曉露清。勿語貴公子，從渠醉羶腥。（卷四四）

雞豚腥羶，不若蔬菜清香，濃郁肥腴非珍味，眞味只是淡，正是二詩共同之旨，也是東坡在嶺南扮演荼農的體會。清・紀昀評〈擷菜〉云：「頗嫌近俗」（註一九），然清・汪師韓卻稱：「見到之言，不嫌直遂。」（註二〇）後者能注意到東坡寫作時的眞實情境，自然是較可取。東坡在惠州，循州太守周彥質待其極厚善，在物質上常有所資助，故〈惠守詹君見和，復次韻〉云：「欲求公瑾一囷米，試滿莊生五石樽。」（卷三八）〈答周循州〉云：「未敢過門求夜話，時叮送米續晨炊。知君清俸難多輟，且覓黃精與療飢。」（卷三九）〈和陶答龐參軍六首・并引：周循州彥質，在郡二年，書問無虛日。罷歸過惠，爲余留半月。既別，和此詩追送之〉云：「旨酒荔蕉，絕甘分珍。雖云晚接，數面自親。」（其二）〈與周文之〉亦云：

　　　　惠栗極佳，梨，無則已，不煩遠致也。惠米五碩，可得醇酒三
　　　　十斗，日飲一勝，并舊有者，已足年計。既免東籬之歎，又無
　　　　北海之憂，感怍可知也。（卷五八）

到了紹聖四年二月，周氏罷循州任，東坡邀他與惠守方子容來遊白鶴峰新居時，東坡已能以自己栽種的蔬菜來款待、回饋周氏了，〈又次韻二守同訪新居〉：

　　　　此生眞欲老牆陰，卻掃都忘歲月深。拔薤已觀賢守政，折蔬聊
　　　　慰故人心。（卷四十）

所謂一分耕耘，一分收穫，只要肯播種，便能有收穫，東坡此刻應當有很深刻的體會。

㈢置圃築室栽植花木

　　東坡在惠州曾五度搬遷，非常辛苦，〈遷居・并引：吾紹聖元年十月二日，至惠州，寓居合江樓。是月十八日，遷於嘉祐寺。二年三月十九日，復遷於合江樓。三年四月二十日，復歸於嘉祐寺。時方卜

築白鶴峰之上，新居成，庶幾其少安乎〉：「前年家水東，回首夕陽麗。去年家水西，濕面春雨細。東西兩無擇，緣盡我輒逝。今年復東徙，舊館聊一憩。已買白鶴峰，規作終老計。」（卷四十）東坡在惠州因寄人籬下，居無定所，數度搬遷，所以雖曾廣植人參、地黃、枸杞、甘菊、薏苡、芥藍、白菘、蘆菔等作物，不過這些農圃都是向別人暫借的。一直到宋哲宗紹聖三年三月，東坡在歸善縣白鶴峰「置圃築室」（〈與南華辯老〉・卷六一）之後，才算眞正擁有一塊屬於自己的土地，〈和陶移居二首・并引：去歲三月，自水東嘉祐寺，遷居合江樓，殆今一年。多病鮮歡，頗懷水東之樂。得歸善縣後隟地數畝，父老云：「此白鶴觀也。」意欣然，欲居之，乃和此詩〉云：

> 昔我初來時，水東有幽宅。晨與鴉鵲朝，暮與牛羊歸。誰令遷近市，日有造請役。歌呼雜閭巷，鼓角鳴枕席。出門無所詣，樂事非宿昔。病瘦獨彌年，束薪與誰析。（其一）
>
> 泂潭轉碕岸，我作〈江郊〉詩。今為一廛氓，此邦乃得之。葺為無邪齋，思我無所思。古觀廢已久，白鶴歸何時。我豈丁令威，千歲復還茲。江山朝福地，古人不我欺。（其二）

爲了美化庭園，東坡從朋友那裏移植了許多花果樹木，〈次韻子由所居六詠〉云：「新居已覆瓦，無復風雨憂。橙栽與籠竹，小詩亦可求。」（其六・卷四十）〈與林天和〉云：「花木栽，感留意惠貺。」（卷五五）「花木悉佳品，又根不傷，遂成幽居之趣。荷雅意無窮，未即面謝爲愧。」（卷五五）〈與程全父〉云：

> 白鶴峰新居成，當從天倅求數色果木，太大則難活。太小則老人不能待，當酌中者。又須土磋稍大不傷根者爲佳。不罪！不罪！柑、橘、柚、荔枝、楊梅、枇杷、松、柏、含笑、梔子，謾寫此數品，不必皆有，仍告書記其東西。（卷五五）

〈白鶴新居上梁文〉亦云：

　　兒郎偉，拋梁南。南江古木蔭回潭。共笑先生垂白髮，舍南親
　　種兩株柑。（卷六四）
東坡不愧是「世農」之人，無論樹株之大小、樹根之完整與原種植地
之東西陰晴方向都仔細叮嚀，設想周到，所以白鶴峰新居不久就已花
木扶疏，清幽動人，〈與王敏仲〉云：「某凡百粗遣，適遷過新居，
已浹旬日，小窗疏籬，頗有幽趣。」（卷五六）惠州太守方子容應邀
作客，作〈子容伏蒙端明尚書寵示佳章，謹次原韻〉亦云：「東嶺新
成桃李陰，春光日日向人深。」（註二一）東坡〈三月二十九日二首〉
亦云：「門外橘花猶的皪，牆頭荔子已斕斑。樹暗草深人靜處，卷簾
敧枕臥看山。」（其二‧卷四十）東坡曾撰〈種松法〉（卷七三），
自詡能種松，能「接果移花」（〈次韻王廷老和張十七九日見寄二首〉
其二‧卷十七），看來一點也不假。

　　㈣**移植茶樹**

　　惠州氣候潮濕，適合茶樹生長，故當地頗有栽種，東坡〈和陶歸
園田居六首〉云：「南池綠錢生，北嶺紫筍長。」（其三‧卷三九）
〈新年五首〉云：「茶槍燒後有，麥浪水前空。」（其四‧卷四十）
惠州人不僅廣植茶樹，更喜歡彼此較量茶藝，飲茶、鬥茶的風氣極盛，
故東坡〈書卓錫泉〉曾說：「嶺外唯惠人喜鬥茶！」（卷七一）在這
種氛圍裏，東坡免不了也有種茶的經驗——從松林中移植了一株野生
的茶樹到白鶴峰新居，〈種茶〉云：

　　松間旅生茶，已與松俱瘦。茨棘尚未容，蒙翳爭交構。天公所
　　遺棄，百歲仍稚幼。紫筍雖不長，孤根乃獨壽。移栽白鶴嶺，
　　土軟春雨後。彌旬得連陰，似許晚遂茂。能忘流轉苦，戢戢出
　　鳥味。未任供舂磨，且可資摘嗅。千團輸太官，百餅銜私鬥。
　　何如此一啜，有味出吾圃。（卷四十）

東坡極看重茶，與司馬光論茶，曾將茶譬喻為有香德、堅操的「賢人

君子」（〈記溫公論茶墨〉・卷七十），故〈與趙夢得〉云：「舊藏龍焙，請來共嘗。蓋飲非其人茶有語，閉門獨啜心有愧。」（〈蘇軾佚文彙編〉卷二）〈和錢安道寄惠建茶〉亦稱：「建溪所產雖不同，一一天與君子性。森然可愛不可慢，骨清肉膩和且正。……收藏愛惜待佳客，不敢包裹鑽權倖。」（卷十一）可是，眼前的老茶樹孤獨地長在松林裏，無人照料，環境惡劣，女蘿纏繞，葛蔓糾結，雖還有一絲生機，枝葉卻無法蕃茂。而東坡遭新黨奸小迫害，困處嶺南，「流落羈寓」、「竄逐流離」（〈與南華辯老〉・卷六一），無立錐之地可以安居，正如茶樹懷抱美質，卻窘處松林，被女蘿葛蔓纏繞糾結一樣，東坡從茶樹中看到自己的身影，遂將茶樹移植到白鶴峰新居。茶樹移植後，生機蓬勃，枝葉漸漸茂密，而這也是東坡在白鶴峰新居「嘯歌相樂」（〈和陶時運四首〉其二・卷四十）的面影。所以，此詩表面雖是寫種茶，其中實暗寓著東坡的切身之感，故清・趙克宜評說：「詩中有人，不同泛賦。」（註二二）東坡在失意困頓的時候，最喜歡使用這種託物賦情的技法，把自己化作眼前的花木，如作於臺獄之〈御史臺榆、槐、竹、柏四首〉（卷十九），如作於黃州之〈寓居定惠院之東，雜花滿山，有海棠一株，土人不知貴也〉（卷二十），這些都是辭微意顯、詩中有人的作品，東坡的影像與情志呼之欲出，故能感人肺腑！黃永武先生〈詠物詩的評價標準〉云：

> 詠物詩與謎語的最大差異，就是謎語只為切合事物，並沒有作者生命的投入，而好的詠物詩是不限於物的形象。物的本身只是一項假託與憑藉，所反映出來的主觀心境及思想傾向，才是美的所在。（註二三）

〈種茶〉詩之所以動人，在於東坡能「將自身放頓在裏面」（註二四），投注了自己的身影與情感。至若詩尾所云：「何如此一啜，有味出吾圃。」更是千古不易的老農夫之語，只要本身有耕植經驗的人，對此

都能有所體會，東坡在嶺南也再三強調這一點。

伍種植藷芋以防飢

　　東坡在惠州，經濟已不富裕，故〈和陶歸園田居六首〉云：「門生饋薪米，救我廚無煙。」（其一・卷三九）〈食檳榔〉云：「先生失膏粱，便腹委敗鼓。」（卷三九）〈和陶歲暮作和張常侍・并引：十二月二十五日，酒盡，取米欲釀，米亦竭。時吳遠遊、陸道士皆客於余，因讀淵明〈歲暮和張常侍〉詩，亦以無酒為歎，乃用其韻贈二子〉：「米盡初不知，但怪飢鼠遷。」（卷四十）〈和陶貧士七首・并引：余遷惠州一年，衣食漸窘，重九伊邇，樽俎蕭然。乃和淵明〈貧士〉七篇，以寄許下、高安、宜興諸子姪，并令過同作〉云：

> 芙蓉雜金菊，枝葉長闌干。遙憐退朝人，糕酒出大官。豈知江
> 海上，落英亦可餐。典衣作重陽，徂歲慘將寒。無衣粟我膚，
> 無酒嚬我顏。貧居真可歎，二事長相關。（其五・卷三九）

其間，為了合藥救人、掩埋暴骼、營建二橋與葺築寺院、放生湖，東坡更花費了不少錢，〈次韻定慧欽長老見寄八首〉云：

> 閑居蓄百毒，救彼跛與盲。依山作陶穴，掩此暴骨橫。區區效
> 一溉，豈能濟含生。力惡不已出，時哉非汝爭。（其六）

> 少壯欲及物，老閑餘此心。微生山海間，坐受瘴霧侵。可憐鄧
> 道士，攝衣問呻吟。覆舟卻私渡，斷橋費千金。（其七・卷三九）

東坡把錢捐完了，就捐出值錢的物品；自己值錢的物品捐完了，又向表兄程之才、蘇轍及弟婦史夫人請求捐獻，〈兩橋詩〉云：「不云二子勞，歎我捐腰犀。」（〈東新橋〉）「探囊賴故侯，寶錢出金閨。」（〈西新橋〉・卷四十）〈與程正輔〉亦云：

> 少懇冒聞。向所見海會長老，甚不易得。院子亦漸興葺。已建
> 法堂甚宏壯，某亦助三十緡足，令起寢堂，歲終當完備也。院
> 旁有一陂，詰曲群山間，長一里有餘。意欲買此陂（屬百姓見

說數十千可得），稍加葺築，作一放生池。囊中已竭，輒欲緣
化。老兄及子由齊出十五千足，某亦竭力共成此事。所活鱗介，
歲有數萬矣。老大沒用處，猶欲作少有爲功德，不知兄意如何？
如可，便乞附至，不罪！不罪！（卷五四）

此中湖魚之利，下塘常爲啓閉之所，歲終竭澤而取，略無脫者，
今若作放生池，但牢築下塘，永不開口，水漲溢，即聽其自在
出入，則所活不貲矣。（卷五四）

日後，宋·劉克莊曾親臨惠州，對東坡的慷慨義行非常仰佩，〈豐湖〉
詩讚稱：「作橋聊結眾生緣，不計全家落瘴煙。內翰翻身脫犀帶，黃
門勸婦助金錢。」（註二五）由於東坡在惠州大量揮灑金錢做公共事業，
等到白鶴峰新居蓋好以後，已囊橐蕭然，〈與王敏仲〉云：「某爲起
宅子，用六七百千，囊爲一空，旦夕之憂也。」（卷五六）〈與南華
辯老〉又云：

近日營一居止，苟完而已，蓋不欲久留占行衙，法不得久居，
民間又無可僦賃，故須至作此。久忝侍從，囊中薄有餘貲，深
恐書生薄福，難蓄此物。到此以來，收葬暴骨，助修兩橋，施
藥造屋，務散此物，以消塵障。今則索然，僅存朝暮，漸覺此
身輕安矣。（卷六一）

加上此際長子蘇邁又自浙中攜家帶眷到來，「老稚紛紛，口眾食貧。」
（〈與林天和〉·卷五五）「食口猥多，不知所爲計。」（〈與王敏
仲〉·卷五六）爲了解決這個現實的民生問題，東坡特地在白鶴峰新
居的四周遍植耐放、易飽的諸芋，〈和陶劉柴桑〉云：

紅藷與紫芽，遠插牆四周。且放幽蘭春，莫爭霜菊秋。窮冬出
甕盎，磊落勝農疇。淇上白玉延，能復過此不。一飽忘故山，
不思馬少游。（卷四十）

惠州盛產諸芋，當地人都水煮冷食，作爲食糧。紹聖三年歲暮之時，

東坡在惠州與吳復古曾在寒夜中煨芋而食,覺得非常可口,〈記惠州土芋〉云:

> 岷山之下,凶年以蹲鴟為糧,不復疫癘,知此物之宜人也。《本草》謂芋,土芝,云:「益氣充肌」。惠州富此物,然人食者不免癘。吳遠遊曰:「此非芋之罪也。芋當去皮,濕紙包,煨之火,過熟,乃熱啖之,則鬆而膩,乃能益氣充肌。今惠人皆和皮水煮冷啖,堅頑少味,其發癘固宜。」丙子除夜前兩日,夜飢甚,遠遊煨芋兩枚見啖,美甚,乃為書此帖。(卷七三)

所以,詩中所云:「窮冬出甕盎,磊落勝農疇。淇上白玉延,能復過此不。」決不是誇張之語,而是東坡在惠州的真實體驗。東坡此際因有斷炊之虞,所以在白鶴峰栽植諸芋,補充糧食,原是著眼於經濟的考量;然「萬物靜觀皆自得」(註二六),因東坡能以欣賞的眼光來看待這些低賤的諸芋,從中興發美感,使得諸芋兼具觀賞與實用的雙重價值,詩作亦呈現安閒舒徐、從容自得的氣象,東坡對眼前農圃生活之喜愛可以想見。可惜,好景不長,宋·曾季貍《艇齋詩話》載:「東坡海外〈上梁文口號〉云:『為報先生春睡美,道人輕打五更鐘。』章子厚見之,遂再貶儋耳,以為安穩,故再遷也。」(註二七)危太僕《惠州東坡書院記》亦云:「白鶴峰新居成,權臣聞公之安於惠,再責授瓊州別駕,昌化軍安置。四月,發惠州。」(註二八)東坡在白鶴峰的恬適生活只過了三個月,所種的果木諸芋尚未採收,就再貶過海,不得不黯然離開他費心經營的農莊。紹聖新黨之險惡,實出乎東坡意料之外。

四、昌化老農

(一)勸農與慕耕

東坡在惠州,視稻、麥為故友,〈游博羅香積寺〉云:「誰言萬

里出無友，見此二美喜欲狂。」（卷三九）由於惠州耕者多而勤苦，
處處可見「麥浪水前空」（〈新年五首〉其四・卷四十）、「東風搖
波舞淨綠，初日泫露酣嬌黃」（〈遊博羅香積寺〉・卷三九）的美景，
東坡遂與博羅縣令林抃推廣、改良秧馬，以防止農民腳脛瘡爛，免除
「腰如箜篌首啄雞，筋煩骨殆聲酸嘶」（〈秧馬歌〉・卷三八）之苦，
其事雖小，其利實大，東坡重農、恤農的仁智之心亦表露無遺。可是，
等到東坡抵達僅一水之隔的海南島，卻發現這裡除少數人從事最原始
的刀耕火種外，大部份的土著都以貿香為業，不稼不穡，生產落後，
稻米無法自給自足，必須從惠州河源縣輸入。倘若船舶被風浪阻隔，
不能及時把米運來，米價就貴如珠玉，讓人吃不起，〈謫居三適三首・
夜臥濯足〉云：「得米如得珠，食菜不敢留。」（卷四一）〈縱筆三
首〉云：「北船不到米如珠，醉飽蕭條半月無。」（其三・卷四二）
〈庚辰歲人日作，時聞黃河已復北流，老臣舊數論此，今斯言乃驗，
二首〉云：「典衣剩買河源米，屈指新篘作上元。」（其一・卷四三）
〈次韻鄭介夫二首〉云：「一落泥途跡愈深，尺薪如桂米如金。」（
其一・卷四四）於是「土人頓頓食土芋」（〈聞子由瘦〉・卷四一），
土著以紅薯、山芋為主糧，而東坡更有絕糧之憂，逼得他想要學龜息
法以度難關，真是苦不堪言，〈記塀米〉云：「南海以塀米為糧，幾
米之十六。今歲米皆不熟，民未至艱食者，以客舶方至而有米也。然
儋人無蓄藏，明年去則飢矣。吾旅泊尤可懼，未知經營所從出。故書
坐右，以時圖之。」（卷七三）〈學龜息法〉又云：「元符二年，儋
耳米貴，吾方有絕糧之憂，欲與過子共行此法，故書以授之。」（卷
七三）由於身受切膚之痛，所以東坡特別憐憫海南人，為作〈和陶勸
農六首・并引：海南多荒田，俗以貿香為業。所產担稌，不足於食，
乃以諸芋雜米作粥糜以取飽。予既哀之，乃和淵明〈勸農〉詩，以告
其有知者〉：

咨爾漢黎，均是一民。鄙夷不訓，夫豈其眞。怨憤劫質，尋戈

相因。欺謾莫訴，曲自我人。（其一）

隨侍老父渡海的蘇過，在〈論海南黎事書〉中說：「父老曰：黎人之性，敦愿朴訥。」（註二九）東坡對此也頗有親身體驗，〈和陶西田獲早稻〉云：「蓬頭三獠奴，誰謂愿且端。」（卷四二）黎人生性雖質樸，然勇猛無文，「弓刀未嘗去手」（註三〇），若遇漢人欺詐剝削，投訴無門，只好以武力解決，常釀成事端。東坡仁厚汎愛，自言「上可以陪玉皇大帝，下可以陪悲田院乞兒！」（註三一）是歷史上第一個平等對待黎族的詩人，東坡認爲漢、黎二族地位相當，他本人也和黎人相處甚歡，〈用過韻，冬至與諸生飲酒〉云：「華夷兩樽合，醉笑一歡同。」（卷四二）所以他挺身出來擔任和事佬的角色，極力調和漢、黎，企盼彼此忍讓，推誠相與，化干戈爲玉帛，親如兄弟。因爲若要闢地耕種，首先需要一個和諧、安定的生活環境，若整天爾虞我詐，爭鬥殺奪，如何去從事農業生產？所以東坡首先勸和漢、黎，才轉入勸農的主題：

天禍爾土，不麥不稷。民無用物，珍怪是直。播厥熏木，腐餘

是齧。貪夫污吏，鷹摯狼食。（其二）

豈無良田，膴膴平陸。獸蹤交締，鳥啄諸穆。驚麋朝射，猛豨

夜逐。芋羹藷糜，以飽耆宿。（其三）

聽我苦言，其福永久。利爾鎡耜，好爾鄰偶。斬艾蓬藋，南東

其畝。父兄擔梃，以扶游手。（其四）

天不假易，亦不汝匱。春無遺勤，秋有厚冀。雲擧雨決，婦姑

畢至。我良孝愛，袒跣何媿。（其五）

逸諺戲侮，博弈頑鄙。投之生黎，俾勿冠履。霜降稻實，千箱

一軌。大作爾社，一醉醇美。（其六·卷四一）

海南島的地形是「四州環一島，百洞蟠其中。」（〈行瓊、儋間，肩

與坐睡。夢中得句云：「千山動鱗甲，萬谷酣笙鐘。」覺而遇清風急
雨，戲作此數句〉・卷四一）、「奇峰望黎母，何異嵩與邙。飛泉瀉
萬仞，舞鶴雙低昂。分流未入海，膏澤彌此方。」（〈和陶擬古九首〉
其四・卷四一）海南島除了中央高聳的黎母嶺不宜耕種外，四周不乏
低平肥沃的平原與臺地，加上「天氣卑濕，地氣蒸溽」（〈書海南風
土〉・卷七一），水量充沛的河川自中央黎母嶺向四方輻射，流域寬
廣，灌溉便利，雖「不麥不稷」，卻適合栽植稻米。宋神宗元豐十二
年，瓊管體量安撫朱初平亦曾上奏朝廷，移民屯墾：「黎峒寬敞，極
有可爲良田處。」（註三二）可見，東坡所謂「豈無良田，膴膴平陸。」
並非無稽之談。然在這種良好的自然環境下，大部份的海南人爲何不
耕種呢？據晉・嵇含《南方草木狀》，這裡盛產一種珍貴的樹木，只
要採伐根幹枝節與果實，經自然腐爛後，就可分收「蜜香、沉香、雞
骨香、黃熟香、棧香、青桂香、馬蹄香、雞舌香」（註三三）等八種香
料，香價既昂，又易採伐，海南人自然懶惰不耕，放任良田變成鳥獸
的樂園，詩云：「豈無良田，膴膴平陸。獸蹤交締，鳥喙諧穆。驚麋
朝射，猛豨夜逐。」蘇過〈海南多鹿豨，土人捕取，率以夜分月出，
度其要寢，則合圍而周阹之，獸無軼者。余寓城南，外即山林，夜聞
獵聲，旦有餽肉者，作夜獵行以紀之〉亦云：「空山無人柴徑熟，豨
肥鹿飽眠長坡。山夷野獠喜射獵，腰下長鋏森相摩。」（註三四）於是，
海南人或以貿香爲業，或「以射獵爲生」（註三五），但就是很少有人
要去耕種。

東坡既喜歡農圃生活，在昌化又提倡農耕、苦於稻米、蔬菜之昂
貴與稀少，所以很希望自己能再擁有一塊農地來耕種，〈糴米〉云：

> 糴米買東薪，百物資之市。不緣耕樵得，飽食殊少味。再拜請
> 邦君，願受一廛地。知非笑昨夢，食力免內愧。春秧幾時花，
> 夏稗忽已穟。恨焉撫未耜，誰復識此意。（卷四一）

春秋何時揚花，夏稗已經吐穗，田邊摩撫耒耜，誰能知我心意？結尾二聯，即景抒情，海外農家風光與東坡慕耕之心皆清楚可見，語近意遠，情思惘然。所謂「不緣耕樵得，飽食殊少味。」其意同於惠州〈種茶〉之「有味出吾圃」（卷四十），「知非笑昨夢，食力免內愧。」亦近於黃州〈次韻孔毅父久旱已而甚雨三首〉之「力耕不受眾目憐」（其二・卷二一），都是東坡親治園圃的真情實感。清・汪師韓評說：「此與陶潛詩云：『田家豈不苦，弗獲辭此難。四體誠乃疲，庶幾異患干。』同為學道有得之語。」（註三六）此說固然無誤，然未免過於偏向消極免禍，而忽略了積極的田園之樂，陶潛〈讀山海經十三首〉云：

> 孟夏草木長，繞屋樹扶疏。眾鳥欣有託，吾亦愛吾廬。既耕亦已種，時還讀我書。窮巷隔深轍，頗迴故人車。歡然酌春酒，摘我園中蔬。微雨從東來，好風與之俱。汎覽周王傳，流觀山海圖。俛仰終宇宙，不樂復如何。（其一）（註三七）

東坡之所以從事農圃生活，固然緣於政治之失意，然東坡卻從中得到了真正的快樂，〈小圃五詠〉云：「讒言風雨過，瘴癘久亦亡。兩俱不足治，但愛草木長。」（〈薏苡〉・卷三九）〈雨後行菜圃〉亦云：「夢回聞雨聲，喜我菜甲長。」（卷三九）寧靜恬適的生活，生機盎然的作物，自食其力的驕傲，辛苦有得的成就感，這些都是東坡喜愛農圃生活的原因。

(二)買地建屋開闢園圃

東坡在昌化原本租江驛官舍而居，後來卻被新黨派人逐出，《宋史・董必傳》：「惇與蔡卞將大誅流人，遣呂升卿往廣東，必往廣西察訪。哲宗既止不治，然必所至，猶以慘刻按脅立威。」（註三八）董必在雷州找過蘇轍的麻煩後，接著便要派人過海迫害東坡，宋・王鞏《甲申雜記》載：「潭州彭氏子民，隨董必察訪廣西。時蘇子瞻在儋

州，董至雷，議遣人過儋。彭顧董泣涕下，曰：『人人家各有子孫！』董遂感悟。止遣一小使臣過儋，但有逐出官舍之事。」（註三九）新黨小人之殘暴，令人髮指，而東坡之不死，其間不能容髮。由於東坡在惠州白鶴峰買地建屋大興土木卻無法安居的慘痛經驗猶在眼前，所以他在昌化本來是不敢再買地建屋的，〈和陶使都經錢溪・遊城北謝氏廢園作〉云：

> 喬木卷蒼藤，浩浩崩雲積。謝家堂前燕，對語悲宿昔。仰看栟櫚樹，玄鶴舞長翮。新年結荔子，主人黃壤隔。溪陰宜館我，稍省薪水役。相如賣車騎，五畝亦可易。但恐鵬鳥來，此生還蕩析。誰能插籬樌，護此殘竹柏。（卷四三）

東坡如驚弓之鳥，餘悸猶存，人為刀俎，我為魚肉，蓬轉萍飄，任人擺佈，無法反抗，故詩意極感慨。然東坡既被逐出官舍，逼不得已，只好在城南買地建屋，〈新居〉歎稱：「舊居無一席，逐客猶遭屏。」（卷四二）此時的東坡已囊空如洗，連建築工人也請不起，但德不孤，必有鄰，在眾多友朋、門生的幫助下，終能有一枝之棲，順利地將房舍蓋成，〈和陶和劉柴桑〉云：「邦君助畚鍤，鄰里通有無。竹屋從低深，山窗自明疏。」（卷四二）〈與程全父〉云：

> 某與兒子粗無病，但黎、蜑雜居，無復人理，資養所給，求輒無有。初至，僦官屋數椽，近復遭迫逐，不免買地結茅，僅免露處，而囊為一空。困厄之中，何所不有，置之不足道也。（卷五五）

〈與程秀才〉云：

> 此間食無肉，病無藥，居無室，出無友，冬無炭，夏無寒泉，然亦未易悉數，大率皆無耳。惟有一幸，無甚瘴也。近與小兒子結茅數椽居之，僅庇風雨，然勞費已不貲矣。賴十數學生助工作，躬泥水之役，愧之不可言也。（卷五五）

〈與鄭靖老〉亦云：

> 初賃官屋數間居之，既不可住，又不欲與官員相交涉。近買地
> 起屋五間一龜頭，在南污池之側，茂木之下，亦蕭然可以杜門
> 面壁少休也。但勞費窘迫爾。……小客王介石者，有士君子之
> 趣。起屋一行，介石躬其勞辱，甚於家隸，然無絲髮之求也。
>
> （卷五六）

由於新居位於桄榔林中，東坡將它取名爲「桄榔：」（註四〇）。「桄
榔：」極簡陋，與惠州白鶴峰新居無法相提並論，故〈和陶和劉柴桑〉
云：「自笑四壁空，無妻老相如。」（卷四二）〈遷居之夕，聞鄰舍
兒誦書，欣然而作〉：「幽居亂蛙黽，生理半人禽。」（卷四二）〈
與程秀才〉亦云：「新居在軍城南，極湫隘，粗有竹樹，煙雨濛晦，
眞蜑塢獠洞也。」（卷五五）然東坡土階三尺，不改容膝之安！悠遊
其間，自得其樂，〈新居〉云：「朝陽入北林，竹樹散疏影。短籬尋
丈間，寄我無窮境。」「俯仰可卒歲，何必謀二頃。」（卷四二）眞
所謂：「陋居有遠寄，小圃無闊躐。」（〈次韻子由月季花再生〉·
卷四一）「到處不妨閑卜宅，流年自可數期頤。」「誰道茅簷劣容膝，
海天風雨看紛披。」（〈次韻子由三首·東亭〉·卷四一）何況，東
坡在建屋之時，已爲自己整治出一些農圃，能種植花木、藥草、藷芋
與蔬菜，足以讓他怡情養性，〈和陶和劉柴桑〉云：「稍理蘭桂叢，
盡平狐兔墟。黃檗出舊卉，紫茗抽新畬。我本早衰人，不謂老更劬。」
（卷四二）〈新居〉云：「結茅得茲地，翳翳村巷永。數朝風雨涼，
畦菊發新穎。」（卷四二）〈用過韻，冬至與諸生飲酒〉云：「黃薑
收土芋，蒼耳斫霜叢。兒瘦緣儲藥，奴肥爲種菘。」（卷四二）東坡
在自己新開闢的園圃裡，種滿了各式各樣的作物。

㈢無錢種菜為家業

東坡〈次韻韶守狄大夫見贈二首〉云：「無錢種菜爲家業」（卷

四四），蔬菜對東坡來說，是日常生活中最實用、最易栽植的農作物！因而桄榔：園圃所植，雖品類眾多，然以蔬菜爲大宗，形於詩章也最多、最完整，〈和陶西田穫早稻・并引：小圃栽植漸成，取淵明詩有及草木蔬穀者五篇，次其韻〉云：

> 蓬頭三獠奴，誰謂愿且端。晨興灑掃罷，飽食不自安。願治此
> 圃畦，少資主游觀。晝功不自覺，夜氣乃潛還。早韭欲爭春，
> 晚菘先破寒。人間無正味，美好出艱難。早知農圃樂，豈有非
> 意干。尚恨不持鋤，未免騂我顏。此心苟未降，何適不間關。
> 休去復歇去，菜食何所歎。（卷四二）

東坡認爲標準的農家生活應是種植禾穀，對眼前之菜畦生涯並不十分滿意，然東坡此時已是六十多歲的老翁，〈縱筆三首〉云：「寂寂東坡一病翁，白鬚蕭散滿霜風。」（其一・卷四二）體力已衰，又無田地可耕，這也是無可奈何的事。詩云：「人間無正味，美好出艱難。」其意同於〈種茶〉之「千團輸太官，百餅銜私鬥。何如此一啜，有味出吾圃。」（卷四十）亦同於〈糴米〉之「不緣耕樵得，飽食殊少味。」（卷四一）都是東坡在嶺南長期從事農圃活動後的眞實體悟，是顛撲不破的金言玉語，「常語卻極深至」（註四一）。至若「早知農圃樂，豈有非意干。」其意則近於〈糴米〉之「知非笑昨夢，食力免內愧。」（卷四一）與〈和陶怨詩示龐鄧〉之「人間少宜適，惟有歸耘田。」（卷四一）農圃生活沒有豺狼當道之憂，沒有浮沉鬥爭之苦，沒有不測之患，東坡厭倦往日之仕宦，喜愛眼前的農圃生活，其心境、形跡已與農人無異。

　　爲了讓所種菜疏、花木有充足的養分，東坡特地在西牆下蓄聚糞便尿水，又在東牆角開鑿泉井，以便澆水灌溉。東坡每天除草、灌溉、施肥，在他的細心照顧之下，園中的菜蔬漸能採食嚐新，到了冬末，所栽培的蘭與菊也綻放花朵可資摘賞，〈和陶下潠田舍穫〉云：

聚糞西垣下，鑿泉東垣隈。勞辱何時休，宴安不可懷。天公豈
相喜，雨霽與意諧。黃菘養土膏，老楮生樹雞。未忍便烹煮，
繞觀日百回。跨海得遠信，冰盤鳴玉哀。茵蔯點膾縷，照坐如
花開。一與蜑叟醉，蒼顏兩摧頹。齒根日浮動，自與梁肉乖。
食菜豈不足，呼兒拆雞棲。（卷四二）

〈和陶戴主簿〉云：

海南無冬夏，安知歲將窮。時時小搖落，榮悴俯仰中。上天信
包荒，佳植無由豐。鉏耰代肅殺，有擇非霜風。手摘蘭與菊，
侑我清宴終。擷芳眼已明，飲酒腹尚沖。草去土自隤，井深牆
愈隆。勿笑一畝園，蟻垤齊衡、嵩。（卷四二）

在物質匱乏的農業社會，水肥是菜農必要的肥料，故詩中直書其事，
以「糞」字入詩，或許會有人嫌它俚質，下筆無擇，但卻是菜畦的眼
前景，是老農的口中語。東坡此時已六十二歲，灌溉施肥、鋤草鬆土，
這些體力的勞動難免讓他筋骨疲累，〈次韻王鬱林〉歎稱：「晚途流
落不堪言，海上春泥手自翻。」（卷四四）然東坡的心情卻非常愉快。
因為農圃生活雖然比較辛苦，但一分耕耘，一分收穫，只要付出汗水，
便能賞蘭觀菊，飽食菜蔬，黃菘美逾梁肉，樹雞勝似肥雞，東坡對農
圃生活的喜愛溢於言表。所謂樹雞，即木耳，明·李時珍《本草綱木》
載：「木耳，一名木檽，一名木菌，一名木㮊，一名樹雞，一名木蛾，
生朽木之上，無枝葉，乃濕熱餘氣所生，其良毒亦隨木性。今貨者亦
多雜木，惟桑、柳、楮、榆之耳為多。」（註四二）這是東坡農圃生活
中最奇特的產物，其中實有一段本事，〈宥老楮〉云：

我牆東北隅，張王維老穀。樹先樗櫟大，葉等桑柘沃。流膏馬
乳漲，墮子楊梅熟。胡為尋丈地，養此不材木。蹶之得輿薪，
規以種松菊。靜言求其用，略數得五六。膚為蔡侯紙，子入《
桐君錄》。黃繒練成素，黝面俾作玉。灌灑蒸生菌，腐餘光吐

燭。雖無傲霜節,幸免狂醒毒。孤根信微陋,生理有倚伏。投
斧爲賦詩,德怨聊相贖。(卷四二)

在桄榔:的東北,有一株枝葉茂密的老楮樹,佔據相當多的園地面積,
東坡本想要將它砍伐掉,以便增闢園圃,種植松、菊。可是,他數度
持斧,卻都不忍心下手,最後還爲楮樹找出製紙、入藥、練絹、洗面、
養菌、照明等功用來說服自己勿剪勿伐。試問,如果不將楮樹砍倒,
如何造楮紙?如何取火照明?可見詩中所言楮樹之用都不是東坡赦宥
老楮的眞正原因。眞正的原因是楮樹樹齡已長,樹幹粗大,枝葉扶疏,
充滿了生命力,這才是東坡憐惜老楮不忍心加以砍伐的緣故!這種心
情也就是〈小圃五詠・薏苡〉所說的:「讒言風雨過,瘴癘久亦亡。
兩俱不足治,但愛草木長。」(卷三九)這是東坡喜歡農圃生活的最
重要原因。清・紀昀欣賞東坡此詩的筆力,對詩題卻頗有微言,以爲
「題不佳,何不直以『老褚』爲題?」(註四三)其說不然!因本詩固
然有許多關於樹體、樹用的描繪,然詩旨全在一「宥」字,細玩結尾
三聯,其意自見。紀氏才高學富,批論蘇詩常得精微,然自負才學,
勇於吹瘢索疵,反而未見詩人憐物之心與惜物之情。東坡知徐州時,
早已見識過老楮生菌的情景,如〈與參寥師行園中,得黃耳蕈〉云:
「老楮忽生黃耳菌,故人兼致白芽薑。」(卷十七)有趣的是,〈宥
老楮〉既稱:「灌灑蒸生菌」,其後,〈和陶下潠田舍穫〉云:「黃
菘養土膏,老楮生樹雞。未忍便烹煮,繞觀日百回。」可知,在東坡
灌灑之下,老楮樹彷彿要報恩似的,果眞在其樹幹長出美味的木耳,
令他驚喜過望,鎭日觀賞,愛憐不已,卻不忍心加以摘煮,爲東坡的
農圃生活憑添一段趣事。

(四)杜甫的面影

值得注意的是,無論在惠州,或是在昌化,東坡總喜歡將自己的
農圃生活拿來與杜甫相比較,如杜甫〈乾元中寓居同谷縣作歌七首〉

云：「有客有客字子美，白頭亂髮垂過耳。歲拾橡栗隨狙公，天寒日暮山谷裏。」（其一）「長鑱長鑱白木柄，我生託子以爲命。黃獨無苗山雪盛，短衣數挽不掩脛。」（其二）（註四四）東坡〈小圃五詠·薏苡〉則云：「子美拾橡栗，黃精誑空腸。今吾獨何者，玉粒照座光。」（卷三九）而〈和陶西田穫早稻〉起首之「蓬頭三獠奴，誰謂愿且端。」亦本於杜詩，清·查慎行《蘇詩補註》載：

> 杜甫有〈示獠奴〉詩，又有〈課隸人伯夷辛秀信行等人入山斬陰木詩〉，又〈信行修水筒〉詩云：「于斯答恭敬，足以殊殿最。」此詩起二語正用此。（註四五）

此外，東坡在昌化又常對當地父老誦讀杜甫夔州詩〈負薪行〉，希望能變易陋俗，〈書杜子美詩後〉云：

> 「夔州處女髮半華，四十五十無夫家。更遭喪亂嫁不售，一生抱恨長咨嗟。土風坐男使女立，男當門户女出入。十有八九負薪歸，賣薪得錢應供給。至老雙鬟只垂頸，野花山葉銀釵並。筋力登危集市門，死生射利兼鹽井。面妝首飾雜啼痕，地褊衣寒困石根。若道巫山女麤陋，何得此有昭君村。」海南亦有此風，每誦此詩，以諭父老，然亦未易變其俗也。元符二年閏九月十七日。（卷六七）

東坡尊敬杜甫的人格（註四六），欽佩杜詩的成就（註四七），喜歡杜甫的「清狂野逸之態」（〈書子美黃四娘詩〉·卷六七），而杜甫在夔州耕田種菜、栽植果木的情境，尤其令他印象深刻，如〈次韻子由柳湖感物〉云：「憶惜子美在東屯，數間茅屋蒼山根。」（卷六）〈次韻和王鞏〉亦云：「謫仙竄夜郎，子美耕東屯。」（卷二七）正因東坡覺得自己在嶺南躬治農圃的情形與杜甫相似，所以在其農耕詩中常浮現杜甫的面影。事實上，東坡這種因從事農圃活動而產生的認同感，在黃州時期也曾發生過，〈書子美〈屏跡〉詩〉云：

「用拙存吾道，幽居近物情。桑麻深雨露，燕雀半生成。村鼓
時時急，漁舟箇箇輕。杖藜從白首，心跡喜雙清。晚起家何事，
無營地轉幽。竹光圍野色，山影漾江流。廢學從兒懶，長貧任
婦愁。百年渾得醉，一月不梳頭。」子瞻云：「此東坡居士之
詩也！」或者曰：「此杜子美〈屏跡〉詩也，居士安得竊之？」
居士曰：「夫禾麻穀麥，起於神農、后稷，今家有倉廩。不予
而取輒爲盜，被盜者爲失主。若必從其初，則農、稷之物也。
今考其詩，字字皆居士實錄，是則居士詩也，子美安得禁吾有
哉！」（卷六七）

雖是強詞奪理，然東坡這種尙友古代賢人的認同感，卻是他從事農圃
活動的積極效應之一，也是對農圃生活的一種肯定。這種認同感能幫
助東坡調適身心，肯定自己，安然度過三次最失意的貶謫生活。事實
上，東坡在嶺南也確實喜歡以杜甫自比，如〈次韻韶守狄大夫見贈二
首〉云：「拾遺窮老敢忘親」（其二・卷四四），〈正月二十六日，
偶與數客野步嘉祐僧舍東南野人家，雜花盛開，扣門求觀。主人林氏
嫗出應，白髮青裙，少寡，獨居三十年矣。感歎之餘，作詩記之〉云：

縹蒂湘枝出絳房，綠陰青子送春忙。涓涓泣露紫含笑，焰焰燒
空紅佛桑。落日孤煙知客恨，短籬破屋爲誰香。主人白髮青裙
袂，子美詩中黃四娘。（卷三九）

鄭師因百釋說：

杜子美〈江畔獨步尋花七絕句〉之一：「黃四娘家花滿蹊，千
朵萬朵壓枝低。留連戲蝶時時舞，自在嬌鶯恰恰啼。」林老太
太是詩中的黃四娘，蘇東坡不就是作詩的杜子美嗎？（註四八）

東坡在嶺南之自負與傲骨，由此可見。新黨的政治迫害，只能困頓其
身軀，卻不能摧折其高傲的心志，故黃庭堅評說：「流俗方以造次顛
沛，秋毫得失，欲軒輊困頓之，亦疏矣哉。」（註四九）

五、結　語

　　經由本文的分析，可知東坡之所以從事農耕活動，皆緣於仕宦挫折之後的罪謫生涯，自有其現實經濟的考量。隨著年齡體力、經濟需求與現實環境的差異，各期的田圃活動也表現出不同的風情與面貌。在黃州，東坡買牛墾荒，種稻植麥，櫛風沐雨，披荊斬棘，霑體塗足，非常辛苦，可說是一位標準的、專業的農人，農耕所得是其衣食的主要來源。在嶺南，東坡也想種稻植麥，然年逾六十，心有餘而力不足，再也無法從事太過勞累的耕稼活動。雖然如此，東坡依然種菜植茶，栽培花樹、藥物，只要有機會，或買地，或借地，或花錢購買種苗，或向友朋索取，或自野外移植，他決不放過任何農圃活動。東坡雖戲稱自己在嶺南是「無錢種菜為家業」，但實際上，黃州時期之專業耕稼生活，在此際已退居為怡情養性、遊心賞目的園圃活動，生產所得也不再是衣食的主要來源，原先的經濟生產功能已被休閒娛樂功能所替代，這種區別是很明顯的。不同時期的田圃活動雖有不同的風情與面貌，但東坡的喜悅之心卻是一致的。他重視栽植的過程，喜歡作物的蓬勃生氣與盎然綠意，珍視自己田圃所得，黃菘美逾梁肉，樹雞勝似肥雞！甚至視若拱璧，再三賞玩，不忍食用。東坡在種植之初，常已預想日後收成時的快樂，農耕所得對其物質生活確有某種程度的助益，但更重要的是，東坡從中享受到田園生活的情趣，滿足了慕耕之情，領受到無比的喜樂與安寧，肯定了自我，尋回了失去的自尊與自信，安撫了失意的心靈。東坡在農耕詩中常寄託著自己的情志，也常尚友古人，「東坡」之名雖源於白居易，但詩中最常浮現的，卻是陶潛與杜甫的面影。此外，東坡的農耕生活也開拓了藝術創作的領域、風格。因為，東坡淡遠詩風之所以發端於黃州，完成於嶺南，與這時期的田圃生活息息相關，密不可分。假如東坡未曾親身經歷黃州與嶺

南的田園生活，其詩風將僅以豪放雄健著稱於世，另一種淡遠自然、
雋永質樸的藝術風格恐將無法完成，對東坡而言，這可說是一項意想
不到的收穫。

【附　註】

註　一　《蘇軾文集‧題淵明詩二首》云：「陶靖節云：『平疇返遠風，良苗
　　　　亦懷新。』非古之偶耕植杖者，不能道此語，非余之世農，亦不能識
　　　　此語之妙也。」（卷六七）本篇所引所引東坡文皆據孔凡禮點校之《
　　　　蘇軾文集》（北京中華書局，一九九〇年四月，第一版第二次印刷），
　　　　所引東坡詩皆據孔凡禮點校之《蘇軾詩集》（北京中華書局，一九八
　　　　七年十月，第一版第二次印刷），所引東坡詞以石聲淮、唐玲玲《東
　　　　坡樂府編年箋注》（華正書局，民國八十二年八月，初版）爲主，而
　　　　以他本爲輔。本文徵引以上三書極多，僅於正文夾註卷數，不另出附
　　　　註，以省篇幅。其他引用之書，首次出現時皆詳註年代、作者、書名、
　　　　冊數、頁數、出版處所、出版年月與版次，以便覆覈；再引用時僅註
　　　　明書名、冊數、頁數。所引用文獻，凡中華民國三十八年以前在大陸、
　　　　三十八年以後在臺灣出版者，悉採民國紀年，其餘則採公元紀年。

註　二　舊題宋‧王十朋編《增刊校正王狀元集註分類東坡先生詩》，見《四
　　　　庫叢刊正編》冊四七（臺灣商務印書館，民國六十八年十一月，臺一
　　　　版），頁一〇二。

註　三　見唐‧白居易撰，朱金城箋校，《白居易集箋校》（上海古籍出版社，
　　　　一九八八年十二月，第一版第一次印刷），冊二，頁五九九～六〇〇。

註　四　見《白居易集箋校》，冊二，頁六〇七～六〇八。白居易有關忠州東
　　　　坡的詩篇，還有〈東坡秋意寄元八〉云：「寥落野陂畔，獨行思有餘。
　　　　秋荷病葉上，白露大如珠。」〈西省對花憶忠州東坡新花樹因寄題東
　　　　樓〉云：「最憶東坡紅爛眞，野桃山杏水林檎。」見《白居易集箋校》，

冊一，頁三三三；冊三，頁一二三〇。

註　五　見清高宗御選，《唐宋詩醇》，（臺灣中華書局，民國六十年一月，臺一版），冊三，頁六二二。

註　六　宋・阮閱《詩話總龜》載：「東坡平生最慕樂天之爲人，故有詩云：『我甚似樂天，但無素與蠻。』又云：『我似樂天君記取，筆頭賞遍洛陽春。』又云：『他時要指集賢人，定似香山老居士。』又云：『淵明形神似我，樂天心相似我。』東坡在杭，又與樂天所留歲月略相似。」，見《景印文淵閣四庫全書》（臺灣商務印書館，民國七十五年三月，初版），冊一四七八，頁三九八。

註　七　《蘇軾詩集・與郭生遊寒溪，主簿吳亮置酒，郭生喜作挽歌，酒酣發聲，坐爲淒然。郭生言：「吾恨無佳詞！」因爲略改樂天〈寒食〉詩歌之，坐客有泣者，其詞曰〉：「烏啼鵲噪昏喬木，清明寒食誰家哭。風吹曠野紙錢飛，古墓累累春草綠。堂梨花映白楊路，盡是死生離別處。冥漠重泉哭不聞，蕭蕭暮雨人歸去。」（卷四八）

註　八　見宋・洪邁撰，《容齋隨筆》（臺灣商務印書館，民國六十八年六月，臺一版），冊下，頁四四～四五。宋・周必大《二老堂詩話・東坡立名》亦云：「白樂天爲忠州刺史，有〈東坡種花〉二詩。又有〈步東坡〉詩云：『朝上東坡步，夕上東坡步。東坡何所愛，愛此新成樹。』本朝蘇文忠公不輕許可，獨敬愛樂天，屢形詩篇。蓋其文章皆主辭達，而忠厚好施，剛直盡言，與人有情，于物無著，大略相似。謫居黃州，始號東坡，其原必起于樂天忠州之作也。」見《歷代詩話》（漢京文化事業有限公司，民國七十二年一月，初版），冊二，頁六五六～六五七。

註　九　見宋・黃庭堅撰，任淵、史容、史溫注，《山谷詩內外集注》（學海出版社，民國六十八年十月，初版），頁九二〇。

註一〇　見清・查慎行撰，《蘇詩補註》（新文豐出版公司，民國六十八年十

月，初版），卷二一，頁二四。

註一一　見唐‧房玄齡等撰，《晉書‧良吏傳‧吳隱之》（鼎文書局，民國六
　　　　五年十月，初版），冊三，頁二三四一。

註一二　見《山谷詩內外集注》，頁九二〇。

註一三　見晉‧陶淵明撰，王叔岷箋證，《陶淵明詩箋證稿》（藝文印書館，
　　　　民國六十四年一月，初版），頁二三六～二三七。

註一四　宋‧馬永卿編，明‧王崇慶解，《元城語錄解》，見《四庫全書》冊
　　　　八六三（臺灣商務印書館，民國七十四年二月，初版），頁三五九。

註一五　見元‧脫脫等撰，《宋史》（鼎文書局，民國七十二年十一月，三版），
　　　　冊十三，頁一〇八一八～一〇八一九。

註一六　見清‧紀昀評，《蘇文忠公詩集》，頁七五七。

註一七　見清‧汪師韓撰，《蘇詩選評箋釋》（清光緒十二年錢唐汪氏重刊本），
　　　　卷六，頁十一。

註一八　見《晉書‧何曾傳》，冊二，頁九九八。

註一九　見清‧紀昀評，《蘇文忠公詩集》，頁七四四。

註二〇　見清‧汪師韓撰，《蘇詩選評箋釋》，卷六，頁十四。

註二一　見宋‧施元之、施宿、顧禧合注，鄭師因百、嚴一萍編校，《增補足
　　　　本施顧註蘇詩‧又次韻惠守許過新居》題左註（藝文印書館，民國六
　　　　十九年五月，初版），冊六，卷三七，頁十四。

註二二　見清‧趙克宜纂輯，《蘇詩評註彙鈔》（新興書局，民國五十六年九
　　　　月，新一版），冊三，頁一五三七。

註二三　見黃永武撰，《詩與美》（洪範書店，民國七十六年十二月，四版），
　　　　頁一七三～一七四。

註二四　清‧李重華《貞一齋詩說》，見郭紹虞編選，富壽蓀校點，《清詩話
　　　　續編》（木鐸出版社，民國七十二年十二月，初版），頁九三〇。

註二五　宋‧劉克莊《後村先生大全集》，見《四庫叢刊正編》冊六二（臺灣

商務印書館，民國六十八年十一月，臺一版），頁一〇九。

註二六　宋・程顥〈秋日偶成二首〉（其二），見《二程集》（漢京文化事業公司，民國七十二年九月，初版），冊一，頁四八〇。

註二七　見丁福保輯，《歷代詩話續編》（木鐸出版社，民國七十二年九月，初版），冊上，頁三一〇。

註二八　見《蘇詩補註》，卷四十，頁二五。

註二九　見宋・蘇過撰，《斜川集・論海南黎事書》（臺灣中華書局，民國五十九年十月，臺二版），卷五，頁四。

註三〇　見《宋史・蠻夷傳・黎洞》，冊十八，頁一四二一九。

註三一　宋・高文虎《蓼花洲閒錄》引《滄浪野錄》云：「蘇子瞻汎愛天下士，無賢不肖，歡如也。嘗言：『自上可以陪玉皇大帝，下可以陪悲田院乞兒。』子由晦默少許可，嘗戒子瞻擇交，子瞻曰：「吾眼前見天下無一個不好人。」見《叢書集成初編》冊四三二（商務印書館，民國二十五年十二月，初版），頁十一。

註三二　見宋・李燾撰，清・黃以周等輯補，《續資治通鑑長篇》（上海古籍出版社，一九八六年二月，第一版第一次印刷），冊三，頁二九〇三。

註三三　晉・嵇含《南方草木狀》，見《叢書集成初編》冊二二五（商務印書館，民國二十八年十二月，初版），頁八。

註三四　見《斜川集》，卷二，頁一～二。詩題中，「士人」爲「土人」之誤，「且有饋肉者」爲「旦有饋肉者」之誤。參見《三蘇全集・斜川集》（中文出版社，一九八六年四月，未著版次），冊下，頁二四七七。

註三五　見彭元藻修，王國憲纂，《儋縣誌・海黎誌・黎情》（成文出版社，民國六十三年十二月，臺一版），頁五七四。

註三六　見《蘇詩選評箋釋》，卷六，頁十九。

註三七　見《陶淵明詩箋證稿》，頁四七五～四七九。

註三八　見《宋史・董必傳》，冊十四，頁一一一九二。

註三九　見《景印文淵閣四庫全書》冊一○三七（臺灣商務印書館，民國七十
　　　　四年六月，初版），頁一八二。

註四○　《蘇軾文集・桄榔：銘》敍云：「東坡居士謫于儋耳，無地可居，偃
　　　　息于桄榔林中，摘葉書銘，以記其處。」（卷十九）

註四一　見清・紀昀評，《蘇文忠公詩集》，頁八○五。

註四二　見清・汪灝等編，《廣群芳譜》（上海書店，一九八五年六月，第一
　　　　版第一次印刷），冊一，頁四一八。

註四三　見清・紀昀評，《蘇文忠公詩集》，頁七九○。

註四四　見唐・杜甫撰，清・仇兆鰲註，《杜詩詳註》（北京中華書局，一九
　　　　八五年九月，第一版第二次印刷），冊二，頁六九三～六九四。

註四五　見《蘇詩補註》，卷四二，頁十四。

註四六　《蘇軾文集・王定國詩集敍》云：「古今詩人衆矣，而杜子美爲首，
　　　　豈非以其流落飢寒，終身不用，而一飯未嘗忘君也歟。」（卷十）

註四七　《蘇軾詩集・次韻張安道讀杜詩》云：「誰知杜陵傑，名與謫仙高。」
　　　　（卷六）〈僕嘗於長安陳漢卿家，見吳道子畫佛，碎爛可惜。其後十
　　　　餘年，復見之於鮮于子駿家，則已裝背完好。子駿以見遺，作詩謝之〉
　　　　云：「如觀老杜飛鳥句，脫字欲補知無緣。」（卷十六）〈次韻孔毅
　　　　父集古人句見贈五首〉亦云：「天下幾人學杜甫，誰得其皮與其骨。」
　　　　（其三・卷二二）

註四八　見鄭師因百撰，《景午叢編》（臺灣中華書局，民國六十一年一月，
　　　　初版），上編，頁二四七。

註四九　見宋・黃庭堅撰，《山谷題跋・題東坡書道術後》（廣文書局，民國
　　　　六十年十二月，初版），卷一，頁九。

袁枚性靈論之眞義及其發揮

司仲敖

一、前　言

　　袁枚沿詩話之舊，故雖揭櫫性靈論，而未有週詳透闢之說明，僅依據此一本源，隨詩觸發，因事說明，就人立論，故如龍現一爪，其詳不可得知。又脈絡相沿，雖名相未及，而眞義潛藏，故如羚羊掛角，蹤跡難詳。至於片言隻字，散見於詩話、文集者，又掇拾爲難，不加排解疏通之功，不能明其底蘊，故深入綜合爬梳，以見其詩論之發揮，則性靈論方能勝義紛陳，精光畢出，不致空洞虛無，無以知其究竟也。

二、性靈論之眞義

　　袁枚於性靈之義，無精確之界說，僅有簡略之提述，故啓後人多方尋繹，而異說紛出，以性情釋性靈，以爲有取於王漁洋之神韻（註一），神韻、性靈雖有相近之處，然非相同，有理自不可異者，不宜以此而混同之也。苟如此，則性靈即神韻，毋須另樹一幟矣，若二者貌同而名異，則雷同一響，私竊名號而已，何足獨張一軍乎？準此而言，袁枚雖反對格調，但不棄格調，是謂枚有同於格調乎？故知枚非著眼在反對格調，乃不破格調無以見其眞。可知枚於前賢之論，不苟爲依附，於時人之說，亦不調停相許，乃是由体悟所得，創而爲說，卓然有所樹立，廣大而高明，精微而特出，故有自信之銳，持以鑒衡古今，商榷風雅。

　　袁枚主性靈，其基礎即在性情。情是詩人創作之基準，詩大序已
明言（註二），非枚所首見獨創，惟雖由情而發，非逕情直發可以爲詩，
而其他如詞曲之作，亦根於情，若是則無別矣，袁枚殆有見於此，而
以性靈爲言，而性靈論之根本，亦在於此。袁枚云：

> 詩者，人之性情也，近取諸身而足矣。其言動心，其色奪目，
> 其味適口，其音悅耳，便是佳詩。《隨園詩話補遺卷一》

性情係創作之根源，情性具於我，由斯而觸發，由己而取足，而詩以
成，文字特其工具耳，技巧、格律乃其餘事耳。袁枚云：

> 自三百篇至今日，凡詩之傳者，都是性靈，不關堆垛。《隨園詩
> 話卷五》
>
> 三百篇不著姓名，蓋其人專寫懷抱，無意於傳名。《隨園詩話卷
> 七》
>
> 方大章秀才詩，初學明七子，後受業於門下，幡然改轍，專主
> 性靈，可謂一變。《隨園詩話卷七》
>
> 謝深甫云：「詩之爲道，標舉性靈，發抒懷抱，使人易於矜伐」，此
> 言是也。《隨園詩話卷七》

「都是性靈」，「專主性靈」，「標舉性靈」，皆係有關性靈正面之
主張。「專寫懷抱」「發抒懷抱」，爲性靈之說明。可見性靈之性，
有性情懷抱之意。袁枚又云：

> 嘯村工七絕，其七律亦多佳句，「如馬齒坐叨人第一，蛾眉窗
> 對月初三，賣花市散香沿路，踏月人歸影過橋，春服未成翻愛
> 冷，家書空寄不妨遲」，皆寫性靈，自然清絕，腐儒以雕巧輕
> 之，豈知鈍根人正當飲此聖藥耶？《隨園詩話卷十》
>
> 戊寅二月過僧寺，見壁上小幅詩云：「花下人歸喧女兒，老妻
> 買酒索題詩，爲言昨日花纔放，又比去年多幾枝，夜裏香光如
> 更好，曉來風雨可能支，巾車歸若先三日，飽看還從欲吐時。」

詩尾但書「與内子看牡丹」，不書名姓，或笑其淡率，余曰：
一片性靈，恐是名手。《隨園詩話卷十二》

漢軍劉觀察廷璣，號葛莊，康熙間詩人，或嫌其詩過輕俏，然
一片性靈，不可磨滅，漁家云：「一家一個打漁身，結得姻盟
水上浮，有女十三郎十五，朝朝相見只低頭」偶成云：「閒花
只有閒中看，一折歸來便不鮮。」《隨園詩話卷十四》

香嚴有句云：「案前堆滿新來札，牆角開殘去後花。」又別西
湖云：「看來直是難忘友，想去還多未了詩。」一片性靈，筆
能曲達。《隨園詩話補遺卷五》

評檀樽主人詩曰：「俱能獨寫性靈，迥非凡響」《隨園詩話補遺卷
九》

評尹似村詩曰：「獨寫性靈，清妙乃爾。」《隨園詩話補遺卷四》

排比數條，全然著重在一靈字，評嘯村之詩，俗儒以雕巧輕之，「皆
寫性靈」，「自然清絕」者，正謂其能泯除雕琢之跡，達於自然而又
清絕之境也。此之所謂性靈，指其表達之成功，著重在一靈字，謂雕
琢而自然，達於靈妙靈巧也。寺壁題詩，或笑其淡率，亦指詩之文字
表達而言，而枚許其性靈，正與淡率相反，而所舉劉廷璣之詩，香嚴
之句，亦著重在一靈字，所謂筆能曲達，謂表達之技巧，評檀樽主人
詩曰：「俱能獨寫性靈，迥非凡響」，皆讚許其表達之靈妙，袁枚之
性靈論雖類此之言仍多，然精要悉在於此，有以確知其性靈論之眞義：

(一)就性靈一詞之組成言，乃二字而異義，黏合而成合義複詞。

(二)性指性情，詩必詩人性情之所出，不容矯揉虛僞，人之性情不同，
　　有厚薄之分，影響於詩，則有深淺之別，有情深而辭淺者，有情
　　淺而辭深者，辭之深淺，正關係到詩之風格，就成詩而言；貴性
　　情之發抒，故不可捨己從人，尤不可違逆己之性情以學人。就詩
　　之表現而論；性情之所具，感觸而出，不必用典用事以成詩，用

典用事亦不過如美人之綺羅裝飾，有打扮增妍助美之效而已。

㈢以性情爲主而拈出一靈字者，蓋以成其用也，否則如三袁之「沖口而出，不復檢括」（註三），全無蘊藉，流於蕪雜矣。

㈣靈指成詩之表達而言，有靈妙、靈巧之意，故曰「自然清絕」，故曰「曲達」，「清妙乃爾」，「迴非凡響」，「白描高手」皆就表達之妙而爲言。

合此四者，而性靈論之確詁得矣，性靈之性，指性情，爲作詩之主體。靈爲靈妙、靈巧，乃作詩之用。

三、袁枚以性情釋性靈論之發揮

袁枚以性情釋性靈論，爲其論詩之根本，已如前述，蓋認爲性情爲本源，詞藻爲末流，袁枚云：

> 性情者，源也，詞藻者流也，源之不清，流將焉附。《小倉山房文集卷三一　陶怡云詩序》
>
> 若夫詩者，心之聲也，性情所流露者也。《小倉山房尺牘卷七　答何水部》
>
> 提筆先須問性情。《小倉山房詩集卷四　答曾南村論詩》
>
> 詩者，由情生者也。《小倉山房文集卷三十　答蕺園論詩書》
>
> 文以情生，未有無情而有文者。《隨園詩話卷三》

詩皆由性情流出，性情貴眞，貴摰：

> 王陽明先生云：人之詩文，先取眞義，譬如童子，垂髻肅揖，自有佳致，若帶假面，傴僂而裝鬚髯，便令人生憎。《隨園詩話補遺卷三》
>
> 詩難其眞也，有性情而後眞，否則敷衍成文矣。《隨園詩話卷七》
>
> 性情得其眞。《小倉山房詩集卷六　寄程魚門》

情性眞，則詩人之眞我在，精神面目以出，而無虛僞裝扮，敷衍成文。

故其續詩品葆眞云：

> 貌有不足，敷粉施朱。才有不足，徵典求書。古人文章，俱非
> 得已。僞笑佯哀吾其優矣。畫美無寵，繪蘭無香，揆厥所由，
> 君形者亡。《小倉山房詩集卷二十》

僞笑佯哀，性情不眞之故也，以之成詩，則有「吾其優矣」之懼。是以反對徵書用典，反對和韻，疊韻。袁枚云：

> 浦柳愚山長云：「詩生於心而成於手，然以心運手則可，以手
> 代心則不可。今之描詩者，東拉西扯，左支右捂，都從故紙堆
> 來，不從性情流出，是以手代心也」。吳西林處士云：「詩以
> 意爲主，以詞爲奴婢，若意少詞多，便是主弱奴強呼喚不動矣。」二
> 說皆妙。（隨園詩話補遺卷四）

> 命枚合作則斷不敢，何也？蟲吟鳥鳴，本不足以答遙想于鈞天，
> 而況目之所未瞻，身之所未到，勉強爲之，有如茅簷曝背，高
> 話金鑾，雖溺愛如公，有不笑其牙牙學語，婢作夫人者乎？《小
> 倉山房尺牘卷四　答雲坡大司寇》

由故紙堆中來，必非性情之眞，且無感情、感性可言，由拒絕虜和雲坡大司寇之圍獵扈從詩更可見其意。由此眞性情之發揮，而詩之風格生焉，詩不朽者存焉：

> 人必有芬芳悱惻之懷，而後有沉鬱頓挫之作。《隨園詩話卷十四》
> 有必不可解之情，而後有必不可朽之詩。《小倉山房文集卷卷三十
> 答戢園論詩書》

然性情在人，各有殊異，故詩人必著我，而性情以見，續詩品云：

> 不學古人，法無一可。竟似古人，何處著我。字字古有，言言
> 古無。吐故吸新，其庶幾乎。孟學孔子，孔學周公。三人文章，
> 頗不相同。《小倉山房詩集卷二十》

由下所論，更能顯見袁枚主張抒發詩人各具之性情，以成其詩之意：

詩者各人之性情耳，與唐宋無與也。若拘拘焉持唐宋以相敵，
是子之胸中已亡之國號，而無自得之性情，於詩之本質已失矣。
《小倉山房文集卷十七　答施蘭垞論詩書》

我亦自立者，愛獨不愛同，含笑看泰華，請各立一峰。《小倉山
房詩集卷二十題葉花南庶子空山獨立小影》

丈夫貴獨立，各以精神強。《小倉山房詩集卷二五　題宋人詩話》

由眞我之眞性情之發展，又因性情遭際之不同，感受體會之殊異，而
詩以異，袁枚云：

凡作詩者，各有身分，亦各有心胸，畢秋帆中丞家，漪香夫人
有青門柳枝詞云：留得六宮眉黛好，高樓付與曉妝人，是閨閣
語。中丞和云：莫向離亭爭折取，濃陰留覆往來人，是大臣語。
嚴冬友侍讀和云：五里東風三里雪，一齊排著等離人，是詞客
語。《隨園詩話卷四》

何以如此，「性情遭際，人人有我在焉」（註四），以此爲觀照，以論
時人之尊唐，尊宋學杜，學韓者，皆不能無弊：

詩者各人之性情耳，與唐宋無與也。若拘拘焉持唐宋以相敵，
是子之胸中已亡之國號，而無自得之性情，於詩之本質已失矣。
《小倉山房文集卷十七　答施蘭垞論詩書》

古之學杜者，無慮千百家，其傳者皆其不似杜者，唐之昌黎，
義山，牧之，微之，宋之半山，山谷，後村，放翁，誰非學杜
者，今觀其詩皆不類杜，……董文敏跋張即之帖，稱其佳處，
不在能與古人合，而在能與古人離，詩文之道何獨不然？足下
前年學杜，今年又復學韓，鄙意以洪子之心思學力，何不爲洪
子之詩，而必爲韓子杜子之詩哉？無論儀神襲貌，終嫌似是而
非……使韓杜生於今日，亦必別有一番境界，而斷不肯爲從前
韓杜之詩，得人之得而不自得其得，落筆時亦不甚愉快，蕭子

顯曰：若無新變，不能代雄。《小倉山房文集卷三一　與洪稚存論詩
書》

高青邱笑古人作詩，今人描詩，描詩者像生花之類，所謂優孟
衣冠，詩中之鄉愿也，譬如學杜而竟如杜，學韓而竟如韓，人
何不觀眞杜眞韓，而肯觀僞杜僞韓詩乎？《隨園詩話卷七》

袁枚之所以不許，蓋依於性情，若棄己從人，無由以見性情之眞，更
無詩人之個性與精神，由上所論，可見袁枚之主張性情，乃性靈論之
根本，爲體，爲主之意矣。

四、袁枚以靈妙、靈巧釋性靈論之發揮

袁枚以靈妙、靈巧釋性靈論之靈字，蓋指成詩之表現方法，對性
靈論之性情而言，故爲方法，爲作用也。苟有性情而無方法、作用，
則亦不能形成作品矣，故袁枚極重視如何靈妙、靈巧之法，其云：

木之直者無文，木之拳曲盤紆者有文，水之靜者無文，水之被
風橈激者有文，孔子曰：情欲信，辭欲巧，巧即曲之謂矣。《小
倉山房尺牘卷六　與韓紹眞》

引孔子之言，明其性靈論淵源所自也，蓋巧曲則爲人之所愛，袁枚云：

孔子曰：情欲信，辭欲巧，聖人修詞，尚且不避巧字，而況今
之爲文章者乎？《小倉山房尺牘卷十　答祝芷塘太史》

與孔子所云：「言之不文，行之不遠」殊爲契合，巧者乃詩人匠心獨
運，以完成創作時之表達，袁枚於作詩主創而不主因，亦靈妙、靈巧
之最佳詮說：

一憑虛而靈，一核實而滯，一恥言蹈襲，一專事依傍，一類勞
心，一類勞力，二者相較，著作勝矣。《小倉山房文集卷二九　散
書記後》

創謂自出機杼，無所依傍，假借。一詩之成，由立意，扣題，材料之

選用，詩句之表達，均能如此，則能除凡俗，出精心，而達所謂憑虛而靈也，因則依傍蹈襲矣。故枚云：

> 陸釴曰：凡人作詩，一題到手，必有一種供給應付之語，老生常談，不召自來，若作家必如謝絕泛交，盡行麾去，然後精心獨運，自出新裁及其成詩又必渾成精當，無斧鑿痕，方稱合作。
> 《隨園詩話卷七》

虛靈之來，全得力於勞心之苦心經營，數數烹煉（註五），而所主之靈妙靈巧及「成於容易實艱辛」，不在以苦澀見功力，而係大巧之樸，濃後之淡，泯除苦心雕琢之跡，使人籟合於天籟，亦即「人巧極而天工錯」也．袁枚云：

> 詩宜樸不宜巧，然必須大巧之樸，詩宜澹不宜濃，然必須濃後之澹，譬如大貴人，功成宦就，散髮解簪，便是名士風流，若少年紈袴，遽為此態，便當答責，富家雕金琢玉別有規模，然後竹几藤床，非村夫貧相。《隨園詩話補遺卷五》

如此方見開創之功，於意自精深，於語能平淡，而詩之蘊藉有味之境界以出，袁枚云：

> 漫齋語錄曰：「詩用意要精深，下語要平淡。」余愛其言，每作一詩，往往改至三五日，或過時而又改，何也？求其精深，是一半工夫，求其平淡，又是一半工夫。非精深不能超超獨先，非平淡不能人人領解。朱子曰：「梅聖俞詩不是平淡乃是枯槁」，何也？欠精深故也。郭功甫曰：「黃山谷詩，費許多氣力，為是甚底。」何也？欠平淡故也。《隨園詩話卷八》

> 葉多花蔽，詞多語費，割之為佳，非忍不濟，驪龍選珠，顆顆明麗，深夜九淵，一取萬葉，知熟必避，知生必避，入人意中，出人頭地。《小倉山房詩集卷二十　續詩品》

用意要精深，所思「入人意中」，而又「出人頭地」，此亦求詩之靈

妙、靈巧之一法，如此方能使一詩之主題超詣入微也。

> 周德卿之言曰：文章徒工於外者，可以驚四筵，不可以適獨坐，斯言也，余頗非之，文章非比陰德，不求人知，景星慶雲，明珠美玉，雖不一見即知寶貴哉，吟蛩唧唧，蠻語恬恬，彼雖自鳴得意，豈足傳之不朽，得之雖苦，出之須甘，出人意外者，仍須在人意中，古名家皆然。《隨園詩話補遺卷六》

既云「出人意外」，又云「仍須在人意中」者，即此理也。

依袁枚之詩論，一詩之成，立意，主題係一段工程，文字表達係一段工程，故一則「用意要精深」，一則「下語要平淡。」故自文字表達言，宜求美求雅，使文采豔發，如仙人披采衣而下丹霄，方能驚眾而傳遠，袁枚云：

> 同鏘玉珮，獨姣宋朝。同歌苕花，獨美孟姚。拔乎其萃，神理超超。布帛菽粟，終遜瓊瑤。折楊皇華，敢望鈞韶。請披采衣，飛入丹霄。《小倉山房詩集卷二十　續詩品》

然英辭儷藻之來，必待修飾，如美人之薰香嚴妝，方能倍顯其豔美也。裝飾潤色，是求巧方法之一，故不惜字彙之求巧，以求表達之入微生動，袁枚云：

> 孔子曰：情欲信，辭欲巧，聖人修詞，尚且不避巧字，而況今之為文章者乎？是以春秋時，鄭國詞命，先草創後討論，再修飾而潤色之，亦不過求巧求人愛而已，聖人頗嘉許之。《小倉山房尺牘卷十　答祝芷塘太史》

故其用巧，非炫奇逞異，乃使表達之能臻於靈妙、靈巧也，詩人不止於成章達意而已，字彙表達之工巧，亦由苦思經營而得，並舉一字之師（註六），以見用字之得失，巧拙之別。袁枚求表達之靈妙、靈巧，顯示出由「貴巧」而達於「大巧之樸」，由「麗藻」而入「濃後之淡」，袁枚云：

> 詩宜樸不宜巧，然必須大巧之樸，詩宜澹不宜濃，然必須濃後
> 之澹，譬如大貴人，功成宦就，散髮解簪，便是名士風流，若
> 少年執袴，遽為此態，便當笞責，富家雕金琢玉別有規模，然
> 後竹几藤床，非村夫貧相。《隨園詩話補遺卷五》

是以巧為初境，而以大巧之樸為更上一層，以麗為初境，濃後之澹為
更上一層，用巧成詩之後，又求泯除用巧之跡，如琢雕成器，而無斧
鑿，此其持論之大過人處。

　　詩之成章，全然能由己出之文句字彙，而有靈妙、靈巧之表達，
則又何借助於典故書抄乎？故反對宋人「韓文杜詩，無一字沒來歷」
之說，惟枚較之鍾嶸之論更為圓融者，則不廢用典，袁枚云：

> 貌有不足，敷粉施朱。才有不足，徵典求書。古人文章，俱非
> 得已。俏笑佯哀，吾其優矣。畫美無寵，繪蘭無香，揆厥所由，
> 君形者亡。《小倉山房詩集卷二十　續詩品》

袁枚之用典，不過美人之敷粉施朱，以補其貌之不足，為詩人技窮力
竭之餘，為濟先天之窮，無可奈何之法，然亦必求不露痕跡，其云：

> 用典如水中著鹽，但知鹽味，不見鹽質。《隨園詩話卷七》
> 嚴海珊詠桃花云：怪他去後花如許，記得來時路也無，暗中用
> 典真乃絕世聰明《隨園詩話卷三》

用典能達如斯地步，渾然天成，無傷表達時之靈妙、靈巧，甚至有裨
益，又何須摒棄？是知袁枚性靈之靈，以表達靈妙、靈巧為主旨，乃
其創作論。

五、結　論

　　袁枚之性靈論，係以性情為體，靈妙靈巧為用，性情為體，係詩
之根本，詩人風格之所由出，靈妙靈巧為用，乃就成詩之技巧作用而
言，即其創作論。袁枚性靈論之真義及其發揮，乃由基本之理論，發

而爲創作之實際，惟體用之說，袁枚雖未拈出自道，實隱寓此意，不
然則無此自信之銳，且無條貫瑩徹，明體達用之理矣。苟無體無用，
無理無識，又何能如郭紹虞所云：「四面八方，處處顧到，卻是無懈
可擊」（註七），可見郭氏已認知袁枚詩論之有系統矣，而系統何在？
竊以爲即在此體用之中，而形成其創作論與批評論，方能四面八方，
處處顧到。蓋體用一元，顯微無間，方具如此妙用。無懈可擊者，在
其體用之見理無訛，而體用一元，難以即瑕求疵也。如無此認知，則
將視袁枚之詩論，乃雜取古今，徒作調人而已。所遺憾者，袁枚非思
想家，不知體用一元之名相，闇與理合，而未能明言，致使枚以性靈
論詩，其究竟之義未易得，而多模糊臆斷之談者，故特爲揭明闡說，
庶乎有以得袁枚以性靈論詩之眞際。

【附註】

註　一　王紘久《袁枚詩論》，政大碩士論文。

註　二　毛詩鄭箋詩大序。

註　三　《小倉山房文集卷十七　答沈大宗伯書》。

註　四　袁中道 阮集之詩序。

註　五　《小倉山房尺牘卷十　答祝芷塘太史》，《小倉山房詩集卷二三　箴
　　　　作詩者》。

註　六　《隨園詩話補遺卷四》「詩得一字之師，如紅爐點雪，樂不可支。」

註　七　郭紹虞《中國文學批評史》，第五篇，第四章，性靈說，明倫出版社。

論中日兩位作家
對於神話傳説題材的處理

——以《聊齋志異》及《夜窗鬼談》為例

王三慶

壹、前　言

　　人是感情意志的動物，情蘊於衷則必發於外，從行為到語言都是表達意志的一種手段。因此，作為語言藝術的文學，其所代表的不只是一串的聲音，也代表著個人意志情感的發洩。由於語言的共時與歷時特性，使作家利用這套工具從事表達時，不光侷限於個人代表的特殊情感，而是夾雜著這套語言背後經歷各個時代的文化背景及意義；同時，也常常抒發同時空裡的共有呼聲。所以，本篇擬從清代的蒲松齡及明治變革期間的石川鴻齋，試探這兩位不同文化背景的作家，在文學創作上對於神話傳說的處理態度是否曾經受到傳統與時代的制約。由於二人著作宏富，故僅限於《聊齋志異》及《夜窗鬼談》二書作為重點討論；再者，筆者指導的碩士生黑島千代女士也對二人有過一章文字的比較研究，（註一）於影響部份曾有重要的發明，為免重複贅述，這裡則從神話傳說題材的處理論述二人表現的異同點。

貳、作家介紹

一、蒲松齡

蒲松齡字留仙，一字劍臣，別號柳泉，山東淄川人，生於明崇禎
十三年（1640AC）。十九歲應童子試，舉爲生員第一，然鄉試卻屢
試屢敗，直到四十四歲補爲廩膳生，七十一歲又補歲貢生，康熙五十
四年（1715AC）正月二十二日卒，享年七十六歲。以《聊齋志異》
一書盛傳於世，並有《聊齋文集》、《聊齋詩集》、《聊齋俚曲》及
雜著選編《婚嫁全書》、《省身語錄》、《帝京景物選略》、《懷刑
錄》、《莊列選略》、《小學節要》、《宋七律詩選》、《歷字文》、
《日用俗字》、《農喪經》、《藥祟書》、《家政內編》、《家政外
編》、《會天意》、《觀象玩占》、《鶴軒筆札》等書稿，皆爲亡佚
或未經見書。（註二）

二、石川鴻齋

石川鴻齋名英，字君華，鴻齋則爲其號，又別稱芝山外史或雪泥。
三河人，爲西岡翠國之門人，善於詩文書畫，乃爲日本漢文學家。生
於江戶末年，卒於大正七年（1832～1918AC）九月十三日，享年八
十六。十八歲游歷國內各地，壯年後東渡中國。明治十年（1877AC）
左右，與何如璋、黃遵憲等往來密切，在東京鳳文館時有詩酒酬唱。
由於石川享有望九之齡，因此一生著作極爲豐富，凡有《正文文章軌
範講義正續》二冊（支那文學全書）、《和漢合璧文章軌範》四冊（
刊）、《中等教育漢文軌範》二冊（刊）、《日本八大家文讀本》八
卷（刊）、《精註唐宋八大家文》十六冊（刊）、《新撰日本字典》
二冊（刊）、《明治字林玉篇大全》一冊（刊）、《增訂篆文詳註日
本大玉篇》三卷（刊）、《鰲頭音釋康熙字典四十卷（校訂、刊）、
《篆文詳註鳳文會玉篇大全》六卷（刊）、《日本外史纂論》十二卷
（刊）、《三體詩講義》三卷（刊）、《清國五不知論》一冊（刊）、
《朝鮮支那外征錄》二卷（刊）、《易林神占》（刊）、《文法詳論
正續》四冊（刊）、《詩法詳論》二冊（刊）、《書法詳論》二冊（

刊）、《畫法詳論》三冊（刊）、《點註十八史略》七冊（刊）、《聖代實錄》四卷（刊）、《夜窗鬼談》二卷（刊）、《芝山一笑》一冊（刊）、《花神譚》（一名《再生奇緣》一冊（刊）、《鴻齋文鈔》三冊（刊）、《點註五代史》八冊、《史記評林》二十五冊鈔錄八十篇等，（註三）可見其對中國傳統小學、經、史、子、集四部或藝術、文學等無不涉及，才有以上或著及或編、或錄的諸多作品刊行，直可證明其為日本明治期間一位重要的漢學家。

　　從兩人生平來看，蒲松齡生於崇禎末年，時當鼎革之際，今雖有人認為具有民族思想（註四），然而只是在個別篇章出現，烙下痕跡並不鮮明，不如說是知識份子對於時代的部份使命。因此，出仕之念未絕，惟事與願違，屢戰屢敗的科場，使他蟄伏於民間從事教書與寫作。所以《聊齋》中汲取不少民間素材及傳說，甚至後來以此成名，遠方郵筒見寄者紛沓來集。而其它作品的編寫，大半也從廣大民眾實用的立場出發。因此，蒲氏可算是一位被迫隱居民間的知識份子，真正體會到民間的群眾力量，開始利用群眾智慧累積創作成果，並且也以著書教書，教導無知民眾走向的一位作家。

　　至於石川鴻齋，少年遍遊國內名山大澤，深受中國文化的陶冶，原有一番壯志與抱負，但是卻經歷日本國內明治維新的變革。在舉國一片維新聲中，石川既眷念著日本的歷史文化，也偏愛著和日本歷史文化有過密從的漢文化，卻又不得不帶著幾分無奈，眼睜睜的看著大時代的來臨和接受大環境的衝激，並在需然莫之能禦的情況下默然接受漢文學伴隨著清朝的國力，從獨步日本學界中逐漸衰微。而自己的專長與抱負也無法施用於朝廷，只能和清代的公使何如璋、黃遵憲等流湎於歌樓酒館中，相互唱和，從事草根外交。

　　因此，兩人都是深受傳統薰陶、懷有一番抱負與壯志未酬的知識份子，游俠之氣的個性，卻遭逢時代風尚的丕變，於是蟄伏民間從事

教書與創作，作品中也就汲取不少民間素材與傳說。儘管他們有著這麼多的近似，然而處在不同的時空，隸屬不同的國籍，一位對於西方文化完全沒有概念，一位卻已進入東西兩大文化的洪流前端，這是二人稍為不同之處。

叁、書中的神話傳說篇目來源：

由於《聊齋》及《夜窗》二書都是傳奇體的著作，每篇篇末也有作者自己的評語，說明寫作目的或對本篇事件的看法，有些則交待出處。近人對《聊齋》更有詳細的溯原，根據朱一玄對於本事的考證，共有136篇與它書互見，足以證明的確是在蒲氏之前或當時通行的神話或傳說，（註五）而《聊齋與民間文學》一書的統計，除了７６篇的書面材料外，更有口頭資料的追溯87篇。（註六）因此，可以據此對其資料分析成書面材料和口頭傳說兩大部份，至於二人未曾提到者或因文獻隨人亡佚，已經無法查考者或未詳本事之前，我們只好暫時歸於蒲氏之創作或者視作他自己獨有的採集與親身體驗了。《夜窗》一書，黑島千代女士曾在論文第三章第三節『創作素材的搜集方式』中分成『採自民間傳說與街談巷語』、『友人交往相互告知』、『作者自身的體悟與經驗』三點論列（註七），可說是一位首創整理者，如今筆者根據原書，並參考其文字，重作如下的區分：

一、周邊友人的敘述或友人的創作：

石川對於來自周邊友人的轉述材料，若納之篇中，往往不敢掠美，必於篇末交待。如〈孤兒識父〉一篇云：『優人岩井某為余話』，〈怨魂借體〉則說：『友人青木氏為余話』。惟〈興福寺僧〉一篇得自一禪僧。〈牡丹燈〉一篇，則出圓朝氏所談。〈役小角〉事跡，奉其宗者詳之，當時尙和州大峰都一還祭祀。〈花神〉則是『友人松濤生為余談。』這些都是活生生的傳聞記錄，而非純虛構的寫作。

惟本友人創作者則有〈一目寺〉事，蓋出老友菊池三溪記；而〈轆轤首〉一則，『略取依田學海《譚海》』。這是直接改寫自友朋的創作，也是友朋記錄傳聞的改寫。

二、本之故籍的傳說神話：

蓋本舊籍者如〈七福神〉云：『文本《西園雅集》』，〈安倍晴明〉一篇則曰：『世傳晴明事蹟多矣……遂傅會葛葉事演之，水史摘二三以入〈方技傳〉中，甚可怪哉！』此蓋屬舊籍曾經載錄之民間傳說，而爲納編者；至於〈飛鼎〉篇中則云：『珂碩師一代事實，頗有奇談，大約《淨眞寺記錄》載之。……姑因傳記誌之爾！』而〈阿岩〉事，則『民谷氏記詳之。』〈靈魂再來〉一篇，山寺氏《奎星錄》曾經記載。而盛傳日本民間之天狗傳說，石川於〈天狗說〉篇末云：

> 世有天狗者……固不足信也。案漢土稱天狗者有數種，《山海經》……《星經》……《天中記》……《爾雅》……其他椑史小說相類者多，然非我所謂天狗者也，皆川淇園有《斐齋雜*記》，有氣狐天狐之辨，朝川善菴以氣狐爲天狗，曾我耐《軒幽討餘錄》網羅諸說，遂歸善菴之說，余以爲…王充所謂道路之上一步一鬼，當塡塞衢巷無空處……。

山魅〈毛腳〉一篇也云：

> 案東方朔《神異經》云……劉義慶《幽明錄》及《永嘉記》、《玄中記》、《酉陽雜俎》等所載，皆大同小異，顧由其地異其種也。我木曾〈山中魅〉亦山臊也，《荊楚歲時記》載……。

這些篇章本事都是故籍原有的記錄，並直接影響其作意或改寫成爲篇章，而非石川一己虛構的作品。

三、本之畫作：

由於石川是位畫家，也看過不少的歷代的畫作及民間寺廟的故事佛畫，因此其創作過程每每加以吸收，形於文字，例如雷神傳說及其

形像，從漢以迄日本皆有其傳說及文字記錄，而石川則藉其形像創作
於篇中，故〈雷公〉篇末云：『案畫工圖雷，漢時業已有之。王充《
論衡》載圖雷之狀，一人力士，左手引連鼓，右手推椎，若擊之狀……
……今人所畫復少異，一夜叉雙角裸身，著虎皮犢鼻褌，脊累累，連鼓
兩手執撥擊之，安於淺草門是也。』知其受淺草門畫而賦其形。又〈
畫美人〉一篇雖云：『世傳名畫通靈，韓幹畫馬，傷足求醫；張僧繇
畫龍鬥，起風雨；本邦金岡元信等畫，亦有相類焉者，固無足信者。』
然名畫通靈所賦予之創意亦大略可知。〈霜捱花岫〉一篇之本事雖然
傳之已久，惟不見於文字記錄，而其所以寫作原因則作如下說明：

> 『遠江高士小栗松靄藏高久〈霜捱花岫〉橫卷，囑余乞跋，余
> 諾不果。今茲壬辰九月，其孫子慶攜來，促前約，乃書此以附
> 卷後。』

至於〈冥府〉一篇，將其經驗理解娓娓道來，曰：

> 世有《地獄變相圖》，所謂閻羅者……大率擬唐制……想是印
> 度上古刑法……而製其圖蓋創於唐吳道元。余嘗遊于西京於知
> 恩院，觀《地獄變相圖》十幅對，傳爲吳子筆……皆唐制也。
> 本邦所畫……是唐人以印度古法刑日本人也。夫地獄本爲娑婆
> 罪人所設，焉閻羅可獨擬唐制哉！《最勝王經》所謂辯才天之
> 弟者，則印度古之閻羅也，支那閻羅屢交待焉，《子不語》、
> 《聊齋異志》所載，有德之人死爲閻羅勤務，亦自有期限矣。
> 隋韓擒曰：『生爲上柱國，死作閻羅王』，斯亦足矣。閻羅本
> 非一人也，然則本邦閻羅，不可不著本邦冠服，從本邦制度，
> 方今若有地獄，宜有斬髮洋服閻羅諸吏，須有徒刑絞罪之法，
> 幽冥豈與現世異哉！戲乎！說來世者不別創維新之地獄，於理
> 則不當也，天堂亦不可以著梵衣者爲佛菩薩也。

凡此諸篇之創意或本事，非來自舊畫之傳說材料，即是民間早已盛傳

之神話而爲石川所吸收者。

肆、原始素材與作品之比較

當然這些篇目文字與其它書裡的傳聞記載也非盡相一致。其主要原因是口頭傳說每隨時空移轉而變易，更重要的也許是作家聊藉其題材，刻意改動觀點或內容，用以寄託自己的意志。如今，我們姑舉一二略作比較，以見其改寫或故事變易情況。

《聊齋》卷十一〈織成〉一篇乃由唐李朝威《柳毅傳》起事，原作４０００字左右，蒲氏則借事說文，以落第書生柳氏作爲故事緣起，文長約２０００字許。然兩者間已大異其趣，不但攝取《柳毅傳》水底之部份事跡及返回後之部份情節，且人物已經由洞庭龍女一變爲妃前侍女，全篇故事既似接續前篇之奇遇傳說，也將瞿佑《剪燈》卷一〈水宮慶會錄〉上樑情節加以吸收，一轉爲考試作文，並在卷末更有如下一段文字增加全篇故事的傳說氣氛：

> 相傳唐柳毅遇龍女，洞庭君以爲婿。序後遜位於毅。又以毅貌
> 文，不能攝服水怪，付以鬼面，晝戴夜除；久之漸習忘除，遂
> 與面合而爲一。毅覽鏡自慚。故行人泛湖，或以手指物，則疑
> 爲指己也；以手覆額，則疑其窺己也；風波輒起，舟多覆。故
> 初登舟，舟人必以此告戒之。不則設牲牢祭享，乃得渡。許眞
> 君偶至湖，浪阻不得行。眞君怒，執毅付郡獄。獄吏檢囚，恆
> 多一人，莫測其故。一夕，毅示夢郡伯，哀求拔救。伯以幽冥
> 異路，謝除之。毅云：『眞君於某日臨境，但爲求懇，必合有
> 濟。』既而眞君果至，因代求之，遂得釋。嗣後湖禁稍平。

又如卷三〈連城〉一篇，其死生之狀有如陳玄祐之《離魂》、湯顯祖之《牡丹亭》，然而面目已判若兩文，文末更藉異史氏曰：

> 一笑之知，許之以身，世人或議其癡；彼田橫五百人，豈盡愚

> 哉。此知稀之貴,賢豪所以感結而不能自已也。顧茫茫海內,
> 錦繡才人僅傾心於蛾眉一笑也。悲乎!

足見其寄意於知稀之貴的一股悲情,溢於言表。卷四〈續黃粱〉一篇,
其取意唐人《枕中記》及《南柯太守傳》極為明顯,然而其深刻又過
於前篇,是以異史氏曰:

> 福善禍淫,天之常道。聞作宰相而忻然於中者,必非喜其鞠躬
> 盡瘁可知矣。是時方寸中,宮室妻妾,無所不有。然而夢固為
> 妄,想亦非真。彼以虛作,神以幻報。黃粱將熟,此夢在所必
> 有,當以附之邯鄲之後。

則其自慰之情油然想見。如以卷二〈林四娘〉一篇,同時或稍後之林
雲銘《林四娘記》、王士禛《池北偶談》卷二十一、陳維崧《婦人集》
等並載記聞,可是在敘事觀點上卻有些許差異,西仲之記鬼氣逼人,
漁洋載錄則淡樸無趣,皆未若蒲氏作品之溫情感人。因此,我們稍作
比較後,可以看出對於原始素材之加工,無論從作意動機而言,或自
情節意境上說,都已經奪胎換骨,另生情境,直接凌駕原作或更為深
刻。

　　至於石川創作《夜窗》一書,也非漫無目的的寫作,在其〈序〉
中曾云:『余修斯編,欲投其所好,循循然導之正路。』所以無關正
路之學或文字,每加刪棄,如〈興福寺僧〉得自一禪僧為余話,而《
沙石集》也載此事,但以事涉猥瑣,所以不錄。可見其處理禪僧談話
並未如實記錄。〈牡丹燈〉一篇,則出圓朝氏所談,但是關於飯島氏
僕孝助及伴藏姦惡,其妻橫死為怪等事,作者以涉枝葉而略去。其略
去的理由,乃嘗觀土佐某氏所畫橫卷,畫間以和文錄之,然生死後皆
省之。因此他判定孝助復讎、伴藏為賊之事,恐為圓朝氏添畫之蛇足。
又〈阿岩〉事,則以『民谷氏記詳之,以有所諱,不記其實,後演劇
傳之,使人悲喜,但枝葉錯雜,頗厭冗長,因省略錄之,本是遊戲之

文，奚辨眞僞爲哉！』而勿究眞實，但以遊戲文字，去其枝蔓，加以略錄。〈靈魂再來〉一篇，有關左助記其言遺家事，雖載山寺氏《奎星錄》中，亦以其不經之談而略去，並借寵仙子評曰：『隨園《新齊諧》及《聊齋志異》、紀曉嵐《雜誌》所載幽冥之事，大率與此相同。』

這些都是作者說明因某種理由或不符自己的創作宗旨，所以刪減節略其中部份情節，如以〈轆轤首〉所謂：『略取依田學海《譚海》。』那麼，我們只好以例舉方式來看石川是如何用『略取』的方法？

若以〈一目寺〉事，蓋出友人菊池三溪《本朝虞初新誌》卷中載記之〈一眼寺〉，但是兩相比較，原作是以聞見者的敘述觀點記錄，改作除對於本事次序保留不動外，僅作支節文字的修飾或在遣辭造句上稍作改動；並把經歷者死後宅廢事跡加以刪除，使敘述者更爲隱沒客觀，這種敘述觀點的演變乃是中國古典小說說書傳統晉爲近代小說敘事的一貫過程，使文學更脫離口傳的方式。至於〈轆轤首〉取依田學海《譚海》中之〈轆轤頭〉，實爲日本式之中國《搜神記》朱桓婢飛頭或《酉陽雜俎》上載記占城之尸頭蠻等飛頭傳說。原作文長573字，改作則刪成292字，文次也有更動。另則菊池三溪《本朝虞初新誌》卷上亦有〈離魂病〉一篇，共320字，亦載飛頭婢，然本事不同。因此，其刪略改寫的方式大抵如此，若有可貴處乃在文字簡潔，情節更爲合理順暢，卻與《聊齋》借素材以發作意的寫作方式不同。換句話說，如果同是借用書面文學材料或口頭傳說材料，《聊齋》則近乎新作，《夜窗》卻似重編改寫而已。

伍、表現之異同

一、傳統思想之繼承與新知的吸收：

二位作家可算深受傳統思想影響的儒者，雖然在出仕方面毫無幫助，卻烙印於心，並主宰其一生行爲。

　　蒲公身居齊魯之鄉的山東，對於儒家的思想固是耳熟目詳，也許在科場失敗後曾有過消極無爲的萌念，因而選編了莊列的部份文字，但是對於儒者的積極入世並未全然忘懷，尤其身處民間，融入廣大群衆的生活後，深深體會民間疾苦，於是憐憫之情油然而生，所以曾爲農民陳情上官，也爲他們編寫《農喪經》、《藥祟書》、《家政內編》、《家政外編》、《婚嫁全書》、《省身語錄》、《歷字文》、《日用俗字》、《小學節要》等實用書籍。其作意無它，以『疾病，人之所時有也，山村之中，不惟無處可以問醫，并無錢可以市藥。思集偏方，以備鄉鄰之急，志之不已，又取《本草綱目》繕寫之，不取長方，不錄貴藥，檢方後立遣村童，可以攜取。』（《藥祟書、序》）可見其『學而優則仕』、『窮則獨善其身，達則兼善天下』的思想並不因爲經歷的困頓而有所改變，只能把一己的遭遇歸之於命也乎！所以《會天意》、《觀象玩占》的編寫大概從此出發吧！

　　不僅此也，其所承襲的文類傳統也制約著它的思想表達。傳奇原出於史傳，故篇末識語皆爲事件中人蓋棺後之論定，唐人的溫卷內容除了具體的表達傳統的『才』『學』觀（《文心、神思》）外，也重視『識見』（劉知幾《史通》）的呈現，這是唐人的共同觀點，所以傳奇每篇之末必需加以議論。《聊齋》既然用這文類來創作，自然不能脫離其窠臼，因此篇末時時看到傳統思想之繼承。另則史傳文學的頂峰──《史記》一書中的〈游俠〉、〈刺客〉列傳，到傳奇體中的俠客篇章與扶弱濟傾的精神，毫無疑問影響了他的平生行爲與作品精神的貫串。

　　石川壯年之前的遊歷名山大澤及負笈東度的游學生涯，使他深具寬廣的視野與四海爲家的俠風，當然日本傳統的武士精神和浪人生涯也是他所處的社會傳統。因此在明治維新的變革聲中，西學既處上風，石川的專長抱負難以施展，不免有所喟嘆，這點特色在明治期間的日

本漢學家作品中隨處可見。（註八）因此，既然不能立身於朝則只好退之於野，但是日本的國學仍然脫離不了漢學的影子，而且早已融入傳統中，只因西方的洋槍大砲迫使東方國家不得不變，也使日本的知識份子轉向西學。儘管如此，石川仍能以儒學教官的身份與清國的外交使節往來自如，而在社會上保有一定的地位，未若蒲氏之潦倒落魄。因此，其關心民間之程度自然不如蒲氏之來得強烈。

所以兩人的創作方法與所用的文類雖然一樣，可是在表現上來說，除了傳統儒家思想的繼承不異外，對於西學新知的吸收及運用，蒲氏是從沒夢想過而大大不如石川的地方。

二、接納果報與對迷信的質疑：

蒲氏歷經困頓不遇，不得不向命運低頭，而果報思想也充斥在其作品中；可是石川的作品對於命運的看法卻存懷疑，雖然在一些作品中也出現過果報思想，但是卻常常存在兩難的矛盾狀態。尤其受了國內西學風氣的沾染，對於神話傳說等不經之談，時常抱持懷疑的精神，或者用實證觀念在作品的結尾加以批判，惟恐讀者誤陷其中。因此，比較兩人之作品，前者對於怪力亂神的題材不過是一種人性化的假托，後者對於怪力亂神的題材雖充滿趣味，卻也不斷的批評和質疑。如〈蛇妖〉一篇云：

> 昔韓退之作文驅鱷魚，鱷魚幸識字，若鱷魚而不學，退之之文，
> 百篇之書，亦畫餅耳！

而〈混沌子（大地球未來記）〉則假借寵仙子口吻說：

> 天地之壽非以人智可知者，特釋氏以空漠之說論之，邵子亦以
> 想像說之，皆無足證者……近時西洋人有論地球滅沒之期者，
> 妄動搖人心……。

對於此點，黑島千代女士曾經舉其篇末的〈鬼神論〉與〈縊鬼〉之文字加以論證，並作如下的解釋：

石川鴻齋是一博學儒者，身處明治時期，斯時科技已成為一新
興學問，石川時有涉獵，因而他是不信鬼神能夠福禍人世，支
配人心，控制宇宙萬物。（註九）

在清初西學尚未大量傳入中國民間之時，這點的確不是蒲氏所能耳濡
目染，未若石川在日本既有大化革新和江戶以來的蘭學傳統上，經歷
明治的維新變革時期，對於新學接受的如此順理成章。

　　三、賦騷與趣味的動機別異：

　　蓋蒲氏借《聊齋》篇章抒發未伸之情感，故其利用神話傳說絕非
客觀紀事而已，乃是有為一澆塊壘之愁。張元撰〈柳泉蒲先生墓表〉
（註一〇）即云：

文名藉藉諸生間，然入棘圍，輒見斥，慨然曰：『其命也乎』！
用是決然捨去，而益肆力於古文。……著為《志異》一書。

其在《聊齋志異自序》中亦云：

……遄飛逸興，狂固難辭；永託曠懷，癡且不諱。……集腋為
裘，妄續《幽冥》之錄；浮白載筆，僅成孤憤之書。

可見蒲氏乃是繼承言志傳統，因此〈葉生〉一篇直許為其自身之寫照；
而〈王子安〉一篇七似之說對於知識份子之形容，豈無感慨；似此類
文字時時盈乎篇什。《夜窗鬼談》雖然也有不滿時勢，有志難伸之作，
如〈哭鬼〉一篇即假託哭鬼的口吻說出如下的不滿：

先生今究諸氏百家之書，馳古騁今，闡幽顯微，所著述殆等身；
每一書脫稿，良工刊之，商賈鬻之；天下書生喜新睹，爭購之，
未閱半帙，束閣沒埃；竭畢生之力，幹瘦神衰，毫無所益於世，
不如耕半畝之地，種蕪菁助蔬食之為益也：是一為天下書生悲，
一又為先生悲也。……昔本邦傳儒學也，百濟王仁齎《論語》
千文，譬之花，是時始破蕾也。至延喜、承平，放蕚吐蕊，傳
芳乎天下，後復久衰。至德川時，宋學大行，韓蘇之文盛閧。

及於寬政、文化、天保、嘉永之際，香氣芬馥，幾將駕唐宋，
猗歟盛矣！今又歐洲之學行，將開瓣，於是天下書生負笈東都，
擇師就學，初學漢籍，轉學洋籍，或入英，或入佛，入米入獨；
又學言語，未幾學法律、學醫道、學窮理、學算術、學簿記、
學農工，僅期三五年，所學及數項，退曰：『我卒某課，我卒
某業。』而叩其腹笥，或枵然無一所獲者焉。……世間如此者，
十之八九，此余所以悲哭也。先生亦以多年所蘊蓄，欲傾囊授
諸後進，而後進所志皆涉多端，不有如先生偏且固株守一方者
也，此亦所以為先生悲泣流涕也。

但是這篇只是一個漢學家不能受到重用，傳承乏人及對當世學風不滿
的感慨，整體作品的創作動機大抵仍以假想的讀者趣味為主，因此書
首〈序〉言曾有這般的說明：

東坡在嶺表，所欲遊者，各隨其人高下，談諧放蕩，不復為畛
窒，有不能談者，則強自說鬼。於虖！坡公之賢，賢尚喜說鬼，
不知信其事而喜之耶！抑亦如觀演劇術術，使人為之自娛耶？
顏魯公、李鄴侯、韓昌黎諸子，皆好談神怪，亦自為倡師，弄
幻飯假，使人悲喜驚怪者耶？蓋說怪亂，古亦不少，獨孔子不
語焉。左氏傳經，屢載神怪，後之修史者，莫不說神述怪，使
人疑且惑，而如鄙史小說，莫不一涉神怪，顧緣人情所好而然
乎！

這點與蒲氏在深刻體驗社會人情的冷暖後，借文聊敘己愁，不得不有
抒憤寫作的動機，可說完全不同。又如〈續黃粱〉一篇，談到明治鼎
新之際，三位學生入東京修習歐學，學文學、法律、兵法，平常賞英
贊法，激談高笑，旁若無人。臨將畢業之暑期，上芝濱吞海樓，酒酣
入夢，受詔榮寵，歷經高官又破敗之事。全篇結構與唐人《枕中記》
無異，然而三人同夢辭校歸鄉，則又顯得過份巧合而不入文理，其微

言旨意不過嘲諷時局風尙，不趣味性較爲濃厚。

　　四、自慰與實用的對象不同：

　　蒲松齡的實用作品大抵存於雜著或編選中，對於《聊齋》一書的假想對象應具自慰，撫平自己的傷痛，寄託理想。因爲該書的體質絕對不是當時科舉的敲門文體，也非民間通俗文體的小說著作，所以勿論篇章敘事或篇末的感慨評論文字，縱使極盡諷刺刻劃，也只是就人事物理描摹，沒有商賈鬻之，天下書生爭睹的情況，直到死後的乾隆年間，才有青柯亭本《聊齋》問世和今日甚多以稿本存在的事實，可作一證。

　　可是石川身爲漢文儒學教官，當時重要的漢學家，教材及範本來自何處，這是他所要考慮的問題，因此《夜窗》一書除以人情喜好，雜以趣味吸引讀者之外，還是用日本民間耳熟目詳的通俗故事編纂啓蒙教材，的確比用中國典籍作爲初階的教科書來得恰當。此從〈序〉中即可看到，故云：

　　　　余修斯編，欲投其所好，循循然導之正路，且雜以詼謔，欲使
　　　　讀者不倦，且爲童蒙綴字之一助耳！

也因實用的對象不同，一在自慰，一則童蒙綴字之助，前者無所爲而爲，後者具有實用目的，表現的方式自然出現些許的差異。（註一一）

　　五、主觀的介入與客觀描寫手法的呈現：

　　基於創作動機和讀者對象的別異，敘事描寫手法自然要有所分別，《聊齋》是主動積極的介入作品中，〈葉生〉一篇是作者的自述不言而喻，而有關科舉的篇章，篇篇都是作者對於該等制度是否公平的質疑，選出的是否盡是幹材，能爲天下蒼生作何許的服務？勿論站在考生的立場？或者從旁觀的大眾，對於落第考生的同情、失望，作者皆有感而發，以至於從各種觀點角度的眾多篇章，對此類主題一再的探討掘發，形成作者在作品中不斷給予讀者所要強烈傳達的中心思想和

訊息。

　　再者，一個科場順利的考生，在登榜之後，功名利祿、美眷高樓紛紛到來，毫無匱缺；然而失敗者需要面對的是農業社會中左鄰右舍親朋好友的同情或鄙笑。醉酒及足不出戶的逃避方式雖可解決一時；然而受己連累的家人妻小又將如何面對？這是一個耐人尋味的問題。事實上，《聊齋》對於異境的描寫從其序言詩作已可了然，但是對於女性情感的體會與處理，來自何處的啓示？是唐傳奇還是自身的體驗？畢竟它是明末清初色情與才子佳人小說充斥中難得一見的品味，儘管湯顯祖的戲劇和李卓吾等人的主張，已經朝此發展趨勢，而眞正寫入作品中的，蒲氏算是先鋒之一。如果說，其對這等溫情女性的描寫啓示來自斷斷續續的傳統，勿寧說明出自閨閣的體驗。一個人在失敗後，不如意時，別人的眼光和自己家人的態度，讓蒲氏的感覺竟然如此強烈的不同，也在他的心目中留下深刻的印象。所以其描寫妖狐鬼魅這些女性，多少是直以自己身旁的女性作爲模特兒，並且作了部份的美化與想像，自然就不再那麼可畏可怕了。

　　然而《夜窗》的寫作手法程度上就有些許的別異，從敘述觀點來看，石川幾近客觀的立場，純敘事的寫作，如實紀聞，然後加以趣味化，以投讀者所好。這種寫作方式來自中國傳統的史傳文學，也是明治以來日本通行的新聞報導文學特色，因此，其敘述觀點自與《聊齋》的篇章不同。所以我們很難看出《夜窗》中的主題中心思想何在？作者要表達何等問題，直是片段的趣味記錄日本的傳說或神話，未若《聊齋》一書所傳達的訊息那麼強烈感人。

六、淒美與怪異的意境表現：

　　對於作品意境的表現，《聊齋》可說幾近淒美的風格。傳奇文體受到六朝志怪的影響，絕對無庸置疑，〈古鏡記〉、〈遊仙窟〉及稍後的《玄怪錄》、《續玄怪錄》、《集異記》等作品事實具在。明初

《剪燈新話》及其續作繼承了這種寫作方式，卻闕少傳奇體中優秀名篇對現實社會存在問題的批判，《聊齋》在這傳統下，卻借用這種文體描寫怪異題材，並展開所處社會存在的現實問題加以批判，志怪的趣味已經不是主要的著墨重點，花妖狐鬼也非刻意寫作其怪異陰森的趣味，而是深具人性化後，人間難得的奇逢世界，不但返照出舊社會中不遇的讀書人或不能自己抉擇命運的男女情感，突顯大環境枷鎖著個人命運的奮鬥歷程，尤其人鬼殊途結合的可能性問題，其最後結局則是不言而喻又不得已的寄寓。因此，全書中除了〈屍變〉一篇稍爲讓人畏怖之情外，整體作品的意境表現讓讀者的感受十分的悽美，因此能得『鬼狐爲妻，花妖爲友』反而成爲大家羨慕的韻事。

但是《夜窗》展現的完全一派怪異作風，這是日本作品中的傳統（註一二）。〈轆顱首〉不只像〈酉陽雜俎〉中的飛頭故事，〈哭鬼〉是『赭髮白面，眼陷鼻尖』，而〈賣醴女〉、〈古怪寺〉、〈蛇妖〉、〈灶怪〉、〈鬼兒〉、〈天狗說〉……等篇章，非妖即怪，其描摹直承六朝志怪小說以來之特色，也是東洋怪異的特殊風味，這和《聊齋》的描摹重點是略有不同。

因此，就作品的意境表現而言，整體上《夜窗》一書讓人的感受未若《聊齋》的溫情感人與處處充滿了悽美的意境，反而是日本傳統怪異靈驗的作風繼承。

陸、結　論：

蒲松齡的《聊齋誌異》用傳奇筆法夾以志怪，廣搜民間神話傳說題材，託志寓意於異類世界，直如改寫舊作以成新篇，面目已非。兩百年後的日本漢學家石川鴻齋，受到他作品的影響，寫作《夜窗鬼談》一書，勿論寫作文體或搜集材料的方式，脫離不了《聊齋》的樊籬。可是因爲國籍的差異，時空的不同，民間神話傳說的題材也自有本國

傳統特色，尤其作家受到個人經驗及自身所處的時代和文化背景制約，使兩人在作品上既有部份相近的面貌，也呈現些許的不同，無論思想的傳承、果報迷信的觀點、寫作的動機、對象等方面，在在出現若干的距離，也使運用語言的描寫及產生的藝術效果大相逕庭。

【附註】

註　一　黑島千代撰，《聊齋志異與日本近代短篇小說的比較研究》（民國七十八年元月，中國文化大學中國文學研究所碩士論文），第三章，第40～91頁。

註　二　袁世碩，〈聊齋雜著考略〉，《蒲松齡事跡著述新考》（齊魯書社，1988年1月）〈下編〉第332～352頁。

註　三　關直義編，《近代漢學者傳記著作大事典》（東京、琳琅閣，一九七一年三版）。又參見《

註　四　章沛撰，〈聊齋志異個別作品中的民族思想〉，《聊齋志異的藝術》（木鐸出版社，中國古典小說名著叢刊之五）第119～133頁。

註　五　朱一玄編，《聊齋志異資料匯編》（中州古籍出版社，1985年2月第一版）第1～330頁。

註　六　汪玢玲撰，《蒲松齡與民間文學》（上海文藝出版社，1985年9月第一版）第48～62頁。

註　七　同註一，第64～69頁。

註　八　拙著，〈日本漢文小說目錄初稿〉，《域外漢文小說集》（學生書局，民國七十八年二月）第1～48頁。

註　九　同註一，第78頁。

註一〇　同上註，第344頁。

註一一　事實上，日本明治期間的漢學與清朝的傳統文學學術完全同病相『鄰』，宛如臨將停息的刺鳥，唱出哀怨無比又如此悅耳動人的輓歌，使唐宋

以來的各種文學體裁或各種學術，諸如詩、詞、曲、小說與經、史、子學等，都達到了頂峰，隨即沉寂。明治期間的日本漢學，不但是恢宏期，也是終結者，進入大正昭和，則每下愈況，其情景與清朝乾嘉時代頗爲類似。這時期的漢學家人材輩出，並致力與西學作最後一搏，如菊池三溪、依田學海等之漢文創作、編纂皆較前後時期作家的著作宏富成熟。石川在明治十二年左右曾與黃遵憲筆談，言及中國衆多小說何以傳至日本者不過數種，而黃氏卻極力推薦《紅樓》，可惜日人無法欣賞。也許經過這一刺激，引起石川有意以典雅的傳奇體創作，證明自己的語言能力。

註一二　同註一，第48～51頁。

中國歌詩的形式與音樂的關係

徐信義

提　要

　　本文討論樂曲的形式與中國歌詩形式的關係。歌詩是指配合樂曲的詩，即是當作歌詞的詩。樂曲的組織與表現方式，往往影響了歌詩的形式。從《詩經》、《楚辭》、漢樂府詩，到唐、宋曲子詞，以至於元、明的北曲、南曲，其外在形式與音樂的關係，實密不可分。因此，討論合樂的歌詩，必不可忽略音樂的因素。而且音樂的流變，也使不同音樂的歌詩，有不同的名稱，成為不同的文類。

一、前　言

　　中國的詩，習慣上依其與音樂的關係，分為：一、合樂的詩；二、徒詩。合樂的詩，又因音樂流變的關係，有楚辭、樂府詩、詞、曲等名目。本文稱此等合樂的詩（含《詩經》部分）為「歌詩」；部分具有文學價值的民歌，如：郭茂倩《樂府詩集》所錄的六朝時期之「吳聲歌曲」、「西曲歌」也包含在內。至如明、清時期的民間小曲，須從另外的角度去衡量；本文不擬討論。而應用於宗廟、郊祀的歌詩，即雅樂，文學價值不高，也不擬討論。至於徒詩，是文學家的作品，可供吟哦、朗誦，不是本文討論的對象；但是若被採為歌詞，即在本文討論的範圍。之所以不稱這類合樂之詩為「樂府詩」，是因為「樂府詩」有特定的範疇；固然也有人稱詞、曲為「樂府」，其實是通融的權變方式。所以不稱為「詩歌」，是因為一般人所稱的「詩歌」，

包含了合樂的歌詩與徒詩，以及部分民歌、歌謠。

　　本文所稱歌詩形式，僅指文句、篇章這種外在的文字組織形式，而不論及其他的藝術形式。之所以不以更明晰的術語來表達，純粹是爲了行文方便。而所稱音樂形式，也僅限於樂句、樂章的組織形式，及其在歌唱時或單遍或重復、或獨唱或合唱或輪唱的方式。

　　其實，音樂的流變，對所配歌詞的形式，並沒有任何影響。影響歌詞形式的，主要是樂曲的形式。而在中國，不同時代的歌詞——指音樂文學，因爲音樂特性的差異，造成不同的性質；爲了區別不同性質的歌詞，於是賦予不同的名稱，即不同的文類。因此，對於中國音樂的流變，仍有簡單敘述的必要。

　　中國早期的音樂，我們比較瞭解的是周代的音樂。當時音樂的音階，大約是以五音音階爲主，七音音階也同時存在。律呂已經有十二律，同時也有旋宮之說。至於音樂的性質，實已難以考究。然而談論中國音樂的人，習慣上以周代的音樂爲討論的起點；甚至以之爲古代中國音樂的代表。當時的音樂，有京畿地區的「雅」，帶有地方特性的「風」，楚地的歌，以及四方所謂夷狄之樂。當時的歌詩，主要是現在稱爲「詩經」的詩，以及楚辭。漢、魏時期，繼承周代音樂，又受西域音樂影響。漢武帝時設置「樂府」官署，收集並整理各地方的歌詩。東漢以降，雖沒有樂府官署，吾人仍稱漢代至唐代時期合樂的歌詩爲樂府詩。西元四世紀末，黃河流域開始傳入西域音樂。當時的西域音樂，實受到天竺樂的影響，與中國音樂大異其趣；不僅樂制不同，主要樂器不同，音樂情調、風格更是不同。這種新傳進來的音樂，稱爲「胡樂」；流行於黃河流域——或稱中原，亦即政治史上的北朝。而南朝仍以漢魏舊樂——即後世所稱「清樂」——爲主。當然，並不能嚴格劃分其界線。而且「胡樂」也逐漸與中國音樂相融合。到了隋朝，結束了南北對立的局面，使得音樂融合的速度加快。融合後的音

樂，稱爲「新聲」——唐代稱爲「俗樂」、「燕樂」。融合成熟，大約在唐代天寶（742～755）年間。這種「燕樂」的歌詞，主要是採擇詩人的詩作，配成歌詞。到了九世紀初期，逐漸有人依照樂曲的樂句組織來寫作歌詞；中期以後，慢慢蔚成風氣，形成「曲子詞」——即「詞」這種文類。到十二世紀初，又從北方傳入蒙古歌曲；逐漸由中原地區流傳至長江流域、閩、粵之地。這種歌曲的歌詞，即是「北曲」。在北曲流行時期，長江流域暨以南的地區，通行比較俚俗的「詞」——即「南曲」。南曲承襲兩宋詞，尤其是流行民間的俚俗歌詞。「詞」、「曲」的音樂，其樂制與「燕樂」並無不同；其差異主要是歌曲的風格。十五世紀以後，幾乎是南曲的天下。當然，由於地區的差異，而有各種唱腔出現。關於明、清時期的各種唱腔，其歌詩，須另文討論；本篇不擬敘述。

二、先秦時期

先秦時期的音樂，除了樂制以及樂器之外，所保存下來的資料，相當有限。音樂的表演，有歌唱與樂器演奏。樂曲的歌唱，有唱有和；樂器演奏，有獨奏有合奏：此可從文獻得知。樂譜既已不存，樂曲與歌詞如何相配，自然無從得知。——後世所傳詩經樂譜，如：朱熹（1130～1200）《儀禮經傳通釋‧風雅十二詩譜》、朱載堉（1536～1611）《樂律全書‧鄉飲詩樂譜》、清高宗（1736～1795在位）《欽定詩經樂譜》，雖然說是傳自唐代開元年間（713～741），其實不可相信眞是周代的歌譜。楊蔭瀏（1899～1984）《中國古代音樂史稿》曾推測《詩經》中〈國風〉與〈雅〉的曲式爲十種；並且據屈原（343？～285？　B.C.）的作品，討論楚歌有四種曲式（註一）。楊氏所謂「曲式」，並不是音樂學所謂的「樂式」（musical　form）或「歌曲形式」（song　form）；所謂「曲調」也不是音樂上的「曲調」。這是須要釐清的。

(一)《詩經》

《詩經》大約是西元前十一世紀至前六世紀中期的中國詩歌總集。在此之前，固然有其他詩歌，流傳下來的並不多；而且大部分是歌謠，在此姑且不問論。《詩經》的音樂，究竟如何？「曲式」如何？今亦無從詳細確知（註二）。吾人僅僅能從詩篇的組織形式，來判斷樂曲表演的可能形式。大體而言，《詩經》的詩篇，除了「頌」大部分是舞曲歌詞之外；「風」、「雅」的作品，是以民歌（song）爲大宗，部分可能是樂工作品。當然，這些民歌已不是民間歌謠的本來面貌（註三）。在比較原始的民歌中，如果歌曲重唱數遍，則每遍歌詞組織形式相同或相似。若依此推論，則詩章句子組織形式若相同或相似，應是歌曲之重唱。然則，《詩經》大部分的詩篇（「頌」之舞曲除外），其歌曲的表演形式，約可分爲大三類；而其詩句，則以四言爲主。

1.單一歌曲的反復——即詩章句型相同或相似

這類形式的歌詩，極爲常見。而其歌曲是一段曲式（one-part form）、二段曲式（two-part form）、三段曲式（three-part form）或其他曲式，已不能詳考。歌曲一遍又一遍的演唱，而歌詞可分爲下列三種形式：

(1)各章詩句形式相同。　　指每章詩句的文法結構相同，文字或有相當程度相沿襲之處。如〈周南・桃夭〉：

　　桃之夭夭，灼灼其華。之子于歸，宜其室家。

　　桃之夭夭，有蕡其實。之子于歸，宜其家室。

　　桃之夭夭，其葉蓁蓁。之子于歸，宜其家人。

此每章四句，各章極相似。就音樂言：似爲一段曲式，僅有一大樂句；爲民歌中最常見的形式。也有每章五句、六句、八句……的，每章極相似；音樂曲式爲一段、二段、三段或其他曲式。試再舉〈小雅・鶴鳴〉爲例：

鶴鳴于九皋，聲聞于野。魚潛在淵，或在于渚。樂彼之園，爰
有樹檀，其下維蘀。它山之石，可以爲錯。

鶴鳴于九皋，聲聞于天。魚在于渚，或潛在淵。樂彼之園，爰
有樹檀，其下維穀。它山之石，可以攻玉。

此歌曲唱兩遍，歌詞兩章。其他詩篇，章句未必如此整齊；但是，如
果各章句數相同、字數相同，極可能是歌曲的重唱，該歸於此類。

　　(2)不同詩章之後部分有完全相同的詩句。指在如上述形式詩章之
後，接著各章都出現相同的詩句。在音樂上，是歌曲反復演唱，唱第
二、三、……遍時，後部分有數句歌詞與首遍相同。有的是歌曲末一
句相同，如〈鄭風·褰裳〉末句爲「狂童之狂也且」；有的末兩句相
同，如〈邶風·北風〉：

北風其涼，雨雪其雱。惠而好我，攜手同行。其虛其邪，既亟
只且。

北風其涼，雨雪其霏。惠而好我，攜手同歸。其虛其邪，既亟
只且。

莫赤匪狐，莫黑匪烏。惠而好我，攜手同車。其虛其邪，既亟
只且。

此等末一或二句相同的，可視爲和聲——非音樂學之「和聲（har-
mony）」，而是中國音樂文學之應和聲。有的末三句相同，如〈鄘
風·桑中〉：

爰采唐矣，沬之鄉矣。云誰之思？美孟姜矣。期我乎桑中，要
我乎上宮，送我乎淇之上。

爰采麥矣，沬之北矣。云誰之思？美孟弋矣。期我乎桑中，要
我乎上宮，送我乎淇之上。

爰采葑矣，沬之東矣。云誰之思？美孟庸矣。期我乎桑中，要
我乎上宮，送我乎淇之上。

「期我乎桑中」以下三句，似乎是完整樂句（sentence）的歌詞，不只是應和聲而已。又如〈唐風‧采苓〉三章，每章八句，後四句皆爲「舍旃舍旃，苟亦無然。人之爲言，胡得焉。」又〈小雅‧縣蠻〉三章，每章八句，末四句皆爲「飲之食之，教之誨之，命彼後車，謂之載之。」也都是完整樂句的歌詞。而〈周南‧漢廣〉三章，每章八句，末四句皆爲「漢之廣矣，不可泳思。江之永矣，不可方思。」但是第一章與二、三章的首四句，句型並不相同；如果就歌曲配詞的方式來看，可以斷爲歌曲之反復。此等各章相同的歌詞，可以是原唱之人唱，也可以由其他人唱。若以曲式論：此類當視爲二段曲式，由Ａ Ｂ 兩個大樂句組成，每章詩的 Ｂ樂句歌詞相同。各詩章末六句相同的，如〈王風‧黍離〉三章，每章十句，末六句皆爲「知我者，謂我心憂；不知我者，謂我何求。悠悠蒼天，此何人哉。」似乎前四句一組，後二句一組。而〈秦風‧黃鳥〉三章，每章末六句相同，舉第一章爲例：

　　交交黃鳥，止于棘，誰從穆公？子車奄息。維此奄息，百夫之
　　特。臨其穴，惴惴其慄。彼蒼者天，殲我良人；如可贖兮，人
　　百其身。

「臨其穴，惴惴其慄」兩句，當與前兩句爲一組；故此詩章當視爲末四句相同。至於八句相同的，如〈鄭風‧溱洧〉：

　　溱與洧，方渙渙兮。士與女，方秉蕑兮。女曰觀乎？士曰既且。
　　且往觀乎，洧之外，洵訏且樂。維士與女，伊其相謔，贈之以
　　勺藥。
　　溱與洧，瀏其清矣。士與女，殷其盈矣。女曰觀乎？士曰既且。
　　且往觀乎，洧之外，洵訏且樂。維士與女，伊其相謔，贈之以
　　勺藥。

此詩各章前四句一組，中五句爲一組，末三句爲一組。若以曲式論，可視爲三段曲式，由三個大樂句組成。

　　(3)不同詩章之前部分有完全相同的詩句。　　指一詩篇中，每章首部分的詩句相同。每章首句歌詞相同的，極爲常見；僅一句相同，並未構成完整意義，可以不論。兩句相同的，如〈邶風・式微〉：

　　　　式微式微，胡不歸？微君之故，胡爲乎中露。

　　　　式微式微，胡不歸？微君之躬，胡爲乎泥中。

首二句與後二句實不可分，每章可視爲一大樂句的歌詞；與上文(1)項所述四句一章者相同。至於四句相同的，有〈豳風・東山〉詩：該詩四章，每章十二句，首四句皆爲「我徂東山，慆慆不歸。我來自東，零雨其濛。」此詩每章末八句的文法、句型結構雖不很相同，但因每章首四句相同，自可判斷是歌曲重複演唱。

　　(2)、(3)兩類中，一篇詩的詩章有兩句以上的詩句重見其他詩章的相應位置；楊蔭瀏稱此重複出現的詩句爲「副歌」（註四）。其實，在歌曲配詞時，如果曲子重唱數遍，自然可以將其中首、末部分的歌詞，依實際須要，在各遍重複出現。這在歌曲上，並不罕見。

　　2.兩段歌曲的反復——兩組不同句型詩章之組合

　　這是假定有兩段歌曲 a、b，各有反復而組成樂章；其歌詞也配合歌曲的形式組成詩篇。組合的形式，可以有兩類：一是各自反復而組成；二是交迭反復。

　　(1)各自反復。　　樂曲的組成方式爲 a a … b b …（a、b 曲子至少各反復一次）；相配的歌詞也以此方式組合。如〈鄭風・丰〉：

　　　　子之丰兮，俟我乎巷兮。悔予不送兮。

　　　　子之昌兮，俟我乎堂兮。悔予不將兮。

　　　　衣錦褧衣，裳錦褧裳。叔兮伯兮，駕予與行。

　　　　裳錦褧裳。衣錦褧衣，叔兮伯兮，駕予與歸。

又如〈唐風・葛生〉：

　　　　葛生蒙楚，蘝蔓于野。予美亡此，誰與獨處。

> 葛生蒙棘，蘞蔓于域。予美亡此，誰與獨息。
>
> 角枕粲兮，錦衾爛兮。予美亡此，誰與獨旦。
>
> 夏之日，冬之夜。百歲之後，歸于其居。
>
> 冬之夜，夏之日。百歲之後，歸于其室。

這是可以確定爲二曲各自反復後再組合成章。至如〈小雅·魚麗〉：

> 魚麗于罶，鱨鯊。君子有酒，旨且多。
>
> 魚麗于罶，魴鱧。君子有酒，多且旨。
>
> 魚麗于罶，鰋鯉。君子有酒，旨且有。
>
> 物其多矣，維其嘉矣。
>
> 物其旨矣，維其偕矣。
>
> 物其有矣，維其時矣。

看起來是 a a a b b b 的組合。可是我懷疑 b 應依序接於 a 之後，a b 合爲一曲，成爲 a1 b1、a2 b2、a3 b3，即是一曲子唱三遍；若然，則是（一）類單一歌曲之反復。

其他一些詩篇似可歸此類，如〈齊風·南山〉，爲 a a b b 四章，但 a a 首兩句之文法略有不同。〈小雅·小明〉爲 a a a b b 五章，而第一章與二、三兩章有部分詩句句法略異。

(2)交迭反復。　基本型式是 a b a b……；可以變化爲 a b b a a b 或者其他。楊蔭瀏曾舉〈大雅·大明〉爲「兩個曲調有規則地交互輪流，聯成一個歌曲」的例子；又舉〈小雅·斯干〉爲「兩個曲調不規則地交互輪流，聯成一個歌曲」的例子。（註五）〈大明〉即爲 a b a b a b a b 組合，〈斯干〉爲 a b b b b a b a a 組合；篇幅較長，不錄詩篇。

3. 非單一歌曲之組合──詩篇各章詩句組織形式未必相同或相似

在《詩經》中，除了上述兩大類以及每篇一章的「頌」外，均爲此類。其中又可分爲以下數類（以英文字母 a b……表曲子）：

　(1)歌曲由兩段不同的曲子組成。　　即 a b 形式；可能是二段曲式，也可能是組曲。其歌詞即是兩章不同句型的詩章。如〈魏風‧葛屨〉：

　　糾糾葛屨，可以履霜。摻摻女手，可以縫裳。要之襋之，好人服之。

　　好人提提，宛然左辟，佩其象揥。維是褊心，是以爲刺。

　(2)一段歌曲之後接反復之另段歌曲。　　即 a b b……形式；歌詞則是除首章外，各章形式相同。如〈秦風‧車鄰〉：

　　有車鄰鄰，有馬白顛。未見君子，寺人之令。

　　阪有漆，隰有栗。既見君子，並坐鼓瑟。今者不樂，逝者其耋。

　　阪有桑，隰有楊。既見君子，並坐鼓簧。今者不樂，逝者其亡。

至如〈召南‧行露〉：

　　厭浥行露。豈不夙夜，謂行多露。

　　誰謂雀無角，何以穿我屋？誰謂女無家，何以速我獄？雖速我獄，室家不足。

　　誰謂鼠無牙，何以穿我墉？誰謂女無家，何以速我訟？雖速我訟，亦不女從。

楊蔭瀏視爲「在一個曲調的幾次重複之前，用一個總的引子」（註六）；但是，孫作雲卻認爲本詩是誤合兩首詩而成（註七）。

　(3)一段歌曲之前有另段歌曲之反復。　　即 a a……b 的形式；歌詞則是前數章爲一類形式，末章爲另一形式。如：〈小雅‧苕之華〉：

　　苕之華，芸其黃矣。心之憂矣，維其傷矣。

　　苕之華，其葉青青。知我如此，不如無生。

　　牂羊墳首，三星在罶。人可以食，鮮可以飽。

又如〈召南‧野有死麕〉：

　　野有死麕，白茅包之。有女懷春，吉士誘之。

> 林有樸樕，野有死鹿。白茅純束，有女如玉。
>
> 舒而脫脫兮，無感我帨兮，無使尨也吠。

至於〈齊風‧甫田〉：

> 無田甫田，維莠驕驕。無思遠人，勞心忉忉。
>
> 無田甫田，維莠桀桀。無思遠人，勞心怛怛。
>
> 婉兮孌兮，總角丱兮。未幾見兮，突而弁兮。

第三章的句型與前兩章不同，其歌曲可能也不同；姑且列此。

　　(4)由三段或三段以上歌曲組成，其中部分可能反復。 即 a…b…c…形式；其歌詞即詩章的組成形式隨曲子而不盡相同。如〈豳風‧九罭〉：

> 九罭之魚，鱒魴。我覯之子，袞衣繡裳。
>
> 鴻飛遵渚，公歸無所，於女信處。
>
> 鴻飛遵陸，公歸不復，於女信宿。
>
> 是以有袞衣兮，無以我公歸兮，無使我心悲兮。

此為 a b b c 形式。又如〈鄘風‧君子偕老〉：

> 君子偕老，副笄六珈。委委佗佗，如山如河，象服是宜。子之不淑，云如之何。
>
> 玼兮玼兮，其之翟矣。鬒髮如雲，不屑髢也。玉之瑱也，象之揥也，揚且之皙也。胡然而天也，胡然而帝也。
>
> 瑳兮瑳兮，其之展也。蒙彼縐絺，是紲袢也。子之清揚，揚且之顏也。展如之人兮，邦之媛也。

則是 a b c 形式。至如〈小雅‧巷伯〉，則為 a a a a b c d 形式。其實，僅從詩章章句形式，是無法正確判斷其歌曲是否相同。也許一段歌曲的反復，卻配了不同形式的歌詞，如「大雅」與部分「風」、「小雅」等士大夫或樂工的作品，即使詩篇各章章句的文法形式不同，但是章句字數整齊，很可能各章的歌曲是相同的。歌曲無存，文獻不

足，杞宋不足徵，只可臆測。

(二)《楚辭》及其他

　　西元前四世紀前後，長江中游一帶——即當時楚國——的詩歌，保存下來的，主要是見於今傳《楚辭》中。《楚辭・九歌》十一篇，王逸（二世紀初在世）以爲係屈原見到沅、湘流域的「祭祀之禮，歌舞之樂，其辭鄙陋，因作九歌之曲」（註八）。其說大致可信。〈九歌〉是祭祀歌舞之歌詞。其他的《楚辭》作品是否爲歌詞，恐怕有待斟酌；而〈離騷〉、〈招魂〉、〈九章・涉江、哀郢、抽思、懷沙〉諸篇的「亂曰」，〈抽思〉的「倡」、「少歌」，此似可定爲歌詞。

　　〈九歌〉十一篇，大約是一組祭祀歌舞曲子。各篇章句並不一致；有各章較整齊的，如〈大司命〉：

　　廣開兮天門，紛吾乘兮玄雲。令飄風兮先驅，使凍雨兮灑塵。
　　君迴翔兮以下，踰空桑兮從女。紛總總兮九州，何壽夭兮在予。
　　高飛兮安翔，乘清氣兮御陰陽。吾與君兮齋速，導帝之兮九坑。
　　靈衣兮被被，玉佩兮陸離。壹陰兮壹陽，眾莫知兮余所爲。
　　折疏麻兮瑤華，將以遺兮離居。老冉冉兮既極，不寖近兮愈疏。
　　乘龍兮轔轔，高駝兮沖天。結桂枝兮延竚，羌愈思兮愁人。
　　愁人兮奈何，願若今兮無虧。固人命兮有當，孰離合兮可爲。

雖是每章四句，但每句字數並不相等。就歌詞配樂而言，仍可視爲一歌曲之反復；歌詞一遍爲一章，合七章爲一篇。至如〈雲中君〉：

　　浴蘭湯兮沐芳，華采衣兮若英。靈連蜷兮既留，爛昭昭兮未央。
　　蹇將憺兮壽宮，與日月兮齊光。龍駕兮帝服，聊翱游兮周章。
　　靈皇皇兮既降，猋遠舉兮雲中。覽冀州兮有餘，橫四海兮焉窮。
　　思夫君兮太息，極勞心兮忡忡。

則是前二章反復，第三章不同。其它各篇的章句，或近似，或相同，或參差不齊，不能遍舉。

(三)其 它

先秦時期的詩歌，除了《詩經》、《楚辭》外，散見於各種文獻；郭茂倩《樂府詩集》、沈德潛（1673～1769）《古詩源》、逯欽立《先秦漢魏晉南北朝詩》，輯錄較富。不過，其中一些資料仍有待甄別。而且，其歌與詩相配的情形，也很難考究。如《尚書・皋陶謨》所載君臣賡歌（註九）：

> 股肱喜哉，元首起哉，百工熙哉。
>
> 元首明哉，股肱良哉，庶事康哉。
>
> 元首叢脞哉，股肱惰哉，萬事墮哉。

第一章爲舜帝唱，二、三兩章爲皋陶所唱，似爲即興而唱，未必有樂器伴奏；且似歌謠。《論語・微子》載接輿之歌：

> 鳳兮鳳兮，何德之衰。往者不可諫，來者猶可追。已而已而，今之從政者殆而。

似乎是依歌曲即興作歌詞。《孟子・離婁篇上》載孺子之歌：

> 滄浪之水清兮，可以濯我纓。滄浪之水濁兮，可以濯我足。

則是民歌歌詞。《國語・晉語二》載：驪姬通優施，欲殺申生，立奚齊，懼里克爲難；優施建議飲里克酒，筵席中優施起舞，歌曰：

> 暇豫之吾吾，不如鳥鳥。人皆集於苑，己獨集於枯。

藉歌詩來諷勸里克。此亦是依歌作詞。《史記・宋微子世家》載：箕子朝周，過故殷虛，感宮室毀壞生禾黍，作〈麥秀〉之詩以歌之：

> 麥秀漸漸兮，禾黍油油。彼狡童兮，不與我好兮。

《史記・伯夷列傳》載：周滅殷，伯夷、叔齊不食周粟，隱於首陽山，采薇而食；及餓且死，作歌曰：

> 登彼西山兮，采其薇矣。以暴易暴兮，不知其非矣。
>
> 神農虞夏忽焉沒兮，我安適歸矣。于嗟徂兮，命之衰矣。

此等依歌所作之詞，似無樂器伴奏，實爲「徒歌」。又《史記・刺客

列傳》載：荊軻辭燕太子丹西入秦，臨行，高漸離擊筑，荊軻和而歌
之：

> 風蕭蕭兮易水寒，壯士一去兮不復還。

也是依歌作詩。又《史記・滑稽列傳》載：優孟為舒解孫叔敖子之貧
困，扮為孫叔敖，以引起楚莊王注意，趁機在莊王前歌曰：

> 山居耕田苦，難以得食；起而為吏。身貪鄙者餘財，不顧恥辱，
> 身死家室富。又恐受賕枉法，為姦觸大罪，身死而家滅；貪吏
> 安可為也。
>
> 念為廉吏，奉法守職，竟死不敢為非。廉吏安可為也。楚相孫
> 叔敖，持廉至死，方今妻子窮困，負薪而食；安可為也。（註一
> ○）

歌詞參差，不如《詩經》、民歌整齊；當是優孟依拍作詞，所據歌曲
恐非民歌。劉向（77～6 B.C.）《說苑》載：鄂君子皙泛舟於新波之
中，越人擁楫而歌：

> 濫兮抃草濫予昌枑澤予昌州州鍖州焉乎秦胥胥縵予乎昭澶秦踰
> 滲惿隨河湖

鄂君聽不懂，召人翻譯：

> 今夕何夕兮，搴洲中流。今日何日兮，得與王子同舟。蒙羞被
> 好兮，不訾詬恥。心幾頑而不絕兮，得知王子。山有木兮木有
> 枝，心說君兮君不知。

雖是翻譯之作，應仍是合樂之作。其它文獻上之歌詞尚多，不贅述。

三、漢魏六朝時期

　　漢魏六朝時期，約當西元前三世紀末，至西元後六世紀，有八百
多年之久。在音樂發展史上已有相當大的變化。先是漢代音樂之流行，
然後是西域音樂的輸入。就歌詩而言：則是先有漢魏樂府詩之盛行，

繼而吳聲歌曲與西曲歌之流行於江淮流域，黃河流域則通行北方民歌以及外來歌曲。到了隋朝統一天下（西元581年），中國音樂進入新的境界。試略述其變化之跡。

班固（32～92）《漢書・禮樂志》載：武帝「立樂府，采詩夜誦；有趙、代、秦、楚之謳；以李延年爲協律都尉。多舉司馬相如等數十人造爲詩賦，略論律呂，以合八音之調，作十九章之歌。」〈藝文志〉也載：「自孝武立樂府而采歌謠，於是有代、趙之謳，秦、楚之風。皆感於哀樂，緣事而發，亦可以觀風俗，知厚薄。」。立「樂府」官署，事在元鼎六年（111 B.C.）（註一一）。其重要職掌，即是搜集各地方歌曲、歌詞；或撰作歌曲，寫作歌詞；或爲文士所作詩賦配譜樂曲；在重要典禮或宴會中表演。雖然綏和二年（7 B.C.）時哀帝罷廢樂府官署，其後不再設置；但是宋、齊、梁以來的學者，卻稱此等合樂的詩爲「樂府詩」（註一二），省稱樂府。其實在立「樂府」之前的漢代歌詩，習慣上也稱爲「樂府詩」。

西漢樂府歌詩來源有二：地方之歌謳與文士之詩。兩者皆須「略論律呂」，即經樂工整理或新配樂曲。武帝時，樂府官屬少府，（當時另有太樂，屬太常。）綏和二年（7 B.C.），哀帝下詔：「其罷樂府官。郊祀樂及古兵法武樂在經非鄭、衛之樂者，別屬他官。」大抵歸太常之大樂。東漢明帝永平三年（60A.D.）改太樂爲太予樂。（註一三）然而東漢明帝時樂有四品：大予樂、雅頌樂、黃門鼓吹樂、短簫鐃歌。（註一四）《後漢書・孝安帝紀》：永初元年（107 A.D.）「詔太僕少府減黃門鼓吹，以補羽林士」。是東漢別有黃門鼓吹演奏音樂。

曹魏以太樂領諸樂，晉代仍襲不改。至於第四世紀，五胡亂華，晉朝播遷；成爲政治史上的南北朝。北朝音樂以西域傳入的胡樂爲主，南朝以清商樂（實爲漢、晉音樂系統之地方音樂）爲主；漢、晉以來舊樂幾乎滅絕。隋、唐音樂，已自爲統類，非中國漢、晉音樂系統。

　　歷來學者對本時期歌詩──樂府詩之分類，各有不同。鄙意以為：
余雅樂系統的郊廟、燕射歌詞外，可分為徒歌、相和歌、大曲、舞曲、
鼓吹（含鐃歌、橫吹）、清商樂。其中大曲是不是須自相和歌中別出，
尚待斟酌。此外，漢武帝時曾將詩篇作為郊祀歌，如：《史記·樂書》
載：嘗得神馬渥洼水中，作太一之歌，詩曰：

　　　　太一貢兮天馬下，霑赤汗兮沫流赭。騁容與兮跇萬里，今安匹
　　　　兮龍與友。

後伐大宛，得千里馬，馬名蒲梢；又作以為歌。歌詩曰：

　　　　天馬來兮從西極，經萬里兮歸有德。承威靈兮降外國，涉流沙
　　　　兮四夷服。

可是《漢書·禮樂志》載二歌詩，歌詞形式與此不同：

　　　　太一況，天馬下；霑赤漢，沫流赭。

　　　　志俶儻，精權奇；𨄮浮雲，晻上馳。

　　　　體容與，跇萬里；今安匹，龍為友。

　　　　元狩三年（〈武帝紀〉作「元鼎四年」）馬生渥洼水中作。

　　　　天馬徠，從西極；涉流沙，九夷服。

　　　　天馬徠，出泉水；虎脊兩，化若鬼。

　　　　天馬徠，歷無草；徑千里，循東道。

　　　　天馬徠，執徐時；將搖舉，誰與期。

　　　　天馬徠，開遠門；竦予身，逝昆侖。

　　　　天馬徠，龍之媒；游閶闔，觀玉臺。

　　　　太初四年誅宛王獲宛馬作。

當是《史記》所記為歌詩，《漢書》所載為樂工配樂之詞。此等作品
值得注意。

　　㈠徒歌

　　《樂府詩集》有「雜歌謠詞」、「雜曲」類，錄未合管絃之詩或

歌謠；實以徒歌爲大宗。此等作品，時時皆有；但舉漢代部份歌詞爲例。

　　考漢初王侯將相，能爲歌詩的不在少數。如項籍（232～202 B.C.）被困垓下，夜聞四面楚歌，於是與虞姬起飲帳中，歌曰：

> 力拔山兮氣蓋世，時不利兮騅不逝。騅不逝兮可奈何，虞兮虞
> 兮奈若何。

當是依其熟知的曲子唱歌詞。又如漢高祖劉邦（247？～195 B.C.）既定天下，還過沛，置酒，歌曰：

> 大風起兮雲飛揚。威加海內兮歸故鄉。安得猛士兮守四方。

應是依其熟悉的曲子唱歌詞。《史記·呂后本紀》載：趙王劉友（？～185 B.C.）以諸呂女爲后，不愛，愛他姬；諸呂女讒於太后。太后召趙王，至，置邸不見，令衛圍守之，不與飲食。趙王餓，乃歌曰：

> 諸呂用事兮劉氏危，迫脅王侯兮彊授我妃。
> 我妃既妒兮誣我以惡，讒女亂國兮上曾不寤。
> 我無忠臣兮何故棄國，自決中野兮蒼天舉直。
> 于嗟不可悔兮寧蚤自財，爲王而餓死兮誰者憐之。
> 呂氏絕理兮託天報仇。

此篇也當是依歌曲唱歌詞，只是不知係一章或多章？《史記·河渠書》載：黃河決口於瓠子。武帝劉徹（157～87 B.C.）親臨瓠子，悼功之不成，作歌二篇，其一：

> 瓠子決河兮將柰何，皓皓旴旴兮閭殫爲河。
> 殫爲河兮地不得寧，功無已時兮吾山平。
> 吾山平兮鉅野溢，魚沸鬱兮柏冬日。
> 延道弛兮離常流，蛟龍騁兮方遠遊。
> 歸舊川兮神哉沛，不封禪兮安知外。
> 爲我謂河伯兮何不仁，泛濫不止兮愁吾人。

　　囂桑浮兮淮泗滿，久不反兮水爲緩。

本篇十四句，當不止一章。另一篇八句，亦不止一章。史載：武帝二歌既作，果然堵塞瓠子決口。

　　上述諸歌詩，都有「兮」字語氣詞；學者稱此爲楚歌體。此外，尚有不少歌詩傳世。如樂工李延年知音，爲武帝所愛；曾在武帝前起起舞而歌：

　　北方有佳人，絕世而獨立。一顧傾人國，再顧傾人城。

　　寧不知傾城與傾國，佳人難再得。

實際是要推介其妹與武帝。歌詩六句，五句五字，一句八字。當是依歌唱詞，沒有樂器伴奏，應是「徒歌」。凡此等作品，史不絕書，不備舉。

(二)相和歌

　　沈約（441～513）《宋書·樂志三》：「相和，漢舊歌也。絲竹更相和，執節者歌。」現存作品，大抵見於《宋書》、《樂府詩集》。其中有晉時荀勗（？～289）「撰舊詞施用」的清商三調歌詩。其餘，我們不能確定何者是原詩，何者爲入樂歌詩。如〈江南〉一曲，《宋書》稱「古辭」，《樂府詩集》稱「魏晉樂所奏」；而《藝文類聚》卷八二逕稱爲「詩」：

　　江南可採蓮，蓮葉何田田。魚戲蓮葉間：魚戲蓮葉東，魚戲蓮
　　葉西，魚戲蓮葉南，魚戲蓮葉北。

又有將歌謠改編，其音樂與歌詞形式大爲改變。如《後漢書·五行志一》載：靈帝中平中京都歌曰：

　　承樂世，董逃。遊四郭，董逃。蒙天恩，董逃。帶金紫，董逃。
　　行謝恩，董逃。整車騎，董逃。垂欲發，董逃。與中辭，董逃。
　　出西門，董逃。瞻宮殿，董逃。望京城，董逃。日月絕，董逃。
　　心摧傷，董逃。

「董逃」應是和聲。而《樂府詩集》錄【董逃行】（《宋書》「逃」作「桃」）有五解：

> 吾欲上謁從高山，山頭危險大難言。遙望五嶽端，黃金爲闕斑璘。
>
> 但見芝草落葉紛紛。〔一解〕
>
> 百鳥集，來如煙，山獸紛綸，麟辟邪其端。鵾雞聲鳴，但見山獸援戲相拘攀。〔二解〕
>
> 小復前行玉堂，末心懷流還。傳教出門來，門外人何求所言，欲從聖道求一得命延。〔三解〕
>
> 教敕凡吏受言：採取神藥若木端，白兔長跪擣藥蝦蟆丸。奉上陛下一玉柈，服此藥可得神仙。〔四解〕
>
> 服爾神藥莫不歡喜，陛下長生老壽。四面肅肅稽首，天神擁護左右，陛下長與天相保守。〔五解〕

所謂「解」，『凡諸調歌詞，並以一章爲一解。《古今樂錄》曰：「倚歌以一句爲一解，中國以一章爲一解。」王僧虔〈啓〉云：「古曰章，今曰解；解有多少。當時先詩而後聲；詩敘事，聲成文。必使志盡於詩，音盡於曲；是以作詩有豐約，制解有多少。」』（註一五）則「解」似就音樂而言。可能一解爲一樂章；五解爲五樂章。每樂章可以相同，也可以部分相同，或全異。五解，可能是五章重復，或其中數章重復。樂曲不存，難已考知。楊蔭瀏以爲「解」是在歌唱之後，加上不唱的樂器演奏，（註一六）如隋、唐音樂之有「解音」。楊氏之說若成立，則每段仍只是一樂章而已。【董逃行】五解，各解章句並不相同。這種情況在漢、魏、晉樂府詩中，極爲常見。有的作品無從定其章解，如【平陵東】：

> 平陵東，松柏同，不知何人劫義公。劫義公在高堂下，交錢百萬兩走馬。

兩走馬，亦誠難；顧見追吏心中惻。心中惻，血出漉；歸告我
家賣黃犢。

《樂府詩集》謂：「魏晉樂所奏。」其句式並不整齊。又如【君子行
】：

君子防未然，不處嫌疑間。瓜田不納履，李下不整冠。嫂叔不
親授，長幼不比肩。勞謙得其柄，和光甚獨難。周公下白屋，
吐哺不及餐；一沐三握髮，後世稱聖賢。

句式整齊，不審該分幾章？其餘難以分章的尚多，不能遍舉。有的原
詩具存，而撰為歌詩之後，則改變原章句；前所引〈太一〉、〈天馬〉
即是將詩改為郊祀雅樂。將詩撰為相和歌詞的，如曹操（155～220）
【短歌行】詩：

對酒當歌，人生幾何？譬如朝露，去日苦多。
慨當以慷，憂思難忘。何以解憂？唯有杜康。
青青子衿，悠悠我心。但為君故，沉吟至今。（註一七）
呦呦鹿鳴，食野之苹。我有嘉賓，鼓瑟吹笙。
明明如月，何時可掇？憂從中來，不可斷絕。
越陌度阡，枉用相存。契闊談讌，心念舊恩。
月明星稀，烏鵲南飛；繞樹三匝，無枝可依。
山不厭高，海不厭深。周公吐哺，天下歸心。

曹氏原作如何分章，已不可詳知；此依其韻腳分為八章。但是晉樂所
奏，則分為六解：

對酒當歌，人生幾何？譬如朝露，去日苦多。〔一解〕
慨當以慷，憂思難忘。以何解愁？唯有杜康。〔二解〕
青青子衿，悠悠我心。但為君故，沉吟至今。〔三解〕
明明如月，何時可掇？憂從中來，不可斷絕。〔四解〕
呦呦鹿鳴，食野之苹。我有嘉賓，鼓瑟吹笙。〔五解〕

　　　山不厭高，海不厭深。周公吐哺，天下歸心。〔六解〕

則將原詩撰爲六解。因爲魏、晉樂【短歌行】只有六解；而當時詩家
作品不入樂諸作，或十四句，或二十句，或二十四句，各不等。則酌
樂歌詩，受制於樂章，於此可見。

㈢大曲

　　「大曲」之名，已見於蔡邕（133～192）〈女訓〉：「舅姑若命
之鼓琴，……大曲，三終則止。」（註一八）蔡氏所云，與本文所述者
不同。此所謂「大曲」，係歌舞曲，有歌有舞；與純舞曲不同。近時
學者如丘瓊蓀〈漢大曲管窺一文〉已考明。《宋書・樂志》錄大曲十
五首，與「相和」並列；《樂府詩集》則將「大曲」列於「相和」中，
今人如陸侃如《樂府古辭考》也將「大曲」列於「相和」中。其實二
者並不相類。《樂府詩集》卷廿六：「諸調曲皆有辭有聲；而大曲又
有豔有趨有亂。辭者其詩也；聲者若羊吾夷、伊那何之類也。豔在曲
之前，趨與亂在曲之後；亦猶吳聲、西曲前有和，後有送也。」又卷
四十三引陳釋智匠《古今樂錄》：「凡諸大曲竟黃老彈獨出舞。」語
雖不甚可解，其有舞是確然可知。可見「相和」只有辭、聲；而「大
曲」有辭、聲、豔、趨、亂，又有舞。而「解」之意，與「相和歌」
同。

　　今存漢、晉大曲，大抵爲魏、晉樂所奏。《宋書》僅錄晉樂所奏，
皆注明「解」次，有的且注明豔、趨、亂。有的尚可考明本辭。本辭
與歌詞往往相出入，如【東門行】本辭：

　　　出東門，不顧歸。來入門，悵欲悲。盎中無斗米儲，還視架上
　　無懸衣。

　　　拔劍東門去，舍中兒母牽衣啼。他家但願富貴，賤妾與君共餔
　　糜。

　　　上用倉浪天故，下當用此黃口兒。今非……咄……行，吾去爲

遲。

白髮時下難九居。

而《樂府詩集》載晉樂所奏：

出東門，不顧歸。來入門，悵欲悲。盎中無斗儲，還視桁上無懸衣。〔一解〕

拔劍出門去，兒女牽衣啼。他家但願富貴，賤妾與君共餔糜。〔二解〕

共餔糜。上用倉浪天故，下爲黃口小兒。今時清廉，難犯教言，君復自愛莫爲非。〔三解〕

今時清廉，難犯教言，君復自愛莫爲非。行，吾去爲遲。平愼行，望君歸。〔四解〕

入樂之後，不僅改變文字，更改變原詩所表達的精神。至於豔、趨、亂的，《樂府詩集》卷四十三云：「其【羅敷】、【何嘗】、【夏門】三曲前有豔後有趨。【碣石】一篇有豔。【白鵠】、【爲樂】、【王者布大化】三曲有趨。【白頭吟】一曲有亂。」按：【豔歌羅敷行】三解：「但坐觀羅敷」以前爲一解；「使君從南來」至「羅敷自有夫」爲二解；「東方千餘騎」至末爲三解。《宋書》、《樂府詩集》在三解末注明：「前有豔詞，曲後有趨」。晉樂所奏古辭【豔歌何嘗行】：

飛來雙白鵠，乃從西北來。十十五五，羅列成行。〔一解〕

妻卒被病，行不能相隨。五里一反顧，六里一徘徊。〔二解〕

吾欲銜汝去，口噤不能開。吾欲負汝去，毛羽何摧穨。〔三解〕

樂哉新相知，憂來生別離。躑躅顧群侶，淚下不自知。〔四解〕

念與君離別，氣結不能言。各各重自愛，遠道歸還難。妾當守空房。

閉門下重關。若生當相見，亡者會黃泉。今日樂相樂，延年萬

　　　　歲期。〔「念與」下爲「趨」。〕

至於「豔」，僅魏、晉樂所奏魏武、明帝【步出夏門行】有歌詞，餘
並無。〈白頭吟〉有「亂」，然《宋書》、《樂府詩集》並未在曲詞
中注明；錄《樂府詩集》：

　　　皚如山上雪，皎若雲閒月。聞君有兩意，故來相決絕。〔一解〕
　　　平生共城中，何嘗斗酒會。今日斗酒會，明旦溝水頭；躞蹀御
　　　溝上，溝水東西流。〔二解〕
　　　郭東亦有樵，郭西亦有樵。兩樵相推與，無親爲誰驕。〔三解〕
　　　淒淒重淒淒，嫁娶亦不啼。願得一心人，白頭不相離。〔四解〕
　　　竹竿何嫋嫋，魚尾何離簁。男兒欲相知，何用錢刀爲。
　　　厥如（如字下或有五字）馬噉其，川上高士嬉。今日相對樂，
　　　延年萬歲期。〔五解〕

按：《宋書》「豔」作「𧬲」；未注明四解、五解；題下注明「與【
櫂歌】同調」；文末注明「一本云：詞曰上有紫羅咄咄奈何」。若據本
辭與魏明帝【櫂歌行・王者布大化】五解又有「趨」的情形而論，「
竹竿」至「錢刀爲」當是第五解。「厥如」以下爲「亂」。一本的「
詞曰」即「辭曰」，疑是「亂曰」之誤。

　　　由上所述，可見大曲歌詩形式受樂曲影響，每句字數並不整齊。

　　㈣**舞曲**

　　　就現有資料看來，舞曲與大曲並不相同。舞曲以舞爲主，音樂實
非主體；大曲大約以歌爲主，舞僅爲其中一部份。據《樂府詩集》卷
五十二載：「有雅舞，有雜舞。雅舞用之郊廟、朝饗；雜舞用之宴會。」
然則雅舞類似周代之「頌」，就今存作品而論，無甚文學價值。至於
雜舞，《樂府詩集》卷五十三稱：「公莫、巴渝、槃舞、鞞舞、鐸舞、
拂舞、白紵之類是也。其始皆出自方俗，後浸陳於殿庭。」今存較早
之雜舞曲，當是見錄於《宋書・樂志四》之鐸舞歌詩〈聖人制禮樂〉

篇、巾舞歌詩〈公莫〉，疑是漢時樂曲；然難以句讀。《宋書》引景袥《廣樂記》：「言字訛謬，聲辭雜書。」《古今樂錄》稱：「古鐸舞曲有〈聖人制禮樂〉一篇，聲、辭雜寫，不復可辨；相傳如此。」又云：「巾舞，古有歌辭，訛異不可解。」（註一九）謹依清乾隆武英殿本《宋書》分句，錄〈聖人制禮樂篇〉於下（每句間空一字）：

> 昔皇文武邪　彌彌舍善　誰吾時吾　行許帝道　銜來治路萬邪
>
> 治路萬邪赫赫　意黃運道吾　治路萬邪　善道明邪金邪　善道
>
> 　明邪金邪帝邪　近帝武武邪邪　聖皇八音　偶邪尊來　聖皇八
>
> 音　及來義邪同邪　烏及來義邪　善草供國吾　呰等邪烏　近
>
> 帝邪武邪　近帝武邪武邪　應節合用　武邪尊邪　應節合用　酒
>
> 期義邪同邪　酒期義邪　善草供國吾　呰等邪烏　近帝邪武邪
>
> 近帝武武邪邪　下音足木　上爲鼓義邪　應眾義邪　樂邪邪延
>
> 否　已邪烏已禮祥　呰等邪烏　素女有絕其聖烏烏武邪

實無從斷句。其中有一些「字」可能是表示音階的符號，但與【巾舞‧公莫】相同者並不多；實在難以解讀。至於魏、晉以後作品，章句清楚，如傅玄（217～278）有所造晉曲【鐸舞‧雲門篇】：

> 黃雲門，唐咸池，虞韶舞，夏夏殷濩，列代有五。振鐸鳴金，近大武。
>
> 清歌發唱，形爲主。聲和八音，協律呂。身不虛動，手不徒舉。應節合度，周其敘。時奏宮角，雜之以徵羽。下屬眾目，上從鐘鼓。樂以移風，與禮德相輔。安有失其所。

又如曹植（192～232）【鼙舞歌】五篇：〈聖皇篇〉、〈零芝篇〉、〈精微篇〉均爲五言；〈大魏篇〉五言，中雜七言三句，六言二句；〈孟冬篇〉四言，「亂曰」五言。（註二○）其實，舞曲作品以舞容爲主，文學價值不高。

　　㈤鼓吹

　　鼓吹，原是軍中之樂；後亦用之於殿庭。此言「鼓吹」，包含漢短簫鐃歌，後世鼓吹，以及漢代以下之橫吹。

　　1.漢短簫鐃歌

　　蔡邕曰：「短簫鐃歌，軍樂也。」（註二一）原二十二曲，後存十八曲。《宋書·樂志四》：「漢鼓吹鐃歌十八篇，按《古今樂錄》：皆聲、辭、豔相雜，不可復分。」雖有些曲子的歌詞難解，亦有可知者；錄【有所思】：

> 有所思，乃在大海南。何用問遺君，雙珠瑇瑁簪，用玉紹繚之。聞君有他心，拉雜摧燒之；摧燒之，當風揚其灰。從今以往，勿復相思；相思……與君絕。雞鳴狗吠，兄嫂當知之。妃呼豨，秋風肅肅晨風颸，東方須臾高知之。

其中「妃呼豨」不可解，疑為「聲」；又不知是否分章解。再如【上邪】：

> 上邪！我欲與君相知，長命無絕衰。山無陵，江水為竭，冬雷震震夏雨雪，乃敢與君絕。

則是熾烈的情歌。漢以後至齊、梁，各有鼓吹。錄韋昭所作吳鼓吹曲【玄化】——當漢之【上邪】：

> 玄化象以天，陛下聖真。張皇綱，率道以安民。惠澤宣流而雲布，上下睦親。君臣酣宴樂，激發弦歌揚妙新。修文籌廟勝，須時備駕巡洛津。康哉泰，四海歡忻。越與三五鄰。

其句數、句式與漢曲不同。其中原故，待考。

　　2.橫吹

　　《樂府詩集》卷廿一：「橫吹曲，其始亦謂之鼓吹；馬上奏之，蓋軍中之樂也。……有簫笳者為鼓吹；……有鼓角者為橫吹。」《古今樂錄》曰：「橫吹，胡樂也。張騫入西域，傳其法於長安，唯得〈摩訶兜勒〉一曲；李延年因之更造新聲二十八解。乘輿以為武樂。後

漢以給邊將，萬人將軍得之。在俗用者，有【黃鵠】、【隴頭】、【出關】、【入關】、【出塞】、【入塞】、【折楊柳】、【黃覃子】、【赤之楊】、【望行人】十曲。」（註二二）按：上述諸曲，今皆亡其辭；隋、唐詩人諸作，疑非依樂曲製歌詞。《樂府詩集》卷廿一：「後又有【關山月】等八曲，後世之所加也。」錄無名氏【出塞】：

> 候騎出甘泉，奔命入居延，旗作浮雲影，陣如明月弦。

為五言四句。歌詞雖短，但音樂至少是一大樂句。而且曲子可以一再反復的唱。再錄鮑照（405～466）【梅花落】：

> 中庭雜樹多，偏為梅咨嗟，問君何獨然？念其霜中能作花，露中能作實；搖蕩春風媚春日，念爾零落逐風飆，徒有霜華無霜質。

五言四句，七言四句。與他人作五言八句者不同。雖不同，大約皆是二大樂句。

3.鼓角橫吹

《樂府詩集》卷廿五錄「梁鼓角橫吹曲」，並引《古今樂錄》：「梁鼓角橫吹曲有【企喻】、【瑯琊王】、【鉅鹿公主】、【紫騮馬】、【黃淡思】、【地驅樂】、【雀勞利】、【慕容垂】、【隴頭流水】等歌三十六曲。……是時樂府胡吹舊曲有【大白淨皇太子】……十四曲，……又有【隔谷】……等二十七曲。」按：據歌詞及相關資料，除梁武帝、吳均諸人所作，其餘不知作者諸作品，大抵為北朝歌曲。錄【鉅鹿公主歌】：

> 官家出遊，雷大鼓。細乘犢車，開後戶。
>
> 車前女子，年十五。手彈琵琶，玉節舞。
>
> 鉅鹿公主，殷照女。皇帝陛下，萬幾主。

「右三曲，曲四解」。此所謂「解」，疑是「偏歌以一句為一解」之「解」；也可能是樂曲一遍。逯欽立錄此三曲，作每曲二句，（註二三）

恐非是。再錄【企喻歌】一曲四解〔原四曲〕：

　　　男兒欲作健，結伴不須多。鷂子經天飛，群雀兩向波。

則是五言四句，句式整齊。又如【地驅樂歌】四曲曲四解，錄其一：

　　　青青黃黃，雀石穨唐。槌殺野牛，押殺野羊。

則是四言四句。上述歌詩甚短，但歌曲至少是一完整大樂句。

㈥清商曲

「清商曲」之名起於西域音樂流行黃河流域之後。王僧虔（426〜485）謂：「今之清商，實由銅雀。魏氏三祖，風流可懷；京洛相高，江左彌重。而情變聽改，稍復零落；十數年間，亡者將半。所以追餘操而長懷，撫遺器而太息者矣。」（註二四）魏收（506〜572）《魏書·樂志》：「永嘉（307〜312）以下，海內分崩；伶官、樂器，皆為劉聰、石勒所獲。……逮太祖定中山（396 A.D.），獲其樂縣。……初，高祖（按：魏孝文帝）討淮、漢（495〜499），世宗（按：魏宣武帝）定壽春（500 A.D.），收其聲伎，得江左所傳中原舊曲【明君】、【聖主】、【公莫】、【白鳩】之屬，及江南吳歌、荊楚西聲，總謂之清商；至於殿庭宴饗兼奏之。」（註二五）到隋朝統一天下，設七部樂，其二即清商伎。是清商曲指南北朝西域音樂流行時之中國音樂，尤指漢、魏舊曲遺聲，及南朝吳聲歌曲、西曲歌；此等歌曲用中國樂制，具中國特色，不與西域音樂相同。

清商曲的歌詞，往往較短小。因為有和送聲，可能不止一大樂句。文獻不足，無可詳考。

1.吳聲歌曲

《樂府詩集》卷四十四：「《晉書·樂志》曰：『吳歌雜曲，並出江南；東晉以來，稍有增廣。』蓋自永嘉渡江之後，下及梁、陳，咸都建業；吳聲歌曲，起於此也。」則此為江南吳地音樂。如：【子夜歌】四十二首，錄二：

落日出前門，瞻矚見子度。冶容多姿鬢，芳香已盈路。

憐歡好情懷，移居作鄉里。桐樹生門前，出入見梧子。

五言四句。《古今樂錄》曰：「凡歌曲終，皆有送聲。【子夜】以『持子』送曲，【鳳將雛】以『澤雉』送曲。」送曲曲詞不書。且並非同曲名的歌詩，字句形式皆相同，如：【前溪歌】，錄二首：

憂思出門倚，逢郎前溪度。莫作流水心，引新都捨故。

黃葛結蒙籠，生在洛溪邊。花落逐水去，何當順流還。還亦不復鮮。

二首句數不同。又如【華山畿】，錄四首：

華山畿。君既為儂死，獨生為誰施。歡若見憐時，棺木為儂開。

聞歡大養蠶，定得幾許絲。所得何足言，奈何黑瘦為。

別後長相思，頓書千丈碑；題碑無罷時。

夜相思。風吹窗簾動，言是所歡來。

四首字句各不相同。其三句者，必有和送聲，始能形成完整樂句。

2.西曲歌

《樂府詩集》卷四十七曰：「按：西曲歌，出於荊、郢、樊、鄧之間。而其聲節、送和，與吳歌亦異。故其方俗而謂之西曲云。」大抵為南朝時期荊州、郢州、襄陽等地江、漢流域的歌曲。又引《古今樂錄》曰：「西曲歌有【石城樂】、【烏夜啼】……三十四曲。【石城樂】……並舞曲。【青陽度】……並倚歌。」則諸曲除被管弦外，或兼為舞曲，或兼為「倚歌」。如：【石城樂】曲，為宋臧質所作，錄歌詩一首：

生長石城下，開窗對城樓。城中諸少年，出入見依投。

《古今樂錄》曰：「【石城樂】，舊舞十六人。」則是並為舞曲；其歌詩則是五言四句，其曲當有和聲。因為是舞曲，音樂不能太短，可能須重復其曲、詞。劉昫（887～946）《唐書・音樂志二》：「【莫

愁樂】出於【石城樂】。石城有女子名莫愁，善歌謠。【石城樂】和中復有「莫愁」聲。故歌云：『莫愁在何處，莫愁石城西。艇子打兩槳，催送莫愁來。』」可知【石城樂】的和聲中，有「莫愁」。且亦為舞曲。又如【襄陽樂】九曲錄一：

> 朝發襄陽城，暮至大堤宿。大堤諸女兒，花豔驚郎目。

《樂府詩集》卷四十八引《古今樂錄》曰：「【襄陽樂】者，宋隋王誕之所作也。誕始為襄陽郡，元嘉二十六年仍為雍州刺使；夜聞諸女歌謠，因而作之。所以歌和中有『襄陽來夜樂』之語也。舊舞十六人，梁八人。」則【襄陽樂】亦為歌舞曲，有和聲；和聲不錄於歌詩中。

至於「倚歌」，錄【青陽度】一首：

> 隱機倚不織，尋得爛漫絲。成匹郎末斷，憶儂經絞時。

五言四句。《古今樂錄》曰：「【青陽度】，倚歌。凡倚歌，悉用鈴鼓，無弦，有吹。」則是演出方式略異，而仍有歌詩。有的曲子兼為舞曲、倚歌，如【孟珠】、【翳樂】。按：《樂府詩集》卷四十九錄【翳樂】三曲：

> 人生歡愛時，少年新得意。一旦不相見，輒作煩冤思。

> 陽春二三月，相將舞翳樂。曲曲隨時變，持許豔郎目。

> 人言揚州樂，揚州信自樂。攔角諸少年，歌舞自相逐。

《古今樂錄》曰：「【翳樂】一曲，倚歌二曲；舞十六人，梁八人。」則第一首被管弦，後二首倚歌；其歌詩形式並不因被管弦或倚歌而有所不同。

四、隋唐宋時期

隋、唐、宋時期的音樂，其樂制、音階名稱、調式名稱，與周、秦以來的漢民族音樂已不相同。當然，並不是說漢魏音樂已蕩然無存；在民歌、古琴曲方面，仍保有相當多舊樂，只是已非音樂主流。當時

的音樂，主要是受西域音樂影響而形成的；而西域音樂又受天竺（印度）音樂影響。西域音樂傳入中國、影響中國是漸進的，隋、唐新音樂的形成也是漸進的。

西元四世紀時，北方民族逐漸強大，終於占有黃河流域地區；迫使晉朝王室南遷，定都建康。當時，北方與西域交通，逐漸輸入西域音樂，如西涼樂、龜茲樂。後來拓跋珪平定北方（439 A.D.），國號魏。《魏書・樂志》載：孝文帝時（471～499）朝廷有方樂之制及四夷歌舞。《通典》卷一四二稱「自宣武（500～515在位）以後，始愛胡聲。」魏後分裂爲東、西魏（534 A.D.），其後東魏爲北齊所篡（550 A.D.）；西魏爲北周所篡（557 A.D.）。齊後主（565～576在位）「唯賞胡戎樂，耽愛無已。」甚至封賞西域來華樂人曹妙達、安未弱、安馬駒之徒「封王開府」。北周武帝（561～578在位）娉皇后於北狄，「得康國、龜茲等樂，並於大樂習焉」。（註二六）西元五五七年，北周併吞北齊。五八一年，隋文帝篡北周；而後滅陳（589 A.D.），統一天下，得南朝所傳清商樂。於是讌饗置七部樂：一曰國伎，二曰清商伎，三曰高麗伎，四曰天竺伎，五曰安國伎，六曰龜茲伎，七曰文康伎。大業（605～617）中，隋煬帝乃定清樂、西涼、龜茲、天竺、康國、疏勒、安國、高麗、禮畢爲九部樂。按：國伎即西涼伎；禮畢即文康屬清樂系統。於是中國音樂與西域等外國音樂，同庭演奏，得有相互影響的機會。其實，「周、隋以來，管弦雜曲數百，多用西涼樂；鼓舞曲多用龜茲樂。」（註二七）《隋書》卷十五曾指出隋初龜茲樂大行於闖閣；煬帝（605～617在位）大製豔篇，令樂正白明達造新聲。所造新聲，當具有西域音樂色彩；即是唐代俗樂的先河。

西元六一八年，唐朝建國。讌饗沿用隋之九部樂。貞觀十六年（642 A.D.）奏十部樂。《通典》卷一四六〈四方樂〉條：「又有新聲自河西至者，號胡音聲，與龜茲樂、散樂，具爲時重；諸樂咸爲之少

寢。」玄宗（713～755在位）好音樂，設坐、立部伎，除〈龍池樂〉外皆雜用西域音樂。開元二年（714 A.D.）設左、右教坊，「以居新聲、散樂、倡優之伎。」後又「選坐部伎子弟三百，教於梨園，聲有誤者，帝必覺而正之，號『皇帝梨園弟子』。宮女數百，亦爲梨園弟子，居宜春北院。梨園法部更置小部音聲三十餘人。」（註二八）太常又有別教院，教供奉新曲。當時樂人極多，有極出名的樂工。除了樂工新製的歌曲而外，西域仍不斷輸入新聲。形成中國音樂史上的盛況。此時，傳自西域而異於漢晉的音階、調式，已流行於世；音樂特質也不同於漢、晉，也不同於西域，實爲一種新興音樂，即俗樂，或稱「燕樂」。亦即「詞」樂。（註二九）。

　　隋、唐、宋燕樂歌詞，其語句形式，可分爲兩階段敘述：一是以詩爲歌詞，一是依音樂曲拍作歌詞；但很難畫分時代。而且本期中，仍有傳統中國音樂的歌曲，如【竹枝】等民歌流行於世；此等歌曲，不另論列。

㈠以詩為歌詞──隋至晚唐

　　隋唐音樂曲譜流傳至今的極爲有限，我們仍然無法了樂解曲與歌詞相配的實際情形。而且現存曲譜，──敦煌卷子《敦煌琵琶譜》、日本東京陽明文庫藏《五弦琴譜》，都是琵琶樂譜；並無歌詞。縱然葉棟《唐代音樂與古譜譯讀》嘗試將曲子配上同曲名的《敦煌曲子詞》或唐人詩（註三〇），席臻貫《敦煌古樂》、陳應時〈敦煌樂譜新解〉將曲子配上唐詩（註三一），我們仍然不能確定那就是唐代的配合方式。白居易（772～846）〈對酒〉：「相逢且莫推辭醉，聽唱陽關第四聲。」自注：「第四聲：勸君更進一杯酒，西出陽關無故人。」（註三二）實就音樂而言。蘇軾（1037～1101）《東坡題跋》卷二也曾指出〈陽關三疊〉有許多不同疊法。然而就歌詩而論，還是詩的形式；只是譜爲歌詞時，須加以變化。

西域所傳樂曲，較早的歌詩，如北魏溫子昇（495～547）【燉煌樂】：

　　客從遠方來，相隨且歌笑。自有燉煌樂，不減安陵調。

【涼州樂歌】：

　　遠遊武威郡，遙望姑臧城。車馬相交錯，歌吹日縱橫。

乃是五言詩。《樂府詩集》卷七十八錄無名氏【摩多樓子】：

　　從戎向邊北，遠行辭密親。借問陰山候，還知塞上人。

此等樂曲，當是西域音樂。隋煬帝命白明達造新聲，有【泛龍舟】，煬帝為歌詞：

　　舳艫千里泛歸舟，言旋舊鎮下揚舟。借問揚舟在何處，淮南江
　　北海西頭。

　　六彎聊停御百丈，暫罷開山歌櫂謳。詎似江東掌間地，獨自稱
　　言鑑裡遊。

《樂府詩集》錄於卷四七〈清商曲辭・吳聲歌曲〉，實宜入卷七九〈近代曲辭〉。因為【泛龍舟】是新聲，不是西域樂。而「近代曲辭」指隋唐新聲——俗樂、讌樂的歌詞；此等歌詞大抵為齊言詩。如：煬帝【紀遼東】之一：

　　遼東海北翦長鯨，風雲萬里清。方當銷鋒散馬牛，旋師宴鎬京。
　　前歌後舞振軍威，飲至解戎衣。判不徒行萬里去，空道五原歸。

七言、五言相間。隋丁六娘【十索】錄一：

　　裙裁孔雀羅，紅綠相參對。映以蛟龍錦，分明奇可愛。麤細君
　　自知，從郎所衣帶。

則是五言六句。【長命女】：

　　雲送關西雨，風傳渭北秋，孤燈然客夢，寒杵搗鄉愁。

則是截取岑參〈宿關西客舍寄東山嚴許二山人〉詩前四句為歌詞。或用七絕，如王維（699～759）〈送王二之安西〉詩，被唱為【渭城曲

】、【陽關曲】；或用五絕詩，如【金殿樂】：

　　入夜秋砧動，千門起四鄰。不緣樓上月，應爲隴頭人。

疑即張祐（張祜）詩。或用五律，如【火鳳】：

　　歌聲扇裡出，妝影扇中輕。未能令掩笑，何處欲障聲。

　　知音自不惑，得念是分明。莫見雙嚬斂，疑人含笑情。

或用七律，如杜審言【大酺樂】：

　　毗陵震澤九州通，士女歡娛萬國同。伐鼓撞鐘驚海上，新妝袨
　　服照江東。

　　梅花落處疑殘雪，柳葉開時任好風。大德不官逢道泰，天長地
　　久屬年豐。

其實，杜氏另首【大酺樂】爲五律，《樂府詩集》錄無名氏作爲則爲
五絕。可見樂工配詞時有很大彈性。或用古詩，如溫庭筠【達摩支】：

　　搗麝成塵香不滅，拗蓮作寸絲難絕。紅淚文姬洛水春，白頭蘇
　　武天山雪。君不見無愁高緯花漫漫，漳浦宴餘清露寒。一旦臣
　　僚共囚虜，欲吹羌管先汍瀾。舊臣頭鬢霜華早，可惜雄心醉中
　　老。萬古春歸夢不歸，鄴城風雨連天草。

也有用六言詩，如【塞姑】：

　　昨日盧梅塞口，整見諸人鎮守，都護三年不歸，折盡江邊楊柳。

【回波】也是六言。其實，隋唐以詩爲歌詞，須重新組合詩句，或重
疊，或加和、送聲、虛聲。如《蔡寬夫詩話》所說：「大概唐人歌曲，
本不隨聲爲長短句，多是五言或七言詩，歌者取其辭與和聲相疊成音
耳。」（註三三）王灼《碧雞漫志》卷一曾據唐人詩集、雜記、新舊唐
書，說明唐時取詩人詩作入樂以供歌唱的情形。（註卅四）

　　不僅雜曲子用唐人詩爲歌詞，舞曲、大曲也以詩爲歌詞。如【破
陣樂】舞曲，《樂府詩集》所錄曲詞：

　　秋來四面足風沙，塞外征人暫別家。千里不辭行路遠，時光早

晚到天涯。

即是張祜（祐）詩。七絕甚短，舞蹈時必配合樂章重疊其詞，乃可歌舞。至於有歌有舞的大曲，雖分爲散序樂器演奏，中序（歌遍）有歌，入破以下歌兼舞；而其歌詞也是詩人之詩。如《樂府詩集》卷七十九錄【伊州】大曲：

歌第一

秋風明月獨離居，蕩子從戎十載餘。征人去日慇懃囑，歸鴈來時數寄書。

第二

彤闈曉闢萬鞍迴，玉輅春遊薄晚開。渭北清光搖草樹，州南嘉景入樓臺。

第三

聞道黃花戍，頻年不解兵。可憐閨裡月，偏照漢家營。

第四

千里東歸客，無心憶舊遊。掛帆游白水，高枕到青州。

第五

桂殿江烏對，彫屏海鷰重。祇應多釀酒，醉罷樂高鐘。

入破第一

千門今夜曉初晴，萬里天河徹帝京。璨璨繁星駕秋色，稜稜霜氣韻鐘聲。

第二

長安二月柳依依，西出流沙路漸微。閼氏山上春光少，相府庭邊驛使稀。

第三

三秋大漠冷溪山，八月嚴霜變草顏。卷斾風行宵渡磧，銜枚電掃曉應還。

第四

行樂三陽早，芳菲二月春。閨中紅粉態，陌上看花人。

第五

君住孤山下，煙深夜徑長。轅門渡綠水，遊苑遶垂楊。

其中部分歌詞，作者可以考知：歌第一是王維詩，歌第三是沈佺期〈雜詩〉第三首前四句，歌第四、入破第五皆爲薛逢〈涼州詞〉。前引《蔡寬夫詩話》又說：「予家有古【涼州】【伊州】辭，與今遍數悉同；而皆絕句詩也。豈非當時人之辭爲一時所稱者，皆爲歌人竊取而播之曲調乎。」按：大曲每遍當係一樂章，合數章爲一套；而其速度，前緩後急。至於各樂章是否相同——即同曲反復，已不可得知。

(二)依音樂曲拍作歌詞

隋、唐俗樂（燕樂）歌詞，大抵取詩人詩爲歌詞，已如上述。到中晚唐時期，逐漸有人嘗試依音樂曲拍作歌詞。這種依曲拍而作的歌詞，省稱爲「詞」。如今所見敦煌石窟卷子中，已有長短句歌詞，任二北《敦煌曲校錄》、王重民《敦煌曲子詞集》、饒宗頤《敦煌曲》、潘重規先生《雲謠集新書》都曾加以整理。這些大部分是民間、無名氏作品，當然其中還有不少歌詞是五、七言詩，但是長短句形式的歌詞已佔很大比例。如編號S.4332的【菩薩蠻】：

枕前發盡千般願，要休且待青山爛。水面秤搥〔錘〕浮，直待黃河徹底枯。

白日參辰見，北斗迴南面。休即未能休，且待三更見日頭。

語句形式已接近後來的詞牌。以較保守態度而言，至遲在第八世紀末九世紀初，已有依曲拍作的長短句歌詞出現。士大夫嘗試作長短句，也約略在此時。較早而可信的是戴叔倫（732～789）、韋應物（737～？）、王建的【調笑】，劉禹錫（772～842）、白居易的【憶江南】。至於鄭樵（1102～1162）《通志》謂李白（699～762）作【菩

薩蠻】【憶秦娥】之說，恐尙待斟酌。南宋胡仔說：「唐初歌辭，多是五言詩或七言詩，初無長短句。自中葉以後至五代，漸變成長短句。及本朝，則盡爲此體。」（註三五）按：宋代音樂，承襲唐代。亦是隋唐燕樂系統。今存姜夔（11 55？～1221？）詞譜十七首，略可考知南宋中期詞、曲配合情狀。據此推論，「詞」之歌詞與音樂配合的關係，約可得其梗概。

　　姜夔在自度曲【長亭怨慢】序云：「予頗喜自製曲。初，率意爲長短句，然後協以律。故前後闋多不同。」由此，可以反證：詞前後闋音樂多相同。但是，據現存唐代琵琶樂譜看來，只知其中許多曲子樂曲有「重頭」之處；不見全曲反復者。若就現存明代樂譜，如《魏氏樂譜》，曲名與宋詞相同而前後闋相似的，其樂曲主旋律大致相同或相近；由此可以假定：宋詞若前後闋字句形式相同，應是樂曲的反復。此外，據姜夔譜，歌詩語意完足且押韻處，往往是音樂小樂句（phrase）或大樂句（sentence）完成處。套用中國術語，即歌詞語意完足且押韻處——即下底板處，即「均拍」、「樂句」，即是音樂學所謂樂句完成處。由此而言：歌詞之一小段，即是音樂一小樂句。基本上，最短的樂曲，至少爲兩小樂句，即一大樂句；每一小樂句，須兩個 motive。因此，歌詞至少有四短句或兩長句。據此引伸，晚唐、五代暨宋初的單片（遍）小詞，或是一段曲式，只有一大樂句；或二段曲式兩大樂句。分前後闋的詞，可視爲兩段音樂，每段自可爲一段曲式或二段曲式。試舉例於後。單片詞，如【如夢令】，錄秦觀（1049～1100）詞：

　　　　遙夜月明如水。風緊驛亭深閉。夢破鼠窺燈，霜送曉寒侵被。
　　　　無寐。無寐。門外馬嘶人起。

當是二段曲式。雙片詞，短者如姜夔【杏花天影】：

　　　　綠絲低拂鴛鴦譜。想桃葉、當時喚渡。又將愁眼與春風，待去，

　　倚蘭橈，更少駐。　　　金陵路，鶯吟燕舞。算潮水、知人最苦。
滿汀芳草不成歸，日暮。更移舟，向甚處。

上下片（前後闋）句式、樂曲結構雷同，僅在過片處略加變化，林明
輝稱爲「重複結構或變化反復結構之二段體」。（註三六）其實，上下
片相同者，如【踏莎行】，錄歐陽脩（1007～1072）詞：

　　候館梅殘，溪橋柳細；草薰風暖搖征轡。離愁漸遠漸無窮，迢
　　迢不斷如春水。　　　寸寸柔腸，盈盈粉淚；樓高莫近危欄倚。
　　平蕪盡處是春山，行人更在春山外。

上下片完全相同，各爲一段曲式。上引諸曲，大抵爲「令」曲。詞有
「引近六均」之體，「引」詞如姜夔【淡黃柳】即是，上下片各三均；
或視爲上下各二樂句（註三七）。「近」詞如【荔枝香】，錄周邦彥（
1056～1121）詞：

　　夜來寒侵酒席，露微泫。鳬履初會，香澤方薰。無端暗雨催人，
　　但怪燈偏簾卷。回顧始覺驚鴻去雲遠。　　　大都世間、最苦惟
　　聚散。到得春殘，看即是開離宴。細思別後，柳眼花鬚更誰翦。
　　此情何處遣。

上下片主要文句句式相似。至於「慢」詞，可以【揚州慢】爲例，錄
姜夔詞：

　　淮左名都，竹西佳處，解鞍少駐初程。過春風十里，盡薺麥青
　　青。自胡馬窺江去後，廢池喬木，猶厭言兵。漸黃昏、清角吹
　　寒，都在空城。　　　杜郎俊賞，算而今、重到須驚。縱豆蔻詞
　　工，青樓夢好，難賦深情。二十四橋仍在，波心蕩、冷月無聲。
　　念橋邊、紅藥年年，知爲誰生。

上下兩片各爲二段曲式；相對應的語句，句式與樂曲大致相同。詞還
有「雙拽頭」一式。如【曲玉管】，錄柳永（987？～？）詞：

　　隴首雲飛，江邊日晚，煙波滿目憑攔久。立望關河，蕭索千里

> 清秋，忍凝眸。　　杳杳神京，盈盈仙子，別來錦字終難偶。
> 斷雁無憑，苒苒飛下汀洲，思悠悠。　　暗想當初，有多少幽
> 歡佳會，豈知聚散難期，翻成雨恨雲愁。每登山臨水，惹起平
> 生心事，一場消黯，永日無言，卻下層樓。

前二段句式完全相同，當是樂曲重復，共組爲一曲式；以與下片之曲
式相應。

　　在宋代音樂活動中，除上述之「小唱」外，尚有套曲：鼓子詞、
纏令、賺、諸宮調；歌舞曲：三臺、大曲、法曲、曲破、隊舞、轉踏。
鼓子詞，如歐陽脩【采桑子】詠西湖十首，以一曲子連續歌唱。纏令，
係有引子、尾聲之套曲；賺，集同宮調數曲而成，中有「賺」曲。諸
宮調爲講唱，非純歌唱。三臺用於酒筵侑酒。大曲與法曲，組織同於
唐，但以詞爲歌詞。曲破形式爲大曲入破部分，無散序與排遍。轉踏
爲一詩一詞相間的歌舞曲，宋人【調笑】諸作即是。此等套曲，劉永
濟《宋代歌舞劇曲錄要》述之甚詳（註三八），不贅錄。

五、元明清時期

　　十三世紀中期以來的中國歌詩，主要是以「曲」爲主。雖然習慣
上大家說「宋詞」，其實南宋時期，「詞」主要是流行於士大夫間。
尤其南宋中期以後，「詞」成了雅樂；而民間流行的是「纏令」之類
較俚俗的曲子。當時北方蒙古音樂及帶北方特色的曲子，逐漸南行。
到元朝建立，北方歌詩即以「曲」爲主。「曲」其實也是曲子的歌詞，
一如「詞」爲唐、宋曲子的歌詞；因爲較俚俗，故稱爲「曲」，以示
與「詞」有別。而南方，也流行俚俗的地方小曲子，其特質與北方曲
子不同，其歌詞也稱爲「曲」。大約南宋亡國之後，南、北「曲」互
相交流。這兩種曲子的音樂，仍是唐、宋燕樂系統；只是北曲採用七
音音階，南曲採用五音音階。後來逐漸發展，十五世紀以後，北曲日

漸衰微。大約十六世紀末，民間小曲，逐漸盛行；清代中葉以來，除
戲曲以外，南曲也衰微了。

　　明、清以來的民間小曲，其語言形式，大抵與曲相同，須與樂句
相配合。但文學價值不能與詩詞曲相比；也沒有很多文學家從事創作，
因此不能形成一種文類。其特色與價值須從另一角度衡量，本文不擬
討論。

　　至於「曲」的歌詩形式，分北曲、南曲，略述於後。

　　㈠北曲

　　北曲曲譜目前仍保存一些，可是唱法恐怕已受到其他戲曲的影響，
而非元曲之舊（註三九）。就現存曲譜而言，北曲大體不定板眼，只有
底板，中間又可增加板數；因此作家可以靈活運用襯字，使曲詞生動。
換為音樂學術語來說：北曲幾乎只限定樂句數，一樂句分幾小節，可
以因須要而增加。因此，同曲牌歌詞，或因加襯字之故，字數往往不
同；然仍保存基本格律的正字。如馬致遠（1250？～1320？）作品【
撥不斷】二首：

　　　　布衣中。問英雄。王圖霸業成何用。禾黍高低六代宮。楸梧遠
　　　　近千官塚。一場惡夢。
　　　　菊花開。正歸來。伴虎溪僧鶴林友龍山客。似杜工部陶淵明李
　　　　太白。有洞庭柑東陽酒西湖蟹。哎楚三閭休怪。

除前兩句外，句句字數不同；即此之故。。

　　北曲作為歌詩，僅限散曲。散曲有小令與套數之別。小令或為單
曲，如上引之【撥不斷】；或為單曲加么篇，如無名氏【青杏兒】：

　　　　風雨替花愁。風雨過、花也應休。勸君莫惜花前醉，今朝花謝，
　　　　明朝花謝，白了人頭。〔么篇〕乘興兩三甌。揀溪山、好處追
　　　　游。但教有酒身無事，有花也好，無花也好，選甚春秋。

么篇與前篇全同。亦有么篇首句與前篇不同，如：白賁【黑漆弩】（

鸚鵡曲）：

> 儂家鸚鵡洲邊住。是個不識字漁父。浪花中一葉扁舟，睡煞江
> 南煙雨。〔么篇換頭〕覺來時滿眼青山，抖擻綠簑歸去。算從
> 前錯怨天公，甚也有安排我。

有的曲子須與他取相帶過，不能獨用，如【雁兒落帶得勝令】，錄鄧
玉賓曲：

> 乾坤一轉丸。日月雙飛箭。浮生夢一場。世事雲千變。　　萬里
> 玉門關。七里釣魚灘。曉日長安近，秋風蜀道難。休干。誤殺
> 英雄漢。看看。星星兩鬢斑。

前四句為【雁兒落】，後八句為【得勝令】。或三曲相帶過，如【罵
玉郎帶感皇恩採茶歌】，錄張可久曲〈為酸齋解嘲〉：

> 君王曾賜瓊林宴。三斗始朝天。文章懶入編修院。紅錦箋。白
> 苧篇。黃柑傳。　　學會神仙。參透詩禪。厭塵囂，絕名利，
> 近林泉。天臺洞口，地肺山前。學煉丹。同貨墨，共談玄。

> 　興飄然。酒家眠。洞花溪鳥結姻緣。被我瞞他四十年。海天
> 秋月一般圓。

前段是【罵玉郎】，中段是【感皇恩】，後段是【採茶歌】。

　　套數用為清唱，即散套，則是由同宮調或同管色的引曲、過曲（
正曲）、尾聲三部分組成；其組織方式也有規則可循。（註四○）用曲
最多的是劉時中【端正好】（既官府甚清明）套，用曲三十四支；關
漢卿【新水令】（玉驄絲鞚……）一套二十曲，皆極長；不便錄列為
例。最短的二曲；如李子中曲：

> 【仙呂賞花時】情淚流香淡臉桃。高髻鬆雲鬥鳳翹。鴛被冷鮫
> 綃。收拾煩惱。準備下捱今宵

> 【煞尾】篆煙消。銀缸照。和個瘦影兒無言對著。一自陽臺雲
> 路杳。玉簪折難覓鸞膠。最難熬。更漏迢迢。線帖兒翻騰耳讜

搔。愁的是斷腸人病倒。盼然那負心賊不到。將封寄來書乘恨
一時燒。

三曲具引、正、尾者，如：喬吉（？～1345）〈合箏〉套：

【南呂一枝花】酒酣春色濃，簾捲花陰靜。佳人嬌和曲，豪客
醉彈箏。心與手調停。斂袂待弦初定。雁行斜江月影。搊銀甲
指撥輕清。按金縷歌喉數聲。

【梁州第七】歌應指似林鶯嚦嚦，指隨歌似山溜泠泠。同聲相
應的梁州令。滴銀盤秋雨，敲玉樹春冰。恰壯懷慷慨，又私語
丁寧。迸瓊珠萬顆璁琤。間驪珠一串分明。恰便似卓文君答撫
琴和相如，黃念奴伴開元壽寧。小單于學鼓瑟湘靈。繹如也以
成。遲疾纖巧隨摳搯無些兒病。腔兒穩字兒正。一對兒合得著
綢繆有情。效鸞鳳和鳴。

【尾】煞強如泣琵琶淚濕青衫上冷。彷彿似鸚鵡聲訛錦罩內聽。
洗得平生耳根淨。風流這生。乞戲可憎。我便有陶學士的鼻凹
也下不的餅。

散曲聯套用曲，與劇套演述故事者不盡相同；其套數之短長，也略有
差異。

(二)南曲

南曲的歌詞，形式與北曲類似；然其音樂組織形式略異。除了音
階為五音音階之外，南曲音樂較為典雅；樂器偏重簫管。今所存樂曲，
較重要的，如葉堂《納書楹曲譜》、王季烈《集成曲譜》，以劇套為
主；由所錄譜，可以窺見歌詞與音樂配合的方式。大致仍以樂句為單
位，韻腳須與板眼相配；若曲、詞不足以表達情、意時，可以增加板
眼，即可以增加音節延長樂句。其用於清唱、抒情而不敘述故事的散
曲，也分為小令與散套。小令亦如北曲有襯字，如【傍粧臺】二首：

歎時光。纔經春雨又秋霜。花柳牽情興，詩酒樂徜徉。登西嶽，憶滄浪。天涯闊，醉來狂。笑看千塚臥咸陽。

醉醺醺。甕中乾了玉壺春。勸君莫做千年調，苦了百年身。唾津咽卻心頭火，淚點休霑疹上痕。拳頭硬，胳膊村。得饒人處且饒人。

第一篇是王九思（1468～1551）作，第二篇為李開先（1501～1568）作。李作三、五、六句皆有襯字。

北曲有帶過曲，南曲無；南曲小令有犯曲，即組合兩曲或以上為一新曲。分帶格犯曲與集曲兩類。帶格之犯，或由兩曲組成即犯一曲，或由三曲組成即犯二曲，末句須用第一曲之末句，如馮惟敏（1511～1580？）【二犯傍粧臺】：

高會畫堂中。瑞煙裊裊雨濛濛。漸看花露重。莫放酒尊空。敲殘棋子消清晝，捲盡湘簾對遠峰。竹溪六逸，商山四翁。至今千載仰高風。

首四句為【傍粧臺】首至四句；五、六兩句為【八聲甘州】五至合兩句；七、八兩句為【皂羅袍】合至六兩句；末句為【傍粧臺】之末句。若末句不用首句之末句，即成集曲，如馮惟敏【錦堂月】：

山閣蕭條。花枝瘦損，難同舊時容貌。雨淚盈盈，空有寄來鮫綃。將萬縷蘭麝微熏，記一點櫻桃紅小。歸期早。看取月下花前，那時歡笑。

前五句為【畫錦堂】首五句；第六句以下五句，是【月上海棠】末五句。有的集曲由甚多曲子組成，可以當作套數用，如【商調十二紅】。

南曲散套如同北曲，有規則可循；不另舉例。此外，套曲可選用北曲、南曲組成，稱南北合套；其語句形式無異於北曲套數，不再舉例。

六、後　語

　　中國歷代歌曲（郊祀、宗廟樂章除外）的歌詞，即歌詩，其語言文句的形式究竟如何？本文試圖加以解說；雖用力不少，卻不能達到預期目的。就現存的資料考察，只能了解部分情況：

　　㈠《詩經·風、雅》中部分作品，是數個樂章的歌詞；其樂章可能是一曲或多曲之重複。但仍有許多作品無法判斷。

　　㈡晉代部分樂曲歌詞見於《宋書》且分章分解的，大致可以推知其形式。

　　㈢唐、宋詞，配合音樂的樂句，形成長短句的語言形式。

　　㈣元、明、清時期的北曲、南曲，也是依照樂曲組織撰作歌詞；其歌詩形式長短不齊。

其它歌詩，雖見錄於史傳、文集，卻只有「詩」的形式，不是入樂以後的形式。如漢、魏、晉、南北朝、隋、唐時期的「樂府詩」，吾人縱使知道它是歌詞，卻無從知道它如何配樂演唱。甚至於我們知道它有和、送聲，也不能確知和、送聲如何與詩句相配？如唐時【竹枝】，一、三句後的和聲為「竹枝」，二、四句後的和聲為「女兒」，這是少數可知的歌詩。大部分則難以考察。即使有部分樂譜傳世，如唐代琵琶譜，以及歷來琴譜，卻未配上歌詞；或有歌詞如傳世之明《魏氏樂譜》，也只能視為明代唱法，未必是歌詩寫作時代的唱法。文獻不足，實亦無可奈何。

　　中國自古號稱重視詩教、樂教，要求學子學詩習樂；其實對音樂樂譜的保存，並不盡力。尤其將音樂視為技藝，不視為學問；音樂家被統治者當作取樂時呼來喚去的僕役，不受重視。即使重視樂教的儒家，對音樂家的禮敬，還是極為有限。歷朝正史，或許曾為音樂家立傳，往往數語帶過，不能詳盡。「倡優」、「伶官」，如果不是有相

當志節或對當時政治有所影響，便不可能在史書中留名；他們只是供人娛樂而已。古代政治體制中雖有「樂官」，其職責偏重於郊廟祭祀，或供奉皇帝宴樂。音樂理論，往往依附於政論，不是專就音樂立論。而一般士大夫、讀書人，也很少潛心研究音樂；對樂人也沒有尊敬的心理。種種因素，使得音樂不能蓬勃發展；音樂資料便不能詳實的保存下來。加以記譜符號之不便，音樂作品也不能完整保存。遂使音樂史的研究，相當困難；歌詩與樂曲相配的研究，也難以進行。

　　近時一些有心的學者，致力於戲曲音樂的研究；使我們能夠了解明代以來的崑曲音樂，認識南曲的唱法，以及歌詞配樂的一些法則。也許可以由此上推北曲、詞的可能唱法，以及詩樂配合的原則。至於地方戲曲音樂，如福建北管、南管音樂，廣東之潮州戲，及其它地方戲曲之研究，可能有助於詩、樂相配之研究。而流傳於寺廟之古樂，如北京智化寺古樂、雲南大理洞經古樂，也保有一些資料，有助於早期詩、樂結合之研究。

　　本文僅就樂曲組織方式，略述與其相配的歌詩之語言形式。限於資料與個人學養，僅討論、詩章、語句形式而已。至於較細微的平仄四聲之研究，敬待高明通人之宏論。

【附註】

註　一　楊蔭瀏，《中國古代音樂史稿》第一冊（臺北：丹青，1985），頁54
　　　　～70。

註　二　趙沛霖，《詩經研究反思》（天津：天津教育，1989）曾提到羅倬漢
　　　　《詩樂論》一書（見頁　232）；又提到家浚〈《詩經》音樂初探〉（
　　　　《音樂研究》，1981.1）一文（見頁237、244）。二份資料，筆者未
　　　　見。

註　三　屈萬里，〈論國風非民間歌謠的本來面目〉，《書傭論學集》（臺北：

開明，1969）頁194～215。

註　四　同註一，頁55。

註　五　同註一，頁57。

註　六　同註一，頁56。

註　七　孫作雲，〈詩經的錯簡〉《詩經與周代社會研究》（北京：中華，1966）頁401～419。

註　八　見洪興祖《楚辭補註》（臺北：藝文影印《惜陰軒叢書》本，1974）卷二引。

註　九　今本《尚書》（即《僞古文尚書》）列於〈益稷謨〉。

註一〇　《古詩源》（臺北：世界，1970）卷一錄〈慷慨歌〉（原作「忼慷歌」，誤），與此歌意同詞異，蓋出於〈孫叔敖碑〉，頁7。

註一一　劉汝霖《漢晉學術編年》；張壽平《漢代樂府與樂府歌詞》（臺北：廣文）；又丌婷婷《兩漢樂府研究》（臺北：學海，1980），頁79.案：《資治通鑑》（臺北：世界，1977）謂立樂府在元狩三年（120 B.C.），頁636。

註一二　廖蔚卿，〈兩漢民歌的藝術分析〉《文學評論》第六集（1979）。丌婷婷《兩漢樂府研究》（臺北：學海，1980），頁17～19。

註一三　范曄，《後漢書·孝明帝紀》。按：《資治通鑑·漢紀三十六》（臺北：世界，1977.）作「詔改太樂官曰太予，用讖文也 。」（頁1440.）較清楚。

註一四　長孫無忌等，《隋書·音樂志上》；又見杜佑（735～812）《通典·樂一》（臺北：大化書局據明刊本影印），頁1176。

註一五　郭茂倩，《樂府詩集》（臺北：世界，據宋刊本影印，1967）卷廿六葉1下。

註一六　同註一，頁114～118。

註一七　《樂府詩集》無「但爲君故，沉吟至今」二句；李善（？～689）注

《文選》亦無。

註一八　《太平御覽》卷五五七。

註一九　同註十五，卷五十四，葉3上、葉4下.

註二〇　沈約，《宋書》卷廿二（臺北：藝文印書館據清乾隆武英殿刊本影印）
　　　　頁314～317；郭氏《樂府詩集》卷五十三，葉5下～8下。

註二一　同註十五，卷十六葉1上引。

註二二　李賢（651～684）《後漢書・班超傳注》引。見王先謙（1842～
　　　　1917）《後漢書集解》（臺北：藝文影印）卷四七葉5　下，頁566.
　　　　《晉書・樂志下》、《通典》卷一四一、《樂府詩集》卷廿一所述，
　　　　蓋同出《樂錄》。

註二三　逯欽立，《先秦漢魏晉南北朝詩》（臺北：木鐸影印，1983），頁
　　　　2153。

註二四　同註十五，卷四十五葉一引。

註二五　魏收，《魏書》（臺北：藝文據清乾隆武英殿刊本影印），卷一百九
　　　　葉二十，頁1363。

註二六　上述北齊後主、北周武帝事，分見《隋書・音樂志中》（臺北：藝文
　　　　據清乾隆武英殿本影印），頁181、186。

註二七　劉貺，〈太樂令壁記〉，見王應麟《玉海》卷一百五引。

註二八　宋祁、歐陽脩，《唐書》（臺北：藝文據清乾隆武英殿本影印）卷廿
　　　　二〈禮樂志十二〉葉四，頁243。

註二九　關於隋唐宋燕樂之形成，可參看一般中國音樂史著作；岸邊成雄著、
　　　　黃志炯譯《唐代音樂史的研究》（臺北：中華）；拙著《碧雞漫志校
　　　　箋》（臺北：臺灣師範大學國文研究所博士論文，1981）卷一〈歌詞
　　　　之變〉條箋；拙著《詞學發微》（臺北：華正，1985）頁42～50。

註三〇　葉棟，《唐代音樂與古譜譯讀》（陝西：陝西省社會科學院，1985），
　　　　頁88～128。

註三一　席臻貫，《敦煌古樂——敦煌樂譜新譯》（蘭州：敦煌文藝，1992），頁 113～137。

陳應時，〈敦煌樂譜新解〉，饒宗頤編《敦煌琵琶譜》（臺北：新文豐，1990）頁27～104。

註三二　白居易，《白香山詩集・後集》（臺北：世界，1978）卷九，頁346。

註三三　胡仔，《苕溪漁隱叢話・前集（序於1136A.D.）》（臺北：世界，1976）卷廿一引，頁139。

註三四　王灼，《碧雞漫志》（臺北：藝文《百部叢書集成》影印鮑氏《知不足齋叢書》本）卷一葉六下。又：關於唐人以詩爲歌詞一事，梅應運《詞調與大曲》（香港：新亞研究所）；拙著《碧雞漫志校箋》卷一「唐五代之歌」條；拙著《詞學發微》第三章曾有論述。

註三五　胡仔，《苕溪漁隱叢話・後集（序於1167A.D.）》卷卅九，同註卅三，頁734。

註三六　林明輝，《宋姜夔詞樂之分析》（高雄：復文，1992），頁151～156。

註三七　同註卅六，頁168。

註三八　臺灣地區有世界書局影印本，題劉宏度《宋歌舞劇曲考》。

註三九　羅錦堂，〈元曲崑唱與崑唱元曲〉，中國古典文學研究會編《古典文學》第七集下（臺北：學生，1985），頁743～757。

註四〇　鄭騫先生《北曲套式彙錄詳解》（臺北：藝文，1973）述之極詳。

詩歌「吟唱誦讀」的觀念及要領

潘麗珠

　　從事「詩歌教學」者，除了在「文情之美」方面努力，也應該在「聲情之美」方面用功，如此才能彰顯詩歌的特色，使教學突出於一般的散文之列。本文所謂的「詩歌」，採廣義而言，不但指古典的詩、詞、曲，也包括「現代詩」，因為「現代詩」雖然極少人吟或唱，卻是可以讀、可以誦的，尤其在「誦」的方面，能夠因技巧的變化展現出繁複多彩的風貌（另有專文論述）。本文謹就「觀念的釐清」和「基本要領」兩項抒發個人淺見。

一、幾個觀念的釐清

　　詩，可以讀，可以誦，可以吟，可以唱；常聽人說「詩詞吟唱」，其實不但「吟」「唱」是兩種不同的詩歌聲情表現方式，「誦」和「讀」也必須有所區分，在表現方式上也不一樣。試將「讀」、「誦」、「吟」、「唱」的觀念釐清如下——

　　(一)讀：謂「讀」，是「依章句哦誦」之意，「哦誦」之「誦」，不是「詩歌朗誦」的「誦」意，而是「唸」的意思。《孟子‧萬章》篇曾說：「頌（通「誦」）其詩，讀其書，不知其人可乎？」就很明顯的判析「誦」、「讀」是兩回事，而詩用誦，書用讀，實是基於詩比書更具音樂性的道理，因此「詩」與「歌」合稱而「書」與「文」並言，也因此我們常說「詩歌朗誦」、「文章美讀」，雖也有人說「詩歌朗讀」，卻罕有人講「文章朗誦」，如果文章用「誦」的方式，那麼該是較具音樂性的「賦」文或較需拉長音韻的「祭文」，一般文

章還是「美讀」爲宜。

所謂「唸」，就是「內有所思而口有所言」，《詩·大序》云「情動於中而形於言」，正足以解釋「唸」意，這是表現詩歌聲情最基礎的一個層次。直言之，「美讀」是一切詩文聲情表現的基礎，它的方式像「唸」——有情感的、音調較自然的「唸」。

㈡誦：誦有「背念」的意思，皇侃《論語疏》說：「不用文背文而念曰誦。」誦還有「不以器樂相和而歌」的意思，《禮·文王世子》說：「『春誦夏弦。』注：『誦，歌樂也。』」另，「誦」字是從「甬」得聲，「甬」有隆然興起之意，因此「誦聲高揚」。綜合來說，「誦」的表現方式較接近「歌」的味道，音韻拉得較長，聲音比「讀」要大、要高，沒有器樂伴奏，更重要的是得具有「背書」的特色（準此，「詩歌朗誦」比賽以不「拿稿」演出較理想）。儘管「誦」比「讀」要接近「歌」，但依然是只有「節奏」的講究而沒有「旋律」的追求，大致還是遵循著「一字一『音』（『樂音』之意）」的原則，只是這個音可以拉得較長、音高可以較揚而已。《詩·大序》云：「言之不足，故嗟歎之。」所謂「嗟歎」不是歎氣，而是「延聲引曼的誦讀」（邱師燮友語）。這是表現詩歌聲情的第二個層次。

㈢吟：許慎的《說文解字》記載：「吟，從口今聲。」本義作「呻」解，乃口中有所哦詠之意，所以說「吟」應是「低聲」的（符合「呻」意）、是「拉長聲調」的（符合哦「詠」意）。與「誦」比較起來，「吟」更接近「歌」，不但講求「節奏」，更是重視「旋律」；因爲重視「旋律」，所以會有「調子」產生，例如「天籟調」、「鹿港調」、「歌仔調」等等；只不過「吟」的時候，沒有樂器伴奏，可以隨著吟詩者的氣息長短、對詩意的領會及詩情的揣摩，而決定音的長短和旋律的轉折。因此同樣一首〈靜夜思〉，某甲的吟法和某乙、某丙的吟法，即使是同一種「調」，也可以有不同的長度（節拍）和

不大一樣的「旋律」。當然，如果不是同一種調子，更是容易造成不同的長度和旋律了。

　　㈣唱：唱就是「張口發歌」的意思，而所謂「歌」，既有「長引其聲以誦」之意，又是「可以樂器譜奏曰歌」。因此，「唱」的音量較大，有樂器伴奏，「節拍」和「旋律」都很固定；也就是說，有一定的「譜」，唱者及演奏者可據以遵循而配合得嚴絲合逢。《詩・大序》所謂「嗟歎之不足，故詠歌之」，「詠歌」便是「吟唱」，沒有譜的「吟」和有譜的「唱」是表現詩歌聲情的第三個層次。

二、「讀、誦、吟、唱」的基本要領

　　詩歌的「讀、誦、吟、唱」有其基本共通的要領，分幾點敍述如下——

　　㈠音調的正確。有人說用國語讀古典詩歌，便覺得聲韻不和諧，用方言才能聲調鏗鏘，於是有人主張李白（ㄅㄞˊ）一定得唸李白（ㄅㄛˊ）。百（ㄅㄞˇ）萬一定要唸百（ㄅㄛˇ）萬……然而，何字該古？何字該今？實在很難有一定的原則。筆者的看法是：無論使用國語或方言，古典詩文都應該以「讀音」為準，現代詩文則不在此限。如果以國語「讀、誦」詩文，對於「陽平」和「上聲」須特別講究，尤其是句末出現「陽平」或「上聲」字的時候。一般人說話，鮮少把「陽平」的35:調和「上聲」的214:調說得極完整，例如問「好不好？」回答者的「好」或不「好」一般都說成「前半上（ㄕㄤˇ」21:調，很少以214:調回答，但是在「讀、誦」時則必須調值完整才行，這樣才能讓人聽得清楚。

　　「字調」的講究對於詩歌的「吟、唱」更是重要。清代徐大椿在《樂府傳聲》一書中曾經說過：「……曲不合調，則使唱者依調則非其字，依字則非其調，勢必改讀字音遷就其聲以合調，則調雖是而字

面不真。」徐氏的這一段話，說明了曲調和字調若不相合，勢必會造成改字或非調的困擾，對於聽者而言，極可能誤會字義或感到旋律不順。舉例來說，孟浩然〈春曉〉詩，以「鹿港調」吟唱時，「春眠不覺曉」一般的旋律是：

3 | 5—3 2 | 3̲2̲ 1 — — 2 | 3̲5̲ 3·— 6·2 | 1 — — 6 |

春 眠 不 覺 　曉 ，處 　處 　聞 啼 鳥 夜，

這麼一來，「春眠」就變成了「ㄔㄨㄣˊㄇㄧㄢˇ」，字音被迫改變，如果旋律改成 5—3 | 3 2—3 2 1 | | ，則不會出現「倒字」的情況。又如李白〈靜夜思〉，「低頭思故鄉」句以「鹿港調」吟唱的旋律一般是：

5 3·5 2 1 | 1 6·— —2 | 3̲5̲ 3·2 1 6 1 2 | 1—— — |

　頭 　望 　明 月，　　低 　頭 　思 故 鄉。

結果「思故鄉」變成「死姑祥」，這就有了問題，如果是

2 — 3 5 3·2 1 5 6 5 — 5·3 | |

低頭思故鄉則旋律與字調相諧，沒有「倒字」失音的現象。

　　此外，「音調的正確」還包括「咬字」的注意，也就是在聲韻的構成上，字頭、字腹、字尾都需要清楚的交代，「吟、唱」時固然如此，「讀、誦」時也不能馬虎，尤其是韻尾的收音，一不注意，字音就會偏離，例如來（ㄌㄞˊ）、拋（ㄆㄠ）等複合韻母，收音應歸到韻尾的「ㄧ」和「ㄨ」等，不能等閒忽視。而這點其實是發出正確音調的根本。

　　㈡節奏的掌握。何謂「節奏」？聲音速度的快、慢、頓（小停）、

挫（大停）、漸疾、趨緩的協調搭配，造成一種曼妙的律動，就是節奏的功用。語言可以表徵情緒，情緒激憤，語言的速度快，情緒冷靜，語言的速度較慢。詩句的情緒是根據詞意而來的，唯有深刻理解詞意，才能揣摩詩句的情緒，據以變換節奏，以期達到逼肖情靈的美聽效果。更明白的說，每一首詩歌作品，固然有其基本節奏（視其大體的旨意而定），但每一句、甚至每一個詞的速度並不一定相同，必須細密地區分，嚴格地要求，才能確實掌握到詩韻律動的節奏。試以杜甫〈蜀相〉爲例：

　　丞相祠堂——何處（略頓帶過）尋——
　　錦官——城外——柏、森——森——
　　映階——碧草—自、春——色（入聲，出音即止）
　　隔葉黃鸝——空——好—音——
　　三顧頻煩——天下（略頓帶過）計—
　　兩朝——開濟老—臣—心——
　　出師—未捷身—先——死——
　　長使英—雄——淚、滿—襟——

　　「丞相祠堂」、「隔葉黃鸝」和「三顧頻煩」雖然同是四字連讀，但是在節奏上，「三顧頻煩」的速度應該比「丞相祠堂」和「隔葉黃鸝」快，這樣到了「兩朝」句放慢讀速時，才能襯出時間之長、用心之苦的詩意內涵。又如以「天籟調」吟王之渙〈涼州詞〉，首二句「黃河遠上白雲間，一片孤城萬仞山」，第一句的節奏可以比第二句稍慢些，第一句的「黃河」又比「遠上白雲間」再緩一些，這樣可以顯示出「黃河極長」的情韻，營造磅礡的氣勢。

　　大致說來，詩歌的「吟、唱」因有旋律的因素幫助聲情的美聽，所以不像「讀、誦」那麼依賴「節奏」的因素，然而，「掌握節奏」卻是四者都必須注意的要領。

㈢**情意的發揮**。詩歌的聲情表現，無論是運用「讀、誦、吟、唱」哪一種方式，總是以「發揮情意」爲重要目標，唯有發揮情意，才能淋漓盡致地表現詩趣而動人心腑。欲發揮詩歌的情意，必須注意聲音的「抑、揚、剛、柔、輕、重」等不同技巧的使用場合。所謂「抑」，是聲音依著情緒的需要往低處沈；所謂「揚」，是聲音配合情緒往高處走；所謂「剛」，是語氣較硬直；所謂「柔」，是語氣較溫柔；而所謂「輕、重」，和語氣的強調與否密切相關，詩句中，輕重音位置不同，詩意的感覺便有差別。這裡要特別說明的：「揚」的音未必「剛」，「抑」的音也未必「柔」；「輕、重」音和「抑、揚、剛、柔」又不一樣，唯有仔細區分，善加運用、變化，才能產生「搖蕩情靈」的效果。以孟浩然的〈春曉〉爲例：

春眠不覺曉，處處聞啼鳥；

夜來風雨聲，花落知多少。

全詩大抵以陰柔的口吻表現聲情較妥當，但「處處聞啼鳥」應比第一句的聲音「揚」些才好，而「花落知多少」則相對的應「抑」些；至於「輕、重」，「不」字、「處處」、「夜」字、「落」字如果以重音處理，相信詩味詞情會更加濃郁。

再者，前項所述「節奏的掌握」也可爲「發揮情意」服務，二者相輔相成，詩歌聲情的表現尤佳。

㈣**音色的變化**。如果一個人認定自己的音色就是如何如何，那他真是太小覷自己聲音的潛能了。許多人都知道：一些從事廣播工作的人員，他們的聲音可以老也可以小，甚至在錄製廣播劇時，一個人當好幾人用。人的音色可以變化，只是大多數的人習慣於某種固定的音色而不自覺。爲了讓聲情的表現更豐富，音色的變化是必要的。舉例來說，崔顥的〈長干行〉：

君家何處住？妾住在橫塘，

　　　　停船暫借問，或恐是同鄉。

　　　　家臨九江水，來去九江側，

　　　　同是長干人，生小不相識。

詩中顯然存在著問與答的趣味，如果以不同的音色區分出問、答的聲情（單人時如此，兩人以上可直接以對話方式呈現），必然地增加了聽覺的美感。又例如杜甫〈聞官軍收河南河北〉：

　　　　劍外忽傳收薊北，初聞涕淚滿衣裳；

　　　　卻看妻子愁何在？漫卷詩書喜欲狂。

　　　　白日放歌須縱酒，青春作伴好還鄉；

　　　　即從巴峽穿巫峽，便下襄陽向洛陽。

如果以女聲的方式處理「漫卷詩書喜欲狂」句，讓杜甫妻直接站出來「示現」，是不是增添了詩的趣味？音色有了變化，聲情的表現會更好。更直截地說，「變化音色」是爲了更細膩地處理詞情，詞情處理愈細膩，「聲情之美」愈豐厚！

結　語

　　「讀、誦、吟、唱」是詩歌聲情的四種表現形式，應予仔細釐清；「讀、誦」一字一音（即使拉長還是一音），「吟、唱」則有旋律而可一字數音（樂音），但旋律曲調須以語音的質素爲考量基礎，不應出現「倒字」的謬誤，引起誤解。除了「音調正確」、「掌握節奏」、「發揮情意」、「變化音色」四個基本要領應當巧妙體會、把握之外，還可以注意：㈠「吟」詩時，「腔末尾聲的反壓」是營造韻味的重要手段（這點很難用文字說明清楚，須借助有經驗者的示範）；㈡無論是哪一種聲情表現形式，結束前的「引聲放慢」是必要的暗示。

　　總之，詩歌聲情之美的用功，絕對有助於詩意的體會與詩境的追尋；詩歌「音樂性」的張揚，有待我們投注更多的關心！

後記：

選修伯元師「東坡詩」這門課的學生，總一定得通過「吟詩」這一關的考評。民國七十四年，筆者在臺灣師大國研所碩士班修「東坡詩」，老師教大家吟詩，期末，筆者以東坡〈贈子由黽池懷舊〉一詩，博得老師的稱許，獲該班最高分，從此激勵了筆者對「詩歌吟唱誦讀」的關注，即使後來的研究轉向「戲曲」，「詩歌聲情之美」的探討不曾或減。謹將平素思索所得綴文成篇，除了懇請大家賜正，更重要的是借此恭賀老師壽誕，永誌老師啓迪之恩。

秦「二十等爵」論略

汪中文

壹、前　言

秦至孝公時，行商鞅之策，採酌東土六國制度，配合秦國社會特質，推動變法，全面改造秦國（註一），在新政中，最具創意與特色，即是建立軍功爵制，以便於進行政治經濟改革。然商鞅創立之軍功爵制之具體內容，諸如爵名、原則等，史無詳細記載。近年因《睡虎地秦墓竹簡》、〈瓦書〉以及大量戰國彝銘等地下資料之出土，提供新證據，使我人得尋其綴緒，茲請依淵源、稱名異同、頒賜程序、權益諸項，略論如次：

貳、淵　源

西周行封建之制，其官爵之授與，大抵以血緣爲條件，爲貴族所獨享，以代表貴族個人之身分；秦「二十等爵」則不同，以功庸多寡爲主要條件，「有功者顯榮，無功者雖富無所芬華」「宗室非有軍功論，不得爲屬籍」（《史記‧商君列傳》語）即是宗室貴族沒有軍功，不但要除其宗室籍，而且也不能享有爵位。此種差別與轉變，固略備於商鞅變法，然卻肇始於春秋晚葉，各諸侯國所實行之賜爵制。茲以史料所記，略舉乙條，以見所言之有徵也。

舉齊而言，《左傳‧襄公二十一年》記：「莊公爲勇爵」齊莊公爲勇爵之目的是「設爵位以命勇士」，可見早在春秋時期，齊國賜爵制已經萌芽。另《韓非子‧十二柄》云：「田常上請爵祿而行之群臣，

下大斗斛而施於百姓，此簡公失德而田常用之也。」是田常以爵祿而
掌控齊之政權。

　　舉晉而言，《史記·晉世家》記文公重耳返國後，「賞從亡者及
功臣，大者封邑，小者尊爵」。「封邑」用賞爵位高者，「尊爵」用
賞爵位低者，是晉之賜爵有等級之分。《左傳·哀公二年》載趙鞅之
語，云：「克敵者，上大夫受縣，下大夫受郡，士田十萬，庶人工商
遂，人臣隸圉免。」此所云之「受縣」、「受郡」、「賜田」，是指
上、下大夫、士等，可因軍功而獲賜爵、賜田。

　　舉魏而言，《韓非子·內儲說上》記吳起之語，云：「明日且攻
亭，有能先登者，仕之國大夫，賜之上田上宅。」是魏曾以「賜爵、
賜田宅」鼓舞兵士攻戰。

　　舉趙而言，《戰國策·趙策一》記趙勝對馮亭（韓）之語，云：
「請以三萬戶之都封太守，千戶封縣令，諸吏皆益爵三級，民能相集
者，賜家六金。」此趙以爵招降。

　　舉楚以言，《戰國策·齊策二》記昭陽曾「官為上柱國，爵為上
執珪」，楚將景翠亦曾「爵為執珪，官為柱國」（見《戰國策·東周
策》）。

　　同時隨賜爵制之開展，許多新爵名之出現，如魏有「公大夫」、
「上聞」，楚趙魏并有「五大夫」，韓與中山有「公乘」（參下文「
秦二十等爵知見表」）。凡此皆說明戰國時代，各諸侯國多實行賜爵
制，僅在程度與制度上，些許有別差異。此亦說明商鞅變法所行之軍
功爵制，是前有所承者。

叁、稱名異同

　　有關秦制「二十等爵」之稱名，最早見於班固《漢書·百官公卿
表序》而《商君書·境內篇》、劉劭《爵制》、《漢舊儀》等亦并有

有詮釋，惟各書記載略有小異，茲請先錄其文，而後論述之。

《漢書・百官公卿表序》：

爵一級曰公士（師古曰：言有爵命異於士卒，故稱公士也），二上造（師古曰：造，成也，言有成命於上也），三簪裊（師古曰：以組帶馬曰裊，簪裊者，言飾此馬也），四不更（師古曰：言不豫更卒之事也），五大夫（師古曰：列位從大夫），六官大夫，七公大夫（師古曰：言官、公者，示稍尊也），八公乘（師古曰：言其能乘公家之軍也），九五大夫（師古曰：大夫之尊也），十左庶長，十一右庶長（師古曰：庶長言爲眾列之長也），十二左更，十三中更，十四右更（師古曰：更言主領更卒，其役使也），十五少上造，十六大上造（師古曰：言皆主上造之士也），十七駟軍庶長（師古曰：言乘駟馬之軍而爲眾長也），十八大庶長（師古曰：大，更尊也），十九關內侯（師古曰：言有侯號，而居京畿，無國邑也），二十徹侯（師古曰：言其爵位上通天子），皆秦制，以賞軍功。」

《商君書・境內篇》云：

軍爵，自一級以下至小夫，命曰校徒操（出）。公爵，自二級以上至不更，命曰卒。……故爵公士也，就爲上造也。故爵上造，就爲簪裊。就爲不更。故爵，就爲大夫。爵吏而爲縣尉，則賜虜六，加五千六百。爵大夫而爲國治，就爲大夫。故爵大夫，就爲公大夫。就爲公乘。就爲五大夫，則稅邑三百家。故爵五大夫，皆有賜邑三百家，有賜稅三百家。爵五大夫，有稅邑六百家者，受客。大將、御、參皆賜爵三級。故客卿相，論盈，就正卿。就爲大庶長。故大庶長，就爲左更。故四更也，就爲大良造。

劉劭《爵制》云：

商君爲政，備其法品爲十八級，合關內侯，列侯凡二十等，………

自一爵以上至不更四等，皆士也。大夫以上至五大夫等，比大夫也。九等，依九命之義也；自左庶長以上至大庶長，九卿之義也。關內侯者依古圻內子男之義也。列（徹）侯者依古列國諸侯之義也。……

一爵曰公士者，步卒之有爵爲公士者。二爵曰上造。造，成也。古者成士升於司徒曰造士，雖依此名，皆步卒也。三爵曰簪裊，御駟馬者。要裊，古之名馬也。駕駟馬者其形似簪，故曰簪裊也。四爵曰不更。不更者，爲軍右，不復與凡更卒同也。五爵曰大夫。大夫者，在軍左者也。六爵爲官大夫，七爵爲公大夫，八爵爲公乘，九爵爲五大夫，皆軍吏也。吏民爵不得過公乘者，得貰與子若同產。然則公乘者，軍吏之爵最高者也。雖非臨戰，得乘公卒軍，故曰公乘也，十爵爲左庶長，十一爵爲右庶長，十二爵爲左更，十三爵爲中更，十四爵爲右更，十五爵爲少上造，十六爵爲大上造，十七爵爲駟軍庶長，十八爵爲大庶長，十九爵爲關內侯，二十爵爲列侯。自左庶長以上至大庶長，皆卿大夫，皆軍將也，所將皆庶人，更卒也，故以庶、更爲名。大庶長即大將軍也；左右庶長即左右偏裨將軍也。（《後漢書·百官志五》《註》引）

《漢舊儀》云：

漢承秦爵二十等，以賜天下。爵者，祿位也。公士一爵。賜爵一級爲公士，謂爲國君列士也。上造二爵。賜爵二級爲上造，上造乘兵軍也。簪裊三爵。賜爵三級爲簪裊。不更四爵。賜爵四級爲不更，不更主一軍四馬。大夫五爵。賜爵五級爲大夫，領軍馬。公大夫七爵。賜爵七級爲公大夫，領行兵伍。公乘八

爵。　賜爵八級爲公乘，與國君同軍。五大夫九爵。賜爵九級爲五大夫，以上次年德爲官長將率。秦制生以爲祿位，死以爲號謚。左庶長十爵，右庶長十一爵，左更十二爵，中更十三爵，右更十四爵，少上造十五爵，大上造十六爵，駟軍庶長爲十七爵，大庶長十八爵，侯十九爵，列侯二十爵。秦制二十爵，男子賜爵一級以上，有罪以減，年五十六免；無爵爲士伍年六十乃免老，有罪各盡其刑。

前引諸文於秦爵之稱名暨次第，略有小異，爲討論上之方便，茲請表列如次：

爵 名	《商君書·境內篇》	劉劭《爵制》	《漢舊儀》	《漢書》顏師古註
公 士	公士	一爵曰公士者，步卒之有爵為公士者。	公士，一爵。賜一級，為公士，謂為國君列士也。	言有爵命，異於士卒，故稱公士也。
上 造	故爵公士也，就為上造也。	二爵曰上造。造，成也，古者成士升於司徒曰造士。雖依此名，皆步卒也。	上造，二爵。賜爵二級，為上造。上造，乘兵車也。	造，成也，言有成命於上也。
簪 裊	故爵上造，就為簪裊。	三爵曰簪裊，御駟馬者。要裊，古之名馬也。駕駟馬者，其形似簪，故曰簪裊也。	簪裊，三爵。賜爵三級，為簪裊。	以組帶馬曰裊。簪裊者，言飾此馬也。
不 更	公爵，自二級以上至不更，命曰卒。故爵簪裊，就為不更。	四爵曰不更。不更者為車右，不復與凡更卒同也。	不更，四爵。賜爵四級，為不更。不更主一車四馬。	言不豫更卒之事也。
大 夫	故爵不更，就為大夫。	五爵曰大夫。大夫者，在車左者也。	大夫，五爵。賜爵五級，為大夫。	列位從大夫。
官大夫	爵大夫而為國治，就為官大夫。	六爵為官大夫。	官大夫，六爵。賜爵六級，為官大夫。官大夫領車馬。	加官、公者，示稍尊也。
公大夫	故爵官大夫，就為公大夫。	七爵為公大夫。	公大夫，七爵。賜爵七級，為公大夫。公大夫領行伍兵。	
公 乘	故爵公大夫，就為公乘。	八爵為公乘。然則公乘者，軍吏之爵最高者也。雖非臨戰，得公卒車，故曰公乘也。	公乘，八爵。賜爵八級，為公乘。與國君同車。	其言得乘公家之車也。

五大夫	故爵公乘，就爲五大夫，則稅邑三百家。	九爵爲五大夫。	五大夫，九爵。賜爵九級，爲五大夫。	大夫之尊也。
左庶長	客卿	十爵爲左庶長。	左庶長，十爵。	庶長，言爲衆列之長也。
右庶長	正卿	十一爵爲右庶長。	右庶長，十一爵。	
左　更	就正卿。就爲大庶長	十二爵爲左更。	左更，十二爵。	更言主領更卒。部其役使也。
中　更	故大庶長，就爲左更	十三爵爲中更。	中更，十三爵。	
右　更		十四爵爲右更。	右更，十四爵。	
少上造		十五爵爲少上造。	少上造，十五爵。	言皆主上造之士也。
大上造		十六爵爲大上造。	大上造，十六爵。	
駟　車庶　長	故四更也，就爲大良造。皆有賜邑三百家，有賜稅三百家。	十七爵爲駟車庶長。	駟車庶長，十七爵。	言乘駟馬之車而爲衆長也。
大庶長		十八爵爲大庶長。自左庶長以上至大庶長，皆卿大夫，皆軍將也。大庶長即大將軍也，左右庶長即左右偏裨將軍也。	大庶長，十八爵。	又更尊也。
關內侯		十九爵爲關內侯。	侯，十九爵。	言有侯號而居京畿，無國邑。
徹　侯		二十爵爲列侯。	列侯，二十爵。	言其爵位，上通於天子。

依前表，吾人可知，文獻所記二十等爵之名稱與順序，除《商君書‧境內》外，大抵相同，所異者，有下列數點：

㈠《商君書‧境內》所記，在一級「公士」之下還有「校」、「徒」、「操」三級。

㈡《商君書‧境內》所記秦爵僅十七級，最高是「大良造」，無「關內侯」、「徹侯」此二爵名。

㈢《商君書‧境內》所記秦爵有「公士」、「上造」、「簪裊」、「不更」、「大夫」、「官大夫」、「公大夫」、「公乘」、「五大夫」、「大庶長」、「左更」、「大良造」暨「客卿」、「正卿」等十四種。與《漢書‧百官公卿表序》所列之「二十等爵」相較，「左庶長」、「右庶長」、「中更」、「右更」、「少上造」、「駟軍庶長」、「關內侯」、「徹侯」等八種爵名，是其所無。

㈣《漢書‧百官公卿表》之「關內侯」，《漢舊儀》略稱「侯」。

㈤《漢書‧百官公卿表》之「徹侯」，劉劭《爵制》、《漢舊儀》并稱「列侯」。

㈥劉劭《爵制》將「二十等爵」分為侯、卿、大夫、士四級。

而《商君書》與《漢書‧百官公卿表》之差異如此之鉅，似乎暗示我人秦二十等爵之制度，是逐步形成，致文獻所記有異。茲將先秦文獻與近年出土資料之涉及秦爵者，依人名可考與否，列成秦「二十等爵」知見表（註二），藉以說明秦爵之實際情形。

秦「二十等爵」知見表（一）人名無考者			
爵　名	人　名	年　　代	出　　處
公士		戰國晚期	《睡虎地秦墓竹簡・司空律》〈軍爵律〉及〈法律答問〉
上造		戰國晚期	〈傳食律〉
不更		戰國晚期	〈傳食律〉
大夫		戰國晚期	〈秦律雜抄〉、〈法律答問〉
官士大夫		戰國晚期	〈傳食律〉
公大夫		戰國晚期	《韓非子・內儲說上》
五大夫		戰國晚期	《墨子・號令》

秦「二十等爵」知見表（二）人名可考者			
爵　　名	人　名	年　　　　代	出　　　　　處
上造	間	秦惠文王四年	〈四年相邦戈銘〉
不更	女父	秦桓公二十六年（前578）	《左傳・成公十三年》杜預《注》：「不更，秦爵名。」
	顡	秦惠文王四年（前334）	〈瓦書〉
官大夫	菌改	秦獻公元年（前384）	《呂氏春秋・當賞》。
公　乘	無正	戰國晚期	《韓非子・說林上》
	得	戰國晚期	〈平山戰國石刻〉
五大夫	公孫竭	秦武王二年至秦昭王初年（前309～306）	《呂氏春秋・無義》
	禮	秦昭王十三年（前294）	《史記・秦本紀》
	綰	秦昭王三十九年（前268）	《史記・范睢蔡澤列傳》

	賁	秦昭王四十五年（前262）	《史記・秦本紀》
	王陵	秦昭王四十八年（前259）	《史記・秦本紀》〈白起王翦列傳〉
左更	白起	秦昭王十四年（前293）	《史記・白起列傳》，又《秦本紀》
	錯	秦昭王十六年（前291）	《史記・秦本紀》
中更	胡傷	秦昭王三十八年（前269）	《史記・秦本紀》
右更	樗里疾	秦惠文王八年（前330）	《史記・樗里子列傳》
	商鞅	秦孝公十年（前352）	《史記・秦本紀》〈商鞅升銘〉
	游	秦惠文王四年（前334）	〈瓦書〉
大良造	犀首	秦惠文王五年（前333）	《史記・秦本紀》

（大梁造）	白起	秦昭王十五年 （前292）	《史記・秦本紀》，又 〈白起列傳〉
	白起	秦昭王十九年 （前278）	《戰國策・東周策》
	鮑	秦景公十五年 （前562）	《左傳・襄公十一年》
	武	秦景公十五年 （前562）	《左傳・襄公十一年》
	無地	秦景公十六年 （前561）	《左傳・襄公十二年》
	晁	秦懷公四年 （前425）	《史記・秦本紀》
	改	秦出子二年 （前385）	《史記・秦本紀》
	國	秦獻公二十三 年（前362）	《史記・趙世家》
庶長	游	秦惠文王四年 （前334）	〈瓦書〉

	操	秦惠文王七年 （前331）	《史記・秦本紀》
	疾	秦惠文王后元 七年(前318)	《史記・秦本紀》
	章	秦惠文王后元 十三年(前312)	《史記・秦本紀》
	封	秦武王二年 （前308）	《史記・秦本紀》
	壯	秦昭襄王二年 （前305）	《史記・秦本紀》
	奐	秦昭襄王六年 （前301）	《史記・秦本紀》
左庶長	商鞅	秦孝公六年 （前356）	《史記・秦本紀》
	白起	秦昭襄王十三 年（前294）	《史記・白起列傳》
	王齕	秦昭襄王四十 七年(前260)	《史記・白起列傳》

右庶長	歜	秦惠文王四年（前334）	〈瓦書〉
大庶長	弗忌（威壘三父）	秦出子元年（前703）	《史記‧秦本紀》：「憲公卒，大庶長弗忌、威壘、三父廢太子而立出子爲君。」
列侯（徹侯）	商鞅	秦孝公二十二年（前340）	《史記‧秦本紀》〈商君列傳〉封衛鞅爲列侯，號商君
	魏冉	秦昭王十六年（前291）	《史記‧秦本紀》〈穰侯列傳〉封於穰，號曰穰侯
	范雎	秦昭王四十一年（前266）	《史記‧范雎列傳》封於應，號曰應侯
	呂不韋	秦莊襄王元年（前249）	《史記‧呂不韋列傳》封文信侯
	嫪毐	始皇八年（前239）	《史記始皇本紀》封長信侯

持此二表與《漢書‧百官公卿表序》所列之「二十等爵」相較，若「大良造」即是「大上造」，則尚有「簪裊」、「少上造」、「駟軍庶長」、「關內候」等四種爵名，是其所無。若再結合《商君書‧境內》以言，則《漢書‧百官公卿表序》所列之「二十等爵」，除「少上造」、「駟車庶長」和「關內候」三種爵名外，其它爵名均於文獻有徵。

　　總之，由《商君書・境內》所記秦爵之疏略而不齊備與諸書記載
之歧異及班固所列秦制「二十等爵」於文獻亦多有徵之現象，因此，
「二十等爵」宜而非劉劭《爵制》所說商鞅時已「備其法品」，而是
逐步發展而形成。

肆、頒賜程序

　　秦爵之頒賜程序，史籍述說未詳。依《商君書》與《睡虎地秦墓
竹簡》之記載，可約略推論。茲請先羅列其文，而後依次敘之。《睡
虎地秦墓竹簡・軍爵律》云：

　　　「從軍當以勞論及賜，未拜而死，有罪法耐遷其後；及法耐遷
　　　者，皆不得受其爵及賜。其已拜，賜未受而死及法耐遷者，鼠
　　　賜。」

《商君書・境內》云：

　　　「其戰也，五人來薄力伍，一人羽而輕，其四人能。人得一首
　　　則復。夫勞爵，其縣過三日，有不致士大夫勞爵能。」

又：

　　　「五人一屯長，百人一將。其戰，百將、屯長不得斬首，得三
　　　十三人以上，盈論，百將、屯長賜爵一級。」

又：

　　　「攻城圍邑，斬首八千已上，則盈論，野戰斬首二千，則盈論。
　　　吏自操及校以上，大將盡賞行間之吏也。」

上引資料，皆言及賜爵有其條件暨原則，簡言之依軍功大小頒賜不同
之爵位，土地或財貨。至其程序，則有「勞」、「論」、「賜」三項
內容，茲依《秦簡》及《商君書》之記載，分述如下：

一、勞

　　所謂〝勞〞，蓋即〝勞績〞。《史記・酷吏列傳》：「禹以刀筆

吏積勞，稍遷爲御史」即是。《睡虎地秦墓竹簡・秦律雜抄・中勞律》云：

> 敢深益其勞歲數者，貲一甲，棄勞。

《注釋》云：

> 中勞，常見於漢簡，如《居延漢簡甲編》一一四有「中勞二歲」，二三五九有「中勞三歲六月五日」。中勞律，應爲關於從軍勞績的法律。

古時帶積蓋以日計算，有功則〝賜勞〞數日，有過則罰若干日，如：《睡虎地秦墓竹簡・廄苑律》云：

> 以四月、七月、十月、正月臚田牛．．．．最．．．．．．賜牛長日三旬，殿者，誶田嗇夫，罰兄皀二月。

《居延漢簡・功令簡》

> 功令第四十五：士吏、候長、烽燧長常以令秋試射，以六爲程，過六，賜勞，矢十五日。

此雖漢制，然與秦簡合觀，則漢殆承秦制。勞積既有簿冊之記載，故〈中勞律〉才有「敢深益其勞歲數」之語，以茲警惕。

二、論

所謂「論」，蓋即論其功過而行其賞罰。《睡虎地秦墓竹簡・秦律雜抄・敦（屯）表率》云：

> 軍新論攻城，城陷，尚有棲未到戰所，告曰戰圍以折亡，假者，耐；敦（屯）長、什伍智弗告，貲一甲；棄伍二甲。

此謂攻城之役，有兵士貪生怕死，不敢赴戰場或假報陳亡，查明不實時，報告者應處耐刑；而屯長、同什的人，知情不報，罰一甲；同伍的人，罰二甲。《商君書・境內》曰：

> 以戰故，暴首〔日〕，乃校三日，將軍以不疑致士太夫勞、爵。

高亨《注》云：

　　暴首，把戰士所得敵人首級包的數目公佈出來；或是陳列耳級。

　　校，校閱，檢查，以此爲論功行賞的根據。

《史記·馮唐列傳》記雲中太守魏尚「坐上首功虜差六級」，文帝下之吏。削其爵，罰作之。虛報敵首六級，連太守也遭受刑罰。據此，此軍功爵之賞賜有嚴格之考核。〈秦律雜抄〉云：

　　戰死事不出，論其後。有（又）後察不死，奪後爵，除伍人；
　　不死者歸，以爲隸臣。

此謂，戰死，其子襲爵，如因後來發現實在未死，不但遞奪其子之爵位，並且懲罰同伍戰士。那位未死的戰士回來，刑爲隸臣，與降寇同等看待。《商君書·畫策》云：

　　強國之民，父遺其子，兄遺其弟，妻遺其夫，怡曰：「不得，
　　無返！」又曰：「失法離法，若死，我死。鄉治之，行間無所
　　逃，遷徙無所入。」

《尉繚子·兵令下》云：

　　亡軍，父母妻子佑之，與同罪；弗知，赦之。卒逃歸至家一日，
　　父母妻子弗捕執及不言，亦同罪。

由此可知，在戰陳中，奮戰則有爵賞，怯戰則受罰懲。而且爵賞成爲秦人秩序中極重要指標，爲個人、家庭在社會上之地位表徵（註三）。

三、賜

　　所謂「賜」，蓋即賜爵及其他賞賜。伴隨爵位而來之賞賜，文獻記載不詳，新出《睡虎地秦墓竹簡》亦略，僅前引《軍爵律》乙條，大抵而言，不外田宅、奴婢、財貨。《史記·商君列傳》云：

　　有謂軍功者，各以率受上爵。明尊卑爵秩等級，各以差次名田
　　宅，臣妾衣服以家次。有功者顯榮，無功者雖富無所芬華。

個人依戰功之多寡獲賜爵位，爵等不同，隨之而賜的田畝，宅弟奴婢亦各差異。《商君書·境內》云：

能得甲首一者，賞爵一級，益田一頃，益宅九畝，一除庶子一人，乃得人（入）兵官之吏。

《韓非子‧定法》云：

商君之法曰：「斬一首者爵一級，欲爲官者爲五十石之官；斬二首者爵二級，欲爲官者爲百石之官。」官爵之遷與斬首之功相稱也。

由斯可知，爵位在秦人社會中，與其政治地位，生活待遇習習相關，勿怪人人趨之若鶩，而所謂「勞大者其祿厚，功高者其爵尊」（《史記‧商君列傳》語）正成爲其最佳寫照。

伍、權　益

《史記‧商君列傳》，記商鞅制定賜爵制度之目的云：

明尊卑爵秩等級，各以差次名田宅，臣妾衣服以家次。有功者顯榮，無功者雖富無所芬華。

由此可知，秦爵並非空名，而是與其社會、生活相關。有關秦爵在當時社會之實際功效，文獻記載除《商君書》與《史記商君列傳》外，多略而不詳，近來睡虎地秦墓竹簡的出土，使吾人得以有較明晰之認識，茲分論如下：

一、可任官為吏

《睡虎地秦墓竹簡‧內史雜》云：

除佐必當壯以上，毋除士伍、新傳。

此言政府任用佐吏，不可用無爵之人，可知在秦時任官爲吏必先有爵。

《商君書‧境內》云：

能得甲首一者，賞爵一級，益田一頃，益宅九畝，一除庶子一人，乃得人（入）兵官之吏。

《韓非子‧定法》亦云：

> 斬一首者爵一級，欲爲官者五十石之官；斬二首者爵二級，欲
> 爲官者爲百石之官。

韓非子所說的五十石，戶籍石之官，實際上是服雜級的低級佐吏，蓋如《漢書‧戶籍官公卿表》所謂戶籍石以下有斗食、佐史之秩的小吏。

二、可以乞庶子

「庶子」蓋秦民之無爵位者（註四）。《商君書‧境內》云：

> 其有爵者乞無爵者以爲庶子，級乞一人。其無役事也，庶子役
> 其大夫，月六日，其役事也，隨而養之。

有爵可以役使差遣無爵之人，說明爵位是有其區分意義的。

三、可以抵罪，免刑

秦時既已爵位爲社會地位高低之表徵，在法律範圍內，亦享有部份特權。《商君書‧境內》云：

> 其獄法，高爵訾下爵級。爵自二級以上，有刑罪則貶；爵自一
> 級以下，有刑罪則已。

《漢官舊儀》亦追述秦制云：

> 秦制二十級爵，男子賜爵一級以上，有罪以減，年五十六免，
> 無爵爲士伍，年六十乃免老，有罪各盡其刑。

凡此皆說明秦政府對觸犯刑章者，視其有爵、無爵或爵級之高下而各有不同。在新出《睡虎地秦墓竹簡》也有如是規定，如：〈法律答問〉：

> 將上不仁邑里者而之縱之，何論？當繫作如其所縱，以須其得；
> 有爵，作官府。（108頁）

此言押送人犯者如讓犯人逃者，無爵者，則須受拘禁外徭；有爵者，則可在官府服役，免於煩重體力勞動，享受部份優待。又，〈司空律〉云：

> 公士以下居贖刑罪、死罪者，居於城旦舂，毋赤其衣，勿枸櫝
> 欙杕。鬼薪白粲、群下吏毋耐者、人奴妾居贖貲債於城旦皆赤

> 具衣,枸櫝櫋扗。（51頁）

由此條律法。可知,同是罪犯「公士」可不穿徒衣,不戴刑具,而無爵者則既穿刑徒之衣,又戴刑具。可見有爵與無爵者差別甚遠。又,〈游士律〉云:

> 有爲故秦人出,削籍。上造以上爲鬼薪,公士以下刑爲城旦。
> （80頁）

「城旦」、「鬼薪」皆刑徒之名,其刑期:「城旦」四年,「鬼薪」三年（註五）。依〈游士律〉之規定,同所犯之罪相同,而判處時,爵高者輕,爵低者重,待遇不一。

四、可免除近親之刑罰

有爵者除可享有減免刑罰、抵罪之外,又可以爵免除近親之刑罰。〈軍爵律〉云:

> 欲歸爵二級,以免親父母爲隸臣者一人,及隸臣斬首爲公士,謁歸公士而免故妻隸妾一人者,許之,免以爲庶人。（55頁）

《墨子・號令》亦云:

> 其不欲爲吏,而欲以受賜爵祿,若贖出親戚,所知罪人者,以令許之。

從〈律〉文及《墨子》之記載,可知有爵者在法律上之優容,是無爵者所遠不及。

五、傳食優遇

秦簡又規定官吏出差時,依其身分不同或爵級高低,在飲食上,待遇亦且不同。秦簡〈傳食律〉共三條,其一云:

> 御史卒人使者,食粺米半斗,醬駟（四）分升一,采（菜）羹,給之韭葱。其有爵者,自官士大夫以上,爵食之。使者之從者,食糲米半斗;僕,少半斗。（60頁）

其二云:

不更以下到謀人，粺米一斗，醬半升，采（菜）羹，芻藁各半
石。宦奄如不更。（同上）

其三云：

上造以下到官佐，史母爵者，及卜、史、司御、寺、府，糲米
一斗，有采（菜）羹，鹽廿二分升二。（同上）

茲依此三條律法之規定，表列如下：

	身　　份	傳　　食
有爵者	官士大夫	爵食之
	不更一謀人	粺米一斗　醬半升　菜羹　芻藁
	御史卒人使者	粺米半斗　醬四分升一 菜羹　韭蔥
	上造	糲米一斗　　　菜羹
無爵者	官佐、卜、史、司御、寺、府、	鹽廿二分升二
	使者之從者	糲米半斗
	僕	糲米少半斗

於此可知，驛傳在供給出差的官員飯食時，有無爵位以及爵位高低的
不同，所享有的傳食待遇標準不一，等級森嚴，差別很大。有爵者有
醬、有羹，僕役則僅米食粗飽而已。

陸、結　語

　　綜結上述所論，吾人可知，秦「二十等爵」之授與對象主要是軍士，條件主要是「首功」，其級別從初期十餘種，演進爲「二十等爵」，各級別，有一定之規定。且賜爵大體是依套完整之「勞」、「論」、「賜」之程序頒授。至獲爵者，則依據其爵位高低之不同，可以獲得在土地、賦稅、徭役以及個人身份升降等不同之權益。

【附註】

註　一　有關商鞅變法內容與評價，請參閱杜正勝《編戶齊民》第八章〈平民爵制與秦國的新社會〉。有關秦爵之討論，請參見朱紹侯〈秦代二十等級軍公爵制的演變〉《軍公爵制研究》28～50頁，高敏〈從雲夢秦簡看秦的賜爵制度〉、《雲夢秦簡初探》171～184 頁，劉翔〈秦制「二十等爵」疏證〉、《中國哲學與中國文化》125～139頁，等文。

註　二　參見朱紹侯「各書所記秦二十級軍公爵制異同表」，氏著〈秦代二十等級軍公爵制的演變〉，《軍公爵制研究》33頁。劉翔「先秦古書和地下出土文字資料所載秦爵稱名表」，氏著〈秦制「二十等爵」疏證〉、《中國哲學與中國文化》125～139 頁。本表與彼二文所列，多有差異。

註　三　杜正勝云：「爵級變成軍隊組織的靈魂，社會階級的結構，和人生追求的目標。爵不僅是秦人的第二生命，甚至比生命還寶貴。它是個人社會地位的權衡，田宅產業的憑依，職官權力之所出，名譽榮辱之所繫，若欲出人頭地，則非具備高爵不可。」（《編戶齊民》358頁）

註　四　有關「庶子」之問題，杜正勝有精彩之討論，見氏著《編戶齊民》353～358頁。

註　五　《漢書惠辛紀》注引應劭曰：「城旦者，旦起行治城…四歲刑也。」

　　　　又：「取薪給宗廟爲鬼薪，…三歲刑也。」

漢籍在日本的流傳和影響

瀨戶口律子

　　漢籍指中國的學術文化的書籍而言。中國很早就是個學術文化發達的國家。通過所編的書籍，對周圍的鄰邦，顯示出很大的影響。對日本也不例外。日本的學術文化在很多方面都留有受其影響的痕跡。不過，時代不同，影響有大有小。現在簡單地作一個介紹。

　　相傳在公元285年（日本應神十六年，中國西晉太康六年），中國學者王仁從百濟來到日本，帶來《論語》，這是漢籍流傳於日本的開始。但其人其事，史書上記載不詳，可以存而不論。真正見於史書而確實無疑的是公元604年（日本推古十二年，中國隋仁壽四年）聖德太子制定的《十七條憲法》，從中可以推測出當時日本早已看到《論語》等漢籍，並深受其影響這《十七條憲法》的具體文字是；

　　一曰，以和爲貴，上和下睦。
　　二曰，篤敬三寶。
　　三曰，承詔必謹。
　　四曰，以禮爲本。
　　五曰，絕饗棄欲，明辨訟訴。
　　六曰，懲惡勸善。
　　七曰，人爲有仁，掌宜不濫。
　　八曰，早朝晏退。
　　九曰，信是義本。
　　十曰，絕忿棄瞋，不努人違。
　　十一曰，明察功過，賞罰必當。

十二日，勿斂百姓。

十三日，勿妨公務。

十四日，無有嫉妒，千載以難待一聖。

十五日，背私向公。

十六日，使民以時。

十七日，事不可獨斷，必有眾宜。

這十七條治國大綱和行爲准則，很明顯地有多條來源於《論語》。例如「和爲貴」「使民以時」是《論語・學而》的原文。「信是義本」出于《論語・學而》的「信近于義」。「篤敬三寶」出于《論語・衛靈公》的「行篤敬」。「事不可獨斷，必有眾宜」又是從《論語・子罕》的「毋意，毋必，毋固，毋我」脫化而來。其他各條也各有漢籍的根據，無須一一指明。由此可見，最晚在七世紀初年（公元604年），《論語》等書不但傳入日本，而且產生深遠的影響了。

聖德太子在制定《十七條憲法》之後的第三年，爲了吸取中國的學術文化，又於公元607年（日本推古十五年，中國隋大業三年）派人到中國學習，稱爲「遣隋使」。他是後來「遣唐使」的先驅。

唐朝建國於公元618年。日本選派遣唐使，從唐初開始，至唐末公元618年而止，前後約二百六七十年之久，有數十次之多。這些遣唐使學習了中國的學術文化，帶回國內很多中國典籍。同時，日本貴族有些專程中國去搜羅書籍，因而當時流傳於日本的漢籍，其數量之多，影響之巨，亦前所未有。根據一千一百年前，藤原佐世編纂而能保存至今的一部書目，《日本國見在書目》，得知日本在九世紀末，十世紀初，公私書庫收藏有漢籍1,568種，16,725卷，相當于《隋書經籍志》所載的書籍之半，眞是「浩如煙海，無美不收」。影響所及，日本在公元八世紀出現了不少傳世的佳作。例如：

⑴《古事記》（711年，元明天皇和銅4年）

　　敕命碩學太安萬侶編撰的一部書。該書採用和漢混合體的形式編撰而成。

(2)《日本書記》（720年，養老4年）

　　太安萬侶與很多學者共同編寫的一部國史。它的文體和《古事記》不同，完全採用漢文。它是採用《史記》《漢書》等中國史書的編寫方法編著的。

(3)《懷風藻》（751年，天平勝寶3年）

　　日本最早的漢詩集。該書作者人衆，約有三分之一是日本《萬葉集》的歌人（作和歌的作者）。《懷風藻》分別吸收了儒、佛、道三家不同的風格而編寫成的。

(4)《萬葉集》（770年，二十卷，編者不明）

　　它是第一部和歌集，是奈良時代文化的代表作品。「和歌」是由三十一音組成的日本語歌，是日本民族表達美的意識的基本文學形式。它的形式，雖然和漢詩不同，但這些作家的題材和內容，顯示了漢籍的深遠影響。

　　公元894年，遣唐使廢止之後，文人中用平假名寫的作品增多，其中最出名的是女作家紫式部寫的《源氏物語》和清少納言寫的《枕草子》。

　　《源氏物語》是十一世紀初期完成的一部長篇小說。它不僅是日本文學史上的第一部長篇小說，而且也是世界文學史上第一部寫實主義長篇小說。它雖然不是漢文作品，但是它和漢籍有著密切的關係。受《白氏文集》的影響極大。有的學者專門就它的內容和漢籍的詩文相比較，指出它們之間的密切關係。清少納言的《枕草子》是用隨筆形式來編寫的作品。也不是用漢文寫的，但是它和《源氏物語》有個共同點，就是對於漢籍理解得相當深，水平也很高。從而反映出具有深厚的漢籍基礎。

到了十三世紀，鎌倉時代，政權從貴族轉移到武士手中，社會潮流也變爲重視武力。但是以禪宗僧侶爲中心的文化也漸漸發展起來。僧侶能在廢止遣唐使制度之後仍自由地往還日中之間，成爲傳播漢籍地骨幹。同時，並在漢籍的著述方面開拓出新的局面，這就是五山文學。

當時禪宗的僧侶中，從宋，元朝歸化的僧侶增加，其中蘭溪道隆（1212～1278,本姓冉，鎌倉建長寺開山大覺禪師，宋西蜀涪江人），無學祖元（1226～1286,本姓許，字子元，圓覺寺開山佛光禪師，宋明州慶元府人），一山一寧（1247～1317,俗姓胡氏，宋臺州人），清拙正澄（1274～1339,俗姓劉氏，元福州連江邑人）等人比較出名。他們對五山文學做出了不少貢獻。

到了江戶時代，社會穩定，商業經濟比過去有了很大的發展。因此產生了江戶時代的文化有別於平安時代的貴族文化，五山時代的僧侶文化。因爲商人活躍在社會，逐步進入文化領域，所以這一時代的哲學、文學、史學等，都具有庶民文化的特點。

隨著主張朱子學的儒者出現，幕府非常優待儒者，因此，除了幕府辦了學堂（塾）之外，各地還設立了不少「藩校」，當時日本分爲很多「藩」（諸侯管理的，等于現在的縣）「藩校」就是諸侯管理的學校，在那裏主要是培養藩民的子弟。其中規模最大的是「昌平坂學問所」。這本來是林家主辦的一個學習的地方，爲了培養人材，幕府把它提昇到大學的規格。

江戶時代，整個社會都興學重教，因此除了公立的藩校之外，各個地方還設立了「寺小屋」，一般百姓的孩子也可以在「寺小屋」裏學習漢文。

這樣，從前只限於貴族、僧侶、武士階層等上層社會的人接觸的學問，江戶時代便普及到一般百姓中。這個時候，是漢籍最流行，最

光輝的時則。自然湧現了不少的漢學家。其中有幾位代表學者。

藤原惺窩　（1561～1619）

　　　　名以蕭，字斂夫，號惺窩。尊崇朱子，可以說近世儒學的開拓者。著作有《惺窩文集》八卷（林羅山，菅得庵編）《惺窩先生文集》十八卷（藤原爲經編）等。《惺窩先生文集》十八卷中有後光明天皇的敕序，從此可看出他的社會地位。

林　羅山　（1583～1657）

　　　　名忠，別名信勝，又三郎，號羅山。藤原惺窩的門下之一人。他被稱爲‘神童’，十八歲讀《四書朱注》之後，當做惺窩門生。著作有《羅山詩文集》一百五十卷，《本朝神社考》六卷，《貞觀政要諺解》十卷等，超過一百以上的作品。他是當時的權力者德川家康專聘的學者，成爲推進江戶官學的重要人物。

伊東仁齋　（1627～1705）

　　　　名維楨，字源吉，號仁齋，京都堀河人。從幼小好學，十一歲讀《大學》十九歲可作漢詩，後來辦學堂。門下有三千人。他反對朱子學的中心思想，提倡孔孟之道，成立了「古義學」。

伊藤東涯　（1670～1736）

　　　　仁齋有東涯、梅寧、介亭、竹里、蘭嵎五個孩子。他們從幼便聰明好學，但其中長子東涯和末子蘭嵎的才氣不平凡。名長胤，字源藏，號東涯。仁齋的長子。人品溫厚，主要紹述父親的學說，但他的學問、知識超過父親。他的文章〈古今學變序〉〈鬼神論〉〈莊園外物論〉〈讀武備志〉等，學術評價很高。

荻生徂徠　（1666～1728）

　　　　名雙松，字茂卿，幼名傳次郎。他和別的漢學家不同，很重視研究漢文學的理論和文學理論。當時的幕府大臣柳澤吉保專聘的學者。他的著作相當多，其中《論語徵》（論語的注解）的影響力極大，中國清朝劉寶楠編寫《論語正義》時，參考他的這部書。

藤田東湖　（1806～1855）

　　　　他愛好武術，是江戶文壇上的著名人物。對於維新的志士（西鄉南洲）等人，給與很大的影響。

　　除了他們之外，著名的還有中江藤樹（日本陽明學的開祖），山崎暗齋（三大朱子學派之一），木下順庵（詩文的開拓者）等。江戶時代三百年的時間中不少出現漢文學者。史料上有一百多名的漢學者的名字。

　　江戶幕府爲確保自己統治勢力，實行全面鎖國的政策，但卻准許中國與荷蘭商船進港，停泊於九州的長崎。十七世紀至十九世紀中葉，中國與日本的商人，便在這種特殊的條件下從事起漢籍貿易，文獻資料便也源源不斷地從中國運進。這一切促進了漢籍在日本的流行。

　　到了明治時代，西洋文化進入日本。漢籍受時代潮流影響，漸漸不受重視了。但是在這樣情況下，做漢詩的人仍不斷增加。其原因我想可以從三個方面來考慮。

　　第一，當時民間設立了漢文詩社。

　　第二，報紙，雜誌上能發表漢詩的機會多。

　　第三，有不少愛好漢詩的人，除了學者外，還有軍人乃木石樵（1849～1912），文學者夏目漱石（1869～1916）和經濟界人澀澤榮一（1840～1931）等。他們的漢詩以及漢文學水平在當時和現在都得到相當高的評價。在此介紹乃木石樵和夏目漱石的作品。

山路觀楓　　漱石　夏目金之郎

石苔沐雨滑難攀。渡水穿林往又還。處處鹿聲尋不得。白雲紅葉滿千山。

　春　興

出門多所思。春風吹我衣。芳草生車轍。廢道入霞微。

停筇而矚目。萬象帶晴暉。聽黃鳥宛轉。睹落英紛霏。

行僅平蕪遠。題詩古寺扉。孤愁高雲際。大空斷鴻歸。

　金州城下作　　石樵　乃木希典

山川草木轉荒涼。十里風腥新戰場。征馬不前人不語。金州城外立斜陽。

　凱旋有感

皇師百萬征驕虜。野戰攻城屍作山。愧我何顏看父老。凱歌今日幾人還。

　詠　梅

峻節清香自絕倫。男兒宜學此精神。世閒碌碌風流士。不比英雄比美人。

　　可見明治時代整個社會雖然積極地吸收西洋文化和文明，但漢籍仍在百姓的精神文化上占一定的地位， 這種情況，經過大正（1912～1925）昭和一直到一九四五年。

　　大戰結束後不久的昭和23年（1948年），日本國內進行「學制改革」，其中規定禁止漢文，從此各學校教授漢文課的時間便減少了。美國政府把這個改革強加於日本，那時候的美國首腦認為漢籍及其文學是建設民主社會的妨礙。因而用漢籍來發揚東洋文化的一些學校都面臨停閑的危機。我服務的學校是其中之一。美國將軍麥剋阿瑟不承認我校的存在，而本校大批畢業生由於喜好漢籍則組織起來創辦私立大學，名稱最後定成大東文化大學。我校中國文學科繼承過去的傳統

古典漢籍一直研究以孔孟爲中心，發表了很多有學術價值的著作。

綜上所述，《論語》一類的古典漢籍，很早就流傳到日本來。公元七世紀初，還用《論語》等書的思想作爲治國和立身的準則。到了八世紀，通過遣唐使和一些貴族之手，有一千五百多種（占當時中國書目之半）引進到日本，更是一種飛躍的發展。其影響所及，當時和日後，出現了很多偉大的著述和作家。十九世紀，日本明治維新，提倡面向西方，不重視漢籍，可是仍有一些卓越的漢詩大家。二十世紀第二次世界大戰之後，日本在美國授意之下，排斥漢籍，學校裏也大量減少漢文的教學，卻仍有不少人反其道而行之，作出很大的成績。承見漢籍在日本的流傳，雖然有時盛，有時衰。只因流傳已久，深入人心，明顯地或潛在地，至今仍有巨大的影響。

參考文獻

《日本漢文學通史》　戶田浩曉　武藏野書院　1982年

《日本漢文學史》　豬口篤志　角川書店　1984年

《漢語と日本人》　鈴木修次　みすず書房　1978年

《漢籍在日本的流布研究》　嚴紹璗　江蘇古籍出版社　1992年

《中國學藝大事典》　近藤春雄　大修館書店　1983年

《日本史年表》　東京學藝大學日本史研究室編　1991年

《日本國見在書目》　藤原佐理　續群書類從卷第八百八十四

論漢語語言學體系的建立

林慶勳

摘 要

傳統小學包括文字、音韻、訓詁，屬於一種工具之學，目的在通經典之用。兩漢與清代是小學的兩個高峰期。現代學術分科愈來愈精細，加上小學在爲古籍服務之餘，有必要重新出發，也就是獨立發展成系統的學科研究。它的內容應該包括：音韻學、語法學、詞匯學、訓詁學、文字學、方言學六門。本文針對此六科探討它的研究內容，以期建立一有別於傳統小學的漢語語言學體系。

一、漢語語言學的異名

漢語語言學，舊習慣稱做「中國語言學」。若論名實相符，仍以前者爲宜。漢語之外的中國境內語言研究，不是這門學問所能負荷。甚至人口較多的族群，如壯族、回族、維吾爾族、彝族、滿族等，每族人口都在五百萬以上（李榮1989：165），他們的語言現況如何？與漢語自古以來相互影響如何？可能都不是名爲「中國語言學」應該研究的內容。「中國語言學」約定俗成的意義，一般人大約都能接受，務實的態度宜接受較無爭議，名實一致的「漢語語言學」。

「小學」或「語言文字學」，也是漢語語言學的異名。小學一詞最早出現於漢代，內容僅及於文字與詁訓（見林慶勳1984：25～26），語言文字學命名首創於章太炎，內容已經比小學範圍擴大。不論小學或語言文字學，它們的本質都與漢語語言學稍異其趣。簡單說，前者是

工具之學，探研目的祇在「通經典」之用，因爲先秦古書有些文字已
難懂，不徹底研究《說文》、《爾雅》等書，不足以克服深奧古籍
這一方面的努力，乾嘉時代的漢學家表現了相當出色的成績。漢語語
言學研究目的，不在爲別人服務，祇在研究「漢語」本身。古今漢語
有別，南北方言不同，它們差異如何？從研究中得到一些結論然後再
利用它們去詮釋古今漢語發展變化的現象。儘管兩者研究目的不同，
本質也有很大差異，但是小學或語言文字學的研究成果，漢語語言學
非但不排斥，還努力吸收它們有用的養分，繼承它們經得起考驗的研
究方法。因此漢語語言學其中許多成績，其實是積累小學或語言文字
學研究成果而來。天下新學問、新方法、新觀念的建立，都是前有所
承，累積諸多前人經驗而來，不可能憑空突然闖出一片天地，漢語語
言學今天的成績，自然也不是例外。

二、漢語語言學的研究必須以語義爲基礎

　　漢語語言學研究內容，大致可以細分以下幾個領域：

　　1. 音韻學
　　2. 語法學
　　3. 詞匯學
　　4. 訓詁學
　　5. 文字學
　　6. 方言學

從現代語言學角度看，一種語言或方言至少包括該語言或方言的語義、
語法、詞匯和語音等四項。「語義」是語言的內容、「語法」是語言
的結構規律，「詞匯」是語言的實體及建築材料，「語音」則是語言
的形式。任何語言都是經過語義等四項的組合，才能成其爲語言，缺
乏其中任何一項，都無法成爲完整的語言。「語義」是語言最重要的

分，沒有它，語言就變得毫無意義而空洞，因爲它不像語法、詞匯、
音一樣，被拿來分析比較，時時在語言研究的舞台頻頻暴光。不過
與語法、詞匯、語音的關係非常密切，幾乎沒有其他成分可取代。
果我們研究語言的語法、詞匯或語音，脫離了語義所賦與的約定俗
概念，可能那種研究就注定是失敗的。

　　試想研究現代或古代的語法結構問題，如果連句子眞正表達的意
都未弄清楚，如何能釐清結構的眞正面貌。詞匯學有關語素組合的
類，其中最重要的是「合成詞」，而三語素合成詞結構有：

　　①X Y + Z

　　②X + Y Z

南極蝦」、「私生子」、「白血病」等屬於①型，「南極光」、「
生活」、「白血球」等屬於②型。二型最大區別在「南極蝦」的語
是「南極地區所產的蝦」，「南極光」則是「南邊高緯度地區，高
中大氣稀薄的地方所發生的一種光」；「私生子」指非夫妻關係所
子女，「私生活」則是個人的生活；「白血病」俗稱血癌的病，「
血球」則是一種無色能吞食病菌的血球（李賡鈞1992：103～104）。如
未明辨「南極蝦」與「南極光」等語義的分歧，如何能深入探討詞
學。語音本身並無意義，它祇有與語義結合並得到約定俗成的認定，
音在語言中才有生命，否則僅僅是一種空洞的物理現象而已。

　　由此可見，屬於語言靈魂的語義，它在語言研究所佔的份量是不
小看。不過一般探討語言內部結構，都祇重視語音、語法和詞匯，
約是它們比較具體容易掌握，分析清楚之後，別人較能看清這個語
的眞正面貌。相形之下，最重要的語義好像被忽略，其實並非如此。
試想我們研究漢語任何一個問題，如果對漢字所擬表達的語義都弄不
清楚，如何能進一步去探索漢語內部的結構、規律等問題。語義其實
是語言研究的「必要條件」，缺少了它，所有結論可能都是無根而不

務實際的推測而已。

三、音韻學、訓詁學、文字學的研究成績最可觀

　　傳統小學研究，使音韻學、訓詁學及文字學研究扎下深厚根基，自漢代以下有關著述，從清人謝啓昆《小學考》收錄各類專著之多，可以瞭解歷代學者努力成績。後人研究音韻學、訓詁學或文字學等各項問題時，先討論前人著作、學說，已是不能免，因爲前人文獻若未能深入釐清，可能自己立論陷入主觀而不知，甚至於洋洋得意的「發現」，早在幾百年前已經有人提過。幾乎許多有分量有見解的後人撰述，討論或引用前人文獻，在學術討論上，已經成爲一種規範。

(一)音韻學

　　漢語音韻學（Chinese historical phonetics），就是聲韻學，在普通語言學裡叫「歷史語音學」，它是研究漢語史上語音現象和語音發展的學科。大致可以分兩方面研究，其一是研究一組歷史上的材料，推求其當時所代表的語音，如研究《詩經》押韻，是爲了明白《詩經》所代表先秦語音的大概面貌；其二是就某一個或一組音，研究它從某一個歷史時期的面貌變成現代某些音的歷史，如舌尖前音ts、tsh、s與舌根音k、kh、x，如何變成現代舌面前音tɕ、tɕ'、ɕ。這兩方面研究，經常是互相交叉，互相驗證，互相輔助的。（季羨林等1988：173）

　　音韻學研究內容，前人把它分爲幾個細目：

　　　(1)上古音：指周秦音研究
　　　(2)中古音：指隋唐音研究
　　　(3)等韻：指中古音的語音學研究
　　　(4)近代音：指元明清音研究

各個時期斷代音研究，須以「材料」出發，有什麼材料就得出什麼結

果。例如「上古音」研究，須借助於先秦韻文、形聲字諧聲、經籍異文、漢代經師傳注的讀若讀如，以及經籍或注釋的聲訓。「中古音」研究，雖然也利用當時詩文押韻，但是比較有系統的材料是韻書和反切，《切韻》系韻書儘管有殘缺之憾（註一），《大宋重修廣韻》（1008）卻能彌補不足。此外像日本、朝鮮、越南從四到十世紀所記載的漢字音，都能幫助我們構擬中古音的體系。從瑞典高本漢（1889－1978）開始利用現代北方方言推擬中古言，後世學者也援引更多其他現方言討論或修正中古音音系。唐代出現三十六字母以後，《韻鏡》、《七音略》、《四聲等子》、《切韻指掌圖》等韻圖陸續出現，它們有系統的反映並分析中古音的聲母、韻母及聲調，所以稱它是中古音的「語言學」，非常恰當。「近代音」研究，除《五音集韻》（1212）、《蒙古字韻》（1269～1292間）、《古今韻會舉要》（1297）、《中原音韻》（1324）、《洪武正韻》（1375）等韻書外，此時期因爲與鄰邦交往密切，諸如《華夷譯語》甲、乙、丙各種譯語對音，以及韓國《老乞大》、《朴通事》各種本子的諺解對音（註二），都是重要材料，輕忽不得。

　　在漢語語言學中，音韻學研究成績最可觀，除了它的研究較有歷史外，可能與這門學科時時有新觀念、新方法、新材料出現有必然關係，加上語音學的佐助，使它研究走上科學而系統的路上去。近年來利用漢語與藏語同源詞或古借詞推求語音對應，借以考證上古漢語語音系統；或者利用諧聲關係、先秦聯綿詞、經籍異文等，推論遠古漢語有「複輔音聲母」。都是上古音研究的邊緣分支學科。敦煌韻學殘卷整理，以及唐代西北方音研究，則是中古音研究的分支學科，與利用梵文與漢字對音研究隋唐漢語讀音，兩者成績則是伯仲之間。過去一向被冷落的等韻學與近代音，近二、三十年來，成績愈來愈可觀。等韻學研究已下移至明、清的斷代研究，「等韻學史」的建立指日可

待。近代音的時間接近現代，而且許多明、清韻書或韻學論著，比
明顯在反映「方言」特色，因此研究時多少會以現代方言做比較分析
這是一個進步而可喜的研究方法，值得嘗試與鼓勵。

(二)訓詁學

漢語訓詁學是歷史最悠久的語言研究學科，它是一門傳統解釋
籍難懂詞語和研究語義的學問。昔日祇被看作「小學」的一個部門
目前正逐漸發展爲一門有科學體系的漢語語義學（季羨林等1988
167）。

訓詁學早在漢代就已經非常發達，不過嚴格說還不能算是一門獨
立學科。初期它祇是爲經史諸子做注釋服務工作而已，注釋內容包括
注音、辨字、校勘、釋義。釋義又包括釋詞、釋句、釋段、釋篇和發
揮闡述思想觀點、點明修辭手法等。此後才發展爲彙輯成篇的訓詁專
書，如《爾雅》、《說文解字》、《廣雅》等，一直到清代訓詁學
有了重要發展。以戴震、段玉裁、王念孫、王引之、愈樾等人爲代表
的訓詁學家，勇於糾正舊注、創建新說，目的是批評舊注、發明新義
從而提出訓詁的新理論，使訓詁學的研究提高了水準。他們的新理論
就是建立漢字形、音、義的完整體系，而且總結出「因音明義」、
以義證音」的規律，然後將這些理論深入研討古訓和舊注，不但解決
了許多疑難，而且也訂正漢唐以來注疏的遺漏和謬誤。（參見陸宗達
1980：5～9）。

戴、段、二王等人，爲傳統訓詁學扎下深厚根基，民國以來的學
者如劉師培、黃季剛、沈兼士等人，在他們基礎上又獲得更具體成果。
由潘重規師紀錄黃季剛講的〈訓詁述略〉（《制言》7期，1935），
建立了訓詁學的體系，主要有：訓詁與訓詁學，訓詁方式（互訓、義
界、推因）、求訓詁之次序（求證據、求本字、求語根）等，算是爲
系統的訓詁學學科開其端。

　　訓詁學研究的歷史雖然悠久，卻因其包含古代注釋和訓詁專書的文獻研究，因此研究範圍極不明確，與文字學、音韻學、詞匯學、語法學、修辭學，以及文獻學、校勘學等，似乎界限不易畫分清楚（陸宗達1980：10）。迄今爲止，每一本介紹訓詁學專書，似乎都有一套自己立論依據，各書能夠交集的部分，僅在訓詁方式、訓詁用語、訓詁著作、訓詁學史等項打轉，眞正有系統、有見解的著作，至今似乎闕如。兩漢與清代形成的訓詁學兩個高峰以後，近代學者正從訓詁理論和研究方法兩方面加以繼承並發揚光大。以下幾點就是本世紀以來，訓詁學者吸收外國一些早期語言學知識，開展新方向研究工作的表現（見季羨林等1988：172）：

　　①字源和語根的探求：如章太炎《文始》，取《說文》探求字源。沈兼士〈右文說在訓詁學上之沿革及其推闡〉，以形聲字聲符，凡音義相同或相近者可以構成一個「詞族」，由此再聯系音韻，借重古音知識，以求其語根。

　　②研究同源字：同源字研究，其實就是語源研究。同源字大都是同義詞，或意義相關的詞。在原始時候本來是一個詞，代表某一基本概念，後來語音分化爲兩個以上的讀音，才產生細微的意義差別。但是同義詞不都是同源字，要以聲音是否相近爲定。王力《同源字典》一書，是研究漢語詞義學的一部新著。

　　③虛詞研究：近代因語法學興起，虛詞研究有了新發展，研究虛詞者對虛詞詞類和用法都有比較清晰說明。如楊樹達《詞詮》、裴學海《古書虛字集釋》、呂叔湘《文言虛字》等，皆是重要撰述。

　　④根據出土古銅器銘文考訂古書訓釋：先秦典籍因由篆文、隸書的轉寫，文字譌變已多，漢代以來解釋往往有誤。現代可以借助商周銅器銘文解決一些前代義訓中的問題，如王國維以銅器

　　　　銘文解釋《詩經》、《書經》、中的常用詞語（見《觀堂集林》
　　　　卷二〈與友人論詩書中成語書〉）、于省吾《尚書新證》、《
　　　　詩經新證》、《楚辭新證》等書，駁正前人誤解之處極多。
　　⑤研究範圍擴展到唐宋以後語詞的考釋：清代學者對一些通常在
　　　　書面上見到的口語詞已經有所集錄，大都是隨筆札記，略明出
　　　　處，解釋不多。近人張相《詩詞曲語詞匯釋》、陸澹安《小說
　　　　詞語匯釋》、《戲曲詞語匯釋》以及蔣禮鴻《敦煌變文字義通
　　　　釋》等，對閱讀唐以後文學作品提供極大參考價值。
今後訓詁學研究，除繼承前人成果，吸收外國語義研究的方法或經驗
外，可能需要早日釐清訓詁學單純的研究範疇，將語言學研究領域的
訓詁學與古籍文獻研究的訓詁學分別清楚，但不排斥其研究成果。那
麼要建立一門新而系統嚴謹的訓詁學，才能慢慢走上正確的方向。

　㈢文字學

　　漢語文字學（Chinese　graphology），是研究漢字形體和形體與
聲音、語義之間關係的一門學科。有關漢字研究，最早可以推溯到先
秦史官教學童識字所編的《史籀篇》，其後秦始皇統一天下，實行統
一文字，李斯等又改《史籀》大篆為小篆，並作《倉頡篇》，同時趙
高作《爰歷篇》、胡毋敬作《博學篇》，對小篆推行及文字統一都有
相當大的作用。其後漢代盛行隸書，而後又通行楷書，歷經「隸變」、
「楷變」的更易，後人對許多前代文字已漸漸不解。東漢許慎編纂《
說文解字》（100），用意無非是希望後人藉助每個字的形、音、義組
合，會通造字意義並正確去用字。《說文》書中保存有大量古文字體
和古音、古義，對後人研究漢字功用頗大。漢語文字學的建立，與許
慎《說文》的完成有必然關係。（見潘重規1977：17～20）

　　文字學的研究，依照唐蘭（1969：25）所分五類最為恰當，即：
　　　1.俗文字學

2.字樣學

3.說文學

4.古文字學

5.六書學

唐蘭說 1.、2.屬於近代文字學，3.、4.、5.屬於古文字學，在文字學裡都是不可少的研究。

　　六書因為是文字學入門基礎，歷代學者投注的心力也最多。「六書」名稱最早出現在《周禮‧地官保氏》，班固《漢書‧藝文志》說它們是「象形、象事、象意、象聲、轉注、假借」；鄭玄注《周禮‧保氏》引鄭衆《周禮解詁》說「六書：象形、會意、轉注、處事、假借、諧聲也」；許慎《說文解字‧敍》則說六書是「指事、象形、形聲、會意、轉注、假借」，並在每一書之下用八個字詮釋並加兩個字舉例。班固是劉歆弟子，鄭、許則是劉氏再傳或再再傳弟子，因此有人認為六書不過是劉歆一家之學而已，所以辯論六書的名稱，次第並無多大意義，真正該探討的是六書既然是規範漢字造字用字的各種方法，它們確實的含義是什麼才是最重要。如今可以見到許多人以主觀態度，認定某字是六書的象形或指事，如果見到不同說法就大加批評。見到許慎說法合於己意就援引奉為金科玉律，若《說文》不合自己學說就引古文字、古經說加以批駁。如此研究態度實在是偏離學術客觀性。南宋鄭樵撰《象類書》十二卷，是跳脫《說文》系統研究六書的第一人，儘管鄭氏的六書分類瑣屑拘泥，界畫不清，最後終歸失敗，唐蘭（1969：21）卻認為鄭樵的研究不是無意義的，因為漢儒六書理論，本是演繹的，沒有明確界說，經他歸納過一次後，六書學說的缺點就完全暴露出來了。元、明有一些學者如楊桓、戴侗、楊愼等，嘗試用古文字材料來分析六書，可惜受到時代材料及知識不足的限制，無法成功。不過他們勇於試驗的精神，使六書研究領域開闊了許多。

　　古文字學的研究，至少應該包括小篆以前各種字體本身的研究，以及對各種古文字資料的研究。所謂各種字體至少指甲骨卜辭、銅器銘文等古文字。對於古文字資料研究，主要是弄清其性質、體例和時代，並闡明研究這些資料的方法。對於以古文字本身為對象的研究，才是古文字研究的主要重點，它著重研究漢字的起源、古漢字的形體、結構及其演變，字形所反映的本義以及考釋古文字的方法（季羨林等1988：102）。從漢代古文經學家為了讀懂古文經，必須從文字學角度研究古文，古文字的研究就已開其端，從魏晉到唐末，古文字的研究並無成績可言，一直到宋代有人大量蒐集古文字材料，以及金石學發達，使古文字研究從新出發。元、明兩代又陷入衰落，直到清代對金文等熱烈的研究，才使古文字地位抬高許多，像吳大澂《古籀補·自序》就直指《說文》所載古文形體與習見銅器銘文不合，懷疑它們皆「周末七國時」文字（季羨林等1988：105）。

　　光緒二十四年（1898），殷墟甲骨文陸續在安陽小屯出土，王懿榮鑑定為三代古文並加以收藏，從此對甲骨卜辭的出土、收購、流傳遂引起特別注意。殷墟甲骨文資料豐富、內容重要，時代屬商代後期，早于大多數銅器銘文，其發現在古文字學研究上有重大意義，王懿榮之外，劉鶚、孫詒讓、羅振玉、王國維在甲骨學研究皆有特殊貢獻，其後像董作賓、郭沫若甚至外國學者都加入研究，使甲骨文成為廿世紀上古史研究的顯學。甲骨文在古文字學領域中的興起，正應合王國維所說要有新材料才能成其新學問。

　　《說文解字》一書，體例完善，又以540部首類聚相關字形，後代字書模仿體例編排者不少。後世以此書可以幫助認識古文字，從而瞭解古經典與古文化，並且對字典、辭書編輯有極高參考價值，因此對它評價極高，北宋初徐鉉奉詔校定《說文》、從此它日益具有影響力，直到清代段玉裁、桂馥、王筠、朱駿聲等人從不同角度詮釋《說文》，

才把《說文》研究推上最高峰。民初丁福保編輯《說文解字詁林》，則是「說文學」不可缺並且是最重要的材料。

　　刻版流傳之前，所有書籍唯有借助手抄一途別無他策，但是人類天生好偷懶，連抄書亦不例外。為了圖方便，自己可能就己意去造字，形成同字異體的現象。本來隸變、楷變的更易，使字體愈變愈不合當初造字的本義，其後加上抄書者按照自己意思造俗字，則使文字凌亂變本加厲。「正字」是符合造字時形、義相互配合的字體，「俗字」則是按照個人意思所造與字書寫法不合的字體，但是後者反而通行，從敦煌經卷中甚至可以看到俗字橫行的地步。顏之推說：「從正則懼人不識，從俗則意嫌其非。」正是道出當時知識份子對手寫字體紛亂的無奈。唐人因鑑於六朝文字混亂，有整理楷書標準化的「字樣學」出現，其中顏元孫《干祿字書》就是最重要的代表作。因為留意標準的字樣，相對的對俗文字多少就會去研究整理，如《干祿字書》、王仁煦《刊謬補缺切韻》裡就收有許多俗字。宋、元以來雖有雕版書籍大量流傳，但是仍然出現許多俗體字，原因無他，祇是流傳已久並圖方便而已。1930年劉復與李家瑞合編《宋元以來俗字譜》，收集宋元明清十二種民間刻本中所用俗體字6240個，可以證明俗字泛濫程度。因此字樣學研究的同時，可能無形中已對俗文字研究也做了相等的功夫。

　　漢字是紀錄漢語的符號，傳統中又要求一個漢字有形、音、義三者完整配合，因此偶而會誤會一個漢字就是一個完整的語言意義。殊不知每一個字祇代表一個音節，一個字可能就是一個有完整意義的單音詞，但也可能祇是一個複音詞中的一個構詞詞素而已（季羨林等1988：160）。基於以上認識，前面所介紹文字學各領域研究，似乎古籍「文獻」與文字本身研究兩者都有。如果我們想從漢語語言學角度來探討文字學，唯有將文字學與音韻學、訓詁學之間的關係做參互

研究，才能達到系統化的語言學學科研究。

四、語法學、詞匯學、方言學的興起

　　古代關於漢語語法的論述，大致上散見於文字訓詁學家著作及文藝理論家著作，他們都是隨文釋義或討論詩文創作時涉及語法現象的說明，並非專門爲語言學研究目的而討論語法。先秦古籍出現許多雙音單純詞和大量複合詞，證明詞匯研究已在此時開其端，不過它們目的可能是在爲文學服務，而不是在做有系統的詞匯學研究。漢代楊雄撰《方言》，也是從實際方言調查入手，可是他的目的似乎祇在編輯一部各地方言差異的詞匯集，並非爲做方言研究。由此可見，語法學、詞匯學、方言學的研究由來已久，可惜都不是爲語言學研究而出發。以下本節討論，主要是從語言學角度研究漢語語法、詞匯及方言，它們與音韻學、訓詁學、文字學的研究相輔相成，祇有以上六門學科的研究有系統各自獨立出來，漢語語言學的研究才算建全。

㈠語法學

　　漢語語法學（Chinese grammar）是研究漢語內部結構規律的學科，所謂結構規律，包括詞、詞組及句子。比詞小的是語素，比句子大的是句群或稱句組，總計漢語有語素、詞、詞組、句子、句群五級語法單位。語素是構詞單位，詞組是造句單位。如果能確實掌握每一級語法單位，則有關語法各類問題必能迎刃而解。

　　古漢語裡單音詞比複音詞多，現代漢語恰好相反，這是就語法單位「詞」音節多寡而論。就「語素」音節說，漢語絕大多數是單音節語素，祇有聯綿詞（參差、蜻蜓、牡丹）、借詞（葡萄、咖啡、奧林匹克）、儿化詞（花儿、蓋儿）、個別方言詞（倆、甭）等，是雙音節或多音節語素。所謂語素是指「最小的語音和語義結合體」，音與義結合也就是指有意義的音節才能算語素，因此聯綿詞、借詞等雖用

兩個或多個漢字，若拆開即無意義可言，所以才構成雙音節或多音節的語素。

1898年，馬建忠完成《馬氏文通》，是中國第一部系統的文言語法著作，目的在幫助人們閱讀古書和使用文言，對後世語法著述影響極深，主要有：①重視句法、②劃分詞類著重意義標準、③列助字一類。（參見季羨林等1988：181～182）此後有關語法著作，都是就馬氏所建立的體系或多或少加以補充與修正。

建立漢語語言學體系的語法學，除了繼承優良的理論與方法之外，也不能不留意現代語言反映的現象。研究內容至少應包括：①構詞、②詞類、③句法三部份。

1.構詞：

　　由詞的構成情況分，詞可以分單純詞與合成詞，前者是由一個語素構成，後者是由兩個或兩個以上語素組成。現代漢語合成詞佔大多數。合成詞的構成方式有：①聯合式（即並列式），如朋友、動靜、國家；②偏正式，如火車、匹夫、附庸；③動賓式（即支配式），如出席、耐心、知音；④補充式，如提高、推翻、揭露；⑤主謂式（即陳述式），如年輕、秋分、地震。此外還有加前綴或後綴的⑥附加式合成詞，如加前綴的老師、第一、有夏，加後綴的房子、專家、茫然。以及⑦重疊式合成詞，如爸爸、紛紛、滾滾。

2.詞類：

　　所以對詞進行語法上的分類，目的在講述語法的方便，以及讓人能正確地把握每類詞的語法特點和功能，從而正確地運用詞（甘玉龍等1993：31）。比如名詞的特點是可以直接受名詞修飾，也可以直接修飾名詞。它的功能是經常做主語、賓語，可帶定語（如「好學生」、「新書」）；不能做謂語，不能受副詞「不、

很」的修飾。不能做狀語、補語（馬眞1981：10）。這樣界定清楚，對「名詞」到底是什麼？有極科學的「可以或不可以」、「能或不能」的界線，對研究或學習都有很大便利。

　　一般詞類大致分實詞和虛詞。實詞是表示有實在意義的詞類，能夠作詞組或句子成分，能夠單獨回答問題，包括①名詞、②動詞、③形容詞、④數詞、⑤量詞、⑥副詞、⑦代詞。每一類詞又可細分幾小類不等，如代詞可分人稱代詞、指示代詞、疑問代詞。虛詞是不表示實在意義的詞類，一般不單獨回答問題，不能單獨作詞組和句子成分，主要用途是表示語法關係，幫助實詞造句，包括：⑧連詞、⑨介詞、⑩助詞、⑪語氣詞、⑫嘆詞、⑬擬聲詞。古漢語有詞類活用現象，如《史記、留侯世家》：「然上高此四人。」高是形容詞，在此活用作動詞，意思是說皇帝尊重這四個人（季羨林等1988：178）。這種活用，現代漢語幾乎很少見　。

3.句法：

　　漢語的基本句型是主語在前，謂語在後。感嘆句則偶而改變次序，如《論語・子路》：「野哉，由也！」，現代漢語也有類似例子：「得了吧，你！」除詞序外，也要留意句子的結構問題，如名詞謂語肯定句，在古漢語是不用繫詞，典型結構是主語後面用「者」，句末用「也」，如《莊子・逍遙遊》：「南冥者，天池也。」也可以單用，如晁錯《論貴粟疏》：「粟者，民之所種。」、《莊子・德充符》：「夫子，聖人也。」者，也都不用，如《資治通鑑・漢詞》：「劉備，天下梟雄。」（季羨林等1988：180）句法結構如果分析清楚，對句子意義的掌握必然較正確。

　　語法研究除對漢語結構的規律充分認識外，可能需要與漢語語言學中關係較密切的訓詁學、詞彙學、方言學，相互配合研究並印證，則規律的建立，必然更加堅強可信。

(二)詞匯學

漢語詞匯學（Chinese lexicology），是從詞匯學角度（非語法學角度）研究漢語詞匯的性質、特徵、結構、分類、相互關係及運用等的學科。廣義詞匯學包括：詞源學、語義學、辭書學，不過一般都指狹義詞匯學，就是以語言中的詞或詞匯作爲研究對象。

詞匯的定義，是指一種語言裡「詞」和「語」（固定詞組）的總匯，它與語音、語法比較起來，是最敏感，最容易引起變化，也是最直接反映社會發展變化的語言要素。詞匯學中「詞」與「語素」的定義，與語法學無別，但是從詞匯學角度看，依構詞能力的不同，語素可分「自由語素」與「粘著語素」，前者是可以造詞稱做「成詞語素」，後者祇能作爲複合詞或派生詞的一個構成成分，稱做「不成詞語素」。從語素在詞的結構中所處的位置和作用分，有「詞根語素」和「詞綴語素」，前者是詞的核心，後者祇能附加於詞根。（邢公畹等1992：96～101）

詞匯的結構，指用語素構成新詞的構詞法，有：①合根法，如麵湯、湯麵；②附加法，如反科學、老虎、畫家、椅子；③減縮法，如高師大、陸委會。用構詞法產生的詞匯結構類型有：①單純詞，包括單音詞、聯綿詞、象聲詞、借詞；②合成詞，包括複合詞與派生詞，由合根法產生複合詞，附加法產生派生詞；③縮略詞，用減縮法產生。其中複合式合成詞組成型態，分聯合式、偏正式、補充式、動賓式、主謂式五種，與前面語法學提到構詞方式完全相同，不再重複。

詞匯的分類，一般分成三類：①基本詞匯、②一般詞匯、③固定詞組。基本詞匯在整個詞匯中所佔比例小，卻是詞匯的核心部份，它有三個特點，即普遍性、穩定性及能產性。與基本詞匯相對的是一般詞匯，它正好沒有上面三個特點，在歷史變化上，一般詞匯與基本詞匯互相轉化。一般詞匯包括以下幾類：古語詞、方言詞、外來詞、專

業詞語、社會習慣語（階級習慣語、隱語、禁忌語）。所謂固定詞組，是指大於詞而在句中作用相當於詞的詞匯單位，包括成語、慣用語、專名。它的性質是結構不能隨意改變的固定組合，並且功能與詞一樣，具有一個完整的意義，能獨立運用，也是語言中造句單位（邢公畹1992：106）。

　　詞是音義結合的語言單位，因此「詞義」是以語音形式固定下來，而由人對客觀事物的概括反映和主觀評價，以及詞在特定使用範圍中所產生的意義（邢公畹1992：111）目前對詞義的分析，已由義項分析進一步到「義素」分析，以下用描寫方式分析男人、女人等詞義，「＋」號表示具有這個特徵，「－」號表示沒有這個特徵：

　　　　男人：〔＋人、＋男性、＋成年〕
　　　　女人：〔＋人、－男性、＋成年〕
　　　　男孩：〔＋人、＋男性、－成年〕
　　　　女孩：〔＋人、－男性、－成年〕
　　　　棉衣：〔＋衣物、＋穿在身上、＋保暖、－防雨〕
　　　　雨衣：〔＋衣物、＋穿在身上、－保暖、＋防雨〕
　　　　罩衫：〔＋衣物、＋穿在身上、－保暖、－防雨〕

因為義素分析與人對事物的認識有關，帶有一定的主觀性，不同人分析的結果不一定一致，以及語義特徵數量極為複雜，因此目前義素分析的方法不是十分完善（邢公畹1992：123），有待進一步改進。

　　漢語詞匯學算是一門新興的學科，它可以努力耕耘的部份甚多，值得我們多多嘗試。它與語法學的關係極為密切，尤其是在「構詞」部份，幾乎討論的對象完全一致，在此可能需要注意術語的統一，否則徒增認識上的困擾，對兩個分科整合有害而無利。與訓詁學的關係也不容忽視，尤其在詞義探討，有互為輔助的必要。由此可見詞匯學在漢語語言學中，它雖然是一門新學科，卻對其他分科的研究，具有

極大的影響力。

㈢方言學

　　漢語方言學（Chinese dialectology）是研究漢語方言形成、發展、分區及特點的學科。漢語方言目前分官話、吳語、湘語、贛語、粵語、閩語、客家語共七個方言區。各方言之間祇是兄弟關係而非父子關係，任何一個方言皆可能成為標準語（即共同語）。形成方言差異的原因，主要是：①人口分佈、②集體遷徙或新區移民、③地理因素、④異族接觸（詹伯慧1991：9～12），因此方言隨時處在發展的階段，方言之間彼此互相影響極為自然。

　　方言研究有「歷史方言學」，指方言的歷史研究，屬於「通時研究」；有「描寫方言學」，指對某一方言內容的「共時研究」；有「方言地理學」，指方言特點在地理空間分佈及方言調查地點和某一供比較項目在各地反映異同的研究，在方言地圖上，往往以「同言線」表示某種方言特徵分佈區域的界線。漢語方言學主要以共時的描寫方言學為研究重心，但並不排斥歷史方言學及方言地理學。研究步驟大約是：①調查方言，系統描寫及分析；②持該方言和共同語做比較；③持該方言與古語言做比較。①是描寫語言學、②③是歷史比較語言學（周法高1955：88～91）。至於內部結構的探討，以語音、語法、詞匯三方面為主要對象，現階段各種漢語方言研究，仍是以語音、語法為重心，方言詞匯似乎較少人問津。

　　為研究上需要，可以通過比較分析各地方言的特點和異同，對漢語方言進行分區或分類。因各地方言親疏離合程度不等，所以方言分區可以有不同的層次，漢語方言分區四個層次是：方言區、方言片、方言小片、方言點。以閩方言為例分列四個層次如下：

第二層分區「方言片」或稱「次方言」，第三層次在「片」以下，根據同一片內方言差異的情況可分爲若干「小片」，小片中的各個地點如果方言差異仍然存在，可以再區分爲若干地點方言，一般叫做「點」（季羨林等1988：139）。方言點往往是一個城市或縣，如廈門、泉州、漳州、潮州、台北、高雄等，事實上某一方言點之中仍有內部差異，在研究時往往以「腔調」看待即可。

　　各個方言區的特點如何？是研究現代方言需要留意。從語音特點看，聯系歷史發展來觀察，官話方言的音系比較簡單，反映了漢語語音從繁向簡的發展趨勢，南方各大方言音系比較複雜，保存了較多古代語音要素。就聲、韻、調三部份來說，官話方言的韻和聲調比閩、粵、吳、客家諸方言簡單得多，唯有聲母方面，南、北方言各有繁簡，官話方言並不從簡。至於音變現象、異讀現象等，南方各方言大都比北方言複雜。各方言具體的特點，可以從下列各項考察，聲母方面：①四呼的分合、②元音韻母的組合、③輔音韻尾的保留和分合；聲調方面，由銀川、天水三個調到廣西博白十個調，各個方言有不同的聲調，其中各調是否分陰陽、入聲是否保存，形成聲調多寡的異同。（季羨林等1988：141～143）至於詞彙特點與語法特，此處從略不做介紹。

　　方言研究與聲韻學關係最密切，其中對方言描寫、分析及與共同語、古語言做比較，處處皆需借助於聲韻學的理論、觀念和方法。其

次與語法學、詞匯學的研究關係也不能忽視，畢竟方言學研究已經從早期偏重「方音」的探討，漸漸走向對方言語法、方言詞匯的全方位研究，這是值得肯定的一個研究方向。

五、結　論

從傳統小學（語言文字）對待音韻學、訓詁學、文字學的研究，可以體會研究目的祇在爲通經典、通古書做服務。然而把它們納入漢語語言學的研究範疇，它們才能變成獨立「學科」的系統研究，目的不是爲別人服務，而是爲音韻學、訓詁學、文字學本身的學術內部規律探討做研究。此時音韻學除做音韻變遷探討之外，也需以語音學理論做基礎，諸多懸宕的音韻問題可以借助語音學的方法試做解決，這一方面的成績已經有目共睹。訓詁學若能以語義學做基礎，並且把斷代語義釐分清楚，加上不要濫用「一聲之轉」、「雙聲」、「疊韻」等的語音證據，則訓詁學的成績會更可觀。相形之下文字學納入漢語語言學，祇能與新的音韻學、訓詁學多連繫，多利用它們研究結果，才能使本身研究較有成效。文字學的分支學科古文字學，它與上古史、考古、文化史等學科的關係尤其密切，要讓古文字學研究得到較好成績，不能祇做文字本身的認字考釋工作而己。

新興的語法學、詞匯學、方言學，五四以後的研究，在觀念、方法都朝獨立、系統的學科研究發展，因此納入漢語語言學研究體系較爲簡單。不過此三科研究，應以「共時研究」尤其是現代研究做基礎，如果對現代的學科內部規律都不是十分清楚，則做古代研究恐怕是在沙堆上所砌的城堡而已。先知今才能知古，這是現代語言學的重要觀念，千萬不要貴古賤今，否則漢語語言學深入研究，將僅僅是一個理想而已。通過對現代語法、詞匯、方言的研究，以此做基礎再做「歷時研究」，才是正確的路向。方言學在現代語言學中，往往祇做「共

時」也就是現代的研究，不過本文主張把它納入漢語語言學體系，也兼做「歷時」研究，這個觀念慢慢也獲得重視，假以時日兩者研究同時進行，某些問題方能有所突破。

　　以下列漢語語言學的體系，做爲本文結束：

```
                      ┌ 音韻學 ┐   小學、語言文字學
                      │ 訓詁學 ├   （傳統語言學）
  漢語語言學          │ 文字學 ┘   工具之學
  （現代語言學之一）─┤ 語法學
  學科研究            │ 詞匯學
                      └ 方言學
```

【附註】

註　一　指敦煌出土許多《切韻》系韻書，多數都非完帙。

註　二　《華夷譯語》有關資料，請參考拙著〈日本館譯語的韻母對音〉（1992《高雄師大學報》3：1〜30）介紹；《老乞大》、《朴通事》是十五世紀以後，流傳很廣的漢語教科書，韓國人崔世珍（？〜1542）曾經用新創的「諺文」（即《訓民正音》文字給兩書進行對譯）。

引用書目

甘玉龍等，1993，《新訂現代漢語語法》，天津科技翻譯出版公司。

李　榮，1989，〈中國的語言和方言〉，《方言》1989.3：161〜167。

李賡鈞，1992，〈三語素合成詞說略〉，《中國語文》1992.2：102〜108。

邢公畹，1992，《語言學概論》，北京：語文出版社。

周法高，1955，《中國語文研究》，台北：中華文化出版事業社。

林慶勳，1984，〈中國文字的構造特性〉，《孔孟月刊》22.9：23〜27。

季羨林等，1988，《中國大百科全書・語言文字》，北京：中國大百科全書出版社。

唐　蘭，1969，《中國文字學》，台北：開明書局（影印本）。

馬　眞，1981，《簡明實用漢語語法》，北京大學出版社。

陸宗達，1980，《訓詁簡論》，北京出版社。

詹伯慧，1991，《現代漢語方言》，台北：新學術文教出版中心。

潘重規，1977，《中國文字學》，台北：東大圖書有限公司。

論詞彙學體系的建立

竺家寧

一、前　言

　　詞彙學是一門既古老又新鮮的學科，所謂古老，是因爲在語言學的幾個領域裡，它是第一個受到重視，並產生專著的學科。《爾雅》正是一部詞義學的專著，《方言》則是一部詞彙調查的總集，所以我們說它古老。其它學科：文字、聲韻、語法都在《爾雅》、《方言》之後才有專著出現。所謂新鮮，是因爲傳統的詞彙學只局限在資料的收集和分類上，一直沒有建立科學的、嚴密的理論體系，此其一。其目標不外在通讀經書，因而免不了成爲經學之附庸，缺乏獨立的生命，此其二。又把重點放在詞義問題上，而忽略構詞、詞形、詞法、詞用諸方面，未能全盤的處理詞彙問題，此其三。不分歷時與共時，使兩者糾纏不清，模糊了語言的眞象。例如《爾雅》中的同義詞混雜了古今、方言、雅俗不同的系統，此其四。而今天的詞彙學已逐漸擺脫上述的束縛，建立起自己的體系。所以它是一門嶄新的學科。

二、詞彙學的內容

　　一套完整的詞彙學應包含四個方面：詞形、詞義、詞變、詞用。「詞形」就是詞的形態，也就是構詞學。「詞義」談詞的共時意義系統、同義詞和反義詞的分析技術、義素分析法和詞義場理論。「詞變」論詞的歷時演化，敘述演化規律。「詞用」闡明詞在具體使用上的特性、它和別的詞的搭配關係，詞典的編纂也是詞用學的範圍。如果作

個譬喻，好比你對一位從不相識的陌生人，你要怎樣去了解他呢？首先當然是從外表的接觸開始，看看他長的什麼樣子？個子是高還是矮？體形是胖還是瘦？頭上的髮型如何？有沒有戴眼鏡？鼻子是否尖尖的？有沒有兩撇鬍子？戴不戴帽子？穿什麼樣的衣服？鞋子是否擦得雪亮？走路姿勢有何特徵？表情是否常帶微笑？……這些方面的掌握，提供了有關此人的許多重要訊息，使你對他產生清楚深刻的印象。這就是「詞形」的認識。然而僅止於外表是不夠的，你還不算真正認識這個人。你還得了解他的作人處世、學問品德、氣質涵養、個性習慣、談吐風度、思想抱負等等。這樣，你又掌握了他的內在，你對他的認識就更進了一層。此外你還得了解一下這個人的過去種種：他有沒有交過女朋友？他有沒有欺騙過別人？有沒有前科或不良記錄？有沒有做過什麼好人好事？念書時代的功課怎麼樣？有沒有翹過課？還是當選過班長和模範生？再早一點，小時候身體怎麼樣？是否常生病？是否有一個溫暖幸福的家？他是否早產兒？他的父母家世背景如何？……這種種訊息，使你對他有了更全面的認識。這就如同我們說的「詞變」。此外，你還希望知道他的社交狀況：他交些什麼朋友？在哪裡工作？職位如何？他如何處裡工作上的挫折？他還參加哪些社團組織？慈善組織？或學術團體？……這些是動態的了解，不同於前幾項靜態的了解。這就是我們說的「詞用」。

　　上述的四個領域正是提供你了解「詞彙學」這個新學科全部內容的途徑。做為新學科的詞彙學，是發展中的學科，它的體系逐漸完整，它的內容逐漸充實。可惜的是目前出版的十幾種詞彙學專書，多半把重點放在詞義問題上發揮，因此，只是傳統訓詁學的延伸，就詞彙學本身獨立的生命內容看，完全是不夠的，不完備的。但是這些論著卻是詞彙學發展的重要里程碑，學問是累積的，所謂「前修未密，後出轉精」，在這樣的基礎上，今天我們才有可能建立起比較完整獨立的

詞彙學系統。

　　詞彙學的幾個主要內容，過去都分散在不同的學科裡。例如詞形、詞法的問題，歸入了語法學當中。我們認爲在語言的三個層次：語音、語詞、語法當中，語音很早就有了獨立的領域，語詞和語法也不應混爲一談。過去認爲漢語沒有形態的觀念，已經被修正，漢語只是沒有西方式的形態而已。漢語也有自己的詞形詞法。因此我們應把「語法」區分爲兩部分：詞形詞法、句形句法。把「詞形詞法」放在詞彙學裡討論，把「句形句法」放在句法學裡討論。因爲它們處理不同的語言層次，是不同的研究範疇。因此，凡是處理「詞」的問題，都應該從句法學中分離出來。

　　至於詞義方面，過去一直歸入訓詁學當中，而訓詁學的目標和方法，和現代詞學顯然不同。因此我們把詞義問題從訓詁學抽出，改用現代語言學的方法和理論來處理，嚴格區分歷時與共時，引用義素分析法和詞義場理論，把詞義問題由零散的、片斷的考據，變爲系統的語言學的一支。

　　再說詞變方面，過去的研究有相當的局限性，只注意到個別詞義上的擴大、縮小、轉移，而未建立起詞變的理論體系，沒有區別「字」和「詞」的不同，更沒有顧及詞形演化的問題。不曾思索詞的各種結構形式是如何發展起來的？變遷的機制與規律又如何？在傳統訓詁學中，這方面都呈現一片空白。

　　再看詞用方面，這是詞彙學系統中的新內容，傳統上只注意詞的靜態研究，近世受了語用學興起的影響，學者開始注意詞用的問題，把詞放在動態的社會語境中進行測試。例如某人的車子熄火了，你幫他推到路邊去，他很感激的說：「很謝謝你的幫助！」或者說：「很謝謝你的幫忙！」，其中的「幫助」或「幫忙」是同義詞，可是你在使用這個詞的時候，可以說：「他幫了我一個忙！」卻不能說：「他

幫了我一個助！」爲什麼呢？這是詞用的問題。有許多詞在詞典裡的意義是相同的，或者某幾個義項是相同的，這只是就靜態的詞義描寫而言，一旦應用到實際的語境中時，卻有不同的運用方式。這就需要涉及詞彙的動態研究了。詞可以如何扭曲、插入、變化，和語言環境有密切關係，包括上下文的語境和言談周圍的客觀環境。這方面的研究我們還顯得十分貧弱。詞典學是編輯、整理、和詮釋詞彙的學問，詞典是工具書，如何才能發揮工具書的最佳使用效能，是編輯者應思考的課題。其目標是在應用上，所以我們把這方面的知識歸入詞用裡。

有的學者主張區分構詞法與構形法，其實對漢語而言，是不必要的。所謂構詞法，是研究詞素構成詞的方法，例如有偏正式、動補式、派生詞……等等。而構形法是研究詞的屈折變化。前者仿自英文的derivation，後者則仿英文的inflection。英文有這樣的構形屈折：

    ㈠第三人稱單數動詞加 -s

    ㈡複數名詞加 -s

    ㈢過去式加 -ed

    ㈣進行式加 -ing

    ㈤過去分詞加 -en

    ㈥所有格加 ’s

    ㈦比較級加 -er

    ㈧最高級加 -est

於是，有些學者就認爲，漢語的動詞後頭加詞綴「了、著、過」不也表示「時態」嗎？指人名詞後加詞綴「們」不也表示複數嗎？因而比照英文，把這些狀況歸入「構形法」。但是，英文是屈折語，上述的詞形變化遍及於英文的所有詞彙。中文同樣的屈折現象就少得多了，並不足以視爲一個獨立的範疇。因此，漢語實質上並無構詞、構形之異。

三、詞彙的三個層次

　　詞彙學研究的範圍，上不及句型，下不及音素音位，而是在兩者之間的一個語言層次。這個層次又可以再區分爲三個小層次：詞素、詞、詞組。這三個「層」都是詞彙學研究的對象。

　　什麼是「詞素」呢？簡單說，詞素就是構詞要素，或造詞成分。它是語言中具有意義的最小單位。例如「民」是個詞素，它可以用來造詞：人民、民衆、國民、公民、民兵……等。它已經是具有意義的最小單位，如果把它再分割得更小，成爲〔m〕、〔i〕、〔ng〕，就只有聲音而沒有意義，那就進入語音學的層次了。

　　詞素又分自由詞素和附著詞素。自由詞素是既能作構詞成分，又能單獨成詞的詞素，例如前述的「民」。附著詞素只能作構詞成分，本身不能單獨成詞，必需和其它成分相結合。例如「鞠躬」、「領袖」中的每一個詞素「鞠」、「躬」、「領」、「袖」都不能單獨成詞，在實際使用中必需相互結合起來。又如「第二」、「我們」中的「第」和「們」也都不能單獨成詞，「第」必與數詞相結合，「們」必與指人的名詞相結合，這些都是附著詞素。再如「語」這個詞素，我們總說成「語言」、「漢語」、「母語」……等，「語」字從不單用，至於「不言不語」、「語無倫次」、「一語驚人」，其中的「語」雖單獨成詞，卻都是古代語法的殘留，不是現代漢語的普遍規律，時代不同，語言的構詞規律也不同。就現代漢語而言，「語」完全是個附著詞素。

　　什麼是詞呢？詞是在實際運用語言時，可以獨立使用的成分。我們也可以稱之爲「造句成分」。詞素不能組成句子，詞才能組合成句子。詞可以是單音節（用一個字代表），例如「人」、「車」、「走」、「好」……等，也可以是雙音節，例如「猿人」、「火車」、「奔走」

……等，也可以是多音節，例如「影評人」、「自行車」、「民族主義」、「阿彌陀佛」……等。

詞素也不一定是單音節（不一定只有一個字），有時具有兩個或更多的音節，例如「窈窕」、「玻璃」、「崎嶇」、「徘徊」、「般若」、「三溫暖」、「壓克力」、「香格里拉」……等。

舊日的訓詁學，往往忽略「字」與「詞」的區別。事實上，前者是書寫單位，重在形體；後者是語言單位，重在音、義。故有所謂同形詞，指一個「字」（符號）代表幾個不同的「詞」。例如「行」字，可以表示「行為」義、「行業」義，這二義原本是不同的詞，卻使用同一個符號「行」來表示。又如「輸」，有「失敗」義、「運送」義；「儀表」有「人的外表」義、有「測溫度、壓力、電量的儀器」義。所以，「輸」、「儀表」都是同樣的符號卻代表幾個不同的詞。又有所謂「異形詞」，指一個詞卻具有好幾種不同的書寫形體（符號），例如「個、箇」、「隕、殞」、「亡、無」、「捨、舍」……等。

由上可知，在現代詞彙學裡，「字、詞、音節」是不同的概念，不能混淆。下表可資比較：

	字數	音節數	詞素數	詞數	
玻璃	2	2	1	1	
火車	2	2	2	1	
紅花	2	2	2	2	
鳥兒	2	1	2	1	
包子	2	2	2	1	
哩	1	2	2	1	（念作「英里」）
升	1	1	1，1	1，1	（升斗，升降）
行	1	1，1	1，1	1，1	（銀行，行為）
考，攷	2	1	1	1	（異形詞）

　　什麼是詞組呢？詞組也有人稱爲「仂語」、「短語」，都不如「詞組」明白。詞組就是幾個「詞」組成的語言單位，但還不能成爲句子，不能在交際任務中傳達完整的概念或訊息，否則就侵入了句法學的領域了。詞組是詞彙學中最大的語言單位。例如「紅花」、「飛鳥」是由「紅」和「花」、「飛」和「鳥」四個「詞」組成的兩個「詞組」。它不像「黃瓜」、「黑板」各只是一個「詞」，因爲詞的結合是緊密的，表達的是單一的概念。而「紅花」卻是「紅的花」，很明顯的是兩個概念的組合。至於「壯麗的大霸尖山」、「剛走進教室那位戴眼鏡的女同學」、「語言與文字」、「兄弟姊妹」……也都是詞組。

四、詞彙學與訓詁學

　　古代的詞彙研究和訓詁學分不開關係，而現代的詞彙學已遠遠超過了舊日訓詁學的格局，發展成科學的、精密的體系。這種改變，一方面是學術發展由粗疏含混邁向精密完備的自然趨勢，一方面是受了近代西方語言學的啓示和影響。學術研究不能故步自封的躲在象牙塔裡，總得打開窗子看看外邊的世界，看看別人努力的成果。西方語言學從十九世紀末以來，有了迅速的進展，他們不僅關心自己的語言，也研究別人的語言，於是在比較中發現許多原先所不曾注意的語言現象，在比較中了解了語言的共性與殊性，在比較中更深入的體察了語言的本質。於是從歷史語言學進而結構語言學、生成語言學，把人類對語言的知識帶入了一前所未有的巔峰。對這些成果，我們若視而不見，是多麼可惜的事。今天我們要建立詞彙學的新體系，不能不把中西學者的研究成果融合起來，除了承襲傳統，更需有充分的現代語言學訓練。

　　如前所述，傳統訓詁學的詞義研究成果，我們應該吸收進來，但僅止於訓詁式的詞義研究是不夠的，在處理詞義問題上，今天我們有

了更新的分析計技術，例如義素分析法和詞義場理論等，都應善加運用。而詞彙學所觸及的領域比舊日訓詁學更周延完備，不但要解決詞彙意義的問題，還要探索詞彙結構，即詞形詞法的問題，更要考察詞變和詞用的問題。它們之間形成一套緊密的關聯，一套完整的系統。因此，詞彙學和訓詁學是相當不一樣的。

五、詞彙學未來的發展

詞彙學是一門快速發展中的學科，目前大陸上已有十多種頗具水平的專著刊行，各大專院校也在文科課程中廣泛的介紹詞彙學的常識，例如「現代漢語」、「古代漢語」、「中國語言史」、「語言學概論」……等。台灣方面起步較遲，但也在積極的迎頭趕上。有的書局取得了大陸詞彙學書籍的台灣版發行權，中文研究所以此為專題的博碩士論文開始出現，值得注意的是各大學中文研究所紛紛開設了「詞彙學」的課程，例如東海大學、淡江大學、清華大學、成功大學、中正大學、高雄師大等。因而培養了一批批的年輕後進，接受新方法新觀念的訓練，未來這批生力軍都將投入詞彙學的研究陣容，帶動台灣地區語言學的發展。所以，詞彙學可以說是一門潛力的學科。在這樣的趨勢下，可預見的將來，會有更多的學校開設這門課程，因而也必然會有更多的博碩士論文或專著出現，這是可以預期的。

這裡，我們願意再總結前面的主要論點，為詞彙學的未來發展提出幾點意見：第一，詞彙學的研究必需結合傳統與現代，缺一不可。第二，分清歷時與共時，縱向的演變和橫向的描寫是不同的。第三，充分運用新的理論和分析技術。第四，不能孤立的只面對自己的語言，也要從不同語言的比較中獲取啓示。第五，重視構詞問題，包括平面系統和來源發展。第六，嚴格區別字、詞素、詞、詞組，這幾個不同的範疇。第七，要注意漢語的特色，不能生吞活剝地把西方語言的概

念硬往漢語身上套，也不宜盲目地把漢語作爲某些時髦的西方理論的實驗品，運用新理論的同時，也應正視漢語的特質。

參考書目

書名	作者	出版社	年份
訓詁學史略	趙振鐸	中州古籍出版社	1988
訓詁學叢稿	郭在貽	上海古籍出版社	1985
漢語訓詁學史	李建國	安徽教育出版社	1986
訓詁通論	吳孟復	安徽教育出版社	1983
訓詁學概論	黃典誠	福建人民出版社	1988
訓詁學簡論	張永言	華中工學院出版社	1985
訓詁學基礎	陳紱	北師大出版社	1990
應用訓詁學	程俊英　梁永昌	華東師大出版社	1989
訓詁研究	陸宗達主編	北師大出版社	1981
簡明訓詁學	白兆麟	浙江教育出版社	1984
訓詁方法論	陸宗達　王寧	中國社科出版社	1986
現代漢語詞彙	符淮青	北大出版社	1985
漢語造詞法	任學良	中國社科出版社	1981
漢語詞法句法闡要	洪心衡	吉林人民出版社	1980
漢語詞彙學引論	許漢威	商務印書館	1992
漢語詞彙史綱要	史存直	華東師大出版社	1989
構詞法和構形法	張壽康	湖北教育出版社	1981
詞彙	武占坤	上海教育出版社	1983
詞彙知識	高文達　王立廷	山東人民出版社	1980
詞彙和詞彙教學	鍾華　馬德烺	人民教育出版社	1989
詞彙	郭良夫	商務印書館	1985
文言詞彙基礎知識	鄒聯琰　劉鑒平　袁淑平	天津人民出版社	1982

實用詞彙學	許德楠		北京燕山出版社	1990
古漢語詞彙學簡論	周光慶		華中師大出版社	1989
古漢語詞彙綱要	蔣紹愚		北大出版社	1989
古漢語詞彙概要	趙克勤		浙江教育出版社	1987
古漢語詞彙問題	趙克勤		中州書畫社	1980
詞彙學簡論	張永言		華中工學院出版社	1982
漢語描寫詞彙學	劉叔新		商務印書館	1990
古今同形異形詞語詞典	董志翹	張意馨	江蘇科技出版社	1992
異形詞彙編	朱炳昌		語文出版社	1987
漢語詞彙史概要	潘允中		上海古籍出版社	1989
詞彙學論文彙編	北大中文系編		商務印書館	1989
古漢語詞義分析	洪成玉		天津人民出版社	1985
古漢語詞義簡論	蘇寶榮	宋永培	河北教育出版社	1987
漢語語義學	賈彥德		北大出版社	1992
語義學導論	賈彥德		北大出版社	1986
語義學導論	伍謙光		湖南教育出版社	1988
語義學	徐烈炯		語文出版社	1990

語義學　〔英〕傑弗里.利奇著

　　李瑞華等合譯　上海外語教育出版社1987

Semantics：The Meaning of Language, 《An Introduction to Language》 fifthedition, Victoria Frokin, Robert Rodman, 文鶴出版社

Semantics, Manfred Bierwisch, 《New Horizons in Linguistics》 edited by John Lyon, 1970.

Meaning, 《Language and Symbolic System》 Yuen Ren Chao, 1970, 虹橋 出版社

Structural Semantics：Semantic Fields, John Lyons 《Semantics》 第八章,

1977.

The Meaning of a Word, George L. Dillon 《Introduction Contemporary Linguistic Semantics》 第一章, 1977.

Basic Ideas in Semantics, Word Meaning, James R. Hurford & Brendan Heasley 《Semantics, A Coursebook》 第一，第五章，1983.

Semantics Field, Palmer 《Semantics》 第4.2章，second edition, 1981.

P.H. Matthews 《Morphology》, second edition, 1991.

Andrew Carstairs-McCarthy 《Current Morphology》, 1992.

字頻統計法與學術利用

曾榮汾

一、前　言

　　語言是一個有機體，隨著環境變遷，語言也會隨之產生變化。新的環境提供新的刺激、新的意念，於是原有的語義會轉化，新的語詞會孳生。這種變化的存在，正是語言代見更迭的因素。因此，若想對某一時空的語言狀況作了解，統計學觀念的運用是必要的。字詞頻率的統計法即是在此需求下發展出來。

　　筆者在民國八十年出版的〈常用語詞頻率報告〉序文中，曾提出關於語詞頻率調查的重要，茲贅述如下：

　　　此種語詞頻率的調查結果，可作觀察社會變遷的媒介，一種新
　　　詞的產生或者某一個詞使用頻率特高，必定反應了社會環境的
　　　事實。譬如今日是個工商業發達、電腦使用普及的時代，所以
　　　「公司」、「電腦」等詞使用頻率自然較高。再譬如蒐錄了「
　　　公筷母匙」、「金融卡」、「量販店」、「預付卡」、「代客
　　　泊車」、「帷幕牆」、「提貨單」、「港劇」、「八點檔」等
　　　詞是否也透露了屬於這個時代脈動的新訊息呢？七十八、九兩
　　　年正值股市狂飆之際，於是許多與股票相關的語詞也廣被蒐錄
　　　進來，當發現這份報告中載有像「多空交戰」、「開高走低」
　　　的詞語時，不正是這個特殊年頭的社會實景反應？因此若此頻
　　　率的調查工作，於語言學、社會學上必有一定的意義。……上
　　　文也提及電腦輸入將受影響，這種頻率調查如果進一步再將一

般與各專類範圍分開進行，所得的資訊參考價值將更高。除此
之外，對教學上梯階教材（如教科書）的編輯影響也大。學前
及低、中、高年級的教材用字用詞，該如何定出標準？適當的
頻率調查不就是一個重要憑據？

可見此種統計方法的運用對語言現象了解相當重要，甚至任何一
種語言材料的蒐輯，都可利用此法。當然，字詞頻的統計結果只是一
種現象的呈現，如何運用這種結果，則涉及學術的目標與學理的運用。
爲了進一步說明此種研究方法，本文試舉一個「字頻統計」實例，說
明程式設計與統計後學術利用的要點。

二、字頻資料的統計方法

本文介紹的統計方法乃運用電腦作爲工具，主要的說明重點在於
統計實例進行的步驟及程式設計的基本理念。電腦程式語言的表達正
如同人類的語言一般，同一意念說法可多種，此處所提的僅是個人的
經驗，並非唯一的選擇。又因筆者對 d B A S E III語言較熟，所以文
中所提及諸種功能，皆據此爲準。

㈠決定目標

進行字頻統計首先要了解爲何而作，最終的目的何在，依此目的
加以選擇統計樣本。以下節所提的實例，即爲了了解基礎古詩文的用
字情形，因此選擇了如〈唐詩三百首〉、〈古文觀止〉、〈全元散曲〉
等書爲樣本。像〈常用語詞頻率報告〉是爲了了解目前一般生活領域
的語言情形，所採樣本即有不同。

㈡建立資料檔案

選定樣本後即可進行電腦檔案的輸入，採一般文書處理系統或資
料庫系統建立皆可。前者可以 P E 2 建立一個檔案，後者則須設計欄
位，輸入資料。或者先以文書檔輸入，再轉換成資料欄位型態皆可。

無論採取何種方式，都須作全文輸入。

㈢設計程式

檔案建立完畢後，開始設計程式來進行工作。可分爲如下階段：

1. 利用一個「抓字程式」來抓取資料庫中的的「單字」。抓取到的單字，即放入一個「單字資料庫」中。此抓取程式可利用：

(1)AT()

(2)SUBSTR()

兩個函數：(1)函數可以確定單字的位置，(2)函數可以將單字抓出來。

2. 利用「單字資料庫」的「自我比對程式」，將重複的單字加注「刪除記號」。可利用：

(1)LOCATE

(2)DELETE

兩個功能：(1)功能可以抓取重複字，(2)功能將重複字加注「刪除記號」。

3. 將加注刪除記號的資料庫複製一份拷貝，再將原有資料庫的重整，將拷貝資料庫刪除記號去除。可利用：

(1)COPY

(2)PACK

(3)RECALL

三個功能：(1)功能作拷貝，(2)功能重整用，(3)功能去除刪除號。

4. 將「重整資料庫」與「拷貝資料庫」進行比對，統計同一字的出現次數，將結果填入統計欄中。可利用：

(1)SUM

(2)REPLACE

兩個功能：(1)功能統計次數，(2)功能填入欄位。至此已得原全文

資料的字頻，若須高低排序，則用SORT功能重新排序。

㈣連結結果檔

統計出不同的字頻資料庫，若須連結觀察，譬如將「唐詩三百首字頻庫」與「宋詩選註字頻庫」連結後可看出「字頻排序」的變化，則可利用 APPEND 的功能將兩個資料庫連結起來。

等求得字頻資料後，即可因應原訂目標，開始作不同角度觀察。

三、字頻資料統計的實例

試以為一部辭書的新編工作建立基礎為例，希望能了解一般通俗古詩文的用字標準，統計樣本選擇如下：

㈠詩文名句淺釋（木鐸出版社 69.12）

㈡唐詩三百首新注（長安出版社 72.10）

㈢新編唐詩三百首（復文書局）

㈣宋詩選註（木鐸出版社 73.9）

㈤唐宋詞簡釋（木鐸出版社 71.3）

㈥全元散曲（臺灣中華書局 60.4）

㈦古文觀止新編（成偉出版社）

㈧學生多用成語詞典（天津教育出版社 1987）

第一部書的選擇是為了了解一般常見詩文名句的用字，第二部與第七部書則是為了解這兩部最通行的古詩文集的用字情形，第三至第六部書的選擇則是盼能掌握第二及第七部所遺漏的部分，並符文學流變的歷史。第八部書則是考慮到「成語」是今日語言中，永富生命力的古典用語，許多的成語的典源與前列諸書有著密切關係，因此成語的用字統計可視為一檢驗的標準。經統計後的結果述之如下：

㈠詩文名句字頻資料庫 1181字

㈡唐詩三百首字頻資料庫 2501字

㈢新編唐詩三百首字頻資料庫 2535字

㈣宋詩選註字頻資料庫 2676字

㈤唐宋詞簡釋字頻資料庫 1872字

㈥全元散曲字頻資料庫 2340字

㈦古文觀止新編字頻資料庫 4838字

㈧學生多用成語詞典字頻資料庫 1667字

　　爲了便於說明，各書舉字頻最高的前一百字爲例呈現出來，以資比較：

1	2	3	4	5	6	7	8
不 126	不 209	不 252	不 259	人 184	不 154	之 6607	不 172
人 67	人 192	人 193	無 178	春 154	一 138	不 3532	無 89
一 52	山 152	無 132	人 160	花 151	人 121	而 3280	一 86
之 48	無 123	一 116	一 155	風 148	花 88	以 2794	心 76
無 41	日 118	中 105	山 142	無 146	風 85	其 2587	人 46
而 35	一 116	天 102	風 128	不 134	是 84	也 2267	自 44
有 35	風 116	上 94	日 117	一 113	的 83	者 2032	如 42
山 30	天 116	日 92	雨 111	時 106	了 77	爲 1893	而 41
爲 28	月 115	水 85	有 103	來 96	無 75	人 1884	大 39
何 27	來 103	爲 83	來 102	月 96	時 72	於 1877	之 36
相 26	雲 102	有 83	花 97	處 95	山 71	有 1507	有 35
風 26	夜 98	花 81	水 95	去 95	兒 69	日 1495	然 34
天 25	有 96	何 81	天 95	夢 90	個 65	子 1317	天 34
來 25	生 89	月 80	家 94	雨 89	來 61	所 1057	言 32
是 24	長 89	如 78	春 94	樓 88	家 55	無 916	生 29
知 24	何 88	家 77	如 91	天 87	天 55	下 887	相 26
其 23	上 88	山 77	年 88	愁 86	有 54	則 858	氣 26

以	23	君	87	風	76	中	79	水	85	著	52	可	803	可	26
於	23	相	86	來	74	行	76	歸	81	我	51	天	787	其	26
在	22	時	85	生	71	何	75	斷	81	上	51	王	770	風	25
生	22	水	82	春	66	上	74	紅	79	三	49	大	765	目	24
春	21	花	82	得	64	聲	71	雲	75	生	48	是	731	成	23
水	21	見	79	雲	61	未	69	年	75	月	46	一	717	百	23
得	21	江	79	白	61	歸	67	夜	75	雲	45	矣	707	爲	23
大	20	春	78	江	60	我	66	如	74	中	45	然	689	地	22
流	20	如	77	時	59	生	66	香	73	子	44	與	680	千	21
死	19	中	72	相	59	處	65	何	73	酒	43	公	677	出	21
長	19	行	72	年	58	月	64	寒	71	下	43	得	671	得	21
則	19	青	71	下	56	江	64	日	70	心	43	此	662	意	21
千	18	爲	70	盡	55	自	63	江	70	頭	42	君	659	萬	20
心	18	白	70	我	55	雲	63	是	69	如	42	能	651	同	20
見	18	萬	69	門	53	時	62	相	68	處	41	自	643	手	19
可	18	落	69	子	52	南	60	有	68	得	41	乎	624	聲	19
自	17	歸	68	君	52	爲	59	長	67	老	40	知	596	力	19
君	17	下	68	知	52	得	59	盡	66	裡	40	吾	574	水	18
日	17	秋	65	見	51	田	58	酒	66	青	40	夫	571	色	18
江	17	明	65	長	51	下	58	上	65	那	40	何	557	口	18
下	16	空	63	夜	50	長	57	淚	65	日	40	使	543	事	18
上	16	自	63	去	50	欲	55	山	64	水	40	言	543	長	17
盡	16	此	62	此	49	老	55	西	64	柳	39	故	533	神	17
子	16	聲	60	寒	46	已	55	煙	63	去	38	如	531	三	17
事	16	今	60	千	46	去	55	空	63	也	37	至	527	面	17
夜	15	未	58	心	46	飛	55	玉	60	何	37	將	510	以	16
花	15	去	58	秋	46	盡	54	清	59	他	37	中	500	花	16
頭	15	欲	58	作	45	秋	54	簾	58	西	36	事	488	若	16
如	14	之	58	青	44	草	54	殘	57	黃	36	今	482	見	16
淚	14	年	58	官	44	青	54	燕	57	秋	35	國	478	離	15
百	14	心	57	頭	44	明	54	重	56	行	35	生	453	理	15

明	14	雨	57	高	44	落	53	恨	56	休	35	時	453	山	15
後	14	金	56	自	44	夜	53	見	56	道	34	又	442	馬	15
青	13	城	56	將	43	今	52	舊	56	聲	34	上	441	名	15
身	13	清	56	多	43	官	52	飛	55	雨	34	十	434	盡	15
者	13	飛	56	今	43	子	52	誰	55	紅	34	文	431	所	15
時	13	馬	55	未	43	出	52	情	55	官	33	見	430	身	15
中	13	將	54	城	42	東	50	柳	54	自	32	士	428	義	15
必	13	在	54	在	42	寒	50	還	53	事	32	後	424	明	14
年	13	寒	54	飛	42	相	50	翠	52	門	32	行	421	高	14
雨	13	客	54	處	41	知	48	明	52	萬	32	臣	420	安	14
未	13	三	53	馬	41	見	48	更	52	半	32	日	415	足	14
三	13	家	53	入	41	頭	48	聲	52	江	31	皆	410	開	14
月	12	黃	51	地	41	滿	47	深	52	兩	31	三	410	行	14
落	12	處	51	空	40	路	47	金	51	似	31	亦	406	深	13
朝	12	朝	51	誰	40	更	46	小	51	明	31	秦	398	聞	13
西	12	陽	50	金	39	作	45	落	51	幾	31	非	395	驚	13
道	11	入	50	西	38	三	45	千	50	見	30	年	393	作	13
行	11	西	50	雨	38	黃	45	秋	50	做	30	死	387	流	13
愁	11	流	50	聲	38	地	45	流	50	玉	30	相	380	頭	13
欲	11	門	49	新	38	兒	45	思	50	更	30	若	379	是	13
多	11	古	49	聞	38	衣	45	綠	49	春	30	未	378	異	12
去	11	玉	48	海	37	前	45	陽	49	數	29	道	377	揚	12
文	10	事	48	明	37	城	44	遠	47	相	29	出	376	下	12
先	10	是	48	行	37	白	44	別	47	千	28	已	368	息	12
我	10	盡	47	百	36	小	43	事	47	白	28	欲	363	入	12
老	10	知	47	前	36	看	42	自	46	你	28	我	362	難	12
十	10	高	47	三	36	酒	42	在	46	東	28	在	357	動	12
萬	10	南	46	衣	36	門	42	又	45	清	28	先	352	死	12
金	10	聞	46	欲	35	西	42	行	45	小	28	謂	351	思	12
用	10	得	46	萬	35	馬	42	今	45	長	27	焉	351	當	12
處	9	千	46	玉	35	事	41	語	45	錢	27	乃	335	小	11

樓	9	開	46	苦	35	此	41	暗	45	些	26	及	333	發	11
當	9	與	45	客	34	大	41	斜	45	前	26	二	330	中	11
滿	9	十	45	是	34	高	40	畫	45	間	25	軍	329	雨	11
故	9	色	45	夫	33	百	40	闌	44	過	25	必	328	重	11
莫	9	子	45	老	33	可	40	離	44	分	25	聞	327	窮	11
所	9	我	45	紅	33	深	40	幾	43	將	25	世	322	輕	11
秋	9	前	44	女	33	過	40	似	43	名	25	心	320	欲	11
還	9	深	44	與	33	是	39	黃	42	誰	25	山	320	海	11
古	9	道	44	食	32	言	38	裡	42	都	25	足	319	道	11
世	9	草	43	十	32	成	38	南	42	知	25	長	318	望	11
聲	9	出	43	出	32	開	38	中	41	到	24	雖	313	全	11
里	9	酒	41	歲	31	雪	38	心	41	便	24	從	312	非	11
同	9	海	40	草	31	君	38	新	41	這	24	書	302	情	11
黃	9	問	40	成	31	邊	38	東	41	地	24	百	297	日	10
今	9	遠	39	煙	31	誰	37	前	40	草	24	當	293	失	10
亡	8	頭	39	田	31	在	36	得	40	醉	24	諸	292	笑	10
家	8	獨	39	深	31	晴	36	望	40	陽	24	太	290	多	10
言	8	里	39	身	31	煙	36	難	39	盡	24	哉	287	求	10
鄉	8	大	39	死	30	客	36	路	39	今	24	明	285	正	10
東	8	可	39	歸	30	聞	36	未	39	在	23	侯	276	落	10
能	8	東	39	黃	30	北	35	此	38	說	23	復	271	經	10

四、字頻資料的學術利用

　　求得字頻資料後，即可進行不同學術角度的觀察。下列試舉數點說明之：

㈠單項的觀察

　　單項觀察是就某一個單獨字頻資料作分析，如以〈唐詩三百首〉為例，可得如下的觀察數據（為便於說明，所引每部書字頻皆僅取前

十名）：

    1.總用字字數爲:19291字

    2.單字字數爲：2501字

    3.排名前十名用字百分比爲：

字	次數	百分比
不	209	1.08％
人	192	1.00％
山	152	0.79％
無	123	0.64％
日	118	0.61％
一	116	0.60％
風	116	0.60％
天	116	0.60％
月	115	0.60％
來	103	0.53％

每一單項若皆得如此的數據，即可進行複項的比較。

㈡**複項的比較**

複項的比較主要是爲求得相關字頻資料的關聯效果，如以上述諸書爲例，若將每一書的前項數據交叉觀察，則可得：

    1.部書的字頻前十名分別爲：

詩文名句		唐詩三百		新唐三百		宋詩選注		唐宋詞選		全元散曲		古文觀止	
不	126	不	209	不	252	不	259	人	184	不	154	之	6607
人	67	人	192	人	193	無	178	春	154	一	138	不	3532
一	52	山	152	無	132	人	160	花	151	人	121	而	3280
之	48	無	123	一	116	一	155	風	148	花	88	以	2794
無	41	日	118	中	105	山	142	無	146	風	85	其	2587
而	35	一	116	天	102	風	128	不	134	是	84	也	2267
有	35	風	116	上	94	日	117	一	113	的	83	者	2032
山	30	天	116	日	92	雨	111	時	106	了	77	爲	1893
爲	28	月	115	水	85	有	103	來	96	無	75	人	1884
何	27	來	103	爲	83	來	102	月	96	時	72	於	1877

2.交叉比較後，總計七部書的前十名共包括三十字：

不、人、之、無、春、一、山、花、而、風、以、日、中、其、天、是、也、有、上、的、者、雨、時、了、爲、月、水、來、何、於

3.此三十字出現在七書的分配頻率高低爲：

人7、不7、一6、無6、風4、山3、日3、來3、爲3、之2、天2、時2、月2、有2、花2、而2、上1、也1、了1、以1、何1、其1、中1、者1、是1、春1、水1、於1、的1、雨1

得到此種交叉比較的結果，則可進行綜合理解。

㈢綜合的理解

綜合的理解主要是利用上項所的數據，作學術的研判。可進行的方向很多，如：

1.共同用字的性質了解

分配字頻兩次以上視爲共同用字，一共十六字：

不7、人7、一6、無6、風4、山3、日3、來3

爲3、之2、天2、時2、月2、有2、花2、而2

其中如「風」、「山」、「日」、「時」、「月」、「花」等字皆屬吟風賞月的「物色」用字，正因爲古詩詞曲中，此類作品居多，因此雖然僅是每書取樣十字爲例，這類字仍然高居榜首。此種方法若用於某家作品的了解，正可透過用字來分析其風格。

在這十六字中，值得注意的是「不」與「無」的使用比例甚高，在所選七十字中即出現了十三次；且在每部書的前十字中都見「不」字，「無」字則出現在六部；若依原書總出現次數來看，「不」字除在〈古文觀止〉一書中略遜於「之」字外，在前六部書中都居第一，「無」字情形近似。如此看來，古詩文用「否定語」的情形相當普遍，與語言學界對「否定語」缺乏研究恰成對比。對這類問題的觀察，正是字頻統計法所能產生的重要學術價值。

2.與檢驗標準的比較觀察

任何統計結果都須要檢驗，檢驗方法有多種，以此種字頻統計而言，可採基本標準比對法，亦可採複詞聯結法。「複詞聯結法」是將統計結果各字相互聯結以求組成複詞的情形，不過此法較適於原始資料爲單字的統計檢驗。本實例適以「基本標準」比對法進行檢驗，說明如下：

所謂「基本標準比對」，是指爲某一統計工作找尋另一類似或目標相近的的統計作參照標準，進行相互比對。依據對比的結果，一方面可作統計可信度的驗證，也可作最後結論的篩選參考。本實例採「成語」用字情形及「常用字」作爲基本標準。「成語」是一種「古典語言」，典源歷史可能很長，但卻隨時可因被引用而永保「鮮度」，且古詩文正是成語典源的所在，因此常用成語的用字與常用古詩文的用字當具有一定的相應關係。本文所採的

成語樣本如上引。「常用字」是指目前語言常見的用字，本實例
採辭典研究室〈常用語詞頻率報告〉的字頻表作爲比對對象。因
本實例既以探求古詩文用字爲目標，所得結果當與目前生活語言
有一段「時間差距」，借生活用語的字頻來比對，一則可看出統
計結果的「領域」是否明確，也可反證生活用語字頻的統計是否
有誤差。對比結果見下表（表中「詩文用字」指上述七書的總計，
共５８０９字。三樣數據各採頻率最高的五十字爲例）：

詩文用字	成語用字	常用字率
之 6772	不 172	一 513
不 4666	無 89	不 500
而 3340	一 86	人 500
以 2869	心 76	大 361
人 2801	人 46	子 280
其 2679	自 44	生 266
也 2344	如 42	電 240
爲 2182	而 41	會 238
者 2119	大 39	學 236
有 1946	之 36	出 234
於 1937	有 35	心 234
無 1611	然 34	中 213
子 1547	天 34	國 210
曰 1499	言 32	公 209
一 1407	生 29	車 205
天 1267	相 26	小 203
下 1157	氣 26	地 198
所 1120	可 26	下 196
是 1029	其 26	水 196
可 951	風 25	行 194

得	942	目	24	機	193
何	938	成	23	有	186
大	918	百	23	家	184
自	908	爲	23	上	183
如	907	地	22	動	181
則	903	千	21	頭	181
君	899	出	21	手	178
日	869	得	21	高	169
此	866	意	21	風	169
山	856	萬	20	文	168
與	856	同	20	長	167
中	855	手	19	法	167
時	850	聲	19	事	166
王	844	力	19	無	165
知	830	水	18	業	165
上	829	色	18	自	158
生	784	口	18	日	154
然	780	事	18	花	154
風	774	長	17	氣	153
能	753	神	17	天	152
公	742	三	17	力	149
矣	721	面	17	教	149
來	720	以	16	分	147
今	715	花	16	來	145
見	712	若	16	作	145
年	708	見	16	外	144
事	700	離	15	情	137
相	698	理	15	員	137
行	697	山	15	化	131
將	687	馬	15	金	129

由上表得知，詩文用字與成語用字明顯接近，五十字中相同的有

二十三字；與常用語詞用字內容差距較大，五十字中相同只十四字，正可證明此種統計法所得的結果相當可靠，成語的語言特質由此比對也可得到重要佐證，反觀〈常用語詞頻率報告〉的字頻統計，也有可信之處。

統計結果既然可靠，即可將所得結論溯推回與各書作一收字比對。若用人工處理，可列出一張「擬收字表」，列表的方法以各書連結成的字頻庫為準，再將各書並列，進行勾錄，視勾錄情形與原訂目標，決定擬收字的多寡。字表所呈現的，正是綜合觀察的結果。

㈣目標的結合

經由上述統計，利用原始的八部書，依據目標可得到如下的數據：

1.識讀一般詩文名句須認字1181字

2.識讀〈唐詩三百首〉須認字2501字

3.識讀〈新編唐詩三百首〉須認字2535字

4.識讀〈宋詩選註三百首〉須認字2676字

5.識讀〈唐宋詞簡釋〉須認字1872字

6.識讀〈全元散曲〉須認字2340字

7.識讀〈古文觀止新編〉須認字4838字

8.使用一般成語須認字1667字

9.總計識讀古詩文須認字5809字

這種數據的求得，對於辭典的編輯而言，即為基礎的所在。辭書編輯中字、詞頻的統計非常重要，經過類似的統計，所得基礎是科學的。如果是斷代或專題的編輯，更是捨此而莫由。

五、結　語

字頻統計是一種研究方法。它結合統計學觀念，在語言學基礎上，

利用電腦幫忙觀察語言的現象，當然以上所舉的實例十分粗略，如為求解說方便，並沒有考慮一字多音、多音多義的問題，但本文重點旨在推介此種統計法，凡此缺憾，有待使用者在過程中自我的彌補。

　　一種研究法所能獲得的學術利益往往不是唯一，字頻統計法亦乎如此，透過此法，可作語言與社會環境變遷的結合研究，可作辭書編輯斷代標準的掌握，可作某一作家或作品的用字風格研究，可作某一時空中語言特徵的觀察等等，甚至於統計過程中可順便將每一種樣本書籍的檢字索引建立起來。看來，字頻統計法所能獲致的學術利益相當可觀。確是語言研究不可忽視的好方法。

論設問的分類

蔡宗陽

一、前　言

　　設問，又叫詰問格，也叫問答法、反意問語、問語。唐鉞《修辭格》稱「設問」爲「詰問格」（註一），陳介白《修辭學講話》。徐芹庭《修辭學發微》稱「設問」爲「問答法」（註二），傅師隸樸《修辭學》稱「設問」爲「反意問語」（註三），張弓《現代漢語修辭學》稱「設問」爲「問語」（註四）。

　　所謂設問，是指在語文中，故意採用詢問語氣，以引起對方注意的一種修辭方法。設問的作用，吳正吉《活用修辭》認爲設問具有懸宕引人、提醒注意、醞釀餘韻、強調本意、提引下文、增強語勢等六項作用（註五），陸稼祥、池太寧主編《修辭方式例解詞典》則以設問具有五項作用：一是引人注意，發人思考，強調觀點，加深印象。二是承上啓下，過渡銜接。三是波瀾起伏，避免呆滯。四是提挈全篇，帶動全文。五是用於篇末，餘音不絕。（註六）黃師慶萱《修辭學》認爲設問的原則有四項：一是用於篇首，以提起全篇主旨。二是用於篇末，以製造文意餘韻。三是首末均用，以構成前呼後應。四是連續設問，以加強語文氣勢。（註七）

　　設問的分類，多半分爲提問、激問、疑問、懸問；其實，不第此也，尙有各種不同的分類。本文擬先闡析各家分類的優劣，再撢究如何分類比較理想。

二、各家的設問分類

民國以來論設問的分類，雖然眾說紛紜，見仁見智，莫衷一是，但經過分析、比較，可以歸納爲二分法、三分法 、四分法、五分法、十一分法。茲分別闡析之。

㈠設問的二分法

所謂設問的二分法，是將設問分爲兩種類別來闡明修辭技巧的方法。最早運用設問的二分法，是唐鉞，他在《修辭格・根於曲折的修辭格》中，將設問分爲說明的詰問、申重的詰問兩種。所謂說明的詰問，是指說明一件事物，自己先發疑問，然後自己作答的一種設問。例如：

> 何以守位？曰仁。何以正人？曰義。（李康〈運命論〉）

這是「自問自答」的一種「設問」。仁可以守位，義可以正人，作者不以肯答方式敘述，而以設問方式闡述，使文章波瀾起伏，避免呆滯。所謂申重的詰問，是指在申重語意時，只發問而使讀者自己心中作答的一種設問。例如：

> 天涯何處無芳草？（蘇軾〈蝶戀花〉詞）

這是「問而不答」的一種「設問」。天涯處處有芳草，作者以設問方式敘述，不僅可以使文章產生波瀾，也可以引人注意，發人思考。

陳望道《修辭學發凡・設問》首先將設問分爲提問和激問兩種。（註八）所謂提問，是指爲提醒下文而設問，這種設問必定有答案在它下文。例如：

> 客從遠方來，遺我雙鯉魚。呼童烹鯉魚，中有尺素書。長跪讀素書，書中竟何如？上有加餐食，下有長相憶？（無名氏〈飲馬長城窟行〉）

其中「書中竟何如？上有加餐食，下有長相憶」，就是「自問自答」

的「提問」。所謂激問，是指爲激發本意而設問，這種設問一定有答案在它反面。例如：

> 誰能思不歌？誰能飢不食？日冥當户倚，惆悵底不憶！（〈子夜歌〉四十二首之二十三）

其中「誰能思不歌？誰能飢不食？」這是「問而不答」的「激問」，但答案卻在問題的反面，答案是「思必歌，飢必食」

　　唐鉞《修辭格》所謂「說明的詰問」，就是陳望道《修辭學發凡》所說的「提問」；唐鉞所云「申重的詰問」，就是陳望道所稱的「激問」。尚有主張設問分爲提問和激問兩種者，如宋文翰《國文修辭學》（註九）、倪寶元《修辭》（註一〇）、鄭遠漢《辭格辨異》（註一一）、季紹德《古漢語修辭》（註一二）、曾師忠華《作文津梁》（註一三）、沈謙《修辭學》（註一四）、程祥徽、田小琳《現代漢語》（註一五）。

　　張弓《現代漢語修辭》將設問分爲正問和反問兩種。（註一六）所謂正問，是自問自答，明確答案，往往緊跟在問句的後面。例如：

> 鄂倫春人心裡少了什麼？
>
> 千年來的痛苦和淒涼；
>
> 鄂倫春人心裡多了什麼？
>
> 翻身的喜悦和歡暢。（〈鄂倫春族民歌〉

這是「自問自答」的一種「設問」。鄂倫春人心裡少了痛苦、淒涼，多了喜悦、歡暢。作者不用直述，而用設問，使文章更鮮明、更生動。所謂反問，又叫激問，用反問的句式，表確定的意思，堅決的態度。說者或作者自己不作答，讓聽衆、讀者從問題中推出答案。實際上，答案是寄託在反問句的反面。表面上是否定的，實際上是肯定的；表面上是肯定的，實際上是否定的。例如：

> 歷史上沒有一個反人民的勢力不被人民毀滅的！希特勒、墨索里尼，不都在人民之前倒下去了嗎？（聞一多〈最後一次的講演〉）

這是「問而不答」的一種「設問」。作者用否定的設問，表達肯定之意，這也說明獨裁者必敗的下場。張弓所謂的「正問」，即陳望道所說的「提問」；張氏所稱的「反問」，即陳氏所言的「激問」。設問的二分法，一般分爲提問和激問兩種。

(二)設問的三分法

所謂設問的三分法，是將設問分爲三種類別來闡述修辭技巧的方法。最早運用設問的三分法，是譚正璧，他在《修辭新例》中，將設問分爲提問、激問、提問兼激問三種。（註一七）黃慶萱《修辭學》、蔣金龍《演講修辭學》都將設問分爲提問、激問、疑問三種。（註一八）董季棠《修辭析論》將設問分爲提問、激問、懸問三種。（註一九）吳正吉《活用修辭》將設問分爲懸問、問答（又叫提問）、反問（又叫激問）三種。（註二〇）程希嵐《修辭新論》將設問分爲提問、反詰、提問兼反詰三種。（註二一）

譚正璧、程希嵐的分類，名異實同；因爲反詰又叫激問。董季棠、吳正吉的分類，也是名異實同；因爲問答又叫提問，反問叫激問。依內容分，當今一般修辭專家學者都採用設問分爲提問、激問、懸問三種；因爲疑問可分爲普通疑問和懸問兩種，而普通疑問屬於消極修辭，懸問才是積極修辭，設問也是積極修辭。

設問的三分法，除依內容分外，還有依問數分，如宋振華、吳士文、張國慶、王興林主編《現代漢語修辭學》將設問分爲一問一答、數問一答、連問連答三種（註二二），王德春主編《修辭學詞典》也有同樣主張（註二三）。又有成偉鈞、唐仲揚、向宏業主編《修辭通鑒》依性質分，將設問分爲啓發性設問、強調性設問、抒情性設問三種；依對象分，將設問分爲有作者設問、讓人物設問。借他人設問三種。（註二四）

設問的三分法，或以內容分，或以問數分，或以性質分，或以對

象分，見仁見智，各有特色。

　　㈢**設問的四分法**

　　所謂設問的四分法，是將設問分爲四種類別來闡析修辭技巧的方法。最早運用設問的四分法，是黎運漢、張維耿《現代漢語修辭學》，黎、張二氏將設問分爲一問一答、多問一答、連問連答、問而不答四種。（註二五）陸稼祥、池太寧《修辭方式例解詞典》依形式分，將設問分爲一問一答式設問、一問兩答或數答式設問、兩問或數問一答式設問、連問連答式設問四種；又將反問分爲是非型、特指型、選擇型、正反型四種。（註二六）周靖《現代漢語語法修辭》將設問分爲一問一答式、多問多答式、多問一答式、連問連答式四種；又將反問分爲用否定的反問，表示肯定之意；用肯定的反問，表示否定之意；用肯定、否定迭用的方式，表示肯定、否定之意；肯定反問、否定反問綜合運用。（註二七）

　　依設問的問數分，黎運漢、張維耿《現代漢語修辭學》及陸稼祥、池太寧《修辭方式例解詞典》與周靖《現代漢語語法修辭》都將設問分爲四種，但內容有同有異。相同者，如一問一答和連問連答，三者都相同。多問一答，也是三者皆同，只是《修辭方式例解詞典》稱多問一答爲兩問或數問一答。不同者《現代漢語修辭學》多一類「問而不答」，《修辭方式例解詞典》則多一類「一問兩答或數答」，《現代漢語語法修辭》卻多一類「多問一答」。其實，可以擷取各家精華，將設問分爲一問一答、一問多答、一問不答、多問一答、多問多答、多問不答、連問連答七種。

　　設問的四分法，或以問數分，或以形式分，或以類型分，見仁見智，各有特點。

　　㈣**設問的的五分法**

　　所謂設問的五分法，是將設問分爲五種類別來闡論修辭技巧的方

法。最早運用設問的五分法，是陳介白，他在《修辭學講話》將設問分爲造出空想的人物使之能言語、假設歷史上的人物而對問、假借現代的人物而答問、以目前的人而答問、自問而自答五種。（註二八）劉煥輝《修辭學綱要》將設問分爲一問一答、二問一答、三問一答、兩個一問一答、三個一問一答五種。（註二九）

　　陳介白的設問分類，是依對象來分，其實這五種可以濃縮爲三種，即自我設問、對人設問、借他人設問。自問而自答，是自我設問。以目前的人而答問，是對人設問。造出空想的人物使之能言語、假設歷史上的人物而對問、假借現代的人物而答問，是借他人設問。

　　劉煥輝的設問分類，是依問數來分，其實這五種也可以濃縮爲三種，即一問一答、多問一答、連問連答。二問一答、三問一答，都是多問一答。兩個一問一答、三個一問一答，都是連問連答。

㈤設問的的十一分法

　　所謂設問的十一分法，是將設問分爲十一種類別來詮證修辭技巧的方法。運用設問的十一分法，僅有成偉鈞、唐仲揚、向宏業《修辭通鑒》，該書將設問分爲啓發式設問、強調式設問、問答式設問、無回答式設問、單一設問、反復設問、篇首設問、篇末設問、直接設問、讓人物設問、借他人設問等十一種。（註三〇）這種分法，表面上是很詳盡，但不完全。就性質分，設問可以分爲啓發式設問、強調式設問兩種，其實可以增加抒情式設問而成爲三種。就位置分，設問可以分爲篇首設問、篇末設問兩種，但缺少一種篇中設問。就對象分，設問可以分爲讓人物設問、借他人設問兩種，但少了一種自我設問。就內容分，設問可以分爲問答式設問、無回答式設問兩種，其實可以分爲提問、激問、懸問三種，比較明確。就問數分，設問可以分爲單一設問、反復設問兩種，其實可以分爲更具體、更翔實，將設問分爲一問一答、一問多答、一問不答、多問一答、多問多答、連問連答等七種。

三、理想的設問分類

　　民國以來修辭學專家學者對設問的分類，大異其趣，各有特點，唐鉞、陳望道、張弓三氏的二分法，譚正璧、黃師慶萱、蔣金龍、董季棠、吳正吉、程希嵐、宋振華、吳士文、張國慶、王興林、王德春的三分法，黎運漢、張維耿、陸稼祥、池太寧、周靖的四分法，陳介白、劉煥輝的五分法，成偉鈞、唐仲揚、向宏業的十一分法，雖然種類甚多，分法各異，但經過條分縷析後，發現從不同角度來分類，可以集各家之大成，並附以己見。茲擬就內容、問數、位置、性質、類型、對象、形式，加以分類。

　㈠就內容而言

　　設問的分類，就內容而言，可以分為提問、激問、懸問三種。

　1.提問

　　所謂提問，是指在語文中，先提出問題，引起聽眾、讀者的好奇、注意，再自行回答的一種修辭技巧。這是「自問自答」的一種「設問」。例如：

　　　夫當今生民之患，果安在哉？在於知安而不知危，能逸而不能勞。（蘇軾〈教戰守策〉）

這是「自問自答」的「設問」。作者以為當今生民之患，在於知安而不知危，能逸而不能勞。作者主張國家在太平時，也要居安思危，懷有憂患意識。運用提問，可以引人注意，引發好奇。又如：

　　　我們想要去做一件正當的事，也要從今天起，便開始去做，莫存「今天過了還有明天」的心。為什麼呢？因為因循怠惰，是一條綑住手腳的繩子，它能使我們的事業永遠不能成功。（甘績瑞〈從今天起〉）

這也是「自問自答」的「提問」。作者認為該做的事，從今天起，立

刻去做，不要等到明天才做，否則由於因循怠惰，無法完成該做的事業。文中若平直的敘述，則淡然無味，這裡運用「爲什麼呢」的「設問」，不僅使文章起了波瀾，也引起讀者的好奇和注意。

2.激問

所謂激問，是指在語文中，爲了激發本意而問，但答案一定在問題的反面的一種修辭技巧。這是「問而不答」的「設問」，但答案在問題的反面。例如：

> 蓋不廉則無所不取，不恥則無所不爲。人而如此，則禍敗亂亡，亦無所不至。況爲大臣而無所不取，無所不爲，則天下其有不亂，國家其有不亡者乎？（顧炎武〈廉恥〉）

這是「問而不答」的「激問」。作者認爲一般人不廉不恥，必定禍敗亂亡；更何況大臣不廉、不恥，天下一定紊亂，國家必然滅亡。又如：

> 他囑我路上小心，夜裡要警醒些，不要受涼；又囑託茶房好好照應我。我心裡暗笑他的迂，他們只認得錢，託他們直是白託；而且我這樣大年紀的人，難道還不能料理自己麼？（朱自清〈背影〉）

這也是「問而不答」的「激問」。作者認爲父親託茶房照顧他，是多餘的，自以爲年紀這麼大，應該可以料理自己、照顧自己，不必別人照顧，作者不用平鋪直敘，而運用「問而不答」的「激問」，使文章不致呆滯僵化，變得更輕鬆活潑，更警策有力。

3.懸問

所謂懸問，是指在語文中，作者內心確有疑惑，而刻意將此疑惑或懸示出來詢問讀者的一種修辭技巧。這也是「問而不答」的「設問」，但無法找到正確的答案。例如：

> 葡萄美酒夜光盃，欲飲琵琶馬上催。
> 醉臥沙場君莫笑，古來征戰幾人回？（王翰〈涼州詞〉）

這是「問而不答」的「懸問」。這首詩表面上是豪情壯志，實際上是悲痛萬分，只能說古來征戰回來者不多。作者運用「懸想」比平直敘述，不止使文章更生動，也易於叩動讀者的心弦，以增進感染力。又如：

> 年年聖誕，我驚聽彌賽亞的歌聲四起，風雪裡何處去找回父親？
> （段永瀾〈我的父親〉）

這也是「問而不答」的「懸問」。作者悼念父親的情思，利用「懸問」來表達，既表現激情，又激起波瀾，使文章更動人、更感人。末句「風雪裡何處去找回父親」，也是找不到答案的「問而不答」，目的在吸引讀者的注意。

㈡就問數而言

設問的分類，就問數而言，可以分為一問一答、一問多答、一問不答、多問一答、多問多答、多問不答、連問連答等七種。

1.一問一答

所謂一問一答的設問，是指在語文中，以一問一答的方式來設問的一種修辭技巧。在「提問」中，有很多「一問一答」的情形。例如：

> 風俗之厚薄奚自乎？自乎一二人之心之所嚮而已。（曾國藩〈原
> 才〉）

這是「一問一答」的「設問」，也是「自問自答」的「提問」。直敘則為「風俗之厚薄，自乎一二人之心之所嚮而已」，如此則比較呆板，運用「一問一答」的「提問」，比較生動活潑。又如：

> 什麼事叫做大事呢？大概來說，無論那一件事，只要從頭至尾
> 徹底做成功，便是大事？（孫文〈立志做大事〉）

這也是「一問一答」的「設問」，又是「自問自答」的「提問」。作者詮釋「大事」的真諦，在於從頭到尾徹底做成功，並不在於事情的大小。

2.一問多答

所謂一問多答的設問,是指在語文中,以一問多答的方式來設問的一種修辭技巧。在「提問」中,有「一問多答」的情形。例如:

> 嗟夫!予嘗求古仁之心,或異二者之為,何哉?不以物喜,不以己悲;居廟堂之高,則憂其民;處江湖之遠,則憂其君。(范仲淹〈岳陽樓記〉)

這是「一問多答」的「設問」,也是「自問自答」的「提問」。一面設問,引起讀者的注意;三個答案,使文章生動,表現激情。又如:

> 他們所遇到的是怎樣一位先生呢?這位先生衣冠總是整齊而合宜的;他的視盼和藹中帶有嚴肅;他的舉止恭敬卻很自然。(張蔭麟〈孔子的人格〉)

這是「一問多答」的「設問」,又是「自問自答」的「提問」。作者介紹孔子的人格,從他的衣冠、視盼、舉止來描繪,不直敘而用一問三答的方式,來加強語氣,吸引注意力,使文章更有感染力。

3.一問不答

所謂一問不答的設問,是指在語文中,以一問不答的方式來設問的一種修辭技巧。在「激問」、「懸問」中,有很多「一問不答」的「設問」。例如:

> 廉公之思趙將,吳子之泣西河,人之情也,將軍獨無情哉?(丘遲〈與陳伯之書〉)

這是「一問不答」的「設問」,也是「問而不答」的「激問」,但答案就在問題的反面。廉頗、吳起都是有感情之人,陳伯之將軍也應該有感情之人。丘遲規勸陳伯之早謀良策,自求多福。又如:

> 人生若能永遠像兩三歲小孩,本來沒有責任,那就本來沒有苦。到了長成,責任自然壓在你的肩頭上,如何能逃躲?(梁啟超〈最苦與最樂〉)

這也是「一問不答」的「設問」，又是「問而不答」的「激問」，但答案就在問題的反面。作者認為兩三歲子孩沒有責任，就沒有苦，但長大之後，有了責任，就有苦了，無法逃躲。

4.多問一答

所謂多問一答的設問，是指在語文中，以多問一答的方式來設問的一種修辭技巧。在「提問」中，不乏其例。例如：

> 達巷黨人曰：「大哉孔子！博學而無所成名。」子聞之，謂門
> 弟子曰：「吾何執？執御乎？執射乎？吾執御矣！」（《論語·
> 子罕》）

這是「多問一答」的「設問」，也是「自問自答」的「提問」。孔子聽到有人讚美他博學，他連用三個設問來問自己，最後自己以專精駕車來回答。這是「三問一答」的「設問」。又如：

> 父親是什麼？代表支配，代青權益，代表責任？是一種負荷，
> 還是一種福分？父親是另一尊神？這都不是我心中圖畫。在我
> 的心目中，「父親」只是一個「人」。（林良〈現代爸爸序〉）

這也是「多問不答」的「設問」，又是「自問自答」的「提問」。作者連用三個設問，來闡述父親並不代表支配、權益、責任、負荷、福分、神明，而只是一個人。這是「三問一答」的「設問」。

5.多問多答

所謂多問多答的設問，是指在語文中，以多問多答的方式來設問的一種修辭技巧。在「提問」中，也有此例。例如：

> 學惡乎始？惡乎終？曰：其數則始乎誦經，終乎讀禮；其義則
> 始乎爲士，終乎爲聖人。（《荀子·勸學》）

這是「多問多答」的「設問」，也是「自問自答」的「提問」。治學之道，以誦經爲始，以讀禮爲終；治學之義，以士爲始，以聖人爲終。這是「二問二答」的「設問」。又如：

你爲考試或文憑而讀書呢？考試以後，文憑到了手，你將怎麼
辦？我看見過多少焚膏繼晷爲爭取第一名的學生，畢業以後，
俗務使他連看報的習慣都沒有了。」（揚宗珍〈智慧的累積〉）

這也是「多問多答」的「設問」，又是「自問自答」的「提問」。焚
膏繼晷爲爭取第一名的學生，就是爲考試或文憑而讀書。畢業後連看
報的習慣也沒有了，就是爲文憑而讀書的後果；文憑到了手，就不讀
書了。這是「二問二答」的「設問」。

　　6.多問不答

　　所謂多問不答的設問，是指在語文中，以多問不答的方式來設問
的一種修辭技巧。在「激問」、「懸問」中，「問而不答」的例子。
例如：

曾子曰：「吾日三省吾身：爲人謀，而不忠？與朋友交，而不
信乎？傳，不習乎？」（《論語·學而》）

這是「多問不答」的「設問」，也是「問而不答」的「激問」。曾參
每天以作事、交友、讀書三件事，自我反省，但願每天做到爲人謀事
必定忠心、與朋友往必定守信、老師所教導的必定溫習。這是「三問
不答」的「設問」。又如：

聰明的，你告訴我，我們的日子爲什麼一去不復返呢？——是
有人偷了他們吧！那是誰？又藏在何處呢？是他們自己逃走了
吧！現在又到了那裡呢（朱自清〈匆匆〉）

這也是「多問不答」的「設問」，也是「問而不答」的「懸問」。作
者感慨時間一去不回頭，又以「懸問」的方式，懷疑時間是誰偷了它、
時間藏在何處、時間是否自己逃走、時間到了何方。這是「六問不答」
的「設問」。

　　7.連問連答

　　所謂連問連答的設問，是指在語文中，以兩個或兩個以上的一問

一答的方式來設問，以加強語文氣勢的一種修辭技巧。例如：

> 天地果無初乎？吾不得而知之也。生人果有初乎？吾不得而知
> 之也。然則孰為近？曰：有初為近？孰明之？由封建而明之。
>
> （柳宗元〈封建論〉）

這是「連問連答」的「設問」，也是兩個「一問一答」構成的「連問
連答」。作者運用四個「自問自答」的「設問」，以引起讀者注意力
集中，來闡述封建。又如：

> 桃花開，一片霞，新娶的媳婦走娘家。
>
> 穿啥哩？月白褲子花夾襖。
>
> 戴啥呢？鬢角戴白梨花。
>
> 誰送她？哥送她。
>
> 誰見啦？我見啦。（河南民歌〈新媳婦走娘家〉）

這也是「連問連答」的「設問」，也是四個「一問一答」構成的「連
問連答」。作者運用四個「自問自答」的「設問」，來闡述新娶的媳
婦所穿的褲子、夾襖，所戴的白梨花，並說明這些都是作者親眼看到
哥送給新媳婦的。

㈢就位置而言

設問的分類，就位置而言，可以分為篇首、篇中、篇末三種。

1.篇首

所謂篇首的設問，是指在語文中，將設問用於篇首，以提起全篇
主旨的一種修辭技巧。例如：

> 天下事有難易乎？為之，則難者亦易矣；不為，則易者亦難矣。
>
> （彭端淑〈為學一首示子姪〉）

這是「篇首」的「設問」，也是「自問自答」的「提問」。作者運用
篇首的設問，使全文主旨能夠彰顯出來。天下事情，只要肯做，一定
容易；如果不肯做，容易的事也變成難事。又如：

> 甚麼是臺灣精神？簡單明白地說，就是鄭成功的精神。我們都
> 知道，鄭成功的一生，除了恢復中原以外，沒有別的目的。他
> 之所以到臺灣來的雄圖，祇是爲的要恢復中原。（范壽康〈發揚臺
> 灣精神〉）

這也是「篇首」的「設問」，又是「自問自答」的「提問」。作者利
用篇首的設問，闡明臺灣精神就是鄭成功的精神，而鄭成功的精神在
於恢復中原。

　　2.篇中

　　所謂篇中的設問，是指在語文中，將設問用於篇中的一種修辭技
巧。例如：

> 昔之天下，有如君之盛壯無疾者乎？愛天下者，有如君之愛身
> 者乎？而可以爲天下患者，豈特瘡痏之於指乎？君未嘗敢忽之；
> 特以不早謀於醫，而幾至於甚病。（方孝孺〈指喻〉）

這是「篇中」的「設問」，也是連用三個「問而不答」的「激問」，
目的在使文章生動活潑，全文僅此三個「設問」，否則呆滯僵化，平
淡無奇。又如：

> 所謂「做人的道理」是什麼呢？簡單地講，就是我們的校訓——
> —禮、義、廉、恥——四個字。（蔣中正〈我們的校訓〉）

這也是「篇中」的「設問」，又是「自問自答」的「提問」。全文僅
此一句，運用「一問一答」的「設問」，使文章更有變化，而不呆板。
所謂「做人道理」，就是禮、義、廉、恥。

　　3.篇末

　　所謂篇末的設問，是指在語文中，將設問用於篇末，以製造文章
餘韻的一種修辭技巧。例如：

> 座中泣下誰最多？江州司馬青衫溼。（白居易〈琵琶行〉）

這是「篇末」的「設問」，也是「自問自答」的「提問」。作者運用

篇末的設問，使文章激起波瀾，表現激情，以增加感染力。又如：

> 你，聰明的，告訴我，我們的日子為什麼一去不復返呢？。（朱
> 自清〈匆匆〉）

這也是「篇末」的「設問」，又是「問而不答」的「懸問」。作者以
時光一去不復返，來警惕我們要珍惜光陰。作者利用篇末的設問，使
文章耐人尋味，餘韻無窮。

(四)就性質而言

設問的分類，就性質而言，可以分為啟發性、強調性、抒情性三
種。

1.啟發性

所謂啟發性設問，是指在語文中，以含有啟發性的方式來設問的
一種修辭技巧。例如：

> 牠（指火鷓鴣鳥）的鳴聲並不嘹亮，卻是出乎意外地徐緩低沈，
> 總是那麼迷離，那麼柔軟，彷彿多飲了青光，發為醰鳴，你分
> 不清牠們究竟是唱出了快樂，還是唱出了哀愁？（吳延玫〈火鷓鴣
> 鳥〉）（註三一）

作者描述火鷓鴣鳥的鳴聲，又運問而不答的設問，來啟發讀者去思考，
去想像，以求得答案。鳴聲的描繪，是給探求正確答案的讀者的啟示。

2.強調性

所謂強調性設問，是指在語文中，以含有強調性的方式來設問的
一種修辭技巧。例如：

> 繚綾繚綾何所似？不似羅綃與紈綺；應似天臺山上明月前，四
> 十五尺瀑布泉。（白居易〈繚綾〉）

「繚綾」是一種精美的絲織品，用它做成舞衣，價值連城，連羅、綃、
紈、綺都無與倫比。作者強調繚綾「應似天臺山上明月前，四十五尺
瀑布泉」；因為天臺是越的名山，繚綾是越的名產，加上繚綾的長度，

只「有四十五尺瀑布」可以和它比較。如此強調，突顯繚綾之美。這是運用「自問自答」的「提問」，也是「一問一答」的「設問」。由於內容含有強調作用，因此屬於強調性設問。

3.抒情性

所謂抒情性設問，是指在語文中，以含有抒情性的方式來設問的一種修辭技巧。例如：

> 帶一卷書，走十里路，選一塊清靜地，看天，聽鳥，讀書；倦了時，和身在草綿綿處尋夢去——你能想像更適情、更適性的消遣嗎？（徐自摩〈我所知道的康橋〉）

末句「你能想像更適情、更適性的消遣嗎？」就設問來說，運用「問而不答」的「激問」；就內容來說，含有抒情；因此這句屬於「抒情性設問」。作者不用直敘，而用設問，表達「適性、適情」的情感。

(五)就類型而言

設問的分類，就類型而言，可以分為是非型、特指型、選擇型、正反型四種。

1.是非型

所謂是非型設問，是指在語文中，將一件事情全說出來，可作肯定或否定回答的設問的一種修辭技巧。例如：

> 子曰：「吾有知乎哉？無知也。有鄙夫問於我，空空如也，我叩其兩端竭焉。」（《論語·子罕》）

孔子自謙無知，可是卻能真誠教人。其中「吾有知乎哉？無知也。」既是「是非型設問」，又是「自問自答」的「提問」。

2.特指型

所謂特指型設問，是指在語文中，運用誰、幾何、什麼、何時、多少、為什麼等一類設問的一種修辭技巧。例如：

> 對酒當歌，人生幾何？譬如朝露，去日苦多。（曹操〈短歌行〉）

這是運用「自問自答」的「提問」，也運用「特指型設問」。「譬如朝露」回答「人生幾何」，「人生如朝露」是形容人生的短暫。句中運用「幾何」二字，因此屬於「特指型設問」。

　3.選擇型

　　所謂選擇型設問，是指在語文中，運用幾個項目，可供選擇的設問的一種修辭技巧。例如：

　　　　現在，獨坐窗前，我的故鄉，展現在回憶中的，乃是美麗的金
　　　　色一片。美得像什麼呢？詩嗎？夢嗎？都不是。它的比詩、比
　　　　夢更為迷人的。（歸人《月是故鄉明・故鄉》）

這是「多問一答」的「提問」。也是「選擇型設問」。作者描述故鄉的美，比詩、夢還要迷人。由於運用多項選擇，因此屬於「選擇型設問」。

　4.正反型

　　所謂正反型設問，是指在語文中，運用肯定或否定的形式來設問的一種修辭技巧。例如：

　　　　一個國家能夠一天沒有法律麼？能夠一天沒有教育麼？（毛子水
　　　　〈青年和科學家〉）

一個國家不能夠一天沒有法律，也不能夠一天沒有教育，因此這是兩句「問而不答」的「激問」。也是兩句「正反型設問」。一國家能必須有法律，也有教育，作者雖然運用「問而不答」方式，但答案卻在問題的反面。

　㈥就對象而言

　　設問的分類，就對象分類，可以分為自我設問、對人設問、借他人設問三種。

　1.自我設問

　　所謂自我設問，是指在語文中，以自我為中心的設問的一種修辭

技巧。例如：

> 蓮之愛，同予者何人？（周敦頤〈愛蓮說〉）

跟作者一樣喜愛蓮花的有那些人？這是「問而不答」的「懸問」，也
是以作者爲中心的設問，因此屬於「自我設問」。

2.對人設問

所謂對人我設問，是指在語文中，以別人爲中心的設問的一種修
辭技巧。例如：

> 您可曾聽見過那些可愛的歌聲嗎？當那月明人靜的夜裡，「織，
> 織，織，織呀！織，織，織，織呀！」如果您的門前有一個瓜
> 架可以供給牠們休息。（陳醉雲〈鄉下人家〉）

這是以別人爲中心的設問，因此屬於「對人設問」。所謂可愛的歌聲，
是指紡織娘的叫聲。如果瓜架下有紡織娘，一定可以聽到悅耳的鳴聲。

3.借他人設問

所謂借他人設問，是指在語文中，以借他人的口吻來設問的一種
修辭技巧。例如：

> 醉能同其樂，醒能述以文，太守也。太守謂誰？廬陵歐陽脩也、
> （歐陽脩〈醉翁亭記〉）

作者〈醉翁亭記〉一文中，皆不提姓名，也不出現一個「我」字，都
稱爲「太守」，一直到篇末，才借他人之口來設問：「太守謂誰？」
然後自己回答：「廬陵歐陽脩也。」因此，這是「借他人設問」。這
是以別人爲中心的設問，因此屬於「對人設問」。

㈦就形式而言

設問的分類，就形式分類，可以分爲以肯定形式表達否定之意、
以否定形式表達肯定之意兩種。

1.以肯定形式表達否定之意

所謂以肯定形式表達否定之意的設問，是指在語文中，用肯定形

式來設問，以表達否定之意的一種修辭技巧。例如：

　　五黃六月會飄雪花？太陽會從西邊出來嗎？（李季〈王貴與李香香〉）
這是以肯定形式表達否定之意的設問，也是「問而不答」的「激問」，
但答案卻在問題的反面。五六月不會飄雪花，太陽不會從西邊出來，
這裡是比喻革命不會成功。

　　2.以否定形式表達肯定之意

　　所謂以否定形式表達肯定之意的設問，是指在語文中，用否定形
式來設問，以表達肯定之意的一種修辭技巧。例如：

　　方當繫項蠻邸，懸藁街；而將軍魚游於沸鼎之中，燕巢於飛幕
　　之上，不亦惑乎？（丘遲〈與陳伯之書〉）
這是以否定形式表達肯定之意的設問，也是「問而不答」的「激問」，
但答案卻在問題的反面。全文是作者規勸陳伯之將軍投降，這裡是說
明陳伯之將軍處境十分危殆。

四、結　語

　　設問的分類，在內容上，可以分為提問、激問、懸問三種；在問
數而言，可以分為一問一答、一問多答、一問不答、多問一答、多問
多答、多問不答、連問連答等七種；在位置上，可以分為篇首、篇中、
篇末三種；在性質上，可以分為啟發性、強調性、抒情性三種；在類
型上言，可以分為是非型、特指型、選擇型、正反型四種；在對象上，
可以分為自我設問、對人設問、借他人設問三種；在形式上，可以分
為以肯定形式表達否定之意、以否定形式表達肯定之意兩種。一般教
學僅採用在內容上、在問數上的分類，至於研究、寫作可以多了解各
方面的分類，尤其是寫作上很有裨益。

　　【附註】

註　一　參見唐鉞《修辭格》，頁六一，商務印書館，一九二九，上海。

註　二　參見陳介白《修辭學講話》，頁一四五，信誼書局，一九七八，臺北。
　　　　又見徐芹庭《修辭學發微》，頁一〇五，臺灣中華書局，一九七一，
　　　　臺北。

註　三　參見傅師隸樸《修辭學》，頁一一一，正中書局，一九六九，臺北。

註　四　參見張弓《現代漢語修辭學》，頁一四三，河北教育出版社，一九九
　　　　三，河北。

註　五　參見吳正吉《活用修辭》，頁六五至六九，復文圖書出版社，一九八
　　　　四，高雄。

註　六　參見陸稼祥、池太寧主編《修辭方式例解詞典》，頁二〇八至二〇九，
　　　　浙江教育出版社，一九九〇，杭州。

註　七　參見黃師慶萱《修辭學》，頁四四至四九，三民書局，一九七五，臺
　　　　北。

註　八　參見陳望道《修辭學發凡》，頁一四〇至一四三，上海出版社，一九
　　　　七九，上海。

註　九　參見宋文翰《國文修辭學》，頁二一至二二，新陸書局，一九七一，
　　　　臺北。

註一〇　參見倪寶元《修辭》，頁一八五至一九二，浙江人民出版社，一九八
　　　　〇，浙江。

註一一　參見鄭遠漢《修辭辨異》，湖北人民出版社，頁七四至八三，一九八
　　　　二，湖北。

註一二　季紹德《古漢語修辭》，頁三七五至三八六，吉林文史出版社，一九
　　　　八六，吉林。

註一三　曾師忠華《作文津梁》，頁七五至七七，學人教育出版社，一九八五，
　　　　臺北。

註一四　沈謙《修辭學》，頁三六五至三八五，國立空中大學，一九九一，臺

北。

註一五　程祥徽、田小琳《現代漢語》，頁三九三至三九五，香港三聯書店，
　　　　一九八九，香港。

註一六　參見同註四，頁一四四至一四七。

註一七　參見譚正璧《修辭新例》，頁一一一至一一七，棠棣出版社，一九九
　　　　〇，北京。

註一八　參見黃師慶萱《修辭學》，頁三五至四九；蔣金龍《演講修辭學》，
　　　　頁一三七至一四二，黎明文化事業公司，一九八一，臺北。

註一九　董季棠《修辭析論》，頁一〇七至一一七，文史哲出版社，一九九二，
　　　　臺北。

註二〇　參見同註四，頁四八至五一。

註二一　參見程希嵐《修辭學新論》，頁二九四至三〇〇，吉林人民出版社，
　　　　一九八四，吉林。

註二二　參見宋振華、吳士文、張國慶、王興林主編《現代漢語修辭學》，頁
　　　　一三七至一四〇，吉林人民出版社，一九八四，吉林。

註二三　參見王德春主編《修辭學詞典》，頁四六，浙江教育出版社，一九八
　　　　七，杭州。

註二四　參見成偉鈞、唐仲揚、向宏業《修辭學通鑒》，頁五二三，中國青年
　　　　出版社，一九九一，北京。

註二五　參見黎運漢、張維耿編著《現代漢語修辭學》，頁一五四至一五六，
　　　　商務印書館香港分館，一九八六，香港。

註二六　參見同註六，頁二〇九至二一〇及頁七四至七五。

註二七　參見周靖《現代漢語語法修辭》，頁三二三至三二八，中國經濟出版
　　　　社，一九九一，北京。

註二八　參見同註二，頁一四五至一四七。

註二九　參見劉煥輝《修辭學綱要》，頁三九一至三九二，百花洲文藝出版社，

　　　　　一九九一，江西。

註三〇　參見同註二十四，頁五二四至五二八。

註三一　因限於篇幅，自此以下，僅舉一例詮證。

散氏盤譯釋

季旭昇

提　要

　　散氏盤（矢人盤）是故宮銅器三大重寶之一，是西周厲王時期的著名青銅器，清代乾隆年間在陝西鳳翔出土。盤內有銘文三百零五字，記載了散和矢的土地糾紛，在西周土地制度史上和裘衛鼎、佣生簋（格伯簋）同是非常重要的第一手資料；在書法史上也是一篇非常著名的作品，文字險峻跌宕、氣韻飛揚，書法界極為推崇。從孫詒讓、王國維以來，由於古文字之學的不斷進步，本器銘文的內容大致已能全部解讀，但銘文中的人名，各家讀法差異極大，矢人有司十五人「鮮且放武父西宮襄豆人虞丂彔貞師氏右眚小門人繇原人虞芇淮嗣工虎孝龠豐父堆人有嗣啚丂」，至少有六種不同的讀法，其中還包括怎麼數都只有十四人的一種。至於「正履矢舍散田嗣土𡭢𡭢嗣馬𣄏𣄏人嗣工騶君宰德父散人小子履田戎放父教𣄏父襄之有嗣橐州𡭙焂從𤕦凡散有嗣十夫」這一段，則至少有四種以上的讀法，其所包括的人數有的認為是十人，有的認為是十四人，究竟孰是孰非，必須細加探究。名字解詁在訓詁學上也是一個夙為學者所重視的部門，本文希望利用前代學者所運用的訓詁學方法，嘗試著來解決散氏上的這個問題。

器名　西宮盤—潛研　西宮襄戎父盤—續苑　矢人盤—奇觚　散盤—愙齋
時代　西周中葉—韡華　西周厲王—大系
出土　陝西省鳳翔縣出土

收藏　故宮博物院 (臺北)

著錄：積古8.3　　攗古3-3.37　　恭齋16.4　　奇觚8.21

　　　周金4.1　　故宮１期　　初版大系137　　韡華壬3

　　　文錄4.23　　文選上3.22　　大系圖151.錄127.考129

　　　小校9.86　　評註111　　歷朔4.34　　三代17.20.2-221

　　　通考461:16圖836　　通論66:1(1)圖253 p90插圖13

　　　積微33　　故圖下上210　　中華74　　選讀46

　　　通釋24:191　　金文集304.305　　書道8081

　　　河出243　　永壽3.10.13　　彙編5　　銘文選—銘

　　　1:268(428)考3:297　　總集6793邱集7557　　注繹305

器制：高20.6　口徑54.6　底徑41.4公分

銘文：19行 305字　重文 1

用矢𢿘（撲）散邑，迺即散用田。履：自瀗涉以南，至于大沽，一封，以陟、二封，至于邊柳，復涉瀗，陟𤔔戲𨝗（𤔲）陝以西，封于播城楛木，封于𢾾越，封于𢾾道，內陟𢾾、登于厂𤤃，封剒桥、陝陵、剛柘，封于眉道、封于原道、封于周道，以東封于𩦡東彊右，還、封于履道，以南封于𤔲越道，以西至于堆莫，履井邑田，自棍木道ナ（左）至于井邑封，道以東、一封，還、以西一封，陟剛、三封，降以南封于同道，陟州剛、登桥，降棫、二封，矢人有𤔲履田，鮮、且、敚、武父、西宮襄、豆人虞丂、彔貞、師氏、右眚（省）、小門人繇、原人虞芍、淮𤔲工虎孝、龠豐父、堆人有𤔲丂、丂，凡十又五夫。正履矢舍散田：𤔲土𤔲𤔲、𤔲馬眉𤔲、𤔲人𤔲工駁君，宰𤔲父。散人小子履田：戎、敚父、教、𣏔父、襄之有𤔲曇、州、京、焂、從、𨸏，凡散有𤔲十夫，唯王九月辰才乙卯，矢卑、鮮、且、𪎈（舜）旅誓曰，我𪗾（僭）付散氏田器，有爽、實余有散氏心賊，則鞭千罰千、

傳棄之，鮮、且、𡘙（𡙻）旅則誓，迺卑西宮襄，武父誓、曰，
我既付散氏溼（隰）田、啚田，余又爽䜌，鞭千罰千，西宮襄、
武父則誓，厈受圖，矢王于豆新宮東廷，𡈼ナ（左）執叟（要），
史正中農。

考釋：

[用矢撲散邑，迺即散用田]：因爲矢侵犯了散的都邑，於是矢用田來
償付給散。

1、用：因爲。楊樹達云：「『用矢撲散邑，迺即散用田』，二用字
　皆當訓以。」（《積微居金文說》卷一第三三葉< 散氏盤跋 >）案：
　二「以」字不同訓。楊氏謂皆當訓以，唯前一「用」釋以，義猶
　「因爲」；後一「用」釋以，義猶今之「用」。

2、矢：周人舊畿內小國，在今陝西寶雞地區。矢君稱王，傳世銅器
　有0771矢王方鼎蓋、2511矢王殷、4708矢王尊、M148矢王壺、
　矢王卣（《上海博物館藏青銅器圖錄》引文），矢王觶（《銘文選》
　三冊二九八頁注一條下引）。又5473同乍父戊卣銘文云：「隹十
　又一月，矢王易同金車弓矢，同對揚王休，用乍父戊寶尊彝。」
　單名矢者有：7296矢戈、7576矢戟、7901矢當盧、7914矢車鑾、
　7959矢銅器，名白矢或矢白者有：1616矢白乍旅瓶、7587白矢戟，名
　姬矢或矢姬者有：1512虢白乍姬矢母鬲、2367散白乍矢姬殷、
　5668天姬自乍壺，其餘有矢令、烏矢：2814烏冊矢令殷、4893矢
　令尊、4981鳶冊令方彝、4787烏矢乍辛尊、4080口矢父戊爵等。
　王國維云：「矢在散東。　」

3、戠：宗周鐘（𤾩鐘）有「戠伐」。戠、吳大澂<<古籀補>>六十九
　頁釋撲，<<說文>>「撲、挨也」。「挨、擊背也」。與虢季子白
　盤博伐之博、不嬰簋大辈戠之戠同義。戠伐、擊伐也。郭沫若云：
　「矢人因攘掠散氏之邑，迺用土田爲償（此間當有散氏戰敗矢人之

事,原銘省略)。」(《甲骨文字研究》上冊<釋封>)(案:郭沫若《大系》釋爲从戈从業,假爲業,謂因矢人營業于散邑,故用田以報散氏,與鬲从盨田邑對換事相仿佛,事乃和平交易,非戰爭賠償也。二說不同,《大系》說非是。

4、散:王國維云:「此盤銘中多國名、地名,前人有爲之說者,余以爲非知此器出土之地,則其中土地名無從臆說也。顧此器出世已逾百年,世絕無知其淵源者,即近出之散伯敦、矢王尊亦然。嗣讀克鼎銘,其中地名頗與此盤相涉,如此盤云『至于㴲莫　井邑田』、又云『至于井邑』;克鼎則云『錫女井家匊田于□』、又云『錫女井逿匊人』、又云『錫女井人奔于量』,知此盤出土之地距克鼎出土之地必不遠,而克鼎出較後,器較鉅,世當有知之者,訪之十餘年莫能答。庚申冬日,華陽王君文燾聞之陝人,言克鼎出處在寶雞縣南之渭水南岸。此地既爲克之故墟,則散氏故墟必距此不遠,因知散氏者即水經渭水注大散關、大散嶺之散。」據2367散白乍矢姬段,散與矢有婚姻關係。

5、即:楊樹達訓「付與」:「即者、今言付與、曶鼎云:『迺或即曶用田二,又臣□□一夫,凡用即曶田七田,人五夫。』即字用法與此銘同。『即曶用田』,與此文『即散用田』文句尤一律。然今書傳無授與之訓,知古字義之失傳者多矣。」(《積微居金文說》卷一第三三葉<散氏盤跋>)

[履:自㴲涉以南,至于大沽,一封,以陟、二封,至于邊柳]:進行履勘:從㴲渡過往南,到大沽,一封。往上走上去,二封,到邊柳。

6、履:舊釋眉,非。字又見大簋「豕曰睽履大易里」,吳式芬引許印林說釋履。此外尚見五祀衛鼎「帥履裘衛厲田四田」,各家皆釋履。九年裘衛鼎「矩迺曰澄湬令壽商曰薈曰:顙湄<履>付裘衛林晉里」,裘錫圭先生以爲亦履字。永盂「付永乎田,乎逄履

乎彊宋句」（率領勘定田界的人是宋句），吳鎮鋒、戚桂宴皆釋爲履。散盤此字章太炎釋履。格伯簋（佣生簋）「格白取良馬乘于佣生，乎貫卅田，則析、格白履」，裘錫圭先生謂以上諸字皆當釋釋履，字從頁、從足、（或從彳、從止、從水）從舟，眉省聲。金文編將散盤此字釋眉，其餘當作不識字收在附下　080、384、699等各條，裘錫圭先生以爲皆當釋履字，（參〈西周銅器銘文中的履〉—《甲骨文與殷商史》第三輯四二七至四三五頁　1991.8）。本銘意謂履勘田界。

7、濡：水名。王國維云：「銘中濡水即渭水注中之扞水。」

8、大沽：地名。王國維云：「大沽者即（水經注）漾水注之故道水。《銘文選》從之亦釋爲水名。旭昇案：其說恐非。水上不可以立封樹。

9、封：原文作弄，從廾持丰，與後世封字同意，郭沫若：《說文解字》曰：「封、爵諸侯之土也。從之土、從寸，寸者、守其制度也。公侯百里、伯七十里、子男五十里。𡊄、籀文封，從丰土。𡈼、古文封省。」案、此於字形已失，字義自非其朔。封不從之土，王國維已言之，其《史籀篇疏證》云：「古封邦一字。《說文》邦之古文作𤰫，從之田，封字從之從土，均不合六書之恉，屮皆丰之訛。殷虛卜辭云：『貞弜求年于𤰫土。』𤰫字從丰從田，即邦字。邦土即邦社，亦即《祭法》之國社，漢人諱邦，乃云國社矣。籀文𡊄字從土丰聲，與𤰫之從田、邦之從邑同意，本係一字。」……封迺古人之經界，《周官・司徒》之職：「制其畿疆而溝封之。」鄭注：「溝、穿地爲阻固也。封、起土界也。」此較許書「爵諸侯之土」爲近古，然余謂起土築界猶是後起之事。《地官》：「封人、掌詔王之社壇，爲畿封而樹之。凡封國：設其社稷之壇，封其四疆。造都邑之封域者亦如之。」是則古之畿

封實曰樹為之也。此習於今猶存，然其事之起，迺遠在太古。太
古之民多利用自然林木曰為族與族間之畛域，西方學者所稱為境
界林者是也。封之初字即丰，……　　即曰林木為界之象形，
迺形聲字，從土丰聲，從土即起土界之意矣。曰林木為界之事
於散氏盤銘優可徵考，其銘迺約劑之最大者，敘矢人因攘掠散氏
之邑，迺用土田為償（此間當有散氏戰敗矢人之事，原銘省略），
矢散兩造之有司即共定土田之經界曰：「自瀗涉以南，至于大沽，
一封，以陟、二封，至于邊柳，復涉瀗，陟雩戲　陟以西，封于
播城楮木，封于匊徠，封于匊道，內陟匊、登于厂　，封刲栿、
陕陵、剛栿，封于單道、封于原道、封于周道，以東封于　東彊
右，還、封于眉道，以南封于　徠道，以西至于堆莫，眉井邑田，
自根木道ナ（左）至于井邑封道以東、一封，還、以西一封，陟剛、
三封，降以南封于同道，陟州剛、登栿，降栈、二封。」凡此中
十八封字，除井邑封道一字外均與近人之建立界碑無異，而封之
字形均作弄，從丰從𠬝，即示為幾封而樹之之形，樹有利用自然
樹木者，如曰「一封，以陟、二封，至于邊柳」、曰「封于播城
楮木」，此甚顯而易見，曰「自根木道ナ（左）至于井邑封道以東、一
封」、曰「　登栿，降栈、二封」，則乃因木而名之地。凡此等地
望如今人田地契約中所云之某疆某界，其區域必不甚大，即散矢
二國之所地，今猶屬模糊，而學者迺有欲於典籍中一一曰求其比
附者，余恐迺徒勞之舉也。（舊版《甲研》上冊〈釋封〉）

10、以陟：《大系》：「曰陟當斷句，曰讀為已，陟言自大沽折而北
　　上，北地高，故言陟。

11、邊柳：楊樹達云：「文曰邊柳、曰楮木，說者大都認為地名；而
　　格伯設云：『格伯安及甸設，𠬝約遝谷杜木、遝谷斿桑、杜木斿
　　桑。』說者亦以為地名。今案諸詞果皆為地名，不應通以木為號，

而如敕戫楮木、雪谷杜木、邊谷旅桑、又不應四字之中，上二皆地、下二皆木也。余熟思之，此蓋所謂封樹也。《周禮・地官・封人》云：『掌詔王之社壝，爲畿封而樹之。凡封國：設其社稷之壝，封其四疆。造都邑之封域者亦如之。』鄭注云：『爲畿封而樹之，畿上有封，若今時界矣。』孔疏云：『云畿上有封若今時界者、漢時界上有封樹，故擧以言之。』按封人所指及鄭孔所釋，雖不必指田之界畔爲，言然百年喬木，往往矗立於阡陌之間，爲遠近所屬目。古人劃定田疆，於凡有木之所藉以爲標識，固事理之所宜也。此知邊柳者，柳不一，故約之曰邊。敕戫楮木、雪谷杜木、邊谷旅桑者、楮木、杜木、桑木亦隨地而有，故以敕戫、雪谷、邊谷諸地名限之也。」（《積微》三三頁）

[復涉瀗，陟雫歔　（霎）陕以西，封于播城桂木，封于𨺵趙，封于𨺵道，內陟𨺵、登于厂　，封剖栟、陕陵、剛栟，封于罾道、封于原道、封于周道，以東封于　東彊右]：再渡過瀗，登上雫，到霎陕以西，封于播城桂木，封于𨺵趙，封于𨺵道。向內陟𨺵，登上厂　，封剖栟、陕陵、剛栟，封于罾道、封于原道、封于周道，向東封于mk東彊右。

12、陟雫：登上雫，雫當是高地。

13、歔霎陕：《大系》：「陟雫歔霎陕，歔、讀如《詩・雲漢》「自郊徂宮」、〈絲衣〉「自堂徂基，自羊徂牛」之徂，王引之云：「徂、猶及也。」（《經釋釋詞・卷八》）義爲到、往。霎、舊未釋，《金文編》置於附下五六〇號。旭昇案：以字形分析，從　，從二田與一田同，田當爲聲符，則霎即邊之初文，高平之地也，後世用原字。或釋霎陕爲地名亦可。

14、播城桂木：城當爲地名，桂木或爲木名，參上注解10楊樹達說。

剖栟：剖岸。栟與岸、庠同字，見注 15。

周道：王國維云：「周道即周道谷。」

[還、封于履道，以南封于卻趙道，以西至于堆莫，履井邑田，自根木道ナ（左）至于井邑封，道以東、一封，還、以西一封，陟剛、三封，降以南封于同道，陟州剛、登桥，降棫、二封]：折回來，封于履道，向南封于　趙道，向西到堆莫，履勘了井的邑田，根木道左邊至于井邑又再設封：道以東、一封，還、以西一封，登上剛、三封，爬下來，以南封于同道，爬上州剛、登桥，降棫、二封。

15、堆莫：《大系》：「『堆莫眉』，堆乃國族名，準『周道』、『眉道』、『　東彊』等例，堆下必須有某種標識物而後可通，『莫眉』當讀爲『墓湄』。」其說非是。堆莫當爲地名。堆即下文堆人有嗣之堆。

登桥：爬上崖岸。于省吾云：「《說文》謂『岸』爲从岸、干聲，未確。以金文庌爲岸之初文驗之，則岸應从山庌聲；庌从干聲，『岸』系『庌』的後起字。又〈散盤〉『桥』字凡三見，均系劃分田界之事。其一爲陟州剛、登桥。剛即岡，俗作崗。桥即岸，指崖岸言之。以其封界多樹木，故从木作桥。這是說：上升州崗，又登于崗上懸崖之岸。」（〈讀金文雜記五則〉）

[矢人有嗣履田：鮮、且、敗、武父、西宮襄，豆人虞丂、彔貞、師氏、右眚（省）、小門人繇、原人虞芍、淮、嗣工虎孝、侖豐父、堆人有嗣嘼、丂，凡十又五夫。正履矢舍散田，嗣土𡥩𡥩、嗣馬𤲬𤲬，邦人嗣工騄君，宰𤲬父；散人小子履田：戎、敗父、教、椉父，襄之有嗣橐、州、京、燹、從、嗣，凡散有嗣十夫]：矢人有司參與履勘的有鮮、且、敗、武父、西宮襄，豆人虞丂、彔貞、師氏、右眚（省）、小門人繇、原人虞芍、淮、嗣工虎孝、侖豐父、堆人有嗣嘼、丂，一共十五人。履堪矢給散的田地的朝廷長官有：嗣土𡥩𡥩、嗣馬𤲬𤲬，邦人嗣工騄君，宰𤲬父；散人的小子參與履田的有：戎、敗父、教、椉父等四人，以及襄的官吏橐、州、京、燹、從、嗣等，散的有嗣共十人。

16、鮮：人名，王國維以鮮且爲一人，則下文豎ㄅ爲二人；郭沫若以
鮮、且爲二人，均可通，不知孰是。此矢人有司十五人，各家讀
法不同，茲條列下：

王國維：鮮且、敓、武父、西宮襄，豆人虞ㄅ、彔貞、師氏、
右相、小門人訨、原人虞荓、淮嗣工虎、孝龠、豐父、
雁人有嗣曶、ㄅ

郭沫若：鮮、且、敓、武父、西宮襄，豆人虞ㄅ、彔貞、師氏
右、𢎫、小門人𩛥、原人虞荓、淮嗣工虎孝、𤕝豐父、
雁人有嗣曶、ㄅ

高鴻縉：鮮且、敓、武父、西宮襄，豆人虞ㄅ、彔、貞、師氏
右𢎫、小門人訨、原人虞荓、淮、嗣工虎孝、龠豐父、
雁人有嗣曶、ㄅ

洪家義：鮮、且、敓、武父、西宮襄，豆人虞ㄅ、彔貞、師氏
右、𢎫、小門人𩛥、原人虞荓淮、嗣工虎孝、龠豐父、
雁人有嗣曶ㄅ（僅十四人）

馬承源：鮮、且、敓、武父、西宮襄，豆人虞ㄅ、彔貞、師氏
右𢎫、小門人𩛥、原人虞荓、淮嗣工虎、孝龠、豐父、
雁人有嗣曶ㄅ（僅十四人）

上諸說中，洪家義、馬承源均只有十四人，最爲粗略。其餘諸家
均有可取，然猶有可商之處，說見下。

17、敓：疑即彝旅。王國維云：「下記立誓者有有鮮且、彝旅、西宮
襄、武父，而無敓；此有敓而無彝旅，則敓與彝旅或一人也。」

18、豆人虞ㄅ：豆、邑名，即銘末「矢王于豆新宮東廷」之豆，此時
屬矢。虞、王國維云：「虞彔皆官名。」ㄅ、人名。

19、彔貞：王國維云：「虞彔皆官名，彔讀爲麓，《說文》麓之古文
作𣚾，《左氏·昭十九年傳》：『山林衡鹿守之。』鹿亦麓也。」

貞、人名。

20、師氏：《周禮·地官·師氏》：「師氏、掌以媺詔王。以三德教
國子：一曰至德，以爲道本；二曰敏德，以爲行本；三曰孝德，
以知逆惡。教三行：一曰孝行，以親父母；二曰友行，以尊賢良；
三曰順行，以事師長。居虎門之左，司王朝，掌國中失之事，以
教國子弟，凡國之貴遊子弟學焉。凡祭祀、賓客、會同、喪紀、
軍旅，王舉則從；聽治亦如之。使其屬率四夷之隸，各以其兵服
守王之門外，且蹕。朝在野外，則守內列。」郭沫若《金文叢考·
周官質疑》以爲周禮此文揉合師保之師與師戍之師，必爲後人所
竄改。惟自金文觀之，師（師氏）雖源於武職，然其職務以管理軍
事爲主，但亦可兼管教育、出入王命、賞賜、儐右、掌王家，或
亦兼嗣寇、嗣士等司法吏治之。（參劉雨《西周金文官制研究》頁
四「師」）。郭沫若以師氏右眚一人。旭昇案：此處之師氏當讀斷，不
應與下右眚爲一人。

21、右眚：眚、當即眚史之省稱。眚史見鬲攸从鼎，劉雨《西周金文
官制研究》頁三二云 攸从鼎有『王省南史以即虢旅』句，該銘
斷句一般都是斷爲『王令省，史南以即虢旅』，這種句讀是不妥
當的。我們認爲應以『王省南史以即虢旅』爲句。省史是一職官
名，南是省史之名。虢旅就是虢叔旅鐘之虢叔旅。此銘的意思是
『周王命令省史南到虢叔旅那兒去』。《說文》：『省、視也。』
省史可能是視察、執法之官。在鬲攸从鼎銘中周王命令省史南去
處理鬲攸从對攸衛牧起訴的案件，這正是上述推測的有力佐證。
楊樹達先生云：『省、罪也。其史司罪過之事，故曰省史。』（《
積微居金文說》二八頁）楊氏之說是十分正確的。省史是掌管百官
過失之史。旭昇案：楊氏、劉雨之說可信，本銘「右眚」之眚當
即鬲攸从鼎之省史，以其分左右，故稱右眚。

22、小門人䌛：劉心源云：「小門人當即《周禮》之門子。」（《奇觚》八・二六）案、《周禮・春官・宗伯》小宗伯職文云：「掌三族之別，以辨親疏，其正室皆謂之門子，掌其政令。」鄭注：「正室，適子也，將代父當門者也。」　王國維以爲官名。《大系》未釋，但於小門旁著一私名號，殆循上下文豆人、琟人之例，以小門爲地名也。劉雨云：「小門人也可能是《周禮・地官・司徒》之司門，序官云：『司門，下大夫二人。』鄭注云：『司門，若今城門校尉，主王城十二門。』《左傳・哀公二十六年》有門尹。司門、門尹爲掌管城門之職官。《國語・周語》中：『門尹除門。』韋注：『門尹、司門也；除門、掃除門廷也。』《周禮・天官・閽人》：『掌守王宮中門之禁。』注：『閽人、司昏晨以啓閉者，刑人墨者使守門。』小門人如果確係門官，那麼他的地位並不高，應是微官。」旭昇案、履堪地界，亦國家要事，司門閽者恐無資格參加。劉心源說雖證據不足，然頗合理；郭沫若說亦可參。

23、原人虞艿、淮：原、王國維云：「此即上原道之官。」淮、人名，高鴻縉云：「淮、王靜安與大系考釋均以爲地名，讀屬下。縉疑關中有淮邑，至無徵信。且讀屬下，則似淮儼然一國而設有司空之官，更不可據，故仍從劉說以爲人名，而讀屬上，蓋此艿、淮二人亦夨之虞官而籍隸原邑也。」

24、𤔲工虎孝：王國維云：「𤔲工即司空。」高鴻縉云：「、劉王俱釋孝，以虎爲司空之名，孝𠕁、豐父爲二人名。大系攷釋不從其說，以虎爲司空之名。𠕁爲籥師，屬下豐父。今按大系是也。司空爲一國三司（司徒司馬司空）之一，只可一人充任，從未聞數人共位。倘依劉王說，則司空官人名之下，又接他人之名，而又無氏邑以別之，似數人俱爲司空者，非違於事理，即涉於含糊。古人屬文，必不然也。」旭昇案：高說可從。

25、侖豐父：郭沫若以侖豐父爲一人，《大系》云：「冊豐父、效睪
　　父亦必一官一名。冊殆籥師、效蓋校人。睪即《汗簡》所錄 🌰
　　字，乃果實之實之象形文。」旭昇案、郭釋冊爲樂師，與上下人
　　稱似同例，然古者樂師多由瞽者擔任，瞽者似無法勝任履堪地界
　　之任務，且樂師之職務亦與地界無關，不應派其參與。疑冊亦爲
　　地名，或其他官名，待考。

26、𢘆人有嗣疌ㄅ：𢘆、族邑名，王國維云：「此即上𢘆莫之官。」

27、正履：裘錫圭云：「『正』疑當作『正長』解。『正履矢舍散田』
　　意即踏勘矢給予散的田地的長官。但是如果把『正』看作動詞，
　　把『正履』當作跟『率履……』、『帥履……』類似的結構來理
　　解，從文義上看也還是說得過去的。」據其意，正履四人當爲中
　　央所派遣或具有公信力之長官。

28、矢舍散田：矢交付給散的田地。舍、交付、給予令鼎：「余其舍
　　女臣十家。」

29、嗣土：王國維謂此與下文之嗣馬、嗣工，即散之三司。裘錫圭以
　　爲他們可能是公家的官吏。「正履矢舍散田」以下之人名，各家
　　解釋歧異頗大，茲條列於下：

　　　　王國維：嗣土 𦰩𦥑、嗣馬單𧱬，軶人嗣工駻君，宰德父，散人
　　　　　　　　小子，眉田戎散父、教𥻗父、襄之有嗣囊、州臺、焂
　　　　　　　　從𢀸，凡散有嗣十夫

　　　　郭沫若：嗣土 𦰩𦥑、嗣馬單𧱬，軶人嗣工駻君，宰德父，散人
　　　　　　　　小子眉田戎、散父、教𥻗父，襄之有嗣囊、州臺、焂
　　　　　　　　從𢀸，凡散有嗣十夫

　　　　于省吾：嗣土 𦰩𦥑、嗣馬單𧱬，𢀸人嗣工駻君，宰德父，散人
　　　　　　　　小子眉田戎散父、教𥻗父，𢀸之有嗣囊、州、臺、焂
　　　　　　　　從𢀸，凡散有嗣十夫

洪家義：嗣土 屰𤴤、嗣馬𤰫𤯒，𠦪人嗣工騠，君宰德父，散人
　　　　小子，履田戎、𢼸父、教㮤父，襄之有嗣囊、州𦤂烬
　　　　從𤲬，凡散有嗣十夫

裘錫圭：正履矢舍散田：嗣土 屰口、嗣馬𤰫𤯒，𠦪人嗣工騠君，
　　　　宰德父。散人小子履田：戎、𢼸父、教、㮤父；襄之
　　　　有嗣囊、州、𦤂、烬、從、𤲬，凡散有嗣十夫

30、散人小子：王國維謂小子爲官名。裘錫圭云：「散人方面有四個
　　小子參加履田，在裘衛諸器所記的土地交接事件中，也都有小子
　　參加，與此同例。」

31、教㮤父：郭沫若釋𢼸爲校人，參25條注解。惟其說非是，裘錫圭
　　以教爲一人、㮤爲一人，較可從。

32、烬從𤲬：王國維以爲即鬲攸從之倒：「烬从𤲬疑鬲攸從之倒。案、
　　閩縣陳氏有鬲从簋，浭陽端氏有鬲攸從鼎，銘中均有皇祖丁公、
　　皇考六公語，自是一人所作。」其說非是。

[唯王九月辰才乙卯，矢卑鮮、且、𢼸旅誓曰：我兓（替）付散氏田器，
有爽、實余有散氏心賊，則鞭千罰千、傳棄之，鮮、且、𢼸旅則誓，
迺卑西宮襄，武父誓、曰，我既付散氏淫（隰）田、啚田，余又爽鑄，
鞭千罰千，西宮襄、武父則誓，𥼶受圖，矢王于豆新宮東廷，𥼶ナ（左
）執要，史正中農]：在周王九月乙卯這天，矢使鮮、且、𢼸旅發誓，
說：「我已把田器交給散，如果再有差錯，那是我對散氏有賊心，罰
鞭笞一千、罰金一千寽，上級執而放逐之。」鮮、且、𢼸旅發誓完後，
請西宮襄、武父發誓，說：「我已把淫田、啚田交給散氏，我如果再
有差錯變亂，罰鞭笞一千、罰金一千寽。」西宮襄、武父發誓完畢，
在豆新宮東廷把圖交給矢王。拿了合約書的左邊這一份、承辦這一案
的史官是中農。

33、卑：王國維云：「卑讀爲俾。」

34、霽：霽，字不識，《金文編》置於附下一一八號。王國維謂霽旅即敗。《大系》云：「霽字不識，當是動詞。旅當即嗣攸从鼎之號旅……霽殆含即、就、參、詣之意。」旭昇案、郭謂旅當即嗣攸从鼎之號旅，並無實據。王說較可從

35、田器：洪家義：「土田和農具。」馬承源：「即農具，錢鎛之類。」高鴻縉云：「器字前人俱未釋，各家均讀屬上，非也。全文乃矢歸散以田，而此忽言付散氏田器，上下不倫。且果是付散氏田器，則耒、耜、耙、鋤之類也，不但微末不足道，且上下文不一經見，決可知其非矣。……故器此處實與訓假設之『苟』同用。……此處『器有爽實』猶言『苟有失實』、『苟有虛妄』。」旭昇案、高氏疑之有理，然器用為苟，文獻無徵，待考。

36、爽：忒也、差也，《爾雅・釋言》：「爽、忒也。」《詩・小雅・蓼蕭》：「其德不爽。」《傳》：「爽、差也。」

37、心賊：高鴻縉：「『有散氏心賊』，言有欺害散氏之心也。」

38、金千罰千：金、說文以為鞭之古文，舊皆釋爰，非，參四訂《金文編》四三二號。金千、鞭笞一千；罰千、罰千爭也。總集1298號師旂鼎云：「唯三月丁卯，師旂眾僕不從王征于方，雷事牟友引曰（以）告于白懋父，才莽，白懋父迺罰得夏古三百爭。」是周代罰金當以爭為單位。

39、傳棄之：劉心源：「以傳車棄之。」高鴻縉：「傳播棄絕之。」馬承源：「執而放逐之，指官方執行此誓約。《孟子・萬章：『庶人不傳質為臣。』趙岐注：『傳、執也。』」旭昇案、劉說是。《周禮・行夫》「掌邦國傳遽」，注：「傳遽、若今時乘傳騎驛而使者也。」文天祥〈正氣歌〉：「楚囚纓其冠，傳車送窮北。」與此同意。

40、淫田：吳大澂謂即隰田（愙齋十六冊第八頁），王國維云：「淫田、

峕田乃眉田之二邑。」高鴻縉：「知▨田爲溼田，則峕田必是乾田。」裘錫圭云：「吳大澂謂即隰田（愙齋十六冊第八頁），其說可信《詩經》中屢以「隰」與「原」、「阪」或「山」對言，《邶風·簡兮》毛傳：「下溼曰隰。」《秦風·車鄰》毛傳：「陂曰阪，下曰隰。」《小雅·皇皇者華》毛傳曰：「高平曰原，下溼曰隰。」可見隰田就是地勢低下土質比較潮濕的田。《小雅·信南山》說：「畇畇原隰，曾孫田之。」《大雅·公劉》說：「度其隰原，徹田爲糧。」這說明原田和隰田是古代最重要的兩類田（原田之稱見《左傳·僖公二十八年》晉輿人之頌）。《毛傳》說「下曰隰」，隰田也未嘗不可以稱下田，上田大概就是原田（《小雅·正月》所說的「阪田」之類的田，或許也可以包括在上田之內）。散氏盤的峕田與卜辭上田同意。「峕」當从爿得聲，「爿」本是「牀」的初文，「牀」和从「爿」得聲的「狀」、「牆」等字，古音都跟「上」很接近，。也許「　田」之稱就是由「上田」變來的。從上引關於「溼田」、「上田」的卜辭來看，原田和隰田在商代大概已經是最重要的兩種田了。上引《屯南》3004第一辭說「屯用林于隰田」，第二辭說「▨屯，其▨新秉」，第三辭說「▨新秉屯用上田」，似是卜問用草木禾稈等物爲隰田、上田施肥之事的。」（＜甲骨文中所見的商代農業＞。馬承源：「溼讀爲隰……《詩·周頌·載芟》：『千耦其耘，徂隰徂畛。』鄭玄注：『隰謂發田也；畛謂有路徑者。』」以五祀衛鼎「乓逆彊衆厲田，乓東彊衆散田，乓南彊衆散田，衆政父田，乓西彊衆厲田，邦君厲衆付裘衛田」等敘述例之，似以王國維之說較佳，二者皆田地名。然以《詩經》、甲骨等文獻證之，則裘說亦有據。

41、峕田：說見上。

42、爽竊：竊、劉心源讀爲▨，讀若闌。《大系》從前人舊讀釋變。

馬承源釋繇，亂也。後二說俱通。爽繇、謂差忒變亂也。

43、受圖：《大系》云：「受者、授省。言經界既定，誓要既立，乃授其彊里之圖于夨王。授圖之地乃在『豆新宮東廷』。」

44、夨王：王國維云：「夨僭王號，亦見他器。……當宗周中葉，邊邑大國往往稱王，《史記・秦本紀》有豐王、彝器有邵王鼎、有呂王鬲、呂王壺，而彔伯㲃敦云：『作朕皇考釐王寶陴敦。』羌伯敦云：『用作朕皇考武羌幾王尊敦。』二器皆紀王命，並其祖考有勞於周邦，則非不臣之國，又非周子弟之分封於外者，而並稱其考爲王，可見當時諸侯並有稱王之俗。」

45、豆新宮東廷：新宮、新建之宮，猶周公營洛邑，初稱新邑，後稱大邑、洛邑。

46、左執要：左執劵。《大系》：「繯叚爲契要之要。」《周禮・大史》：「掌建邦之六典，以逆邦國之治，……凡邦國都鄙及萬民之有約劑者藏焉。」

47、史正中農：史正之官，名爲中農。

參考書目（見於文首著錄者不重複列入）

阮　元　潛研堂文集

續古文苑

孫詒讓　古籀餘論下第十四頁　藝文印書館印《孫籀頠先生集》

王國維　散氏盤考釋　商務本《海寧王靜安先生遺書・觀堂古今文考釋》1999頁

王國維　散氏盤跋　商務本《觀堂集林》18卷874頁

易培基　散氏盤釋文　國學叢刊 1卷1期91頁 1923

章太炎　論散氏盤書二札　東南大學南京高師國學研究會《國學叢刊》1卷1期93頁 1923

李　淑　吳氏散氏盤釋文補正　國學叢刊 1卷1期94頁 1923

何　庚　散氏盤的說明　語絲6卷 1924

陳寶琛\陳衍\褚德彝\吳士鑒　散盤今釋跋尾 東方雜誌 27卷2期 1930

黃紹箕遺著\李笠校理　散氏盤銘補釋——附討論散氏盤文字彙目　文瀾學
　　　報　1935.1

陳子怡　散氏盤石鼓文地理考證　禹貢7卷6期141頁1937

小川琢治　散氏盤地名考　支那歷史地理研究續集

柯昌濟　散氏盤爲氏羌族器考 中央亞細亞 1期2頁 1947

蘇瑩輝　自由中國的重器——毛鼎散盤 教育通訊1卷12期15頁 1950

高鴻縉　散盤集釋　師大學報 2期1頁 1957

唐　蘭　懷念毛公鼎、散氏盤和宗周鐘——兼論西周社會性質　光明日報1961
　　　年

楊紹萱　宗周鐘、散氏盤與毛公鼎所記載的西周歷史　北師大學報(社科版)4期
　　　25頁 1961

于省吾　讀金文雜記五則　《考古》1966.2 頁101

石叔明　周散氏盤銘述聞　藝壇 126卷6期6頁1978

石叔明　周散氏盤銘及集聯集詩　故宮文物月刊 3卷5期130頁1985

陳邦懷　散氏盤銘跋　齊魯書社《一得集》208頁 1989.10

裘錫圭　西周銅器銘文中的履　上海古籍出版社《甲骨文與殷商史》第三輯
　　　427頁 1991.8

裘錫圭　甲骨文中所見的商代農業　《古文字論集》第一五四頁，北京中華書
　　　局1992

汲古閣毛氏景鈔本《類篇》後記

孔仲溫

一、前　言

　　個人於民國七十四年，在　伯元師的指導下，撰成博士論文《類篇研究》一書，於該書中曾論及所見《類篇》的版本，有明景鈔金大定重校本、清曹楝亭揚州詩局重刊本、清乾隆間寫文淵閣四庫全書本、清姚覲元覆刊曹楝亭揚州詩局本四種，（註一）此後，聽聞大陸於民國七十三年，上海古籍出版社影印出版汲古閣毛氏景鈔本《類篇》，線裝十冊，（註二）可惜無緣目睹。民國七十八年，　伯元師赴香港浸會學院講學，於當地書肆購得同為上海古籍出版社，於民國七十七年出版縮印附索引的合訂精裝本，（註三）並託沉謙兄攜返台北贈貽，個人接奉此書，心中十分感動，四年來一直想為此書的版本、流傳做一概括的描寫，以補《類篇研究》不足之處，今欣逢　伯元師六秩華誕，因撰本文為吾　師祝嘏。

二、版本考述

　　據本書扉頁清徐乃昌的題記載有：「汲古閣毛氏精景寫宋本」一語，就可以知道這個版本的大致情形了。不過我們從書上鈐有毛晉的藏書印記，便可以得到進一步的證明。在卷首第一頁「類篇序」，與各卷「類篇卷第□上　卷之□」的題下，均各鈐有「毛晉之印」、「毛氏子晉」或「汲古主人」之陽文篆字方印，不過「毛晉之印」與「毛氏子晉」各有兩方，一方的行款是由右至左，一方是由左至右，其

餘方印都是由右至左。由左至右的方印只出現在「類篇卷第一上　卷之一」題下，另外，「汲古主人」這方印，也只出現在「類篇卷第九中　卷之二十五」題下。這個「汲古主人」正是毛晉，考《同治蘇州府志》云：

> （毛晉）前後積至八萬四千冊，構汲古閣、目耕樓以庋之。

而在每卷首的欄外右上，也都鈐有「宋本」的橢圓形陽文印章，與「希世之珍」的陽文方印，據清葉德輝《書林清話》說：

> 毛氏於宋元刊本之精者，以「宋本」、「元本」橢圓式印別之，又以「甲」字鈐於首。（註四）

至於「精景寫宋本」一事，明代藏書家以抄書擴充其藏書的情形頗為盛行，而毛晉的抄本，最為後人所稱善珍貴，有「毛抄」之稱，據葉德輝《書林清話》描述毛晉是「家蓄奴婢二千指」，「入門僮僕盡鈔書」，（註五）而《天祿琳琅》也說：

> 毛晉藏宋本最多，其有世所罕見而藏諸他氏不能得者，則選善手以佳紙墨影鈔之，與刊本無異，名曰「影宋鈔」。（註六）

因此這個本子是毛晉的抄本，應該沒有疑義。

至於毛氏鑑定其所抄為宋本，大體上不能說不可以，因為從宋蘇轍的〈類篇序〉裡，曾經三次提及「詔」字而另起一行平檯，以尊崇帝命，就可知道其刊刻應在宋朝。再者，從版式方面來看，該書版上下為寬單邊，左右為內細外寬的雙邊，書版框高二四〇毫米、半葉寬一八〇毫米，（註七）每行大字多為十六字，偶有十五或十七字的情形，小字則多為二十字。版心屬細黑口，無魚尾，上載有書名、卷目、頁數、刻工姓名，這些形式，大抵與宋版的情形無異，（註八）雖然這些描寫都是根據毛晉的抄本來推斷它的底本，但是毛晉抄本一向以精景「與刊本無異」著稱，從版式推論，理論上應該可以成立。再者從避諱上也可以推知，全帙基本上是不避宋諱，但也有偶然避諱的情形，

例如：卷一上「璃」下有「玄圭切」作「玄圭切」，卷一下有「薯」作「薯」，卷二上「唇」字下「驚也」、「驚聲」作「驚也」、「驚聲」，卷二下「距」字下「距躍」作「趾躍」，這些缺筆諱字，是避宋太祖「玄朗」、宋太祖祖父「敬」、宋太祖「匡胤」、英宗「曙」諸名諱，底本既是宋本，但照理「宋人避諱之例最嚴」，（註九）而且《類篇》爲官修字書，卻爲何大多不避宋諱，而只有偶爾避諱呢？這是頗值得推敲的問題。除此之外，我們還可以發現本書有些字是很嚴整的缺筆避諱，如旼、旻、玟避作旼、旲、玟；珉、瑉避作玟、瑉；晟、盛避作晟、盛；乘避作乗；雍避作雍；廱、雝避作廱、雝；堯、垚避作堯、垚；顯然這些都是在避金主的名諱，金太祖名「旻」、金太宗名「晟」、金世宗名「雍」，而金世宗以下則不再避諱，既然毛晉斷爲「宋本」，爲何避金主的諱呢？其實毛抄本的底本跟個人於《類篇研究》裡所論述的明項元汴景鈔金大定重校本的底本是相同的，個人比對二者在版式、避諱與內容上，幾乎是完全相同，只不過它們不是在同一個時間裡，由同一個抄手所抄得的。個人曾在《類篇研究》中論及這項元汴景鈔的底本，雖原是北宋刊本，但它之所以會避金諱卻又偶避宋諱，是緣於：

>……金於宋欽宗靖康年間，南下大掠汴京，取得此書書版，爾後印行時，見書中盡避宋諱，印之恐爲世所譏，於是重校之，……將書版中之宋諱除去，代以金諱，卻又除之未淨，故於景鈔本中，猶見避宋諱者也。（註一〇）

於是個人根據明楊士奇《文淵閣書目》與張萱《內閣藏書目錄》著錄作「大定重校類篇」，因此確定其底本爲金世宗大定重校本《類篇》，而由此可以知道同一底本的毛抄本，它避諱所以不一的緣由了。雖然毛氏鑑定其底本爲宋本，按理固無不可，然由於金人已據原版重新略作改易，其實稱爲金本，恐更接近事實，不過藏書家向來以聚藏宋本

爲珍爲傲，當然毛氏是不願意稱他所抄所藏爲金本。今項抄本藏於臺北故宮博物院，毛抄本藏於上海圖書館，二者我們可以同稱之爲「明景鈔金大定重校本」，不過基本上仍然有些岐異，在年代上，項抄本的時代較早，因爲項元汴生於嘉靖四年（1525），卒於萬曆十八年（1590），毛晉則生於萬曆二十六年（1598），卒於清順治十六年（1659），且二者都抄得十分精善，應該都可以稱得上「與刊本無異」，不過內容仍各都小有訛誤，（註一一）而在抄手的書寫風格上，項抄本筆畫較瘦，近柳體，毛抄本筆畫較稍肥，近顏體，所以我們稱項抄本爲《明項氏景鈔金大定重校本類篇》，毛抄本爲《明毛氏景鈔金大定重校本類篇》。

三、流傳初探

這本毛晉所景抄的《類篇》，在毛晉死後，家道中落的情況下，從汲古閣流出，其流傳的情形，本書扉頁徐乃昌題記有「怡府藏書，仲炤先生鑒藏秘籍」兩句簡略的說明。這裡的「怡府」指的是清宗室怡親王府，檢視本書卷首「類篇序」題下，確實有「怡府世寶」與「安樂堂藏書記」兩枚十分清晰的陽文印記，及一枚甚爲模糊而須仔細推求才能辨識的「明善堂覽書畫印記」陰文圖記。葉昌熾於《藏書紀事詩》裡，即明白指出這些都是怡親王府的藏書印記，（註一二）不過這個「怡親王」指的是誰呢？陸心源認爲是清聖祖康熙皇帝的第十三子，怡賢親王允祥，他甚至在〈宋槧婺州九經跋〉裡，還詳述了怡府藏書蒐羅散落的情形，他說：

> ……王（怡賢親王）爲聖祖仁皇帝之子。其藏書之所曰樂善堂，大樓九楹，積書皆滿。絳雲樓未火以前，其宋元精本大半爲毛子晉、錢遵王所得。毛、錢兩家散出，半歸徐健庵、季滄葦。徐、季之書，由何義門介紹，歸於怡府，乾隆中，《四庫》館

開，天下藏書家皆進呈，惟怡府之書未進，……怡府之書，藏
之百餘年，至端華以狂悖誅，而其書始散落人間。聊城楊學士
紹和，常熟翁叔平尚書，吳縣潘文勤，錢唐朱修伯宗丞得之爲
多。（註一三）

不過葉昌熾曾聽聞盛伯希的言語，而以爲怡府藏書，應該是從怡賢親
王的嗣子弘曉開始，陸心源存齋所說的，考證欠詳。（註一四）這事雖
還有待考證，但個人以爲陸心源的說法也未必不可信。再者，耿觀光
《明善堂集・序》也說怡親王府的藏書，「牙籤縹袠，充盈棟宇」，
他說：

及得游藏書所，牙籤縹袠，充盈棟宇，凡有關於世道人心及爲
諸經羽翼者，不下千百種，而文集、詩集尤爲鉅觀。永叔云：
「物聚於所好，好得於有力。」豈其然乎？（註一五）

總之，怡親王府在怡賢親王允祥或其子弘曉之時，藏書已是十分豐富，
並輾轉得到毛晉流散的部分藏書，包括所景鈔《類篇》，而加以鈐印
收藏這件事，應該是沒有疑問的。

若依陸心源的說法，此書在怡府庋藏了百餘年，至子孫端華以後
散落，據《清史稿校註》記載，咸豐十一年，文宗崩，怡親王載垣受
遺詔輔政，與「贊襄政務王大臣」鄭王端華因擅政，遭穆宗奪爵職，
按治賜死，（註一六）所以此書散落應在咸豐十一年（1861）以後。

咸豐十一年以後，此書的流傳，據潘景鄭先生的說法，應該曾經
朱學勤收藏，他在〈影宋鈔本類篇跋〉說：「上海圖書館藏有毛氏汲
古閣影宋鈔本，經藏朱氏結一廬」，個人雖未見本書上有任何關於朱
學勤的鈐印，但依前文所引陸心源〈宋槧婺州九經跋〉的敘述，說怡
府藏書後來有一部分轉到「錢唐朱修伯宗丞」的手裡，朱修伯也就是
朱學勤，咸豐癸未進士，曾官至宗人府丞，而丁申《武林藏書錄》也
載說：

> 仁和朱學勤⋯⋯怡邸散書之時，供職偶暇，日至廠肆，
> 搜獲古籍，日增月盛，編有《結一盧書目》。

因此，個人以爲潘氏之說，頗可探信。不過朱家藏書，在他的長子朱
澂過世之後，據繆荃孫《藝風堂藏書續記》說：「書亦盡歸張幼樵前
輩」，然而此書是否也轉落到張幼樵手裡，則尚待考證。

　再者，依據徐乃昌題記的說法，此書最後輾轉流落到「仲炤先生」
的手裡，這位「仲炤先生」目前尚考不出其爲何許人，不過由徐乃昌
以「先生」稱之看來，他可能是晚清時人，而與徐氏同時。而徐氏爲
此書寫了題記，並在「類篇卷第一上　卷之一」那一葉的欄外鈐上一
方「徐乃昌讀」的陽文印記，這不禁讓人聯想到，會不會徐乃昌也曾
收藏過本書呢？個人以爲沒有，因爲從題記的行款作：

　類篇四十五卷
　　汲古閣毛氏精景寫宋本
　怡府藏
仲炤先生鑒藏秘籍
　　南陵徐乃昌題記

「仲炤先生」一行的行款，較「汲古閣」、「怡府」爲高，而與《類
篇》齊，這便透露出仲炤與本書關係的訊息，且徐氏的藏書印章很多，
據《明清藏書家印鑒》與《近代藏書三十家·徐乃昌積學齋》的載錄，
除了「徐乃昌讀」之外，尚有「積餘秘笈識者寶之」、「南陵徐乃昌
刊誤鑑眞記」、「積學齋」、「積學齋徐乃昌藏書」、「南陵徐氏」、
「乃昌校讀」、「積學齋鎮庫」、「徐乃昌曝書記」、「南陵徐乃昌
校勘經籍記」、「南陵徐乃昌審定善本」等十個藏書印，（註一七）倘
若這樣名家精鈔的珍貴善本，爲徐氏這等近代的重要藏書家所得，相
信不會用「徐乃昌讀」這樣的印章，一定會愼選藏書章以爲標記。所
以徐氏應該沒有收藏過本書，這個題記、印記很可能是爲「仲炤先生」

鑒定而寫而鈐的。

四、與所見其他版本異文示例

　　毛鈔本的精善，與項鈔本可以說是不相上下，均有如刊刻一般，但由於底本的模糊缺漏，或在抄寫時的不慎疏忽，二者仍不免偶生訛誤，個人於《類篇研究》中，曾取項鈔本的目錄及卷七，來和曹刻本、四庫本、姚刻本諸本互校，因見項鈔本「盡善未盡美」的情形，今本文則僅取卷七來和所見其他版本再一次互相校讎，並列如下表，以推見毛鈔本善美的情形。

　　◎凡　例

　　1.以毛鈔本爲底本，其旁作「。」者，表示與他本有異。

　　2.作「々」者，表示與毛鈔本相同。

　　3.作「缺」者，表示無此字。

　　4.經校刊無訛的，則在其下標以「○」號，有訛失的，則在其下標以「×」號。

頁·背·數/面·行數	毛鈔本 正文	毛鈔本 正誤	項鈔本 正文	項鈔本 正誤	曹列本 正文	曹列本 正誤	四庫本 正文	四庫本 正誤	姚刻本 正文	姚刻本 正誤	備註
二·正·一	昏亦舌	○	昏亦作舌	○	々	○	昏亦作舌	○	々	○	
二·正·六	錫	×	々	×	錫	○	錫	○	錫	○	
二·正·六	从氏从是文四	○	々	○	一	×	々	○	一	×	
二·正·八	趏	×	々	×	趍	○	趍	○	趍	○	
三·正·五	傄	○	倦	○	々	○	々	○	々	○	按：傄與倦同
四·正·四	拘樓	×	摟	○	々	○	々	×	々	×	
四·背·六	吉酉切	○	々	○	々	○	古	○	々	○	《集韻》作吉酉切
四·背·七	重音三	○	々	○	二	×	々	○	二	×	
六·正·六	或不省文二	○	々	○	一	×	一	×	々	×	
六·正·七	衆言文三	○	々	○	々	○	々	○	（缺）	×	
六·背·二	慢訑㳒縱意	○	々	○	弛	○	弛	○	弛	○	《集韻》云㳒通弛
八·正·二	一曰讘也	○	々	○	讘	×	讘	×	讘	×	
八·背·五	讘讘拏也	○	々	○	拏	○	拏	○	拏	○	按：拏為拏的俗字
九·正·二	文一重音二	○	々	○	一	×	一	×	一	×	
九·正·四	或作詭諞文三	○	々	○	二	×	々	○	二	×	

九·背·六	又許巳切喜也又許訖切諦諦語也文一重音四	×	々	×	又許巳切喜也文一重音三	○	又許巳切喜也文一重音三	○	又許巳切喜也文一重音三	○	
九·背·七	（缺）	×	々	×	又許訖切諦諦語也	○	又許訖切諦諦語也	○	又許訖切諦諦語也	○	
九·背·七	重音四	×	々	×	五	○	五	○	五	○	
十·正·四	重音三	○	々	○	々	○	々	○	二	×	
十·正·五	盧九切	×	丸	○	々	×	々	○	々	×	
十·正·八	巧讒善言	○	讒巧	×	々	○	々	○	々	○	《集韻》作巧讒
士·正·二	言有所止	○	々	○	々	○	指	×	々	○	《集韻》作言有所止
士·背·三	持人短	○	々	○	持人短也	○	持人短也	○	持人短也	○	
士·背·四	重音三	○	々	○	一	×	々	○	一	×	
圭·正·一	重音一	×	々	×	二	○	々	×	々	○	
圭·背·四	說文訓也	×	々	×	訓	○	訓	○	訓	○	
圭·背·八	重音一	×	々	×	々	×	二	○	々	×	
古·背·四	譴讓挐也	○	々	○	挐	○	挐	○	挐	○	
古·背·五	重音五	×	々	×	々	×	六	○	々	×	
圭·正·一	不能誡于小民	×	々	×	丕	○	丕	○	丕	○	
夫·正·二	一曰褊也	×	々	×	々	×	褊	×	々	×	《集韻》作褊
夫·正·八	譩譩	×	譩	×	譩	○	譩	○	譩	○	
夫·背·一	或从臾	×	臾	×	臾	○	臾	○	臾	○	

夫·背·六	去偃切言言。	×	言言	×	言言	○	言言	○	言言	○	
夫·背·六	言語偃切言言。	×	々	×	言言言	○	言言言	○	言言言	○	
夫·背·八	眼戾也又口很切	×	眼	×	很	○	很	×	很	○	
圥·正·一	諛諛很皃。	○	々	○	狠	○	狠	○	狠	○	
圥·正·六	魚列切文一。	○	々	○	二	×	々	○	二	×	
圥·背·二	諡諲	×	諡諲	×	諡諲	○	諡諲	○	諡諲	○	
圥·背·三	仕下切	×	々	○	士	○	士	○	士	○	
六·背·一	調諂	×	々	×	譋	○	譋	○	譋	○	
六·背·二	認千弄切認調。	○	々	○	諗	○	諗	○	諗	○	
六·背·六	班麋切	○	々	○	々	○	廔	×	々		《集韻》作班麋切
六·背·六	重音二	○	々	○	々	○	々	○	一	×	
尢·正·四	怨也文一	×	々	×	怨也或作懟文一	○	怨也或作懟文一	○	也或作懟文一	○	
尢·正·八	側吏切言入也	○	々	○	忘	×	々	○	々	○	《集韻》作言入也
尢·背·四	諭兪成切	○	々	○	余	○	余	○	余	○	兪余同爲喻母字
卆·背·一	大史切	×	々	×	大吏	×	大吏	×	大吏	×	《集韻》作火夬切
卆·背·三	謂之呧	○	々	○	詆	×	詆	×	詆	×	《集韻》云呧或作詆
三·正·一	說文曉教也	○	說文頓曉教也	×	々	○	々	○	々	○	

位置	條目										備註
三三·正·一	而振切說文也	×	々	×	而振切說文頓也	○	而振切說文頓也	○	而振切說文頓也	○	
三三·正·二	爾軫切純也	×	々	×	鈍	○	鈍	○	鈍	○	《玉篇》云訒鈍也
三三·正·七	膚魚肝切	×	肝	○	々	×	々	×	々	×	膚同諺《集韻》諺，魚肝切
三三·背·七	論弋笑切	○	々	○	々	○	戈	×	々	○	
三三·背·七	譯巴校切 譔	×	々	×	譔	○	譔	○	譔		
三三·背·七	詻	×	々	×	詺	○	詺	○	詺	○	
三三·背·七	護	○	護	×	々	○	々		々		
三三·背·八	詶許六切 詶詶	×	誅	×	誅		誅		誅		
三四·正·五	無倫脊也	○	々	○	々	○	々	○	胥	×	
三四·背·三	罪相告訐也	○	々	○	々	○	々	○	許	×	
三四·背·七	博雅怒也	○	傅	×	々	○	々	○	々	○	
三五·背·七	激罄切	×	々	×	々	×	罄激		々	×	
三六·正·一	吉歷切	○	々	○	々	○	古	○	々	○	
三六·正·六	章盍切	○	々	○	々	○	合	×	々	○	
三六·背·二	阿東有狐	×	々	×	々	×	河	○	々	×	《漢書地理志》上云：狐讘爲河東郡二十四縣之一
三六·背·四	讘或从言	×	讘	○	讘	×	讘	○	讘	×	《集韻》：讘或从言

　　從上表裡面，我們可以清楚地看出，兩本明代的鈔本，大體上是一致的，而與清人的刻本或鈔本較不相同。就上表正誤的情形來看，似乎清刻、清鈔的版本反而較好些，不過手抄的四庫本與曹刻本與姚刻本相比較，應該是四庫本最好，尤其在數據上較正確，其次爲曹刻本，最差的是姚刻本，至於兩本明鈔本，雖然大體相同，但小有差異，如毛鈔本其正誤有時同於清本而異於項鈔本的情形，例如表中「拘攦」、「盧九切」、「巧讒善言」、「說文曉教也」、「詹魚肝切」、「謏」、「博雅怒也」諸條就是，而項鈔本的正誤很少有同於清本而異於毛鈔本的情形，由此看來，毛鈔本的正或訛，有時反而跟清本有一致性，這可能是毛鈔本保存了較多原刻本面貌的緣故，至於毛鈔或項鈔發生筆畫訛錯的情形，例如「謏謏」、「或从隻」、「去偓切言言」、「言，語偓切，言言」這幾條，毛鈔本項鈔本「謏」訛作「謨」「謨」；「隻」訛作「奞」「奞」；「言言」訛作「言言」「言言」，像這樣有可能是底本原本模糊不清，或筆畫繁複，迻鈔失確，再如明鈔本於「訢」字下云：「又許已切，喜也；又許訖切，譆譆，語也，文一重音四。」清本均作「又許已切，喜也，文一重音三。」而移「又許訖切，譆譆，語也」於「譆」字下，考「譆」《廣雅》卷六正作「譆譆，語也」，清本是而明鈔本非，再如在「訒」下「而振切，說文頓也」，明鈔本作「而振切，說文　也」缺「頓」字而清本不缺，諸如此類，都顯示明鈔本所據底本與清鈔、清刻的底本不同，而明鈔所據爲金大定本，在當時可能已有訛誤或殘缺不全的情形，造成毛鈔本雖鈔得「與刊本無異」，卻如同項鈔本「盡善未盡美」，不免可惜，不過由上看來，個人以爲毛鈔本可能還要比項鈔本稍好一些。

五、結　語

　　個人撰寫此文，由於是根據上海古籍出版社影印的本子，並沒有

看見原書，且該書卷帙繁浩，無法從頭到尾校讎比對一遍，而初探版
本的流傳，有些地方實在還有待深入考證，不過本文的論述，應該可
以稍微補苴《類篇研究》論析版本不足的地方。

【附註】

註　一　　參見拙作《類篇研究》頁三五～六九。

註　二　　今日得見該書，其版面約爲原本的四分之三，也是縮景本。

註　三　　這個縮印本比起原本就小得多了，約爲原本的四分之一強，每頁縮
　　　　　印了原本的兩葉板。

註　四　　參見《書林清話》卷七，頁一九三。

註　五　　參見《書林清話》卷七，頁一九一～一九三。

註　六　　參見葉昌熾《藏書紀事詩》卷三，頁三〇九所引。

註　七　　此數字係依據古籍出版社影印本扉頁所載。

註　八　　參見李清志《古書版本鑑定研究》頁八。

註　九　　參見陳垣《史諱舉例》頁一五三。

註一〇　　參見拙作《類篇研究》頁四二。

註一一　參見本文第四小節的論述。

註一二　參見同註六，卷四，頁三三四。

註一三　參見同註六，卷四，頁三三三所引。

註一四　參見同註六，卷四，頁三三三。

註一五　參見同註六，卷四，頁三三四～三三五附今人王欣夫《補正》所引。

註一六　參見《清史稿校註》十冊，頁七八三七。

註一七　參見林申清《明清藏書家印鑑》頁二〇四，蘇精《近代藏書三十家》
　　　　　頁七七～八〇。

參考書目

孔仲溫

　　1987，《類篇研究》，學生書局，台北。

王念孫　　1796，《廣雅疏證》，1978，香港中文大學，香港。

司馬光等主編

　　1066，《類篇》，1984，上海古籍出版社印明毛晉景鈔金大定重校本（線
　　裝本），上海；1988，上海古籍出版社印明毛晉景鈔金大定重校本（精裝
　　本），上海；故宮博物院藏明項元汴景鈔金大定重校本，台北；京都大學
　　人文科學研究所藏清康熙楝亭音韻五種本（微卷），日本；1983，商務印
　　書館印文淵閣四庫全書本，台北；1984，中華書局印清光緒姚刻三韻本，
　　北京。

李清志

　　1986，《古書版本鑑定研究》，文史哲出版社，台北。

林申清

　　1989，《明清藏書家印鑑》，上海書店。

國史館

　　1988，《清史稿校證》，國史館，台北。

陳　垣

　　1974，《史諱舉例》，文史哲出版社，台北。

葉昌熾撰‧王欣夫補正

　　1891，《藏書紀事詩‧附補正》，1989，上海古籍出版社，上海。

葉德輝

　　1911，《書林清話》，1983，世界書局，台北。

蘇精

　　1983，《近代藏書三十家》，傳記文學出版社，台北。

從音理上看塞音Ｔ與塞擦音ＴＳ 之諧聲關係

金鐘讚

金鐘讚：大韓民國慶尚北道浦項人，生於西元一九五七年。成均館大學文學士、韓國外國語大學文學碩士、國立臺灣師範大學文學碩士、國立師範大學文學博士。著有《高本漢複聲母擬音法之商榷》、《許慎說文會意字與形聲字歸之原則研究》。現任國立安東大學中文系教授。

論文提要：何大安先生認為ＴＳ具有粗擦音Ｓ而很少與Ｔ發生諧聲關係。然而，這個看法不夠精確。個人注意到複合聲母與元音接觸之關係，因而斷定在在Tsa中與元音直接接觸之聲母具有粗擦音s，故Tsa很少跟Ta發生諧聲。

一

高本漢曾經把上古聲母擬成一個系統，他先規定了十多條諧聲通轉的條例，然後再推求古聲母的音值。現在先介紹他的諧聲條例（註一）。

①舌部的破裂音端透定自由交替。

②齒部的破裂摩擦音精清從跟摩擦音心邪自由交替。

③「捲舌的」破裂摩擦音照穿二等跟摩擦音審二等自由交替。

④齶部的破裂音知徹澄自由交替。

⑤端透定跟精清從心邪不自由交替。例外相當的少。（案定跟邪的
　通轉是常規，不是例外。）

⑥精清從心邪跟照穿牀審二等自由交替。（案邪跟照穿牀審二等很少通轉。）

⑦齶部的破裂摩擦音照穿牀三等跟摩擦音禪自由交替。

⑧審三跟照穿牀禪三等例不交替。（案審三跟照三穿三常相通轉。審三也有跟牀三、禪三來往。）

⑨精清從心邪與照穿牀審二等兩組都跟照穿牀審三等不交替。（案邪跟牀三通轉是常規。）

⑩端透定不但跟知徹澄自由交替，跟照穿牀禪三等也是如此。

根據一般人的研究結果（註二），諧聲字與其聲符不必一定同音，但要很近，才可以發生諧聲。高本漢在他的第⑤條中認爲「端透定跟精清從心邪不自由交替。例外相當的少。」。但定與邪的通轉實際上是常規，不能算例外，至於其他的端系字與精系字可以說他的觀察是有道理的。問題是端系字與精系字其聲母都屬於舌尖音聲母，如果就其發音部位來講，這兩者很接近，但它們很少發生諧聲。對這種情形，在未做任何判斷之前，先參看一下譯音情形。

高本漢說（註三）：

首先，日文的譯音很奇怪。古日文是根本沒有塞擦音的 ts- 類。所以在舌頭音的一列，它就把精ts- 清ts'- 對作 s-（17行吳音：精[sei]，左[sa]，宗[sou]，酒[siu]，18行：清[sei]，草 [sau]，寸 [sou]，取 [siyu]），但塞音 t-，t'-，則自然還譯作塞音。（5行端 [tan]，多 [ta]，了 [tiyau]，當 [tau]；6行：透 [tou]，土 [to]，湯 [tau]，體 [tei]）

高本漢的意思是古日文根本沒有塞擦意 ts- 類，故用 s-來譯那些塞擦音。如果我們試查《漢日辭典》（註四）的「さの部」之情況就知道日人一律用 s（或 z）來對譯塞擦音 ts-類。由此可見，高氏的說法完全合乎日語實際情況，故史存直先生（註五）也說：

齒頭音聲母『精清從心邪』和正齒音聲母『照穿床審禪』古代
日本人都是用他們的サ行音（案即　sa、si、su、se、so）或ザ
行音（案即 za、zi、zu、ze、zo）來對當的。

　　我們注意到這種情況並不只限於語，中國少數民族的漢語借詞也有
類似的現象（註六），例如：

　　　布朗語　　　　：政治→[tse si]（註七）
　　　保安語　　　：白菜→[b is i]
　　　錫伯語　　　：鋪子→[pus]
　　　阿眉斯語　　：菜頭→[sajt'aw]
　　　塔吉克語　　：菜　→[sei]
　　　鄂溫克語　　：汽車→[ʃ i ʃ ə]
　　　塔塔爾語　　：清茶→[simt ʃ ɛ j]
　　　柯爾克孜語：菜　→[sei]
　　　西部裕固語：寸　→[sei]

在這些語言的借詞中，幾乎沒有一例是以 T 類塞音代替 TS 類塞擦音
的，但往往用擦音來對當塞擦音。簡言之，塞擦音與擦音往往發生混
淆，但塞音與塞擦音沒有混淆。

　　從上面的這些情況中我們得到一個啓示，即塞音與擦音／塞擦音
之間會有明顯的差異，但塞擦音與擦音在音理上有類似之處。不然的
話，塞擦音怎麼會只跟擦音發生關係而不跟塞音發生關係呢？因此，
何大安先生（註八）說：

　　　關鍵在（17）多出的ts、tʃ’、s。ts、ts’、s都是舌尖塞擦音或
　　　擦音，雖然發音部位和 t、t’、h、—相近，但在漢語裏，在許
　　　多地方都有自成一類的傾向。用傳統的說法，它們是齒頭音。
　　　用徵性來區別，就是〔十粗擦音〕（strident）。

　　由此可見T與S／TS的發音部位雖然很近，但在音理上卻顯然不同，故

很少發生諧聲。何大安先生注意到這種現象，就斷定這是因爲精系字TS具有粗擦音 S的關係。對於何先生的這種見解，留待以後再做深究。下面先探討與端、精系字有關之複聲母現象。

二

高本漢在一九二三年出版的《漢語與漢日語分析字典》（Analytic Dictionary of Chinese and Sino-Japanese）自序中，曾以中古音爲標準再根據諧聲字來構擬上古音。他把上古聲母擬成一個系統，規定了十多條諧聲通轉的條例，然後再推求他的三十三個單聲母。再根據一批諧聲現象，又進而詩論其中可能存在的複聲母型式，例如：kl、k'l、gl、g'l、pl、p'l、bl、t'l、ml、ŋl、sl、sl、xl、sn、s̄n、t'n、xm。其實依照高本漢的原則去發現上古複聲母，遠遠不止此十七種。高氏所承認的諧聲偏旁，應該擬測爲複聲母者，而高氏撇開不講的不勝枚舉（註九）。端系與精系字之諧聲關係就是其中之一例。

　　在端系字與精系字之諧聲問題上，比較出名的是李方桂先生。他注意到這種現象，故提出ST類型之複聲母。李方桂先生除了二等的介音r外，他的複聲母討論大部分著力於s-詞頭的研究。 中古的心母s-與審二ṣ（＜ *s-）跟別的聲母諧聲的例子很多·因此李方桂先生（註一○）說：

> 心母字普通跟精系或照系二等的字諧聲（上古都是舌尖塞擦音或擦音），從這些例子看起來，他差不多可以跟各種的聲母的字諧聲，這是不合乎一般的諧聲條例的。這些字顯然是從複聲母來的。
>
> 高本漢等已經擬有sl、sn等複聲母，我覺得也該有st、sk等複聲母，這個 s可以算是一個詞頭Prefix，也因此在上古漢語的構詞學裏將要佔很重要的位置，與漢語有關係的藏語就很明顯的

有個s-詞頭。

李方桂先生在他一九七六年的論文裏，對這個*s- 詞頭有了修正的看法。他重新考慮了跟舌根音諧聲的照三、穿三、審三等字，然後提出意見說：

> 我們曾經擬了一個 s詞頭來解釋切韻的心母字跟各種聲母諧聲的字。同時也有些照三、穿三、床三、審三等的字牽連在內。現在覺得實在這些字跟s 詞頭無關。從s詞頭來的字只有切韻的齒音字，s、ts'（少數）、dz（少數）、z等母的字。（註一一）

總之，李方桂先生的複聲母學說十之八九是談*s-詞頭的，在一九七一年，他設計了一個龐大的帶*s-的舌根聲母，一九七六年覺得不妥，把它的範圍縮小了，帶*s-的複聲母只限於中古的齒頭音。就端系字與精系字之諧聲關係來講，其演變規律應是如下：

①*ST＞S （中古之心母字）

　*T＞T （中古之泥母字不包括在內）

②*ST＞ST（中古之邪、心母不包括在內）

　*T＞T （中古之泥母字不包括在內）

以上簡略地介紹了李方桂先生的帶 *S-詞頭的複聲母，但具中有如下的問題，例如：

①李先生強調漢藏語是有同源關係，但在古藏語的sn、sm、st、sk、sp等複聲母中詞頭*S-（李先生認為是詞頭）在現代大多數藏語方言中通通消失，而詞根輔音（即n、m、t、k、p等）卻保留，則何以在漢語中詞根輔音T消失而詞頭*S-反而保留呢？

②端系字與精系字（案邪、心母字暫且不包括在內）諧聲時，李先生分別給它們擬*T與*ST，然後說明*ST與TS，雖然*ST與TS具有同樣的T與S，但位置相反，則何以在漢語中一定發生換位作用呢？（案李方桂先生的這兩個問題超出本論

　　　　文之範圍，故不去詩論此問題而只探討其擬音之音理。）

　　李方桂先生的擬音雖然有上述之兩種問題，但也有值得注意之處。有不少人擬複聲母時，　認爲只要有一個共同的聲母就可以發生諧聲。在這些人看來ST與T當然可以諧聲，同樣S與ST也可以發生諧聲。但李方桂先生主張ST與T才可以發生諧聲。

　　在前一節中何大安先生主張精系字因爲具有粗擦音S所以不能跟端系字發生諧聲。現在問題來了。在李方桂先生的複聲母系統中*ST具有粗擦音S而與T發生諧聲。對於這種情形，我們可以考慮兩種可能性，例如：

　　　①端系字T與精系字TS之諧聲是一回事，李先生的ST複聲母與
　　　　　T之諧聲是另一回事。我們不應該把這兩種類型混爲一談。

　　　②何大安先生的見解本身不周延，端系字　T與精系字TS之諧聲
　　　　　問題不完全與粗擦音S有關係。

對於這一點，我們若只從聲母之現象去考察這一問題，則很難提出什麼見解。故下面探討聲母與元音之間的關係，說不定能夠從這裏得到線索。

　　　三

　　現在參看一下語音響度比較表（註一二）：

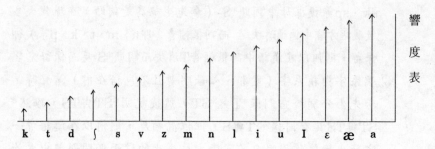

響度表

k　t　d　ʃ　s　v　z　m　n　l　i　u　I　ɛ　æ　a

　　塞音的響度特別小，我們單獨發p、t、k 時不容易分辨出是P、是T，還是K，但如果在P、T、K 後面加個元音，就容易分辨出的P還是T。因此，何大安先生在他的《聲韻學中的觀念和方法》（註一三）中說：

> 不過要注意，人們用來充作『語音』訊號的，並不完全是帶音的音。有相當多的音是『不帶音』（voiceless）的，這類音又叫作『清音』或『無聲音』。例如注音符號ㄅ、ㄆ、ㄉ、ㄊ、ㄍ、ㄎ、ㄏ的開頭部分，以及英語音標中的p、t、k等。發這些音的時候，聲門是開著的：氣流通過，聲帶不顫動。既然不動，因此這些音是發不出聲，也聽不見的。我們覺得ㄅ、ㄆ、ㄉ、ㄊ、ㄍ、ㄎ、ㄏ、p、t、k似乎有音可尋，那是在後面附加了帶音的元音[ə]的緣故。」

由此可見，塞音與擦音本身的響度不怎麼大，但可以靠元音[ə]發出響亮的聲音。

　　現在回過頭來考察一下李方桂先生的STa與Ta（案暫且假設STa與Ta之後面帶有元音a。）。塞音T的響度很低，但因為受到元音a的影響而發出響亮的聲音，至於 STa中之S，它不能直接接觸元音a，故發不出響亮的音。這一點能夠證明STa在音理上與Ta很近。現在的問題是我們能不能用這種觀點去解釋塞音T與塞擦音TS之諧聲問題？

　　趙元任先生在他的《語言問題》（註一四）中說：

> 還有[tʂə，tʂə]這類的輔音也是複合輔音。在發音方法上，[tə]是舌尖塞音，[sə]是舌尖摩擦音，它的複合性也可以用實驗來證明；比方[tsa]倒過來不是[ats]而是[ast]……現在從純粹語音學的觀點看起來，凡是在時間上有覺得出來的變化的口內，都算是複合音。」

這TS與單純聲母T或S有所不同。複合聲母TS不可能不帶元音，而這

元音不可能直接接觸TS聲母中之T音而只能接觸S音。

塞音Ta與塞擦音TSa跟李方桂先生的STa與Ta具有相似之處。個人以爲我們可以用兩種觀點來解釋這兩種類型。但我們若能用一個觀點來解釋這兩種類型，則這是更好的。

STa與TSa都具有S與T，但在它們中與元音直接接觸的聲母之徵性有所不同。因爲在STa中與元音a 直接接觸之聲母是T，所以STa在音理上與Ta很近。在TSa中因爲與元音a直接接觸之聲母是s（＋粗擦音），故 TSa在音理上與Ta有一段距離。何大安先生認爲TS具有粗擦音S而很少與T發生關係，然而，這個看法仍不夠精確。個人卻注意到複合聲母與元音接觸之關係， 因而斷定在TSa中與元音直接接觸之聲母具有粗擦音S，故TSa很少跟Ta發生諧聲。

【附註】

註　一　參見陸志韋先生著《陸志韋語言學著作集》(一)頁240，中華書局，1985，5。

註　二　參見竺家寧先生著《古漢語複聲母研究》 頁2， 中國文化大學博士論文，1981，7。

註　三　參見高本漢先生著《中國聲韻學大綱》 頁16， 中華叢書編審委員會，1972，2。

註　四　參見金東生、武田欣三合編《標準日華辭典》 頁161 ，台南北一出版社，1975，3。

註　五　參見史存直先生著〈日譯、吳音的還原問題〉《音韻學研究》第二輯，頁177，中華書局，1986，7。

註　六　參見《中國少數民族語言簡志叢書》，北京民族出版社。

註　七　幹部、青年人把「政治」讀成[tseŋʃi]老年人、婦女把「政治」讀成 [tɕe tɕi]。

註　八　參見何大安先生著《規律與方向》頁25，中央研究院歷史語言研究所，1988，6。

註　九　參見王力先生著《漢語語音史》頁25，中國社會科學出版社，1985，5。

註一〇　參見李方桂先生著《上古音研究》頁25，商務印書館，1980，7。

註一一　在諧聲現象中也有ts，請參看竺家寧先生的《聲韻學》頁65，　五南圖書出版公司，1991，7。

註一二　參見何大安先生著《聲韻學中的觀念和方法》頁57，大安出版社，1987，12。

註一三　參見何大安先生著《聲韻學中的觀念和方法》頁18，大安出版社，1987，12。

註一四　參見趙元任先生著《語言問題》頁17，臺灣商務印書館，1982，8。

從黃季剛先生「古無上聲說」論古聲調

柯淑齡

——余生也駑鈍，久荷裁成，師恩浩蕩。欣逢
吾師六秩華誕，謹以此文恭祝 吾師嵩壽——

一、前　言

　　古音學家論及古聲調者，始於宋朝吳棫（才老）「四聲互用」之
說（註一），以為字有四聲，皆可互轉。其後程迥（可久）論「三聲
通用」、「雙聲互用」（註二），然吳說疏略，程書已佚，莫得其詳。
明朝陳第（季立）出，有「四聲之辨，古人未有」之看法，其《讀詩
拙言》云：

　　　四聲之辨，古人未有，中原音韻，此類實多。舊音必以平叶平，
　　　仄叶仄也，無亦以今而泥古乎？總之，《毛詩》之韻，動於天
　　　機，天費雕刻，難與後世同日論矣。

又於《毛詩古音考》卷一「怒」字下云：

　　　四聲之說起于後世，古人之詩，取其可歌可詠，豈屑屑豪氂若
　　　經生為耶？且上、去二音亦輕重之間耳。

陳氏僅謂古詩押韻「平」、「仄」可通，未嚴於聲調之辨耳，並未如
江有誥所云「陳季立謂古無四聲」（註三），由《毛詩古音考》所收四
百多字中，每云「古平聲」、「古上聲」、「古去聲」、「音某音某」
等語，及卷一「事」字下云：「古聲上，今聲去，亦幾希之間。」及
「怒」字下云：「且上、去二音，亦輕重之間耳。」可見陳第知古有
四聲，惟其間差異甚小，古人為詩平仄可協，不特為之辨也。

　　有清一代，學者輩出，對古聲調之看法不一。顧炎武（亭林）從古詩用韻而以爲古人雖有四聲，然可以互用。顧氏云：

　　　四聲之論，雖起於江左，然古人之詩，已自有遲疾輕重之分，故平多韻平，仄多韻仄，亦有不盡然者，而上或轉爲平去，或轉爲平入，入或轉爲平上去，則在歌者之抑揚高下而已。故四聲可以并用。（註四）

又云：

　　　古之爲詩，主乎音者也，江左諸公之爲詩，主乎文者也，文者一定而難移，音者無方而易轉，夫不過喉舌之間，疾徐之頃而已，諧於音順於耳矣，故或平或仄，時措之宜而無所窒礙，〈角弓〉之反、上，〈賓筵〉之反、平，〈桃夭〉之室、入，〈東山〉之室、去，惟其時也。〈大東〉一篇兩言「來」，而前韻「疚」，後韻「服」。〈離騷〉一篇兩言「索」，而前韻「妬」，後韻「迫」，惟其當也。有定之四聲，以同天下之文，無定之四聲，以協天下之律，聖人之所以和順于道德而理于義，非達天德者，其孰能知之？（註五）

或有謂顧氏「古人四聲一貫」說無四聲之分，其實非也，顧氏以爲古有四聲，故持韻「平」、「仄」多分協，間有「平」、「仄」混用者，古人爲詩求其協音順耳，乃其時措之宜而已。

　　江永（愼修）承顧氏之後，主張四聲可通用，江氏云：

　　　四聲雖起於江左，按之實有四聲，不容增減，此後人補前人未備之一端，平自韻平，上、去、入自韻上、去、入者，恆也。亦有一章兩聲或三、四聲者，隨其聲諷誦詠歌，亦自諧適，不必皆出一聲，如後人詩餘歌曲，正以雜用四聲爲節奏，詩韻何獨不然，前人讀韻大拘，必強紐爲一聲，遇字音之不可變者，以強紐失其本音，顧氏始去此病，各以本聲讀之，不獨詩當然，

> 凡古人有韻之文，皆如此讀，可省無數糾紛，而字亦得守其本
> 音，善之尤者也。（註六）

江氏以為古之「平」、「入」當各有其本音，古人用韻則四聲雜用，
可能亦為輕重抑揚未若後世之明所致。從其《古韻標準》四聲分卷之
事實，主張古有四聲，昭然可見。顧、江二氏之後，戴震《聲韻考》、
錢大昕《潛研堂集・音韻答問》、張成孫〈說文諧聲譜序〉諸論，亦
均以為四聲之名古雖未有而輕重緩急之理則固已區別，緩而輕者平與
上，重而急者去與入。

　　江有誥（晉三）初謂古無四聲，後撰《唐韻四聲正》，以為古有
四聲，惟古人所讀與後人不同而已。其〈再寄王石臞先生書〉云：

> 有誥初見亦謂古無四聲，說載初刻凡例，至今反復紬繹，始知
> 古人實有四聲，特古人所讀之聲，與後人不同。（註七）

王石臞復書有謂「與鄙見幾如桴鼓相應」（註八）之言，是王念孫（石
臞）晚年已贊成古有四聲之論。其後劉逢祿（申受）《詩聲衍・條例》
中〈論古有四聲辨孔氏古無入聲之誤〉及〈論長言短言重讀輕讀辨段
氏古無去聲之誤〉二文，推定古有四聲。夏燮撰《述韻》，詳闡古有
四聲之旨，其言曰：「三百篇、群經、有韻之文，四聲具備，分用畫
然。」又云：「大氐後人多以唐韻之四聲求古人，故多不合，因其不
合，而遂疑古無四聲，非通論也。」（註九）撰〈詩四聲分韻舉例〉以
示古人於四聲之區分畫然。

　　首先提出不同於「古四聲說」者為段玉裁（懋堂），段氏審音精
微，論古聲調有獨到之見解，嘗以為古今聲調本自有別，云：「古四
聲不同今韻，猶古本音不同今韻。」（註一〇），謂古聲調分兩類，又
進而有「古無去聲說」，段氏云：「古平、上為一類，去、入為一類，
上與平一也，去與入一也。上聲備於三百篇，去聲備於魏、晉。」（註
一一）說明「去」聲主要乃由「入」聲變來，云：「

考周、秦、漢初之文，有平、上、入而無去，洎乎魏晉，上、入聲多轉而爲去聲，平聲多轉而爲仄聲，於是乎四聲大備。（註一二）

又云：

古四聲之道有二無四，二者平、入也，平稍揚之則爲上，入稍重之則爲去，故平上一類也，去入一類也，抑之揚之舒之促之，順逆交遞而四聲成，古者創爲文字，因乎人之語言爲之音讀，曰平上曰去入，一陽一陰之謂道也。（註一三）

段氏〈詩經韻分十七部表〉、〈群經韻分十七部表〉中，每部均無「去」聲韻，今韻之「去」聲，不併於「入」聲，則入於「上」聲。（註一四）

孔廣森《詩聲類序》中論古聲調，其舉證之材料與段氏相同，而結論卻恰與段氏相反，檢閱《詩》、《騷》及秦、漢有韻之文，而謂「入」聲創自江左，堅信古無「入」聲。（註一五）孔氏之前熊士伯亦主古無「入」聲，與孔氏同時之江沅於〈說文解字音均表弁言〉亦曰：「古音有去無入，平輕去重，平引成上，去促成入，上、入之字少於平、去，職是故耳，北人語言，入皆成去，古音所沿，至今猶舊。」

餘杭章太炎（炳麟）先生本諸段氏「古四聲之道有二無四」（註一六），遂謂「古平上韻與去入韻塹截兩分，平上韻無去入，去入韻亦無平上。」（註一七），蘄春黃季剛（侃）先生承段、章之緒，而創「古無上聲，惟有平、入而已。」之論。

二、黃季剛先生「古無上聲說」

黃季剛先生既承太炎先生「平上、去入兩分」之說，復探段玉裁「古無去聲」之論，新創「古無上聲」之主張，斷定「古聲惟平、入而已。」季剛先生曰：

四聲,古無去聲,段君所說,今更知古無上聲,惟有平、入而已。(註一八)

至於古音「平」、「入」何以後世得變爲四聲,則云:

> 古聲但有陰聲、陽聲、入聲三類,陰、陽聲,皆平也,其後入聲少變而爲去,平聲少變而爲上,故成四聲。(四聲成就甚遲,晉、宋間人詩,尚去、入通押。)近世段君始明古無去聲,然儒者尚多執古有四聲之說,其證明古止二聲者,亦近日事也。
>
> (註一九)

又云:

> 凡聲有輕、重,古聲惟二類:曰平、曰入。今聲分四類:重於平曰上;輕於入曰去。(註二○)

季剛先生對段氏只去「去」聲,而不去「上」聲,則曰:

> 段懋堂《六書音均表》去「去」聲而不去「上」聲者,一則以《詩經》今之「上」聲連用者多,故不敢下斷語,一則以《詩經》韻例,尚未細密。(註二一)

遂亦詳考《詩經》押韻情形,發現《詩經》用韻,雖有「上」聲獨用之例,然參以通韻之章,則「上」聲與「平」聲韻者十之六、七,與「去」聲韻者十之二、三,與「入」聲及「上」聲自韻者少,創「古無上聲說」,其〈詩音上作平證〉一文如后:

> 詩音上作平證——辛未四月丙戌望作(「上」聲字規誌其上)
>
> 沚之事(采蘩)昴裯猶(小星)苞誘(野有死麕)舟流憂酒遊(柏舟)諸土處顧(日月)菲體違死(谷風)遲違逭畿薺弟(同上)我我我爲何(北門兩見)唐鄉姜上(桑中)虛楚(定之方中)旆都組五予(干旄)子尤思之(載馳)間咺諼(淇奧)簀耽(氓)隕貧(同上)湯裳爽行(同上)淇思之右母(竹竿二章通韻)廣杭望(河廣)期哉塒矣來思(君子于役)蒲許(

揚之水）翠造憂覺（兔爰）子里杞之母（將仲子）手翯好（遵
大路）洧思士（褰裳）溥婉願（野有蔓草）唯歸水（敝笱）湯
彭蕩翔（載驅）哉其矣之之思（園有桃兩見）子已哉止岵母（
陟岵二章通韻）弟偕死（同上）皓繡鵲憂（揚之水）采已涘之
右之沚（蒹葭）有梅止裘哉（終南）湯上望（宛丘）之之已矣
梅止之（墓門二章通韻）楚華家（隰有萇楚）梅子絲絲騏（鳲
鳩）火衣（七月兩見）瓜壺苴樗夫圃稼（同上兩章通韻）霜場
饗羊堂觥疆（同上）雨土戶予据荼租瘏家（鴟鴞二章通韻）駿
諗（四牡）韡弟威懷（常棣二章通韻）阪衍踐遠愆（伐木）享
嘗王疆（天保）郊旐旄（出車）偕遹（杕杜）旨偕（魚麗）有
時（同上）臺萊子基子期（南山有臺）瀼光爽忘（蓼蕭）藏覒
饗（彤弓）釃猶醜（采芑）父牙居（祈父）野樗故居家（我行
其野）嚴瞻惔談斬監（節南山）師氏毗維迷師（同上）定生甯
醒成政姓領騁（同上二章通韻）酒殽（正月）交卯醜（十月之
交）時謀萊矣（同上）訛哀違依底（小旻）猶集咎道（同上）
止否謀（同上）且辜幠（巧言）盟長（同上）伊幾（同上）丘
子詩子之（巷伯）蔑死萎怨（谷風）子來子服子裘子試（大東）
冥潁（無將大車）離重（同上）子息直之福（小明）踖羊嘗享
將祊明皇饗慶疆（楚茨）盧瓜菹祖祜（信南山）享明皇疆（同
上）穉火萋祁私穉穧穗利（大田二章通韻）左宜（裳裳者華）
扈羽胥祜（桑扈）上柄臧（頍弁）仰行（車舝）旨偕（賓之初
筵）反幡遷僊（同上）股下紓予（采菽）反遠遠然（角弓二章
通韻）駒後驅取（同上）阜濿（白華）虎野夫暇（何草不黃）
時右己子（文王二章通韻）上王方商京行王王（大明三章通韻）
飴謀龜時茲止右理敬事（綿二章通韻）屏平（皇矣句上韻）芑
仕謀子哉（文王有聲）道草茂芭褎秀好（生民）時祀悔（同上）

句鍭樹悔主醻斗耇（行葦二章通韻）時子（既醉）原繁宣歎嬾原（公劉）依濟几依（同上）茲饎子母（泂酌）板癉然遠管亶遠諫（板）賊則李子絲基（抑二章通韻）子否之事之耳子（同上）子止謀悔國忒德棘（同上）翩泯爐頻（桑柔）將往競梗（同上）伯馬居土（崧高）茹吐甫茹吐裹舉舉圖舉助補祖（烝民三章連韻）祖屠壺魚蒲車且胥（韓奕）土訏甫嘆虎居譽（同上）首休考壽（江漢）引頻（召旻二章連韻）里里哉舊（同上）典禋（維清）方饗（我將）秩醴姚禮皆（豐年）王章陽央鶬光享（載見）之思哉士茲子止（敬之）耘畛（載芟）止之思思（費）馬野者騢魚祛邪徂（駉）水芹旂（泮水）林黮音琛金（同上）武緒野虞女旅父魯宇輔（閟宮二章通韻）與鼓祖假（那）疆衡鶬享將康穰饗嘗將（烈祖）河宜何（玄鳥）共厖龍勇動竦總（長發）鄉湯羌享王常（殷武）（註二二）

附：「上」作「平」表（註二三）

歌	有	青	有	豪	有
寒	有	模	有	冬	O
先	有	唐	有	咍	有
灰	有	侯	有	登	O
痕	有	東	有	覃	有
齊	有	蕭	有	添	有

從《詩經》韻而知「平」、「上」相韻，而何以必曰「詩音上作平」，「平作上」不亦可乎？季剛先生遂再從形聲諧聲偏旁考之，曰：

以偏旁言之，聲子、聲母全在上聲者絕稀，如子、孜，鄭讀子諒為慈良。采，古亦平，恔恔讀者猜。（註二四）

得以益信古無「上」聲，古惟「平」而後變為「上」矣。更進一步舉例證明「上」聲起於毛公之後，鄭玄之前，季剛先生云：

《詩·揚之水》：「揚之水，不流束蒲，彼其之子，不與我戍
許。」《傳》曰：「蒲草也。」《箋》云：「蒲、蒲柳也。」
《釋文》：「蒲如字，孫毓云，蒲草之聲，不與戍許相協，「
箋」義爲長。今二蒲之音，未詳其異耳。」《正義》：「首章言
薪，下言蒲楚，則蒲楚是薪之木名，不宜爲草，故「易傳」以
蒲爲柳。」案此孔氏不得其解而爲之詞，不如陸氏能闕疑矣。
薪即草也，何以知草不可爲薪？《左傳》「董澤之蒲」，此蒲
即柳。今韻蒲無「上」聲，漢師之音，爲韻書所無者多矣，觀
此可知蒲在前讀「平」無「上」，故訓爲蒲柳矣。（註二五）

上古聲調惟「平」、「入」二聲可知，先生又曰：

平聲音變者，至去聲而止，下不及於入聲，入聲音變者至上聲
而止，上不及于平聲，此音聲之大界，不期其然而然。（註二六）

謂古本音既分「平」、「入」，而後世音變亦絕不相通，其「平」、
「入」以聲母定之，先生云：

古本音爲平，雖上去入亦讀平者，如「持」，平聲字，從「寺」，「
寺」又從「之」，「之」亦平聲字。凡從「之聲」，雖今音爲
上、去、入、其古本音爲平也。古本音爲入，雖平、上、去亦
讀入者，如「謨」，平聲字，從「莫」，「莫」入聲字，凡從
「莫」聲之字，雖今音爲平、上、去，其古本音必爲入也。蓋
古本音之爲平爲入，以聲母定之。（註二七）

季剛先生〈詩音上作平證〉一文出，長沙楊樹達氏即持相反之議，
以爲「《詩》音平上，界畫截然，略不相紊。」，撰〈詩音有上聲說〉，
云：

〈大雅·公劉〉篇三章云：「京師之野，于時處處，于時盧旅，
于時言言，于時語語。」處處、盧旅，事類也。盧旅二文音義
全同，不同者，一平聲，一上聲耳。以上下文處處、言言、語

語句例證之，于時盧旅本當云於是盧盧，第以盧是平音，與上
文野、處下文之語不叶，記詩者欲令句韻整齊，故寧令上下文
句例參差，而用與盧同音同義之上聲旅字耳。藉令不爾，詩文
四句之中，獨於此句同義變文，讀者將何以解之。（註二八）
本師陳先生伯元（新雄）嘗評之曰：「實則楊氏此文並無新見，不過
依據段氏之說，而又另爲舉證明之而已。」（註二九）

　　此外，周祖謨氏更直斥季剛先生「古無上聲說」之誤，以爲「古
無上聲說」與《詩經》用韻不合，其〈古音有無上去二聲辨〉一文云：

　　段氏既謂古音無去矣，而近人黃季剛先生復倡古音無上之說，
　　亦以詩音及文字諧聲爲證。以爲詩經用韻上與平通叶者既多，
　　而文字之諧聲其聲子聲母全在上聲者又少，是今之上聲古皆讀
　　平無疑。而段若膺六書音均表所以無去而有上者，一則因詩經
　　上聲連用者多，一則段氏不明詩有數章連韻之例，（即孔廣森
　　所謂續韻例）。故未敢斷然定讞。實則黃氏之誤，正與段氏古
　　音無去之說相若。觀其《詩音上作平證》一文，（見黃永鎭古
　　韻學源流及文藝叢刊）。以詩中平上通韻之例爲古之本音，極
　　爲牽強。蓋詩中「上」聲分用者多，與他類合用者寡，以寡論
　　多，自不能洽理愜心。又況此雖與平相協，而今韻中與其同爲
　　「上」聲之字，尚有不與「平」相協者在，又焉能以其在今韻
　　爲同類，遂與前者係屬而不分乎？其誤所在，不必詳辨自明。
　　（註三〇）
季剛先生舉《詩·揚之水》章爲證，斷定「『上』聲初起於毛公之後、
鄭君之前」，周氏以爲不可信，周氏之言云：

　　其弟子黃永鎭又述其師之說：「黃氏更明上聲初起則在毛公之
　　後，鄭君之前。證明如次：詩·揚之水：『揚之水，不流束蒲，
　　彼其之子，不與我戍許』傳曰：『蒲，草也。』箋云：蒲，蒲

柳也。釋文：蒲，如字。孫毓云：蒲草之聲不與戌許相協，箋義爲長。今二蒲之音未詳其異耳。正義曰：（中略）。今韻蒲無上聲，漢師之音爲韻書所無者多矣。觀此可知蒲在前讀平無上，後讀上，故訓爲蒲柳矣。」此舉單文隻義以爲古音無上之證，實不可從。況此單文隻義，猶未盡然：案詩揚之水二章言揚之水，不流束楚，彼其之子，不與我戌甫。傳曰：楚，木也。三章言揚之水，不流束蒲，彼其之子，不與我戌許。傳曰：蒲，草也。鄭康成以毛傳言楚曰木，言蒲曰草，上下不應，故箋云蒲、蒲柳也，此訓義之異，與音無涉。（見馬瑞辰毛詩傳箋通釋）。至晉孫毓爲毛詩評，遂以爲蒲草字音平，蒲柳字音上，故曰箋義爲長。此晉人之臆說，非漢師之舊讀，不可信也。因藉蒲草與蒲柳之訓，不能證毛公讀蒲爲平鄭氏讀蒲爲上。尤無以證古人蒲字必先讀平，而後復有上聲一音。考詩小雅采薇六章：昔我往矣，楊柳依依。傳曰：楊柳，蒲柳也。據此，又焉知毛公蒲不讀上乎？然而非也，古人蒲字惟有平聲而已。詩中蒲字凡三見：魚藻三章蒲居爲韻，韓奕三章租屠壺魚蒲車且胥爲韻，均作平聲，此章蒲與許爲韻，則平上通協耳。考之兩漢韻文亦均作平聲，如枚乘七發腜蒲膚爲韻，司馬相如子虛賦圃蒲蕪苴爲韻，馬融廣成頌荼蒲渠于爲韻，樗蒲賦都蒲憂爲韻，絕無讀「上」者。而鄭玄東漢人也，受學於馬融，當亦無異。黃氏謂讀蒲爲「上」，非爲孫毓所誤乎？然則古音無上之說，不能成立，昭昭然矣。（註三一）

本師陳先生對周氏之非議，則曰：

周祖謨氏〈古音有無上去二聲辨〉一文嘗辨孫毓之言爲晉人臆說，非漢師之舊讀，不可依信。以爲黃君謂「蒲」爲「上」，蓋爲孫毓所誤。按陸氏《釋文》所載，多有根據，實未可盡斥

爲誤也。（註三二）

三、從《說文》「上」聲字根論析古聲調

關於上古聲紐與韻部之研究殆已皆成定論，惟上古聲調之探討猶混瀁而無岸。調乃漢語特質，其於古音學之重要，自不容贅言。前賢雖多有論述，然諸說紛紜，各有所執，今人或有藉譯語對音及同語族語之比較，以尋上古聲調之跡者，然其結論卻罕有所助。前人大抵咸《詩》《騷》《六經》韻讀是式，更假形聲字諧聲偏旁以求之。段玉裁始有「古無去聲」之創見，季剛先生有「古無上聲」之發明，然古無「上」、「去」之論，非議者亦有可說。鑑於上古聲調之漫而無定，余乃從《說文》形聲字之諧聲現象及《廣韻》反切尋求上古聲調之端緒，將說文形聲字諧聲偏旁作通盤檢視，從《說文》「上」聲字根著手，全盤分析其諧聲孳乳字，就其調類變化之紛歧情況，發現下列五種現象，茲爲列表說明於后：（註三三）

第一：「上」聲字根或字根除「上」聲外兼有他調，而無諧聲孳乳字之統計表

字　根　調　類		字　根　數
上　　　　聲		8 7
上平	義　不　變	1 0
二聲	義　　變	3
上去	義　不　變	1 6
二聲	義　　變	7
上入二聲而義變		1
平上去三聲而義不變		1
總　　　　和		1 2 5

「上」聲字根無諧聲孳乳字者八十有七。字根除「上」聲外兼有他調音讀而無諧孳乳字者三十有八，其中字義不變者二十有七，而字義之起變易者皆始自漢世。

據此一現象，若謂上古絕無「上」調，則此種現象似難以解釋。

第二：「上」聲字根與平、上、去、入四聲諧聲孳乳統計表

平上去入四聲 諧聲孳乳數 上聲字根數	平 聲	上 聲	去 聲	入 聲
3 1		8 1		
2 0	4 3	5 5		
2 1		6 6	3 9	
3		5		3
3 6	2 2 1	1 9 4	1 5 9	
5	2 4	3 1		8
1		8	4	1
2 0	2 3 6	1 8 6	1 4 2	6 5
總和　1 3 7	5 2 4	6 2 6	3 4 4	7 7

「上」聲字根一百三十七，其諧聲孳乳字爲「平」聲者五百二十四；諧聲孳乳字爲「上」聲者六百二十六，其中有三十一個「上」聲字根，其諧聲孳乳字計八十有一，全爲「上」聲字；諧聲孳乳字爲「去」聲者三百四十四；諧聲孳乳字爲「入」聲者七十七字。

於此現象可知「上」聲字根所孳乳之「上」聲字較「平」、「去」、「入」聲字爲多，且聲子聲母全爲「上」聲者不少，上古當有「上」

聲。另外，亦可概見上古「上」聲與「平」聲，「上」聲與「去」聲，「上」聲與「入」聲等關係之深淺矣。

第三：字根除「上」聲外兼有他調者與平上去入四聲諧聲孳乳統計表

字根調類		字根數	平	上	去	入
平上二聲	義不變	1		2		
		5	80	43	38	
		1	1	5		2
		1	2	8	2	1
	義變	4	21	24		
		7	56	53	19	
		1	3	3	1	2
上去二聲	義不變	3		4		
		1	2			
		6		26		
		4	35	25	27	
		1	1	6	7	1
	義變	1		1		
		3		7	8	
		3	59	34	16	
上入二聲	義不變	1		2		
平上去三聲	義	1	13	3		
	變	1	18	6	6	
上去入三聲	義	1		1	1	
	變					
平上去入四聲	義不變	1	38	24	5	4
	義變	1	16	8	9	2
總和		48	345	286	150	12

　　字根除「上」聲外兼有他調讀音者四十有八，其諧聲孳乳字為「平」聲者三百四十五；「上」聲者二百八十六；「去」聲者一百五十；

「入」聲者十有二。

　　諧聲孳乳字爲「平」聲者竟多於「上」聲，則「平」「上」關係之密切無疑也，「上」「去」次之，而「上」「入」之關係則微不足道。

第四：「上」聲字根或字根除「上」聲外兼有他調而無「上」聲孳乳字者與平、去、入三聲諧聲孳乳統計表：

字根調類		字根數	平	上	去	入
上　　　聲		2	2			
		4			7	
		1		5	1	
平上二聲	義不變	1				1
		1	1	1	1	
	義　變	1		3	1	
上去二聲	義不變	1			1	
		1				1
	義　變	3	4			
		1		7	5	
平上入三聲	義　變	1				6
總　　和		17	22		16	8

「上」聲字根，而其諧聲孳乳字悉變爲「平」聲者二。字根兼「上」、「去」兩聲音讀，其諧聲孳乳字悉爲「平」聲者四，雖爲例甚少，然亦可顯示上古「平」「上」兩聲關係之密切也。此外，「上」聲字根，其諧聲孳乳字悉爲「去」聲者七。字根除「上」聲外兼有「去」聲，其諧聲孳乳字悉爲「去」聲者一，故「上」「去」之關係亦不可忽視。

第五：非「上」聲字根與「上」聲諧聲孳乳統計表：

字　根　調　類		字根數	上　聲
上聲諧聲孳乳數			
平　　　聲		158	814
去　　　聲		56	222
入　　　聲		25	52
平一去聲	義 不 變	10	39
	義　　變	29	118
平一入聲	義　　變	1	5
去一入聲	義 不 變	3	6
	義　　變	3	14
總　　　和		285	1270

非「上」聲字根，其諧聲孳乳字有「上」聲者：「平」聲字根一百五十八，諧聲孳乳字爲「上」聲者八百一十四，其中陰聲、陽聲各居半數。「去」聲字根五十有六，諧聲孳乳字爲「上」聲者二百二十二，其中陽聲字居三分之二。「入」聲字根二十五，其諧聲孳乳字爲「上」聲者五十二。字根兼有「平」「去」二聲音讀者三十九，其諧聲孳乳字爲「上」聲者一百五十七。此外字根兼有「平」「入」兩聲或兼有「去」「入」兩聲而諧聲孳乳字爲「上」聲者，乃少數例外也。

以上情形，悉可作爲「平」與「上」，「上」與「去」關係之證。

依上述五種現象觀之，得結論如下：

㈠**上古音有「上」聲：**

苟上古無「上」聲，則除「上」聲字根外無孳乳字者，爲數不少，吾人如何圓滿釋之？

㈡**「上」聲與「平」聲最近**

「上」聲與「平」聲之關係最爲密切。諧聲孳乳現象，「上」、「去」關係雖亦出現，惟不如「平」與「上」之衆爾。

就此二點而論，可知上古音當有「上」聲，然「上」與「平」最近。

四、結　論

古聲調之論者，有以爲古有四聲者，有以爲古有三聲者，有以爲古兩聲者，已如上述。自顧炎武謂「四聲一貫」之後，江永、江有誥、王念孫謂古有四聲，特古人所讀與後人不同而已。劉逢祿、夏燮亦主古有四聲。段玉裁始獨樹異幟，倡「古無去聲」，後之學者有謂難以明者，段氏亦嘗自云：「古無去聲之說，或以爲怪，然非好學深思，不能知也。」（註三四）近人施則敬氏有〈詩音去作入證〉（註三五）一文適足以爲段氏之佐證。　王力（了一）氏亦云：「段玉裁說上古沒有去聲，他的話是完全對的。」（註三六）江舉謙先生〈從說文入聲語根論析上古字調演變〉文中，有古聲調「去」「入」不分之結論，云：「段玉裁以爲古無去聲，王力以爲中古去聲係由上古長入變入，基本上都是可信的。」（註三七）均足以補苴段氏之論。孔廣森一反段說，詳加舉証，謂「古音無入」，然觀察孔氏之例，則見古聲「去」「入」同用爲眞，若謂古無「入」聲亦未必是。就我國語音演變之實際而言，「入」聲韻尾－P，－t，－K消失而成陰聲韻者有，反之，去聲陰聲韻加韻尾而成入聲者無。胡適〈入聲考〉引高本漢之言曰：「就這

一千幾百年的音韻演變的歷史看來，無論在那一種方言裡，都只見入聲之變平，從不見平聲之變入。故我們可以推知入聲之古。」（註三八）本師陳先生推測孔氏之所以主古無入說，以爲或受其曲阜方音已無入聲之影響。（註三九）雖熊士伯、江沅亦主古音無「入」，終難令人置信。

　　季剛先生創「古無上聲說」，劉師培（申叔）先生有褒獎之詞，曰：「蘄春黃季剛先生承諸家之後，擷衆說之精華，由所考古韻部居，斷定古無上去，惟有平入。」（註四〇）然多加非議者，亦有如楊樹達、周祖謨二氏者。余爲探究上古聲調之眞相，嘗從《說文》「上」聲字根著手，全盤分析其諧聲孳乳字，就其調類變化之情況，發現：「上」聲字根而無諧聲孳乳字者八十有七，爲數不少。又有三十一個「上」聲字根而其諧聲孳乳字計八十有一，悉同字根之調類。由此觀之，與季剛先生所云：「聲子聲母全在上聲者絕稀。」（註四一）不符，設若古無「上」聲，則難以圓滿解釋。另外，由「上」聲字根之諧聲孳乳現象而言，「上」聲與「平」聲最爲密切，「上」「去」之關係雖亦出現，惟未若「平」與「上」之衆，至若「上」「入」之關係則絕少。近來，張日昇氏撰〈試論上古四聲〉一文，從《詩經》韻腳爲單位，比較四聲合用和獨用之情形，證明《詩經》合調之存在，並進而了解四聲相互關係，得到之結論爲：《詩經》五三五〇個韻腳中，同調獨用者四一一六個，約佔全數之五分之四，兩調合用者一〇三〇個，約佔五分之一，多調合用者二〇四個，所佔比例則最少。而「去」聲獨用和「去」聲與「平」、「上」、「入」三聲合用，在全部「去」聲韻腳中之比例十分接近。張氏云：「從《詩經》韻腳的統計，平、上、入三聲獨用者多，同用者少，所以，它們在《詩經》時代已經存在，是無可置疑的。去聲之獨用和合用約略參半，但這種現象不單只沒有証明『古無去聲』，而且說明它與平、上、入三聲同等的密切。」（註

四二）張氏立論當亦是主張古有四聲。丁邦新先生於〈漢語聲調源於韻尾說之檢討〉及〈漢語聲調之演變〉二文中認爲古有四聲已成定論，謂「在《詩經》時代漢語和中古一樣是有四個聲調的。」（註四三）本師陳先生嘗持中古之平、上、去、入之四聲衡量《詩經》之押韻，而得有二項結論：一爲以陰聲「之」部爲例，《詩經》用韻，同一聲調相互押韻，不雜他調者甚多。若古無四聲，《詩》中不可能四聲分用若斯之顯。二爲以「之」、「職」二部爲例，《詩經》用韻雖四聲分韻者多，而「平」、「上」互押，「去」、「入」通韻之例亦復不少。《詩》韻亦偶有平入、平去、上入相押韻者，惟不如其平上及去入之衆爾。（註四四）

　　余從《說文》「上」聲字根以考察其諧聲孳乳字調變化之現象，與陳師從《詩經》用韻所得之情況若合符節，古有四聲，恐無可置疑。而季剛先生從《詩經》「平」、「上」爲韻諸例，用爲「上」原作「平」之証明，與實際《詩》韻不合，亦與《說文》「上」聲字根之諧聲孳乳情況迥異。本師林先生景伊（尹）對此嘗解釋爲：「就《詩經》四聲分用之現象看，可能古人實際語音中確有四種不同之區別在，就《詩經》『平』、『上』合用，『去』、『入』合用之現象看，古人觀念上尚無後世四聲之區別。古人於觀念上雖無四聲之辨，而於聲之舒促則固已辨之矣。後世之所謂『平』、『上』者，古皆以爲『平聲』，即所謂舒聲也，後世之所謂『去』、『入』者，古皆以爲『入』聲，即所謂促聲也。因古人實際語音上已有四聲區別之存在，故《詩》中四聲分用畫然，又因其觀念上惟辨舒、促，故『平』每與『上』韻，『去』每與『入』韻。」（註四五）王了一氏亦云：「先秦的聲調分爲舒促兩大類，但又細分爲長短，舒而長的聲調就是平聲，舒而短的聲調就是上聲，促聲不論長短，我們一律稱爲入聲，長入到了中古變爲去聲（不再收 -p -t -k），短入仍舊是入聲。」（註四六）陳師以爲

「古有四聲」與「古有二聲」兩說似相違而實相成。其言云：「因此吾人可說，古人在實際之語音上可能如王君所說有舒促長短之區別，而其在觀念上則僅有舒促（或者直稱平入亦無不可）之辨識能力。因其實際上有此四種區別存在，故四聲每每分用；而其在觀念上僅辨舒促，故『平』、『上』（同爲舒聲）爲一類，『去』、『入』（同爲促聲）爲一類。『平』與『上』多互用者，以其同爲舒聲，韻尾收音相同也。（同收鼻輔音韻尾或同無輔音韻尾。）『去』與『入』多合用者，以其同爲促聲，韻尾收音相同也。（同爲清塞音輔音）」陳師又云：「爲合於《詩經》用韻及諧聲之解釋，我以爲就實際語音言，當以王君所推測較爲合理，而就古人之觀念，或當如黃君之所說。」（註四七）由林、陳二師之闡釋，則古人於聲調有四聲，而所謂觀念上惟有「平」、「入」，益可確信矣。

【附註】

註　一　見楊愼〈轉注古音略序〉載〈答李仁夫論轉注書〉。江永《古韻標準》亦引此說。

註　二　見《四庫全書總目》卷四十二。

註　三　見江有誥〈再寄王石臞先生書〉。

註　四　見顧炎武《音論》中卷〈古人四聲一貫〉。

註　五　見顧炎武《音論》下卷〈先儒兩聲各義之說不盡然〉。

註　六　見江永《古韻標準・例言》。

註　七　見江有誥《唐韻四聲正》卷首。

註　八　同註七。

註　九　見夏燮《述韻》卷四。

註一○　見段玉裁《六書音均表》中〈今韻古分十七部表〉。

註一一　同註一○。

註一二　同註一〇。

註一三　見段玉裁〈答江晉三論韻〉。

註一四　見段玉裁《六書音均表》。

註一五　見孔廣森《詩聲類》卷八、九、十、十一。

註一六　同註一三。

註一七　見章太炎先生〈二十三部音準〉。

註一八　見《黃侃論學雜著》六二頁〈音略·略例〉。

註一九　見《黃侃論學雜著》一〇一頁〈聲韻略說·論聲韻條例古今同異下〉。

註二〇　見《黃侃論學雜著》一四三頁〈聲韻通例〉。

註二一　見黃永鎮《古韻學源流》八三頁〈古無上聲第十二〉引。

註二二　見《黃侃論學雜著》一七四頁。黃永鎮《古韻學源流》八十四頁。劉
　　　　賾《聲韻學表解》一一三頁。

註二三　見《黃侃論學雜著》一七五頁。

註二四　見黃永鎮《古韻學源流》八三頁引。

註二五　同註二四。

註二六　見《東北叢刊》第五期十七頁〈成均擴言〉中。

註二七　見《東北叢刊》第九期五頁〈成均擴言〉下。

註二八　見楊樹達《增訂積微居小學金石論叢》卷第三。

註二九　見本師陳先生伯元（新雄）《古音學發微》八五九頁。

註三〇　見周祖謨《問學集》上三八頁。

註三一　見周祖謨《問學集》上三九頁。

註三二　見陳師《古音學發微》八五八頁。

註三三　見拙著《說文上聲字根研究》。

註三四　見段玉裁《六書音均表·今韻古分十七部表》。

註三五　見《制言》第九期。

註三六　見王力《漢語史稿》第六章。

註三七　見《東海學報》七卷一期。

註三八　見《胡適文存》三集卷三・三一一頁。

註三九　見陳師《古音學發微》七九九頁。

註四〇　見劉師培《漢語音韻學導論》。

註四一　同註二四。

註四二　見《香港中文大學中國文化研究所學報》第一卷一一四頁。

註四三　見《中央研究院國際漢學會議論文集》語言文字組二六七至二八三頁。

註四四　見陳師《古音學發微》一二五八至一二七二頁。

註四五　見陳師《古音學發微》一二七四頁引林師語。

註四六　見王力《漢語史稿》。

註四七　見陳師《古音學發微》一二七七及一二七八頁。

《史記》三家注之開合現象

黃坤堯

　　《史記》三家注博采諸家讀音，與《廣韻》相較，大體相近，而個別字音之開合不同。本文擬就《史記三家注讀音通檢》一稿（收2322字）（註一）輯錄有關開合混切之材料及作簡要分析。本文引錄各條讀音，先列卷次，再注頁碼。《史記正義》「論音例」、「發字例」之讀音以0代卷次。頁碼後之a代表裴駰《史記集解》，b爲司馬貞《史記索隱》，c爲張守節《史記正義》，　另以d表示《史記正義》佚文（註二）。作音人則以括號注明，顯示不同來源。

　　本文先列三家注之讀音，繼於括號內列出《廣韻》有關字音之切語及又切，一般不牽涉意義。（註三）有問題者酌加說明。三家注有異讀，但又兼存與《廣韻》相同之一讀，則於該字左邊酌加*號以別之。本文擬音依周法高教授「諸家切韻擬音對照表」。（註四）中古音的韻母很多都分開口、合口兩類。惟效攝、流攝、深攝、江攝只有開口，通攝只有合口；咸攝除嚴儼釅業及凡范梵乏開合相對以外，其他亦只有開口。《史記》三家注與《廣韻》切語下字比較，其開合異讀者計果攝四例、遇攝二例、蟹攝二例、止攝六例、咸攝一例、山攝十四例、臻攝三例、宕攝七例、梗攝六例，僅曾攝未見，合共四十五例。

　　果攝四例，全屬一等歌戈之異，且爲唇音字，韋昭、司馬貞不辨開合。案切韻殘卷《切三》、《王一》、《王二》等有歌無戈（註五），至《廣韻》歌、戈分爲開、合二韻，而唇音字則全部放在戈韻。司馬貞歌、戈分作兩韻，而唇音字「陂」、「鄱」、「摩」、「磨」四例全讀開口。

1. 陂：普何反（博禾）117-3055b　（歌戈 ɑ-uɑ）

　　「普」在滂紐，「博」在幫紐。

2. 鄱：蒲河反（薄波）7-318a（韋昭）

3. 摩：姥何反（莫婆、莫禾）69-2242b

4. 磨：莫何反（莫婆、莫禾）87-2556b

　　遇攝開合異者二例，司馬貞、張守節各一例。「拒」、「豎」非脣音字，此三等魚虞不分之例，《切韻序》云：「支脂、魚虞，共爲一韻」，或與方音有關。（註六）案司馬貞、張守節二家之魚、虞分屬二韻，不相混淆，二例殆屬例外變化。

5. *拒：音矩（其呂）95-2662a　95-2662b（虞語iuo-io）

　　　「矩」在見紐，「其」在群紐。

6. 豎：時與反（臣庾）67-2212c　（語虞io-iuo）

　　蟹攝二例，司馬貞一等海賄一例，張守節二等卦卦一例，全屬脣音字。

7. 每：莫改反（武罪）84-2501b（海賄əi-uəi）

　　謀在反　　　　　　84-2501b

8. 賣：麥卦反（莫懈）5-191c（卦卦uæi-æi)

　　止攝六例，以去聲至、未兩韻爲多。其中非脣音字三例，脣音字三例。

9. 灑：疏跬反（所綺、山爾）29-1406b（韋昭）（紙紙iuI-iI）

10. 衰：色眉反（所追、所危）28-1372c（脂脂iei-iuIi）

　　　「眉」亦爲脣音字。《廣韻》又切脂、支不分。

11. 㱸：許器反（許位）2-87c（至至iei-iuei）

12. *濞：披位反（匹備、芳備）106-2821b（至至iuei-iei）

　　　匹位反　　　　　　33-1526b

13. *費：扶謂反（扶沸、房未）21-1108b（未未iəi-iuəi）

14.*誹：方畏反（方味、方未）84-2482c

咸攝僅得司馬貞三等嚴凡一例，唇音字。《廣韻》唇音字全列凡韻。

15. 凡：扶嚴反（符咸、符芝）1-6b（嚴凡 iɑm-iuɑm）

《廣韻》「咸」在下平廿六咸韻（-æm，頁229），亦與嚴、凡二韻不同；「凡」字當據又切及《切韻》殘卷改爲符芝切。

山攝十四例最多，計有寒桓四例，曷末三例，仙仙、線線四例，月月一例，先先二例。其中唇音字十例，非唇音字四例。案《切韻》山攝一等寒桓不分，曷末不分；《廣韻》分爲開、合兩系，而唇音字全列桓、末韻。本文「番」、「瞞」、「謾」、「漫」、「拔」、「沫」、「眛」七例全屬一等唇音字，徐廣、裴駰、司馬貞、張守節諸家全讀開口。

16..*番：片寒反（普官、潘）40-1716c（寒桓 ɑn-uɑn）

普寒反　66-2177a　66-2177b　115-2985a（徐廣）

17. 瞞：莫寒反（母官）33-1535c　33-1535d

18.*謾：木干反（母官、莫干）20-1035b

《廣韻》又切寒、桓不分。

19. 漫：莫干　（莫半）1-20c

《廣韻》「漫」字缺平聲一讀，惟傳統詩文常見，當讀母官切。

20. 拔：白曷反（蒲撥）91-2607b　　（曷末 ɑt-uɑt）

21.*沫：莫葛反（莫撥、莫割）62-2133c

亡葛反　86-2515b

《廣韻》又切曷、末不分。下「眛」字同。

22.眛：莫葛反（莫撥、莫割）27-1344c　31-1449c

40-1727c

80-2429b　84-2484c

亡葛反　　　　86-2517b

23.*便：婢緣反（房連）　1-16b　103-2765b（仙仙 iuæn-iæn）

24.穿：詳連反（昌緣、川）　0-16c（仙仙 iæn-iuæn）

　　　「詳」在邪紐，「昌」、「川」在穿紐。此條張守節「論
　　　音例」僅稱清濁難分，未作具體說明。

25.�：音卷，紀免反（居倦）　126-3199b

　　　（獼線 ian-iuan）

　　　「卷」、「倦」去聲、「免」上聲，不同。又「免」亦爲
　　　唇音字。

26.*選：宣變反（息絹、思絹）　111-2932b

　　　（線線 ian-iuæn）

　　　「變」亦爲唇音字。

27.　　：萬越反（望發）　102-2756c（月月 iuɑn-iɑn）

28.蠙〔玭〕：步玄反（部田）　2-58b（先先 iuɛn-iɛn）

29.*縣：戶眠反（胡涓）　3-106c（先先 iɛn-iuɛn）

　　　「眠」亦爲唇音字。

　　臻攝凡三例，唇音字一例，非唇音字兩例。案《切韻》三等眞諄、
質術原亦不分。

30.䪼：紆貧反（於倫）　40-1696b（眞諄 ien-iuen）

　　　「倫」在諄韻（-iuIn），《廣韻》「䪼」在上平十七眞韻
　　　誤（頁106）。又「貧」亦爲唇音字。

31.*怵：人質反（丑律）　4-141d（質術 iIt-iuIt）

　　　「人」在日紐，「丑」在徹紐。「人」字疑爲「天」、「
　　　土」等字之誤，當讀徹紐。

32.比：鼻律反（毗必、邲、扶必）27-1341b

（術質iuIt-iIt）

頻律反　　　46-1903b

宕攝凡七例，其中一等唐唐、鐸鐸四例，三等陽陽、養養、漾漾三例。唇音字四例，非唇音字三例。《廣韻》「王」、「放」字均讀三等合口，切語下字亦未誤，惟「方」讀府良切（頁174）、「网」讀文兩切（頁312），均誤列開口，宋元韻圖《韻鏡》、《七音略》、《四聲等子》、《切韻指南》等亦誤列開口，僅《切韻指掌圖》列合口不誤。（註七）司馬貞、張守節「王」、「放」諸例原讀合口不誤，而《廣韻》則誤以開口切合口，此唇音字不分開合所致。

33. 旁：白郎反（步光）39-1639c（唐唐ɑŋ-uɑŋ）

34. 滂：浦橫反（普郎）117-3019a（唐唐uɑŋ-ɑŋ）

35. 磅：蒲黃反（普郎）117-3020c

「蒲」在並紐，「普」在滂紐。

36.*鄗〔敊〕：音霍（註八）（呵各、郝）21-1104b

（鐸鐸uɑk-ɑk）

　　　28-1363b（韋昭）

37.*王：于方反（雨方、于方）0-17c（陽陽iuɑŋ-iɑ）

「王」、「方」合口；「方」為唇音字，《廣韻》誤列開口。

38.*王：于放反（于放、雨誑）0-17c 6-234c 27-1346c

（漾漾iuɑŋ-iɑŋ）28-1365c 70-2283b 90-2589c

「王」、「放」、「誑」合口；「放」為唇音字，《廣韻》誤列開口，惟又切則不誤。

39.*放：方往反（分网）1-14c 1-20c 64-2160c

（養養iuɑŋ-iɑŋ）

$$127\text{-}3218b$$

音昉　　　　　　26-1257b

　　梗攝凡六例，其中二等庚庚、陌陌三例，四等青青、錫錫三例。諸例均非脣音字，惟反切下字除「橫」字外，其他全用脣音。案《廣韻》入聲二十陌韻「格」十四字音古伯切，「虢」五字亦音古伯切（頁512）；「格」、「虢」開、合口不同，而反切用字全同，《切韻》殘卷亦不能辨，其中必有一誤。司馬貞、張守節「嚄」、「虢」二字亦讀開口，蓋相承沿誤，而以脣音開口字切喉牙音合口字也。（註九）

　　40.衡：音橫　（戶庚）2-52d　69-2248c　69-2255c

　　　　　　　　　（庚庚uaŋ-aŋ）

　　　　　　　　69-2254d

　　41.嚄：烏百反（胡伯）49-1982b　77-2381a

　　　　（陌陌uak-ak）

　　　　烏白反　　　77-2381b

　　　　「嚄」合口，「百」、「伯」、「白」開口。

　　42.虢：古伯反（古伯）5-183c

　　　　「虢」合口，「伯」開口。

　　43.坰：古銘反（古螢）3-97c（青青iɛŋ-iuɛŋ）

　　44.殈：呼覓反（呼臭）24-1204c（錫錫iɛk-iuɛk）

　　45.郹：古覓反（古闃）40-1712c

　　以上開合異者四十五例，其中脣音字佔廿五例，已過半數，可爲脣音字不分開合口之證。又非脣音字中，喉音九例最多，牙音、齒音各五例，半齒一例，舌音未見，合共二十例。惟諸例亦多以脣音字爲反切下字，凡十二例，其開合口亦可不辨，僅「拒」、「豎」、「醾」、「玃」、「穿」、「怵」、「鄙」、「橫」八字例外；其中司馬貞三

例（包括韋昭二例），張守節五例，在整個音系來說只屬少數，影響不大。

　　《史記》三家注博引諸家讀音，而開口、合口不分之例極少。由本文觀察所得，司馬貞開合不分者廿三例，張守節廿四例，相差不多；此外尚有韋昭「鄁」、「釃」、「鄌」三例，徐廣「番」一例，裴駰「拒」、「滂」、「嘆」三例；其他作音人開合口不分者未見。例如徐廣審音比較準確，其開合相混絕少。（註一〇）這是否顯示早期開口、合口本來就區別清楚，不容易相混；唐代以後因爲唇音字的性質發生變化，於是才出現開合分韻及唇音字開合混切的問題。司馬貞、張守節開合混切較多，可能展示過渡期中一些語音變化的特點。

　　《切韻》一百九十三韻，《廣韻》二百零六韻，由於開合分韻，例如眞軫震質與諄準稕術，寒旱翰曷與桓緩換末，歌哿箇與戈果過，儼釅與琰梵，重新整合，即增多十三韻。《廣韻》整合的痕跡，據司馬貞與張守節二家所見，已得歌戈四例、嚴凡一例、寒桓四例、曷末三例、眞諄一例、質術二例，合共十五例；除「比」字是以合口注開口外，其他十四例均以開口注合口。此外《切韻》唇音字的開合性質也很混亂，有些只自算合口，例如東、冬、鍾、模、虞、魂、文、物、元、月、凡、廢等；有些只算開口，例如豪、肴、宵、蕭、談、覃、咸、銜、鹽、添、登、唐、皆、佳、夬、山、刪、耕、庚、齊、先、青、支、脂、祭、仙、清、蒸等；大抵隨韻歸類。其他戈、桓二韻的唇音字徘徊開合之間，灰韻唇音字開合對立，都是比較麻煩的問題。（註一一）可見爲唇音字作切語，或用唇音字做切語下字時，開合問題馬上就會凸顯出來了。在本文開合不分諸例中，司馬貞、張守節二家牽涉唇音字特多，這自然也是歷史事實了。

　　從《切韻》到《廣韻》，合口字一般分兩類處理，一是開合分屬不同韻部的，合口字的主要元音是圓唇的u、ɔ、φ等，可以稱爲「眞合

口」； 一是開合同在一個韻部的，合口字都有介音w，由唇化聲母促成，可以說是「假合口」。（註一二）此說發軔於高本漢，解釋開合口的形成也有一定的道理。李新魁認爲這反映了不同的方音：「即有的方言，這些韻類的對立只是有無介音[u]的不同，有的方言則是主要元音的不同。直到現代的方言也是如此，如北京話，寒與桓的對立是[an]與[uan]的對立，僅是有無介音的差異，而廣州話，寒與桓的對立則是主要元音的不同，寒是[ɔn]而桓是[un]。」（註一三）上文所舉歌戈、寒桓、曷末、嚴凡十二例全屬唇音合口字，司馬貞、張守節均以開口字爲切語下字，劃一規律，可能鑑於元音相同，不必因介音w或u而分作兩類不同的韻母了。

　　至於唇音字開合的性質，竺家寧也認爲是方言問題：「等韻圖是精密分析語言的圖表，我們很難懷疑韻圖的製作者一方面設計了韻圖，一方面又不能把字音歸納清楚。我們寧可相信韻圖對唇音的處理都有他們的依據，這個依據就是各地的方言和不同的語音變化的結果。比如說，陽韻的唇音在《韻鏡》中是開口，到了《指掌圖》由於音變而歸入了合口，於是，在這樣的條件下，陽韻唇音字變成了輕唇。」（註一四）司馬貞、張守節陽韻三例當讀合口，而傳統韻書、韻圖或讀開口，互有差異。至於其他開合口混切的現象，除了審音欠準外，可能他們的唇音字是帶圓唇的pw，而合口字的介音爲u或w，因而在注音中混淆不分；徐廣開合口混淆絕少，則因唇音保持重唇的音勢。徐廣所反映的開合口現象與司馬貞、張守節不同，除了時代差距之外，可能也代表南北音系的差異。例如現代閩語的唇音字還有開合口的區別，而國語沒有這種區別，必要時以元音爲別。竺家寧說：「閩南語爸pa（假開二）和簸pua（果合一）、怕p'a（假開二）和破p'ua（果合一）、板pan（山開一）和搬puan（山合一）、馬me（假開二）和尾mue（止合三）、比pi（止開三）和肥pui（止合三）， 所以我們必須假定

中古唇音字還是有開合的不同。」（註一五）司馬貞、張守節大抵不能區別唇音字的開合口，他們的唇音字帶有圓唇u或w的音勢，所以開合多混。

【附註】

註　一　《史記三家注讀音通檢》（未刊稿），黃坤堯編訂。據《史記》新標點本，北京：中華書局，1959年9月。

註　二　張衍田《史記正義佚文輯校》，北京：北京大學出社，1985年1月。

註　三　余迺永《互注校正宋本廣韻》影張氏重刊澤存堂藏版，臺北：聯貫出版社，1974年10月。

註　四　見周法高《論切韻音》，載《中國音韻學論文集》，香港：中文大學出版社，1984年1月，頁3～4。本文所注擬音即全據周表。

註　五　見劉復、魏建功、羅常培《十韻彙編》。北平：北京大學出版組，1935年；今據臺北：臺灣學生書局影印本，1973年。

註　六　羅常培《切韻魚虞的音值及其所據方音考》以爲「兩韻在六朝時候沿著太湖周圍的吳音有分別，在大多數的北音都沒有分別。」載《羅常培語言學論文選集》，北京：中華書局，1963年，頁21。
又潘悟雲《中古漢語方言中的魚和虞》則修正羅說以爲「中古漢語魚虞不分的方言區域主要在河南及其周圍。長江以南和西北地區的中古方言是能夠區分魚虞的，幽燕一帶的方言也可能屬於這一類型。」見《語文論叢》第二輯，頁85。

註　七　說見陳新雄師《今本廣韻切語下字系聯》，載《第二屆國際暨第十屆全國聲韻學學術研討會論文集》（一），高雄：國立中山大學，1992年5月，頁188～189。

註　八　大島正二《史記索隱・正義音韻考－資料表》缺此條。日本《北海道大學文學部紀要》第21卷第2期，1971年，頁59～60。

註　九　同註七，頁190。

註一○　參見黃坤堯《徐廣音系分析》，香港中文大學《中國文化研究所學報》第22卷，1991年，頁145～162。

註一一　見李方桂《上古音研究》，北京：商務印書館，1980年7月，頁75～76。

註一二　見李新魁《漢語音韻學》，北京：北京出版社，1986年7月，頁187。

註一三　李新魁《中古音》，北京：商務印書館，1991年11月，頁154。

註一四　竺家寧《聲韻學》，臺北：五南圖書出版有限公司，1991年7月，頁363～364。

註一五　同註一四，頁363。

斯四二七七號、列一四五六號
法忍抄本殘卷王梵志詩用韻考

林炯陽

斯四二七七號及列一四五六號法忍抄本王梵志詩殘卷，是已經整理出來的王梵志詩寫卷之一。

斯四二七七號殘卷自「世有一種人，可笑窮奇物。」至「一身逢太平，五內無六賊。」存詩二十三首。列一四五六號殘卷，自「我今一身內，修營等一國。」至「已餓畏兒飢，從頭少一杓。」存詩四十五首。

斯四二七七號殘卷與列一四五六號殘卷，字跡相同，行款一致，是同一寫卷斷裂爲二，應該合而爲一。列一四五六號殘卷題記云：「大曆六年五月□日抄王梵志詩一百一十首，沙門法忍寫之記。」此卷抄於大曆六年（西元七七一年）五月，在有明確記錄抄寫年代的王梵志詩殘卷中，是抄寫年代最早的（註一），極爲珍貴。

斯四二七七號殘卷，收藏於倫敦大英博物館，此卷縮微膠卷早已公開，而列一四五六號殘卷，庋藏於蘇聯科學院東方學研究所列寧格勒分所敦煌特藏部，該卷完整的眞跡，不易獲得。張錫厚先生的《王梵志詩校輯》（一九八三年），項楚先生的《王梵志詩校注》（一九八七年），皆未收列此卷。一九八七年，陳慶浩先生根據友人抄錄的列一四五六號殘卷，發表了〈法忍抄本殘卷王梵志詩初校〉，此卷完整的內容，才首次公諸於世。朱鳳玉博士在〈敦煌寫卷S4277號卷校釋〉一文的後記中，將斯四二七七號殘卷及列一四五六號殘卷綴合爲

同一寫卷，又於《王梵志詩研究》一書中，對這綴合的寫卷，加以校
注。其後，項楚先生根據陳慶浩先生的初校本，發表了〈列一四五六
號王梵志詩殘卷補校〉。以上三位學者對於法忍抄本王梵志詩卷的整
理研究，甚爲精審，很有貢獻。我在一九九一年發表的〈敦煌寫本王
梵志詩用韻研究——兼論伯三四一八號殘卷的系統〉，其中有關法忍
抄本王梵志詩卷的部分，就是根據三位學者的校注，才得以完成。但
是始終未見原卷眞跡，有所疑難，無以查對，是爲憾事。

　　項楚先生於一九九一年出版了《王梵志詩校注》的修訂本，則根
據斯四二七七號原卷的縮微膠卷及友人所贈的列一四五六號原卷影本
爲底本，加以校注，編爲「卷七」，補入原書之中。他在此書附錄〈
列一四五六號王梵志詩殘卷補校後記〉說：「目前所見到的這兩種法
忍抄本王梵志詩斷片，存詩已有六十九首，占原有詩歌總數的一半以
上，應可大致顯示該卷的面貌與傾向。這個原有『一百一十首』的王
梵志詩卷，……它基本上是一部佛教詩集，……其中有許多作品，明
顯地表現出禪宗南宗的思想，因此必然產生於禪宗南宗盛行之後。同
時，它們又必然產生於法忍抄寫這個詩卷的大曆六年（七七一年）以
前若干年。因此，我認爲這個原有一百一十首的王梵志詩集，其主要
部份應該是盛唐時期的產物。」（頁九二七）

　　陳慶浩先生於一九九二年四月來中央研究院文哲研究所講學，以
列一四五六號王梵志詩殘卷的原卷影本見贈，並鼓勵我對於殘存的法
忍抄本王梵志詩六十餘首的用韻，繼續研究。一九九三年寒假得暇，
乃取舊稿，據原卷影本，重新董理。希望對於盛唐語音的研究，有些
幫助。

一、凡　例

㈠本文以斯四二七七號殘卷縮微膠卷及列一四五六號原卷影本爲

底本，並參考下列各家校本：

　　　陳慶浩〈法忍抄本殘卷王梵志詩初校〉（以下簡稱〈初校〉）

　　　朱鳳玉《王梵志詩研究》（以下簡稱《朱研》）

　　　楚項〈列一四五六號王梵志詩殘卷補校〉（以下簡稱〈補校〉）、

　　　《王梵志詩校注（一九九一年）》（以下簡稱《項注》）

　　㈡各詩編號依《朱研》、〈初校〉所訂。原卷第一〇九首之後，重抄了第七十四、七十三首，這兩首重複的詩本文不引用。又〈初校〉第一一二首，《項注》析爲二首，爲行文之便，仍依〈初校〉。

　　㈢校勘符號略依〈初校〉所訂，〈初校〉所無，則增列之：

　　　□表原卷漫漶處

　　　〇表原卷殘缺處

　　　()表應校改之字

　　　[]表應校補之字

　　㈣爲便於說明，韻譜以韻攝爲單位，每攝之下首標《廣韻》見用之韻字，其次爲本攝韻譜及本攝與他攝合用韻譜。各攝韻字依《廣韻》韻次排比，四聲相承之韻，以部統之。每組韻腳之後皆注明各詩標題、編號、卷次。各詩原無標題，今以首句爲標題，若首句殘缺，則以次句爲標題，依比類推。斯四二七七號殘卷，《項注》簡稱「己一本」，列一四五六號殘卷，《項注》第稱「己二本」，今從之。

　　㈤每組韻腳皆注明各韻字所屬之韻部，以《廣韻》韻目爲準。韻目之次序，以韻字使用次數最多者爲首，依此類推；使用次數相同者，則以首見韻字所屬之韻部列於前；二韻以上合用者，視較多互韻字之韻部爲歸，如第五十一首以「緣（仙）懸眠年（先）」爲韻，則標爲「先仙」合用；第八十九首以「煎（仙）前（先）緣仙（仙）」爲韻，則標爲「仙先」合用。

　　㈥此卷用韻形式，以隔句押韻爲主。間有首句入韻者，則以此卷

之韻系來判定其是否入韻。

二、韻　譜

㈠通攝

1.通攝韻字

東部

平・東——聰功空通東宊聱洪同

入・屋——肉腹

鍾部

平・鍾——容

入・燭——觸獄

2.通攝韻譜

東獨用（平聲）

　聰功空東宊聱〈你今意況大聰〉（105）（己二）

東鍾合用（平聲）

　洪空容同〈心本雙無隻〉（077）（己二）

屋燭合用（入聲）

　肉腹觸獄〈貪癡不肯捨〉（064）（己一）

　按：通攝冬部字未見用。東部平聲獨用者一見，東鍾二部平聲合用者一見，東鍾二部入聲合用者一見。由此可見東鍾二部已混用不分。

㈡止攝

1.止攝韻字

支部

平・支——馳知疲爲披斯池兒

上・紙——此是

去・寘——智睡

脂部

平・脂——悲師

上・旨——死屎

去・至——利醉

之部

平・之——持屍之慈

上・止——市理士季止己起薏

去・志——志事

微部

平・微——非衣稀肥

上・尾——鬼

去・未——畏誹費味

2. 止攝韻譜

支脂合用（平聲）

　馳知疲悲〈福門不肯修〉（055）（己一）

支之脂合用（平聲）

　師知持為屍披之斯池〈王二語梵志〉（072）（己二）

賓至合用（去聲）

　利○智智〈天下大癡人〉

旨止合用（上聲）

　死止○死〈兒大君須死〉（112）（己二）

旨止紙合用（上聲）

　死屎理此〈縱使千乘君〉（103）（己二）

旨紙尾合用（上聲）

　〔死〕（註二）是鬼死〈生亦只物生〉（070）（己二）

旨止紙尾合用（上聲）

死止是鬼　〈可笑世間人〉（101）（己二）

止獨用（上聲）

市理士季止（註三）〈隱去來〉（083）（己二）

志寘至合用（去聲）

志智事睡醉〈王二與世人〉（096）（己二）

微獨用（平聲）

非衣稀肥（註四）〈任意隨流俗〉（058）（己一）

微支合用（平聲）

非非爲〈莫言己之是〉（056）（己一）

未獨用（去聲）

畏誹費味〈我不畏惡名〉（100）（己二）

3.止攝與蟹攝合用韻譜

支齊之合用（平聲）

知薿（註五）兒慈〈人心不可識〉（063）（己一）

止賄合用（上聲）

罪懱己起〈可惜千金身〉（088）（己二）

　按：止攝以內部互押爲主。之部上聲獨用者一見，微部平聲獨用者一見，去聲獨用者一見，支脂二部平聲合用者一見，支脂之三部平聲合用者一見，上聲合用者一見，去聲合用者一見，支脂微三部上聲合用者一見，支脂之微四部上聲合用者一見，支微二部平聲合用者一見。由此可見，支脂之微四部混用不分。又止攝平聲支韻「知兒」二字，之韻「慈」字，與蟹攝平聲齊韻「薿」字通押；止攝上聲止韻「懱己起」三字，與蟹攝上聲賄韻「罪」字通押。而初唐詩文用韻亦有相似之例（註六）。如：

支、齊（蟹攝）同用

法融〈心銘〉知（支）迷（齊）移（支）

紙旨止、賄（蟹攝上聲）同用

　張說〈大周故宣威將軍楊君碑〉峙子紀史（止）否己（止）

　美（旨）里（止）晷（旨）士（止）比鄙兕（旨）恃仕以祉

　圮齒止（止）礫（賄）起矣（止）美（旨）梓（止）

㈢**遇攝**

1.遇攝韻字

　魚部

　平・魚──虛廬墟居如渠

　虞部

　平・虞──無夫俱珠須衢

　模部

　平・模──途呼（枯）

2.**遇攝韻譜**

　魚虞合用（平聲）

　　虛廬墟無〈不愁天堂遠〉（091）（己二）

　　夫虛居〈大丈夫〉（107）（己二）

　魚虞模合用（平聲）

　　如渠夫塗虛〈法性大海如〉（076）（己二）

　虞模合用（平聲）

　　夫途無俱珠〈大丈夫〉（106）（己二）

　模虞魚合用（平聲）

　　呼（枯）（註七）居須衢〈但令但貧但呼〉（078）（己二）

　按：遇攝字皆內部互押，不雜他攝字。魚虞二部平聲合用者二見，虞模二部平聲合用者一見，魚虞模三部平聲合用者二見。魚虞模三部，看不出有任何界限。

㈣**蟹攝**

1. 蟹攝韻字

齊部

上・薺——體礼

佳部

上・蟹——解罷買

皆部

上・駭——駭

去・怪——壞

灰部

平・灰——枚迴

咍部

平・咍——來開胎財哉埃臺灾

上・海——在

2. 蟹攝韻譜

薺駭蟹合用（上聲）

　體駭解礼〈自有無用身〉（092）（己二）

蟹駭合用（上聲）

　〔駭〕解罷買解（註八）〈俗人道我癡〉（074）（己二）

咍獨用（平聲）

　來開胎財哉〈若能無著即如來〉（094）（己二）

咍灰合用（平聲）

　來埃臺灾財枚開〈不語諦觀如來〉（080）（己二）

咍灰海怪合用（平、上、去聲通押）

　在壞（註九）胎迴來〈危身不自在〉（085）（己二）

按：蟹攝字除「薺」（齊韻）、「罪」（賄韻）二字押入止攝外，其餘見用之字皆內部互押。咍部平聲獨用者一見，咍灰二部平聲合用

者一見，佳皆二部上聲蟹駭二韻合用者一見，咍部平聲咍韻、去聲海韻與灰部平聲灰韻、皆部去聲怪韻合用者一見，齊皆佳三部上聲薺駭蟹三韻合用者一見。由灰咍二部合用，佳皆二部合用之例來看，灰咍與佳皆之間似有界限，又由灰咍二部與皆部合用之例來看灰咍與佳皆之間亦有連繫；而齊部上聲與佳皆二部上聲合用，其平聲又與支之二部平聲合用（參見止攝之3:止攝與蟹合用韻譜），則齊部平聲齊韻、上聲薺韻，似乎游移於佳皆二部與支脂之三部之間。

　　根據鮑明煒《初唐詩文韻部研究》（頁402）的歸納，初唐詩文用韻，止攝韻腳中往往押入一些蟹攝字，而蟹攝「禮（薺韻）、磔（賄韻）、髻（霽韻）」等字是王績、王勃、張說、宋璟、朱寶積等北方人的用韻，這些都可能與方言有關，而法忍抄本王梵志詩卷的用韻，蟹攝齊部上聲「禮」字則與本攝皆部上聲「駭」字、佳部上聲「解」字互押，此與王績、王勃、張說等人用韻不同，值得注意。

㈤臻攝

1.臻攝韻字

　　眞部

　　平・眞——因人身塵親珍嗔貧新咽（隣）

　　入・質——失逸

　　諄部

　　入・術——律出

　　文部

　　平・文——文

　　入・物——物佛

2.臻攝韻譜

　　眞獨用（平聲）

　　　因人身眞〈悟道雖一餉〉（053）（己一）

　　　　眞人塵身〈由心生妄相〉（054）（己一）

　　　　親珍人身塵〈世間何物親〉（087）（己二）

　　　質獨用（入聲）

　　　　一失〈若個達若空〉（086）（己二）

　　　眞文合用（平聲）

　　　　嗔貧身文〈我有你不喜〉（057）（己一）

　　　物術質合用（入聲）

　　　　物○律逸○〈世有一種人〉（046）（己一）

　　　　物出失佛〈吾有方丈室〉（060）（己一）

3. **臻攝與山攝合用韻譜**

　　　眞先合用（平聲）

　　　　珍塵新田〈世人重金玉〉（095）（己二）

4. **臻攝與深攝合用韻譜**

　　　眞侵合用（平聲）

　　　　嗔塵咽（隣）（註一○）深身〈斷諸惡〉（066）（己一）

5. **臻攝與山攝、深攝合用韻譜**

　　　眞寒侵合用（平聲）

　　　　安（註十一）林嗔眞〈多緣饒煩惱〉（090）（己二）

　　按：臻攝眞部平聲獨用者三見，入聲獨用者一見，眞文二部平聲
合用者一見，眞諄文三部入聲合用者二見。由此可見眞諄文三部關係
密切。又臻攝與他攝通押者，眞韻與山攝平聲先韻合用者一見，眞韻
與深攝平聲侵韻合用者一見，眞韻與山攝平聲寒韻、深攝平聲侵韻合
用者一見。可能眞韻與寒先二韻的主要元音接近，而眞侵二韻合用，
顯示〔-n〕〔-m〕已有混同的跡象。初唐詩人亦有眞侵二部通押之例
（註十二）。如：

　　眞文侵同用

拾得〈嗟見〉心（侵）人因（眞）紛（文）

準震侵同用

張說〈邠王府長史陰府君碑銘〉信（震）鎭（準）振（震）心（侵）

侵眞同用

包融〈酬忠公林亭〉侵陰林（侵）塵（眞）心森尋深襟禽（侵）

㈥山攝

1. 山攝韻字

寒部

平・寒——看安攤難寒餐

去・翰——岸汗段漢散

入・曷——渴割

桓部

平・桓——槃寬

去・換——畔換喚

入・末——活脫撮蛞奪闊末

先部

平・先——年天懸眠前塡

去・霰——見（揀）賤㘩現遍殿

入・屑——結

仙部

平・仙——緣偏煎仙然

上・獮——善

去・線——面扇戰箭便

入・薛——滅拙說絕熱

2.山攝韻譜

　寒桓合用（平聲）

　　看槃寬安〈學行百千般〉（059）（己一）

　翰換合用（去聲）

　　畔換觀岸汗段〈法性本來常存〉（081）（己二）

　　漢畔喚散〈若個達苦空〉（086）（己二）

　末獨用（入聲）

　　活脫撮聒〈千年與一年〉（050）（己一）

　末曷合用（入聲）

　　活奪（活）（註一三）渴撮割脫闊末脫〈人生一世裏〉（099）

　　（己二）

　先仙合用（平聲）

　　年○緣偏天〈教你脩道時〉（048）（己一）

　　緣懸眠年〈凡夫真可念〉（051）（己一）

　霰線獮翰合用（去聲上聲通押）

　　見見見面看（揀）（註一四）扇戰善賤哂箭現見遍殿便〈他見

　　見我見〉（098）（己二）

　薛屑合用（入聲）

　　滅拙說結絕熱〈道從歡喜生〉（065）（己一）

　仙先合用（平聲）

　　煎前緣仙〈夢遊萬里自然〉（089）（己二）

3.山攝與蟹攝合用韻譜

　先仙咍合用（平聲）

　　財塡然年〈知足即是富〉（049）（己一）

4.山攝與咸攝合用韻譜

　寒覃談合用（平聲）

菴𢶈（註一五）貪攤難寒安餐看〈壯年凡幾日〉（093）（己二）

　按：山攝桓部入聲獨用者一見，寒桓二部平聲合用者一見，去聲合用者二見，入聲合用者一見。先仙二部平聲合用者三見，入聲合用者一見。先仙二部上、去聲與寒部去聲翰韻合用者一見。由此可見，寒桓二部爲一組，先仙二部爲一組，而先仙與寒桓之間亦有連繫。又寒韻與咸攝覃談二韻合用者一見，顯示〔-n〕〔-m〕已有混同跡象。又先仙二韻與蟹攝咍韻合用者一見，此陽聲與陰聲通押現象，敦煌變文用韻亦有相似之例（註一六），如：

　　先仙灰同用

　　〈季布詩詠〉年（先）然（仙）邊（先）迴（灰）弦（先）

(七)**效攝**

1.**效攝韻字**

　　蕭部

　　平・蕭——（翛）

　　宵部

　　平・宵——遙

　　上・小——小

　　豪部

　　平・豪——高

　　上・皓——道惱好造寶號

2.**效攝韻譜**

　　豪宵蕭合用（平聲）

　　　高遙〇〇（翛）（註一七）〈學問莫倚聰明〉（108）（己二）

　　皓獨用（上聲）

　　　〇道〇惱〈眾生發大願〉（110）（己二）

　　　　皓小合用（上聲）

　　　　　道好造小浩寶考〈若欲覓佛道〉

　　按：效攝豪部上聲獨用者一見，其上聲與宵部上聲合用者一見，
蕭宵豪三部平聲合用者一見。由此可見豪部與蕭宵二部關係密切。

㈧假攝

1.假攝韻字

　　麻部

　　平・麻──家（芽）裟花車華遮麻

2.假攝韻譜

　　麻獨用（平聲）

　　　家（芽）（註一八）裟花車家〈教君有男女〉（084）（己二）

　　　華遮家麻〈一旦遊塵境〉（102）（己二）

　　按：假攝僅見麻部平聲獨用二例，不雜果攝字，則麻部與歌戈二
部之間似有界限。惟歌戈二部字未見用，無從比較，未敢論斷。

㈨宕攝

1.宕攝韻字

　　陽部

　　入・藥──卻著縛酌杓

　　唐部

　　入・鐸──錯槨惡各樂

2.宕攝韻譜

　　藥鐸合用（入聲）

　　　酌錯○杓〈並是天斟酌〉（113）（己二）

　　鐸藥合用（入聲）

　　　錯槨○卻〈終歸一聚塵〉（111）（己二）

　　　惡各著錯縛樂〈世間不信我〉（071）（己二）

按：宕攝僅有陽唐二部入聲合用者三例，由入聲推測陽唐二部應是合用無間。

㈩**梗攝**

1.**梗攝韻字**

庚部

平‧庚——生行坑

耕部

平‧耕——爭

清部

平‧清——精

青部

平‧青——星

2.**梗攝韻譜**

庚耕合用（平聲）

　爭生行坑〈榮利皆悉爭〉（097）（己二）

清青合用（平聲）

　精○星〈兒子有亦好〉（112）（己二）

按：梗攝僅有庚耕二部平聲合用者一見，清青合用者一見。因例證過少，庚耕二部與清青二部的關係，無從論定。

㈩**曾攝**

1.**曾攝韻字**

蒸部

入‧職——識力食息飾域

登部

入‧德——則得默賊墨德剋國惑

2.**曾攝韻譜**

德獨用（入聲）

　　則得默賊〈我本野外夫〉（068）（己一）

德職合用（入聲）

　　職賊墨力德剋〈有此幻身來〉（061）（己一）

　　國食賊域〈我今一身內〉（069）（己二）

　　賊惑識黑德剋息〈迴波來時大賊〉（075）（己二）

3. 曾攝與通攝合用韻譜

職屋合用（入聲）

　　福食飾域〈一生不作罪〉（067）（己一）

　按：曾攝平、上、去聲未見用。登部入聲獨用者一見，蒸登二部入
聲合用者三見。由入聲職德合用之例，推測蒸登二部應是合用無間。
又蒸部入聲職韻與通攝入聲屋韻合用者一見，顯示蒸部與東部主要元
音相近。初唐詩人陳元光有東冬鍾登合用之例，陳子昂有屋職合用之
例，張說、張柬之有屋德合用之例（註一九），大曆前後詩人王建有蒸
登冬合用之例（註二〇），貞元前後詩人孟郊有登鍾合用之例（註廿一），此
皆顯示曾、通二攝主要元音相近。如：

東冬鍾登合用

　　陳元光〈示珦〉弘（登）風（東）龍（鍾）農（冬）空通蓬
　　（東）

屋職合用

　　陳子昂〈燕然軍人畫像銘〉服（屋）極（職）

屋德合用

　　張說〈再使蜀道〉谷複目逐服覆木（屋）國（德）築（屋）

　　張柬之〈與國賢良夜歌二首其一〉復（屋）國（德）

蒸登冬合用

　　王建〈同于汝錫賞白牡丹〉凝勝膺（蒸）稜（登）膺（蒸）

　　憎（登）疼（冬）凌（蒸）

登鍾合用

　　孟郊〈懷南岳隱士〉峰（鍾）騰僧稜登（登）

㈡**流攝**

1.**流攝韻字**

　　尤部

　　平・尤——求留憂愁休

　　上・有——友柳酒久有守

　　侯部

　　平・侯——頭

　　上・厚——偶走

2.**流攝韻譜**

　　尤獨用（平聲）

　　　由求留憂〈我身若是我〉（052）（己一）

　　尤侯合用（平聲）

　　　愁頭求休〈凡夫有喜有慮〉（079）（己二）

　　有獨用（上聲）

　　　友柳酒久〈梵志與王生〉（073）（己二）

　　有厚合用（上聲）

　　　有守有偶走（註二二）〈隱去來〉（082）（己二）

　　按：流攝幽部字不見用。尤部平聲獨用者一見、上聲獨用者一見，尤侯二部平聲合用者一見、上聲合用者一見。由此可見尤侯二部不分。

三、結　語

　　綜合上文所述，法忍抄本王梵志詩之用韻特徵，除少數個別之特例外，可得而言者，有如下數端：

㈠通攝東鍾二部合用。

㈡止攝支脂之微四部合用。

㈢遇攝魚虞模三部合用，不雜他韻字。

㈣蟹攝灰咍二部一組、佳皆一組。灰咍與佳皆之間界限不清。齊部上聲薺韻與佳皆二部上聲合用者一見，又其平聲齊韻與止攝支之二部平聲合用者一見，可知齊部遊移於支脂之與佳皆之間。

㈤臻攝平聲眞韻與深攝平聲侵韻合用二次；山攝平聲寒韻與咸攝平聲覃談二韻合用一次。可能是有些〔-m〕韻尾字與〔-n〕韻尾字主要元音相同或相近而通押，也可能是〔-n〕與〔-m〕在作者的方言中已呈現消變之跡。初唐詩人許敬宗、張說、杜易簡、拾得等，皆有〔-m〕韻尾字押入〔-n〕韻尾中的例子（註二三）。

㈥就聲調而言，其四聲分用者，平聲互押者三十四見；上聲互押者十二見；去聲互押者五見；入聲互押者十五見，合計六十六見。其四聲通押者，平上去通押者一見；上去通押者一見，合計二見。由此可見四聲分用甚明。上聲字押入去聲者，僅有一個「善」字（見第九十八首〈他見見我見〉），此字《廣韻》上聲獮韻常禪切，爲全濁禪母，似乎是「濁上作去」，但是，如果作者的方音已是「濁上作去」，那麼上去通押的例子應該很多，因此，只有這一條例證，還是不能遽下斷語。

【附注】

註　一　詳陳慶浩（一九八七Ｂ），頁92。

註　二　「死」，原卷漫漶，從〈初校〉所補。

註　三　「止」，〈初校〉作「心」，《朱研》從之。《項注》云：「『止』，原作『心』，即『止』字草書。」《項注》是也。

註　四　「肥」，原作「肥」，即「肥」字俗寫。見《敦煌俗字譜》，頁259。註

　　　五　「蘂」,即「藥」字俗寫。

註　六　詳鮑明煒(一九九〇),頁402～407。

註　七　《項注》云:「『枯』,原作『沽』,據文義改。『不枯』即不竭之義。」
　　　　按:「沽」(古胡切),「枯」(苦胡切)皆屬《廣韻》上平聲十一模
　　　　韻。

註　八　此首後半,自「嗟世俗難有」句以下疑有脫誤,今不錄。

註　九　「壞」,原作「坏」。「坏」即「壞」字俗寫,見《敦煌俗字譜》,頁58。

註一〇　《項注》云:「『隣』原作『憐』,乃形訛字。」

註一一　〈初校〉作「首事得心安」,《朱研》同。〈補校〉云:「『安』字出
　　　　韻,應乙在『心』上作『安心』。」惟《項注》此首亦作「心安」,無
　　　　校語。　按:敦煌變文〈大目乾連冥間救母變文并圖一卷并序〉　以寒韻
　　　　「檀」字與眞韻「親人神」爲韻,則此首以寒韻「檀」字與眞韻「嗔眞」
　　　　爲韻,並不失韻。

註一二　見鮑明煒(一九九〇),頁168,170,380。

註一三　《項注》云:「『活』,原作『括』,據文義改。」　按:「括」、「活」二
　　　　字俱屬《廣韻》入聲十三末。

註一四　《項注》云:「『揀』,原作『練』,據文義改。」　按:「練」、「揀」二
　　　　字　俱屬《廣韻》去聲三十二霰,郎甸切。

註一五　「怉」字《廣韻》不收。《項注》改作「憨」,　云:「按《集韻》平聲
　　　　二十三談『怉,沽三切,心伏也,通作甘。』與詩意不合。此處應是『憨』
　　　　的俗字。」

註一六　見羅宗濤(一九七二),頁534。

註一七　《項注》云:「『傝』,原作『篠』,〈初校〉改作『條』。按此處『條』
　　　　字又是『傝』之訛。」按:「條」(徒聊切)、「傝」(蘇彫切)二字
　　　　俱屬《廣韻》下平聲三蕭。

註一八　《項注》云:「『牙』,〈初校〉改作『芽』,按『牙』通『芽』,《文選》

　　　　　　卷四揚雄〈劇秦美新〉:「或玄而萌,或黃而芽。」」

註一九　見鮑明煒（一九九〇）,頁26,34。

註二〇　見耿志堅（一九九〇）,頁25。

註二一　見耿志堅（一九九〇）,頁74。

註二二　「走」〈初校〉作「起」,《項注》作「走」。按原卷作「走」,《項注》是也。

註二三　見鮑明煒（一九九〇）,頁26,34。

引用書目

朱鳳玉

　一九八六　《王梵志詩研究》（二冊）,台灣學生書局。

　一九八七　〈敦煌寫卷S4277號殘卷校釋〉,敦煌學第十二輯,頁一二七至一三六。

林炯陽

　一九九一　〈敦煌寫本王梵志詩用韻研究——兼論伯三四一八號殘卷的系統〉,東吳文史學報第九號,頁三十七至四十九。

耿志堅

　一九九〇　《中唐詩人用韻考》,東府出版社。

張錫厚

　一九八三　《王梵志詩校輯》,中華書局,北京。

陳慶浩

　一九八七 A　〈法忍抄本殘卷王梵志詩初校〉,敦煌學第十二輯,頁八三至八八。

　一九八七 B　〈法忍抄本殘卷王梵志詩書後〉,敦煌學第十二輯,頁八九至九七。

項　楚

一九八七　「王梵志詩校注」，敦煌吐魯番文獻研究論集，第四輯，頁一二九
　　　　　　至六二三，北京。

一九八八　〈列一四五六號王梵志詩殘卷補校〉˙，中國敦煌吐魯番學術討論會
　　　　　　論文，北京。

一九九一　《王梵志詩校注》修訂本，上海古籍出版社。

潘重規

一九七八　《敦煌俗字譜》，石門圖書公司。

鮑明煒

一九九○　《唐代詩文韻部研究》，江蘇古籍出版社。

羅宗濤

一九七二　《敦煌講經變文研究》，國立政治大學中文研究所博士論文。

庾信詩歌用韻考

李義活

一、前　言

　　庾信在梁武帝天監十二年（513年）生於建康，在隋文帝開皇元年
（581年）卒於長安，正值所謂南北朝時代，離《切韻》聞世（601年）
約有幾十年而已。他非常特別的環境影響下生存的詩人。他生於南方，
所以他的口語基本上是當時的南方方言。但是梁承聖三年（554年），
就是四十一歲的時候，江陵陷落，庾信從此被留在北方長安，一直沒
有南歸，自然也有北方方言的影響。南北朝雖有陽休之《韻略》等諸
韻書，然而它們在文學界大略沒有什麼權威，所以易于喪失。當時詩
人可能順著自然的語音去押韻了。因此，方言的差異自然會在詩裏留
下痕跡。在庾信詩歌中，江歸陽唐是南方方言的特色，青與庚耕清合
用是北方方言的特色（註一）。

　　《先秦漢魏晉南北朝詩》（木鐸出版社1983年版）共收庾信詩歌
三百二十五首。本文即以這本爲依据，分析其用韻，可以說明庾信詩
歌用韻的特點，同時也考證南北朝時期的北周韻部。韻書依《廣韻》，
必要時參考了《集韻》。

　　不同的韻在一首詩歌中通押，可能帶有偶然性，但是，如果在不
同詩歌中多次通押，那就有同用的可能。一般的說，兩韻（或兩組韻）
通押次數占了它們出現總數的10％以上，即應爲同用。不足10％，但
有兩次以上通押者，應認爲有混用趨勢。當然，任何標準在衡量具體
事物時都可能遇到某些特殊情況，這時只能靈活掌握。比如甲乙兩（

組）韻，甲（組）韻出現次數非常多，乙（組）韻則非常少，二者之
和可能很大，通押次數與它相比達不到10%，但就乙（組）韻來說，
通押次數已占了自己出現次數的很大比例（比如50%以上），這時候
也只好定爲同用。此外，通押韻字的多少，也要十分注意。如果通押
次數不少，但每次都是固定的一兩個字，可能是這一兩個字在庾信時
代屬別的韻。例如《廣韻》脂韻的「衰推追」三個字，在庾信詩歌中
五次與微韻通押，實即「衰推追」三個字屬微韻。當然，如果出現韻
字不相同，那就是眞正兩韻通押。

二、韻系

（一）東、鍾獨用同用表

《廣韻》平聲韻目	平　聲	上　聲	去　聲	入　聲
東	10			屋 1
鍾	10			燭 1
東鍾	1			

　　從上表看，在庾信詩中，東鍾二部的分別是清楚的。《廣韻》東
鍾共23見，其中東鍾來往才有一次，僅占總數的4%多一點，顯然可以
分開。《廣韻》東鍾二韻在劉宋時期是完全同用的，到南齊的時候，
分別爲兩部的趨勢。梁代以後，北齊、北周、陳、隋各詩人亦與庾信
一樣大部分分別兩部（註二）。
　　（二）冬獨用同用表（缺例）
　　（三）陽、唐、江獨用同用表

《廣韻》平聲韻目	平聲	上聲	去聲	入聲
陽	9	養 1	漾 1	
陽唐	13		漾宕 1	
陽唐江				藥鐸覺　1
江	1			
江唐	1			

　　《廣韻》陽唐共25見，通用14次，顯然同用。江與陽唐共見28次，通用2次，故仍達不到總數的10%，可以分開。但是以江這個險韻來說，共3見，通用2次，足以說明江與陽唐有同用的趨勢。又周祖謨〈齊梁陳隋時期詩文韻部研究〉亦云：「在梁代跟北齊的時候，大部分與冬鍾兩韻合用，到北周、陳、隋之間，大部分與陽唐兩韻合用，這是很顯著的變化」。

　　㈣庚、耕、清、青獨用同用表

《廣韻》平聲韻目	平聲	上聲	去聲	入聲
庚	1			
庚清	21		映勁 4	陌昔 2
庚青	1			
庚清青	3			
清	1			
清青	1			
清青耕				昔錫麥 1
青	2			

《廣韻》庚清共29見，通押27次，顯然同用。《廣韻》青共見8次，其中與庚或清通押6次，自然庚清青三韻是同用。《廣韻》耕韻在庾信的詩歌中，平聲上一次也沒出現，只入聲麥一見，與昔錫通押，足以表明庚清青與耕有混用趨勢。不過我們要特別注意是青韻。庚耕清青四韻，在魏、晉、宋時期，一般都是通用的，沒有絲毫的分野。到齊、梁以後，一些的詩人以庚耕清同用青獨用，劉淵平水韻直以庚耕清并爲一韻，青仍獨立（註三）。但是在庾信詩裏，青韻還沒獨立。

　㈤登、蒸獨用同用表

《廣韻》平聲韻目	平聲	上聲	去聲	入聲
登 蒸	1 1			德 1

本組出現次數太少，很難論定，暫定各獨用。

　㈥真、諄、臻、文、元、魂、痕、寒、桓、刪、山、先、仙獨用同用表

《廣韻》平聲韻目	平聲	上聲	去聲	入聲
眞	7			
眞諄	11			
眞臻				質櫛 1
諄元	1			
文	12			
元		阮 1		
元魂	14	阮混 1		

元魂痕	4			
元魂痕先	1			
元魂山仙			願慁襇線 1	
元魂仙	1			
元仙		阮獮 1		
魂	2			
寒	4			
寒桓	7		翰換 1	
寒仙	1			
寒刪	2			
寒刪山	1			
桓		緩 1		
刪	6			
刪先仙	1			
山	1			
先	5			薛 5
先仙	18		霰線 3	
仙	1			

　　上表中，《廣韻》眞諄共24見，11次通押，自然是同用。臻與眞諄通押次數跟總數相比低于10%，但臻是窄韻，只一見（入聲櫛），剛與眞（入聲質）通押，此說明臻與眞諄有同用趨勢。

　　《廣韻》文獨用。

　　《廣韻》元魂共27見，22次通押，自然是同用。元魂與痕亦共27見，5次通押，占總數的20%強，可定元魂痕爲同用。

　　《廣韻》寒桓共16見，8次通押，當然同用。寒桓與刪共24見，3次通押，占總數的12%多一點，可定爲同用。

　　《廣韻》先仙共35見，21次通押，顯然同用。山獨用。

　　其他結組傾向不甚明顯，只好采用逐韻系聯的方法。爲了避免敍

述上的囉唆，還是列表如下。

通押韻目	出現總數	通押次數	通押次數占總數的百分比	結論
眞諄臻與元魂痕	46	1	2．2 －	分開
元魂痕與先仙	27	4	14．8 ＋	同用
元魂痕與山	27	1	3．7 －	分開
寒桓刪與先仙	60	2	3．3 ＋	分開
寒桓刪與山	26	1	3．8 ＋	分開

(七)**侵、覃、談、咸獨用同用表**

《廣韻》平聲韻目	平聲	上聲	去聲	入聲
侵	21			
覃	1			
談咸	1			

《廣韻》侵獨用無疑。覃亦可說獨用。談咸通押一次，較難論定。但談咸只出現一次，剛好通押，故可說明有同用的趨勢。

(八)**鹽、嚴、添、銜、凡獨用同用表（缺例）**

(九)**支、脂、之、微獨用同用表**

《廣韻》平聲韻目	平聲	上聲	去聲
支	10		
支微	1		
脂	1	旨　1	
脂之	4		
脂微			至未 2
脂之微			至志未 1
之	2	止　1	
微	14		

　　《廣韻》脂之共13見，通押4次，故脂之自然是同用。《廣韻》脂之與微共27見，通押3次，雖超過總數的10%。但從平聲來說，脂之微共22見，一次通押也沒出現，只去聲出現三次，故可以分開（參考下面）。《廣韻》微與支共28見，通押有只一次，占總數不到4%，應當分開。

　　不過我們要特別注意的是脂部的一部分字是該歸微的。這一部分的字是：追推衰。我們再看這三個字同屬於舌音與齒音的合口呼，可見它們在同一條件之下歸微，并不是零亂的，也不是偶然的。把這三個字認為微韻字，則見庾信詩裏微韻絕對不再與脂韻相通，換句話說，就是不再與「悲眉師歸姿」等字通押。庾信詩用韻與《廣韻》系統的異同如下表。

《廣韻》	脂		韻	微	韻
等　　呼	開　口	合　口		開　口	合　口
發音部位	喉牙脣舌齒	喉牙脣	舌齒	喉　牙	喉牙脣
庚 信 詩	脂	韻		微	韻
例　　字	師	悲眉龜帷	追推衰	衣依機稀希	圍歸飛非微違肥威

　　由上表看來，《廣韻》的微韻沒有舌音與齒音，而庚信詩卻以舌齒的合口歸微。

　　微韻去聲字少，故南北朝詩人常與脂韻去聲通押，庚信亦如此。如〈皇夏〉以「謂」與「位」為韻，〈徵調曲〉以「緯」與「位氣類」為韻。

　　㈩**魚、虞、模獨用同用表**

《廣韻》平聲韻目	平聲	上聲	去聲
魚	15	語　　1	
魚虞		語麌　1	
魚模	2	語姥　1	
虞		麌　　3	
虞模	4	麌姥　1	
模	1	姥　　1	暮　　2
魚虞模	2		御遇暮1

　　《廣韻》魚虞模共35見，魚虞通押1次，魚模通押3次，魚虞模通

押3次，虞模通押5次，分別通押皆12次，故魚虞模同用都明顯。

　㈩齊、佳、祭（去聲）獨用同用表

《廣韻》平聲韻目	平聲	上聲	去聲
齊 佳 齊祭（去聲）	8 1 		 霽祭　1

　　《廣韻》齊獨用，佳亦獨用。但要注意的是齊韻去聲霽與祭通押問題。在晉、宋之間，齊韻字是和皆灰咍三韻字在一起押韻的。到齊、梁、陳、隋時期，齊韻自成一部。但是去聲字一律與祭韻同用。這一點，周祖謨先生在〈齊梁陳隋時期詩文韻部研究〉中已經明白指出。庾信詩裏，亦出現齊韻之去聲霽與祭通押一次，故不能分開。

　㈩咍、灰、皆獨用同用表

《廣韻》平聲韻目	平聲	上聲	去聲
咍 咍灰 咍皆 皆	6 19 1 3	海　1 	

　　《廣韻》咍灰共26見，通押19次，占73％還多，顯然同用。咍灰與皆共30見，通押一次，占3％多一點，可以分開。《廣韻》咍灰皆三韻，在兩漢時期分在脂之兩部，魏、晉、宋時期仍然有分別。從劉宋

末開始才合用不分，到齊時就完全合爲一類了。可是從齊時咍灰皆并爲一部之後，皆韻又逐漸分出，不與咍灰同用，於是又分成兩部。庾信的詩裏皆韻亦趨向於獨立，不與咍灰相混。

　㈢歌、戈、麻獨用同用表

《廣韻》平聲韻目	平聲	上聲	去聲
歌 歌戈 麻	3 11 10	馬　1	禡　1

　　《廣韻》歌戈共14見，通押11次，當然同用。麻獨用。《廣韻》歌戈麻三韻，在魏、晉、宋時期完全合用。到齊、梁的時候，麻韻漸漸獨用起來，分爲歌（含戈）麻兩部。庾信詩用韻亦如此。

　㈣尤、侯獨用同用表

《廣韻》平聲韻目	平聲	上聲	去聲
尤 尤侯	2 8	有　1 有厚　1	

　　《廣韻》尤侯共12見，通押9次，自是同用。

　㈤幽獨用同用表（缺例）

　㈥蕭、宵、肴、豪獨用同用表

《廣韻》平聲韻目	平聲	上聲	去聲
蕭宵 肴 豪	3 2 3	篠小 1	

本組簡單，蕭宵共4見，4次都通押，故蕭宵同用。肴獨用，豪也獨用。

三、與齊、梁、陳、北周、隋韻部比較

現在把《廣韻》所注同用獨用與庚信詩用韻部的分類寫出來，并且跟齊、梁、陳、北周、隋時期韻部的類別（註四）作一個比較。

《廣韻》平聲韻目	庚信詩韻部	齊梁陳北周隋時期韻部
東	東	東
冬鍾	鍾（冬，缺例）	冬鍾
江		江
陽唐	陽唐江	陽唐
庚耕清	庚耕清青	庚耕清
青		青
蒸登	蒸 登	蒸 登
眞諄臻	眞諄臻先仙	眞諄臻欣
欣文	文（欣，缺例）	文
元魂痕	元魂痕	元魂痕
先仙		先仙

寒桓	寒桓刪	寒桓
刪山		刪
	山	山
侵	侵	侵
覃談	覃	覃
	談咸	談
鹽添	（缺例）	鹽添咸嚴凡
咸銜		
	（銜，缺例）	銜
嚴凡	（缺例）	
支脂之	支	支
	脂之	脂之
微	微	微
魚	魚虞模	魚
虞模		虞模
齊	齊佳	齊
佳皆		佳
	皆	皆
咍灰	咍灰	咍灰
歌戈	歌戈	歌戈
麻	麻	麻
尤侯幽	尤侯	尤侯幽
	（幽，缺例）	
蕭宵	蕭宵	蕭宵
肴	肴	肴
豪	豪	豪

　　從上面的比較表我們可以很清楚地看到，庾信詩歌用韻的分類與齊、梁、陳、北周時期有一些不同。其中最顯著的是在齊、梁、陳、

北周時二等韻如江刪佳等獨立成爲一部，在庾信詩裏還是合用。但是把庾信詩用韻比較劉宋時期韻部，可以發見山皆麻等有一些二等韻已經分開獨立。這就說明在庾信詩用韻上二等韻有獨立的趨勢。

根据上面所列韻部分類表看，庾信用韻比較嚴格，大體與《廣韻》分韻的系統一致。《廣韻》中的二等重韻，如山刪佳皆之類固然分用，就是一等重韻，如東冬覃談等，也分立爲二。

另外，從庾信詩歌用韻來看，四聲相承之類別也對照得非常整齊。凡平聲韻中兩韻通用的，其相承的上聲、去聲或入聲亦必通用，這與《廣韻》分別韻類的情形也完全相合。如平聲庚清通用，其相承的去聲映勁通用，又入聲的陌昔亦通用。平聲尤侯通用，其相承的上聲有厚亦通用。平聲元魂通用，其相承的上聲阮混亦通用。平聲先仙通用，其相承的去聲霰線亦通用。平聲寒桓通用，其相承的去聲翰換亦通用。平聲蕭宵通用，其相承的上聲篠小亦通用。平聲陽唐通用，其相承的去聲漾宕亦通用。平聲魚虞模通用，其相承的去聲御遇暮亦通用。所不同的是：

(一)陽唐與江不分。

(二)庚耕清與青不分。

(三)《廣韻》脂韻「衰推追」等少數合口字歸屬於微韻一類。

(四)眞諄臻與先仙爲一類，寒桓與刪爲一類，魚與虞模爲一類。

上面記述的幾項，都是與《廣韻》不同的地方。由這些不同的地方，我們正好可以窺見當時語音的眞象。例如，韻書中把聲音相近的幾韻在一起，僅僅是平列的，到底其中哪韻與哪韻聲音最近，仍然不易確定。現在就可以從押韻的情形來判斷了。

還要注意的是庾信詩歌用韻中聲調方面的變例。庾信詩歌三百二十五首中只有一次聲調變例押韻，這就是上聲押韻平聲：

〈園庭詩〉上聲巧韻茆字押入平聲肴韻。

茆字，在《廣韻》與《集韻》裏沒有讀平聲，只有讀上聲。這茆字很

可能在南北朝時期的實際語音中，特別是在庾信的語音裏就有平聲與上聲兩讀。

【附註】

註　一　王力，〈南北朝詩人用韻考〉，《王力文集》第18集，7頁。

註　二　周祖謨，〈齊梁陳隋時期詩文韻部研究〉，《語言研究》1982年第1期，9頁

註　三　同註一，40頁

註　四　同註二，1頁

從《廣韻》又音論《廣韻》之性質

李貴榮

一、前　言

《廣韻》為一部宋代官修之韻書，陳彭年、邱雍等人校定此書之目的，固在審音定切，供時人應試作文之用，魏晉唐宋間之音讀亦因之保存。歷來，《廣韻》被視為代表《切韻》音系，是集《切韻》系韻書之大成者；並且《廣韻》之前，有關《切韻》系之韻書，現今大率不存於世。因此，《廣韻》在中國語言學史上占有一定地位。

《廣韻》收字共26194字，又音（或名異讀、又切、又讀等）有4000餘字，約占全書六分之一，可見又音出現率之高，值得重視。

自東漢發明反切之法，切語成為注音工具。清人陳澧《切韻考》為將切語理出系統，使切語上下字分別系聯之第一人。遇有切語實同類，而因兩兩互用不得系聯之情形，陳氏就利用又音加以解決。雖然此法有欠週延（註一），但卻是為研究又音者提供新線索。

本文即試圖通過《廣韻》又音，對其性質進行探析。所用《廣韻》，以同門學長余迺永先生《互注校正宋本廣韻》為準。

二、又音之類型

根據陸法言《切韻·序》所稱，法言與劉臻、顏之推等人經過討論，所擬定編寫《切韻》大綱，可歸納為下列三特點：

㈠指出各地方言之差異性。

陸氏指明南北方言之差異：江東（南方）、河北（北方）等兩大

方言地區差異性很大，秦隴（西北）、燕趙（北方）之地理位置雖然相接，但兩地方言也有所不同，由此推論，中國各地方言之差異性如何，則可見一斑。

㈡評論各家韻書之優劣。

序文指出呂靜《韻集》、夏侯詠《韻略》、陽休之《韻略》、周思言《音韻》、李季節《音譜》、杜台卿《韻略》等各家韻書各有乖互，乃有捃選精切、除削疏緩，重加整理之必要。

㈢重新審音定切。

法言根据他們八位討論之結果，釐訂一個準則：論南北是非，古今通塞。《切韻》編撰兼顧南北是非、古今通塞，適合各地區需要與應用之原則。在是非與通塞之間，加以捃選、除削，說明陸氏等人心目中同有一個正音概念，即是嚴格選擇準確音讀，並除去不當者。

雖然在法言《切韻·序》中並未明指正音標準如何，但在同時人顏之推《顏氏家訓·音辭篇》已有如下說明：「各有土風，遞相非笑，指馬之喻，未知孰是；共以帝王都邑，參校方俗，考覈古今，爲之折衷。推而量之，獨金陵與洛下爾，南方水土和柔，其音清舉而切詣；失在浮淺，其辭多鄙俗。北方山川深厚，其音沈濁而鈍；得其質直，其辭多古語。」

由於南北語音各有長短得失，蕭、顏等人遂雜採眾長，萃歷代各地語言於一爐。其標準語，殆以金陵和洛陽語爲据，並參照各地方音加以折衷之標準本。

《廣韻》係源自法言《切韻》，其後歷經唐長孫納言之箋注及諸家增字與義理釋訓，已非《切韻》之舊，名曰「刊正」，其實是增補魏晉唐宋間之各家韻書，以合乎其廣之命名耳。

切語紀錄各字之音讀，亦間接反映各地之語音系統。若一字有數音，《廣韻》又音多以「又×音」或「又×切」等表示。根据最新數据，此又音高達四千以上。茲將歷來研究又音者製成一表於下：

年代	作者	篇　　　　　　　　　名	字數
196?	辛　勉	廣韻反切又音聲母變化之研究	4010
1969	林素珍	廣韻又音研究	2814
1975	余迺永	互注校正宋本廣韻.校勘記	3695
1979	金周生	廣韻一字多音現象初探	4858
1980	汪壽明	從廣韻的同義又讀字談廣韻音系	4454
1984	趙振鐸	廣韻的又讀字	4294

經過歸納，又音可分五類：

㈠又音注明出處者·或標書名，或標人名，或標地名。例如：般，薄官切，桓韻，樂也。又博干切，《釋典》又音鉢。茬，側持切，之韻；茬，丘名。案《漢書·地理志》泰山郡有茬縣，顏師古曰：又士疑切，亦姓。些，蘇計切，霽韻，可也，此也，辭也，何也，楚音蘇箇切。

㈡又音注明本音某或今音某者。例如：零，落賢切，先韻，《漢書》云先零，西羌也，本力丁切。示，巨支切，支韻，上同（祇），見《周禮》，本又時至切。虹，古送切，送韻，縣名，在泗州，今音絳。學，胡覺切，《說文》與斆同，覺悟也，斆今音效，又姓，出《姓苑》。

㈢又音注於他字之下者。此類情形有三：1.若干字之又音，注於一字之下。例如：妊、絍、䚠、任，沁韻，汝鴆切，以上四字並又音

壬。 2.聯綿字之又音，注於一字之下。例如：巄，盧紅切，東韻，巄
嵷，山貌，嵷，祖紅切，又音寵揔。 4.又音只見於他字注中，而正文
無。例如：万，莫北切，德韻，虜複姓，北齊特進万俟普，俟音其。

㈣又音只見於注中，而正文不重出本字。例如：鯷，是義切，寘
韻，魚名，重千斤。郭璞云，鮎之別名，又音提、音是。刺，七迹切，
昔韻，穿也，又七四切。潼，徒紅切，東韻，水名，出廣漢郡，亦關
名，又通、衝二音。

㈤又音與重出本字所注之音切不相符。此類情形有二：⑴或聲紐
不符。例如：憕，直陵切，蒸韻，平也，又竹萌切。直，澄紐；竹，
知紐。⑵韻部不符。例如：蟠，附袁切，元韻，蛛負，又扶千切。前
者爲類隔切，後者係寒、桓合韻遺跡。以上現象，四聲皆有。䲞，莫
霞切，麻韻，杯也，又莫何切。爲歌、戈合韻遺跡。

㈥又音所指，不見本字，而見或体。此類情形有三：1.形旁不同。
例如：岯，符悲切，脂韻，山再成也。坯，芳杯切，灰韻，未燒瓦也。
案《玉篇》坯，又作坏。《集韻》坯，或作岯。是坏、坯、岯同字。）
2.音旁不同。例如：縻，靡爲切，支韻，繫也，又縻爵，易作靡。 3.
形旁、音旁均異。例如：𪪲，渠羈切，支韻，又其文切，強也。毅，
巨支切，支韻，弓硬兒。𪪲，其兩切，弓有力也。（《集韻》毅或作。）

三、又音之功用

反切方法出現之前，古人注音法，有直音、譬況、讀若等；其中，
直音法以同音字注音，其聲、韻、調三者皆須相同，此法相當精確，
古人樂於採用，即使後起之反切注音法、現代音標、注音符號等，均
不能完全取而代之，《詞源》仍沿用至今，即是一例。從魏李登《聲
類》、晉呂靜《韻集》以下各家，至《廣韻》重修訂正爲止，諸家韻
書，仍然包含有不同注音方法，或又某音、本某切，又某切、某切又

某音、今音某、說文音某、書音某、釋音某、直音某等不一而足。蓋自陸法言《切韻》承繼前代諸家反切用語，迄宋代《廣韻》重修爲止，切語用字未嘗作劃一工夫。（註二）再者，《廣韻》編者有心求其廣，此與中國人喜博大之心理相近合。陳彭年等承襲法言「兼蓄並包主義」（註三），亦使其在千餘年之間佔有絕大之勢力。

同門金周生先生嘗依据余迺永先生之《互注校正宋本廣韻》編成《廣韻多音字彙編》，共收字4858，以下本文仍參考余氏之互注校正本析分又音，得12種情形：

(一)**聲調互用：**

襐，莫紅切，東韻，《說文》云：蓋衣，又莫弄切。

　　莫弄切，送韻，　縠，蓋巾也。（平聲似去）

膭，公回切，灰韻，肥皃。

　　胡對切，隊韻，肥大。（仝上）

蔟，倉奏切，候韻，太蔟，律名，又倉谷切。

　　千木切，屋韻，蠶蔟，又千候切。（去聲爲入）

切，七計切，霽韻，衆也，又千結切。

　　千結切，屑韻，割也·刻也、近也、迫切；義也。（仝上）

濎，他登切，登韻。

　　台鄧切，嶝韻。（平聲似去）

孳，子之切，之韻。

　　疾置切，志韻。（仝上）

漢語爲單音節，音同義異字甚夥，古人以爲聲調產生本於韻母，紀錄於切語，上字代表聲母，下字代表韻母，上字分別清濁，下字分出四聲。今考又音，平上去三聲多相通，入聲多與去聲通。蓋韻書係文學之工具，應用於實際，僅分平仄二類。以《說文》諧聲亦可証去入聲關係之密切。（註五）

㈡重輕脣不分：

芃，房戎切，東韻，又音蓬。

　　薄紅切，東韻，又音馮。（房，奉紐；薄，並紐。）

䕳，䕳爲切，支韻，又亡彼切。

　　文彼切，紙韻，又亡爲切。（䕳，明紐；文，微紐。）

妃，芳非切，微韻，又音配。

　　滂佩切，隊韻，又匹非切。（芳，敷紐；滂，滂紐。）

編，布還切，刪韻。

　　方閑切，山韻。（布，邦紐；方，非紐。）

颰，方伐切，月韻。

　　蒲撥切，末韻。（方，非紐；蒲，並紐。）

僻，芳辟切，昔韻。

　　普擊切，錫韻。（芳，敷紐；普，並紐。）

𥤎，亡逼切，職韻。

　　莫北切，德韻。（亡，微紐；莫，明紐。）

自清錢大昕倡古無輕脣說，後人皆從之。余嘗取錢氏之文列出39條，與《廣韻》又音、現代方音等對照，証明脣音重輕不分甚明，亦可知又音乃古音之遺。（註六）若就諧聲字而言，《廣韻》邦（非）、（敷）、並（奉）　諸紐字在形聲字之中常彼此互諧，明（微）紐字於諧聲中常自成一類，而不與前者通諧。（註七）《廣韻》又音，明（微）亦多不分，且與其他脣音字絕少互用。（註八）

《廣韻》平、上、去三聲四卷之末，附「新添類隔今更音和切」所列舉類隔19字，雖未包括全書，惟下平、龎、中全切；上聲、貯、知呂切二字之外，全屬於脣音字。例如：改卑、府移切爲必移切；改眉、武悲切爲目悲切，殆法言於此等切語，通行無別，迄宋代重修《廣韻》，切語猶沿用陸氏舊切，以當時之音讀之而覺其不諧，乃有類

隔切之說。其後宋元等韻學家創立種種門法以遷就隋唐時代之韻書，即所謂：自爲法以範圍古人之書乎？（註九）《廣韻》重修60年之後，《集韻》問世，其韻例云：「凡字之翻切，舊以武代某，以亡代茫，謂之類隔，全皆用本字。」《廣韻》之早於《集韻》60年，編者並非不知實際音讀之變化，只爲不肯輕易更動隋唐韻書之体例，乃特於各卷之末注云：新添類隔今更音和。（註一〇）

　　㈢開、合口相切

　　鈹，武悲切，脂韻，又音微。

　　　　無非切，微韻，又武悲切。（武悲切，開口；無非切，合口。）

　　脄，莫杯切，灰韻，又亡代切。

　　　　莫代切，代韻。（莫杯切，合口；莫代切，開口。）

　　鼨，徒紅切，東韻。

　　　　徒冬切，冬韻。（徒紅切，開口；徒冬切，合口。）

　　䮴，許羈切，支韻，又火元切。

　　　　況袁切，元韻，又許羈切。（許羈切，開口；況袁切，合口。）

　　稹，在丸切，桓韻。　　徂贊切，翰韻，又在丸切。（在丸切，合口；徂贊切，開口。）

　　熮，落蕭切，蕭韻，又力戈切。

　　　　落戈切，戈韻。（落蕭切，開口；落戈切，合口。）

　　竘，驅雨切，麌韻，又音口。

　　　　苦后切，厚韻，又驅雨切。（驅雨切，合口；苦后切，開口。）

　　俺，於驗切，豔韻。

　　　　於劍切，梵韻。（於驗切，開口；於劍切，合口。）

　　陸法言《切韻》韻目共193韻，《廣韻》增爲206韻，此增加者，爲依開合分韻，如眞軫震質及諄準稕術，寒旱翰曷及桓緩換末，歌哿箇及戈果過等。早期韻書因其分韻未密，故切語僅按實際音讀用字，

迨後世分韻增多，編者並未一定按之加以細分，仍沿用舊有切語，乃有開合口混用之情形。此情形以脣音字爲最，《廣韻》又音，脣音字有700餘字，開合相切者，占7分之1（註一一），又音之諧聲亦復如斯。（註一二）《七音略》第4圖支系開口呼後註云：「重中輕」，重爲開、輕爲合，此「重中輕」者，或開口中有合口之謂。殆脣音字性質開合不定，以致脣音開口（或合口）字以牙喉音合口（或開口）字作切語下字，以及牙喉音開口（或合口）字以脣音合口（或開口）字作切語下字之情形甚夥。（註一三）

㈣清、濁相切

汎，房戎切，東韻，又孚劍切。

　　孚梵切，梵韻。（房戎切，奉紐；孚梵切，敷紐。）

笨，布忖切，混韻，又蒲本切。

　　蒲本切，混韻。（布忖切，邦紐；蒲本切，並紐。）

瘝，謨晏切，諫韻，又莫駕切。

　　丑晏切，諫韻。

　　莫駕切，禡韻，又音慢。（謨晏切，明紐；丑晏切，徹紐；莫駕切，明紐。）

赽，巨支切，支韻。

　　墟彼切，紙韻。（巨支切，群紐；墟彼切，溪紐。）

鯷，都奚切，齊韻。

　　杜奚切，齊韻，又音低。（都奚切，端紐；杜奚切，定紐。）

裵，烏莖切，耕韻。

　　於營切，清韻。

扃，戶扃切，青韻，又音縈。（烏莖切，影紐；於營切，影紐；戶扃切，匣紐。）

居，當古切，姥韻，又音怙。

　　侯古切，姥韻，又丁古切。（當古切，端紐；侯古切，匣紐。）
　釋，羊益切，昔韻，又音釋。

　　　施隻切，昔韻。（羊益切，喻紐；施隻切，審紐。）

　　韻書最大功用在於廣文路，欲廣文路，必須清濁皆通。多數音韻
學者均贊同41聲類說，喻爲匣群疑定泥來日神禪澄娘從邪床並明奉微
等屬濁音，影曉見溪端透照穿審知徹精清心莊初疏邦滂非敷等屬清音。

㈤送氣、不送氣互用

　庳，府移切，支韻，又音婢。

　　　便俾切，紙韻，又音卑。（府移切，非紐；便俾切，並紐。）

　頫，方矩切，麌韻。

　　　他吊切，嘯韻，本又音府。（方矩切，非紐；他吊切，透紐。）

　諙，他干切，寒韻。

　　　陟山切，山韻，又他單切。（他干切，透紐；陟山切，知紐。）

　芀，都聊切，蕭韻，又音調。

　　　徒聊切，蕭韻。（都聊切，端紐；徒聊切，定紐。）

　弆，居許切，語韻。

　　　羌舉切，語韻，又音莒。（居許切，見紐；羌舉切，溪紐。）

　惗，几劇切，陌韻，又其戟切。

　　　奇逆切，陌韻。（几劇切，見紐；奇逆切，群紐。）

　檝，秦入切，緝韻，又音接。

　　　即葉切，葉韻。（秦入切，從紐；即葉切，精紐。）

　　從現代語音學觀點以爲，送氣與不送氣，是閉塞音與閉塞擦音所
特有者。漢語中，同音字有多達百餘者，送氣與否，乃成爲辨義因素。
惟中古聲母36字，在清濁音之間，於送氣與否並不同：清聲母送氣與
不送氣兩兩相配，如見配溪、端配透、知配徹、……等。至於並定澄
群從床神等濁塞聲母，暫依陸志韋《古音說略》擬爲不送氣。就諧聲

字及現代方言觀之，則送氣與不送氣兼備。

㈥**陰陽對轉**

臨，武移切，支韻，又莫結切。

　　莫結切，屑韻。（武移切，陰聲；莫結切，入聲。）

郲，薄回切，灰韻。

　　普等切，等韻。（薄回切，陰聲；普等切，陽聲。）

蜺，五稽切，齊韻。

　　五結切，屑韻，又音倪。（五稽切，陰聲；五結切，入聲。）

蕝，子芮切，祭韻，又子悅切。

　　子悅切，薛韻，又子芮切。（子芮切，陰聲；子悅切，入聲。）

焱，以贍切，豔韻。

　　呼昊切，錫韻。（以贍切，陰聲；呼昊切，入聲。）

　王了一先生以爲，陰陽對轉是語音發展之一種規律，從諧聲偏旁及一字兩讀均可証明之。（註一四）《廣韻》入聲韻皆與入聲韻互用，去聲韻與入聲韻互通似成慣例。前人因去聲字在諧聲上不與平上相關，即與入聲相關，而創古音無去說。歷來一般學者以爲陰聲入聲關係最深，蓋入聲尾音消失後即爲陰聲，長入在中古時期變爲陰聲，短入在近代中國北方話變爲陰聲。（註一五）

㈦**洪細相切**

蕪，武夫切，虞韻。

　　莫胡切，模韻。（武夫切，細音；莫胡切，洪音。）

茆，莫飽切，巧韻，《說文》音柳。

　　力久切，有韻，又莫飽切。（莫飽切，洪音；力久切，細音。）

粎，里之切，之韻，又音來。

　　落哀切，咍韻。（里之切，細音；落哀切，洪音。）

頋，古很切，很韻。

多殄切，銑韻，又古很切。（古很切，洪音；多殄切，細音。）

貰，舒制切，祭韻，又呼夜切。

　　神夜切，禡韻。（舒制切，細音；神夜切，洪音。）

齕，下沒切，沒韻，又胡結切。

　　胡結切，屑韻，又乎沒切。（下沒切，洪音；胡結切，細音。）

　周祖謨先生以切語有以洪音切細音，或以細音切洪音之現象，乃將齒音四類切語上字歸納。（註一六）今觀韻圖所列，一二等爲洪音，三四等爲細音，蓋依据韻書之開合洪細而分之。考現代中國各地方言，亦見洪細二讀。

㈧舌頭、舌上無別

涂，直魚切，魚韻，又直胡切。

　　同都切，模韻。（直魚切，澄紐；同都切，定紐。）

亶，張連切，仙韻。

　　多旱切，旱韻，又遮連切。（張連切，知紐；多旱切，端紐。）

楮，丑呂切，語韻。

　　當古切，姥韻，又音褚。（丑呂切，徹紐；當古切，端紐。）

瘵，竹例切，祭韻，又音帶。

　　當蓋切，泰韻。（竹例切，知紐；當蓋切，端紐。）

渫，徒協切，怗韻，又丈甲切。

　　丈甲切，狎韻。（徒協切，定紐；丈甲切，澄紐。）

　錢大昕有舌音類隔不可信說，王了一先生亦嘗例舉諧聲偏旁、上古史異文、古文讀若及切語、現代閩方言等証明端知二系相通之情形。（註一七）

㈨泥、娘、日不分

襛，女容切，鍾韻，又而容切。

　　而容切，鍾韻，又女容切。（女容切，娘紐；而容切，日紐。）

孃，汝陽切，陽韻，又女良切。

　　女良切，陽韻。（汝陽切，日紐；女良切，娘紐。）

戁，奴板切，潸韻，又音躑。

　　人善切，獮韻，又音赧。（奴板切，泥紐；人善切，日紐。）

肭，內骨切，沒韻，又女滑切。

　　女滑切，黠韻，又女骨切。

　　如劣切，薛韻。（內骨切，泥紐；女滑切，娘紐；如劣切，日紐。）

　　章太炎先生創古音娘日歸泥說，唐守溫30字母，即無娘紐，娘紐來自於日紐音變。本師陳先生更舉《經典釋文》、《釋名》及漢儒譬況証音，日譯吳音、現代方言、《廣韻》又切等証明太炎先生之說可以完全確立，並假定泥娘日在古聲同源。（註一八）

㈩精、莊同源

淙，藏宗切，冬韻，又士江切。

　　士江切，江韻，又才宗切。

　　色絳切，絳韻。（藏宗切，從紐；士江切，床紐；色絳切，疏紐。）

掫，子于切，虞韻，又子侯切。

　　子侯切，侯韻。

　　側九切，有韻。（子于切、子侯切，精紐；側九切，莊紐。）

親，士人切，眞韻。

　　七遴切，震韻，又七鄰切。（士人切，床紐；七遴切，清紐。）

颵，所六切，屋韻。

　　息逐切，屋韻。（所六切，疏紐；息逐切，心紐。）

捌，阻力切，職韻。

　　秦力切，職韻，又音側。（阻力切，莊紐；秦力切，從紐。）

　　董同龢先生嘗依据諧聲、假借不分等，測得精、莊二系同出一源。（註一九）在其前，夏燮《述韻》依据說文諧聲偏旁考証36字母，精系字半與莊系字合；陳澧《切韻考》更引用切語上字與所切之字爲雙聲，其切語上字同用者互用者遞用者聲必同類之理，証明正齒音有二類。

　　㈡**端、照互用**

　　蔙，昌終切，東韻，又音統。

　　　　他綜切，宋韻。（昌終切，穿紐；他綜切，透紐。）

　　提，章移切，支韻，又是支切。

　　　　是支切，支韻，又音支。

　　　　杜奚切，齊韻。（章移切，照紐；是支切，禪紐；杜奚切，定紐。）

　　湍，他端切，桓韻，又音專。

　　　　職緣切，仙韻，又音耑。（他端切，透紐；職緣切，照紐。）

　　灛，賞敢切，敢韻。

　　　　他紺切，勘韻。（賞敢切，審紐；他紺切，透紐。）

　　蛭，之日切，質韻。

　　　　丁悉切，質韻，又之日切。

　　　　丁結切，屑韻，又音質。（之日切，照紐；丁悉切，端紐；丁結切，端紐。）

　　濕，失入切，緝韻，又他合切。

　　　　他合切，合韻。（失入切，審紐；他合切，透紐。）

　　錢大昕《十駕齊養新錄．舌音類隔之說不可信》有古人多舌音，後世多變爲齒音，不獨知徹澄三母爲然說。意指照系字在古代亦讀爲舌頭音端透定。端系字爲本聲，照系爲本變聲。錢氏舉古書爲証，以明端、照可以互用。（註二〇）

　　㈢**牙喉音互通**

虛，朽居切，魚韻，又音祛。

去魚切，魚韻，又許魚切。（朽居切，曉紐；去魚切，溪紐。）

鄗，口交切，肴韻，又音郝。

胡老切，皓韻。

呵各切，鐸韻。（口交切，溪紐；胡老切，匣紐；呵各切，曉紐。）

盻，五計切，霽韻，入下戾切。

胡計切，霽韻，又五計切。（五計切，疑紐；胡計切，匣紐。）

抉，古穴切，屑韻。

於決切，屑韻。（古穴切，見紐；於決切，影紐。）

蜮，雨逼切，職韻，又音或。

胡國切，德韻。（雨逼切，爲紐；胡國切，匣紐。）

太炎先生《國故論衡》有古雙聲說，以爲喉牙二音互有蛻化，錢玄同先生《文字學音篇》亦將牙喉音並列喉音。就發音部位而言，影喻同屬喉音，曉匣見溪群等槪屬舌根音，兩者之發音部位極近，其間所發聲紐有互相諧聲或假借情形，乃自然之勢。

通過以上之分析，可以用又音解釋許多音韻學之理論；因此，若直以法言《切韻》原文不注又切（註二一），或若顧炎武等所謂又切搜采舊文不寓正音之列（註二二）……等皆未見妥切。又音正本音之別出，居於此爲本音，居於彼則又音是也。（註二三）蓋《廣韻》係前有所承，其切語用字並未經規劃齊一，而迻錄於斯；再者，復承襲法言兼蓄並包主義，致使後人不明其所以然也。

四、結　論

《廣韻》切語多爲承襲舊切，而經唐至宋，諸家又莫非僅僅增訂，所以《廣韻》之中不免包含時代較早之切語。以今日之眼光，難免誤

以爲其切語之取捨有欠科學耳。

　　經由本文前項之分析，一字有又音，正是法言兼論古今通塞南北是非之音讀，《廣韻》將之分列，乃是秉承法言剖析毫釐分別黍累之意，使其又音並存之，保存其演變之跡。此中，固有《切語》所無而爲後所增加者，然就其增加者而言之，尤可見其音讀之變遷爲：古音聲調互用、重輕唇不分、開合口相切、清濁相切、送氣不送氣互用、陰陽對轉、洪細相切、舌頭舌上無別、泥娘日不分、精莊同源、端照互用、牙喉音互通。

　　是則從又音可以一探《廣韻》之性質乃是兼包古今通塞南北是非之音讀。

【附註】

註　一　參見唐作藩《音韻學教程》，頁105～106，五南圖書公司，1992，台北。

註　二　參見王了一《漢語音韻學》，頁260，台北。

註　三　參見張世祿《廣韻研究》，頁11～12，1973，台北。

註　四　同上。

註　五　參見本師陳先生《古音學發微》，頁112～113，1972，台北。

註　六　參見拙作《從廣韻又切看唇音字之演變》，頁55～60，1982，台南。

註　七　同註五，頁1141。

註　八　同註六，頁23～25。

註　九　同註三，頁210～212。

註一〇　參見董同龢《漢語音韻學》，頁189～190，1970，台北。

註一一　同註六，頁87。

註一二　同，頁88～93。

註一三　同上，頁70～93。

註一四　參見王了一《漢語史稿》，頁102～108。

註一五　同上。

註一六　參見周祖謨《問學集》，頁522～532，1976，台北。

註一七　同註十四，頁72。

註一八　同註五，頁1151～1166。

註一九　同註十，頁292～294。

註二〇　參見本師陳先生《重校增訂音略証補》，頁53～55，1979，台北。

註二一　參見陸志韋＜說文廣韻中間聲類轉變的大勢＞，燕京學報二八期，1940。

註二二　參見余迺永《互注校正宋本廣韻．校勘記》，頁372，1975，台北。

註二三　同上，頁289。

日本最古漢詩集懷風藻用韻研究

朴萬圭

一、前言

現存日本最初的漢文詩集《懷風藻一卷》，是書成於日本奈良朝（西元七一○年至七八四年）的七五一年。裏面收載有出於諸王、大臣和貴族等六十四人之手的侍宴、應詔之類的漢文詩一百十七首。未知撰著人之姓名，作詩的年代先後亙百年之久。但除二首之外，其餘都是西元六七三年到七五○年之間的作品。這些作品的特徵要而言之，如下：

㈠以五言詩佔多數：全部一百十七首中，五言佔一一○首，七言僅七首。此可認爲是受六朝詩的影響。五言詩萌芽於漢，盛行於魏晉南北朝。

㈡以八句詩佔多數：試就一一七首考察其句數，可得下表：

句數	五言	七言
四句	十八首	四首
八句	七三首	一首
十句	六首	
十二句	一○首	一首
十六句	二首	
十八句	一首	一首
計	一一○首	七首

㈢喜用對偶句：《懷風藻》詩中無對偶句者僅二篇。

㈣不合近體詩的平仄：其不合於近體（律詩及絕句）的平仄式，是因爲以尙未確立近體格式的六朝時代詩形作標準的關係，至唐代方才確立近體的格式。

總之，它愈近於古體詩，它的用韻通轉範愈確實的表達出近於日人當時所操的實際漢字音韻系統上之輪廓。

二、《懷風藻》用韻概述

㈠《懷風藻》詩合韻譜

1.通　攝

⑴韻字

　　甲、東（鍾）韻

逢風叢蟲窮中同通紅融工弓公矓沖躬童空

⑵韻例

《懷風藻》詩韻東（鍾）十見。以東獨用爲主。東獨用八次，東鍾通押二次，冬韻字未見。東鍾同用率佔20％，定東鍾同用。

⑶韻譜

〔東獨用〕

〈正五位下大學……三月三日、應詔〉宮窮中同風　〈贈正一位太政大臣……遊吉野〉中通紅風　〈大伴王・從駕吉野宮〉風東融工〈從五位下大學……秋日於長王宅宴新羅客〉同叢風弓　〈從三位中納言……述懷〉工風　〈從五位下鑄錢長官……從駕吉野宮〉公通風宮　〈隱士民黑人・幽棲〉叢童同風　〈從三位中納言……秋夜閨情〉同空風中

〔東鍾同用〕

〈釋智藏・翫花鶯〉逢風叢蟲　〈釋道慈・初春在竹溪山寺於長王宅宴追致辭〉同矓中空風沖躬宮

2.江　攝

　此屬字未有。

3.止　攝

　(1)韻字

　　①支韻

　　　池垂

　　　　寘韻—義

　　②脂韻

　　　悲墀眉追遲衰

　　　　旨韻—地

　　③之韻

　　　期時思基詞詩

　　④微韻

　　　微依霏暉飛歸幃稀

　(2)韻例

　　止攝支脂之微四部，基本上是同用。其中支脂間的距離比之與之或微間的距離更近一些。之部的獨用性特強，微部亦如是。他們之間的通轉分配表如下：

出現次數	2	1	1	1	1	2	3
平聲韻目	支脂	支脂之微	脂	脂微	脂之微	之	微

　　這表顯示：支脂共見6次，通押3次，佔50%，同用分明；支脂與之韻共見8次，　通押6次，多達75%，無疑是同用；支脂之與微韻共見

11次，通押一次，未達於 10％，只能說是獨用。因此我們定之爲：支脂之三韻同用無疑；微韻只好分開。

　(3)韻譜

　〔支脂同用〕

〈從三位中納言……贈舊識〉衰眉垂悲

　〔寘至同用〕

〈淡海朝大友皇子・侍宴〉地義

　〔支脂之微同用〕

〈大納言直大二中……山齋〉池悲微期

　〔脂獨用〕

〈從五位下陰陽頭……春日於左僕射長王宅宴〉犀眉追遲

　〔脂微同用〕

〈外從五位下石見守麻田連陽春……和藤江守詠……〉依犀衰悲

　〔脂之微同用〕

〈從三位中納言……贈掾公之遷任入京〉詩衰稀違

　〔之獨用〕

　〈皇太子學士正六位上調忌寸古麻呂，初秋於長王宅宴新羅客〉時思基期　〈正六位上但馬守百濟公……秋日於長王宅宴新羅客〉時期詞思

　〔微獨用〕

　〈正六位上左大史……詠美人〉霏暉飛歸　〈正六位上刀利宣令・秋日於長王宅宴新羅客〉幃依稀歸　〈正三位式部卿……暮春曲宴南池〉暉歸

　4.遇　攝

　(1)韻字

　　①魚韻

書魚裾舒餘疎墟如居余

(2)韻例

　魚韻字十四字例全是獨用（註一）。虞韻未有出現。

(3)韻譜

〔魚獨用〕

〈外從五位下大學……於左僕射長王宅宴〉書魚裾舒　〈從三位
兵部卿……暮春於弟園池置酒〉餘書舒疎　〈從三位兵部卿……過神
納言墟〉餘墟疎如　〈隱士民黑人・獨坐山中〉居余

5. 蟹　攝

(1)韻字

　①咍韻

　　開來

　　　海韻—宰海

(2)韻例

　屬此韻，韻腳字只有四見，雖全是咍韻字，韻字太少，還是不論
好。今不論。

(3)韻譜

〔咍韻獨用〕

〈大學頭從五位下……三月三日曲水宴〉開來

〔海韻獨用〕

〈淡海朝大友皇子・述懷〉宰海

6. 臻　攝

(1)韻字

　①眞韻

　　人陳塵民濱新津賓鱗仁親宸逡臣辰鄰紳巾貧蘋

　②諄韻

　　春輪倫均巡淳筠
　　　筍韻—俊
③文韻
　　問韻—聞
④元韻
　園
　阮韻—苑遠
⑤魂韻
　敦論
　　慁韻—論
⑥痕韻
　垠恩
　⊛山攝先韻
　煙
(2)韻例

　　止攝字用爲韻脚的以眞諄二部爲最多，眞獨用例雖有七次，但眞諄同用的例多達二十二次，佔全部用韻例的65％。進一步的通轉表如下：

出現次數	7	2 2	1	1	1	1	1
平聲韻目	眞	眞諄	眞諄筍	眞諄痕	眞先	問阮慁	元魂痕

　　由上表可得：眞共見32例，獨用7次，雖獨用次數多，不能定爲獨用。眞諄共23見，若把與之相押的去聲筍韻算在一起，則至24見，

其中通押次數爲22次，自是同用無疑。眞痕共33見，通押只有一次，不得同用。眞先亦是。其餘文元魂痕之間的關係，韻例分別只見一次，今不談爲宜。

(3)韻譜

〔眞獨用〕

〈春日侍宴〉濱人新宸　〈遊吉野〉新賓逡仁　〈從五位下息長眞人臣足・春日侍宴〉新紳民仁　〈悲不遇〉新人鱗塵臣貧　〈遊吉野川〉賓仁新濱　〈遊吉野山〉新鱗塵津　〈奉和藤太政佳野之作〉親鱗陳津

〔眞諄同用〕

〈正三位大納言……春日・應詔〉春人陳塵民　〈文武天皇・詠言〉濱輪新津〈文武天皇・詠雪〉新塵濱春　〈從三位中納言……從駕・應詔〉塵春新賓　〈大學博士從五位……春日・應詔〉春鱗新陳塵仁　〈釋辨正・與朝主人〉親塵春人　〈贈正一位太政……元日・應詔〉民宸新春人塵　〈大學博士從五位……侍宴〉春鱗仁陳新眞〈從四位下播磨守大石王、侍宴〉春臣濱筠　〈大學博士田邊……春苑〉陳濱身人春　〈從三位左大辨石川朝臣石足・春苑〉春人新巡塵民　〈從四位……侍宴〉辰淳春塵　〈正五位上近江……春日侍宴〉鄰仁陳春塵辰　〈正四位下兵部卿……春日・應詔〉春塵筠新　〈從二位大納言……初春侍宴〉新人春仁　〈從四位……遊吉野宮〉仁民倫賓　〈從五位……述懷〉新春　〈左大臣……元日宴〉春新巾仁　〈左大臣……初春於作寶樓置酒〉春新濱筠　〈從三位中納言兼……春日侍宴〉春陳新鱗貧　〈大宰大貳正四位……扈從吉野宮〉仁親新倫〈正五位上大學博士……侍宴〉春新津民

〔眞諄稕同用〕

〈正四位下治部卿犬上王遊覽山水〉濱新鱗俊倫春

〔眞諄痕同用〕

〈贈正一位左大臣……七夕〉垠塵新春蘋濱

〔眞先跨攝同用〕

〈從五位下陰陽頭兼……和藤原大政遊吉野川之作〉仁鱗煙塵

〔問阮慁同用〕

〈大津皇子・春苑言宴〉苑遠聞論

〔元魂痕同用〕

〈大宰大貳從四位……春日〉園敦論恩

7.山　攝

(1)韻字

　①寒韻

　　安韓難寒蘭

　②桓韻

　　端官歡冠紈蠻

　③刪韻

　　還

　④山韻

　　間山

　⑤先韻

　　年賢天玄千肩前絃邊堅憐淵烟

　⑥仙韻

　　煎旋然纏

(2)韻例

此攝寒桓共六見，通押5次，兩韻自是同用無疑。寒刪共6見，通押 2次，同用率已達 33%強。但其出現次數嫌少，今暫定爲同用。表如下：

出現次數	4	1	1	3	7	1
平聲韻目	寒桓	寒桓刪山	寒刪	先	先仙	先仙山

　　寒桓刪山四部共6見，一次通押，通押率雖高於 10％，但它只有一次韻例，今不論。寒山共7見，通押亦只有一次，今亦不論。先仙共11見，其中通押高達 10次，毫無疑問地定爲同用。於先山兩部，共11見中，通押只有一次的比率，今定爲先山不得同用。

　　由上表中，我們又可得這一項的論點：在日本的古時漢字音韻系統裏，寒桓刪山韻部和先仙韻部之間是沒有往來的，它們之間的界限是非常明顯的。十六攝的區分，就寒攝裏的區分說，應分而爲二的。

　　(3)韻譜

　　〔寒桓同用〕

　　〈釋辨正・在唐憶本鄉〉端安　〈贈正一位左大臣……秋日於長王宅宴新羅客〉韓難寒端　〈從三位兵部卿……過神納言壚〉難官蘭歡　〈外從五位大學頭……春日於左僕射長屋王宅宴〉冠紈寒蘭

　　〔寒桓刪山同用〕

　　〈釋道融・山中〉還間寒巒

　　〔寒刪同用〕

　　〈釋道融〉難還　〈釋道融・番外一〉難還

　　〔先獨用〕

　　〈正六位上刀利宣令・賀五八年〉年賢天玄　〈大學助教從五位下毛野朝臣蟲麻呂〉千肩前絃　〈從五位上……賀五年宴〉年賢天玄

　　〔先仙同用〕

〈正六位上但馬守百濟公和麻呂・七夕〉邊煎旋年　〈正三位式部卿……在常陸贈倭判官留在京〉天前絃年然堅　〈亡名氏・歡老〉憐年天纏邊　〈大津皇子・遊獵〉筵然前連　〈大宰大貳從四位……春日〉仙川泉淵連筵煙篇　〈皇太子學士從五位……從駕〉川連蓮蟬煙天　〈左大臣正二位長屋王・於寶宅宴新羅客〉烟筵鮮篇

〔先仙山同用〕

〈外從五位下石見守……和藤江守……之作〉山專緣傳堅

8.效　攝

(1)韻字

①宵韻

朝韶飄瑤

②豪韻

號韻—好勞

(2)韻例

效攝只見二首；一則宵韻，二則號。韻字均嫌太少，還是不論爲安。今不論。

(3)韻譜

〔宵獨用〕

〈大學頭從五位……秋日於長王宅宴新羅客〉朝韶飄瑤

〔號獨用〕

〈從五位下刑部……述懷〉好勞

9.果　攝

(1)韻字

①歌（戈）韻

柯波河

(2)韻例

果攝只有一首。歌韻腳二字，戈韻腳一字。因出現字數太少，還是不論它好。今不論。

(3)韻譜

〔歌戈同用〕

〈正五位下中……奉和藤太政佳野之作〉柯波河

10.假　攝

(1)韻字

①麻韻

華斜花家譁車

(2)韻例

假攝亦只見一首，　不論為宜，但其韻腳6個字不與他攝韻腳字那樣稀少一般，全集中在一起，似可定為獨用。今暫定獨用。

11.宕　攝

(1)韻字

①陽韻

裳匡望章涼璋芳觴長場

②唐韻

光

(2)韻例

陽韻和唐韻，自古以來詩人們很喜歡用，是屬於寬韻。這攝日人卻冷落得異常。

出現次數	2	1
平聲韻目	陽	陽唐

本來陽唐是分不開的，上表也的確如此。但在這值得一提的是：陽韻的韻腳字數11見；唐韻只1見，按照一貫的統計法，我們今天定之爲陽獨用也不爲過。但此屬韻究竟太少，爲了慎重起見，根據上表的數字顯示，定之爲陽唐同用亦未過。今暫定陽唐同用。

(3)韻譜

〔陽獨用〕

〈文武・述懷〉裳匡望章　〈從五位……晚秋於長王宅宴〉涼璋芳觴

〔陽唐同用〕

〈正三位式部卿……秋日於左僕射長王宅宴〉光芳長場

12.梗　攝

(1)韻字

　①庚韻

　　　行兵明榮生驚

　　　　映韻─命

　②清韻

　　　情輕聲瀛清

　　　⊛山攝先韻

　　　天

　　　⊛宕攝陽韻

　　　陽

　　　　漾韻─向

(2)韻例

梗攝的通轉範圍也基本上是可以接受。但與之通押的宕攝的陽韻已經兩次出現，這值得一記。還有一點不很尋常：收尾- 的庚清兩韻竟與先韻通押。原書已經爲後人給註，云誤韻。但就中唐以後的中國

近體、古體詩押韻情形看，這種-ŋ和-n收尾的來往，屢見不鮮。就筆者的淺見，這首詩所註「誤韻」，可能是對的。因爲在筆者所看到的任何韓國或日本方面的古時漢詩裏，不同收尾之間的通押現象，除此之外從未發現過第二個例子。這點也算是韓、中、日三國在古典詩方面的表現和文化的繼承關係上很值得探索的一個層次。

出現次數	1	1	1	5	1	2	1
平聲韻目	庚	庚陽	庚陽清	庚清	庚清先	清	清陽

　　從表中我們看出：庚陽共10見，通押一次，通押率佔10%，次數太少，只能說「同用趨向」。　庚清共12見，兩韻通押7次，比率達58%強，今定同用。清陽共11見，其中通押2次，佔18%強，定同用。

　　(3)韻譜

　　〔庚獨用〕

　　〈正三位式部卿……奉西海道節度使之作〉行兵

　　〔庚陽清同用〕

　　〈釋智藏・秋日言志〉情芳聲驚

　　〔映漾同用〕

　　〈大津皇子・臨終一絕〉命向

　　〔庚清同用〕

　　〈河島皇子・山齋〉明情　〈從五位下大學……上巳禊飲〉生輕榮情　〈外從五位下大學……侍讌〉生輕榮情　〈正五位上紀朝……秋宴〉聲清驚情　〈正五位下肥……秋宴〉清驚情聲

　　〔庚清先同用〕

〈大納言直大……詠孤松〉日月天榮輕（註二）

〔清獨用〕

〈從四位上治部卿……宴長王宅〉輕清聲情

〔清陽同用〕

〈葛野王・春日翫鶯梅〉陽聲情觴

13.曾　攝

　　此屬字未見。

14.流　攝

　　(1)韻字

　　　①尤韻

　　　　秋猷浮愁流遊留舟憂洲悠牛休由周

　　　　　　　有韻—久

　　　　　　　宥韻—壽

　　　②侯韻

　　　　　樓

　　　③幽韻

　　　　　幽

　　(2)韻例

　　流攝的三韻，以尤韻最爲活躍，總共15個韻次當中，每首都有尤韻的存在。尤侯共15見，通押也有2次，今似可定同用。但若再查翻原詩，這點值得必須再考量一番：兩首恰巧都是以幽韻字做爲初句韻腳字的所謂孤雁入群式。押韻的環境和尤侯兩部之間的情形有所不同。若定它同用似乎有點不妥。今定尤幽不得同用。表如下：

出現次數	11	2	2
平聲韻目	尤	尤侯	尤幽

(3)韻譜

〔尤獨用〕

〈贈正一位太政……元日〉秋猷浮愁　〈大學頭從五位……七夕〉秋流舟憂　〈從五位下出雲……七夕〉留秋洲流愁悠　〈從三位中納言……秋日於長王宅宴新羅客〉流遊秋憂　〈大宰大貳正四位……遊吉野川〉流洲（註三）〈大宰大貳正四位……七夕〉秋遊流浮　〈正五位下圖書頭……秋日於長王宅宴新羅客〉秋浮牛愁　〈正三位式部卿……在常陸贈倭判官留在京〉休秋由猷　〈從三位兵部卿……仲秋釋奠〉周留浮猷〈從三位中納言……吉野之作〉流洲

〔有宥通押〕

〈釋道慈・在唐奉本國皇太子〉壽久（註四）

〔尤侯同用〕

〈從四位下左中辨……遊吉野宮〉樓留　〈贈正一位左大臣……七夕〉秋遊流樓

〔尤幽同用〕

〈從四位下兵部卿……山齋言志〉幽秋流遊　〈正五位下圖書頭……從駕吉野宮〉幽洲秋流

15.深　攝

(1)韻字

①侵韻

陰琳岑林金臨斟潯沈深心琴音簪吟

　　寢韻—錦寢

(2)韻例

深攝侵韻8個韻次， 個個都是獨用（上聲寢韻也不例外），毫無疑問，侵獨用。這裏我們不再需要畫圖表，從省。

(3)韻譜

〔侵獨用〕

〈正五位上紀朝……望雪〉陰琳岑林金臨斟　〈判事紀末茂・臨水觀魚〉潯沈深心　〈大伴王〉深潯　〈從四位上治部卿……秋夜宴山池〉琴深　〈主稅頭從五位……春日侍宴〉深琴心音　〈正三位式部卿……遊吉野川〉岑簪林琴深心　〈從三位中納言……飄寓南荒贈在京故友〉心陰吟琴

〔寢獨用〕

〈大津皇子・述志〉錦寢

16.咸　攝

此屬韻腳字從未見。

㈡與《廣韻》、六朝詩、初唐詩通詩轉範圍之比較

我們現在將《懷風藻》古體詩韻系統加以簡化，弄一張圖表，來和歷代押韻範圍做一個比較，對了解音韻演變的來龍去脈，幫助不少。它們之間的消息是：

十六攝	廣　韻		六朝(註五)	初唐(註六)	日本懷風藻(AD680～750)
通	東		東	東冬鍾	東鍾（冬未見）
	冬		冬鍾		

	鍾			
江	江	江	江	？（江未見）
止	支	支	支脂之微	支脂之
	脂	脂之		
	之			
	微	微		微
遇	魚	魚	魚虞模	魚
	虞	虞模		？（魚模未見）
	模			
蟹	齊	齊	齊	？（齊佳皆未見，哈也未見，不論）
	佳	佳	佳皆	
	皆	皆		
	灰哈	灰哈	灰哈	
臻	眞	眞臻欣	眞諄臻欣	眞諄（臻文未見）
	諄			
	臻			
	欣			
	文	文	文	

山	元			
臻	魂 痕	元魂痕	元魂痕	?（元魂痕韻例太少,不論）
山	寒 桓	寒	寒桓	寒桓刪（暫定）
	刪	刪	刪山	
	山	（山）庾信不用		
	先 仙	先仙	先仙	先 仙
效	蕭 宵	蕭宵	蕭宵	不論（宵豪例太少；蕭肴未見）
	肴	肴	肴	
	豪	豪	豪	
果	歌 戈	歌	歌戈	不論(例太少)
假	麻	麻	麻	不論(例太少)
宕	陽 唐	陽唐	陽唐	陽唐

梗	庚	庚耕清青	庚耕清青	庚耕清(暫定,耕青未見)
	耕			
	清			
	青			
曾	蒸	蒸	蒸	?(未見)
	登	登	登	
流	尤	尤侯幽	尤侯幽	尤侯(幽不論)
	侯			
	幽			
深	侵	侵	侵	侵
咸	覃	覃	覃談	?(例字未見)
	談	談		
	鹽	鹽添	鹽添	
	添			
	咸	(咸)	咸銜	
	銜	(銜)		
	嚴	(嚴)(凡)	嚴凡	
	凡			

三、結 語

我們已經在前文，透過分析押韻通轉範圍之層面，針對日人古時運用漢字音韻系統的梗概，略知一二。唯令人感到遺憾的是，詩篇僅有一百餘首，加上其中根本沒有用到的韻攝或韻部亦尚有幾處，這就造成對我們的工作無法展開全面性的突破的局面。話雖如此，我們的收獲也不少。我們發現：中國人賴以發出寬洪的襟度或舒閒爽朗的情感而喜作韻腳字的東冬鍾江和陽唐韻字，他們用得非常稀少；日人對眞諄韻和尤韻和先仙韻和侵韻似有鍾情，用得相對的多。它們分別善於表現：心情沈重或情緒凝重的感情；有志難伸的無奈和愁懷；歸期猶茫然無定的思鄉愁緒或難以自持的心境；憂愁感傷的情緒或孤獨難言的懷念。這些的意境與他們用韻非常吻合，《懷風藻》一百多首幾乎都是吐露出感懷憂傷或憂愁的情懷，這是我們的結論之一。

日人對某些的韻字或詩句似有偏好：他們尤其偏愛臻攝的眞諄韻，裏面更多以「春」字爲韻腳字，技巧非常單純。加之，詩語內「淑」字多有見得，很不順口；中國的詩家普偏喜愛的止攝字，日人少用得離譜，支脂之三韻只看見六次，弄得教我們對這樣一個具有代表性的韻攝，無法自豪的交待。對這幾個疑點，個人的愚見乃是：古代日人練操漢文的程度很不靈光，加上作詩或用韻或選韻方面，究竟是人家的，因而導致無法透澈地熟練、順手的，把詩篇爐火純青的磨練出來。這是結論之二。

第三點是用韻範圍方面：基本上是與中國六朝或初唐近似。但這也有幾點要註明的：寒桓部和先仙部之間的區別很儼然；眞諄不與元魂痕來往；庚清和陽韻之間來往不少；侵韻的獨用性非常穩固。

這些均是從我們的用韻分析和歸納整理作業中得出來的。若我們的資料（詩篇數）越豐富，我們的研究結果越容易取信於人的。這是

令人足以感到惋惜之處。

　　　　　　　　　　（脫稿於一九九三・十二・十九星辰）

【附註】

註　一　原書寫道：從三位兵部卿兼左右京大夫藤原朝臣萬里作〈過神納言墟〉
　　　　第一句第五字「去」入韻，還說「通韻」。看來這是加註的後人所犯
　　　　的明顯的錯誤。因爲第二、四、六、八句爲韻(魚韻)；第九句始爲換
　　　　韻。然後第十、十二、十四、十六句全是寒桓同用。從初句始「通韻」
　　　　是前所未有的。這個字根本不入韻，加上初句末字「去」有上去兩讀
　　　　字。若視其爲「通韻」這詩就變成了平上（去）通押。這是不能隨便
　　　　說就說的。像這樣的（所謂「通韻」）使人誤入歧途的有如：〈大津
　　　　皇子・春苑言宴〉，〈釋智藏・秋日言志〉，〈大納言直大二中臣朝
　　　　臣大島・山齋〉，〈釋道慈・在唐奉本國皇子〉，〈外從五位下石見
　　　　守麻田連陽春・和藤江守詠裨叡山先考之舊禪處柳樹之作〉，〈釋道
　　　　融・山中〉，〈從三位中納言兼中務卿石上朝臣乙麻呂・贈椽公之遷
　　　　任入京〉等比比皆是。今天我們在此需要澄清的：起句借隣韻不能算
　　　　是「通韻」，且廣韻所注「同用」之間的押韻，應該算爲「本韻」並
　　　　不是所講的「通韻」。他們誤加註「通韻」的地方太多，我們著實有
　　　　必要使其明朗化。（這些不是懷風藻本身的錯失，只是後代加註人的
　　　　漢學功力浮淺而導致，因此不在原文章節裏道破，只好隨註行文而已）。
註　二　原書云「誤用」。
註　三　後人加註初句末字（秀）爲韻腳字，如此一來，成了平去相押，不大
　　　　可能。此初句通常不入韻絕無未可。今將此視爲二四句入平聲韻尤韻
　　　　的詩句。
註　四　這裏又有「通韻」。本是上去通押，沒有不妥。如前所述，日人所謂
　　　　「通韻」：不出於：與廣韻不合，或平去相押，或上去通押等幾種可

　　　能性。

註　五　出自於周祖謨《漢魏晉南北朝韻部演變研究第三分冊》。

註　六　出自於耿志堅《初唐詩人用韻考》

參考文獻

一、《日本古典文學大系》69・小島憲之校註，岩波書店刊行，昭和39年。此
　　書爲惟宗孝言本（長久二年((一〇四一年)))）→蓮華王院寶藏本→康永本（
　　光明院康永元年((一三四二年))→天和刊本（一六八四年）的今日本。

一、〈切韻的性質和它的音系基礎〉周祖謨・《語言學論叢第五輯》商務印書
　　館・一九六三年。

一、《韓國三國時代韻文研究》朴萬圭・中國文化大學中研所博士學位論文・
　　一九九一年。

一、《宋本廣韻》陳彭年等・聯貫出版社・余迺永校著。

一、《中國詩學・設計篇》黃永武・巨流圖書公司。

《中原音韻》入聲問題再探

姚榮松

一、前　言

　　《中原音韻》原是成書於六百多年前的北曲語言韻書，它對明、清雜劇、傳奇的用韻起過巨大的指導作用，對曲律家的影響更為深遠。民國二十年代以後，它逐漸受到音韻學界的重視，從羅常培（1932）的第一篇專論《中原音韻聲類考》迄今六十年，聲韻學界對它的研究是逐步炒熱的，到了（公元）八十年代初期，大陸音韻學界陸續出版了三本專著，即楊耐思（1981）《中原音韻音系》、李新魁（1983）《中原音韻音系研究》、寧繼福（1985）《中原音韻表稿》，這是前所未有的盛況，雖然在八十年代以前，已有趙蔭棠（1936）、服部四郎與藤堂明保（1958）、 Hugh M. Stimson （司徒修1966）、薛鳳生（ Hsueh Feng-sheng 1975）四部專著，但其中三部是在國外（日、美）的研究成果。值得一提的是八十年代以前，國外的研究並未受到國內學者的注意。關於「入派三聲」問題和它所代表的音系性質，從1962～1963年間，趙遐秋、曾慶瑞和李新魁之間的一場討論開始，迄今並未結束，這個問題也一直是漢語語音史的焦點問題，八十年代的三部專著，正好代表三種不同主張。其實多數人忽略了六〇～七〇年代在美國，司徒修主張有入聲，薛鳳生主張無入聲，可以算是這個問題的第二階段，八十年代最重要意見應該是楊耐思對於中原音韻入聲的重要構擬，等於將他的老師陸志韋的意見做了修正與補充，對於《中原音韻》的語音基礎，則刻意淡化與折衷，這些都反映了研究問題

的新取向，不管國內國外，對於入聲問題基本上分成有入派與無入派兩個陣營，其討論的熱烈，可以由近年發表的論文窺其一斑，這又是音韻史上繼切韻性質的討論之後的另一件盛事，換言之，《中原音韻》一書呈現了語音史的關鍵問題，其材料所包含的啟示性，使得人們因研究取向不同，在論辯的過程中，產生兩極化的主張，在歷來的音韻材料中，除了「切韻」之外，沒有比它更富爭議性。1978年周德清誕辰 710週年在高安舉行的學術討論會及其論文集《中原音韻新論》一書（1991），把《中原音韻》的研究推向新的高峰。

筆者曾在民國七十二年「中華民國聲韻學學會」草創初期的第二屆討論會上，提出《中原音韻入派三聲問題新探》一文（預定收在《聲韻論叢》第二輯，出版中），當時幸蒙學會發起人　伯元師指定撰寫論文，向來台灣有關《中原音韻》的論述不多，伯元師的《中原音韻概要》是一本很好的指引。但是拙文倉促成稿，僅對《中原音韻》中「入派上聲字」國語有一部分變作陰平的原因試加揣測，尚未提出具體結論。事隔十年，每有重寫之念，1991年春、夏分赴東京、北京二次訪問，竟蒙平山久雄、唐作藩兩位教授先後持《新論》一書相贈，可見兩位先生對此書之重視。今值　伯元夫子甲子榮慶，同門有祝嘏論文之約，因趁旅法研究之際，重作馮婦，再續前作，因以「再探」命篇，為夫子壽，兼以補前文草率之過失，不亦宜乎。

二、《中原音韻》入派三聲問題的取向

中原音韻作為近代北音的關鍵資料，乃因它一空依傍，在聲、韻、調三方面都揚棄了傳統韻書及韻圖的框架，如：不立字母、反切；「音韻每空是一音」（起例之十一）；併韻部為十九；廣韻四聲四承，此書以入聲派入三聲，附于九個陰聲韻部之後，並不完全併入，以區別「本聲」與「外來」。這些開創性的編排，正能反映北音演化的某

一階段的音韻系統。又如平分陰陽、濁上歸去、入聲式微或消失，這些聲調轉化的特點，最能突顯它的音系特徵，因此，研究入聲性質乃是解決音系性質的關鍵。本文先從三個取向入手：

（一）區別「本聲」與「外來」的目的何在？

根據《正語作詞起例》（以下簡稱《起例》）第六、七兩條，寧繼福（1986：163）指出：所謂「外來」有兩類，第一類為「入派三聲」的字，集中排列在所謂「本韻」後而且標上「入聲作平聲」，「入聲作去聲」等名頭，「使白黑分明」。另一類是「浮、否、阜」等非入聲字，也視為「外來」字，收在所謂「本聲」字下，但不立什麼名頭。前者是所謂的「派入」，後者是「收入」。從體例上看，派入字等於空圈區別，「收入」字就完全不別了。既是「收入」為何還稱為「外來」呢？原來從「廣韻」的來源上，它們依然是「白黑分明」，例如魚模韻共有單字624個，其中來自《廣韻》遇攝的有489個，流攝（尤、侯二韻）12個，入聲屋、沃、燭、沒、物、術六韻123個，從音變的歷史過程來說，如果把入聲派入字看作「外來」，顯然《起例》第七所舉的浮、否、阜等字（即尤、侯韻字），也是「外來」，因為《音韻》還有一部「尤侯韻」，來自《廣韻》的尤、侯、幽三韻，那才是流攝字的「本聲」。

楊耐思（1981：71-72）則說：「所謂『本聲』指該字本來的讀音，所謂『外來』是指臨時協入某音。顯然，這是從語音上講。『本聲』也就是『中原之音』本來的音韻地位，『外來』非『本聲』，只是『叶音』，所以必須加以區別。我們參照《蒙古字韻》，就一目了然。入聲本來就是入聲，與平、上、去聲『白黑分明』，因此，派入平上去三聲就是『外來』，『浮、否、阜』等字屬尤侯韻，不屬魚模類，叶入魚模，所以是『外來』。」他的看法與寧氏略有區別，但是對浮等字如果只是「臨時協入」，為什麼併入「本聲」的同音字群，而不

加以區別？若屬同音，就不是「臨時協入」，楊氏並無合理解釋。

由兩種「外來」的分辨，可知周氏的審音是十分細微的，他絕對不僅僅是歸納「前輩佳作」的北曲韻腳而已。若「音韻」所據的北曲語言，基本上已無從區別「本聲」與「外來」，周氏究竟有無區別這兩種歷史來源，使其「白黑分明」的必要？唯一的理由是許多創作者，還能作此區別，但北曲的用韻並無區別。周氏爲了提醒或方便這些作家正確使用「外來」而著書，也就是說，《中原音韻》是爲有入聲的作家而作的，近來流行此一說法（註一）。

對於「本聲」與「外來」的實質，我們將在下文中，根據它們合併的線索，討論它們在語音演變上的分歧。

㈡《起例》四、五條的矛盾，如何看待？

周氏《中原音韻正語作詞起例》（以下簡作《起例》）第四條說：

> 平上去入四聲，音韻無入聲，派入平上去三聲。前輩佳作中間備載明白，但未有以集之者。今撮其同聲，或有未當，與我同志改而正諸。

第五條說：

> 入聲派入平上去三聲者，以廣其押韻，爲作詞設耳。然呼吸言語之間還有入聲之別。

「音韻無入聲，派入平上去三聲」這是一個結論，它的論據來自「前輩佳作中間，備載明白」的曲韻資料。至於「呼吸言語之間，還有入聲之別」，就有指涉對象的困惑。

自來研究《中原音韻》音系的學者根據上引兩段話，得出兩種結論：一主張《中原音韻》所據的音系已無入聲，入聲派入三聲，已無獨立的調類。換句話說，這個音系只有平聲陰、平聲陽、上、去四聲。這個主張的代表人物如王力、董同龢、藤堂明保、趙遐秋和曾慶瑞、寧繼福、薛鳳生等。另一派主張《中原音韻》的「入派三聲」並不反

映當時實際語音入聲已經消失，并入或混入三聲，而僅僅是出於「以廣其押韻，爲作詞而設」的目的，因此它所根據的語言尚有入聲。這一主張的代表人物爲陸志韋、楊耐思、李新魁、司徒修（ Hugh M. Stimson ）等。兩派學者各有依據，對於周德清在《起例》中一方面說「《音韻》無入聲」，一方面說「呼吸言語之間還有入聲之別」的矛盾說法，都能各圓其說，得出「無入」與「有入」兩種結論。同樣，對周書中的相同文字（自序，虞集序，正語作詞起例）也都能做爲自己主張的內證（註二）。辯論實肇端於陸志韋（1936）的主張，最先由趙遐秋、曾慶瑞（1962）針對陸志韋、楊耐思（1957）的論點展開；李新魁提出反駁。雙方似乎都先預設《中原音韻》的音系基礎以確定「入派三聲的性質」，或者至少是一開始就把兩個不同層次的問題混在一起，例如說元代大都是北曲作家的舞臺，周氏所據以歸字的前輩佳作，自然根據十三世紀的大都音，既然北曲語言把入聲當作三聲來用（廖珣英1963—1964提供曲韻的證據），當時的大都音系也必然已消失了入聲，這是「音韻無入」派的論證。另一方面，主張有入聲者，主要考察了「中原」一詞宋元時代的用法，應指以洛陽爲中心的河南地區，北曲所反映的標準音，就是這個狹義的中原音。陸游說過「中原惟洛陽得天地之中，語音最正。」（老學庵筆記卷六），這句話似乎帶有權威性的宣示。另一方面又認爲「新的首都的語言也不可能在較短時間內取得這作爲全國至少是北方共同語的地位」（李1983：34）這些都只能作爲外證，至其內部證據最主要的仍是《起例》第五條，即「入派三聲」只不過是爲了「廣其押韻」，然實際語言還是有入聲。「這個『呼吸言語之間還有入聲之別』的語言，不是別的方言，正是他的書所反映的中原之音。」（李1991：73）按照李新魁的看法，把這個「呼吸言語之間」的語言說成周氏的方言，四海之內的其他語言，都是與周氏上段話的邏輯不合（見李1991：74），我們認爲這是主觀

的語意問題，周氏第四條說明「音韻無入聲」是北曲語言的事實，第
五條補充說明「入派三聲」的現實意義（即指導作詞），怕人以爲實
際語言都應該照樣派入，所以用一「然」字，表示實際語言和文學語
言尚有距離，我們無從知道周氏說的「呼吸語言」是指他自己的語言，
還是指一個具有標準性質的共同語，同時也牽涉到周氏的認知問題（
包括周氏是否精通那個「四海同音」的標準音，以及標準音所具有的
結構系統）。詞意爭執的焦點在於：「入派三聲」是不是「併入三聲」。
兩派的理解不同，前一派認爲併入，其區別「本聲」、「外來」另有
用意。後一派認爲並未併入，故他強調「還有入聲」。看來這個「有」
「無」的矛盾，完全是周氏對問題交待不清楚所造成，而這種兩面性
詭辭，也許正是周氏無意中所透露的問題本質。周氏畢竟不是描寫語
言學家，他並沒有意識到他的話會造成後人這麼大的爭議。兩派主張
都必須對這個矛盾提出最好的辯解。

　　李新魁（1991：69）最近提出了新解：

　　　周氏所説「《音韻》無入聲」與「呼吸言語之間，還有入聲之
　　　別」這兩段被認爲有矛盾的話，其實就是沈氏所概括的「讀則
　　　有入，唱即非入」的意思（按指沈寵綏《度曲須知》所言）。
　　　唱之能成爲「非入」，就是因爲「唱之稍長，『一』即爲『衣』，因
　　　而就可用『一』來代『衣』了。《中原音韻》作爲一部曲韻書，
　　　對入聲字的處理，就是基於這個道理，這就叫做『廣其押韻，
　　　爲作詞而設』，硬説當時語音中『一』已變入『衣』，洵非確
　　　論。

　　另一方面，主張「中原音韻無入聲」的薛鳳生（1975：96）曾提
出這樣的看法：

　　　周德清對這些入聲字地位的不確定是可以理解的，如果我們設
　　　身處地，他確實值得我們同情而且只會對他的處理方式加以贊

賞，他所描寫的語言畢竟不是他自己的母語，不管他對於「中原之音」如何嫻熟，一旦這個「標準語」牽涉到的入聲字還包括幾個次方言，而其中的每一個「分支」（sub-form）似乎都聞名於世，他必定十分困惑，甚而面對操「中原」母語的讀書人堅持還有入聲，他必須有很大勇氣才能否定它。他最後採取了安全的說法。……就此而論，我們最好把周氏視同一位方言調查的發音人，不管他多出色。換言之，我們可以接受他對於個別字的觀察，但不必要接受他對於所記錄中的語言之一般特性的見解。事實很明顯，所謂的入聲字在早期官話中不再和非入聲有什麼區別。（薛著6.1.4節。按此為筆者意譯，與原意或有出入）。

㈢應該確定「嚴格的內證」為第一證據

　　學術是求真的工作，有是非而後有辯論，是非的甄定取決於證據的真假，到此，我們已碰到「內證」與「外證」這兩個術語，依《漢語大詞典》（1986）的說法，內證指資料本身內部的證據。外證即旁證。這是一般的理解，所謂資料本身，例如《中原音韻》本身的材料，都是內證，寧繼福（1980）的用法，正是如此。不過《漢語大詞典》引郭沫若的話說：「古人說孔子刪《詩》，雖然不一定就是孔子，也不一定就是孔子一個人，但《詩》是經過刪改的東西，這形式音韻的統一，就是它的內證。」（冊一頁1020）這個說法比較深入，換言之，是指資料的內在結構的特性。薛鳳生（1975）就使用Extrinsic Evidence（外在證據）和Intrinsic Evidence（內在證據）來論證中原音韻無入聲，用法比較嚴謹。例如在該書6.1「外在證據」一節提出四、五種解釋，其中第一點說：

　　「從中古入聲字在現代官話方言的情況之分歧（有些還保持或部分保持入聲）推想七、八百年前這些方言的聲調狀況當更參差，入聲

調在消失過程中，各方言有不同的規則，可能兩個鄰近的次方言，在口語上除入聲調音節之外，其他皆一致。加上傳統讀書人的保守性，對於實際已消失入聲的語言仍堅持自己的口中仍有入聲，都可以加重這種紛亂現象。」

其他外證包括：「切韻指掌圖」及宋代詞韻均反映入聲演變早已開始；再如周氏編輯《音韻》的現實目的及對入聲地位採取兩可態度；以及口語文學必須遵循大眾語言，如果入聲尚存，是不可能和非入聲音節押韻等等。

至於「內在證據」，薛氏主要著眼於音韻結構上，如果還有入聲，它在「音節結構」上的格局是否可能。他認為《中原音韻》入聲兩收的異讀字，排除了塞音韻尾存在的可能。我們不妨引用薛（1986）《北京音系解析》中的意見：

> 現在北京話中「語音」與「讀音」差異，突出地表現在兩類入聲字的讀法上。一類原屬梗曾兩攝，在「語音」中都改讀「收噫」，如色／sráy／（ㄕㄞˇ），「白」／pwáy／（ㄅㄞˊ），「黑」／hɨy／（ㄏㄟ），「宅」／cráy／（ㄓㄞˊ）等，另一類原屬江宕兩攝，在「語音」中都改讀「收嗚」，如「落」／làw／（ㄌㄠˋ），「薄」／pwáw／（ㄅㄠˊ），「學」／hyáw/（ㄒㄧㄠˊ），「杓」／sráw／（ㄕㄠˊ）等，這些字在「讀音」中都屬直音韻（即收零韻尾）。在《中原音韻》裡，原屬梗曾的入聲字都分別出現在「皆來」韻與「齊微」韻中，與「語音」的方式完全相合，如果按照「讀音」的方式歸韻，它們都應該出現在車遮韻中，但「車遮」韻沒收。原屬江宕的入聲字都出現在「蕭豪」韻中，正與「語音」相符，但其中一小部分又見於「歌戈」韻，倒是符合讀音的方式的。根據這些現象，我推論《中原音韻》所依據的方音是現代北京話中「語

音」的祖語，而把「歌戈」韻中的入聲字解釋爲是這個方音（「語音」的祖語）從另一方音（「讀音」的祖語）借來的讀法，并據而推測這個「讀音」的祖語在當時一定也有很强的標準代表性。

薛氏得到的最新結論是兩個元代方音一個無入聲，一個有入聲。他說：

> 就音理說，我以爲「語音」的祖語不可能仍有入聲，因爲入聲字的特色是具有塞音韻尾。當這些塞音分別變爲「收噫」或「收嗚」時，它們的位置已被這個新音段佔據了，不可能再加一個塞音韻尾，那是違反中古以來漢語的音節構造的。但在「讀音」的祖語裡，我相信入聲仍然存在，原來不同的塞音韻尾在這個方音裡可能已合併爲一個喉塞音，但只要這個喉塞音仍然佔著韻尾的位置，入聲也就依然存在。（頁97）。

以上不厭其煩徵引薛氏的觀點，主要在分別什麽才是內證。原來中原音韻音系材料中，最能反映音系特性的，除了入聲性質外，應屬一字兩收的異讀字，它們不僅僅是互見的問題，而是新的音韻成分的添加。寧繼福（198：161）就統計過《廣韻》《集韻》只有一讀的異讀字115字，屬於兩韻間的又讀94個，其中有58個是古入聲字。各韻間的又讀又集中在蕭豪與歌戈（43字），東鍾與庚青（29字），魚模與尤侯（9字）三組，想要爲「中原音韻音系」定位，就必須能解釋這種異讀的來源，或者它們在現代方音中的反映。薛氏從現代北京話的異讀和中原音韻比較，得到的結論是中原音韻反映現代北京音系中「語音」的來源比「讀音」的來源多一些，因此它應該是現代北京話「語音」的祖語。

從「語音」和「讀音」兩層來看《中原音韻》兩收字的安排，是否反映《中原音韻》音系的單一性質，成爲重要的內證，過去研究《

中原音韻》的語音基礎，顯然並未充分掌握這些「內證」，他們用來支持自己的主張的，嚴格說來，多半還只能算外證，各家書中備載，就不必列舉。我們認爲眞正的「內證」，不在於材料的出處的遠近，而是能夠詮釋《中原音韻》的音韻結構爲代表一個自足的、單一的系統，而不是人爲的、雜湊的音系，所以入聲的演變是否規律，異讀的現象是否相容，這樣的單一性確立了，我們才能拿它和現代官話方言作縱的比較，指出它的音系基礎，立足於某個現代方言的祖語中。

這種論證的方法，是結合「內部分析」和「外部分析」兩者來進行。一方面解決聲、韻、調之間的各種疑問，一方面從現代官話音系中找出各種演變的軌跡，最好能構擬六百年間語音演變的中間階段，作爲現代音系與《音韻》的橋樑，我們認爲這才是優先要掌握的「嚴格的內證」。

三、關於入聲異讀字所反映的音系性質

陸志韋（1946）已注意到入派字有重出現象，他構擬入聲韻尾分成兩類，派入單元音的各韻入聲擬爲收喉塞音，如齊微的iʔ，車遮的ɛʔ，家麻的ɑʔ，歌戈的ɔʔ，魚模的uʔ，至於齊微的ei，蕭豪的ɒu，uɐ，ɛu，皆來的ai，他認爲相叶的入聲收喉塞音太牽強，因此發現「漢語從-p，-t，-k變爲喉塞音的階段上，至少在某種方言裡可以有摩擦的收聲。」（陸1988：25）陸氏注意入聲音節如何與單元音韻母與複元音（周氏稱兩折音）韻母在曲韻裡通叶的問題。例如：入作去聲的「末沫」二字蕭豪與歌戈兩收，在蕭豪韻擬成ɒɦ以便叶蕭豪的ɒu，在歌戈韻擬作ɔʔ，以便和歌戈的ɔ相叶。他認爲《中原音韻》的措置與方言有關。（註三）

楊耐思（1981：59—60）說明入聲字兩韻并收，如魚模與尤侯（《切韻》屋燭等韻字），蕭豪與歌戈（《切韻》覺、鐸、藥、末等韻字），是由於曲韻叶韻的關係。又認爲這也是「本聲」和「外來」的

問題，見於魚模、蕭豪的是「本聲」，見於尤侯、歌戈是「外來」，「『外來』非『本聲』，只是『叶音』，所以必須加以區別。」（同上引，72頁）。非入聲的東鍾與庚青并收字也是這樣看待。到了楊（1990）接受了張清常（1983）《中原音韻新著錄的一些異讀》一文的部分觀點，即承認東鍾、庚青并收字，「反映了十三、十四世紀時候漢語語音的新情況。」其結論是：

> 《中原音韻》的兩韻并收字，東鍾與庚青并收字屬於真正的兩讀字，這種兩讀表現新派和老派兩種讀音的并存。魚模與尤侯并收字只有一種讀音，讀爲魚模韻。而與尤侯韻的讀音相近，可以與之通押。蕭豪與歌戈并收字也應該是只有一種讀音，應歸入蕭豪韻，但在曲韻裡常常與歌戈韻通押，所以周氏又歸入歌戈韻，由此可見，《中原音韻》的兩韻并收字的讀音不可一概而論。

王力（1957：147）已指出：「我們以爲當時藥、鐸、覺三韻確有兩讀，所以周德清才如實記載了的。」到了《漢語語音史》（1985：384）則具體指出「軸逐熟竹燭粥」等字，讀入魚模者，應是文言音，讀入尤侯者，應是白話音。「濁濯鐲鐸度」等字兼入歌戈和蕭豪，前者大約是文言音，後者大約是白話音。（並見384頁）。

寧繼福（1985：158）梳理了全部有又讀的393個字，一一注出《廣韻》或《集韻》的反切。討論這些又讀時，原來只著眼在通叶元音的遠近，並未確定這些又讀的性質。但到1987年撰《十四世紀大都方言的文白異讀》，對元曲押蕭豪、歌戈韻的一千多首進行分析，贊成王了一「文白兩讀」的意見。並進一步指出：

「白話音是大都舊音，文言音是從汴洛方言吸收來的。」「或可推測：大約十一世紀，以燕京爲中心的幽燕方言，古鐸藥覺三韻字一律派入蕭豪類，而汴洛方言則派入歌戈韻，大約十二世紀初，特別是

在金人攻陷汴京後（公元1127年），幽燕地區與汴洛地區隔閡消除，
汴洛方言與幽燕方言交融，受汴洛方言的影響，幽燕方言中一部分來
自古鐸藥覺三韻字產生了時髦的讀書音，讀爲歌戈韻，與舊讀蕭豪韻
并行。」

　　儘管寧氏把《中原音韻》和元曲韻腳統計的結果和現在的北京、
洛陽、開封、西安的讀音直接比較，便做出兩種元代方言的推論，方
法仍嫌粗疏，但是提出語言交互影響而形成共同語的文白層次，都是
非常重要的思考方向。

　　汪壽明（1990）（1991）兩文，根據又讀提出「中原音韻非單一
音系」的主張，他的結論是「中原音韻音系是一種藝術語言的音韻系
統」「如今日的崑曲音韻，它不是哪一個地方的語音系統，而是揉合
了許多不同的方音構成的一種特殊的，美化的戲曲語言。」（1991：
185—186）這個提法顯然忽視了《音韻》音系和現代官話音系之間有
著千絲萬縷的內在聯系，不過也反映了前人對音系基礎研究的未愜人
心，不無參考價值。不過，我們在下文將從另一角度來考察。

四、現代官話音系與《中原音韻》入派三聲字調類異
　同的考察

　　本文基本討論入聲，因此暫時撇開《音韻》音系中有關聲母、韻
母的問題。以下擬從兩個官話音系的入聲字入手。

㈠從北京音今調類看入派字的本聲和外來合併的問題

　　無入聲論者，認爲「入派字」與「本聲」之間應該同音，最有力
的證據是《音韻》在支思韻的兩個「入作上聲」音節都注了直音。即
支思韻上聲「死」與「入作上」的「塞」（音死）同音si^3，舌葉擦
音的「史駛使弛豕矢始屎齒」與「入作上」的「澀瑟」（音史）同音$\int i$
^{3}（本文用楊耐思1981的擬音，聲調則改用1代表陰平，2陽平，3上

聲，4去聲）兩者既已合併，做爲《中原音韻》的嫡系血親的現代官話
音系，應留下一些同音的痕跡，但是現代北京話「塞澀瑟」三字都讀
ㄙㄜˋ不讀「死」，「塞」字語音ㄙㄞ或ㄙㄞˋ，顯然也不能從《音
韻》的〔si³〕變來，「澀瑟」的今音ㄙㄜˋ和《音韻》音〔ʃi³〕的
關係，也不是演變關係，因爲九個本聲字沒有一個變成ㄙㄜˋ的。

　　爲說明各韻間「本聲字」與「入派字」或相同音韻地位的「入派字」
之間合併後與現代北京音的異同，以下利用楊耐思（1981）的同音字
表，列出九個陰聲韻中包含「入併字」的新同音字群，本聲裡的同音
字太多，現代音完全不變的，只取三字，再將總字數加於行末括號內。
現代北京音有異調則在字右上角以1—4表明今四聲，聲韻歧異較大的
今音則以「注音符號」列于（）中。現代北京音據社會科學院語言研
究所（1978）修訂的《現代漢語詞典》，詞典未收的僻字，今音從缺
亦不作記號，暫時視爲合乎《音韻》聲調演變規律來統計。（此類字
數有限）。

　　爲方便起見，我們用下列的聲調代號來標示。E代表入聲（Ente-
ring Tone），本聲與外來分別如下：

　　　本聲：ＴＡ：平聲陰　　　外來：ＥＴＢ：入作平聲陽
　　　　　　ＴＢ：平聲陽　　　　　　ＥＴＣ：入作上聲
　　　　　　ＴＣ：上聲　　　　　　　ＥＴＤ：入作去聲
　　　　　　ＴＤ：去聲　　　　　　　ＤＴＢ：去作平聲陽

先列韻目，次列韻類（楊氏韻母擬音），次列同音音節（楊氏同音字
表相同音韻地位的擬音）次列「本聲」調類及例字。（無字則作〇），
次列「外來」調類及例字，中間以波紋（～）隔開。音節擬音後頭分
別以2，3，4代表平聲陽、上、去三個調。凡有「外來」入派三聲字的
音節才列出。重出（或稱異讀）字的字群於首次出現時加＊於字群後，
不詳細標示哪個字，再出現時註明已見某韻某音。

《中原音韻》入派三聲「音節合併」古今聲調對照表

韻目・韻類・音節形式・本聲與例字～外來與例字

支思ɿ　Sɿ³　　TC死　～ETC塞⁴　，¹（音死）

　　　ʃɿ³　　TC史使馳² 弛²（彳）豸矢始屎薾～ETC澀⁴ 瑟⁴
　　　　　　（音史）

齊微i　pi²　　TB○　～ETB逼¹ ～DTB鼻

　　　ti²　　TB○　～ETB荻狄敵逖笛耀

　　　tsi²　　TB○　～ETB疾嫉茸⁴（ㄑㄧˊ）集寂⁴ ，²（註四）

　　　si²　　TB○　～ETB夕⁴ 習席襲

　　　tʃi²　　TB○　～ETB直值姪擲秩⁴（ㄓˋ）

　　　ʃi²　　TB○　～ETB實十什石射⁴（ㄕㄜˋ）食蝕拾

　　　ki²　　TB○　～ETB及極（ㄐㄧˊ）

　　　pi³　　TC妣比匕～ETC必⁴ 畢⁴ 蹕⁴ 篳⁴ 壁⁴ 璧⁴ 鼊⁴（ㄅㄧˋ）

　　　phi³　　TC○　～ETC匹闢⁴ 僻⁴ 劈³ ，¹

　　　ti³　　TC底邸詆袛¹（ㄓ）觚～ETC的⁴ ，² 靮嫡² 滴¹

　　　thi³　　TC體　～ETC滌²（ㄉㄧˊ）剔¹ 踢¹

　　　tsi³　　TC濟³ ，⁴ 擠～ETC唧 積¹ 稷⁴ 績¹ 跡¹ 脊³ ，² 鯽⁴

　　　tsbi³　　TC○　～ETC七¹ 戚¹ 漆¹ 刺⁴（ㄘˋ）

　　　si³　　TC洗壐枲徙屣～ETC昔² 惜² 息² 錫¹ 淅¹

　　　tʃi³　　TC○～ETC質² ，⁴ 隻¹ 炙⁴ 織¹ 騭¹ 汁¹ 只³

　　　tʃhi³　　TC恥侈～ETC尺赤⁴ 喫¹ 勅⁴ 叱⁴ 鷁⁴

　　　ʃi³　　TC○～ETC失¹ 室⁴ 識¹ 適⁴ 拭⁴ 軾¹ 飾⁴ 釋⁴ 濕¹ 奭⁴

　　　ki³　　TC蟣幾己几¹ 麂³ 紀⁴ ～ETC吉² 擊² 激¹ 諏棘² 戟急²
　　　　　　　　　　　　　　　　　　　汲² 給

　　　khi³　　TC起綮啓…（7）～ETC乞泣⁴ 訖⁴

　　　xi³　　TC喜嬉～ETC吸¹ 隙⁴ 翕¹ 歙² 覡²

　　　i³　　TC迤嬌／倚椅錡…擬（ㄋㄧˇ）（13）～ETC一¹ ，⁴

　　　mi⁴　　TD謎² 汆～ETD　覓蜜

　　　ni⁴　　TD瀰膩泥² ，⁴ ～ETD匿

	li^{4}	TD利痢莉…離^{2} 麗（18）～ETD立粒曆……力栗（12）
	ʒi^{4}	TD○ ～ETD日入*
	ki^{4}	TD計記寄…忮（ㄓˋ）偈^{4}，^{2}（ㄐㄧˋ，ㄐㄧㄝˊ）縊（ㄧˋ）…（19）～ETD劇（ㄐㄩˋ）
	i^{4}	TD異裔義誼^{4}，^{2}（註四）…（21）～ETD逸易埸一乙^{3} 射^{4}，（註五）…（25）
ei	tsei^{2}	TB○ ～ETB賊
	xei^{2}	TB○ ～ETB劾（ㄏㄜˊ）
	tei^{3}	TC○ ～ETC德^{2} 得^{2}，^{3}（ㄉㄜˊ，ㄉㄟˇ）
	xei^{3}	TC○ ～ETC黑^{1}，^{3}（ㄏㄟ，ㄏㄟˇ）
	lei^{4}	TD○ ～ETD勒^{4}，^{1}（ㄌㄜˋ，ㄌㄟ）肋^{4}，^{1}（ㄌㄟˋ，ㄌㄜ肋脦，不利落）
齊微uei	xuei^{2}	TB回徊迴～ETB惑（ㄏㄨㄛˋ）
	puei^{3}	TC彼鄙～ETC筆北
	kuei^{3}	TC鬼簋癸…（7）～ETC國（ㄍㄨㄛˊ）
	muei^{4}	TD妹昧媚…（7）～ETD墨（ㄇㄛˋ）密（ㄇㄧˋ）
魚模u	pu^{2}	TB○ ～ETB僕（ㄆㄨˊ）
	fu^{2}	TB扶夫蚨…浮（7）～ETB復^{4} 佛伏鵩袱服
	tu^{2}	TB○ ～ETB獨讀牘瀆犢毒突（ㄊㄨˊ）纛
	tsu^{2}	TB○ ～ETB族鏃
	xu^{2}	TB胡糊湖…乎^{1}（ㄏㄨ）（10）～ETB鵠鶻斛槲
	pu^{3}	TC補浦圃鵏～ETC卜不^{4}（ㄅㄨˋ）
	phu^{3}	TC普浦譜～ETC暴^{4}（ㄆㄨˋ）撲^{1}（ㄆㄨ）
	fu^{3}	TC甫斧撫…父^{3}，^{4} 否（10）～ETC復^{4} 福^{2} 幅^{2} 蝠^{2} 腹^{4} 覆^{4} 拂^{2}
	tu^{3}	TC覩堵賭～ETC督^{1} 篤^{1}
	thu^{3}	TC土吐～ETC禿^{1}
	tsu^{3}	TC祖組～ETC卒^{2}
	tshu^{3}	TC○ ～ETC簇^{4}
	su^{3}	TC○ ～ETC蔌縮^{1}，^{4}（ㄙㄨㄛ，ㄙㄨˋ）謖^{4} 速^{4}
	tʃhu^{3}	TC楚礎憷～ETC觸^{4} 束^{4}（ㄙㄨˋ）

ku³	ＴＣ古罟計沽…（13）～ＥＴＣ谷穀觳骨	
khu³	ＴＣ苦　～ＥＴＣ哭¹ 窟¹ 酷⁴	
xu³	ＴＣ虎滸～ＥＴＣ笏⁴ 忽¹	
u³	ＴＣ五伍午…（7）～ＥＴＣ屋¹ 沃⁴（ㄨㄛˋ）兀¹	
mu⁴	ＴＤ暮慕墓募～ＥＴＤ木沐穆睦沒（ㄇㄛˋ）牧目鶩（ㄨˋ）	
vu⁴	ＴＤ務霧鶩戊～ＥＴＤ物勿	
nu⁴	ＴＤ怒　～ＥＴＤ訥（ㄋㄜˋ）	
lu⁴	ＴＤ路潞鷺輅露賂～ＥＴＤ祿鹿漉麓	
魚模iu　siu²	ＴＢ徐（ㄒㄩˊ）～ＥＴＢ俗（ㄙㄨˊ）續⁴（ㄒㄩˋ）	
tʃiu²	ＴＢ○　～ＥＴＢ逐軸（ㄓㄡˊ）	
ʃiu²	ＴＢ殊¹ 茱¹ 銖¹ 洙¹（ㄓㄨ）～ＥＴＢ贖屬³ 述⁴ 秫術⁴ 朮／淑蜀³ 孰熟塾	
kiu²	ＴＢ○　～ＥＴＢ局	
tsiu³	ＴＣ咀　～ＥＴＣ足²／蹙	
tshiu³	ＴＣ取　～ＥＴＣ促⁴（ㄘㄨˋ）	
siu³	ＴＣ嶼（ㄩˇ）～ＥＴＣ粟⁴ 宿⁴	
tsiu³	ＴＣ主煮柱柱⁴ 渚麈墅⁴ 羲⁴～ＥＴＣ築² 燭² 粥¹（ㄓㄡ）竹²	
tʃhiu³	ＴＣ杵褚褚處杼⁴（ㄓㄨˋ）～ＥＴＣ出¹ 黜⁴ 畜⁴	
ʃiu³	ＴＣ鼠黍暑～ＥＴＣ叔菽	
kiu³	ＴＣ舉莒矩欅～ＥＴＣ菊踘局（～廷）	
khiu³	ＴＣ傴去～ＥＴＣ曲¹，³ 屈¹（～伸）	
liu⁴	ＴＤ慮濾屨³～ＥＴＤ錄（ㄌㄨˋ）籙綠醁陸戮律	
3iu⁴	ＴＤ孺³ 茹～ＥＴＤ辱(ㄖㄨˋ)褥入（入字已見齊微3i⁴）	
iu⁴	ＴＤ御馭遇…（10）～ＥＴＤ玉獄欲浴郁育鵒	
皆來ai　pai²	ＴＢ○　～ＥＴＢ白帛（ㄅㄛˊ）舶（ㄅㄛˊ）	
*nai²	ＴＢ　能（ㄋㄥˊ）（註六）	
tʃai²	ＴＢ○　～ＥＴＢ宅擇澤（ㄗㄜˊ）擇（ㄗㄜˊ,ㄓㄞˊ）	
pai³	ＴＣ擺　～ＥＴＣ伯² 百（ㄅㄞˇ,ㄅㄛˊ）捇迫⁴（ㄆㄛˋ）擘⁴（ㄅㄛˋ）檗⁴（ㄅㄛˋ）	
phai³	ＴＣ○　～ＥＴＣ拍¹（ㄆㄞ）珀⁴（ㄆㄛˋ）魄⁴（ㄆㄛˋ	

　　　　　　　　　，ㄅㄛˊ，ㄊㄨㄛˋ）

tsai³　ＴＣ宰載～ＥＴＣ則²（ㄗㄜˋ）

tʃai³　ＴＣ○　～ＥＴＣ責² 幘² 摘¹ 謫² 側⁴ 窄仄⁴ 昃⁴ 簀² 迮²
　　　　　　　　（ㄗㄜˊ，姓）

tʃhai³　ＴＣ○　～ＥＴＣ策⁴ 冊⁴ 柵⁴（ㄓㄚˋ，ㄕㄢ）測⁴（
　　　　　　　　ㄘㄜˋ）珊¹（ㄕㄢ）

ai³　ＴＣ○　～ＥＴＣ色⁴（ㄙㄞˇ，ㄙㄜˋ）穡⁴（ㄙㄜˋ）索
　　　　　　　　（ㄙㄨㄛˇ）

mai⁴　ＴＤ賣邁～ＥＴＤ麥貊陌（ㄇㄛˋ）驀（ㄇㄛˋ）脉（ㄇㄛˋ，
　　　　　　　　ㄇㄞˋ）

nai⁴　ＴＤ奈奈耐鼐～ＥＴＤ搦（ㄋㄨㄛˋ）

皆來iai kiai³　ＴＣ解　～ＥＴＣ骼²（ㄍㄜˊ）革² 隔² 格²（ㄍㄜˊ）

khiai³　ＴＣ揩　～ＥＴＣ客⁴（ㄎㄜˋ）刻⁴（ㄎㄜˋ）

xiai³　ＴＣ駭⁴（ㄏㄞˋ）蟹⁴（ㄒㄧㄝˋ）～ＥＴＣ嚇⁴（ㄒㄧㄚˋ
　　　　　　　　　　，ㄏㄜˋ）

iai⁴　ＴＤ捱²（ㄞˊ）隘（ㄞˋ）阨（ㄜˋ）～ＥＴＤ額²（ㄜˊ）
　　　　　　　　　　　　　　厄客輗

皆來uai xuai²　ＴＢ懷淮槐懷瀤～ＥＴＢ畫⁴（ㄏㄨㄚˋ）劃⁴（ㄏㄨㄚˋ）

ʃuai³　ＴＣ○　～ＥＴＣ摔¹（ㄕㄨㄞ）

kuai³　ＴＣ拐夬⁴～ＥＴＣ聝¹，²（ㄍㄨㄞ，ㄍㄨㄛˊ）

蕭豪 au pau²　ＴＢ○　～ＥＴＢ薄²，⁴（ㄅㄠˊ，ㄅㄛˊ，ㄅㄛˋ）箔
　　　　　　　　ㄅㄛˊ）博（ㄅㄛˊ）*

fau²　ＴＢ○　～ＥＴＢ縛⁴（當作縛，ㄈㄨˋ）

tau²　ＴＢ○　～ＥＴＢ鐸（ㄉㄨㄛˊ）度²，⁴（ㄉㄨㄛˊㄉㄨˋ）
　　　　　　　　踱（ㄉㄨㄛˊ）*

tsau²　ＴＢ○　～ＥＴＢ鑿²，⁴（ㄗㄠˊ，ㄗㄨㄛˊ）*

tʃau²　ＴＢ○　～ＥＴＢ濁（ㄓㄨㄛˊ）濯鐲擢

xau²　ＴＢ○　豪毫號濠嗥～ＥＴＢ鶴⁴（ㄏㄜˋ）涸（ㄏㄜˊ）／
　　　　　　　　　鑊⁴（ㄏㄨㄛˋ）

pau³　ＴＣ寶保堡褓葆／飽～ＥＴＣ剝¹（ㄅㄛ，ㄅㄠ）駁²（
　　　　　　　　　ㄅㄛˊ）

tau³　　ＴＣ討　～ＥＴＣ託¹（ㄊㄨㄛ）拓⁴（ㄊㄨㄛˋ，ㄊㄚˋ）
橐（ㄊㄨㄛˊ）魄⁴（ㄊㄨㄛˋ）飥柝⁴（
ㄊㄨㄛˋ）

tsau³　　ＴＣ早棗澡藻蚤璪～ＥＴＣ柞⁴（ㄗㄨㄛˋ，ㄓㄚˋ地名）
作⁴ 繫

tshau³　　ＴＣ草　～ＥＴＣ錯⁴（ㄘㄨㄛˋ）

sau³　　ＴＣ掃嫂～ＥＴＣ縤索（ㄙㄨㄛˇ）

tʃau³　　ＴＣ爪　～ＥＴＣ捉¹（ㄓㄨㄛ）卓¹（ㄓㄨㄛ）琢²（
ㄓㄨㄛˊ）

tʃhau³　　ＴＣ炒　～ＥＴＣ戳¹（ㄔㄨㄛ）搠

ʃau³　　ＴＣ稍¹ ,⁴（ㄕㄠ，ㄕㄠˋ）～ＥＴＣ朔⁴（ㄕㄨㄛˋ）
稍⁴（ㄕㄨㄛˋ,同槊）

kau³　　ＴＣ杲藁縞鎬⁴ ,³（ㄏㄠˋ,ㄍㄠˇ鎬頭）部（ㄏㄠˋ）槁
～ＥＴＣ閣²各⁴（ㄍㄜˋ）

khau³　　ＴＣ考栲～ＥＴＣ郭¹（ㄍㄨㄛ）廓⁴（ㄎㄨㄛˋ）

xau³　　ＴＣ好　～ＥＴＣ壑⁴（ㄏㄨㄛˋ）熇

mau⁴　　ＴＤ貌冒帽耄眊茂～ＥＴＤ末（ㄇㄛˋ）幕（ㄇㄨˋ）漠寞莫
沫（ㄇㄛˋ）★

nau⁴　　ＴＤ鬧淖～ＥＴＤ搙諾（ㄋㄨㄛˋ）

lau⁴　　ＴＤ澇勞嫪～ＥＴＤ落（ㄌㄠˋ,ㄌㄨㄛˋ,ㄌㄚˋ）絡烙
（以上ㄌㄠˋ,ㄌㄨㄛˋ）酪（ㄌㄠˋ）
洛珞（ㄌㄨㄛˋ）樂（ㄌㄜˋ）★

au⁴　　ＴＤ奧懊澳～ＥＴＤ蕚（ㄜˋ）鶚鰐愕（並同ㄜˋ）惡（ㄜˋ
,ㄨˋ,ㄨ）

蕭豪iau　xiau²　　ＴＢ爻（ㄧㄠˊ）肴（ㄧㄠˊ）淆殽（ㄒㄧㄠˊ）～ＥＴＢ學
（ㄒㄧㄠˊㄒㄩㄝˊ）鷽★

kiau³　　ＴＣ狡攪鉸姣笅絞～ＥＴＣ角³ ,²（ㄐㄧㄠˇ,ㄐㄩㄝˊ）
覺⁴ ,²（ㄐㄧㄠˋ,ㄐㄩㄝˊ）腳 桷

iau⁴　　ＴＣ拗勒樂凹★ ～ＥＴＤ岳（ㄩㄝˋ）樂藥約¹躍（ㄩㄝˋ）
鑰 淪★

蕭豪iɛu　tʃiɛu²　　ＴＢ○　～ＥＴＢ著（ㄓㄠˊ）★

ʃiɛu²	T B○	～E T B苕²，⁴（ㄕㄠˊ，ㄕㄨㄛˋ）杓*	
tsiɛu³	T C○	～E T C爵²（ㄐㄩㄝˊ）	
tshiɛu	T C悄愀～E T C鵲⁴（ㄑㄩㄝˋ）雀⁴（ㄑㄩㄝˋ、ㄑㄧㄠˇ，ㄑㄧㄠ）趔		
siɛu³	T C小篠謏～E T C削¹，⁴（ㄒㄧㄠ，ㄒㄩㄝˋ）		
tʃiɛu³	T C沼　～E T C斫²酌²（ㄓㄨㄛˊ）繳（ㄐㄧㄠˇ）灼²（ㄓㄨㄛˊ）		
tʃhiɛu³	T C○	～E T C綽⁴（ㄔㄨㄛˋ）婥	
ʃiɛu³	T C少	～E T C爍⁴鑠⁴㷵	
xiɛu³	T C曉	～E T C謔（ㄋㄩㄝˋ）	
liɛu⁴	T D料鐐廖嵺療²～E T D略（ㄌㄩㄝˋ）掠（ㄌㄩㄝˋ）*		
ʒiɛu⁴	T D○	～E T D弱蒻箬（ㄖㄨㄛˋ）	
ŋiɛu⁴	T D○	～E T D虐瘧（ㄋㄩㄝˋ）*	
歌戈o	po²	T B○	～E T B薄箔勃泊渤（薄箔泊三字又見pau²）
	fo²	T B○	～E T B縛（ㄈㄨˋ）佛（ㄈㄨˊ）（縛又見fau²，佛又見fu²）
	to²	T B○	～E T B鐸度（二字又見tau²）
	tso²	T B○	～E T B鑿（ㄗㄨㄛˊ）（已見蕭豪tsau²）
	tʃo²	T B○	～E T B濁濯鐲（ㄓㄨㄛˊ）
	xo²	T B何河荷苛¹（ㄎㄜ）～E T B合盒鶴⁴盍（ㄏㄜˊ）	
	ko³	T C舸哿～E T C葛³，²割¹鴿¹閣²（ㄍㄜˋ、ㄏㄜˊ＝閤）蛤²（ㄍㄜˊ、ㄏㄚˊ）	
	kho³	T C可坷軻（ㄎㄜ，ㄎㄜˇ）～E T C涺瘔	
	o⁴	T D○	～E T D萼鶚鰐惡（ㄜˋ、ㄨˋ）堊鄂
歌戈io	tʃio²	T B○	～E T B著（已見蕭豪tʃiɛu²）
	ʃio²	T B○	～E T B杓（已見蕭豪iɛu²）
	xio²	T B○	～E T B學（已見蕭豪xiau²）
	lio⁴	T D○	～E T D略掠（已見蕭豪liɛu⁴）
	ʒio⁴	T D○	～E T D若弱蒻
	ŋio⁴	T D○	～E T D虐瘧（已見蕭豪ŋiɛu⁴）
	io⁴	T D○	～E T D岳樂藥約¹躍鑰（已見蕭豪iau　）

歌戈uo　puo² 　　ＴＢ○～ＥＴＢ跛魃

　　　　　tuo² 　　ＴＢ○～ＥＴＢ奪

　　　　　xuo² 　　ＴＢ禾和～ＥＴＢ活鑊⁴（ㄏㄨㄛˋ）

　　　　　puo³ 　　ＴＣ跛簸～ＥＴＣ鉢¹ 撥¹ 跋

　　　　　phuo³ 　　ＴＣ頗叵～ＥＴＣ潑¹ 粕⁴ 鏺

　　　　　muo³ 　　ＴＣ嬤 ～ＥＴＣ抹⁴

　　　　　tuo³ 　　ＴＣ朵趓觰跢鬌～ＥＴＣ掇¹（ㄉㄨㄛ）

　　　　　thuo³ 　　ＴＣ妥 ～ＥＴＣ脫¹

　　　　　tshuo³ 　　ＴＣ脞 ～ＥＴＣ撮⁴

　　　　　kuo³ 　　ＴＣ果裹蜾～ＥＴＣ聒¹ 括¹,⁴（ㄍㄨㄚ，ㄎㄨㄛˋ）

　　　　　khuo³ 　　ＴＣ顆¹（ㄎㄜ）～ＥＴＣ闊⁴（ㄎㄨㄛˋ）

　　　　　muo⁴ 　　ＴＤ磨麼～ＥＴＤ幕（ㄇㄨˋ）末沫寞（ㄇㄛˋ），（又見蕭
　　　　　　　　　　　　　　豪mau⁴）

　　　　　nuo⁴ 　　ＴＤ糯懦那奈～ＥＴＤ諾搦

　　　　　luo⁴ 　　ＴＤ邏囉摞～ＥＴＤ落洛絡酪樂（ㄌㄜˋ）烙(ㄌㄠˋ，
　　　　　　　　　　　　　　ㄌㄨㄛˋ）（又見蕭豪lau⁴）

家麻a　　pa² 　　　ＴＢ○ ～ＥＴＢ拔

　　　　　fa² 　　　ＴＢ○ ～ＥＴＢ乏伐筏罰

　　　　　ta² 　　　ＴＢ○ ～ＥＴＢ達撻⁴（ㄊㄚˋ）踏⁴,¹（ㄊㄚˋ，ㄉㄚ）
　　　　　　　　　　　　　　沓⁴,²（ㄊㄚˋ，ㄉㄚˊ）

　　　　　tsa² 　　ＴＢ咱 ～ＥＴＢ雜

　　　　　tʃa³ 　　ＴＢ○ ～ＥＴＢ閘

　　　　　pa³ 　　　ＴＣ把 ～ＥＴＣ八

　　　　　fa³ 　　　ＴＣ○ ～ＥＴＣ法³,⁴ 發¹ 髮

　　　　　ta³ 　　　ＴＣ打 ～ＥＴＣ答¹,²,³ 搭¹ 嗒⁴,¹（ㄊㄚˋ，
　　　　　　　　　　　　　　ㄉㄚˋ）褡

　　　　　tha³ 　　ＴＣ○ ～ＥＴＣ塔獺⁴ 榻⁴ 塌¹

　　　　　tsa³ 　　ＴＣ○ ～ＥＴＣ咂¹（ㄗㄚ）匝¹（ㄗㄚ）

　　　　　sa³ 　　　ＴＣ○ ～ＥＴＣ颯⁴ 撒¹,³ 薩⁴ 靸³,¹（ㄙㄚˇ，ㄊㄚ）

　　　　　tʃa³ 　　ＴＣ鮓 ～ＥＴＣ箚²,¹ 扎¹,²

　　　　　tʃha³ 　　ＴＣ妊⁴（註七）詫～ＥＴＣ察² 插¹ 鍤／笯²（ㄐㄧˊ）

	ʃa³	ＴＣ洒傻儍俏不仁　～ＥＴＣ殺¹霎⁴
	ma⁴	ＴＤ罵　～ＥＴＤ抹¹，³，⁴（ㄇㄚ，ㄇㄛˇ，ㄇㄛˋ）
	va⁴	ＴＤ○　～ＥＴＤ襪
	na⁴	ＴＤ那　～ＥＴＤ納衲
	la⁴	ＴＤ○　～ＥＴＤ臘鑞拉¹糯辣
家麻ia	xia²	ＴＢ霞遐瑕～ＥＴＢ狎轄鎋俠峽洽⁴（ㄑㄧㄚˋ）匣袷¹，²
		（ㄑㄧㄚ，ㄐㄧㄚˊ）
	kia³	ＴＣ賈假　（同睪ㄐㄧㄚˇ）～ＥＴＣ甲胛夾²，¹
	khia³	ＴＣ○　～ＥＴＣ恰⁴掐¹（當作搯，ㄑㄧㄚ）
	xia³	ＴＣ○　～ＥＴＣ瞎¹
	ia⁴	ＴＤ亞迓訝呀婭～ＥＴＤ壓¹押¹鴨¹
家麻ua	xua²	ＴＢ譁¹，²划華驊～ＥＴＢ滑猾
	kua³	ＴＣ寡冎剮～ＥＴＣ刮¹
	ʃua⁴	ＴＤ○　～ＥＴＤ刷¹
車遮i	piɛ²	ＴＢ○　～ＥＴＢ別
	tiɛ²	ＴＢ○　～ＥＴＢ疊迭牒揲喋諜垤絰凸¹（註八）蝶跌
	tsiɛ²	ＴＢ○　～ＥＴＢ捷截睫
	ʃiɛ²	ＴＢ蛇佘～ＥＴＢ折（ㄓㄜˊ）舌涉⁴
	kiɛ²	ＴＢ○　～ＥＴＢ傑竭碣
	xiɛ²	ＴＢ○　～ＥＴＢ協穴⁴（ㄒㄩㄝˋ）俠（ㄒㄧㄚˊ）挾
		（ㄐㄧㄚˊ）纈（ㄒㄧㄝˊ）
	piɛ³	ＴＣ○　～ＥＴＣ鼈別²撇（ㄆㄧㄝˇ）
	phiɛ³	ＴＣ○　～ＥＴＣ瞥撇
	thiɛ³	ＴＣ○　～ＥＴＣ鐵餮⁴帖¹，³，⁴貼¹
	tsiɛ³	ＴＣ姐　～ＥＴＣ節²，¹接¹楫²癤¹
	tshiɛ³	ＴＣ且　～ＥＴＣ切⁴，¹竊⁴妾⁴沏¹（ㄑㄧ）
	siɛ³	ＴＣ寫瀉⁴～ＥＴＣ屑⁴薛¹絏⁴泄⁴媟⁴褻⁴爕⁴屧⁴疶
	tʃiɛ³	ＴＣ者赭～ＥＴＣ哲²褶摺²折²浙⁴
	tʃhiɛ³	ＴＣ撦哆¹（ㄉㄨㄛ）～ＥＴＣ轍⁴撤⁴澈⁴掣⁴
	ʃiɛ³	ＴＣ捨舍～ＥＴＣ設⁴攝⁴灄
	kiɛ³	ＴＣ○　～ＥＴＣ結²，¹潔劫²頰²（ㄐㄧㄚˊ）鋏²莢²

　　　khiɛ³　　ＴＣ○　～ＥＴＣ怯⁴ 挈⁴ 篋⁴ 客⁴ （ㄎㄜˋ）（客已見皆來
　　　　　　　　　　　　　　　　　　　　　　　　　　　khia³ ）

　　　xiɛ³　　ＴＣ○　～ＥＴＣ血³ ，⁴ （ㄒㄧㄝˇ，ㄒㄩㄝˋ）歇¹ 嚇⁴
　　　　　　　　　　　　　　　　　（ㄒㄧㄚˋ，ㄏㄜˋ）蠍¹

　　　miɛ⁴　　ＴＤ○　～ＥＴＤ滅篾蔑

　　　niɛ⁴　　ＴＤ○　～ＥＴＤ捏¹ 聶⁴ 躡⁴ 鑷⁴ 囓⁴ 臬⁴ 糱⁴

　　　liɛ⁴　　ＴＤ○　～ＥＴＤ裂冽獵鬣列

　　　ʒiɛ⁴　　ＴＤ○　～ＥＴＤ熱

　　　ŋiɛ⁴　　ＴＤ　　～ＥＴＤ業鄴額² （ㄜˊ）（額已見皆來iai⁴ ）

　　　iɛ⁴　　ＴＤ夜射（ㄧˋ，ㄕㄜˋ）～ＥＴＤ拽噎¹ 謁葉燁（ㄧㄝˋ）

車遮iu　tsiuɛ²　ＴＢ○　～ＥＴＢ絕（ㄐㄩㄝˊ）

　　　siuɛ²　　ＴＢ○　～ＥＴＢ䂮

　　　kiuɛ²　　ＴＢ○　～ＥＴＢ鐝撅

　　　siuɛ³　　ＴＣ○　～ＥＴＣ雪³ ，⁴

　　　tʃiuɛ³　ＴＣ○　～ＥＴＣ拙² 輟⁴ （ㄔㄨㄛˋ）

　　　tʃhiuɛ³　ＴＣ○　～ＥＴＣ啜⁴ （ㄔㄨㄛˋ，ㄔㄨㄞˋ姓）

　　　ʃiuɛ³　　ＴＣ○　～ＥＴＣ說¹ ，⁴ （ㄕㄨㄛ，ㄕㄨㄟˋ）

　　　kiuɛ³　ＴＣ○　～ＥＴＣ玦² 決² 訣² 譎² 蕨² 鳩² （ㄐㄩㄝˊ）

　　　khiuɛ³　ＴＣ○　～ＥＴＣ闕¹ ，⁴ 缺¹ 闋

　　　liuɛ⁴　ＴＤ○　～ＥＴＤ劣

　　　ʒiuɛ⁴　ＴＤ○　～ＥＴＤ爇

　　　iuɛ⁴　　ＴＤ○　～ＥＴＤ月悅說閱軏越鉞樾蟩刖

尤侯iəu　tʃiəu²　ＴＢ○　～ＥＴＢ軸逐（ㄓˊ）（已見魚模tʃiu² ）

　　　ʃiəu²　　ＴＢ○　～ＥＴＢ熟（ㄕㄡˊ，ㄕㄨˊ）（已見魚模ʃiu² ）

　　　siəu³　ＴＣ○　～ＥＴＣ宿⁴ ，³ （ㄙㄨˋ，ㄒㄧㄡˇ）
　　　　　　　　　　　　　　　　　　（已見魚模t iu³ ）

　　　tʃiəu³　ＴＣ肘帚酎⁴ ～ＥＴＣ竹² 燭² （ㄓㄨˊ）粥¹ （ㄓㄡ）
　　　　　　　　　　　　　　　　　　（又見魚模tʃiu³ ）

　　　liəu⁴　ＴＤ溜⁴ ，¹ 霤留² 餾² 鎦² ，⁴ 廇瀏² 笝～ＥＴＤ六

　　　ʒiəu⁴　ＴＤ○　～ＥＴＤ肉褥（ㄖㄨˋ）（褥又見魚模）

　根據「中原音韻無入聲」派的主張，上列各行的「本聲」和「外

來」都是同音字，共有一個音節形式，我們採用楊耐思（1981）的擬音，雖然他主張有入聲，但他的字表是區別本聲與外來，用起來方便。我們根據這些資料進行五項統計，即：

甲、每一韻類所含「併入音節」的數目。（含無本聲字的新派入音節）。

乙、每一行同音節組，「外來」或「本聲」，其中有一邊例字的今調類（注於每字右上角）與《音韻》擬音調類不同超過半數，即視該音節古今調類不符，每一韻類「古今調類不符」的「音節數」即乙。例如：支思的〔si³〕死　～塞⁴，[1]《音韻》雖注「塞音死」，但仍屬調類不符（塞只有ムさˋ與ムㄞ二音，並無上聲一讀。），但是〔tsi²〕的「疾嫉葺⁴　集寂⁴」一組，不合陽平者僅有2／5（二字），故不計入。

丙、每一韻類中「本聲」收字總數與其中「古今異調」字數的比例。

丁、每一韻類中「外來」收字總數與其中「古今異調」字數的比例。

戊、每一韻類中「古今異調」字的類型統型。共有九種，古今調類用兩個數字並列，前一字代表音韻歸調，後一字代表北京歸調，如21型，即古陽平今陰平，23代表古陽平今上聲，34代表古上聲今去聲，42代表古去聲今陽平餘類推。以下列出「《中原音韻》與現代北京音『入派音節』調類歧異統計表」：

「《中原音韻》與現代北京音『入派音節』調類歧異統計表」

韻類	甲	乙	丙	丁	21	23	24	31	32	34	41	42	43	合計
ï	2	2	10: 2	3: 3					2	3				5
i	27	16	110: 6	150:73	1		5	25	24	32		3	1	91
ei	5	0	0	6: 4				1	2		2			5
uei	4	2	19: 0	6: 2			1		1					2
u	22	12	82: 1	70:29	1		1	10	5	14				31
iu	15	7	44:10	54:17	3	2	3	3	4	9			2	26
ai	10	5	9: 0	41:24				3	7	14				24
iai	4	3	8: 3	11: 8					4	5		2		11
au	21	11	47: 3	65:24			15	7	5					27
iau	3	0	14: 0	13: 2					1	1	1			3
iɛu	12	7	12: 1	25:11				1	4	8		1		14
o	9	1	10: 2	35: 5		1		2	3					6
io	7	0	0	16: 0										0
uo	14	9	27: 1	30:12			1	7		4	1			12
a	18	10	9: 2	47:21	2		3	11	3	7	1			27
ia	5	3	11: 0	17: 8			2	6	1					9
ua	3	2	7: 0	4: 2				1			1			2
iɛ	24	11	14: 2	102:51	1		1	9	12	30	1	1		55
iuɛ	12	5	0	30:15				3	7	6				16
iəu	6	1	11: 4	10: 3				1	2	2		4		9
合計	223	107	444:37	725:314	8	2	33	180	168	135	6	11	3	

有的一字兩音，凡《中原音韻》未重出者，即以兩次異調統計，

故戊項的總合偶而超過丙、丁兩項的異調數的總合。從這張表可以得到下列的分析:

1. 甲、乙的比數,即「入派字」的新音節數與古今調類不合的比例,除ei,iau,o,io,iu,五個韻類之外,其餘十五個韻類,古今調類不合的音節都在半數以上。

2. 丙項的本聲(有三組無本聲)字在北京音系中調類多與《音韻》相合,異調比例甚小。

3. 丁項的外來(即入派字),其北京音的調類歸屬不合《音韻》的字數,各韻類都在1/3以上,少數例外(如iau,o,io,iəu等韻類。)足見周氏區別本聲與外來有深一層的意義。

4. 古今異調的類型集中在《中原音韻》入派上聲的字,統計 31 型(今歸陰平),32 型(今歸陽平), 34 型(今歸去聲)三類字數比例爲: 180:168:135 這個數字說明了《中原音韻》入聲派上聲字,如果與「本聲」同音,就找不出再分派的條件,就此而論,北京話的這些字的調類,很難說它承襲中原音韻。

5. 從甲、乙的總數比例(223:107)來看,「入派三聲」後與本聲合併的音節(包括無本聲的新音節)有將近半數是古今聲調不合的,如果這些音節當時已同音,也很難說明這些字何不和同韻的大量「本聲」字一樣,有規律地變入北京音。

從這些現象,可以推測:中原音韻:入派三聲的「音節合併」並未完成,至少「入派上聲」的字並未完全合併於本聲,才保存了後代分化的條件。這種分化,並不限於現代北京音的類型,也許反映在其他官話方言內。

主張"中原音韻"的語音基礎爲元代大都話或洛陽話者,從來沒有提出論據說明這些入聲字變到這兩個官話音系的規律。有兩個前提必須考慮:第一,現代北京話未必是元代大都話的嫡系,除非能指出

北京話的某些特點單獨反映《中原音韻》的特點，而這些特點也不見於其他官話音系。第二，現代洛陽話同樣消失入聲，除非能找到古入聲字在現代洛陽話的分合按照中原音韻的條件。如果這兩項前提都無法確立，那麼將它反映的音系，當作元代的大都音或洛陽音均無意義，因爲這個虛構的「元代官話」仍是文獻材料的綜合反射，不一定代表一個具體的語言，可能是各種相關音系的交叉綜合，我們從那些異讀字所代表的不同語言層，可以窺知梗概。

㈡從「古入聲的今調類」觀察洛陽音歸調的詮釋能力

從白滌洲（1931）指出古清入聲在北京音系歸調的規律之後，這個問題有許多學者進行探討。論者或指《音韻》將它全部歸上，或是〝周德清的未當之處〞（註九），若在分派時，確曾根據一種當時的實際語言，那麼這種清一色的〝古清入歸上〞應該在後來的官話方言中有所反映。

李榮（1985）《官話方言的分區》將山西話爲主的有入聲的官話方言獨立爲「晉語」，其餘的官話按「古入聲字的今調類」分成七區，並將包括西安、運城、洛陽、鄭州、信陽、曲阜、徐州、阜陽在內官話稱爲「中原官話」，（還包括山西省西南部27縣沒有入聲的方言及甘肅、青海部分地區）。茲轉錄〝古入聲字的今調類〞於下：

	西南官話	中原官話	北方官話	蘭銀官話	北京官話	膠遼官話	江淮官話
古清音	陽平	陰平	陰平	去聲	陰陽上去	上聲	入聲
古次濁	陽平	陰平	去			聲	入聲
古全濁	陽平	陽平	陽平	陽平	陽平	陽平	入聲

　　林燾（1992：10）據此指出：「古全濁入歸陽平可以算是從古至今的一條通例，至於古次濁入和古清入則各方言都有自己的特點，和《中原音韻》一致的只有膠遼官話」「語音規律不是短時期所能形式的，大都話是北京話的祖語，看來在元大都時期把清入聲全歸入上聲的可能性很小，這樣，周德清所參考的方言可能并不是元大都話，而是接近於今天膠遼官話的某些『中原』方言。」

　　這又是一種新的觀點，林氏似乎暗示這些演變規律可能在六百年前已經出現，那麼就應該根據《中原音韻》古次濁聲入聲字派入三聲的情形，和古清入的今調類作一比較，據白滌洲（1931）年的統計，古次濁紐入聲變入《中原音韻》均讀去聲，而今日「中原官話」古次濁卻與古清音入聲同讀陰平，這又令人懷疑《中原音韻》所據的方言會是今日的「中原官話」的祖語元代洛陽音了。除非能證明中原官話古清音及古次濁入字的陰平調是後起的演變。

　　據趙月朋（1958：50）指出：「古入聲字在洛陽話裡的歸入陰平占絕大多數；古入聲字普通話讀上聲的，洛陽話幾乎完全讀陰平。」這一點讓我們對於中原音韻「入派上聲」北京音讀陰平的「外來字」和仍讀上聲的「本聲」字之間關係，有了新的體會，試舉數例：

thi³　　（本聲）體³ ～（入作上）滌² 剔¹ 踢¹

tsi³　　（本聲）濟³ ，⁴ 擠～（入作上）唧¹ 積¹ 稷⁴ 績¹ 跡¹
　　　　　脊³ ，² 鯽⁴

tshi³　（本聲）○ ～（入作上）七¹ 戚¹ 漆¹ 刺⁴

si³　　（本聲）洗璽枲徙屣～（入作上）昔¹ ，² 惜¹
　　　　　，² 息¹ ，² 錫¹ 淅¹

tʃi³　　（本聲）○ ～（入作上）質² ，⁴ 隻¹ 炙⁴ 織¹
　　　　　汁¹ 只³

ʃi³　　（本聲）○ ～（入作上）失¹ 室⁴ 識² ，⁴ 適⁴

拭[4] 軾[4] 飾[4] 釋[4] 濕[1] 奭[4]

tu[3]　　（本聲）堵賭～（入作上）督[1] 篤[1]

khu[3]　（本聲）苦 ～（入作上）哭[1] 窟[1] 酷[4]

xu[3]　　（本聲）虎滸～（入作上）笏[4] 忽[1]

u[3]　　　（本聲）五伍午…～（入作上）屋[1] 沃[4] 兀[1]

khiai[3]（本聲）揩 ～（入作上）客[4] 刻[4]，[1]

　　本聲字自古即為上聲，因此，現代北京與洛陽都是上聲，（調值北京214洛陽53；洛陽據賀巍1984），入作上聲字，除了「滌」字來自古全濁定母唸陽平（調值北京35，洛陽31）之外，昔、惜、息三個古清母心母字，據《漢語方音字匯》都有陰平、陽平兩讀，換言之，這些來自古清母的入作上聲字，北京音多半讀陰平，少部分讀去聲，讀陰平則和《中原官話》如出一轍。讀去聲呢？稷鯽皆精母，刺為清母，質炙鷙並章母，室識適拭軾飾釋奭並屬書母，這些古清入字，在北京音中本來變入四聲都有，但據林燾（1992：頁13-15）統計198個沒有異讀字結果顯示，送氣、擦音和影母合成一類，約60%歸入去聲，30%歸入陰平，歸入陽平和上聲都很少。至於不送氣獨成一類，歸入陽平約一半，其餘分入其他三聲。由此可見上列入作上聲字，其實都是古清聲母的字，它們表現在北京聲調，非1即4，並非偶然，正是一種規律，但是從現代北京音調值來看陰平（55）為高平調，去聲（51）為高降調，並不相似，《中原音韻》并在一起，可見它們在「派入」時，不應該像北京音這樣分歧，如果用現代洛陽音來看，這些北京音讀去聲的清入字，正好全歸陰平，上面的疑慮至少消除，再看看這些洛陽話一律陰平的清入字，究和它們被「派入」的上聲（本聲）之間是否具有調值相近的可能；現代北京音上聲是個曲折調，與陰平大相逕庭；現代洛陽話的四聲，據賀巍（1984）的描述：陰平┤33　陽平√31　上聲√53　去聲√412。 賀氏指出：陰平或作┤144，上聲或

作54↘。　如果從這個記法，現代洛陽話高降(54)的上聲和次高平調的陰平（44）確實十分接近，那麼儘管現代洛陽話未必能保存六百年前的《中原》古調值，但比起北京音系來，它確實更能反映入派上聲的痕跡！

此外，筆者也發現幾個零星的字，洛陽話的調類正好和《中原音韻》的歸派一致，北京音的演變則不一致。如：

1. 謎　洛陽話去聲，《中原音韻》正作mi⁴。北京作mi²。
2. 脊　洛陽話陰平，《中原音韻》入作上。北京（現代漢語詞典）作上聲和陽平。（修訂本《漢語方音字匯》作陰平與上聲。）上聲與《中原音韻》合。按：洛陽讀陰平是合乎規律的。
3. 惑　洛陽話陽平，《中原音韻》入作陽平（xuei²）。北京音去聲（ㄏㄨㄛˋ）不合。
4. 不　洛陽話陰平，《中原音韻》入派上聲，北京音作去聲或陽平，不如洛陽話合規律。
5. 酷　洛陽話陰平，《中原音韻》入派上聲，與哭窟同音，北京酷作去聲，與哭窟不同音。

以上洛陽話據趙月朋（1958）與賀巍（1984）兩文。另外據盧甲文（1992）《鄭州方言志》所記鄭州音與洛陽同屬中原官話，古入聲的演變完全和洛陽相同，四聲調值亦大致相應（僅陰平爲低升調24，異于洛陽的33），也有幾個地方和《中原音韻》相應，如：(1) 謎字也是去聲。(2) 鼻、逼同音pi↘（陽平）。(3) 枯苦酷三字同音khu↗（上聲）。(4)「懷槐淮或惑」同讀xuai↘（陽平），惑字《中原音韻》正是「入作陽平」。(5)杯碑悲筆北同音pei↗（陰平），按中原音韻「筆、北」入作上聲，併在本聲「彼鄙」（上聲）之後。鄭州「筆北」歸陰平，正合乎演變律。(6)「國」字文讀kuo↗（陰平），白讀kuɛ↗（陰平），《中原音韻》在齊微「入作上聲」kuei³，與「鬼簋癸」

等同音節，鄭州白讀與《中原音韻》韻母相應，北京音讀「陽平」，
與上聲不相應。

　　由以上這些蛛絲馬跡，我們斷定，作爲中原音韻的參考方言，洛
陽、鄭州一脈相承的〝中原官話〞保存的對應規律，比北京音多一些。
從俞敏（1984）〈北京音系的成長和它受的周圍影響〉一文看來，現
代北京音絕非《中原音韻》的嫡系方言，它的古清入聲調類的複雜度，
正足以說明我們的答案。

五、結　論

　　從前文的敘述，我們發現環繞《中原音韻》入聲問題的討論，至
少牽涉到四個領域：（一）是文獻學的，包括版本、校勘、編輯體例
及《中原音韻》內部資料的訓詁問題。（二）是音系學的，即對《中
原音韻》一書聲、韻、調及音節結構的分析，其中入聲存在與否的狀
況。包括塞音韻尾的有無及其對音節結構的影響。（三）是曲律學的，
包括元曲用韻及平仄的規範是否一致。·（四）是語史學的，應該從漢
語方言發展的各個階段，來和《中原音韻》的聲、韻、調系統做比較
以確它應該處於演變中的那一個階段。

　　本文主要針對（二）、（四）兩方面提出討論，在第四節中，集
中討論了語音史上的對應問題，從我們的觀察中得到的具體結論是：
《中原音韻》到《北京音系》聲調之間的演變無法直接拉上線，必須
找到中間的過渡階段，有了這個階段，才能假設《中原音韻》音系作
爲北京音系的遠祖。另一方面，汴洛音系所代表的《中原官話》雖然
也不能充分詮釋《中原音韻》「清入歸上」的問題，但是入聲歸入陰
平、陽平兩調的簡單模式和其現代調值，卻比較容易解釋《中原音韻》
入聲的歸派和後來的演變，由於掌握的「中原官話」材料不足，我們
並沒有作充分討論，卻提出了若干佐證。

【附註】：

註　一：周維培（1990）《論中原音韻》第二章第一節子目（二）：「《中原音韻》是爲南方籍北曲家而作的。」周文指出周德清寫作《中原音韻》的時代，北曲（包括雜劇）的創作中心已轉移到以杭州爲中心的南方地區。此外《起例》第二十一（條次依寧繼福所定）把十九韻中在方言區讀音容易相混的字一一列出，例作「X有X」，如：宗有蹤、桑有雙、絲有師、知有之…等。周維培氏認爲這是《中原音韻》爲南方人而作的重要內證材料。（註書頁45—49），按這些「辨諸方語病」的配對都是語音的最小對比，丁邦新（1981）《與中原音韻相關的幾種方言現象，曾就方言加以分析。

註　二：寧繼福（1980，1984）《中原音韻無入聲內證》共舉了八個例證，說明周氏在書中的許多話都可以說明「入作某聲」與某聲無別，如其例證四舉「作詞十法」之十「定格」有十一句曲文各有一字爲《中原音韻》入派二聲字，周氏在品評作家用字優劣時對這十一字皆直呼其歸屬的聲調，如云：「蜜字去聲，好，切不可上聲。」、「貴在ˊ卻、濕ˊ二字上聲，音從上轉，取務頭也。」（寧1984頁　378）。又如例證七舉支思韻「入聲作平聲」兩空有注音：澀瑟音史　塞音死　既已標明同音。這是比較直接而明顯的內證。

註　三：陸氏（1988：29)在解釋歌戈與蕭豪重出的「入派平聲字」時，提到兩次方言，如：入派平聲的「佛」，歌戈、魚模重出，又「勃渤」二字按理應在魚模，《中原音韻》收在歌戈,·是「因爲曲韻的方言性」。又下文提到歌戈韻中「周書派入平聲的入聲字，凡是從曷末合盍來的而跟蕭豪韻不重複的，讀成ɔˀ，凡是從覺鐸藥來的而跟蕭豪韻重複的，還是作ɒɦ。卓書辨別的很清楚。周書的重出因爲曲韻偶然通叶，或是在某種方言眞的作ɔˀ而周氏沒有留意這方言的分別。」但是他並不嚴格遵守自己認爲兩折音不配喉塞音的說法，在討論魚模與尤侯重出的

入派平聲的「逐軸」「墊孰熟」等字時，卻又說「這幾個字也許眞可以唸成 iəu³。」（同上引頁30）

註　四：「寂誼」《現代漢語詞典》只收去聲一讀，我們參考教育部《國語大辭典》兼收陽平一讀。

註　五：射字《現代漢語詞典》只收ㄕㄜˋ一讀，此字《中原音韻》凡四讀，即齊微韻的si 和i（入作平，去），車遮韻的ʂiɛ和iɛ此處應據《國語大詞典》收一ˋ（僕射，官名）一讀。

註　六：此字不當列，附錄於此作爲參考。

註　七：妠同姳（ㄔㄚˋ），如：姳紫嫣紅。

註　八：此凸字在車遮tiɛ²，國語音ㄊㄨ，恐非同字，又蕭豪韻又有凹音iau⁴，（與拗同音），國語音ㄠ；凹又見家麻韻，音ua⁴，意義未詳，凹凸爲相對概念，如能考察此字車遮韻讀法的來源或所據方言，當能反映周氏所據的方言性質，有待詳究。

註　九：楊耐思《中原音韻音系》48頁。

參考書目

甲、專著

趙蔭棠（1936）　《中原音韻研究》　商務1939,1956

王　力（1957）　《漢語史稿》　科學出版社

　　　（1958）　《漢語詩律學》　上海教育出版社

　　　（1985）　《漢語語音史》　中國社會科學出版社

周祖謨（1966）　《問學集》　中華書局

董同龢（1968）　《漢語音韻學》　台北

藤堂明保（1957）《中國語音韻論》　東京

服部四郎.藤堂明保合編（1957）《中原音韻の研究.校本編》江南書院.東京

陸志韋（1988）　《陸志韋近代漢語音韻論集》　商務

Hugh M. Stimson (1966) "The Jungyuan Inyunn: A Guide to Old mandarin Pronunciation" (New Haven,conn.)

Hsueh Feng-Sheng(1975) "Phonology of Old Mandarin" mouton(The Hague)

陳新雄（1976）　《中原音韻概要》　學海書店.台北。

薛鳳生（1986）　《北京音系解析》　北京語言學院

邵榮汾（1981）　《中原雅音研究》　山東人民出版社

楊耐思（1981）　《中原音韻音系》　中國社會科學出版社

李新魁（1983）　《中原音韻音系研究》　中州書畫社

寧繼福（1985）　《中原音韻表稿》　吉林文史出版社

金周生（1985）　《宋詞音系入聲韻部考》　文史哲出版社

周維培（1990）　《論中原音韻》　北京大學出版社

梁惠陵編（1991）　《中原音韻新編》　北京大學出版社

河北北京師院等編（1961）　《河北方言概況》　河北人民出版社

丁聲樹.李榮（1981）　《古今字音對照手冊》　中華書局

中國社科院語言所詞典編輯室（1978）　《現代漢語詞典》　商務

北大中文系語言學教研室（1989）　《漢語方音字匯》第二版　文字改革出版社

侯精一（1989）　《晉語研究》　東京外國語大學亞非語言文化研究所。

陸致極（1992）　《漢語方言數量研究探索》　語文出版社

盧甲文（1992）　《鄭州方言志》　語文出版社

　　乙、單篇論述

白滌洲（1931）　北音入聲演變考　女師大《學術季刊》2:2

羅常培（1932）　中原音韻聲類考　史語所集刊2本4分

陸志韋（1957）　釋中原音韻　燕京學報第31期

楊耐思（1957）　周德清的《中原音韻》　中國語文1957.11

（1964） 中原音韻 文字改革 1964:7

（1990） 中原音韻兩韻并收字讀音考 王力先生紀念論文集 (114-129 頁) 商務

（1991） 中原音韻研究概述 收于《中原音韻新論》

（1992） 近九年來近代漢語語音訥著簡目 《近代漢語研究》 胡竹安‧楊耐思，蔣紹愚編

趙遐秋.曾慶瑞（1962） 中原音韻音系的基礎和"入派三聲"的性質 中國語文1962.7

李新魁（1962） 中原音韻的性質及其代表音系 江漢學報1962.8

（1963） 關於中原音韻音系的基礎和"入派三聲"的性質—與趙遐秋.曾慶瑞同志商榷 中國語文 1963.4

（1991） 再論中原音韻的"入派三聲" 《新論》 63—84頁。

（1991） 近代漢語全濁音聲母的演變 中國語言學報第四期

周大璞（1963） 董西廂用韻考 武漢大學學報1963.2

廖珣英（1963） 關漢卿戲曲的用韻 中國語文1963.4

（1963） 諸官調的用韻 中國語文1964.1

忌 浮（1964） 中原音韻二十五聲母集說 中國語文 1964.5

（1980） 中原音韻無入聲內證 學術研究叢刊 1980.1

（1986） 中原音韻的調值 語言研究 1986.1

（1991） 十四世紀大都方言的文白異讀 《新論》頁35—43

平山久雄（1977） 中原音韻入派三聲の音韻史的背景 東洋文化 58

丁邦新（1981） 與中原音韻相關的幾種方言現象 史語所集刊52本4分

劉俊一（1980） 關於中原音韻的"入派三聲"（上下）齊魯學刊1980 1-2期

唐作藩（1982） 評楊耐思《中原音韻音系》 語文研究 1982.2

金周生（1982） 元曲暨中原音韻東鍾、庚青二韻互見字研究 輔仁學志11

（1984） 中原音韻入聲多音字音證 輔仁學志12 臺北

張清常（1983）　中原音韻新著錄的一些異讀　中國語文1983.1

俞　敏（1984）　北京音系的成長和它受的周圍影響　方言 1984.4

顏　森（1981）　高安(老屋周家)方言的語音系統　方言1981.2

趙月朋（1958）　洛陽話淺說　方言與普通話集刊第3冊

賀　巍（1984）　洛陽方言記略　方言1984.4

李　榮（1985）　官話方言的分區　方言1851.1

賀　巍（1985）　河南省西南部方言的語音異同　方言 1985.2

劉　靜（1986）　中原音韻音系無入聲新探　陝西師大學報 1986.1

俞　敏（1987）　中州音韻保存在山東海邊几上　河北師院學報 1987.3

黎新第（1987）　中原音韻入派三聲析疑　重慶師院學報

　　　　（1991）　早中期元雜刻與中原音韻"入派三聲"　《新論》44-62

嚴振州（1988）　中原音韻"入派三聲"即"入派三聲"證　語言文字學1988.2

林　燾（1987）　北京官話溯源　中國語文1987.3

　　　　（1992）　"入派三聲"補釋　語言學論叢17輯　北大

陳　剛（1988）　古清入聲在北京話裡的演變情況　中國語言學報第3期245-
　　　　255頁

宗福邦（1984）　論入聲的性質　音韻學研究　第一輯

龍　晦（1984）　釋中原雅音　音韻學研究　第一輯

許寶華（1984）　論入聲　音韻學研究　第一輯

吳寶榮（1989）　中古入聲字在普通話音節中的分布規律　撫順師專學報（社
　　　　科版）1989.1

暴拯群（1989）　試論中原音韻的語音基礎　洛陽師專學報1989.3

王洪君（1990）　入聲字在山西方言中的演變　語文研究1990.1

平山久雄（1990）　中古漢語的清入聲在北京話裡的對應規律　北京大學學報
　　　　1990.5

汪壽明（1990）　從中原音韻的又讀字,論其非單一語音體系　語文論叢（上海）第4

輯

（1991）　"中原音韻"音系談　《新論》180-186頁

高福生（1991）　中原音韻入聲補述　《新論》6-15頁

劉綸鑫（1991）　釋中原音韻中的重出字　《新論》85-101頁

喻世長（1991）　從邵康節到周挺齋——漢語宋金元北方話入聲演變的條線索　《新論》187-197頁

邵榮汾（1991）　中原音韻音系的幾個問題　《新論》156-166頁

Stimson, H. M.（1962）　Ancient Chiness -p, -t, -k Endings in Peking Dialect "Language" vol 38, No.4 376－384

（1962）　Phonology of the Chung-yuan yin yun　清華學報 新3卷1期 114-159頁。

從李漁〈別解務頭〉
試說曲律上的幾個問題

金周生

一、問題緣起

李漁《閒情偶記、詞曲部、音律》第九款〈別解務頭〉上說：

填詞者必講務頭，然務頭二字，千古難明。《嘯餘譜》中，載〈務頭〉一卷，前後臚列，豈止萬言，究竟務頭二字，未經說明，不知何物。止於卷尾開列諸舊曲，以爲體樣，言某曲中第幾句是務頭，其間陰陽不可混用，去上上去等字，不可混施。若跡此求之，則除卻此句之外，其平仄陰陽，皆可混用混施而不論矣。又云：某句是務頭，可施俊語於其上。若是，則一曲之中，止該用一俊語，其餘字句，皆可潦草塗鴉，而不必計其工拙矣。予謂立言之人，與當權秉軸者無異：政令之出，關乎從違，斷斷可從，而後使民從之；稍背於此者，即在當違之列。鑿鑿能信，始可發令。措詞又須言之極明，論之極暢，使人一目了然。今單提某句爲務頭，謂陰陽平仄，斷宜加嚴，俊語可施於上，此言未嘗不是。其如舉一廢百，當從者寡，當違者眾，是我欲加嚴，而天下之法律，反從此而寬矣。況又囁嚅其詞，吞多吐少，何所取義而稱爲務頭，絕無一字之詮釋，然則葫蘆提三字，何以服天下！吾恐狐疑者讀之，愈重其狐疑，明了者

　　　　觀之，頓喪其明了，非立言之善策也。予謂務頭二字，既然不
　　　　得其解，只當以不解解之。曲之有務頭，猶棋中有眼，有此則
　　　　活，無此則死。進不可戰，退不可守者，無眼之棋，死棋也。
　　　　看不動情，唱不發調者，無務頭之曲，死曲也。一曲有一曲之
　　　　務頭，一句有一句之務頭，字不聱牙，音不泛調，一曲中得此
　　　　一句，即使全曲皆靈；一句中得此一二字，即使全句皆健者，
　　　　務頭也。由此推之，則不特曲有務頭，詩詞歌賦以及舉子業，
　　　　無一不有務頭矣！人亦照譜按格，發舒性靈，求為一代之傳書
　　　　而已矣，豈得為謎語欺人者所惑，而阻礙詞源，使不得順流而
　　　　下乎！

看了李漁這段話，知道傳統上曲律的「務頭」，當時已不能知其所以
然，前代作家也未必全部遵從；而他對務頭的「別解」，是「照譜按
格，發舒性靈，求為一代之性靈，求為一代之傳書而已」，也不能饜
人心意。至於說「詩詞歌賦以及舉子業，無一不有務頭」，更將這一
觀念虛泛化，讓人墜入五里霧中。

　　我認為曲律中的務頭問題並非不可知，也非不可解，但首先我們
需瞭解「曲」為什麼要有「律」？以及「律」的寬嚴對美感上的影響，
然後才能對「知韻」、「造語」、「用事」、「用字」、「入聲作平
聲」、「陰陽」、「務頭」、「對偶」「末句」、「定格」等（註一），
有較深刻的認識。以下就試著說明幾個曲律上的觀念。

二、曲之有律猶詩之有律

　　蕭統《文選》的文體分類，有詩、賦、表、奏、牋、記、詔、告、
教、令等數十種。都視為「文」的範圍；《文心雕龍‧總術》則說：

　　　　今之常言，有文有筆。以為無韻者筆也，有韻者文也。

乃以有韻、無韻不同的「律」，來分別文與筆。現代人則以押韻爲詩的一種特質，，不押韻爲文的一種特質，作爲詩文的區分。我們可以說：押韻是詩律之一，不押韻就不能稱爲詩。

　　曲詞是元朝的代表文學，它也是一種要押韻的文字，和詩具有共同的「韻律」特徵，但二者卻各有截然不同的「韻律」規定。除卻詩以古代語音或官方制訂的韻書爲押韻標準，元曲用當代北方音取韻外，詩是「作」的，曲是「塡」的；詩是「吟」的，曲是「唱」的；詩的句子長短較一致，曲的句子多半長短雜陳……等不同，造就了詩和曲的分別；它們各自特有的「律」，正是兩種體式不能混同的主要原因之一。我們也可以這麼說：不合曲律的作品就不能稱爲曲。

三、曲律有寬嚴的分別

　　詩律有寬嚴的分別，古體詩在平仄、用韻、對句、語法上的限制都比近體詩少，以前人們對此分別極嚴，作詩時心中已有「古體」和「近體」的觀念。曲律也有寬嚴，重格律者主張曲律要嚴，不重格律者則不遵守某些「嚴式曲律」，因爲曲本身不如詩的受重視，所以重格律與否並沒有發展出像「古體詩」、「近體詩」一類的分別。

　　大體說來，前面周德清所提出的〈作詞十法〉是重格律的主張，李漁《閒情偶寄、詞曲部、音律》所提出的「恪守詞韻」、「凜遵曲譜」、「魚模當分」、「廉監宜避」、「愼用上聲」、「少塡入韻」、「別解務頭」等項，也是重格律的主張。至於何人是不重視格律的，則極難認定。因爲現存的曲論著作中，並未見到有排斥格律的言論。我們只能說如果曲作不合某些格律，就是不重格律，也許這些不重視格律的作者，根本不知道要守哪些格律，而並不是反對「曲律」。下面就提出幾個重格律者的曲律觀念，並說明未守「曲律」者的實際作法。

四、平聲必分陰陽以正音

作曲時平聲要分陰陽的主張起自周德清。《中原音韻、自序》上說：

> 歌其字音非其字者，合用陰而陽、陽而陰也。此皆用盡自己，心徒快一時，意不能傳久，深可哂哉！深可憐哉！惜無有以訓之者，予甚欲爲訂砭之文，以正其語。

他在《正語作詞起例、作詞十法》「陰陽」項目下更詳說並舉例道：

> 用陰字法：〈點絳唇〉首句韻腳必用陰字，試以「天地玄黃」爲句歌之，則歌「黃」字爲「荒」字，非也。若以「宇宙洪荒」爲句，協矣。蓋荒字屬陰，黃字屬陽也。
>
> 用陽字法：〈寄生草〉末句，七字內第五字必用陽字，以「歸來飽飯黃昏後」爲句歌之，協矣。若以「昏黃後」歌之，則歌「昏」字爲「渾」字，非也。蓋黃字屬陽。昏字屬陰也。

周德清認爲唱曲的人歌某字，而唱不出正確的音，往往是作詞者當用陽平而誤用陰平，或當用陰平而誤用陽平的緣故。所謂唱不出正音，這是因爲樂曲的音譜已定，曲詞的字調要配合音譜才行，他的道理和詞、曲譜有時除了要分平仄，更要細分上、去的原因相同。

周德清認爲有些地方平聲要細分陰陽，而鄭因百師歸納元明曲作所寫的《北曲新譜》上卻沒有別出，最可能的原因是元人並沒有嚴守這種「曲律」。下面就以《全元散曲》爲準，看看〈點絳唇〉首句韻腳必用陰字」一語的實際使用情形。

㈠不忽木　寧可身臥糟丘　　（丘、陰字）

㈡白　樸　金鳳釵分　　　（分、陰字）

㈢于伯淵　漏盡銅龍　　　（龍、陽字）

㈣貫雲石　花落黃昏　　　（昏、陰字）

㈤張可久　歸去來兮　　　（兮、陰字）

(六)顧德潤	四海飄蓬	（蓬、陽字）
(七)朱庭玉	可愛中秋	（秋、陰字）
	所欠唯何	（何、陽字）
(八)趙彥暉	萬種閑愁	（愁、陽字）
	萬種妖嬈	（嬈、陽字）
(九)孫季昌	萬里長江	（江、陰字）
(十)無名氏	道妙玄微	（微、陽字）
	問柳尋芳	（芳、陰字）
	淡掃蛾眉	（眉、陽字）
(土)湯　式	四隻驢蹄	（蹄、陽字）

以上一共十五個韻例，其中七個合於周德清的說法，用了「陰字」，
八個不合的，則都使用「陽字」，可見這種嚴分陰陽字的作法，並沒
有受到元人的重視和採納。格律派要分陰陽字是有道理可說的，但一
般人並不遵守。我們又看到一個事實，那就是所有作家一律在韻腳處
使用「平聲」字，沒有任何的例外。從這裡更可知道一個事實：〈點
絳唇〉首句韻腳用平聲字是「曲律」，必須人人遵守；〈點絳唇〉首
句韻腳用陰字是格律派所講究的「曲律」，作曲家未必聽從。

五、逢雙對偶以美聽

王力先生《漢語詩律學》言及近體詩的對仗時說：

> 近體詩的對仗，見於律詩和排律裡；至於絕句，大多數是不用
> 對仗的。……對仗是律詩的必要條件。就一般情形而論，律詩
> 的對仗是用於頷聯和頸聯；換句話說，就是第三句和第四句對
> 仗，第五句和第六句對仗。

周德清在論曲的「對偶」時說：

> 逢雙必對，自然之理，人皆知之。

另外還介紹了不同曲牌中的「扇面對」、「重疊對」及「救尾對」。詩的對偶具有美觀和美聽的功能，曲詞是配合音樂唱的，逢雙處對偶自然有助於聽覺上的享受。「紅繡鞋」第四、五句是逢雙處，我們依然用《全元散曲》中的部分例子來作說明。（註二）

㈠盧　摯　疏老子，勸分司。（註三）（對偶）

　　　　　　攜翠袖，撞煙樓。　　（對偶）

　　　　　　歌宛轉，酒淋漓。　　（對偶）

　　　　　　聽鶴唳，趁鷗盟。　　（對偶）

㈡馮子振　秋月冷，暮天青。　　（對偶）

㈢貫雲石　屠龍劍，釣鰲鉤。　　（對偶）

　　　　　　閑時水，不禁詩。　　（不對偶）

　　　　　　冰雪捏，玉酥湮。　　（不對偶）

　　　　　　情未足，夜如梭。　　（不對偶）

㈣張養浩　山也喜，月相隨。　　（不對偶）

　　　　　　千古遠，萬年多。　　（對偶）

　　　　　　登要路，履危機。　　（對偶）

　　　　　　冷丟溜，熱剔挑。　　（對偶）

　　　　　　春淡蕩，曉淒迷。　　（對偶）

㈤喬　吉　晴帶雨，冷搜雲。　　（對偶）

　　　　　　雙袖細，一襟團。　　（對偶）

㈥周德清　桃葉渡，杏花村。　　（對偶）

　　　　　　霜葉舞，雪花飄。　　（對偶）

　　　　　　沙嘴雁，樹頭鴉。　　（對偶）

　　　　　　須酒興，索茶芽。　　（不對偶）

以上二十個例句裡，對仗工整的有十五個，佔了大多數；但沒有嚴守對仗的也有五例，其中還有一組是周德清自己的作品。由此可知：曲

詞逢雙必對是常態，沒有對偶也不能將其棄置於曲外，只是會減少聽覺上的美感罷了！

六、魚模當分以諧南韻

　　周德清《中原音韻》立「魚模」一部，內收居、諸、蘇、逋、樞、虛、苴、孤、枯、於、烏……等字。王驥德《方諸館曲律、論韻》中曾提出批評：

> 德清淺士，韻中略疏數語，輒已文理不通，其所謂韻，不過雜採元前賢詞曲，掇拾成編，非眞有晰於五聲七音之旨，辨於諸子百氏之奧也。又周江右人，率多土音，去中原甚遠，未必字字訂過，是欲憑影響之見，以著爲不刊之典，安保其無離而不諧於正音哉？蓋周之爲韻，其功不在於合，而在於分；而分之中，猶有未盡然者，如……魚居之於模吳……，試細呼之，殊自逕庭，皆所宜更析。

認爲「魚模」韻當分爲二部。依王德暉、徐沅澂《顧誤錄》的分韻，「居魚」韻包含「踞、距、鋸、倨、據、遽、句、娶、趣、齲、絮、去、恕、庶、戍」等音；「蘇徒」韻包含「固、顧、蠱、故、庫、褲、惡、污、數、疏、妒、蠹、吐、兔、做、措、醋、錯、素、溯、訴、塑、布、佈、怖、舖、付、咐、訃、富、赴、副、賦、傅」等音。用現代語音學術語分析，大約主要元音是 u 的入「蘇徒」韻，主要元音是 y 的入「居魚」韻。但這種分法並不合元人的用韻習慣，因爲元曲中二者是通押的，下面舉幾位大家的作品爲例。（註四）

　㈠關漢卿　　（語）疏暮（吁）付（許）　　（沉醉東風）
　㈡白　樸　　（縷）壺疏（吁）珠　　　　　（陽春曲）
　　　　　　　燭書（娛）（舉）如　　　　　（陽春曲）
　　　　　　　暮簇（齲）書　　　　　　　　（得勝樂）

㈢馬致遠　暮（去）（渠）圖賦　　　　　　（青哥兒）

　　　　　　（女）吳（去）湖（魚）夫　　　（四塊玉）

　　　　　　珠（去）處奴（玉）如富瑚　　　（小桃紅）

　　　　　　主（趣）樹處　　　　　　　　　（清江引）

　　　　　　書樹（侶）（去）　　　　　　　（壽陽曲）

㈣貫雲石　湖通（裾）古梳糊如　　　　　　　（蟾宮曲）

㈤張養浩　（余）夫（渠）（拘）（軀）處（吁）住（胡十八）

㈥喬　吉　壚珠夫處如扶（鬚）　　　　　　　（折桂令）

㈦張可久　（語）（去）樹（宇）　　　　　　（清江引）

㈧周德清　（武）（宇）書姹夫（輿）（雨）湖　（滿庭芳）

為什麼明、清曲論家認為「魚模」當分為二？李漁《閒情偶寄、詞曲部》「魚模當分」條下說：

> 詞曲韻書，止靠《中原音韻》一種，此係北韻，非南韻也。十年之前，武林陳次升先生，欲補此缺陷，作《南詞音韻》一書，工垂成而復輟，殊為可惜。予謂南詞深渺，卒難成書，填詞之家，即將《中原音韻》一書，就平上去三音之中，抽出入聲字，另為一聲，私置案頭，亦可暫備南詞之用。然此猶可緩，更有急於此者：則魚模一韻，斷宜分別為二。魚之與模，相去甚遠，不知周德清當日何故比而同之？……倘有詞學專家，欲其文字與聲音媲美者，當令魚自魚而模自模，兩不相混，斯為極妥。即不能全齣皆分，或每曲各為一韻，如前曲用魚，則用魚韻到底，後曲用模，則用模韻到底，猶之一詩一韻後不同前，亦簡便可行之法也。

從元人北曲作品的分析，「魚模」韻是當合而為一的；從李漁的解說看，明代南曲「魚模」應分為二類，這主要是時代不同、南北方音分歧的緣故。

七、南、北曲入聲字唱法不同

入聲字是不能延長的短音，短音字遇到長節拍的音符，二者就不能配合了。關於這這點，南、北曲的處理方式並不相同。北曲的用法，周德清曾說：

> 平上去入四聲，《音韻》無入聲，派入平上去三聲，前輩佳作中間備載明白，但未有以集之者，今撮其同聲。

可見入聲在曲中已失去了原有的短音特質，而派入其他三聲中了。至於當時中原音是否還有短調的入聲字？周德清又說：

> 入聲派入平上去三聲者，以廣其押韻，為作詞而設耳。然呼吸言語之間還有有入聲之別。

至於入派三聲是不是有規律性？依《中原音韻》的收字看，大抵中古的清聲母字一律派入上聲，全濁聲母字派入陽平，次濁聲母字則派入去聲。周德清曾批評馬致遠秋思」「百歲光陰如夢蝶」一首曲子說：

> 此方是樂府，不重韻、無襯字，韻險、語俊。諺曰：百中無一。
> 余曰：萬中無一。看他用「蝶穴傑別竭絕」字是入聲作平聲，「闊說鐵雪拙缺貼歇徹血節」字是入聲作上聲，「滅月葉」是入聲作去聲：無一字不妥，後輩學去。

對馬致遠入派三聲的妥當，大加贊揚。但入派三聲並不宜大量使用，因為：

> 入聲作平聲──施於句中不可不謹，皆不能正其音。（《中原音韻、正語作詞起例》）

既不能正其音，所以：

> 派入三聲者，廣其韻耳！有才者，本韻自足矣！（《中原音韻、自序》）

以上是北曲處理入聲字的方法。至於南曲如何唱入聲字，與北曲入派

三聲的相異點，王驥德在《方諸館曲律、論平仄》中說：

> 南曲與北曲正自不同：北則入無正音，故派入平上去之三聲，
> 且各有所屬，不得假借；南則入聲自有正音，又施於平上去之
> 三聲，無所不可。大抵詞曲之有入聲，正如藥中之有甘草，一
> 遇缺乏，或平上去三聲字面不妥，無可奈何之際，得一入聲，
> 便可通融打諢過去，是故可作平、可作上、可作去；而其作平
> 也，可作陰，又可作陽，不得以北音為拘。此則世之唱者，由
> 而不知，而論者又未敢拈而筆之紙上故耳。……韻腳不宜多用
> 入聲代平上去字。

李漁《閒情偶寄、詞曲部》也曾就南曲不宜多用入聲字的理由加以分
析，他說：

> 入聲韻腳，宜於北而不宜於南，以韻腳一字之音，較他字更需
> 明亮。北曲止有三聲，有平上去而無入，用入聲字作韻腳，與
> 用他聲無異也。南曲四聲具備，遇入聲之字，定宜唱作入聲，
> 稍類三音，即同北調矣！以此音唱南曲可乎！予每以入韻作南
> 詞，隨口唸來，皆似北調，是以知之。若填北曲，則莫妙於此，
> 一用入聲，即是天然北調。

稍後，清代毛先舒《南曲入聲客問》一文，對南曲入聲字的唱法及特
徵也有極詳盡的描述，今不具錄。總之：南、北曲入聲字倡法不同，
是各有其「律」的，因此依譜填詞，也應各循其「律」而行。

八、曲律中的「務頭」與聲、腔、樂關係密切

　　一般作家填寫曲詞，都不是自度曲牌的創作，而是按舊有的音樂填
詞。音樂本身有曲折快慢、起承轉合；節奏突變能引人入勝的關鍵，
就是音樂的精彩處，音樂精彩處，唱者的腔調必須要配合的上，足以

表現出音樂所帶出的悲喜鬱暢情懷，才能博得聽眾的共鳴。當然，在唱者合腔的同時，聽眾能聽出所唱的字，而這些字又是一些好句子，而不是襯字或虛字這些無關緊要的，那麼在樂美、腔足、音正、詞妙的情形下，必得聽眾的喝采，就作詞者言，「字音正」「詞妙」，就是曲律上的務頭！周德清曾說：

> 要知某調某句某字是務頭，可施俊語於其上。（作詞十法）

就是從「詞妙」立說的。至於「音正」「腔足」部分，周德清在「作詞十法」「造語」一項中說：

> 六字三韻語——前輩《周公攝政》傳奇〈太平令〉云：「口來、豁開、兩腮。《西廂記》〈麻郎么〉云：「忽聽、一聲、猛驚。」「本宮、始終、不同。」韻腳俱用平聲，若雜一上聲，便屬第二著，皆於務頭上使。近有〈折桂令〉，皆二字一韻，不分務頭，亦不能喝采；全淳則已，若不淳，則句句急口令矣！所謂畫虎不成反類犬也。殊不知前輩止於全篇中務頭上使，以別精細，如眾星中顯一月之孤明也。可與識者道。

辨平上，是為了「正音」，句句急口令，就是腔不足以應付音樂節奏的結果。關於「腔」的問題，王驥德《方諸館曲律》「論腔調」一節言之甚詳，他說：

> 古之語唱者曰：當使聲中無字；謂字則喉唇齒舌等音不同，當使字字輕圓，悉融入聲中，令轉換處無磊塊，古人謂之「如貫珠」，今謂之「善過度」是也。又曰：當使字中有聲；謂如宮聲字，而曲合用商聲，則能轉宮為商歌之也。又曰：有聲多字少；謂唱一聲，而高下抑揚，宛轉其音，若包裹數字其間也。有字多聲少；謂搶帶頓挫得好，字雖多如一聲也。又云：善歌者，謂之「內裡聲」；不善歌者，聲無抑揚，謂之「念曲」；聲無含韞，謂之「叫曲」。

唱「務頭」若能滿腔滿調，自然會博得喝采。周德清《中原音韻正語作詞起例、作詞十法》有「定格四十首」，屢次提及「務頭」，如：

> 長醉後方何礙，不醒時有甚思，糟醃兩箇功名字，醅渰千古興亡事，麴埋萬丈虹蜺志，不達時皆笑屈原非，但知音盡說陶潛是。

> 評曰：命意、造語、下字俱好。最是「陶」字屬陽，協音。若以「淵明」字，則「淵」字唱作「元」字，蓋「淵」字屬陰。……「虹蜺志」「陶潛是」，務頭也。

「陶」字務頭協音，屬於唱得正字，「虹蜺志」「陶潛是」為音樂的轉折關鍵，用了俊語。所以說：命意、造語、下字皆好。也有泛指某句是「務頭」的，如〈醉扶歸〉：

> 十指如枯筍，和袖捧金樽，搊殺銀箏字不真，揉痒天生鈍，縱有相思淚痕，索把拳頭搵。

> 評曰：「筍」字若得去聲字，好；「字」「不」二字去上聲，便不及前詞音律，餘無疵。第四句、末句是務頭。

有指某一字是務頭處的，如評〈朝天子〉「早霞晚霞」及〈紅繡鞋〉「嘆孔子嘗聞俎豆」二首時說：

> 二詞對偶、音律、語句、平仄俱好，前詞務頭在「人」字，後詞妙在「口」字上聲，務頭在其上，知音傑作也。

也有提出務頭句中某字足以「起音」的，如：

> 〈醉高歌〉「感懷」：十年燕市，歌聲幾點，吳霜鬢影，西風吹老鱸魚興，晚節桑榆暮景。

> 評曰：妙在「點」「節」二字上聲起音，務頭在第二句及尾。

從以上各段引文看來，務頭肇起於音樂的特殊處，唱者要注意腔美，就能得到喝采，作詞者如懂音樂，此處必要填好詞，更要讓字調配合樂調，才能成為佳作。所以說務頭和聲、腔、調都有關係。北曲的音

樂早已失傳，清代李漁不能明其究竟；元人作曲詞者，多半不能斤斤計較於務頭處，李漁就認為立法而無人守法，法不立可也，這也出於誤解。我認為：作曲講務頭，是懂音樂的詞家的考究曲律，一般人不講務頭，只是對此不考究；如同穿皮鞋或穿草鞋的人，我們不能說誰才算穿鞋，或誰不算穿鞋，只是鞋有精粗罷了！前文所說「曲律有寬嚴的分別」，講求務頭就是其嚴的一面。

九、唱音與唸音有別

　　周德清曾說「入派三聲」是為曲詞而設，但言語之間仍有入聲之別，可見元曲唱音和唸音必有不同。李漁在《閒情偶寄、詞曲部、音律》下有「慎用上聲」一條，也提出了唱音與唸音不同的現象，他說：

> 平上去入四聲，惟上聲一音最別。用之詞曲，較他音獨低，用之賓白，又較他音獨高，填詞者每用此聲，最宜斟酌。此聲利於幽靜之詞，不利於發揚之曲；即幽靜之詞，亦宜偶用間用。切忌一句之中，連用二三四字。蓋曲到上聲字，不求低而自低，不低則此字唱不出口。……初學填詞者，每犯抑揚倒置之病，其故何居？正為上聲之字，入曲低而入白反高耳！詞人之能度曲者，世間頗少，其握管撚髭之際，大約口內吟哦，皆同說話，每逢此字，即作高聲。且上聲之字，出口最亮，入耳極清，因其高而且清，清而且亮，自然得意疾書，孰知唱曲之道，與此相反，念來高者，唱出反低，此文人妙曲，利於案頭而不利於場上之通病也。非笠翁為千古癡人，不分一毫人我，不留一點渣滓者，孰肯盡出家私底蘊，以博慷慨好義之虛名乎！

李漁雖然說出了唸音與唱音高低正巧相反的現象，但對為什麼會有這種情形的所以然，卻付闕如。明代和尚曾形容上聲的唸法是「高呼猛烈強」，詞隱也說：「上聲當低唱」（註五），和李漁的形容相同。但

徐大椿《樂府傳聲》對上聲看法，卻有不同意見，他說：

> 上聲亦只在出字之時分別。方開口時，須略似平聲，字頭半吐，
> 即向上一挑，方是上聲正位。蓋上聲本從平聲來，故上聲之字
> 頭，必從平聲起。若竟從上起，則其聲一響已竭，不能引而長
> 之，若聲竭而復拖下，則反似平聲字矣。故唱上聲極難，一吐
> 即挑，挑後不復落下，雖其聲長唱，微近平聲，而口氣總皆向
> 上，不落平腔，乃爲上聲之正法。雖數轉而聽者仍知爲上聲，
> 斯得唱上聲之法矣。

「入派三聲」造成的唱唸分別，是爲了方便唱，必須延長其音形成的；
而上聲的唱唸有別，則應是由空間因素的緣故，也就是唱唸所用的基
礎方言不同。以現今國劇言，京白和韻白的分別姑且不說，唱音和白
口的音是大不相同的。京白的陰平是高平調，陽平是中升調，上聲是
降升調，去聲是高降調，沒有入聲字；唱音則稱「湖廣」音，平上爲
高平、高升調，陽平、去聲爲低調，入聲爲一短調。因此在搬演時，
唱唸音頗有不同。編劇者在寫唱詞時要配合西皮或二黃的音階高低，
而不能按白口的音來作，這種現像和李漁所說的頗爲一致。北曲和南
曲在隆衰興革上，明代都有若干變化，其中不乏是音腔上的轉換，沈
寵綏《度曲須知》「曲運隆衰」一節曾說：

> 明興，樂惟式古，不祖夷風，……而僞代填詞往習，一掃去之。
> 雖詞人間踵其轍，然世換聲移，作者漸寡，歌者寥寥，風聲所
> 變，北化爲南，名人才子，踵《琵琶》《拜月》之武，競以傳
> 奇鳴；曲海詞山，於今爲烈。而詞既南，凡腔調與字面俱南，
> 字則宗《洪武》而兼祖《中州》；腔則有「海鹽」、「義烏」、
> 「弋陽」、「青陽」、「四平」、「樂平」、「太平」之殊派。
> 雖口法不等，而北氣總已消亡矣。嘉隆間有豫章魏良輔者，流
> 寓婁東鹿城之間，生而審音，憤南曲之訛陋也，洗盡乖聲，別

開堂奧，調用水磨，拍捱冷板，聲則平上去入之婉協，……要皆別有唱法，絕非戲場聲口，腔曰「崑腔」，曲名「時曲」，聲場臬爲曲聖，後世依爲鼻祖，蓋自有良輔，而南詞音理，已極抽秘逞妍矣！惟是北曲元音，則沉閣既久，古律彌湮，有牌名而譜或莫考，有曲譜而板或無徵，抑或有板有譜，而原來腔格，若務頭、顛落，種種關捩子，應作如何擺放，絕無理會其說者。……至如「絃索」曲者，俗固呼爲「北調」，然腔嫌嬝娜，字涉土音，則名北而曲不眞北也。……北劇遺音，有未盡消亡者，疑尚留於優者之口，蓋南詞中每帶北調一折，……南曲則演南腔，北曲固仍北調，口口相傳，燈燈遞續，勝國元聲，依然嫡派。……特恨詞家欲便優伶演唱，止〈新水令〉、〈端正好〉幾曲，彼此約略扶同，而未冠牌名，如原譜所列，則騷人絕筆，伶人亦絕口焉。

從這段話看來，無論北曲、南曲或崑腔，明代人唱時都有口音唱音不純的現象。昔人演劇唱音、唸音有別，作曲者也當注意曲詞的唱音要和音樂配合，才不會使唱者受困，這也是「曲律」家所以三致其意的緣故。

十、小　結

「律」是人爲的產物，往往後出轉精，但隨其愈趨細密，行之愈爲艱難，加上任何文體都有窮而不得不變之「勢」，所以詩律興而詩隨之亦衰，詞律細而詞道不彰，曲律趨嚴而曲道又變。雖然如此，曲律的諸多講究，目地不外正音、合腔、諧樂，再加上作者的麗詞，使美感能充分表達出來，本身也未必是件不好的事。有了這種體認，那麼看到重格律曲家的種種言論，我們就當體諒他們在經營時的苦心了。

【附註】

註　一　這是周德清《中原音韻、正語作詞起例》中〈作詞十法〉的標目。

註　二　由於例句甚多，在此僅依時代先後舉出二十例，同一作者只以五例為限。

註　三　原文作「你聽疏老子，……。」，今刪其襯字。後同。

註　四　y 音的字用（）表示，u 音的字則不標其他符號。

註　五　明、沈寵綏《度曲須知》「四聲批窾」條內曾引詞隱對四聲字唱法高低的話。

《韻略匯通》之入聲系統

吳傑儒

一、前　言

　　《韻略匯通》（以下簡稱《匯通》）是明末（1642）山東萊州畢拱辰根據蘭茂《韻略易通》（以下簡稱《易通》）（1442）加以「分合刪補」並於山西寫成之韻書。

　　就《匯通》編排觀之，在聲母方面，仍沿用《易通》之舊，以「早梅詩」做爲二十字母代表；在韻母方面，《匯通》韻部區分十六，其中陰聲韻仍爲十部，至於陽聲韻因爲陽聲韻尾－m併入－n的結果，《匯通》乃將原《易通》之侵尋、廉纖、緘咸分別與眞文、先全、山寒歸併爲眞尋、先全、山寒三韻，加上將《易通》端桓韻平上去聲字字歸山寒韻、入聲字歸江陽韻的結果，使陽聲韻由《易通》十部併爲東洪、江陽、眞尋、庚晴、先全、山寒六部。而入聲方面，則沿襲《易通》入聲專配陽聲之格式，但韻尾已非《易通》之舊。

　　就《匯通》一書而言，雖然畢氏是在《易通》原有基礎上編寫，但實質上已脫離原書窠臼，呈現嶄新風貌。其中入聲韻最值得注意的是入聲字的「異韻同用」，以及實際語音中入聲是否存在的問題。本文擬自《匯通》入聲性質和各入聲韻收字情況分別探討，進而擬構其入聲系統。

二、《韻略匯通》之入聲性質

　　在唐宋韻書中的入聲，一般均與陽聲相配，凡韻尾爲〔－足〕者，

與其相配的入聲韻尾爲〔－k〕；韻尾爲〔－n〕者，與其相配的入聲韻尾是〔－t〕；韻尾爲〔－m〕者，與其相配的入聲韻尾是〔－p〕。

到了《中原音韻》，入聲配置有了極大的改革，周德清將入聲分派平上去三聲，所以有「入聲作平聲」、「入聲作上聲」、「入聲作去聲」的分類，可以說將當時北方口語作了部分實際的反映。

但是，《韻略易通》並未依照《中原音韻》的編排方式，仍然將入聲專配陽聲。而且，在入聲韻尾上，似乎保留－p、－t、－k韻尾，如取《易通》收字分析，除部分字外，其入聲與《廣韻》比較結果如下：

《易通》韻目	《廣韻》　入　聲　韻　目	《廣韻》韻尾
東洪	屋沃燭	－k
江陽	覺鐸藥	－k
庚晴	德陌麥職	－k
眞文	質術櫛物迄沒（有緝、麥韻混入），	－t
山寒	月薛黠Ⅰ曷末（有乏韻混入），	－t
端桓	月曷末Ⅰ黠屑薛	－t
先全	屑薛月	－t
侵尋	緝	－p
緘咸	合盍洽狎（有曷Ⅰ韻混入）	－p
廉纖	葉帖業（有洽韻混入）	－p

由上可見，《易通》韻母之編排仍未脫〔－ŋ〕〔－k〕、〔－m〕〔－p〕、〔－n〕〔－t〕相配之格式。

至於《匯通》入聲收字與《廣韻》入聲韻母對照如下：

㈠「東洪」入聲收收舌根塞音韻尾－k的「屋、沃、錫、燭」韻的字，也收讀爲舌尖塞音韻尾－t的「術、物、沒」韻的字。

㈡「江陽」入聲收收舌根塞音韻尾－k的「覺、藥、燭、鐸」韻的字，也收讀爲舌尖塞音韻尾－t的「月、曷、末」韻的字，而且還收收雙脣塞音韻尾－p的「合、盍」韻的字。

㈢「眞尋」入聲收收舌尖塞音韻尾－t的「質、術、物、迄、沒」韻的字，也收讀爲舌根塞音韻尾－k的「陌、昔、錫、職」韻的字，而且還收收雙脣塞音韻尾－p的「緝」韻的字。

㈣「庚晴」入聲收收舌根塞音韻尾－k的「德、陌、麥、職」，韻的字，也收讀爲舌尖塞音韻尾－t的「沒、櫛」韻的字，而且還收收雙脣塞音韻尾－p的「緝」韻字。

㈤「先全」入聲收收舌尖塞音韻尾－t的「月、曷、屑、薛、Ｉ」韻的字，也收讀爲雙脣塞音韻尾－p的「盍、葉、洽、怗、業」韻的字。

㈥「山寒」入聲收收舌尖塞音韻尾－t的「月、末、黠、曷、Ｉ、薛」韻的字，也收讀爲雙脣塞音韻尾－p的「盍、緝、合、業、洽、狎、乏」韻的字。

由上面統計結果，我們可以發現，《易通》原有之－p、－t、－k入聲韻尾，在《匯通》已經混同，而由《匯通》未如《中原音韻》將入聲分入平、上、去中和陽聲韻尾－呅、－n之入聲字同用情況觀之，可確定《匯通》入聲性質確已非《易通》之舊，並且弱化爲喉塞聲韻尾〔－ʔ〕。

至於《匯通》入聲是否存在的問題，歷來卻有不同的看法。如薛鳳生就主張《匯通》入聲韻尾實際上不存在，而且不認爲入聲專配陽聲，薛氏在《國語音系解析》中就指出：「我們推論說在『讀音』音

系中，入聲韻尾已合併爲一個喉塞音，當然不能再分別與不同的陽聲韻相配了。蘭、畢的做法似乎証明我們的設想不對，但如仔細檢查他們分列的入聲字，就可發現他們的做法只是因循舊章而已，在許多地方都露出馬腳。其實元、明時代北平話中的『讀音』音系最多只能保留一個的喉塞音爲韻尾的入聲，而且連這個入聲也日漸式微，所以，當明末的徐孝編製《司馬溫公等韻圖經》時，韻圖的嚴格形式便明白顯示出，當時的北平話已經沒有入聲了。」（1986:105）

　　但是，陸志韋則主張《匯通》入聲確實存在，陸氏在〈記畢拱辰《韻略匯通》〉中說：「他（按：指畢拱辰）把中古入聲－ｐ、－ｔ、－ｋ的界限完全打破，雖然還是模仿舊等韻的格式，把它們列陽聲之下，可是跟蘭氏的盲從等韻全然不同。憑他創造的精神看來，並非因爲他們是等韻的入聲，所以稱爲入聲。」（1988:89）

　　就薛、陸二說相較，余較認同陸氏的看法，其根據如下：

㈠《匯通》自序中說明編寫目的是「期于簡便明備，爲童蒙嚆矢」。
　　既是啓蒙之書，以爲教育推廣之用，自不能脫離實際音讀。

㈡畢氏自序又說：「茲編雖分流別派，疏瀹惟勤，然總合于元韻之
　　淵源者，近是矣。」可見本書並非方音性質，而是保存「雅音」
　　之作。

㈢李新魁〈再論《中原音韻》的入派三聲〉一文中說：「元明時代，
　　不管表現讀書音系統還是表現口語音系統的韻書、韻圖，除了幾
　　個特別外（如徐孝《重訂司馬溫公等韻圖經》反映的北京音，當
　　時北京音還不是代表共同語音，共同語音在當時還是中州音），
　　絕大多數都保存了入聲。」又說：「他們（按：指蘭茂、馬自援、
　　桑紹良、畢拱辰、方以智、蕭雲從、喬中和、呂坤、袁子讓、金
　　尼閣等人）保存入聲，是當時絕大多數方言實際語音的反映，特
　　別是當時共同語的反映。」（1991:76）可見畢氏入聲並非毫無根

據。

㈣就現代北方官話而言，除少數地區如山西方言，仍保留入聲喉塞
　聲韻尾〔－　〕外，多數已分派平、上、去聲，可見入聲韻尾的
　消失，是北方音的共同趨勢。而由－p、－t、－k 至－ɸ 的演
　化過程中，是必須經過－ʔ 階段的。

㈤如果《匯通》入聲並不存在，畢氏當如《中原音韻》歸入陰聲韻
　平、上、去聲中，與陰聲字相混。就因爲入聲字含有入聲特性的
　成分，又顧及傳統韻書「入聲配陽聲」之格式，所以，將入聲歸
　於陽聲之下。

　　基於上述理由，余以爲《匯通》入聲並非附從而存在，且讀爲喉
塞聲韻尾〔－ʔ〕。

三、《韻略匯通》入聲韻析論

　　由於《匯通》的編排是平、下平、上、去、入相承，今就各韻平
上去聲分類結果，根據中古來源，語音演變，現代方言，並以《匯通》
收字爲例，進一步探討《匯通》的入聲，擬構韻值。

㈠東洪韻

　　本韻入聲依平上去韻類情況可分二類，其見於《廣韻》韻目如下：
（以常見字爲例）

1.沃韻：督ゝ沃酷梏（合洪一）

　屋韻：讀福撲族目斛惡屋哭卜谷蹴禿（合洪一）

　沒韻：兀突 3 歿忽矻窟字骨猝（合洪一）

　物韻：拂勿（合細三）（案：凡例云：「勿物等字應入東洪無母下，
　　　　因母缺三聲字，亦炤集成併歸一字母下，取其音相近也。」

　燭韻：捽（合細三）

本韻原中古入聲韻尾相混情形如下：

	− t	− k	− p
沃韻		督	
屋韻		讀	
沒韻	兀		
物韻	勿		
燭韻		足	
術韻	捽		

中古〔− t〕〔− k〕〔− p〕在《匯通》相混已爲普遍現象，並且成爲喉塞聲〔− ʔ〕。

本組之中古來源有合口洪音和合口細音二類，在現代國語均讀爲合口字。部分方言如：太原讀爲〔− u ʌʔ〕，仍保存合口。由於平上去擬爲〔− u 足〕，所以，入聲擬爲〔− u ʔ〕。

2.燭韻：旭玉囑曲粟辱局觸束綠（合細三）

屋韻：畜育竹麴宿肉菊畜叔六（合細三）

錫韻：闃（開細四）

沒韻：窣（合洪一）

案「闃」字見於集韻，音「苦昊切」，又音「求獲切」，似當入「向」母下。《韻略易通》原將此字入庚晴韻「開」母入聲，而《匯通》將此字置於「向」母入聲，或許受方音影響。

本組來自中古合口細音，現代國語多讀爲合口呼，部分地區方言如太原亦讀爲〔− y ʌʔ〕，今依四聲相承的原理，本組當擬爲〔− y ʔ〕。

(二)江陽韻

江陽韻入聲依平上聲類情況可分爲三類，其見於《廣韻》韻目如下：（以常見字爲例）

1.鐸韻：度粕作莫鶴萼恪簿索閣託落諾（開洪一）

　末韻：掇潑纗沫錯撮脫捋（合洪一）

　藥韻：縛（合細三）

　曷韻：喝遏渴（開洪一）

　合韻：盒溘閤（開洪一）

　蓋韻：闔榼蓋（開洪一）

　月韻：闕（開洪三）

　洽韻：帕（開洪二）

　覺韻：卓桌琢濁涿毃齪朔敕璞撮邈剝弱（開洪二）

　　　　本組主要來自廣韻鐸韻，覺韻開口洪音及末韻合口洪音，加上少數「曷、盍、合、月、洽」韻開口洪音字。

　　　　就江陽入聲而言，在擬音方面有幾點值得注意：

(1)本組字在現代國語來說，讀音頗為分歧。但本組都來自《易通》端桓入聲和原江陽入聲，主要元音均為〔ㄞ〕。

(2)《匯通》將《廣韻》「鐸、覺、末及合、盍、曷、洽、月」部分字列於同類，可見作者認為其讀音是應相同。

(3)山寒韻的「東、早、向、開、見、從、天、來」等字母下之入聲均注明和江陽共用，但《易通》端桓平上去歸山寒、入聲歸江陽，顯然入聲不同。

(4)《匯通》江陽入聲字，《中原音韻》既入「蕭豪」，又於「歌戈」重見，薛鳳生均將之主要元音作〔ㄞ〕，加上端桓入聲的併入，又與山寒同用入聲，故取〔a〕相近的〔ㄞ〕為主要元音，似較合理。

　　　　由於本組主要來自中古開口洪音，故擬為〔一ㄞㄅ〕。

2.藥韻：爵謔樂著卻削弱躍綽碏芍掠（開細三）縛（合細三）

　覺韻：學掓喔確角趠（開洪二）

本組來自《廣韻》藥韻開口細音和覺韻開口洪音。覺韻二等喉牙音字由於在〔ㄐ〕和輔音之間產生一個短弱的 i，因而成爲齊齒呼。（見漢語史稿）所以，覺韻喉牙音字和藥韻並列一組藥、覺韻到了現代國語讀爲撮口呼〔ㄩㄝ〕，王力認爲這是特殊的情況，他並且說：「這兩個（指、覺藥）韻的喉音字（見溪疑影喻曉匣）、精系字和來母字，本屬齊齒呼的，在現代北平話裡變了撮口呼。」

事實上，在《匯通》不只包括藥、覺二韻喉音字，讀爲齊齒呼，還包括藥韻知照系字，因爲藥韻的知照系字讀爲開口呼是由於捲舌聲母和介音〔－i－〕因異化作用相互排的結果，《匯通》因捲舌音尙未形成，所以知照三系字仍讀爲齊齒呼。

由此，本組當擬爲〔－iㄐㄅ〕。

3.鐸韻：霍鑊廓郭（合洪一）

末韻：活闊（合洪一）

藥韻：攫（合細三）

本組字來自中古合口洪音，王力認爲鐸韻和末韻由中古到現代國語，均有不同的發展：

中古鐸韻（ak）的演變是：⑴合口呼元音高化爲〔o〕⑵開口呼的喉音發展爲〔ㄥ〕，舌脣齒不論開合口，均發展爲〔o〕或〔uo〕如：

uo←－uak郭撲霍鑊穫

中古末（uat）除個別脣音字外（如跋）變〔a〕外，均發展爲〔o〕或〔uo〕。

如：uo←－uat（舌齒喉）活豁闊

基於四聲相承，且由於元音高化尙未形成，加上入聲韻尾讀爲喉塞音〔ㄅ〕故本組擬爲〔－uㄐㄅ〕。

㈢**真尋韻**

　　本組依平上去韻類情況，可分一類，其見於《廣韻》韻目如下：
（以常見字爲例）

　物韻：欻鬱屈（合細三）

　職韻：淢域（開細三）

　質韻：獝（合細三）

　術韻：聿术戌䘏橘出焌崒律㈠（合細三）

　昔韻：躑（合細三）

　緝韻：入（開細三）

　　本組來自《廣韻》術韻、諄韻入聲之字和《廣韻》物韻、文韻入聲
之字，根據《匯通》凡例，當入「東洪」韻下；因「東洪」平上去聲
無合口細音字，故仍置於此。

　　原中古部分開口細音之字如淢、域、入字，至《匯通》讀爲合口細
音。

　　本組收字，現代國語除知照系和日母字外多數讀爲〔－y〕，太原
讀爲〔－y ㄝ ʔ〕。知照系和日紐及少數精系字，部分字國語讀爲合
口洪音者，乃是舌尖聲母與介音〔y〕異化作用的結果。

　　由於捲舌聲母尙未形成，故本組擬爲〔－y ㄝ ʔ〕。

　　此外，眞尋與東洪、庚晴入聲互見情形如下：

1.眞尋入聲見於東洪庚晴者：

平	下平	上	去	入		平	下平	上	去	入	
東	敦	○	盾	頓	見東洪督	冰	奔	○	本		見庚晴卜
風	分	棻	粉	忿	見東洪福						
破	歕	盆	○	噴	見東洪樸	無	文	○	問		見東洪屋
早	尊	○	噂	俊	見東洪足						
梅	門	○	○	悶	見東洪目	見	昆	○	穌	棍	見東洪谷
向	昏	渾	混	慁	見東洪解	春	蔘	岑	磣	讖	見庚晴圻

　　哏　痕　狠　恨　見庚晴黑　從　村　　存　忖　寸　見東洪促

開　坤　○　悃　困　見東洪哭　上　籸　　○　旵　滲　見庚晴色

　　由眞尋與東洪庚晴入韻同用現象，有以下數事値得注意：

(1)眞尋〔－u ㄇn〕〔－y ㄇn〕和東洪〔－u足〕〔－i u足〕
的入聲韻尾相同，故可同用。

(2)眞尋「風」母入聲注明「見東洪福」，「無」母入聲注明「見東
洪屋」案：東洪「屋」係列於東洪「一」母下，因東洪「無」母
下無字，故只得取「一」，母入聲和眞尋同用。

(3)由眞尋「無」母入聲和東洪「一」母入聲同用，可見《匯通》時
代脣齒音字的韻母介音〔－j－〕已因異化作用而消失，而且中
古「微」母也已逐漸朝無聲母發展。

(4)眞尋〔－ㄇn〕和庚晴〔－ㄟ足〕的入聲韻韻尾相同，故入聲字
同用。

2.庚晴入聲見於眞尋者

字母　平上去　　　　入

東　　見庚晴丁　　　的

天　　見庚晴聽　　剔

　　本組入聲字來自《廣韻》以下數韻：（以常見字爲例）

(1)錫韻：的敵霹勣檄溺鷁壁一激戚剔（開細四）

　　質韻：匹疾咭暱一乙蛭詰筆悉日吉七室栗（開細三）

　　昔韻：辟踖積益亦蹐擲喫辟惜夕叱尺刺石釋（開細三）

　　緝韻：集吸揖邑執泣習入急葺十立（開細三）

　　職韻：績匿億翼宜逼息砸敕埴食力（開細三）

　　迄韻：迄乞契訖（開細三）

　　陌韻：虩逆隙戟劇（開細三）

　　術韻：扶（合細三）

　　《匯通》韻母主要元音〔ｉ〕在入聲方面主要來自中古錫韻開口細音、昔韻開口細音、職韻開口細音、迄韻開口細音、緝韻開口細音，陌韻開口細音等字。由於和舌尖元音〔ㄭ〕形成條件不同，所以在〔ㄭ〕並沒有來自入聲的字。

　　　本組除少部分字外，皆來自中古開口細音，其中的質術迄韻中古爲〔－ｔ〕韻尾，陌昔職韻爲〔－ｋ〕韻尾、緝韻爲〔－ｐ〕韻尾，至《匯通》時，均讀爲〔－ʔ〕韻尾。

　　　(1)組在現代國語多讀爲〔－ｉ〕，太原讀爲〔－ｉʔ〕，由於在現代許多方言均帶有〔－ｉ〕的成分，依四聲相承之理，故本組擬爲〔－ｉʔ〕是較爲妥當的。至於部分入聲字在國語讀爲開口之舌尖元音〔－ʔ〕、〔ʔ〕，這是舌音發音部位相同的結果。

　　　由庚晴入聲和眞尋入聲均讀爲〔－ｉʔ〕的結果，可見是因〔－ʔ〕和〔－ｎ〕不同韻尾，所以平上去不能合併，只得以互見方式表現。

㈣**庚晴韻**

　　本韻入聲依平上去韻類情況，可得一類，其見於《廣韻》韻目如下：（僅舉常見字爲例）

1.德韻：得特賊黑螚刻塞忒勒（開洪一）
　陌韻：赫窄客格坼索額（開洪二）
　麥韻：覈核責隔冊厄（開洪二）
　沒韻：齕紇麧（開洪一）
　職韻：側測色（開洪一）
　櫛韻：茝瑟蝨（開洪二）
　緝韻：澀（開細三）

　　　本組字在現代國語除少數字如「貸窄」字讀〔－ａｉ〕，多讀

爲〔－ㄧ〕，唯太原讀爲〔－ㄥ〕，由於平上去聲讀爲〔－ㄥ〕，故本組擬爲〔－ㄥ〕。

　　此外，庚晴韻和眞尋韻、東洪韻入聲同用之情形如下：

(1)庚晴入聲見於眞尋者

	平上去	入			平上去	入
東	丁○鼎定	見眞尋的	冰	冰○餅病	見眞尋筆
破	砰平○聘	見眞尋匹	雪	星餳醒性	見眞尋悉
早	精○井靜	見眞尋疾	見	京○景敬	見眞尋吉
梅	明○茗命	見眞尋密	春	稱成逞秤	見眞尋叱
向	興行涬幸	見眞尋盼	從	青情請倩	見眞尋緝
暖	寧○宁甯	見眞尋暱	天	聽亭挺聽	見眞尋剔
一	英盈影映	見眞尋益	上	升繩○盛	見眞尋室
枝	貞○整正	見眞尋質	來	靈○領另	見眞尋栗
開	卿擎ε慶	見眞尋泣			

　　由上可見〔－iㄥ〕的入聲和〔in〕的入聲相同，故庚晴之入聲又見於眞尋。

(2)東洪入聲見於庚晴者

	平上去	入		平上去	入
破	見東洪烹	拍	梅	見東洪蒙	麥
向	見東洪甍	或			
冰	見東洪崩	白			
見	見東洪公	國			

　　以上入聲收字來自《廣韻》以下數韻：

陌韻：虢（合洪二）拍佰白（開洪二）

麥韻：摑（合洪二）脈麥礊（開洪二）

德韻：或國（合洪一）北默（開洪二）

　　本組來自中古陌麥德開口洪音一、二等脣音字和合口一、二等字。現代國語分別讀爲〔－o〕或〔－uo〕。

　　就《匯通》東洪韻來說，「烹、蒙、甍、崩、公」均已有自廣韻屋沃燭物沒而來的入聲，且主要元音爲〔－u〕。庚晴韻讀爲〔－u ～足〕者已歸入東洪〔－u足〕中，而入聲因仍保留原來讀音，且在後來音讀演變上和東洪〔－u足〕的入聲也不相同，自不宜歸入東洪。但又因「拍、麥、或、白、國」等字無平上去聲，所以作者只得勉強以東洪的「烹、蒙、甍、崩、公」平上去聲相配，使東洪部分收字有兩套入聲，這似乎是不十分恰當的。因北方官話中，通攝併入梗攝作開口呼（風 f ～足），梗攝併入通攝通攝（孟 m u 足）的情況均有之，所以，《匯通》將庚晴和東洪同用，是有其依據的。

　　本組不能擬爲〔－u ß〕，否則併入東洪韻即可，故宜擬爲〔－ua ß〕，況且部分地區方言 如太原即是讀爲如此。

㈤先全韻

　　本韻入聲依平上去聲韻分類情況，可分二類，其見於《廣韻》韻目如下：（以常見字爲例）

1.帖韻：諜浹頁俠捻篋燮頰帖（開細四）

　屑韻：耋 ə 節蔑頡ŋ噎挈小楔結切鐵捩（開細四）

　葉韻：接 ȴ 聶葉懾摺怯妾攝躡（開細三）

　薛韻：絕滅拽折別彆泄熱訐徹舌折列（開細三）

　月韻：歇謁羯（開細三）

　洽韻：凹（開洪二）

　業韻：劫（開細三）

　　本組爲中古開口細音字，現代國語分別讀爲〔－ie〕或〔－r〕，這是因爲舌尖聲母與介音〔－i－〕異化作用的結果。但是，

在有些地區如福州方言讀爲〔－ｉｅ阝〕，由此，本組擬爲〔－ｉ
ｅ阝〕。

2.薛韻：絕吷悅拙雪蹶啜說劣（合細三）

屑韻：血缺玦（合細四）

月韻：越粵闕厥（合細三）

本組來自中古合口細音字，國語多唸〔－ｙｅ〕，部分知照系和
日紐字如「說、拙」字，因舌尖聲母和介音〔－ｙ〕異化作用的結果，
而改爲合口字。但在太原讀爲〔－ｙ灬阝〕，其他地區如濟南、西安、
漢口、成都等地，仍讀爲〔－ｙｅ〕，依據平上去聲擬音結果，本組
擬爲〔－ｙｅ　阝〕。

㈥山寒韻

根據本韻平上去聲韻類劃分情況，山寒韻入聲可分二類，其見於
《廣韻》韻目如下：（以常見字爲例）

1.合韻：答匝納跶遝拉（開洪一）

盍韻：蹋榻蠟（開洪一）

曷韻：妲囐捺撒薩擦闥刺（開洪一）

乏韻：乏法（合細三）

月韻：髮發乏刊（合細三）

黠韻：札八察殺（開洪二）

Ｉ韻：㓨刹（開洪二）

洽韻：眨鍤霎插（開洪二）

絹韻：㔾（開細三）

狎韻：翣（開洪二）

本組來自中古開口洪音，其中只有「㔾」字原爲中古開口細音，
因異化作用使介音〔－ｉ－〕失去，成爲洪音，故入於本組。

中古「刪山咸銜承」及相承上去入的二等牙喉音字，到了近代

北方官話因在元音之前產生了韻頭〔i〕，於是變成了〔－ia〕〔－ya〕，部分字又因同化作用，讀音又成了〔－ie〕、〔－ye〕。

由於本組來目「合盍曷洽狎I點」牙喉音以外之字，而非系字因平聲以「艱」為反切下字，可見已失去〔－i－〕，又因異化作用成為開口字，現代國語多讀〔a〕，故本組擬為〔－aʠ〕。

2.點韻：ɑ 滑迄（合洪二）

　韻：ʌ 刖刮殺（合洪二）

末韻：抹（合洪一）

薛韻：唰（合細三）

本組字在國語讀為〔－ua〕，太原讀〔－uaʠ〕，由於平上去聲讀〔－uan〕，所以，本組擬為〔－uaʠ〕。

以下我們討論山寒韻平上去聲見於先全韻的情形：

(1)見於先全韻〔－ien〕者：

	平上去	入
向	見先全軒	轄
一	見先全煙	軋
開	見先全牽	恰
見	見先全間	戛

本組字未來自《廣韻》以下數韻：

I韻：轄瞎（開洪二）

點韻：點軋æ戛（開洪二）

洽韻：洽狹恰掐跲夾（開洪二）

狎韻：狎甲匣鴨壓押（開洪二）

本組均為中古開口二等喉牙音字，今國語讀為〔ia〕，太原讀為〔－iaʠ〕。然而，先全韻的「軒、間、牽、煙」均有相配

的入聲，假設「轄、恰、戛、軋」和先全「軒、間、牽、煙」同音，則應合併。可見事實上是有區別的。但《匯通》明知如此，又注明和先全韻同用的原因，當是因為山寒並無〔－ｉａ〕平上去聲可相配，而且在語音上又和山寒韻相近，所以只好和山寒同用了。

　　由於「軒、煙、牽、間」均讀為開口細音，故本組擬為〔－ｉａß〕。

(2)見於先全韻〔－ｕｅｎ〕者

字母　平　上去　入
枝　　見先全專　茁

　　本組字來自《廣韻》如下數韻：（以常見字為例

　　點韻：茁ㄜ（合洪二）
　　術韻：矢出（合洪二）

　　「乢」字在廣韻有二音，一在薛韻，依例當入先全入聲；一在術韻，依例當入東洪入聲。今列於此，可見「專」、「茁」在語音上有相近之處。由於「專」字為合口洪音，所以，本組字擬為〔－ｕａ〕。

　　此外，本韻尚有入聲和江陽韻互見的情況，表列如下：

韻	平	下平	上	去	入		韻	平	下平	上	去	入
東	耑	○	短	斷	見江陽鐸							
旱	鑽	○	纂	鑽	見江陽作							
							見	干	○	斡	幹	見江陽閣
向	酣	寒	罕	撼	見江陽合							
							從	攢	攢	○	鬘	見江陽錯
							天	湍	團	○	象	見江陽託
開	堪	○	砍	闞	見江陽渴		來	欒	○	卵	亂	見江陽落
寬		○	款		見江陽闊							

依照山寒韻的韻類，我們可將之分爲二組：

甲、平上去讀爲〔－ｕａｎ〕者；鐸作闊錯托落

乙、平上去讀爲〔－ａｎ〕者；合渴閣

《匯通》將山寒入聲和江陽入聲互見的理由是：

「端桓前三聲與山寒相同，入聲與江陽相同，亦各分割併歸同聲焉。」但如加以探究，不免使人產生以下疑問：

㈠江陽的主要元音是〔－ㄝ〕，山寒的主要元音是〔－ａ〕，前者是中元音，後者是低元音，音讀確有不同，互見是否恰當？

㈡⑴組的平上去聲是〔－ｕａｎ〕，以四聲相承原理推論，入聲當讀爲〔－ｕａʔ〕。但是，和山寒互見的江陽韻卻讀爲〔－ʔ〕，二者相較，⑴組讀爲合口洪音，江陽韻的「鐸作闊錯托落」等字讀爲開口洪音，音讀略有不同。

對於以上現象，似乎可自以下觀點考慮：

㈠〔ａ〕、〔ㄝ〕的分別是，前者爲低元音，後者爲中元音，二者相較在發音上之差異有時可能混淆。

㈡由於《匯通》端桓平上去歸入山寒，而入聲歸入江陽，以致無入聲相配。但爲了避免山寒太多的入聲出現空格，只得勉強和江陽入聲互見。

㈢《匯通》江陽韻的「東、早、從、天、來」並無合口洪音之字，作者爲求整齊，故只得與江陽韻〔－ㄝʔ〕互見。

四、結　論

綜合以上所述，《匯通》入聲韻母，具有以下特色：

㈠反映實際音讀，入聲韻尾讀爲喉塞聲〔－ʔ〕。

㈡《易通》庚晴韻中曾梗攝平上去聲讀爲脣、喉、牙音之字已併入《匯通》東洪韻，但入聲仍保留於庚晴韻中。這是因爲庚晴韻入

聲　並未失去，仍讀爲〔－uㄈ足〕，故不能歸入東洪。

㈢眞尋韻讀爲〔－uㄈn〕〔－yㄈn〕之入聲與東洪韻〔－uㄈ足〕〔－yㄈ足〕之入聲同用，眞尋韻讀爲〔－ㄈn〕之入聲字見於庚晴韻讀爲〔－ㄈ足〕之入聲字。

㈣庚晴韻讀爲〔－iㄈ足〕之入聲字見於眞尋〔－iㄈn〕之入聲。

㈤山寒韻平上去讀爲〔－uan〕與江陽韻〔－ㄐ足〕同用入聲，平上去讀爲〔－an〕與江陽韻〔－ㄐ足〕同用入聲。

最後，我們將《匯通》入聲系統歸納如下表：

韻尾	ß					
主要元音	u	e		ㄈ	ㄐ	a
介音						
φ i u y	屋 玉	謁 月	益 聿	厄 或	蕚 藥	盍 軋 空
韻目	東洪	先全	眞尋	庚晴	江陽	山寒

參考書目

王　力　一九六九　《漢語史稿》　泰順書局

　　　　一九八七　《漢語語音史》　山東教育出版社

北京大學中文系

語言學教研室　一九八九　《漢語方音字匯》（第二版）　文字改革出版社

李新魁　一九八三　《漢語等韻學》　北京中華書局

　　　　一九八四　〈近代漢語介音的發展〉

　　　　（音韻學研究第一輯）北京中華書局

　　　　一九九一　〈再論《中原音韻》的入派三聲〉

　　　　　　　　　中原音韻新論）　北京大學出版社

吳傑儒　一九九二　〈《韻略匯通》初探〉　大仁學報第十一期

　　　　一九九二　《韻略匯通音系研究》　葦軒出版社

林慶勳　一九八八　《音韻闡微研究》　學生書局

竺家寧　一九八六　《古今韻會舉要的語音系》　學生書局

陳彭年　一六〇一　《大宋重修廣韻》　黎明書局（一九七〇年影本）

張玉來　一九九一　〈論《韻略匯通》的入聲〉　漢語言國際學術論文集

陸志韋　一九八八　《近代漢語音韻論文集》　北京商務印書館

莊惠芬　一九六九　〈《韻略匯通》與《廣韻》入聲字比較研究〉　淡江學報

　　八期

董同龢　一九七二　《漢語音韻學》　學生書局

趙蔭棠　一九七四　《等韻源流》　文史哲出版社

　　　　一九八四　《中原音韻研究》　新文豐出版公司

薛鳳生　一九八六　《國語音系解析》　學生書局

　　　　一九九〇　《中原音韻音位系統》　北京語音學院出版社

蘭茂：畢拱辰　一四四二・一六四二　《韻略易通》《韻略匯通》合訂本　廣

　　文書局（一九七二年影本）

系聯同源詞的音韻條件

吳世畯

一、緒　論

　　王力爲「同源字」所下的定義（1982：3）是「凡音義接近，音近義同，或義近音同的字，叫做同源字。」關於系聯同源字的標準中，王力說（1982：12）：「同源字還有一個最重要的條件，就是讀音相同或相近，而且必須以先秦古音爲依據，因爲同源字的形成，絕大多數是上古時代的事了。」又說（1982：20）：「同源字必須是同音或音近的字。　這就是說，必須韻部、聲母都相同或相近。如果只有韻部相同，而聲母相差很遠，如「共giong」、「同dong」；或者只有聲母相同，而韻部相差很遠，如「當tang」、「對tuət」，我們就只能認爲是同義詞，不能認爲是同源字。」

　　對於這些標準，有些人則不完全接受此說。其論點主要是：

A、「音近義同」的字不一定都是同源字。（黎千駒　1992：146-147）（鐘敬華 1989：65-66）

B、確實有同源而聲音不相近者，因此聲音標準不是絕對的。（黎千駒 1992：152）

C、不能用單一音系來解釋每個由於複雜的方言差異和歷史音變所造成的同源字。（鐘敬華 1989：68）

二位的論點並沒有錯，但我們認爲王力的基本觀念還是不能否認的。因爲他以那兩項較嚴格的系聯標準，還算成功的系聯出像《同源字典》那樣豐碩的同源字群。

　　個人認爲系聯同源字，還是要有一個客觀的語音標準爲前提，較爲妥當。其實二位先生批評王力的最有力的例子「位：立」（鐘敬華 1989：68；黎千駒 1992：152），假若用李方桂等人的上古複聲母體系來解釋，則是可以解釋的。如：

　　「位」：〔gwjədh〕（李氏），〔ɤliwər〕（周法高先生系統）。

　　「立」：〔gljəp〕（李氏），〔liəp〕（周法高先生系統）。

可見至少他們之間主要元音相同，聲母相近。王力不把它們當作同源字，主要是因爲它們的聲母發音部位太遠。至於韻部部分，它們已是王力所謂的「通轉」，勉強可以訓釋。如果王力接受李、周二氏的複聲母，他很可能把它們系聯成同源字。

　　由於王力系聯同源字時所依據的是他自己的上古音系統。如此以來，便會發生像上述例證一樣的情形：可能是同源字，但因不合乎自己的系統而被淘汰。事實上用其他各家的上古音系，可能也會遇到同樣的問題。因爲目前的上古音研究還沒有達到令人滿意的程度。

　　用王力系統來系聯同源字時，所遭遇到最大的困難，可能是他的系統無法照顧到複聲母體系及二等介音〔e〕的準確性問題。有時候某些「聲母相差很遠」的兩個字（依王力系統），用複聲母來解說則變成聲音相近的兩個字。此外，上古二等介音也與同源字的系聯頗有關係。

　　王力雖然把二等介音擬爲〔e〕（合口〔o〕）。但蘇聯學者雅洪托夫（1960）則把二等介音擬爲〔l〕，現今學界越來越多人把它擬爲〔l〕或〔r〕。　這個趨勢早已變成主導地位。這個擬音可以解決雅洪托夫所列出來的兩項特殊情況（1960：43）：

A、二等字幾乎任何時候都不以輔音l起首。

B、當一些聲母爲 l 的字和聲母爲其他輔音的字處在同一字族時，聲母爲其他輔音的字（如果它沒有介音 j 或 i）在多數場合

　　是二等字而不是一等字。聲母為 l 的字可能是聲母為任何其
　　他輔音的二等字的聲旁。

李方桂（1971：15,22-23）把二等介音擬為〔r〕。在他的系統裡，此
介音〔r〕有很大的功能。另外陳師新雄最近（1993：423）也採用此
說。

　　要成功的探討系聯同源字之語音標準，可能要等到整個上古複聲
母系統確立的時候。

　　本篇論文則縮小範圍，只試圖找幾個《說文》中與二等介音及複
聲母有關的同源詞，來說明王力音韻標準的不足。下文所列的同源字
群，若依王力系統則都不是同源詞而是同義詞。　如果採用已經廣泛被
接受的二等介音〔r〕及部份複聲母學說，這些例子便是同源詞了。

二、例　證

（一）說明及凡例

1.論文的資料選擇範圍限定於《說文》中的「推因型聲訓」及有明
　顯的同義關係的「同訓」、「互訓」、「遞訓」。‧「推因型聲
　訓」指「A，B也。」型的聲訓。

2.本文所限制的語音條件：

（1）韻母條件：只選疊韻的（不包括王力的對轉〔除了 '虜：獲'
　　對轉一例〕）。雖然傳統音韻學把對轉及旁轉等看成疊韻，但
　　若音轉是由方言差異或音變造成的，聲母必是也跟韻一樣有所
　　轉變。如果如此，則利用這些音轉的音，當作系聯同源詞的語
　　音標準，有欠妥當。因此李方桂的任何一個韻部內的陰、入聲
　　二類都不當作疊韻。

（2）聲母及介音條件：中古聲母發音部位相差很遠，且其中有下列
　　關係的訓釋。

　　　甲、來母：二等

　　　乙、二等：來母

　　　丙、少數複聲母例

　　依王力的標準，聲母不同而發音部位相同的叫做「旁紐」，可
以自由訓釋（可以當作系聯同源字的聲母標準）。所以要找尋
王力遺漏的同源字，則標準要定爲發音部位不相同的。發音部
位不同而可以訓釋的原因是由於複聲母。

　　　　依李方桂系統，「一般聲母加上帶介音的二等韻可以跟來
　　　母字自由諧聲。（丁邦新.1978：606）」我們接受此說。至於
　　　各帶〔r〕介音的不同聲母之間，如〔kr-〕：〔tr-〕之間能否
　　　自由諧聲，這就尚待深入研究。

3.詞義的探討：系聯同源詞最重要條件還是詞義。二字之間一定要
　　有詞義的共同性。最好是同義，或是含有某種共同概念的。就是
　　王力所說的：「判斷同源字，主要是根據古代的訓詁。有互訓，
　　有同訓，有通訓，有聲訓。（1982：7）」不過本篇不利用「通
　　訓」資料（所謂「通訓」就是「義界」）。因爲判斷一串訓釋字
　　群當中哪一個字爲聲訓字，可能會有主觀的臆測。假使成功的找
　　到了聲訓字，也無法證實許慎的想法。

　　　　本文的資料來源爲《說文》，其詞義關係的密切性相當可靠。
　　《說文》本是講求本義的，所以除了少數以假借義訓釋的例子外，
　　本字與訓釋字之間大部分都有本義或引申義的關連。

4.如「郎果切，來果合一上，歌部。」（‘嬴’字的「音韻條件」
　　項）代表「《廣韻》的反切爲「朗果切」，「嬴」的中古聲母爲
　　「來母」，韻母爲「果韻」「合口」「一等」「上聲」，李方桂
　　上古韻部爲「歌部」。」

5.上古擬音主要利用李方桂系統，根據《上古音研究》（1971）及

<幾個上古聲母問題>（1976），此兩篇有所不同者均以後者爲準。並且注出陳新雄師的擬音及王力的擬音，以便對照。陳師的擬音則採用<黃季剛先生及其古音學>（1993）一文中的擬音；王力的擬音則採用《漢語語音史》中的擬音。然其中的三等介音，爲了印刷的方便一律改爲〔j〕。文內「李氏」指李方桂；「陳師」指陳新雄師。〔　〕內的所有擬音都是上古音，爲了印刷上的方便，在擬音前一律不加＊符號。

(二)例子

1.閑〔grian〕：闌〔glan〕

(1)音韻條件：

(A)閑：「戶閒切,匣山開二平,元部。」李氏〔grian〕；陳師〔ɣran〕；王力〔ɣean〕。

(B)闌：「落干切,來寒開一平,元部。」李氏〔glan〕；陳師〔lan〕；王力〔lan〕。

(2)古義：《說文》：「閑,闌也。」

(A)閑：桂馥《說文義證》：「闌也者,本書「牢,閑,養牛馬圈也。」「梐,闌足也。」《廣雅》「闌,閑也。閑,止也。」《易·乾卦》：「閑邪存其誠。」宋衷曰：「閑,防也。」《家人》：「閑有加馬。」融曰：「閑,闌也。」《書·畢命》：「雖收放心,閑之維艱。」《論語》：「大德不踰閑,小德出入可也。」《昭六年·左傳》：「是故閑之以義。」杜注：「閑,防也。」《桓二年·穀梁傳》：「孔父閑也。」范云：「閑謂扞禦。」《漢書·百官表》：「龍馬閑駒。」注：「閑,闌養馬之所也。」《夏小正》：「五月頒馬,將閑諸則。」桂謂,閒當作閑。」王筠《說文句讀》：「引申其義爲防閑。」段氏《說文》注亦云：「引申爲防閑。」《周禮·夏官·虎賁

氏》：「舍則守王閑。」鄭玄注：「閑，陛梐。」賈公彥疏：「閑與陛梐皆禁衛之物。」《漢書·賈誼傳》：「今民賣僮者，爲之繡衣、絲履、偏諸緣，內之閑中。」顏師古注引服虔曰：「閑，賣奴婢闌。」〔畯按〕可見「閑」的本義爲「木欄之類的遮攔物。」，後來引申爲「防禦」義。

(B)闌：朱駿聲《定聲》：「《廣雅·釋詁二》：「闌，遮也。」《釋言》：「闌，閑也。」」桂馥《說文義證》：「本書「橫，闌木也。」………《戰國策》：「無河山以闌之。」《孝經》：「鉤命訣，先立春七日，敕門闌無關鑰，以迎春之精。」………《漢書·王莽傳》：「與牛馬同闌」顏注：「闌謂遮闌之，若牛馬闌圈也。」《玉篇·門部》：「闌，牢也。」《墨子·天志下》：「與踰人之欄牢，竊人之牛馬者乎?」孫詒讓閒詁：「欄，吳鈔本作闌。」《左傳·宣公十二年》：「楚人惎之脫扃。」晉杜預注：「扃，車上兵闌。」孔穎達疏：「杜云兵闌，蓋橫木車前，以約車上之兵器，慮其落也。」

(3)中心意義：木欄、柵欄之類的遮攔物。

2.湅〔glianh〕：柬〔kranx〕

(1)音韻條件：

(A)湅：「郎甸切,來霰開四去,元部。」李氏〔glianh〕；陳師〔lians〕；王力〔lian〕。

(B)柬：「古限切,見產開二上,元部。」李氏〔kranx〕；陳師〔kran〕；王力〔kean〕。

(2)古義：《說文》：「湅，㶕也。」

(A)湅：《說文》段注：「《周禮·染人》：「凡染春暴練。」注云：「暴練，練其素而暴之。」按,此練當作湅。湅其素，素者，質也。即帗氏之湅絲，湅帛也。已湅之帛曰練。糸部練下

云：「湅，繒也。」是也。帗氏如法湅之、暴之，而後絲帛之
質精，而後染人可加染。湅之以去其瑕，如瀾米之去康粊，其
用一也。故許以瀾釋湅。《戰國策・蘇秦》：「得大公陰符之
謀。伏而誦之，簡練以為揣磨。」‘簡練’者‘㳙湅’之假借
也。高誘曰：「簡，汰也；練，濯治也。」正與許云「瀾，淅
也。淅，汰米也。湅，瀾也」相符合。許不以湅瀾二篆為伍者，
瀾謂米，湅謂絲帛也。金部治金曰鍊，猶治絲帛曰湅。」

(B)瀾：瀾之古義為「淘米」。《說文》曰：「瀾，淅也。」《廣
　　雅・釋詁二》：「瀾，洒也。」《廣韻・產韻》：「瀾，洗米
　　也。」《說文》段注：「從簡者柬擇之意，從析者分別之意。」

(3)共同意義：練洗某物而去掉不需要的東西。

3.阬〔khraŋ〕：閬〔laŋh〕

(1)音韻條件：

　(A)阬：「客庚切,溪庚開二平,陽部。」李氏〔khraŋ〕；陳師[(I)raŋ]；
　　　王力[(I)eaŋ]。

　(B)閬：「來宕切,來宕開一去,陽部。」李氏〔laŋh〕；陳師〔laŋs〕；
　　　王力〔laŋ〕。

(2)古義：《說文》：「阬，閬也。」又「閬，門高也。」

　(A)阬：朱駿聲《說文通訓定聲》‘阬’字下云：「閬也。从阜亢
　　　聲。按許謂即《詩》「高門有阬」，<甘泉賦>：「閌閬閬其寥
　　　廓」之阬，从阜者高也。《漢書・楊雄傳》：「陳眾車于東阬
　　　兮」<羽獵賦>：「跮躠阬」注：「大阜也」。」徐鍇：「阬閬，
　　　高大而空。」張舜徽《說文解字約注》：「凡从亢聲字，多有
　　　高義，義寓乎聲也。」〔晙按〕《漢書・楊雄傳》：「閌閬閬
　　　其寥廓兮。」顏師古注：「閌，高門貌。閬閬，空虛也。」阬、
　　　閬都是從亢得聲，此二字都有「高」的意思。又由從亢得聲之

「閌」與「閬」作爲「同義複詞」可證明二字之間的音義關係的密切性。

(B)閬：《說文》：「閬，門高也。」段注：「閬者門高大之皃也。引申之凡孔穴深大皆曰閬。」《玉篇》：「閬，高門。」

(3)共同意義：'門'屬之高大。

4.蠃〔luarx〕：蝸〔kwrar〕

(1)音韻條件：

(A)蠃：「郎果切,來果合一上,歌部。」李氏〔luarx〕；陳師〔luai〕；王力〔luai〕。

(B)蝸：「古華切,見麻合二平,歌部。」李氏〔kwrar〕；陳師〔kruai〕；王力〔koai〕。

(2)古義：《說文》：「蠃，蝸蠃也。从虫蠃聲,一曰虒蝓。」「蝸，蝸蠃也。」〈大徐本〉作：「蠃，螔蠃也。」

(A)蠃：《尙書大傳》卷二：「鉅定蠃。」鄭玄注：「蠃，蝸牛也。」《爾雅·釋魚》：「蚹蠃螔蝓。」郭注：「即蝸牛也。」《廣雅·釋魚》：「螺、蠃、蝸牛,螔蝓也。」《玉篇》「蠃」字下：「力果切,螔蠃也。又力戈切,蚌屬。」王筠《說文句讀》：「蝸蠃之蠃,今作螺。」朱駿聲《說文通訓定聲》「蠃」字下：「俗字作螺。……按,字與蝸同訓。……經傳亦以螺爲之。後人別水生可食者爲螺,陸生不可食者爲蝸牛。」《周禮·天官·鱉人》：「祭祀共蠯蠃蚳以授醢人。」鄭玄注：「蠃,螔蝓。」孫詒讓正義：「案,今語以水生者爲蠃,陸生者爲蝸牛,古人蓋無此分別。」

(B)蝸：《說文》：「蝸,蝸蠃也。」段注：「蠃者今人所用螺字……今人謂水中可食者爲螺,陸生不可食者曰蝸牛。想周、漢無此分別。」《莊子·則陽》：「有所謂蝸者,君知之乎？」

《經典釋文》：「李云：蝸，蟲，有兩角，俗謂之蝸牛。」

(3)共同意義：蝸牛、螺之屬。

(4)說明：王力只承認螺（嬴）與膈同源（1982：438），卻否認跟「蝸」之間的同源關係。可能他認為嬴（l-）與蝸（k-）之間的聲母差異很顯著。但是「蝸」「膈」都從咼得聲，按理說它們之間的聲母關係不會差太遠，可能有〔kl-〕類的複聲母存在。複聲母體系當中來母跟舌根音接觸的〔kl-〕型複聲母是最常見的。

5.挐〔nrag〕：攎〔lag〕

(1)音韻條件：

　(A)挐：「女加切，泥麻開二平，魚部。」李氏〔nrag〕；陳師〔nra〕；王力〔nea〕。

　(B)攎：「落胡切，來模合一平，魚部。」李氏〔lag〕；陳師〔lua〕；王力〔la〕。12上53

(2)古義：段注本《說文》作：「攎，挐持也。」「挐，持也。」「挐，牽引也。」然<大徐本>作「攎，挐持也。」「挐，持也。」「挐，牽引也。」朱駿聲《說文通訓定聲》贊同段玉裁說法，即《大徐本》的「挐」與「挐」是顛倒的，因此應為「挐，持也。」又「挐，牽引也。」。王筠則反對。在此採用段、朱二氏之說。

　(A)挐：段玉裁「挐」字下云：「各本篆作挐，解作如聲。此與前文訓牽引之挐互譌也。今正。煩挐、粉挐字當從如，女居切；挐攎字當從奴，女加切。古音同在五部而異形。」段氏又在「挐」字下曰：「按各本篆作挐。……二篆形體互譌，今正。挐字見於經者，<僖元年>「獲莒挐」，三傳之經所同也。……左思<吳都賦>：「攢柯挐莖。」李注曰：「許慎注《淮南子》云：‘挐，亂也。’」凡若此等皆於牽引義為近。」朱駿聲《說文通訓定聲》：「挐，持也。从手奴聲。今本說解挐挐二篆互譌，

茲訂正。<鍇本>「一日已也。」，按「把也」之誤。《倉頡篇》：
「挐，捽也，引也。」<西京賦>：「熊虎升而挐攫。」注：「
相搏持也。」」《玉篇》：「挐，手挐也。」揚雄《解嘲》：
「攫挐者亡，默默者存。」假若我們不完全接受段玉裁的說法，
也許可以肯定「挐」「挐」二字的古訓上的交錯。王筠《說文
句讀》云：「案，挐挐一字，今互易。」桂馥《說文義證》：
「挐，持也。持也者，挐通作挐。」徐灝《說文解字注箋》：
「疑挐、挐同字，因聲之輕重而別之實一義相生耳。」

(B)攎：《說文繫傳》：「攎，挐持也。」《太平寰宇記・四夷・
突厥下》：「并攎其男女而還。」

(3)共同意義：持，執。

6.庌〔ngragx〕：T〔lagx〕

(1)音韻條件：

(A)庌：「五下切,疑馬開二上,魚部。」李氏〔ngragx〕；陳師〔
ŋra〕；王力〔ŋea〕。

(B)廬：「郎古切,來姥合一上,魚部。」李氏〔lagx〕；陳師〔lua〕；
王力〔la〕。

〔Ⅰ〕

(1)古義：《說文》：「庌，廡也。」又「廬，廡也。」是同訓。在
《說文》裡 '庌' '廬' 二字是同義。

(A)庌：王筠《說文句讀》：「案牙古音吾,恐庌廡本是一字兩體。
……庌直是廡之或體,自庌字變爲五加切,始成兩字。」《說
文》：「廡,堂下周屋。」《周禮・夏官・圉師》：「下庌馬。」注：「
庌,廡也。廡,所以庇馬者也。」《廣韻》：「庌,廳也。」
《廣雅》：「庌,舍也。」《釋名》：「庌,正也。屋之正大
者也。」

(B)廡：《廣韻》：「廡，庵舍。」《玉篇》：「廡，府也。庵也。」《廣雅》：「廡，庵也。」

(2)共同意義：舍，屋。

〔II〕

(1)古義：

庌、廡：《玉篇》：「庌，舍也。」《周禮·地官·遺人》：「凡國野之道，十里有廬，廬有飲食。」鄭玄注：「廡，若今野ゟ，徒有庌也。宿可止宿，若今亭有室矣。」唐·賈公彥疏：「庌也者，此舉漢法以況義。漢時野路候迎賓客之處，皆有庌舍，與廡相似。」可見‘庌’‘廡’二字皆指郊野接待賓客的房舍。

(2)共同意義：郊野接待賓客的房舍。

7.虜〔lagx〕：獲〔gwrak〕

(1)音韻條件：

(A)虜：「郎古切，來姥合一上,魚部。」

　　　李氏〔lagx〕；陳師〔lua〕；王力〔la〕。

(B)獲：「胡麥切,匣麥合二入,魚部入聲。」

　　　李氏〔gwrak〕；陳師〔ɤruak〕；王力〔ɤoǎk〕。

(2)古義：《說文》：「虜，獲也。」

(A)虜：　慧琳《一切經音義》卷四六：「虜，獲取也，合也。戰而俘獲也。」桂馥《說文義證》：「獲也者，《一切經音義》十五：「虜，獲取也。戰而俘獲也。」《玉篇》：「虜，獲也。戰獲俘虜也。」《詩·采芑》：「執訊獲醜。」又《泮水》：「矯矯虎臣,在泮獻囚」箋云：「囚所虜獲者。」《檀弓》：「不獲二毛。」注云：「獲謂係虜之」《曲禮》：「獻民虜者操右袂。」注云：「民虜,君所獲也。」《白虎通》引《韓詩內傳》：「師臣者帝,友臣者王,臣臣者霸,魯臣者亡。魯即虜,言視臣如臧獲

奴虜百。」」《漢書·周勃傳》:「其將固可襲而虜也。」

(B)獲:《說文》:「獲,獵所獲也。」王筠《說文句讀》:「《（周禮）下官·大司馬》:「獲者取左耳。」鄭玄注:「獲,得也。得禽獸者取左耳,當以記功。」案:此獲之本義也。」

(2)中心意義:獲得。

8.訟〔sgjuŋh〕: 〔hjuŋx〕

(1)音韻條件:

(A)訟··「似用切,邪用合三去,東部。」

李氏〔sgjuŋh〕;陳師〔gjiuauŋs〕;王力〔zjuoŋ〕

(B)詾:「許拱切,曉腫合三上,東部。」

李氏〔hjuŋx〕;陳師〔xiuauŋ〕;王力〔xjuoŋ〕

(2)古義:《說文》:「訟,爭也。」又「詾,訟也。」

(A)訟:《周禮·地官·大司徒》:「凡萬民之不服而有獄訟者與有地治者,聽而斷之。」注:「爭罪曰獄,爭財曰訟。」此字又出現於金文。如「盂鼎」:「敏諫罰訟。」《論語·顏淵》:「聽訟,吾猶人也。必也使無訟乎!」以上的詞義均為「訴訟」義。《尚書·盤庚》:「今汝聒聒,起信險膚,予弗知乃所訟。」

(B)詾:大徐本作「詾,說也。」沈濤《古本考》:「《六書故》引唐本《說文》作「訟也。」《篇韻》亦云:「詾,訟也。」則是今本作說者,乃二徐所妄改矣。《爾雅·釋言》:「詾,訟也。」《詩·小雅·魯訟》傳箋皆曰:「訟也。」古無以詾訓為說者。」此外,段玉裁、桂馥、朱駿聲等人也皆主張如此。

(3)共同意義:爭。

9.翼〔grjək〕: 〔krək〕

(1)音韻條件:

(A)翼:「與職切,喻四職開三入,之部入聲。」

李氏〔grjək〕；陳師〔giək〕；王力〔ʎjə̌k〕。

(B)翨：「古核切,見麥開二入,之部入聲。」

李氏〔krək〕；陳師〔krək〕；王力〔keə̌k〕。

(2)古義：《說文》：「翼，翄也。」又「翄，翼也。」又「翨，翅也。」

(A)翼：桂馥：「篆文從羽，則從飛者本籀文。」《易‧明夷》：「明夷于飛，垂其翼。」《尚書‧皋陶謨》：「庶明勵翼。」正義：「言如鳥之羽翼而奉戴之。」《文選‧何晏》：「爰有禁楄，勒分翼張。」李善注：「言如獸勒之分，鳥翼之張。」

(B)翨：段玉裁《說文》注：「<小雅>：「如鳥斯革」毛云：「革，翼也。」《韓詩》作翨，云翅也。毛用古文假借字，韓用正字，而訓正同。」《廣雅‧釋器》：「翨，翼也。」

(3)共同意義：翅膀。

10.推〔hləd〕（?）：勴〔lədh〕

(1)音韻條件：

(A)推：「他回切,透灰合一平,微部。」陳師〔t'uəi〕；王力〔t'uəi〕。

(B)勴：「盧對切,來隊合一去,微部。」陳師〔luəis〕；王力〔luəi〕。

(2)古義：《說文》：「推，排也。」「勴，推也。」

(A)推：《左傳‧襄公十四年》：「夫二子者，或輓之，或推之欲無入得乎？」《莊子‧漁父》：「孔子推琴而起。」

(B)勴：《說文》段注：「勴者，以物磊磊自高推下也。」徐鍇《說文繫傳》：「書史謂於城上推木石下摧敵謂之勴。」張舜徽：「勴實推之通名。古用兵自城上推下石，特其一事耳。未足盡勴義也。今俗稱人相推排曰勴，蓋亦古之遺語。勴、推聲近義同。」章太炎《新方言‧釋言》：「今四川浙江皆謂推轉圓物爲勴。」

(3)共同意義：推。

11.抒〔djagx〕：斜〔sdjiag〕

(1)音韻條件：

(A)抒：「神與切,神語開三上,魚部。」陳師〔d'jia〕；王力〔ȡǐa〕。

(B)斜：「似嗟切,邪麻開三平,魚部。」陳師〔djia〕；王力〔zia〕。

(2)古義：《說文》：「抒,挹也。」又「斜,抒也。」

(A)抒：王筠《說文句讀》：「《通俗文》：「汲出謂之抒。」」
《管子·禁藏》：「讚燧易火,抒井易水。」《廣雅·釋言》：
「抒,渫也。」《廣韻》：「抒,渫水。」張舜徽云「抒之言
紓也。謂徐徐汲取之也。取之不已則盡,故《廣雅·釋言》云
「抒,渫也。」渫除去。」

(B)斜：<大徐本>作「斜,杼也。」段玉裁注云「抒各本从木,今
正。手部曰抒者挹也。挹者抒也。水部浚抒也。………臼部舀
抒臼也。凡以斗挹出之謂之斜。故字从斗。」《玉篇》：「斜,
抒也。」《廣雅》：「賒,抒也。」章太炎《新方言·釋言》：
「今浙江謂自壺中注酒抒之佗器曰斜酒。讀如賒。」張舜徽
「斜从余聲,古讀蓋與余爐。斜之通于抒,猶余之通于余耳。」

(3)共同意義：舀出。

12.萐〔hak〕：螫〔hrjiak〕

(1)音韻條件：

(A)萐：「呵各切,曉鐸開一入,魚部入聲。」陳師〔xak〕；王力〔xǎk〕。

(B)螫：「施隻切,審昔開三入,魚部入聲。」陳師〔thjiak〕；王力
〔ɕǎk〕。

慧琳《一切經音義·卷九》：「螫,式亦反,字林：「虫
行毒也。」關西行此音。又呼各反,山東行此音。」這就

證明「螫」字古方言上有審、曉二讀。曉母一讀「呼各反」
正與「蠚」同音。

(2)古義：《說文》：「蠚，螫也。」又「螫，蟲行毒也。」

(A)蠚：邵瑛《群經正字》：「今經典作蠚。《詩・都人士》：「
卷髮如蠆。」鄭箋：「蠆，螫蟲也。」《釋文》螫音釋本又作
蠚。………《爾雅・釋蟲》郭注：「入角螫蟲。」《釋文》：
「螫猶蠚也。蠚，火各反。」正字當作蠚。」《集韻》：「蠚」，同
「蠚」。《廣韻》：「蠚，蟲行毒。」《漢書・田儋傳》：「
蝮蠚手則斬手，蠚足則斬足。」顏師古注引應劭曰：「蠚，螫
也。」《山海經・西山經》：「蠚鳥獸則死，蠚木則枯。」段
玉裁《說文》注：「蠚螫蓋本一字。若聲赦聲同部也。」《說
文句讀》：「《字林》作蠚，云「蟲行毒也」。《漢書・刑法
志》：「百姓新免毒蠚」。」張舜徽：「湖湘間稱毒蟲螫人而
痛曰蠚，正讀呼各切。」

(B)螫：《詩・周頌・小瑟》：「莫予莽蜂，自求辛螫。」《詩・
大雅・桑柔》：「寧爲荼毒。」正義：「毒者螫蟲。」《三國
志・魏志・陳泰傳》：「古人有言：「蝮蛇螫手，壯士解其腕。」」
《山海經・中山經》：「穀城之山有神焉。其狀如人而二首。
名曰驕蟲，是爲螫蟲。」郭注：「爲螫蟲之長。」《說文通訓
定聲》：「螫，蟲虫行毒也。从虫赦聲。實與蠚同字。」

(3)共同意義：毒蟲咬刺。

三、結　論

如上所述，在《說文》裡至少可以找到十二例與二等介音〔r〕及
複聲母有關的同源詞。依王力的系統，這些例子都不是同源字。主要
是因爲聲母發音部位相差太遠。但依李方桂等人的系統來說，這些例

子的聲音差異不但不遠，而且相當接近，足以可以訓釋。就像丁邦新先生及包擬古所說的那樣：「我們接受李先生（李方桂）的方法，認爲一般聲母加上帶介音的二等韻可以跟來母字自由諧聲。」（丁邦新1978：606）「我們可以假定，像 klak：lak 這樣的字組關係，在音韻上是有可能用來互相訓釋的。」（包擬古　1954：64）値的注意的一點是陳新雄師擬音仍然可以解釋大部分同源詞組的音韻關係。（除了第10、11的二條之外）

　　目前的複聲母研究雖然不是很完整，然種種資料的顯示上古很可能有複聲母。若是以整個上古漢語複聲母系統來系聯同源字，必定會挽救更多被王力所放棄的同源詞。複聲母的擬測是爲了要解決發音部位相差很遠的兩個字之間的諧聲、押韻、訓釋現象的。《說文》上很多聲訓型的訓釋詞當中，的確存在相當多的聲母上的例外訓釋。雖然不能把它們都看成同源詞，但也不能只因單聲母發音部位相差很遠，就不認爲它門是同源詞。若其中有明顯的詞義關連，以及能夠自由訓釋的複聲母，便需將它們視爲同源詞了。

　　有人（黎千駒1992：152）注意到王力系統無法照顧到某些很明顯的同源詞，而主張「語音條件不是系聯同源詞的唯一標準」。然後進一步否認王力所謂的「語音標準」的重要性。個人認爲因爲上古音系並不完善，難免會有無法照顧到的部分。但不能因此而忽視語音條件的重要性。我們不能否認大部分的同源字組裡存在著密切的聲音關係。有些看來「無聲音關連的同源字」，若用更完善的上古音系來解釋，或許會變成音近的例子。上述十二例便是如此。

　　總之，系聯同源字的語音標準不能只靠單聲母系統。還必須考慮介音、複聲母的問題。沒有複聲母（包括二等介音〔r〕）的上古音系，上述的十二例只是同義詞之間的訓釋而已。若是承認複聲母（加二等介音〔r〕），則這些例子就變成同源詞了。

主要參考資料

？　　　　？　　《十三經注疏》,藝文印書館（1982 九版）。

丁邦新　1978　<論上古音中帶 l 複聲母>,《屈萬里先生七秩榮慶論文集》,聯
　　　　經出版社。

丁福保　1928　《說文解字詁林》,鼎文書局（1983 二版）。

王　力　1982　《同源字典》,北京：商務印書館。（臺北：文史哲 1983 影本）。

　　　　1985　《漢語語音史》,山東教育出版社（1987 一版）。

朱駿聲　1833　《說文通訓定聲》,京華書局（1970 初版）。

李方桂　1971　<上古音研究>,《清華學報》新9卷 1,2合刊。（1980 北京：
　　　　商務）

　　　　1976　<幾個上古聲母問題>,《總統 蔣公逝世週年紀念論文集》

李孝定　1965　《甲骨文字集釋》,中央研究院 史語所專刊之五十（1970 再版）。

沈兼士　1945　《廣韻聲系》,北京：中華書局（1985 一版）。

阮　元　1799　《經籍纂詁》,宏業書局（1977 再版）。

周法高等1974　《漢字古今音彙》,香港中文大學出版社（1982 三版）。

竺家寧　1992　<《說文》音訓所反映的帶 l 複聲母>,《聲韻論叢》第四輯,學
　　　　生書局。

張建葆　1974　《說文音義相同字研究》,弘道文化事業有限公司。

張舜徽　　？　　《說文解字約注》,臺北：木鐸出版社（1984 初版）。

許慎・段玉裁注　《說文解字注》,天工書局（1992 再版）。

　　　　　　　　《說文解字注》,黎明文化事業公司（1989 增訂四版）。

郭錫良　1986　《漢字古音手冊》,北京大學出版社。

陳初生　1985　《金文常用字典》,臺北：復文圖書出版社（1992 初版）。

陳彭年等1008　《廣韻》,黎明文化事業公司（1984 六版）。

陳新雄師1972　《古音學發微》,文史哲（1983 三版）。

　　　　1993　<黃季剛先生及其古音學>,《中國學術年刊》14期,國立臺灣

師範大學 國文研究所。

黃永武　1965　《形聲多兼會意考》,文史哲（1984 五版）。

漢語大字典編輯委員會

　　　　　1986　《漢語大字典》,湖北辭書出版社等。

黎千駒　1992　<淺談系聯同源字的標準>,《古漢語研究》1：49-55。

　　　　　　　　（後收《語言文字學》1992,7：146-152）

鐘敬華　1989　<同源字判定的語音標準問題>,《復旦學報》1：64-68,72

N.C.BODMAN　（包擬古）著.竺家寧 譯

　　　　　1954　<釋名複聲母研究>,《中國學術年刊》1979.3：59-83。

〔蘇〕S.E.YAKHOTOV（雅洪托夫）著.唐作藩、胡雙寶 編選

　　　　　1960　<上古漢語的複輔音聲母>,《漢語史論集》42-52,北京大學出版社（1986 一版）。

論郭璞的「反訓」觀念及其舉例

——兼論反訓是否存在

葉鍵得

一、前　言

　　在訓詁的義訓條例中，有所謂反訓者。溯其源則起自郭璞《爾雅》及《方言》的注語。自從郭璞提出這種字義詁訓的「反訓」現象後，古今學者紛紛提出看法，有贊成，有反對，也有質疑的。像唐朝的孔穎達，宋朝的洪邁，明朝的楊慎、焦竑，清朝的王念孫、段玉裁、錢大昕、郝懿行、郭廷槙、孔廣森、俞樾、劉師培，以及近代黃季剛、林師景伊、董璠、徐世榮等人都認為古漢語中確實有「反訓詞」的存在，他們舉了許多例證，尤其董璠氏的〈反訓纂例〉，便找出一百多個例證，他的學生徐世榮氏在〈反訓探原〉一文裡自稱已經搜集了五百多個字例。（註一）但宋朝的賈昌朝，清朝的桂馥、朱駿聲，以及近代的章太炎先生則表示懷疑的態度。郭沫若、齊佩瑢、龍宇純、胡楚生、郭錫良等人則予以反對。

　　最近一篇論反訓的文章係由周何先生所提出，〈論相反為訓〉（註二）一文是他基於「很少有挺身而出為肯定反訓說幾句話」以及「在一片反對聲和大多沈默無意見者之間，應該容許提出個人不否認的意見」而發表的。敘述他肯定的主張和理由。文中有這麼一段話：「不過郭璞的言論也確實有些問題，所以反對者，必然是振振有辭，穩佔上風。第一，揚雄《方言》的編纂，有很多原就是記錄各地不同的語言語彙，

沒有適當的文字可供表達，往往就用同音的字來記錄語言，……這是他（郭璞）對資料本身性質沒有看清楚，所以其所推行出來的理論似乎也站不住腳了。第二，郭氏二注所舉的六組例證，也不見得都很正確。……因此郭氏所舉的例證不甚妥當，其所持的言論當然也被認爲不可信。」（註三）一則他敘述扼要，再則個人原本就對反訓的問題，存有極大的興趣，因此，想從周先生所提的這兩個問題來探討，同時反訓是否存在？也應該表示一下個人的看法，也許就像周先生所說的「這樣先起個頭，當然也期盼著有人附議才行。」，我姑且就來個「附議」吧！

二、郭璞的「反訓」觀念及其舉例

晉朝的郭璞在《方言》卷二：「逞、苦、了，快也。自山而東或曰逞，楚曰苦、秦曰了」條下注說：

> 苦而爲快者，猶以臭爲香，亂爲治，徂爲存，此訓義之反覆用之是也。

他又在《爾雅・釋詁》：「俱、在、存也」條下注說：

> 以徂爲存，猶以亂爲治，以曩爲曏，以故爲今，此皆詁訓義有反覆旁通，美惡不嫌同名。

由此二條可知，郭璞所舉的例子有：

㈠以苦爲快

㈡以臭爲香

㈢以亂爲治

㈣以徂爲存

㈤以曩爲曏

㈥以故爲今

同時，也知道郭璞用「訓義之反覆用之」、「詁訓義有反覆旁通」

及「美惡不嫌同名」來解釋這種現象。可是郭璞的例證，只是一字兼具正反兩面的意義而已，他並沒有用「反訓」這二個字。然而卻引發學者對「反訓」的不同解釋，然後再予以贊成或者反對。

畢竟，郭璞並沒說過「反訓」這個名詞，他所說的「訓義之反覆用之」、「詁訓義有反覆旁通」及「美惡不嫌同名」含義爲何？是否就是「反訓」？所以底下，我就針對這三句話先予以探討。

「訓義之反覆用之」與「詁訓義有反覆旁通」二語的含義非常接近，差別只在後者加上「旁通」而已。這裡的「反覆」當然不是重複的意思。《說文》「復」：「往來也。」「覆」：「覂也。」段注說：「反也，覆、覂、反三字雙聲，又部反下曰覆也。反覆者倒易其上下，如兩从冂而反之爲凵也，覆與復義相通，復者往來也。」「反覆」本作「反復」，是「往來」的意思，「復」「覆」通用字，這樣，「苦」可以往「快」，「快」可以往「苦」，「快」「苦」字義彼此反覆往來。

在「反覆」二字後加上「旁通」，意思更加明顯，「徂」與「存」的意思可以反覆往來旁通。胡楚生氏把「旁通」二字解釋爲「大約是指意義正反可以通用而言」。（註四）

至於「美惡不嫌同名」一語，「美」與「惡」當然不可用上述的方法來解釋，它不是「反覆旁通」的例子，所以我們先來了解它的出處，再來看郭璞用此詞的用意。

「美惡不嫌同名」語出《公羊傳》：《春秋·隱公七年》：「滕侯卒，何以不名，微國也，微國則其稱侯何？不嫌也，《春秋》貴賤不嫌同號，美惡不嫌同辭。」我們原想了解「美惡不嫌同名」的意思，還沒有得到答案，卻又帶出了另一個詞語──「貴賤不嫌同號」，因此，只好兩個詞語一併來看看了。

首先是「貴賤不嫌同號」：

　　《公羊傳》「不嫌也」下，何休注：「滕侯卒，不名，下常稱子，不嫌稱侯爲大國。」（註五）又《春秋》「貴賤不嫌同號」下，何休注：「貴賤不嫌者，通同號也，若齊亦稱侯，滕亦稱侯，微者亦稱人，貶亦稱人，皆有起文，貴賤不嫌同號是也。」（註六）徐彥疏：「解云：滕侯卒，不名，下恆稱子，起其微也。齊侯恆在宋公之上，起其大也。」又云：「解云：不論貴賤，不嫌者，通其同號稱，由是之故，春秋同其號也」（註七）滕爲小國，與齊這種大國，自然有別，不過在「貴賤不嫌同號」的理念下，以及爲了褒揚滕侯的功績，於是就稱「滕侯」。以後，《春秋經》就稱「子」，來加以區別。這也就是何休所講的「起文」了。但是，我們必須了解，小國稱侯，只是反映「貴賤不嫌同號」的精神罷了，與「詁訓義有反覆旁通」或「訓義之反覆用之」是截然不同的。

　　其次，再來看看「美惡不嫌同名」這個詞語。何休注說：「若繼體君亦稱即位，繼弒君亦稱即位，皆有起文，美惡不嫌同號是也。」（註八）徐彥疏：「解云：前君之薨，書地者，起其後即位者，是繼體之君也，若前君薨，不地者，起其後即位者，非是繼體之君也。」（註九）何休說不管繼體君或繼弒君都稱「即位」，這也就是「美惡不嫌同辭」的意思。徐彥更以前君薨的書地與否來分辨「繼體君」與「繼弒君」。這二者當然不同，不過《春秋》對於新君的繼位一律稱「即位」，這就是「美惡不嫌同辭」。爲明晰起見，表列如下：

```
                      ┌─前君之薨，書地者──繼體君 ┐
新君繼位皆稱「即位」─┤              （子承父位）├─美惡不嫌同名
                      └─前君之薨，不地者──繼弒君 ┘
                                    （下弒上）
```

　　不管前君是如何薨的，《春秋》對於新君的繼位，皆稱「即位」，

這只是「美惡不嫌同辭」罷了，本無關於字義的訓解。

現在，我們更可以知道：「貴賤不嫌同號」「美惡不嫌同辭」與郭璞「訓義之反覆用之」「詁訓義有反覆旁通」，其實是風牛馬不相及的，所以郭璞引用《公羊傳》的「美惡不嫌同辭」，一定是他賦予它另一種含意，或者是他誤解了這句話的意思。假使，他不說「美惡不嫌同名」，必可免除許多疑慮。

三、檢視郭璞所舉六例

上節已經說明了「美惡不嫌同名」並不是所謂的「反訓」，而且按郭璞的理論，「以苦爲快」「以臭爲香」「以亂爲治」「以徂爲存」「以曩爲曏」「以故爲今」這些字都是「訓義之反覆用之」「詁訓義有反覆旁通」的例子。究竟它們算不算是「反訓」？因此，我想應該來檢視一下郭璞所舉的例子。

㈠以苦為快：

郭氏取它來作爲「訓義之反覆用之」的例子，很顯然的，他把「快」當作「愉快」，把「苦」當作「痛苦」。但是朱駿聲《說文通訓定聲》以爲「苦、快一聲之轉，取聲不取義。」林景伊師亦把此例列爲「音轉關係」的反訓（註一〇），董璠氏〈反訓纂例〉，基本上仍以爲是雙聲相轉，但他把此例列在「彰用反訓」一類。（註一一）

胡楚生氏《訓詁學大綱》、應裕康氏《訓詁學》則都以爲此例不能視爲反訓。理由是《方言》一書只是當時各地方言語言的記錄，很多字只不過借其聲，而不能以其形體來釋義。揚雄的「苦」字，只是一個音，不是痛苦的「苦」字，亦即揚雄以爲「愉快」這一個意義，發音似「苦」而已。在意義上並不需要有任何關聯。（註一二）

㈡以臭為香：

臭的本義，只是氣味的總稱。後來變成不好的氣味，亦即變成香

臭的臭了。例如《易・繫辭上》：「同心之言，其臭如蘭。」《禮記・內則》：「皆佩容臭。」鄭玄注：「容臭，香物也，以纓佩之。」「臭」為芳香。但《左傳・僖公四年》：「一薰一蕕，十年尚猶有臭。」《呂氏春秋・遇合》：「人有大臭者，其兄弟妻妾知識無能與居者。」則以「臭」為惡臭義了。胡楚生氏、應裕康氏把此例當作語義的變遷，不過應氏把這種語義的變遷列為形成「反訓」的原因之一，可是胡氏認為這不是真正的反訓。（註一三）

　　㈢以亂為治：

　　把亂當作混亂、動盪不定，就與治理、清明安定的「治」相反為訓了。「亂」訓作「治」，《尚書・泰誓》：「予有亂臣十人，同心同德。」《論語・泰伯》：「武王曰：予有亂臣十人。」《尚書・顧命》：「其能而亂四方。」《爾雅・釋詁》：「亂，治也。」《尚書・盤庚中》：「茲予有亂政同位。」傳：「亂，治也。」

　　林景伊師把此例視為字義的轉移，他說：

　　　　像《論語・泰伯篇》：「武王曰：予有亂臣十人。」馬注：「亂，治也。」可是《說文》：「亂，不治也。」同一亂字，而有「治」與「不治」相反的意義。段玉裁解釋其緣故云：「亂本訓不治，不治則欲其治；故其字從乙，乙以治之，謂詘者達之也，轉注之法，乃訓亂為治。」亂由不治而轉為治，也是字義的轉移。（註一四）

　　應氏把此例視為詞性的變異，他認為「亂」有作名詞、形容詞的「混亂」，也有作動詞的「治理混亂」，假如把它們當作兩個詞來看，就不會發生反訓的誤解了。（註一五）

　　胡楚生氏指出前人對於「亂」訓為「治」有兩種說法，一是「𤔔」「亂」音同形近，亂作治理解的是本義，作混亂無條理解的，是𤔔的假借，或是𤔔字的形譌。他認為這一種說法，字形雖然勉強分開了，

但從語音上看Luan這個語音畢竟有著正反二義。前人的另一個說法是：辭
或體作嗣，引申有紛擾之義，而金文嗣字作𤔔，與亂字形近，因而推
想，亂作治理解的是本義，作混亂紛擾解的，是𤔔的形譌。胡氏認爲
這一說法很難令人佩服。因此，他以爲亂與治的對立，只是亂與去亂
的轉變，亦即由於同一事物，詞性的轉變活用而造成的，並不是眞正
的反訓。（註一六）

　　齊佩瑢氏以爲此例是同音假借，非關反訓。（註一七）

㈣以徂爲存：

　　《說文》：「徂，往也。」段注云：「《釋詁》《方言》皆曰徂，
往也。按〈鄭風〉匪我思且，箋云：猶非我思存也。此謂且即徂之叚
借，《釋詁》又云：徂，存也。是也。」

　　林景伊師以此例做爲「假借關係」所造成的反訓。

　　但胡楚生氏認爲與反訓是沒有關係的，他說：古書中「徂」作「
存」解的未曾見到。《爾雅》邢疏以爲即《詩經‧出其東門》「匪我
思且」的「且」字，至於《爾雅》中的「徂，存也」，可能是本之三
家詩的解釋。按《詩‧鄭風‧出其東門》有「雖則如雲，匪我思存」
及「雖則如荼，匪我思且」句，鄭玄箋云：「此如雲者，皆非我所思
存也。」又：「匪我思且猶匪我思存。」胡氏云：

　　　　鄭康成在箋詩時，雖然說了句「匪我思且猶匪我思存」，但是，
　　　　一則，他這句話是承蒙上句「此如雲者，皆非我所思存也」而
　　　　言的，上一句話，解釋了「匪我思存」，下一句話，承上而言，
　　　　接著說明，「匪我思且」就如同上句「匪我思存」的意思一般，
　　　　既簡單，又明瞭，不必再行重複。二則漢人作注言猶的，往往
　　　　是「義隔而通之」，鄭箋在兩句之間加上「猶」字，分明並不
　　　　以爲這兩句詩的字義完全相等，也並非以爲徂（且）就是存，
　　　　只是說明「匪我思存」和「匪我思且」這兩句詩，在此有相當

共同的意指而已。（註一八）

另一方面，他認爲《爾雅》全書沒有用「猶」字的體例，所以它本之三家詩時，刪去了「徂猶存也」的「猶」字，才變成「徂，存也」的文句。所以胡氏以爲此例與「反訓」是沒有關係的。應裕康氏立論亦繫於「猶」字，看法與胡氏相同。（註一九）

㈤以曩爲曏：

《爾雅・釋言》：「曩，曏也。」〈釋詁〉：「曩，久也。」《說文》：「曩，曏也。」又：「曏，不久也。」「久」與「不久」相對立，郭璞便以爲是相反的意思了。

胡楚生氏爲以時間的久暫是相對的，認爲此例不是反訓。應裕康氏立論基本上同於胡氏，他說：

> 實際上「曩」字的意義，就是今白話的「過去」或「以前」，若以時間久暫釋「過去」「以前」則可以久，可以不久，實際上無久暫之可言。（註二〇）

二人並引郝懿行《爾雅義疏》：「對遠日言，則曩爲不久，對今日言，則曩又爲久。」以及邢昺《爾雅疏》：「在今而言既往，或曰曩，或曰曏。」爲證。

㈥**以故為今：**

除見郭璞《爾雅・釋詁》的注外，《爾雅・釋詁》尚有相連的兩條，一爲「治、肆、古，故也」；一爲「肆、故，今也」。後一條郭氏注云：「肆既爲故，又爲今。今亦爲故，故亦爲今，此義相反而兼通者，事例在下，而皆見《詩》。」郭氏所謂「事例在下」即指《爾雅・釋詁》的注。所謂「而皆見《詩》」則是指

> 《爾雅》「肆」字訓「故」訓「今」，是取自於《詩經》的。《詩經・大雅・緜》：「肆不殄厥慍。」毛亨傳：「肆，故今也。」

《詩經・大雅・思齊》：「肆戎疾不殄。」毛亨傳：「肆，故
今也。」

《詩經・大雅・大明》：「肆伐大商。」鄭玄箋：「肆，故今
也。」

《詩經・大雅・抑》：「肆皇天弗尚。」鄭玄箋：「肆，故今
也。」

可見毛亨的傳・鄭玄的箋都是用「故今」釋「肆」，與郭璞的字
別爲義不同。但《爾雅・釋言》皆用一字爲訓，直到〈釋訓〉才有複
字爲訓，所以「肆」訓「故今」，似乎不合《爾雅》的體例。關於這
點，胡楚生氏曾加以解釋說：

《爾雅》是一部客觀搜集而成的書，它的詁訓，多有來源，以
《爾雅》成書的原因來說，毛傳的「肆，故今也。」理應先成，
後人才取「肆、故今也。」以增入《爾雅》中，又取「肆」字
入於「故也」一條，到郭璞，又點斷故今二字爲「肆，故，今
也」一條，方始以爲是「義相反而兼通者。」（註二一）

雖然是這樣，胡氏並不認爲這就是反訓。他引《爾雅》邢昺疏：
「以肆之一字爲故今，因上起下之語。」及《尚書・召誥》：「其丕
能諴於小民，今休。」《經傳釋詞》：「今猶即也。」認爲毛傳的「
故今」相當於「故即」的意思，「肆」字並沒有什麼正反之義。（註二
二）應裕康氏說同。

四、反訓是否存在

上節將郭璞的六個例子作了一番檢視，我們看到以臭爲香、以亂
爲治、以徂爲存在經籍、訓釋曾被使用，但學者有以爲是反訓，也有
以爲不是真正的反訓。以苦　Ｋ飢痘Ａ被郭璞視爲「訓義之反覆用之」，
亦就是意思正反可以通，但學者有以爲是音轉關係的反訓，有以爲只

是聲音上的關係，無意義上的關聯。以曩爲㬅，固然有學者以時間的久暫予以說明，認爲二字不是反訓，但郭璞卻作爲意義正反的例子。以故爲今，學者以爲是文字點斷錯誤所造成，不是反訓，但設若眞的是郭璞的錯誤，然而他拿來作爲意義正反可以通用，確是事實。因此，就郭璞的見解而言，他是認爲有「反訓」現象的，只是他並沒使用「反訓」這兩個字。其次，單以這數例就來斷定有反訓，理由似嫌不充分，不過在其他經籍文獻上，我們仍可以找到許多例證，學者所舉證的數量不少。

此外，以贊成有反訓的林景伊師言，他將反訓的起因分爲四種：㈠義本相因，引申之始相反者。㈡假借關係。㈢音轉關係。㈣語變關係。董璠氏《反訓纂例》將反訓分爲十類，即：㈠同字同聲反訓。㈡同字異讀反訓。㈢從聲反訓。㈣變形反訓。㈤表德反訓。㈥彰用反訓。㈦省語反訓。㈧增字反訓。㈨謔諱反訓。㈩疊詞反訓。所舉的例子有一百多字。董氏的學生徐世榮《反訓探原》將反訓的成因，分爲十類，即：㈠內含反訓。㈡破讀反訓。㈢互換反訓。㈣引申反訓。㈤適應反訓。㈥方俗反訓。㈦省語反訓。㈧隱諱反訓。㈨假借反訓。㈩訛誤反訓。自稱廣闊的搜集了五百個反訓字，即後來由安徽教育出版社所出版的《古漢語反訓集釋》。應裕康氏固然不贊成反訓，但他曾分析得出造成「反訓」的原因，有：㈠詞義的變遷。㈡方言的不同。㈢詞性的變異。（四）同音的假借。㈤句式的變化。㈥形近的誤寫。㈦其他。就連反對反訓甚烈的齊佩瑢氏，在《訓詁學概論》中，提到曾作〈相反爲訓辨〉一文，闡明反訓只是語義的變遷現象而非訓詁的法則，並將反訓之類別分爲五種，即：㈠授受同詞之例。㈡古今同辭之例。㈢廢置同詞之例。（四）美惡同詞之例。㈤虛實同詞之例。認爲「反訓」這個名詞根本就不能成立。同時，他又提到本非義變而誤爲反訓的有：㈠不曉同音假借而誤以爲反訓者。㈡）不達反訓原理而強以爲反訓者。

㈢不識古字而誤以爲反訓者。㈣不知句調爲表意方法之一而誤以爲反訓者。㈤不明詞類沿用現象而誤以爲反訓者。胡楚生氏雖不贊成反訓，但歸納造成似乎是反訓的原因有六種，即：㈠字義的引申演變。㈡由於聲音的轉移。㈢由於詞性的變異。（四）由於同音的通假。㈤由於句法的形式變化。㈥由於古字的應用自然。

　　以贊成有反訓現象的學者分類來看，有的被認爲不是「反訓」，有一些個也被置疑。不管如何，這可以說明應該有反訓的存在。另外，從一些不承認反訓現象，或強烈反對反訓的學者所歸納形成反訓或誤作反訓的原因看來，正可以說明有反訓的現象。只是「反訓」的定義、使用、範疇仍存在著歧異的看法。

　　一九八四年大陸學者郭錫良氏在《遼寧電大》發表一篇〈反訓不可信〉（註二三），從語言是交際工具這一角度進行分析，他說：「人們在交際、交流思想時，說話需要明確，如果對立的概念用同一詞來表示，就容易產生歧義，影響交際。一般來說，在共時的語言詞彙系統中，具有正反兩個對立意義的詞是不可能存在的。」又說：「反義爲訓、美惡同辭的說法實際上是傳統訓詁學在沒弄清某些詞的詞義演變的情況下而作出的一種以今義釋古義的現象，它在注釋古字時，雖然起過一定的歷史作用，但是它本是不確切、不科學的，不足爲信。」1987年張凡氏作了〈反訓辨〉，針對郭文作了全面的反駁，引經據典，舉出可以正反爲訓的例子，如賈、亂、被、受、祥、台、息、玩、發、落、翼、救等字。個人以爲如果只是以字義兼正反就視爲反訓，似乎較爲空泛，但如果是即文求義，確有反面的意思，那爲何不是反訓的事實呢？所以，經籍文獻上確實有字可以正反訓義的，應該可以相信反訓存在的事實。而郭璞視苦快、臭香、亂治、徂存、曩曛、故今爲「訓義之反覆用之」「詁訓義有反覆旁通」了，在他的觀念裡，將這些例子視爲正反爲訓。

就上文所論，個人認爲反訓是存在的。

五、結　論

㈠郭璞並沒有說過「反訓」這個詞語。

㈡郭璞所說「訓義之反覆用之」、「詁訓義有反覆旁通」，有意兼正反的意思，從他的舉例可知。因此，造成了反訓的事實。

㈢《公羊傳》的「貴賤不嫌同號，美惡不嫌同辭」並非郭璞的義有正反的觀念，可能是郭璞誤解了《公羊傳》的文辭，或者是他以這樣說了，就是正反義通的意思，但畢竟傳文不是我們所了解的反訓意思。

㈣郭璞提出了訓義反覆旁通的觀念，又舉了六個例子，給其後的學者莫大的影響，歲月展轉，遞相使用，已深植人們心中，於是造成反訓的存在。

㈤學者有正反兩派不同的看法，甚至有絕大多數的人既不承認亦不否認的觀望者，但即文求義，一字有訓義相反的事實，在經籍文獻中確實不乏其例，爲何我們不相信它的存在。

【附註】

註　一　董氏之文見《燕京學報》第二十一到第二十二期。徐氏之文見《中國語文》1980年第4期。

註　二　見《林尹教授逝世十週年學術論文集》。

註　三　仝註二頁二一九。

註　四　《訓詁學大綱》頁一〇七。

註　五　《十三經注疏》7《公羊傳》頁三七。

註　六　仝註五。

註　七　仝註五頁三八。

註　八　仝註七。

註　九　仝註七。

註一〇　《訓詁學概要》頁一七三。

註一一　《燕京學報》第二十二期頁一四六。

註一二　《訓詁學大綱》頁一一一。

註一三　胡氏之說見《訓詁學大綱》頁一一二，應氏之說見《訓詁學》頁一七
　　　　〇。據該書〈後記〉所說，此部分係由應先生所寫，本文爰如此引用。

註一四　見《訓詁學概要》頁一三。

註一五　見《訓詁學》頁一七四。

註一六　見《訓詁學大綱》頁一一六。

註一七　見《訓詁學大綱》頁一九二。

註一八　見《訓詁學大綱》頁一一三～一一四。

註一九　應氏之說見《訓詁學》頁一七七。

註二〇　仝上頁一七八。

註二一　見《訓詁學大綱》頁一一五。

註二二　仝上。

註二三　《遼寧電大》1984年5期。

參考書目

訓詁學概要　林　尹　正中書局

訓詁學大綱　胡楚生　華正書局

訓詁學概論　齊佩瑢　華正書局

訓詁學　應裕康等　高雄文化出版社

訓詁通論　吳孟復　東大圖書公司

訓詁學教程　黃建中　荊楚書社

訓詁學導論　許威漢　上海教育出版社

訓詁叢稿 郭在貽 上海古籍出版社

訓詁簡論 陸宗達 北京出版社

美惡同辭例釋 孫德宣 中國語文 983年2期

反訓辨 張 凡 北京師院學報 1986年4月

「反訓」研究綜述 楊榮祥 中國語文天地 1988年5月

反訓淺說 郗政民 西北大學學報（哲學社會科學報） 1984年第4期

反訓即反義同詞嗎？ 李萬福 四川師範大學學報社科版 1987年1月

反訓探原 徐世榮 中國語文 1980年第4期

反訓纂例 董 璠 燕京學報第二十一至第二十二期 1983年9月上海書店影印

試論反訓中的辯證法 羅少卿 武漢大學學報社科版 1992年2月

論相反爲訓 周 何 林尹教授逝世十週年學術論文集 文史哲出版社 82年6月

論反訓 龍宇純 華國第5期

古漢語反訓集釋 徐世榮 安徽教育出版社

反訓研究的可貴收穫——讀徐世榮《古漢語反訓集釋》 曹先擢 語文研究 1992年第3期

反訓例釋 余心樂 古漢語論集第二輯 南教育出版社

反訓成因初探 徐朝華 中國語文研究 1984年第6期

反訓芻議 李國正 廈門大學學報（哲社版） 1993年第2期

戴震訓詁學述要

鮑國順

一、前　言

　　訓詁之興，蓋昉於周代，而盛於兩漢。今傳諸經之傳，如《周易》〈繫辭傳〉、《春秋》三傳、以及《禮記》，大抵即爲詁經而作，可謂訓詁之始。秦火之後，遺文墜簡，亟待整理，而文字之異同，尤須加以訓釋，故訓詁乃大盛於兩漢之際。

　　唯就事實而言，秦漢之際，大抵僅有「訓詁」，而無「訓詁學」之存在，蓋凡稱爲「學」，必具有完整之學術系統，而其時學者，尚無一套完整之訓詁理論系統，唯用一些片斷之方法，以從事「訓詁」之工作而已。故其成績，多半亦僅爲訓詁書之著作，而非訓詁學之系統發明。眞正之訓詁學，必至清代方始成立。而戴東原即爲促成此一學術成立之主要人物。胡樸安氏云：

> 訓詁之方法，至清朝漢學家，始能有條理、有系統之發現，戴氏震開其始。戴氏之言曰：「經之至者道也，所以明道者詞也，所以成詞者字也。由字以通其詞，由詞以通其道。」又曰：「搜考異文，以爲訂經之助，廣攬漢儒箋注之存者，以爲綜核故訓之助。」戴氏眞能以經傳注疏爲中心，而爲有條理有統緒之訓詁也。（註一）

以上胡氏所引二段文字，前見「與是仲明倫學書」，後見「古經解鉤沈序」。東原之訓詁學，無論在理論或實際上，均卓有成績，胡氏之譽，絕非溢美。在理論上，類似胡氏前引二段文字，東原集中，不知

凡幾（註二），蓋東原以爲儒者之讀經識字，宜自《爾雅》、《說文》
入手，藉以明經之故訓，經之故訓明，乃可進通聖人之心志。所謂「
故訓明則古經明，古經明則賢人聖人之理義明，而我心之所同然者，
乃因之而明」（註三），此一治學理論，東原以前未有言之如是明白完
整者。

　　在實際上，東原訓詁學之著作，爲數不少，計有《爾雅文字考》、
《方言疏證》、《續方言》、《轉語》等。祇惜《爾雅文字考》與《
轉語》今俱不傳，唯存二書之序於文集中耳。其他如《七經小記》中，
原擬以〈詁訓篇〉爲第一篇，而未及爲。又阮元《經籍纂詁》之編撰，
其意亦由東原首發之，顧身未及爲而逝，乃由阮氏續成其志。觀錢大
昕〈經籍纂詁序〉可知，其言曰：

> 儀徵阮公……謂治經必通訓詁，而載籍極博，未有會最成一編
> 者，往歲休寧戴東原在書局，實刱此議，大興朱竹君督學安徽，
> 有志未果。……（註四）

今考東原序余蕭客《古經解鉤沈》亦云：

> 經自漢經師所授受，已差違失次，其所訓釋，復各持異解。余
> 嘗欲搜考異文，以爲訂經之助，又廣攬漢儒箋注之存者，以爲
> 綜考故訓之助，顧力不暇及。……（註五）

由〈詁訓篇〉之擬作，《經籍纂詁》之倡儀，合以此文觀之，則東原
訓詁撰述之心志，亦云宏矣。惜其書或未及爲，或已亡佚，所存者唯
《方言疏證》、《續方言》二書，《爾雅文字考》、《轉語》二書之
序，以及段刻文集卷三之零篇散文，良可憾矣。茲就現存之資料，述
之於下，略窺其學之涯略云。

二、爾雅文字考

　　此書未知何年所成，段玉裁據序文中有「殫心於茲十年」之語，

定其始成書於乾隆十三年戊辰至十五年庚午（一七四八～一七五〇）
之間，亦即東原早年尚未入都以前之作品。書稿原藏曲阜孔繼涵家，
後爲東原壬午同年蘇州吳方伯之子慈鶴，於孔廣根手中取去，云將付
梨棗。至段玉裁撰東原年譜時（嘉慶甲戌～一八一四年），書稿尚存
吳處未刊。有自序一篇，文曰：

> 古故訓之書，其傳者莫先於《爾雅》。六藝之賴是以明也，所
> 以通古今之異言，然後能諷誦乎章句，以求適於至道。劉歆、
> 班固論《尚書》古文經曰：「古文讀應《爾雅》解古今語而可
> 知。」蓋士生三古後，時之相去千百年之久，視夫地之相隔千
> 百里之遠無以異。昔之婦孺聞而輒曉者，更經學大師轉相講授，
> 而仍留疑義，則時爲之也。余竊謂儒者治經，宜自《爾雅》始。
> 取而讀之，殫心於茲十年。是書舊注之散見者六家：犍爲文學、
> 劉歆、樊光、李巡、鄭康成、孫炎，皆闕逸，難以輯綴；而世
> 所傳郭注，復刪節不全，邢氏疏尤多疏漏。夫援《爾雅》以釋
> 《詩》、《書》，據《詩》、《書》以證《爾雅》，由是旁及
> 先秦已上，凡古籍之存者，綜覈條貫，而又本之六書、音聲，
> 確然於故訓之原，庶幾可與於是學，余未之能也。偶有所記，
> 懼過而旋忘，錄之成袟，爲題曰若干卷《爾雅文字考》，亦聊
> 以自課而已。若考訂得失，折衷前古，於《爾雅》萬七百九十
> 一言，合之群經傳記，靡所扞格，姑候諸異日。（註六）

由此序可知，東原於《爾雅》一書，原有整理之宏願。一則因爲「儒
者治經，宜自《爾雅》始。」再者，又因爲今傳《爾雅》闕逸疏漏，
不足盡據，所以《爾雅》一書之諟正，亟宜從事。其法則「援《爾雅》
以釋《詩》、《書》，據《詩》、《書》以證《爾雅》，……確然於
訓詁之原。」而爲何必須如此從事，東原於〈爾雅注疏箋補序〉中，
言之頗詳，曰：

援《爾雅》附經而經明，證《爾雅》以經而《爾雅》明。然或義具《爾雅》而不得其經，殆《爾雅》之作，其時六經未殘闕歟？爲之旁捃百氏，下及漢代，凡載籍去古未遙者，咸資證實，亦勢所必至。（註七）

至於從事《爾雅》之最高目的，則在「考訂得失，折衷前古，於《爾雅》萬七百九十一言，合之群經傳記，靡所扞格」。今《爾雅文字考》未見，然其「以群經傳注證《爾雅》，以《爾雅》釋群經傳記」之意，〈爾雅注疏箋補序〉中適各有其例，茲舉之於下。如曰：

襄讀莊周書：「已而爲知者」、「已而不知其然」，語意不可識。偶檢〈釋詁〉：「已，此也。」始豁然通乎其詞。

又曰：

如《周南》：「不可休思。」〈釋言〉：「庥，廕也。」即其義。《豳》詩：「蠶月條桑。」〈釋木〉：「桑柳醜條。」即其義。《小雅》：「悠悠我里。」〈釋詁〉：「悝，憂也。」即其義。

此以《爾雅》釋群經傳記之例。又如曰：

（《爾雅》）轉寫訛舛，漢人傳注，足爲據證。如〈釋言〉：「鬩，恨也。」郭氏云：「相怨恨。」毛公傳《小雅》：「兄弟鬩於牆。」「鬩，很也。」鄭康成注〈曲禮〉：「很毋求勝。」「很，鬩也。」二字轉注，義出《爾雅》。又「苛，妎也。」郭氏云：「煩苛者多嫉妎。」康成注〈內則〉「疾痛苛癢。」「苛，疥也。」義出《爾雅》。凡此遽數之不能終其物。（註八）

此以漢人傳注證《爾雅》之例。

〈爾雅注疏箋補序〉作於乾隆三十七年壬辰（一七七二），距〈爾雅文字考序〉之作，已有二十餘年，而所言竟似在爲〈爾雅文字考序〉作注解者，則可知東原「援《爾雅》釋《詩》、《書》，據《詩》、

《書》證《爾雅》」之治學態度，迄未改變，事實上，東原在其他著作中，如《毛鄭詩考正》、《詩經補注》等，主要亦皆以《爾雅》為據，則〈爾雅文字考序〉中所揭大義，固東原終身以之之目標。黃季剛氏論清儒《爾雅》之學，嘗對東原此書備致推崇。其〈爾雅略說〉中舉譚吉璁《爾雅廣義》、《爾雅綱目》、姜兆錫《爾雅補注》、翟灝《爾雅補郭》，戴震《爾雅文字考》、任基振《爾雅注疏箋補》、邵晉涵《爾雅正義》諸書，總評之曰：

> 此中諸書，以戴氏為最懿。……案自戴氏後治《爾雅》諸人，雖所得有淺深，皆循戴氏之塗轍者也。展闢門戶之功，亦可云偉矣。（註九）

黃氏未見東原原書，第就〈爾雅文字考序〉中所言而作為此論。蓋亦推重東原對《爾雅》之研究方法與態度。惟東原原序中又有「偶有所記，懼過而旋忘，錄之成袠。……聊以自課」云云，則該書當為東原從事《爾雅》研究之初步工作。東原序末亦云「若考訂得失，折衷前古，……姑俟諸異日。」段玉裁以為乃「意有未滿之辭」，其說是也。雖然，即此初步成績，今亦不傳，終是憾事。

三、轉　語

段玉裁撰東原年譜，於乾隆十二年丁卯（一七四七）下云：「成《轉語》二十章」，又云：「惜此書未成，孔檢討（廣森）序戴氏遺書，亦云未見。」（註一〇）是段氏初亦未曾得見此書，故其說乃前後矛盾。是書究否撰成，今未能曉，而自段、孔皆云未見觀之，則即使撰成，亦不曾付梓。唯自序一篇幸存文集，尚可窺見此書製作原始，與其內容概要。序曰：

> 人之語言萬變，而聲氣之微，有自然之節限。是故六書依聲託事，假借相禪，其用至博，操之至約也。學士茫然，莫究所以。

今別爲二十章，各從乎聲，以原其義。夫聲自微而之顯，言者未終，聞者已解。辨於口不繁，則耳治不惑。人口始喉，下底脣末，按位以譜之，其爲聲之大限五，小限各四，於是互相參伍，而聲之用蓋備矣。參伍之法：台、余、予、陽，自稱之詞，在次三章；吾、卬、言、我，亦自稱之詞，在次十有五章。截四章爲一類，類有四位，三與十有五，數其位，皆至三而得之，位同也。凡同位爲正轉，位同爲變轉。爾、女、而、戎、若，謂人之詞，而如、若、然，義又交通，並在次十有一章。〈周語〉：「若能有濟也」，注云：「若，乃也」；〈檀弓〉：「而曰然」，注云：「而，乃也」；《魯論》：「吾末如之何」，即奈之何；鄭康成讀如爲那。（原注：乃箇切。案《集韻》三十八箇云：「如，乃箇切，若也。書曰：如五器，卒乃復。鄭康成讀。」今《尚書音義》無此，蓋開寶中所刪，丁度等據未改《釋文》有之。《毛詩》「柔遠能邇」，箋云：「能，伽也。」伽字當亦音乃箇切。）曰乃、曰奈、曰那，在次七章。七與十有一，數其位，亦至三而得之。若此類，遽數之不能終其物，是以爲書明之。凡同位則同聲，同聲則可以通乎其義；位同則聲變而同，聲變而同則其義亦可以比之而通。更就方音言，吾郡歙邑，讀若攝，（原注：失葉切）唐張參《五經文字》、顏師古注《漢書·地理志》已然。歙之正音讀如翕，翕與歙聲之位同者也。用是聽五方之音，及少兒學語未清者，其展轉訛溷必各如其位，斯足證聲之節限位次，自然而成，不假人意厝設也。古今言聲之書，紛然淆雜，大致去其穿鑿，自然符合者近是。昔人既作《爾雅》、《方言》、《釋名》，余以謂猶闕一卷書，創爲是篇，用補其闕。俾疑於義者，以聲求之，疑於聲者，以義正之。說經之士，搜小學之奇觚，訪六書之逸簡，溯厥本始，

其亦有樂乎此也。（註一一）

由此序中可知東原本書之著作動機，乃在於緣聲求義，以補《爾雅》、《方言》、《釋名》之未備；「俾疑於義者以聲求之，疑於聲者以義正之。」段玉裁云：「按此於聲音求訓詁之書也，訓詁必出於聲音。」（註一二）正爲此書作意所在，故《轉語》二十章似較著重在訓詁，當與《爾雅》、《方言》、《釋名》同類，謝啓昆《小學考》收本書於聲韻類中，恐不如置於訓詁類中爲妥。

　　本書著作之依據乃因「人口始喉，下底唇末，按位以譜之，其爲聲之大限五，小限各四。」於是依照「聲之大限」分爲五類，每類又依其「小限」分爲四章，共計「別爲二十章，各從乎聲，以原其義」，依此「互相參伍，而聲之用蓋備矣。」至於參伍之法，每一類各分爲四位，同類同位者爲「同位」，異類同位者爲「位同」。其條例則「凡同位爲正轉，位同爲變轉」、「凡同位則同聲，同聲則可以通乎其義；位同則聲變而同，聲變而同則其義亦可以比之而通。」此《轉語》一書之大概情形。

　　考「轉語」二字，初見於揚雄《方言》，如曰：

　　　庸謂之倯，轉語也。

又曰：

　　　煤，火也，楚轉語也。

又曰：

　　　嘽咺，譅𧪜，拏也。……南楚曰譅𧪜，或謂之支註，或謂之詀謕，轉語也。

又曰：

　　　緤、末、紀、緒也，南楚皆曰緤，或曰端，或曰紀，或曰末，皆楚轉語也。（註一三）

而東原疏證《方言》，亦用此名，如注「貊，陳楚江淮之間謂之㹀，

北燕朝鮮之間謂之貊，關西謂之狸」曰：

　　　狸、狢一聲，貊狸轉語爲不來，故〈大射儀〉「奏狸首」，鄭
　　　注云：「狸之言不來。」（註一四）

實則揚雄及東原書中言「通語」、「通轉」、「聲轉」、「一聲之轉」
等，其例甚多，余意東原《轉語》一書之定名，必將有取於此。雖然
《轉語》作於乾隆十二年（一七四七），而《方言疏證》則爲卅八年
（一七七三）入四庫館以後所校，似二者原無關涉。唯據段玉裁所撰
東原年譜稱乾隆四年（一七三九），東原已「取《爾雅》、《方言》
及漢儒傳注箋之存於今者，參伍考究。」（註一五）則其研治《方言》，
固在《轉語》著作之前，二者非無關也。

　　是書今雖不存，然以聲求義，表列識記之要旨，則可於自序中窺
之，其說已略如前述。自東原發明此意以後，此後如王念孫《雅詁表》、
苗夔《說文聲讀表》、嚴可均《說文聲類》等表譜之作，以至於程瑤
田《果臝轉語記》、王念孫《疊韻轉語》諸複音詞書，大抵即緣東原
是書而有所觸發。則《轉語》一書，固又爲訓詁聲韻之研究，首闢新
徑，其篳路藍縷之功，亦云偉矣。

四、方言疏證

　　東原始讀《方言》，在乾隆四年己未（一七三九）十七歲時（註一
六），唯此時恐僅爲取與《爾雅》及漢儒傳注作一般性之討論而已。及
至二十年乙亥（一七五五）三十三歲，方作更進一步之研究，乃以《
方言》寫於李燾《許氏說文五音韻譜》之上方，曾自題云：「乙亥春，
以揚雄《方言》分寫於每字之上，字與訓兩寫，詳略互見。」（註一七）
所謂寫其字者，以字爲主，而以《方言》之字傅《說文》之字。寫其
訓者，以訓爲主，而以《方言》之訓傅《說文》之字。又或以聲爲主，
而以《方言》同聲之字傅《說文》。所謂詳略互見者，兩涉則此彼分

見，一詳一略，因其便也。蓋東原以爲訓詁之學，自《爾雅》外，惟《方言》、《說文》切於治經，故傅諸分韻之《說文》，取其易檢。段玉裁撰東原年譜時，是冊尚存，今則不知所在。乾隆卅八年癸巳（一七七三）東原五十一歲入四庫館，於《永樂大典》中得揚雄《方言》散篇，即以平時所校訂，遍稽經、史、諸子之義訓相合，及諸家之引用《方言》者，詳爲疏證。至乾隆四十二年五月間就成，而同月二十七日即因病歸陰，戴中立曰：「此書先君全精神費盡。」段玉裁曰：「謂先生鞠躬盡瘁，死於官事可也。」皆能道出本書著作之辛苦與價值。東原歿後，館臣乃於乾隆四十四年五月將此書進呈，並奉命刻聚珍板惠海內云（註一八）。

　　東原《方言疏證》有序一首，見於文集，四庫館本書提要，大抵同於此序，當即東原所撰。序中論《方言》之作者、流傳、以及校訂成績頗詳，今全錄其文於下，序曰：

　　案《輶軒使者絕代語釋別國方言》十三卷，漢揚雄撰，晉郭璞注。漢、魏、晉已來，凡引是書，但稱《方言》者，省文也。雄采集之意，詳見於答劉歆書。考雄爲郎，在成帝元延二年，時雄年四十三，《漢書》傳贊所謂「初，雄年四十餘，自蜀來至游京師」是也。劉歆遺雄書求《方言》，則當王莽天鳳三、四年間，未幾而雄卒，答書內所謂「二十七歲於今」，傳贊所謂「年七十一，天鳳五年卒」是也。答書有云：「語言或交錯相反，方復論思，詳悉集之。如可寬假延期，必不敢有愛。」然則《方言》終屬雄未成之作，歆求之而不與，故不得入錄。班固次雄傳及〈藝文志〉，不知其有此。至應劭集解《漢書》，始見徵引，稱揚雄《方言》。其〈風俗通義序〉又取答書中語，具詳本末，而云：「《方言》凡九千字。」今計正文，實萬一千九百餘字，豈劭所見，與郭璞所注傳本微有異同歟？歆遺雄

書曰：「屬聞子雲獨采集先代絕言、異國殊語，以爲十五卷」；雄答書稱：「殊言十五卷」；郭璞序亦云：「三五之篇。」而隋〈經籍志〉：「《方言》十三卷」；《舊唐書》作：「《別國方言》十三卷。」其併十五爲十三，在璞注後，隋已前矣。許慎《說文解字》、張揖《廣雅》多本《方言》，而自成著作，不加所引用書名。《魏書‧江式傳》：「式上表曰：臣六世祖瓊，往晉之初，與從父兄應元，俱受學於衛覬，古篆之法，倉、雅、《方言》、《說文》之誼，當時併收善譽，數世傳習，斯業所以不墜。」杜預注《左傳》「授師子焉」曰：「揚雄《方言》：子者、載也。」孔穎達疏云：「揚雄以《爾雅》釋古今之語，作書擬之，采異方之語，謂之《方言》。」蓋是書漢末晉初乃盛行，故應劭舉以爲言，而杜預以釋經，江瓊世傳其學，以至於式。他如吳薛綜述二京解，晉張載、劉逵注〈三都賦〉，晉灼注《漢書》，張湛注《列子》，宋裴松之注《三國志》，其子駰注《史記》，及隋曹憲、唐陸德明、孔穎達、長孫訥言、李善、徐堅、楊倞之倫，《方言》及注，幾備見援摭。其後獨洪邁疑之，謂「雄所爲文，盡見於自序及《漢志》，初無所謂《方言》」。則併傳贊內「自序」二字，結上所錄「法言自序」者未之審。又未考雄之文，如諫不受單于朝書、趙充國頌、元后誄等篇，溢於雄傳及《藝文志》外者甚多，而輕置訾議。豈應劭、杜預、晉灼及隋唐諸儒咸莫之考實邪？常璩《華陽國志》於林閭翁孺、楊莊，並云：「見揚雄《方言》。」李善注《文選》，引張柏松曰：「是懸諸日月不刊之書也」，亦直稱「揚雄《方言》曰」。可證歆、雄遺答書，附入《方言》卷末已久。宋元以來，六書故訓不講，故鮮能知其精覈。加以訛舛相承，幾不可通。今從《永樂大典》內得善本，因廣搜群籍之引用《

方言》及注者，交互參訂，改正訛字二百八十一，補脫字二十

七，刪衍字十七，逐條詳證之，庶幾漢人故訓之學猶存於是，

俾治經、讀史、博涉古文詞者，得以考焉。（註一九）

東原此序中所辨，最重要者，即爲《方言》作者之問題。東漢一百九

十年中，無稱《方言》作者。至漢末應劭〈風俗通義序〉始載揚雄作

《方言》事，又劭注《漢書・司馬遷傳》亦引「揚雄方言」一條，是

稱揚雄作《方言》者，實自應劭始。魏晉以後，諸儒轉相沿述，皆無

異詞。至宋洪邁《容齋隨筆》始考證《漢書》，斷非揚雄所作。其所

持理由有三：第一謂雄所爲文，盡見於自序及〈漢志〉，初無所謂《

方言》。第二謂觀其〈答劉歆書〉，稱蜀人嚴君平，君平本姓莊，漢

顯帝諱莊，始改曰嚴。雄書如《法言》並不諱莊，何獨《方言》諱之　

第三謂既云成帝子駿與雄書，而其中乃云孝成皇帝，反覆牴牾。遂斷

爲漢魏之際，好事者所僞造。其第一疑，東原已於前引序中駁之。其

第二點，東原駁之曰：

書中載楊莊之名，不作嚴字，實未嘗豫爲明帝諱。其嚴君平字，

或後人傳寫追改，亦未可知。（註二〇）

又駁第三點曰：

考書首成帝時云云，乃後人題下標注之文，傳寫舛訛，致與書

連爲一，實非歆之本詞，文義尚犖然可辨。（註二一）

是洪邁所舉三點，皆不足以斷是書之僞。有關《方言》作者，除洪邁

三點懷疑之外，尚有一事可疑，即許慎《說文解字》引《方言》之說

甚多，皆不標「揚雄方言」字，似許慎並不以《方言》爲揚雄所作。

東原對此，亦有說解，其言曰：

知當慎之時，此書尚不名《方言》，亦尚不以《方言》爲雄作，

故馬、鄭諸儒未嘗稱述。（註二二）

《方言》之全稱原爲《輶軒使者絕代語釋別國方言》，省作《方

言》，東原所校之本即名《方言疏證》。據東原提要云：

> 謹參互考訂，凡改正二百八十一字，刪衍文十七字，補脱文二
> 十七字，神明煥然，頗還舊觀。併逐條援引諸書，一一疏通證
> 明，具列案語。（註二三）

然則東原此書除校定而外，又具疏證之質。茲下即分此二例述之。

(一)校定之例

東原校定之成績，即前云「改正二百八十一字，刪衍文十七字，補脱文二十七字。」而其校定之根據，則有五點：

1.以他本校：包括《永樂大典》所錄宋本，及曹毅之明鈔本。

其以《永樂大典》本校者，如卷六：「蹞、篓，力也。東齊曰蹞，宋魯曰篓，篓，田力也。」東原曰：「田諸刻訛作由，從《永樂大典》本。」（註二四）

又如卷九：「矛，吳揚江淮南楚五湖之間謂之鏦，或謂之鋋，或謂之縱，其柄謂之矜。」東原曰：「刻本矜訛作鈴，《永樂大典》不誤。」（註二五）

考東原雖云從《永樂大典》內得善本相參校，惟檢全書所引《大典》本者僅廿二條，取舍之間，未見精審。據楊家駱氏所輯八百六十五卷本之《永樂大典》中，凡有《方言》三十九條，均不見於東原所引之中。故或疑東原未必全輯《大典》所收，不過撮錄一二而已（註二六），亦非無因。

又以曹毅之本校者，如卷十：「嬈、惕，遊也，江沅之間謂戲爲嬈，或謂之惕，或謂之嬉。」東原曰：「嬈多訛作姪，曹毅之本不誤。」（註二七）

又如卷十二：「蒔、植，立也。」東原曰：「植各本多訛作殖，曹毅之本不誤。」（註二八）

此從曹毅之本校改之例。惟東原誤以此本爲宋刻，故《方言注》

卷二「儦」條下注曰：「明正德己巳影宋曹毅之刻本。」（註二九）考曹毅之名弘，江陰人，正德丁丑進士，實爲明人，所有之《方言》本，亦爲鈔本，東原不察，遂誤以爲所據乃宋刻本，其實明鈔本耳（註三○）。

2.以群籍之引《方言》校：包括《玉篇》、《廣韻》、《集韻》，以及薛綜、張載、劉逵、晉灼、張湛、裴松之、裴駰、陸德明、孔穎達、李善、楊倞、邢昺等諸注疏家所引，東原均取以爲校勘之資，今舉二例於下：

如卷十二：「蒔、植、立也，蒔，更也。」郭注：「謂更種也。」東原曰：「注內『謂』字各本訛作『爲』。左思〈魏都賦〉：『陸蒔稷黍。』李善注云：『《方言》曰：蒔，更也。郭璞曰：謂更種也。』今據以訂正。」（註三一）

又如卷九：「所以藏箭弩謂之箙，弓謂之鞬，或謂之櫝丸。」東原曰：「各本丸訛作凡，因誤在下條矛字上。〈南匈奴傳〉：『弓鞬韇丸一』，注云：『方言藏弓爲鞬，藏箭爲韇丸，即箭箙也。』《春秋》昭公二十五年《左傳》：『公徒釋甲執冰而踞。』服虔注云：『冰，櫝丸蓋也。』疏引《方言》『弓藏謂之鞬，或謂之櫝丸。』今據此兩引訂正。」（註三二）

3.以本書校：如卷六：「掩、裛，取也。自關而東曰掩，自關而西曰裛，或曰揠（郭注：「相捼。」）東原曰：「揠各本訛作狙，《永樂大典》本下有『但伺也』三字，舛誤不可通。後卷十內：『揠，取也。』揠下注『相捼』二字，可證狙即揠之訛，但伺也即相捼之訛。」（註三三）

又如卷七：「嫛盈，怒也。」郭注曰：「嫛上已音。」東原曰：「嫛各本訛作魏，注云：『魏上已音。』書內趙魏之魏甚多，本無庸音，惟前卷二嫛訛作魏，下云羌垂反，可證魏即嫛之訛。」（註三四）

4.以他書校：即以其他字書與注疏家之言校之。如卷十二：「解、

輸，挽也。」郭注：「挽猶脫耳。」東原曰：「挽各本訛作梲，注內同。梲乃侏儒柱，不與脫通。《說文》云：『挽，解挽也。』《廣韻》梲字注云：『或作脫。』今據以訂正。」（註三五）

又如卷十二：「漢、赫，怒也，赫，發也。」東原曰：「赫各本訛作荟，今訂正。《大雅》『王赫斯怒。』鄭箋云：『赫，怒意也。』《廣雅》：『漢、赫，怒也，赫，發也。』義皆本此。」（註三六）

5.以六書條例校：大抵即以六書諧聲之法，以及形表其類之例，以校《方言》之訛字。如卷十：「諑，不知也。」郭注：「音癡眩。」東原曰：「諑各本訛作諑，今訂正。《玉篇》云：諑不知也，丑脂、丑利二切，諑同上，又力代切，誤也。《廣韻》諑字以入脂、至韻者為不知，入代韻者為誤。此注云音癡眩，與丑脂切合，……以六書諧聲考之，諑從言桼聲，可入脂、至二韻，諑從言來聲，應入代韻，不得入脂、至韻，《玉篇》、《廣韻》因字形相近訛舛，遂溷合為一，非也。」（註三七）

以上為東原校訂《方言》之依據。其他如校訂時只列異說，不改正文。或著疑詞，存闕疑之義，均可見其用心之謹慎。又有考及他本《方言》、諸書所引、他書說解之訛誤者，更可見出東原參互比校之勤勉。

㈡疏證之例

對於此一部分，東原用心所在，大約可歸納為下列四點：

1.疏證文義：有引諸書，以為疏證者，如卷四：「衿謂之交。」郭注：「衣交領也。」東原曰：「《爾雅》『衣眥謂之襟。』郭注云：『交領。』疏引《方言》『衿謂之交』。襟衿古通用，又作袷。《玉篇》云：『交襟，衣領也。』《詩·鄭風》：『青青子衿。』漢石經作『袷』。毛傳云：『青衿、青領也。』學子之所服也。」（註三八）

亦有逕以己意解之者，如卷十三：「息，歸也。」東原曰：「息

者，作勞而休止，故有退歸之義。」（註三九）

　2.明古字之通轉：東原案語中或曰通轉、或曰語轉、或曰轉語、或曰一聲之轉、或曰聲義通。均在說明二字由於聲近而假借通轉之現象。如卷六：「顛，頂，上也。」東原曰：「《爾雅・釋言》：『顛，頂也。』顛與頂一聲之轉。」（註四〇）

　又如卷一：「烈，枿，餘也。陳鄭之間曰枿，晉魏之間曰烈，秦晉之間曰肄，或曰烈。」東原曰：「《詩・周南》：『伐其條肄。』毛傳：『肄，餘也，斬而復生曰肄。』肄餘，語之轉。」（註四一）

　3.明同字之異體：一字異體者，東原或曰通用、或曰音義同、或曰古某字。皆在表明二字之字形雖異，其實只謂一字也。如卷二：「拑、惵、赧，愧也。晉曰拑、或曰惵，秦晉之間凡愧而見上謂之赧，梁宋曰惵。」東原曰：「《玉篇》引《方言》『梁宋之間謂媿曰惵。』愧媿古通用。」（註四二）

　又如卷七：「肖、類法也。」東原曰：「《廣雅》：『肖類灋也。』本此。灋、古法字。」（註四三）

　4.明後世字書之所本：東原〈方言疏證序〉曰：「許慎《說文解字》、張揖《廣雅》多本《方言》，而自成著作，不加所引用書名。」故其書於《說文》、《廣雅》之同於《方言》者，均加「義本此（《方言》）」三字；尤其對於《廣雅》與《方言》間之關係，附注尤為詳盡，幾乎每條均有其例。其他如《玉篇》、《廣韻》、《文選》李善注、《急就篇》顏師古注等之本於《方言》者，亦加注明，如卷四：「懸裺謂之緣。」東原曰：「《玉篇》『裺，緣也』，《廣韻》『裺，衣縫緣也』，皆本此。」（註四四）

　又如卷三：「俚，聊也。」東原曰：「《說文》、《廣雅》並云『俚，聊也』，義本此。」（註四五）

　以上為《方言疏證》之略介。是書自晉郭璞注之後，至隋乃有驚

師注，其書又久佚，故宋元以來，訛舛相承。至清，東原首起校證，遂爲小學家所不可少之書。其後盧文弨《重校方言》、錢繹《方言箋注》、劉台拱《方言補校》、王念孫《方言疏證補》諸書，均踵其跡而繼起。尤其王念孫疏證補，即依東原疏證之例，附補案語，循聲求義，規模可觀。惜僅成一卷二十條，若使全書告成，必爲東原功臣。由是言之，東東於《方言》，實有草創之功，故盧文弨盛稱其書曰：

> 《方言》至今日而始有善本，則吾友休寧戴太史東原氏之爲也。
> 義難通而有可通者通之，有可證明者，臚而列之。……自宋以來諸刻，洵無出其右者。（註四六）

唯東原此書亦不免有引證未周、析解未精之病。林景伊師即曰：

> 今案戴氏疏證《方言》，其草創之功固不可沒，但於《方言》聲義貫穿之恉，多未曾諳。（註四七）

丁介民亦曰：

> 是書以群籍之引《方言》者，校其訛文。取諸經史傳並六朝文賦中語，以觀其彙通。於《廣雅》引《方言》之文，附於逐條之後。然臚列爲多，考證蓋少，且所引多晉、隋、六朝人語。不知子雲所輯，多先秦古言故訓，自應於經傳內尋其本源，戴氏精於小學，何以未及見於此？間有一二精意，然又不能詳其始末，大抵校多於證，疏證又以舉群書稱引爲尚，雖轉錄之跡可尋，而於上通雅訓，展轉旁通之道，殊無闡發。蓋東原治此書，意欲兼顧，終難兩全，草刱之功難沒，疏陋之譏未免，且校優於證也。（註四八）

五、續方言

此書不見於諸家爲東原所作之傳記內，乃民國十七年冬，江陰劉半農得於北平廠肆。共二卷，十四葉，葉二十行，行二十一字。所采

之書凡四種，二百十四條，計：何休《公羊傳注》自「昉、適也、齊人語」以下三十一條，許慎《說文解字》自「齊楚謂信曰訏燕代東齊曰訑」以下一百二十六條，劉熙《釋名》自「齊人謂凉爲惠」以下三十八條，《荀子》自「衢道兩道也今秦俗猶以兩爲衢古之遺言歟」以下十九條（其中《荀子》本文十一條，楊倞注八條。）各依原書爲序，未加類次。據羅常培氏之考證，謂此書乃東原輯而未定之稿，本欲補苴揚雄之書，既睹杭世駿《續方言》書，遂即中輟者也。其言曰：

（是書）屬稿年代約在乾隆二十年專攻《方言》之後，三十八年入四庫館以前。然其經始雖後於大宗（國順按，杭世駿字大宗，著有《續方言》），而實閉戶暗合，未嘗相襲。蓋大宗彙輯群書，依《爾雅》類次，但不明標其目；而東原所輯，俱以原書爲序，未經排比。……且即兩家同引之《公羊傳注》、《說文》、《釋名》三書互校之，則杭有戴無者凡十三條……戴有杭無者凡二十二條。……互有詳略，不相雷同。……竊謂東原於致力《方言》之餘，初亦有意補苴楊書，惟涉筆摭錄，未遑理董。及見大宗所續，引據類次，均出己右，遂止於二卷，不再裒集。而以其有關揚雄本書者，採入《方言疏證》。……今檢稿中，凡圈句或加ㄱ識者，皆《方言疏證》所收。……其未加圈識而錄入疏證者，亦有十八條。……繹其略例，大致與《方言》本文全同者，圈而ㄱ之；與本文字句微異者，ㄱ而不圈；不見於本文而可資詮釋者，圈而不ㄱ；至其未加圈釋者，則並與本文不相傳者也。自《方言疏證》成，此稿遂廢。然戴氏著作之有錄無書者，如《六書論》三卷，《轉語》二十章，及《七經小記》中之〈詁訓〉、〈學禮〉兩篇，或僅存其序，或祇著其名，原稿並皆佚而不傳，此稿從未經東原道及，亦不見於諸家著錄。今半農先生竟於無意中幸獲之，俾後之覽者，

> 知東原於《方言疏證》而外，尚有此未竟之長編，則吉光片羽，
> 蓋已彌足珍矣。（註四九）

再者此書卷二引《說文》之部，逐條之下多列參校案語。其與《
方言》文同者，且注明見《方言》卷幾。於所引《說文》，亦稍加校
定。而於引何休注《公羊》、劉熙《釋名》、《荀子》楊倞注則無此
例。

六、小爾雅之作者及時代

《漢書・藝文志》有《小爾雅》一篇，不著作者名氏。《隋書・
經籍志》、《舊唐書・經籍志》、《新唐書・經籍志》並有《小爾雅》
一卷，李軌解略，亦不言作者何人，至宋晁公武《郡齋讀書志》、陳
振孫《直齋書錄解題》、王應麟《玉海》等始言孔鮒所著。考《史記・
孔子世家》，孔鮒乃孔子九世孫，爲陳王博士，並無著《小爾雅》之
記載。且《小爾雅》附在今本《孔叢子》中，《孔叢子》一書，舊題
孔鮒傳，實爲僞書，有此二點，《小爾雅》之作者與時代，遂啓後人
之爭端。而首致疑詞者，即爲戴東原，東原有〈書小爾雅後〉一文根
據書中之差謬，而斷其書大致爲後人皮傅掇拾而成，或後人採王肅、
杜預之說爲之，非古小學遺書，故漢世大儒不取以說經。其言曰：

> 《小爾雅》一卷，大致後人皮傅掇拾而成，非古小學遺書也。
> 如云：「鵠中者謂之正」。則正鵠之分，未之考矣。「四尺謂
> 之仞」，則「築宮仞有三尺」，不爲一丈，而爲及肩之牆矣。
> 「澮深二仞」，無異洫深八尺矣。其解釋字義，不勝枚數以爲
> 之駁正。故漢世大儒，不取以說經。獨王肅、杜預及東晉枚賾
> 奏上之，《古文尚書》孔傳頗涉乎此。〈廣量〉曰：「豆四謂
> 之區，區四謂之釜」。本諸《春秋傳》「四升爲豆，各自其四
> 以登於釜」之文。下曰：「釜二有半謂之籔」，本〈聘禮〉記

「十六斗曰籔」。「籔二有半謂之缶」，此句無本。「缶二謂之鍾」，所謂「陳氏新量皆登一焉，鍾乃大矣」者。齊舊量蓋先王之制：區斗六升，釜六斗四升，鍾六斛四斗。陳氏從而詭更之：釜登一區則八斗，區登一豆則二斗，豆登一升則五升，而鍾實八斛。茲用舊量之豆、區、釜，用新量之鍾，兩法雜施，顯相刺謬。〈廣衡〉曰：「兩有半曰捷，倍捷曰舉」，皆於古無本。「倍舉曰鋝」，賈景伯所稱「俗儒以鋝重六兩」是也。不稽古訓，故目之曰俗儒云爾。……或曰：「《小爾雅》者，後人采王肅、杜預之說爲之也。」（註五〇）

東原此文作於乾隆廿四年己卯（一七五九）秋日，至嘉慶十五年庚午（一八一〇），段玉裁作書與胡孝廉世琦，推闡其說謂

　　東原師意謂〈漢志〉所載者乃眞《小爾雅》，今入於《孔叢子》者則後人所爲，如僞《家語》、僞《古文》、僞《孔傳》、僞《孔叢子》。皆未嘗無所因襲。（註五一）

其後臧庸篤信戴、段之言，又引其高祖之說，指實乃王肅所僞造，其於〈小爾雅徵文〉中曰：

　　余……考之有年，知郭璞之前，王肅實首引此書，余高祖玉林先生謂《孔叢子》爲王肅僞作，而《小雅》在《孔叢》篇第十一。又自王肅以前，無有引《小雅》者，凡作僞之人，私撰一書，世之人未之知也，必作僞者先自引重，而後無識者從而群然和之，世遂莫有知其僞矣。然則《小雅》之爲王肅私撰，而《孔叢》書之由肅僞作，皆確然無疑也。（註五二）

其餘《四庫提要》、謝啓昆《小學考》均同主東原之說。惟清儒亦有謂《小爾雅》確爲古小學之遺書，其後爲僞造《孔叢子》者採入其書，後人遂以《孔叢子》之僞而并僞之，實未之深考。如錢大昕《三史拾遺》、宋翔鳳《小爾雅訓纂》、胡承拱《小爾雅義證》、胡世琦《小

爾雅義證》、王煦《小爾雅疏》、朱駿聲《小爾雅約注》、任兆麟《
小爾雅注》等均主此說。而胡承拱、胡世琦、王煦、任兆麟諸氏之書，
又皆為反駁東原而作，有關《小爾雅》一書之作者與時代，雖東原之
說未必盡是，然而由此可見東原在當時學術界受人矚目之一般。

七、結　語

　　清代學術以考證為主潮，乾嘉時期為考證學之巔峰期，戴震則為
此一時期之代表人物。戴震的學術成就是多方面的，約而言之，他是
以義理為鵠的，而以考證為手段，由於此一認知，因此戴震建立在考
證基礎上的義理，也就形成他學術成就上的一大特色，同時因為重視
考證的原因，所以也使他在考證上，也有極為傑出的表現。傳統的考
證，主要以小學為基礎，本文所述，僅為戴震在訓詁學上的成績，然
而即此也可略窺戴震的治學方法，及其何以能成為清學巨擘的原因。

【附註】

註　一　胡樸安《中國訓詁學史》（台北，商務印書館，民國69年），〈自敘〉。

註　二　詳可參閱拙著《戴東原學記》（台北，自印，民國67年），第三章，
　　　　第三節〈東原之治學方法〉。

註　三　見《戴震文集》（北京，中華書局，一九七四）卷十一，〈題惠定宇
　　　　先生授經圖〉，頁一六八。

註　四　《潛研堂文集》（台北，商務，國學基本叢書，民國57年），卷二十
　　　　四，頁三五〇。

註　五　同註三，卷十，頁一四五。

註　六　同註三，卷三，頁四四。

註　七　同註三，卷三，頁四五。

註　八　以上所引均同前註。

註　九　見《黃侃論學雜著》（台北，學藝出版社，民國58年），頁三八五。

戴震訓詁學述要　687

註一〇　均見《戴震文集》附錄，頁二一九。

註一一　同註三，卷四，頁九一～九二。

註一二　同註十，頁二一九。

註一三　以上所引四條，分見《輶軒使者絕代語釋別國方言》（台北，商務叢書集成簡編簡編本），頁七一、一九八、二〇〇、二一六。

註一四　全前註，頁一六二。

註一五　同註十，頁二一六。

註一六　見段玉裁《戴東原先生年譜》，同前註。

註一七　同前註，頁二二〇～二二一。

註一八　以上參見段撰年譜，同前註，頁二二〇～二二一及頁二三八。及戴中立與段玉裁書，（收於戴東原戴子高手札眞蹟內，無頁數）。

註一九　同註三，卷十，頁一五三～一五五。

註二〇　同註十三所引書，〈提要〉，頁三。

註二一　同前註。

註二二　同前註。

註二三　同前註，頁七。東原〈方言疏證序〉中，亦有此數語。

註二四　同註十三所引書，頁一三七。

註二五　同前註，頁一八〇。

註二六　參見丁介民《方言考》（台北，中華書局，民國58年），頁二五。

註二七　同註十三，頁一九五。

註二八　同前註，頁二五四。

註二九　同前註，頁三三。

註三〇　關於曹毅之本，絕非宋刻，而爲明鈔，丁介民《方言考》曾舉四例以證，詳可見原書，頁九～十。

註三一　同註十三，頁二五四。

註三二　同前註，頁一八九～一九〇。

註三三　同前註，頁一二九。

註三四　同前註，頁一五三。

註三五　同前註，頁二四〇。

註三六　同前註，頁二四九。

註三七　同前註，頁一九八。

註三八　同前註，頁八三。

註三九　同前註，頁二九〇。

註四〇　同前註，頁一二八。

註四一　同前註，頁四。

註四二　同前註，頁三九。

註四三　同前註，頁五三。

註四四　同前註，頁八六。

註四五　同前註，頁六八。

註四六　《重校方言》（古經解彙函本，台北，鼎文書局印行，民國63年）〈
　　　　序〉，頁一。

註四七　《訓詁學概要》（台北，正中書局，民國61年），頁二五六。

註四八　同註二六，頁四五。

註四九　〈戴東原續方言手稿序〉，見中研院史語所集刊，第二本第四分（民
　　　　國二十一年出版），頁四五一～四五五。

註五〇　同註三，卷三，頁六四～六五。

註五一　〈與胡孝廉世琦書〉，經韻樓集（段玉裁遺書本，台北，大化書局，
　　　　民國六十六年）卷五，頁三十七 a～b。

註五二　《拜經堂文集》，卷二。

後記：余昔撰《戴東原學記》一書，迄未正式出版，近年來陸續整理，將以付
　　　梓。今逢陳師伯元六十壽慶，因特以其中論戴震之訓詁學一節，抽出改
　　　寫，以為吾師壽。

黃季剛先生〈求本字捷術〉的音韻層次

李添富

一、破字解經

　　王引之《經義述聞》敘云：「家大人曰：訓詁之旨，存乎聲音，字之聲同聲近者，經傳往往假借，學者以聲求義，破其假借之字而讀以本字，則渙然冰釋，如其假借之字而強爲之解，則詰鞫爲病矣。故毛公傳詩，多易假借之字，而訓以本字，已開改讀之先；至康成箋詩注禮，屢云某讀爲某，而假借之例大明。後人或病康成破字者，不知古字之多假借也。」於是可知西漢初年，毛公作詩詁訓傳，已經採用了這種用本字改讀借字的方法，後來鄭玄箋詩、注禮，用的更多。比如：

　　　《詩・周南漢廣》：「江之永矣，不可方思。」毛傳：「方，泭也。」

　　　《詩・鄘風柏舟》：「之死矢靡他。」毛傳：「矢，誓也。」

　　　《詩・豳風東山》：「有敦瓜苦，蒸在栗薪、」鄭箋：「栗，析也……古者聲栗裂同也。」

　　　《詩・衛風氓》：「淇則有岸，隰則有泮。」鄭箋：「泮讀爲畔。」

　　　《禮記・儒行》：「起居竟信其志。」鄭注：「信，讀如屈伸之伸，假借字也。」

　　　《禮記・投壺》：「某既賜矣，又重以樂，敢固辭。」鄭注：「固之言如故也。」

王氏又云：

> 許氏說文論六書假借曰：『本無其字，依聲託事，令長是也。』
> 蓋本無字而後假借他字，此謂造作文字之始也。至於經典古字，
> 聲近而通，則又不限於無字之假借者，往往本字見存而古本則
> 不用本字而用同聲之字；學者改本字讀之，則怡然理順，依借
> 字解之，則以文害辭。是以漢世經師作注，有讀爲之例，有當
> 作之條，皆由聲同聲近者，以意逆之，而得其本字，所謂好學
> 深思，心知其意也。然亦有改之不盡者，迄今考之文義，參之
> 古音，猶得更而正之，以求一心之安，而補前人之闕。（經義述
> 聞通說論經文假借）

本無其字，固然需要「依聲託事」，借用別的字，可是到了後來，
就是本有其字，也常常依聲託事而假用他字，如《經典釋文》敍
錄引鄭玄云：「其始書之也，倉卒無其字，或以音類比方假借爲之，
趣於近之而已。」又其後，甚至有明知其字而故意用一個音同或音近
的字來代替本字，於是造成了我國文字中本字和借字兼并通用的情形。

雖然這極爲繁複的本字和借字兼并通用情形，在經典古文當中屢
見不鮮，可是，如果不能辨明那個字是假借字，那個字才是本字的話，
對於經義的探求，恐怕就要因此而有所不足了。所以王引之說「依借
字解之，則以文害辭。」「改本字讀之，則怡然理順。」關於這一點，
黃季剛先生也有相當精到的見解。他說：

> 文辭用字，自當從其本義，惟吾國文章，正假兼用，已成慣習。
> 如常言『新』、『舊』、『難』、『易』皆非本字；又如倫語
> 「學而時習之，不亦說乎。」一句中，『而』、『之』、『不』、『
> 亦』皆非本字。蓋文章可隨俗而通，訓詁必求其眞而反本也。
> （制言第七期）

黃季剛先生所舉的這幾個例子，都是本義久翳不用，而借義反而通行

的字，讀起來尚不會有太大的疑問產生，如果換上一些本義仍然通行而又假借的字，若是不將本義求出，恐怕緣詞生訓，穿鑿傅會的弊病，就不可避免了。如：

> 《大戴記‧夏小正》：「黑鳥浴。」傳：「浴也者，飛乍高乍下也。」

按：《說文》：「浴，洒身也。」洒身與飛乍高乍下完全無涉，因此必然是個假借；根據俞樾〈古書疑義舉例〉的推測，這個「浴」字應該是「俗」字的假借（註一）。《說文》：「俗，習也。」「習，數飛也。」黑鳥浴就是黑鳥數飛。與傳意正合。

又如：

> 蚤　本義是跳蚤，《說文》：「蚤，齧人跳蟲也。」假借爲早，《孟子‧離婁》下：「蚤起，施從良人之所之。」
>
> 壺　本義是容器，《說文》：「壺，昆吾圜器也。」假借爲瓠，《詩‧豳風七月》：「七月食瓜，八月斷壺。」
>
> 由　本義是隨從，《說文》：「由，隨從也。」假借爲猶，《孟子‧梁惠王下》：「今之樂由古之樂也。」

由此可知破借字而使之歸於本字，乃是研治訓詁，考求經義的首要工作。同時，破字對於文字音義的瞭解，也有相當的助益。因此有清一代，自乾嘉以來，破字風氣大盛，高郵王氏父子的貢獻更是卓越，如所著《經義述聞》一書，便是全然由音近、音同的假借一方面來探求經義，而有相當精闢獨到的見解。然而卻也因此給後來學者帶來不良的影響，那就是濫用通假和隨意破字；解釋古書，研究詞義，動輒說某與某通，或某當作某，往往只憑主觀臆斷無絲毫根據，於是造成破字解經經義反而不明，或者任意疑經、改經等等結果。當然這些弊病都是從事訓詁，研治古書的人所當引以爲戒的。

至於有清一代學者破字解經的中失，我們可以從黃季剛先生對高

郵王氏父子《經義述聞》和俞樾《群經平議》的評論，得到一個大略：

> 王引之經義述聞說爾雅者凡三卷，其最精者，謂二義不嫌同條，
> 如林、烝為群聚之群，天、帝為君上之君；聲近而二名，如主
> 謂之宰，亦謂之寀；官謂之宰，亦謂之寀皆其精者也。惟好以
> 義破字，如改「坎、律，銓也。」之『坎』為『次』；「振，
> 古也。」之『古』為『自』，皆嫌專輒。（爾雅略說清儒之爾雅學
> 下）

> 俞君此書（群經平議）中失參半。今取其最精者說之：如釋耆
> 壽，即謂之痾之異文，而皆受義於句；從广，從老，皆其學乳
> 寖多者。釋劉陳，謂劉讀為留，陳讀為塵；塵者，久也……此
> 諸條類皆前人所未道，而隨意破字之病，較高郵王氏尤多。如
> 艾，歷也；麻、䅺、算，術也；謂歷也之也為衍文。允、任、
> 壬，佞也，謂允為凸之誤字。㑴㑴、契契，愈遐急也，謂愈遐
> 當乙轉……此諸條皆無顯證，輒以己意疑經。清儒固往往有此
> 病，治爾雅者尤不能免，雖師承所自，亦不敢阿其所好也。（同
> 上）

按：《爾雅·釋詁》云：「林、烝、天、帝、皇、王、后、辟、公、
侯，君也。」王引之《經義述聞》以為群、君義不相類，一為君
上之君，如天、帝、皇、王、后、辟、公、侯是也；一為群聚之
群，如林、烝是也。只因兩字古者音讀相近而可通用。因此王引
之以為〈釋詁〉所以把義象本來不同的兩組字合在一起，乃是由
於『訓詁之指本於聲音，六書之用廣於假借』的緣故。『寀』、
『宰』兩字所以能夠同訓，也是由於音讀相近的關係。關於這一
點，季剛先生是深表贊同的；至於改王引之改『坎』為『次』、
改『古』為『自』季剛先生則以為不然，蓋因王引之所憑的乃是
「坎、次字形相似而誤」「自、古亦以形似而訛」的形體關係，

而非依據音讀而來。俞樾的耇痀、劉留、陳塵之說也因本之音理而爲季剛先生所贊同,但是其他幾點卻因佐證不足而不爲先生所接受。

雖然清儒隨意破字有其流弊,可是破字解經卻仍然不失爲一種很直接也很重要的訓詁方式。因此,如何正確的改借字以爲本字,是我們所當致力的工作。

二、假借的產生與次第

朱駿聲《說文通訓定聲》說:「假借濫於秦火,傳寫雜而失眞。」王了一先生更是直截的說:「所謂的假借或古音通假,說穿了就是古人寫別字。」(訓詁學上的一些問題)「魯魚亥豕」、「別風淮雨」等形近而訛的例子固然不少,可是較之音近通假的情形,則又不多;因此,恐怕古人寫的「別字」,要以音同、音近的情形較爲普遍。

就和現代人寫別字一樣,古書上聲近而誤的「別字」,應該是個同音字,否則至少也必須是音讀十分相近的字;如果說只是雙聲而韻部相去很遠,或者是只有疊韻關係而聲母完全不同,甚至是聲母、韻部都無關連的兩個字之間,有互相假借的情形產生,恐怕就非要有相當的證據不可了。譬如北京人常把「驅使」寫成「趨使」、「絕對」寫成「決對」,上海人就不會這麼寫;相同的,上海人將「過問」寫成「顧問」、「陸續」寫成「絡續」,北京人就不會犯這種毛病(註二)。也就是說假借字的運用,有時也會受到方音系統的影響,因此,精確的破借字以爲本字,當是件極爲縝密的工作。至於如何探求本字,黃季剛先生〈求本字捷術〉一文,言之最詳:

> 昔人求本字者,有音同、音近、音轉三例,至爲閎通,然亦非於淆亂者所可借口。音同有今音相同、古音相同二例……音轉者,謂雙聲之正例……音近者,謂同一類之音……大氐見一字

　　而不了本義，須先就切韻同音求之，不得則就古韻同音求之，
　　不得者蓋已尟；如不能得，則就異韻同聲之字求之；更不能得，
　　則就同韻同類或異韻同類之字求之。終不能得，乃計校此字母
　　所衍之字，衍為幾聲，如有轉入他類之音，可就同韻異類之字
　　求之。若是異韻異類，非有至切至明之證據，不可率爾妄說。
　　此言雖簡，實為據借字以求本字之不易定法，王懷祖、郝恂九
　　諸君，罔不如此，勿以其簡徑而忽之。

所謂今音相同，依照黃季剛先生自己的解釋，指的是：於唐韻切韻中
為同音；譬如：頭與投、早與蚤之類。所謂古音相同，指的是二字於
廣韻之中雖不同音，但若考求以正聲十九紐古韻二十八部，則他們的
音讀又是相同，譬如：涂與除、儸與羅之類。音轉指的則是雙聲的正
例，比如：亡與無、依與隱之類。至於音近一類，指的則是發音部位
相同的旁紐雙聲，譬如：畔與泮、方與旁；慎與順、方與泭等。

　　音同、音轉二例，因為所指甚為明確，季剛先生並沒有太多的說
明；音近一項由於本字借字之間音讀並非全同，與假借「依傍同聲」
稍有出入，為防學者任意破字，因此季剛先生特加說明，他說：

　　然求音近之假借，非可意為指斥；須將一字所衍之聲通為計校，
　　視其所衍之聲分隸幾紐；然後由其紐以求其字。雖喉音可以假
　　借為舌音也，雖齒音可以假借為脣音也；若不先計校，率爾指
　　同，均為假借，則其過甚宏。朱駿聲于此不甚明憭，猶不若王
　　筠之慎也。

試為舉例如次：

　　余　廣韻以諸切　喻母（古音歸定）魚部（註三）
　　餘　廣韻以諸切　喻母（古音歸定）魚部
　　涂　廣韻同都切　定母（古音歸定）魚部
　　除　廣韻直魚切　澄母（古音歸定）魚部

　　蜍　廣韻常魚切　禪母（古音歸定）魚部

　　徐　廣韻似魚切　邪母（古音歸定）魚部

餘、涂、除、蜍、徐五字雖聲紐喉音、舌頭、舌上、正齒、齒頭不同，而同從余聲，我們除了可以根據古聲紐探求的結果，將他們列爲古音相同的例證之外，更可以據此而得知喉音、舌音、齒音之間的流轉情形。又如：

　　尤　廣韻餘針切　喻母（古音歸定）侵部

　　耽　廣韻丁含切　端母（古音歸端）侵部

　　眈　廣韻徒含切　定母（古音歸定）侵部

　　枕　廣韻章荏切　照母（古音歸端）侵部

　　沈　廣韻式荏切　審母（古音歸透）侵部

　　忱　廣韻氏任切　禪母（古音歸定）侵部

耽、眈、枕、沈、忱五字雖聲紐舌、齒不同，但皆從尤聲，我們也可據以考知舌、齒音的變化與流轉。

　　依據黃季剛先生的敘述，我們可以得出一個古籍音同、音近的假借次第如下：

　　1.切韻同音　《詩經・豳風七月》：「七月食瓜，八月斷壺。」
　　　　　　　　毛傳：「壺，瓠也。」『壺』、『瓠』廣韻並同『
　　　　　　　　戶吳切』。
　　　　　　　　《詩經・豳風七月》：「四之日其蚤，獻羔祭韭。」
　　　　　　　　《釋文》：「蚤音早。」『蚤』、『早』廣韻並同
　　　　　　　　『子皓切』。
　　2.古韻同音　《呂覽・任地》：「今茲禾美。」注：「茲，年也。」《
　　　　　　　　爾雅・釋天》：「載，歲也。」可知『茲』乃『載』
　　　　　　　　的借字。『茲』、『載』切韻並同精母而分屬之、
　　　　　　　　海二韻，但古音同在之部。

《漢書‧陳勝傳》:「視士卒必死無還鄉。」顏師
古注:「視讀曰示。」『視』、『示』切韻同在至
韻,雖聲母禪、神不同,但古聲同歸定紐。

3.異韻同聲　《尚書‧無逸》:「先知稼穡之艱難乃逸,則知小
人之依。」《經義述聞》:「依,隱也。」『依』、
『隱』脂、諄異部而同屬影紐。

《詩經‧豳風東山》:「有敦瓜苦,烝在栗薪。」
鄭箋:「栗,析也……古者聲栗裂同也。」『栗』、
『裂』質、月異部而同屬來母。

4.同韻同類　《詩經‧衛風氓》:「淇則有岸,隰則有泮。」鄭
箋:「泮讀為畔。」『泮』、『畔』同在元部,聲
母雖滂、並有異而同為脣音。

《尚書‧堯典》:「湯湯洪水方割。」《經義述聞》
引王念孫:「方讀為旁。」『方』、『旁』同在陽
部,雖然聲母非、並不同,但皆屬脣音。

5.異韻同類　《荀子‧強國》:「必將愼禮義,務忠信而後可。」
楊倞注「愼或為順。」『愼』屬禪母眞部,『順』
為神母諄部;韻部不同而聲母同屬舌音。

《詩經‧周南漢廣》:「江之永矣,不可方思。」
毛傳:「方,泭也。」『方』,非母陽部;『泭』,
奉母魚部;韻部不同而聲母同屬脣音。

6.同韻異類　《禮記‧曲禮上》:「國君則平衡,大夫則綏之,
士則提之。」鄭注:「綏讀曰妥。」『綏』、『妥』
同屬歌部而聲母心、透不同。

《禮記‧儒行》:「起居竟信其志。」鄭注:「信,
讀如屈伸之伸,假借字也。」『信』、『伸』同屬

眞部而聲母則心、審不同。

據此，我們可以知道黃季剛先生認爲古書通假是有一個音韻層次的，那就是：音同者優於雙聲者，雙聲者又優於疊韻者，至於聲、韻完全無涉的則居最末。也就是說：本字的探求，當從同音之字入手，然後再退求雙聲或聲母同類之字，最後才考慮疊韻或聲、韻完全無關的字。而前面所提到的濫用通假和隨意破字，便是學者未能明瞭此一先後候次序所致。茲再舉二例說明不懂假借音韻層次關係所造成的流弊：

三、隨意破字的流弊

㈠雖已指出借字，但求出來的卻非本字

《說文》：「黯，深黑也。從黑音聲。」

《說文》：「音，聲也。」

魯實先先生〈假借溯原〉：「假音爲罙，則見黯爲深黑之義。」

本師陳先生則以爲『音』當爲『侌』的假借。

按：「音，於金切」影母，侵部。「罙，式針切」審母（歸透），侵部。「侌，於金切」影母，侵部。若依黃季剛先生〈求本字捷術〉論之，『音』、『侌』切韻同音，而『音』、『罙』僅爲同韻異類；且古籍中未見『音』、『罙』假借的情形。而『音』、『侌』的假借，除《說文》：「侌，雲覆日也。」有黑暗之義外，尚有不少例證，如：

《說文》：「陰，闇也。」

《廣雅·釋言》：「陰，闇也。」

《尚書·兌命》孔傳：「高宗諒陰。」正義：「陰是幽暗之義。」

揚雄〈太玄元攡〉：「幽無形，深不可測謂之陰。」

《左傳》文公十七年：「鹿死不擇音。」注：「音，所茠蔭之處。古字同音，皆相假借。」

《釋名》：「音，蔭也。氣在內奧蔭也。」

可見以『音』爲『罙』的假借，雖然音義亦通，但卻不如作『衾』來的適切。

㈡造成經義的曲解

《荀子‧勸學》：「強自取柱，柔自取束。」

楊倞注：「凡物強則以爲柱而任勞，柔則見束而約急，皆其自取也。」

王引之曰：「楊說強自取柱之義甚迂。柱與束相對爲文，則柱非屋柱之柱也。柱當讀爲祝。哀十四年傳曰：『天祝予。』十三年穀梁傳『祝髮文身。』何、范並注云：『祝，斷也。』此言物強則自取斷也。所謂太剛則折也。大戴記作『強自取折』，是其明證矣。南山經：『招搖之山有草焉，其名曰祝餘。』祝餘或作柱荼，是祝與柱通也。」（集解引）

鍾泰曰：「柱即拄也。強者可取以拄物，如竹木是也；柔者可取以束物，如皮韋是也。而自竹木與皮韋言之，則皆自取也。楊注不誤，特言之未分明耳。古訓柱與祝通謂之斷，斷與束義豈相稱乎？斥楊爲迂，而不知其迂尤甚矣。」（荀注訂補）

按：「柱，直主切」澄母（歸定），侯部；「祝，之六切」照母（歸端），覺部；「拄，知與庾切」知母（歸端）侯部。柱、拄同韻同類，柱、祝異韻同類；就黃季剛先生〈求本字捷術〉而言，『柱』、『拄』假借的條件優於『柱』、『祝』的假借；因此，雖然王引之舉《山海經》、《公羊傳》、《穀梁傳》等爲證，終不如鍾泰所言順當。

四、結　語

綜合以上的說明，我們可以明確的瞭解破字解經的重要性以及破借字爲本字的條件，當然也因此而更能明白黃季剛先生〈求本字捷術〉

一文的重要。誠如季剛先生所說的，我們可以從音同、音近、音轉等不同的角度去讀破古籍當中的假借字，但是其用雖然「至爲閎通」，卻也絕非「黥於淈亂者所可借口」。因爲音讀相同、相近的字本來已經不少，若再加上方言俗語以及古今字音變遷等等因素，要怎樣避免不該有的錯誤、正確的破借字以爲本字，那就非有極爲嚴謹的態以及縝密無瑕的方法不可了。否則隨意破字甚至任意改動經文，於是楊朱就是莊周，雞就是狗，紅就是黃，旦就是晚等笑話，恐怕就要因爲對古音通假的誤解與濫用而成爲事實了。

【附註】

註　一　俞樾《古書疑義舉例》以爲「浴者，俗之誤字。」今以二字古音相同，不必爲誤，直接稱之爲同音通假即可。「浴，余蜀切」喩母（歸定）屋部；「俗，似足切」邪母（歸定）屋部；古韻同音。

註　二　驢、趨北平皆音〔tɕ'y〕，上海則〔tɕ'yəʔ〕、〔ts'i〕不同；絕、決北平皆音〔tɕye〕，上海則〔tɕyəʔ〕、〔zirʔ〕有別。過、顧上海皆音〔kəu〕，北平則〔kuo〕、〔ku〕有別；陸、絡上海皆音〔loʔ〕，北平則〔lu〕、〔luo〕不同。

註　三　本文凡古韻部目名稱，皆從本師陳先生《古音學發微》所定，故與季剛先生稍異；『魚』部季剛先生稱『模』部。

黃季剛先生《説文同文》
訓詁術語類例初探

成　玲

壹、前　言

　　黃季剛先生是我國近代著名的一位國學大師，他的學術涉獵範疇極爲廣泛，除了在經學、文學、哲學方面屢有獨到創發外，文字音韻訓詁之學的成就，更是蔚然成一家之言，而與餘杭章炳麟太炎先生共稱爲「乾嘉以來小學的集大成者」。陳師伯元即譽之爲「民國古音學研究的開創人」（註一）

　　錢玄同於《中國聲韻學通論》序文中曾云：「黃君邃於小學，聲韻尤其所專長，《廣韻》一書最所精究，日必數檢，韋編三絕，故于其中義蘊，闡發無遺，不獨能詮其名詞，釋其類例，且由是以稽先秦舊音，明其聲韻演變之跡。」聲韻之學方面，先生由《廣韻》的中古音系出發，推溯上古的音韻現象，提出了所謂「古聲十九紐」、「正聲、變聲」「正韻、變韻」等見解與理論，這些看法在現今古音學的研究上，早已普遍受到肯定。此外，文字訓詁方面，先生對於《說文》、《爾雅》二書，更是時不離手，反覆點閱數十遍，先生在民國十七年六月二十日的〈閱嚴輯全文日記〉中說：

> 余觀書之捷，不讓先師劉君，平生手加點識書如《文選》，蓋已十過，《漢書》亦三過，注疏圈識，丹黃爛然，《新唐書》先讀，後以朱點，復以墨點，亦是三過。《說文》、《爾雅》、

　　《廣韻》三書，殆不能計遍數。

由此可知，《廣韻》、《說文》、《爾雅》實在是研讀小學必備的三部重要典籍。而先生由於對《廣韻》的精熟能有古音學的成就，那麼對於《說文》的嫻熟，又有怎樣的成績呢？

　　先生曾自云：「形聲訓詁之學，莫備於《說文》。」，不明《說文》，不足以通古文。」又云：「《說文》一書，於小學實主中之也。」（註二）如此重視《說文》，以爲是小學最完善之書。據陳師伯元云，嘗自林景伊先生處所見過季剛先生手批《說文》一書，或眉批夾注，或朱墨雜施，加上各式各樣的符號（註三），其勤劬的鑽研可見一斑。然因先生生前不肯隨便著書，致令後學僅能由一些零散刊布的單篇論文、或由黃焯先生整理的筆記中略知一、二，至於全面性的理論系統，則仍未能得其全豹。

　　《說文同文》是由黃焯先生根據季剛先生在大徐本《說文解字》上的隨文批注整理而成，收在《說文箋識四種》一書中。從先生在《說文》的隨文批注文字來看，似乎並沒有提出一套完整的理論系統，以作爲分析研究的依據，也就是說，文中但見言其同，而不見言其所以同之理。近來有些學者以爲先生研治《說文》多年，並能融貫文字聲韻訓詁三學，將文字的形音義作了綜合的研究，實提供了我們從語言的聲音和意義關係的聯繫，突破了傳統小學的範疇，而涉及詞族、詞源的研究範圍。

　　但是，就《說文同文》的資料而言，所謂的「同文」究竟何所指涉？其使用的術語又代表什麼類別？彼此之間又根據什麼原則系聯在一起？其價值如何？這些實有待吾人加以探究。本文擬從《說文同文》的訓詁術語分類作一初步分析，希望對《同文》的性質能有一粗略的認識。

貳、《同文》類例分析

一、《同文》屬於同源關係

A、某同某

〔12〜8〕（註四）警同儆

（警，己皿切，見母青部；儆，居影切，見母青部。）

（註五）

說文：「警，言之戒也。」

說文：「儆，戒也。」段注：「與警音義同。」

按：王筠《說文釋例》卷七：「儆與言部警同。」警、儆二字古音相同，實同一詞。

〔61〜3〕派同𣲖

（派，匹賣切，滂母錫部；𣲖，匹卦切，滂母錫部。）

說文：「派，別水也。」段注：「按眾經音義兩引說文：𣲖，水之衺流別也，以釋派，韻會曰：派，本作𣲖，從反永，引錯云：今人又增水作派。據此，則說文本有𣲖無派。」

說文：「𣲖，水衺流別也，從反永。」段注：「𣲖與水部派音義皆同。」按：派、𣲖二字古音聲紐相同，韻部相同，義訓亦同，實為一詞。

〔66〜4〕捫同㨊

（捫，莫奔切，明母魂痕部；㨊，武巾切，微紐古歸明母，魂痕部。）

說文：「捫，撫持也。從手門聲。詩曰：莫捫朕舌。」段注：「撫，安也，一曰㨊也，謂安㨊而持之也。」

說文：「㨊，撫也，從手昏聲。一曰摹也。」段注：「土部墢下所用捫字皆即㨊字也。」

按：捫㨊於義訓上皆有「撫」義，古音相同，實為一詞。

〔69〜6〕娉同聘

　　　　　　（娉，匹正切，滂母青部；聘，匹正切，滂母青部。）

　　說文：「娉，問也，从女甹聲。」段注：「凡娉女及聘間之禮，古皆用此字。娉者，專詞也。聘者，汎詞也。」

　　說文：「聘，訪也。从耳甹聲。」

按：《爾雅·釋言》：「聘，問也。」《詩經·小雅·采薇》：「靡使歸聘。」傳：「聘，問也。」由經籍義訓的互訓頻率之多，可知娉、聘二字實爲同義，古音亦相同，應是同源詞，王力《同源字典》云：「聘、娉實同一詞，娉是分別字。」

〔71～7〕匵同櫝

　　　　　　（匵，徒谷切，定母蕭部；櫝，徒谷切，定母蕭部。）

　　說文　「匵，匱也，从匚賣聲。」段注：「木部曰櫝，匵也，是則匵與櫝音義皆同，實一物也。」

　　說文：「櫝，匵也，从木賣聲。」段注：「此與匚部匵音義皆同。」

按：《說文》於匵、櫝二字釋義的文字，皆以「匱也」說明，同義字也；經典上亦屢見二字互用的情形；《論語·季氏》：「龜玉毀於櫝中。」又〈子罕篇〉：「韞匵而藏諸？」《釋文》：「匵，本又作櫝。」匵、櫝古音相同，實同一詞。

總按：以上五例，「某同某」兩兩之間，在音韻關係上完全相同，意義也沒有差別，此組「同文」例類，實屬最典型的同源詞，彼此具有音義相同的條件。

　　　除音、義關係外，在形構上，兩兩之間，或是改換偏旁——娉、聘，匵、櫝；或是增加偏旁——派、辰；或是變換聲符——拼、播，兩個聲符古音相同，意義相同。這樣的字組，在「同文」中頗爲多見。此外，「同文」中兩兩相對關係的同文，也有少部分——音義關係較疏遠，或僅有同義關係而音韻相去較遠的例子，如〔28～7〕知同匕：（知，端母齊部；匕，幫母灰部。）

說文：「知，詞也，从口从矢。」說文：「匕，相與比敘也，从反人。」按：知之義與比敘之義較遠，難以言「同」，不知黃季剛先生以「知、匕」二字同文的依據爲何？

又如：〔23～11〕箭同矢。（矢，式視切，透母灰部；箭，子賤切，精母先部）說文：「箭，矢竹也，从竹前聲。」矢箭二字僅屬同義詞，音韻上則聲遠韻遠。

B、某同某1、某2、某3

〔4～1〕祝同磂、詋、譸、詶、詛

（祝，之六切，照紐古歸端母，蕭部；磂，力救切，來母蕭部；詋，直佑切，澄紐古歸定母，蕭部；譸，張流切，知紐古歸端母，蕭部；詶，市流切，禪紐古歸定母，蕭韻；詛，莊助切，莊紐古歸精母，模部。）

說文：「祝，祭主贊詞者，从示从儿口，一曰从兌省，易曰：兌爲口爲巫。」

說文：「磂，祝磂也，从示留聲。」段注：「惠氏士奇曰：素問黃帝曰：古之治病可祝由而已。祝由即祝磂也。」

說文：「詋，詶也。」段注：「祝磂字亦作袖，蓋與詋一字也。」玉篇云：「詋，祝也。」徐灝《說文解字注箋》：「詋即祝磂之合聲，故與祝通，亦與磂同。觀此，則譸非祝詛益所矣。」

說文：「譸，詶也。周書曰：無或譸張爲幻。」段注：「詶，詛也。則譸亦詛也。」

說文：「詶，譸也，从言州聲。」段注：「玉篇云：說文職又切，詛也。玄應六引曰：祝，今作呪，說文作詶，詛也，之授切。今各本作譸也，乃因俗用詶爲酬應字，市流切，不欲釋以詛，遂改之耳。」

說文：「詛，詶也，从言且聲。」

按：詋訓詶也，譸訓詋，詛訓詶，而詶又訓譸，是詋譸詶詛四字互訓，

意義相通，且音相近；《同文》中將之與祝、禂視爲同文，係由
訓訓祝而系聯在一起；祝禂的系聯，則因禂字於《集韻》又訓爲：
「祝也。」義同音近；於此，二者便能聯繫成一組同義的詞族。

〔9～2〕逆同訝、迎

　　　　　（逆，宜戟切，疑母鐸部；訝，吾駕切，疑母模部；
　　　　　迎，疑卿切，疑母唐部。）

說文：「逆，迎也。關東曰逆，關西曰迎。」段注：「逆、迎雙
聲，二字通用。」《爾雅・釋言》：「逆，迎也。」

說文：「訝，相迎也。从言牙聲。」《儀禮・聘禮》：「厥明訝
賓于館。」鄭注：「以君迎賓謂之訝。」

說文：「迎，逢也。从辵卬聲。」《方言》一：「自關而東曰逆，
自關而西，曰迎。」《淮南子・時則訓》：「以迎歲於東郊。」高誘
注：「迎歲，逆春也。」

按：逆、迎、訝三字聲同，迎訝係唐模部對轉，逆迎係唐鐸部對轉，
　　三字義通音近而系聯爲一組同源詞。

〔65～12〕推同抵、摧、捼、捘

　　　　　（推，他回切，透母灰部；摧，丁禮切，端母灰部；
　　　　　抵，子計切，精母灰部；捼，奴禾切，泥母灰部；捘，
　　　　　子寸切，精母魂痕部。）

說文：「推，排也。从手佳聲。」

說文：「抵，擠也。从手氐聲。」段注：「排而相歫也。」

說文：「摧，擠也。从手崔聲。」段注：「釋詁、毛傳皆曰：摧，
至也，即抵之義也。自推至摧六篆（推捘排擠抵摧）同義。」

說文：「捼，推也，从手委聲。一曰兩手相切摩也。」

說文：「捘，推也，从手夋聲。春秋傳曰：捘衛侯之手。」

按：推、抵、摧、捼、捘，或訓爲排、或訓爲擠、或訓爲推，義皆相

通，不過，在音韻關係上則較爲疏遠，摧、推聲旁通疊韻；抵拨聲同而灰、魂痕對轉；挼與摧推疊韻，聲旁通，而抵與摧推挼疊韻，聲母一爲舌音，一爲齒音，關係較遠。此組同源係爲音近義通的關係。

總按：以上「某同某1、某2、某3」的例子，由以上音義關係的分析，可知與 A 類「某同某」例不同之處，在於 A 類僅是兩字之間的音義系聯，音義相同者佔多數，是典型的同源詞；而 B 類「某同某1某2某3」則是包含較大的同源詞族，彼此之間在義訓上或義同、或義近；音韻關係則不再完全同音，或聲同而韻旁轉、對轉；或聲母發音部位、發音方法相同的旁通而韻部相同；或聲旁通韻部旁轉、對轉。B 類的同源詞族是屬於音近義近的關係，此一類型在《說文同文》中是音義相近的基本類型之一。黃季剛先生於批注的同時，便將一群群詞義相通、音韻相近的「同文」收聚成一組，同時爲了有別於兩兩同文的字組，遂於類例上作此分別。包含較大的同源詞族除了 B 類型式外，《同文》中一條多字的情形，其所使用的敘述術語尙有許多小類，以下再分細目討論之。

a、某與某1同文，又同某2

〔11～2〕疋與足同文，同跡，又同疋

　　　　　（疋，即玉切，精母屋部；跡，資昔切，精母錫部。）

　　說文：「疋，足也，上象腓腸，下从止。弟子職曰：問疋何止。古文以爲詩大雅字，亦以爲足字，或曰胥字，一曰疋，記也。」《廣韻》：「疋，足也。」

　　說文：「人之足也，在體下，从口止。」《集韻》：「足，古作疋。」朱駿聲《說文通訓定聲》：「按足者靜象，疋者動象。」

　　說文：「迹，步處也。从辵亦聲。」《廣韻》：「迹，足迹也。」

《淮南子‧說山訓》：「足蹍地而爲迹。」

按：黃季剛先生於此條以爲疋與足二字「同文」，所謂的「同文」概念，似乎不是指具有音義關係的詞源，而是與「同字」的涵義相同，「文」與「字」無別。或許因爲同文相等於同字，所以黃先生並不把「同文（字）」的例子視爲一般的同源詞，特別在幾處少有的例子中使用這樣的概念，由本條例子敘述文詞上的差別，或可略知其中隱而不顯的區別。《同文》於「疋與足同文」後，又接著「同迹」，應自有其如此安排的道理。試觀「迹」字的訓解與音韻關係，言「同迹」者，係指「迹」的足跡義，是由「足」的具體意義引申而成的抽象義，意義相近；而迹與足在音韻上的關係，聲同而錫屋旁轉，亦具有音近的條件，所以是一組同源詞。

〔53～4〕㲋、㲋（篆文　）、兔、兔四字同文

說文：「㲋，㲋獸也，似兔，青色而大，象形，頭與兔同，足與鹿同。」

說文：「㲋，狡兔也，兔之駿者。」

說文：「兔，兔獸也，象兔踞，後其尾形，兔頭與㲋頭同。」

說文：「兔，兔逸也，从兔不見足，會意。」段注：「兔象其蹲居之形，有足有尾，其字當橫視之，兔之走最迅速，其足不可諟見，故兔有一畫。」按：㲋、㲋、兔、兔四字字形雖異，義皆指兔獸，實爲一字，黃季剛於此條下有云：「《廣雅》：兔，脫也。恆言亦曰兔脫。蓋知兔兔同文而有二讀。」

b、某與某1同，又同某2（某又同某2）

〔5～5〕菹同藉，又同席

　　　　　（菹，子余切，精母模部；藉，慈夜切，從母鐸部；
　　　　　席，祥易切，邪紐古歸心母，鐸部。）

說文：「菹，茅藉也。禮曰：封諸侯以土，菹以白茅。」

說文：「藉，祭藉也。一曰艸不偏狼藉，从艸耤聲。」

說文：「席，藉也。」段注：「藉本祭藉，引申爲凡藉之稱。」王念孫《廣雅疏證》：「席與藉古同聲而通用。」

按：段玉裁於菹字下云：「司巫祭祀共鉏館，杜子春云：鉏讀爲菹，菹，藉也。」又於藉字下云：「稭字下禾槀去其皮，祭天以爲藉也。」王筠《說文釋例》：「藉菹一事，經皆言菹，注皆言藉。」據上可知，菹藉二字義通而互用，就其音韻而言，聲旁通而模鐸對轉，音近，二字乃音近義近的同源關係。《同文》既而又言「又同席」，「又同」之義爲何？席字的訓解已如上述，可知席與藉字引申義相近，聲旁轉而疊韻，實爲同源。然席字與菹音義關係較遠，故黃侃先生以「菹同藉，又同席」的形式來區別 B 類的同源詞族，其意或以爲「某同某1，又同某2」的類例中，某與某1音義具同源性質，而某與某2則關係較疏遠。

〔26～11〕去同往、迁，又同朅

　　　　　（去，丘據切，溪母模部；往，于兩切，爲紐古歸影母，唐部；迁，于放切，爲紐古歸影，唐部；朅，丘竭切，溪母曷末部。）

說文：「去，人相違也，从大厶聲。」段注：「違，離也。故从大，大者人也。」《廣雅·釋詁一》：「去，行也。」

說文：「往，之也。」《方言一》：「嫁、逝、徂、適，往也。往，凡語也。」

說文：「迁，往也。」《廣雅·釋詁一》：「迁，往也。」《左傳》襄公二十八年：「君使子展迁勞于東門之外而傲。」注：「迁，往也。」

說文：「朅，去也。」段注：「按古人文章多云『朅來』，猶去來也。」《廣雅·釋詁一》：「朅，去也。」

按：「去，朅」黃季剛先生以《又同》術語系聯，王力《同源字典》
　　云：「來去的去，舊讀去聲，是內動詞，與朅同義。去，朅，實
　　同一詞。」《同文》以「又同」系聯，蓋同源關係也。《同文》
　　又曰：「去同往、迂」，往、迂音義全同，實爲一詞，其與「去」
　　系聯者，聲遠而模唐對轉，音近；義訓上則由去的引申義而將三
　　字系聯爲音近義近的同源詞族。至於朅與往、迂之間以「又同」
　　分開敍述，係因聲遠，（朅爲溪母，往爲影母，一爲喉音，一爲
　　牙音）韻部系朅末與唐部旁對轉，音稍遠也。

c、某同某1，亦同某2（亦與某2同）

〔18～5〕相同省，亦與罬同

　　　　　　　（相，息良切；心母唐部；省，息井切，心母青部；
　　　　　　　罬，羊益切，喻紐古歸影母，錫部。）

　　說文：「相，省視也。」《爾雅‧釋詁一》：「相，視也。」《
詩經‧鄘風‧相鼠》：「相鼠有皮。」傳：「相，視也。」

　　說文：「省，視也。」《廣雅‧釋詁一》：「省，視也。」

　　說文：「罬，司視也，从目从牢，令吏將目捕辠人也。」

按：王力《同源字典》：「在視的意義上，省與相同源。」考其音韻，
　　聲同青唐旁轉，爲音近義同的同源詞，故《同文》以兩兩相對的
　　「某同某」系聯。接下又云：「亦與罬同」，桂馥《說文義證》：
　　「司視也者，玉篇：罬伺人也，捕罪也。」徐灝《說文解字注箋》：「
　　段以將目爲攜帶眼目，是也。今捕盜募人引捕謂之眼線，古之遺
　　語也。」罬與省視在引申義上相近，而與省視之音韻關係，聲遠，
　　韻爲青錫對轉，《同文》以「亦同」系聯之，殆非典型同源詞組
　　也。

〔29～6〕致同夊、氏，亦同至

　　　　　　　（致，陟利切，知紐古歸端，屑部；夊，陟侈切，知

紐古歸端母,灰部;氐,都奚切,端母灰部;至,脂
利切,照紐古歸端母,屑部。)

說文:「致,送詣也。」《廣雅·釋詁一》:「致,至也。」

說文:「夂,從後至也,象人兩脛後有致之者。」段注:「致送
詣也。」

說文:「氐,至也。」

說文:「至,鳥飛從高下至地也。」

按:夂、氐二字音同,義近,實爲同源,與致字聲同韻旁轉,三字實
爲組同源詞族。至於「至」字,本義爲鳥飛從高下至地,引申而
有「到、來」之義,《廣韻》:「至,到也。」《玉篇》:「至,
來也。」由此可知,《同文》以「亦同」術語系聯之,蓋指意義
上的引申關係而言。

d 、某同某1,引申同某2

〔15~1〕革同靯、翼,引申同鞹

（革,古核切,見母德部;靯古核切,見母德部;翼,
與職切,喻紐古歸影母,德部;鞹,苦郭切,溪母鐸
部。）

說文:「革,獸皮治去其毛。」

說文:「靯,翅也,從羽革聲。」

說文:「翼,翄也,從飛異聲。篆文从羽。」

說文:「鞹,去毛皮也。」

按:革與靯,音同義近,靯與翼,聲遠而疊韻,音近而義同。三字可
系聯爲一組同源詞組;其意義上的關係,係由革字引申而有「翼」
義而來,朱駿聲《說文通訓定聲》:「革叚借爲靯。」（朱氏所
言叚借,實爲意義上的引申）,《詩經·小雅·斯干》:「如鳥
斯革。」傳:「革,翼也。」所以,革、靯、翼三字在「羽翼」

的意義上是同源關係。至於革、靯、翼與鞟之間的關係,《同文》
云:「引申同鞟」者,殆因「鞟」字本義與靯、翼相遠,且古籍
訓解中又無引申爲「翼」義使用,所以由靯翼的引申義,將彼此
聯系成一組同源詞族。

〔33～3〕困引申之義與窮同

　　　　　　　（困,苦悶切,溪母,魂痕部;窮,渠弓切,群紐古
　　　　　歸溪母,冬部。)

說文:「困,故廬也,从木在口中。」段注:「困之本義爲止而
不過,引申之爲極盡。」《廣雅・釋詁四》:「困,窮也。」又云:
「困,極也。」

說文:「窮,極也。」

按:困、窮二字聲同韻遠,就「極盡」義而言,實爲同源。《同文》
　　特別標注「引申之義」或因隨文批注時察知二字本義不相近,而
　　由困的引申義,可以和窮字同源,於是隨文加以說明之。

　e、某訓某1,則同某2

〔43～5〕弔如訓至,則同至

　　　　　　　（弔,多嘯切,端母豪部;至,脂利切,照紐古歸端
　　　　　母,屑部。)

說文:「弔,問終也:从人弓。」

說文:「至,鳥飛從高下至地也。」

按:弔字的本義與至的本義相距甚遠,《同文》系聯爲同源詞,其條
　　件是當弔字引申訓解爲「至」義時,則與至實爲一詞。《爾雅・
　　釋詁》:「弔,至也。」《詩經・小雅・天保》:「神之弔矣,
　　詒爾多福。」傳:「弔,至也。」《左傳》昭公二十六年云:「
　　牽群不弔之人。」注:「弔,至也。」《同文》於弔字下加文說
　　明與至字爲同文的條件,雖未直言爲同源,實已具同源的概念。

〔81～1〕丁同鏑同成——，訓當者同敵

　　　　　　（丁，當經切，端母青部；敵，徒歷切，定母錫部。）

說文：「丁，夏時萬物皆丁實。」《爾雅·釋詁》：「丁，當也。」
郭璞注：「相當值。」

說文：「敵，仇也，从攴啻聲。」《爾雅·釋詁》：「敵，當也。」

按：丁、敵二字本義的訓解上，關係相當疏遠，於聲韻上則聲旁通而
　　青錫部對轉，音相近也。根據《爾雅》一書的訓解，二字皆訓有
　　「當」義，是以《同文》特別標明「丁訓當者，同敵」，明確指
　　出二字為同源的義近關係。

f、某別義同某1

〔6～10〕唏別義同欷

　　　　　　（唏，虛豈切，曉母灰部；欷，香衣切，曉母灰部。）

說文：「唏，笑也，从口希聲。一曰哀痛不泣曰唏。」

說文：「欷，歔也，从欠希聲。」段注：「欷亦作唏。」

按：說文於訓解唏字時，以「一曰」例保留歧出的義訓，黃季剛將之
　　與欷系聯，而冠以「別義」，應是指《說文》中的一曰義而非指
　　本字的義訓。

〔44～9〕裻別義同褚

　　　　　　（裻見鵠切，心母蕭部；褚，多毒切，端母蕭部。）

說文：「裻，新衣聲。一曰背縫，从衣叔聲。」段注：「此則冬
毒切，與上褚同義。」《說文釋例》：「此義與褚同。」

說文：「褚，衣躬縫。」段注：「下文曰裻，背縫，亦即此字。」

按：裻之一曰義與褚同義，《同文》以「別義」標示之。

〔68～3〕撝同撝別義

　　　　　　（撝，許為切，曉母歌戈部；撝，許規切，曉母歌戈
　　　　　　部。）

　　　說文：「摩，旌旗，所以指摩也，从手靡聲。」段注：「俗作麾。」

　　　說文：「撝，裂也。从手爲聲。一曰手指撝也。」

按：摩與撝的一曰歧義義相近，《說文通訓定聲》云：「撝叚借爲摩。」
　　《淮南子‧覽冥訓》：「瞋目而撝之。」注：「撝與麾音義同。」
　　據此可知摩、撝系聯的義訓乃據說文的一曰義也。

合按：《同文》中「某別義同某」一類，經由以上三例說明，不難發
　　　現：當黃季剛先生欲引用《說文》中的一曰歧義，以便將某、
　　　某二字系聯成同文時，行文中便以「別義」一詞標明，以表示
　　　與A類「某同某」是指《說文》的本義訓解有所不同。《同文》
　　　中除以「別義」一詞外，亦有直接於批注時，便徵引《說文》
　　　中的「一曰……」加以說明的例子，如〔31～4〕：「楅同于…
　　　…，一曰楅，度也，義則同揣。」〔75～8〕：「場一曰田不耕，
　　　一曰治穀田也。按弟二義同暢。」

二、《同文》屬於文字問題

A、某即某1──變易字

〔4～5〕瑛即映字（全體變異。）

　　　　　　　　（瑛，於京切，影母唐部；映，於敬切，影母唐部）

　　　說文：「瑛，玉光也，从王英聲。」

　　　說文新附：「映，明也，从日央聲。」

〔46～8〕欶即蹙字（聲轉韻轉變易）

　　　　　　　　（欶，才六切，從母覺部；蹙，子六切，精母覺部。）

　　　說文：「欶，欶然也，从欠卡聲。」《集韻》：「欶，一曰悲貌。」
　　《玉篇》：「欶，欶悲見。」

　　　說文新附：「蹙，迫也，从足戚聲。」《說文通訓定聲》：「蹙
　　叚借爲慼。」《公羊傳》莊公三十年：「蓋以操之爲已蹙矣。」注：
　　「蹙，痛也。」

〔54～8〕爇蓋即爐字（書法變易）

　　　　　（爇，即消切，精母豪部；爐，即消切，精母豪部。）

　　說文：「爇，火所傷也，从火雔聲。焦，或省。」段注：「按廣韻爇為籀，此必有所據。」

　　說文：「爐，所以持火也，从火焦聲。」

總按：《同文》中「某即某1字」的敘述形式，由以上三例應可得知，黃季剛先生批注《說文同文》時，基本上除了根據音義關係的遠近以進行同源字的系聯外，同時也涉及了一些文字的問題，《文字聲韻訓詁筆記》一書中曾提到：「古今文字之變，不外二例，一曰：變易，一曰孳乳。」並加以解釋：「變易者，形異而聲義俱通；孳乳者，聲通而形義小變。試為取譬，變易，譬之一字重文；孳乳，譬之一聲數字。今字或一字兩體，則變易之例所行也；或一字數音數義，則孳乳之例所行也。」又云：「變易者，聲義全同，而別作一字。孳乳者，譬之生字，血脈相連，而子不可謂之父。」由《同文》～某即某字的資料來看，音近義近而字形不同，或即黃季剛先生所言之「變易字」是也。《筆記》中有「略論文字變易之條例及字體變遷」，把變易字分成六類：一、書法變易；二、筆畫變易；三、傍音變易；四、全體變易；五、聲轉韻轉變易；六、文字變易。其中一、二類係就文字字形由繁至簡、古篆之間筆畫的變化而言；傍音變易謂一字其聲變而其形不變；全體變易就一體中全變其形與聲；聲轉韻轉變易，由於方言方音不同而造成聲韻不同，然百變而不離其宗；文字變異，就一字而推變數字，其大較亦不變也。據此以例《同文》中的「某即某」例，瑛與映，音同而變其形與聲，全體變易字也；烖與燬，聲旁通疊韻，其本義仍相通，聲轉韻轉變易字也；爇與爐，同音而筆畫書法不同，或為書法

變易字也。

B、某古某1字（古今字）

〔4～4〕王即古皇字

（王，雨方切，爲紐古歸影母，唐部；皇，胡光切，匣母唐部。）

說文：「王，天下所歸往也。」

說文：「皇，大也，从自王，自始也，始王者，三皇大君也。」

按：《爾雅・釋詁》：「王，君也。」又云：「皇，君也。」二字於「君王」義相同，實爲一詞，經典中屢見二字互用，古今字是也。如《莊子・天運》：「夫三王五帝之治天下。」《釋文》：「三王本或作三皇。」

〔11～12〕丩即糾之古文

（丩，居糾切，見母蕭部；糾，居黝切，見母蕭部。）

說文：「丩，相糾繚也，一曰瓜瓠結丩起。」

說文：「糾，繩三合也，从糸丩，丩亦聲。」

按：丩、糾古今字。

〔57～5〕立即古位字

（立，力入切，來母合部；位，于備切，爲紐古歸影母，灰部。）

說文：「立，侸也，从大在一之上。」

說文：「位，列中庭之左右謂之位，从人立。」段注：「按小宗伯掌神位，故書作立，古文。春秋：公即位爲公即立，古者立位同字。蓋古音十五部與八部多合韻。」

〔33～5〕貨同賕，賕古貨字

（貨，呼臥切，曉母歌戈部；賕，詭僞切，見母歌戈部。）

　　說文：「貨，財也，从貝化聲。」

　　說文：「賹，資也，从貝爲聲，或曰此古貨字。」段注：「按爲化二聲同在十七部，貨古作賹，猶訛譌通用耳。」

總按：《同文》中除了以「某即某字」明言文字有變易字之外，也有屬於「古今字」的類型。所謂「合今字」歷來文字學家多有論及，大致上可以歸納成幾種意見：一以漢代鄭玄和清代段玉裁爲代表，他們以爲古今字，主要是指古今用字的不同，段玉裁曾於「誼」字下注云：「凡讀經傳不可不知古今字，古今無定時，隨時異用者，謂之古今字。」又於「余」字下云：「凡言古今字者，主謂同音而古用彼而今此異字。」

二是唐代顏師古的說法，以爲古今字包括因文字孳乳而產生的異字問題，及因通叚而產生的異字。

三是清代王筠的看法，古今字實即分別文和累增字。

四是清末徐灝的意見，以爲古今字包括造字相承增加偏旁的異體字，也包括段氏所言古今的用字不同。

綜合言之，不論古今字是指分別文、異體字或通叚字，基本上構成「古今字」的條件，不外乎：古字和今字在形構上必須有相承的關係；在字義使用上，古字的義訓應包含今字，彼此有包容和被包容的關係，即今字字義係由古字眾多義訓中分化出來的。

根據以上對古今字的粗淺理解，可以得知，黃侃先生批注同文的同時已經涉及到文字的問題，發現古今字形稍異，義近音近者，便以「某即古某1字」的形式標注出來，除說明「同源」關係外，更進一步注意到文字形構上的差異所賦予的文字演進的歷史觀。此外，《同文》中也有以「後出作某」的形式說明文字之間的古今孳乳的現象，茲舉數例補充說明。

C、某後出字作某1（孳乳字）

〔23～4〕剝即卜之後出，同部

（剝，北角切，幫母屋部；卜，博木切，幫母屋部。）

說文：「剝，裂也，　刀彔，彔刻也，一曰剝，割也。刐，剝或從卜。」

說文：「卜，灼剝龜也，象炙龜之形，一曰象龜兆之縱橫也。」

〔33～11〕郵即尤之後出

（郵，羽求切，爲紐古歸影母，蕭部；尤，羽求切，同音）

說文：「郵，竟上行書舍，從邑𡊫，𡊫，邊也。」

說文：「尤，異也，從乙又聲。」

按：段注於郵字下云：「釋言郵，過也，按經過與過失古不分平去，故經過曰郵，過失亦曰郵，爲尤訧之叚借字。」《說文通訓定聲》：「尤叚借爲訧。」《論語・爲政》：「言寡尤。」集解：「尤，過也。」

〔63～3〕電即申之後出，同霆。

（電，堂練切，定母先部；申，失人切，審紐古歸定母，先部）

說文：「電，陰陽激燿也，從雨從申。」

說文：「申，神也，七月𠆪气成體自申束，從臼自持也，吏以餔時聽事申旦也。𠃓古文申，𦥔籀文申。」

按：申之本形本義象電閃光。

總按：黃季剛先生論述古今文字演變之例有二，一曰變易，其說已見上文，一曰孳乳。《說文略例》「論變易孳乳二大例」下，對孳乳的情形分成三類說明：「一曰：所孳之字，聲與本字同，或形由本字得，一見而可識者也；二曰：所孳之字，雖聲形皆

變，然由訓詁展轉尋求，尚可得其徑路者也；三曰：後出諸文，必為孳乳，然其詞言之柢，難於尋求者也。」《同文》中所見「某即某1之後出字」、「某後出作某1」例應當便是黃先生所謂的孳乳中難求其詞言之柢的孳乳字。

三、其　他

A、引他書證明二字為同文：

〔26～2〕梪，玉篇同豆

說文：「梪，木豆謂之梪，从木豆。」

玉篇：「梪，木豆謂之豆，薦羞菹醢也。

按：徐灝《說文解字注箋》：「梪即豆之重文，因豆假為卡豆，故增偏旁耳。」《說文通訓定聲》：「按古豆以瓦為之，後世易以木，乃製此字，當為豆之或體。」豆、梪實為一字，《同文》據玉篇以系聯為同源字。

〔52～3〕貚，集韻同貛

說文：「貚，貚獸也，从豕而肥，从豸耑聲。」

說文：「貛，野豕也，从豕雚聲。」段注：「按內部引《爾雅》狐貍貚貙醜，貚作貛，蓋貚貛本一字，貛乃貚之或體，…集韻類篇亦合為一字。」

按：《集韻》：「貛，亦作貚、貚，通作犿。」

B、轉語關係的《同文》

〔55～6〕黬與黮連語

（黬，烏感切，影母覃部；黮，他感切，透母覃部。）

說文：「黬，果實黬黬黑也，从黑弇聲。」

說文：「黮，桑甚之黑也，从黑甚聲。」

按：就果實之黑而言，二字義相近，就其聲韻關係而言，黬、黮二字

疊韻而聲遠，《同文》以「連語」的形式說明之。

〔45～12〕禿語轉爲童

（禿，他谷切，透母屋部；童，徒紅切，定母東部。）

說文：「禿，無髮也，从儿，上象禾秀之形，取其聲。」

說文：「童，男有皐曰奴，奴曰童，女曰妾，从辛重省聲。」

按：《釋名・釋長幼》：「牛羊之無角者曰童。」又云：「山無草木亦曰童。」《易經・大畜》：「童，牛之牯。」虞注：「童牛，無角之牛。」《莊子・徐无鬼》：「童土之地。」《釋文》：「童土，地無草木也。」童由牛羊無角、山無草木引申爲頭無髮之意，與禿義近，《同文》云「語轉」者，禿童聲旁通，韻東屋對轉也。

C、訓解文字之形音義

〔53～10〕瘝，犬屬。胥已上黃，胥已下黑。按《爾雅》瘝，天螻，本草螻蛄，陶注：乚一名瘝，自腰以前甚澀，自腰以後甚利，此與瘝腰上下異色同。故同从瘝聲。以知凡同聲者，其義類形色亦往往相同。」

〔76～7〕力，此當爲肋，脅胕之初文。作　，象人張臂形。

〔83～2〕臾同曳，又同捈。又同摙，通作庾、瘐、愈。須臾合聲爲頩。或與猶豫同，爲尤豫之變。或曰，臾借爲渝聲，又轉爲從容、消搖，容與。臾有引義，須臾之云，猶言少延耳。今謂少曰些須。

叁、結 語

由上文對《說文同文》所作的初步整理，可以得到以下兩點結論：

一、黃季剛先生批注《說文同文》基本上是根據音義之間的關係，在進行同源字的系聯；《同文》中的敘述形式，或言「某同某1」、或云「某同某1某2」，或言「某別義同某1」、「某同某1，又同（亦同）某2」等，絕大多數是串連一些音義相通的字。所以《同

文》的基本特點是音近義通，其性質為同源字。頗具有推尋語源的觀念，為現代語源學的研究提供了豐富的資料。

二、《同文》除了做同源音義關係的系聯外，黃季剛先生同時也注意到了文字形構上的異同問題，探討了變易字、異體字、古今字等共時的系聯。黃先生以為形音義三者應視為密不可分的組織，彼此之間有著不可分割的關係，只有「比而合之，以求一貫，而解剖始精密矣。」（註六）從對「同文」中對文字字形的注意，基本上，先生已將其見解貫徹在當中了。

【附註】

註　一　陳師伯元撰〈民國古音學研究的開創人黃侃〉，國立台灣師範大學，《師大學報》第三十一期。

註　二　見黃季剛先生口述，黃焯筆記《文字聲韻訓詁筆記》一書，頁四～六。

註　三　陳師伯元撰〈黃季剛先生及其古音學〉，中國學術年刊第十四期。

註　四　方括號中的數字，前指原書頁次，後指該頁行次。

註　五　以下同文的字例皆依黃侃的古音標準。

註　六　同註二，頁八。

參考書目

說文箋識四種　黃侃著‧黃焯編　藝文印書館

文字聲韻訓詁筆記　黃侃口述，黃焯編輯　木鐸

黃侃論學雜著　黃侃撰　中華書局

同源字典　王力編　文史哲出版社

說文解字詁林　丁福保編　廣韻、集韻、玉篇、爾雅、廣雅、釋名、經典釋文

古音學發微　陳師伯元撰　文史哲出版社

黃季剛先生及其古音學　陳師伯元撰　中國學術年刊十四期

黃季剛先生之字源、詞源學初探　姚師榮松撰　國立台灣師範大學國文學報十
　　八期

The Literary Techniques of Nathaniel Hawthorne's Young

Goodman Brown

許玫芳

outline

1 · THeme and Thought

  a.From innocent to experience

  b.An Attack on Puritanic Calvinism

  c.Pride

2 · Characters

  a.Visible Men

  b.Invisible Men

3 · Subtle Symbols

  a.Staff

  b.Pink forest

4 · Sound Patterns

  a.Natural sounds

  b.Man—made sounds

5 · conclusion

　　　Nathaniel Hawthorne is a great writer of 19th century American. Young Goodman Brown is one of His works.It is mirror—work, we can peep into the author's inner word.

1 ·Theme and Thought

What did Nathaniel Hawthorne's mind want to express ? There are some ambiguous ideas and some ambivalent elements in his Young Goodman brown. One is a transition from innocence to experience, the other is an attack on Puritanic Calvinism, another is pride.

a. From innocence to experience

When Young Goodman Brown left his comfortable home and his tender wife, he innocently went to the dark forest with a bright and hopeful mind. He thought : Poor Little Faith!...; there was trouble in her face ,...(1) Later on he thought again:...She's a blessed angel on earth; and after this one night , I'll cling to her skirts and follow her to heaven .(2) He loves his wife so much that we can catch it in his words.Since he loved his wife so much, finally he decided, `well, then, to end the matter at once,...(3) Entering into the darkness, he hold on tightly to hope and self-reliance. We can touch his mind at the moment in the following lines:

> I would not, for twenty old women like her on hobbling
> before us, that Faith should come to any harm.(4)
> With Heaven above and Faith below, I will yet
> stand against the devil!(5)

He was so firm in his deep heart. When he had heard and met several people that he knew, he felt his heart assaulted by conflict. He could not believe some pious Puritans would join in this meeting of darkness. He began to doubt them as hypocrites.

At the moment he heard the voice of Faith, his heart broke

and then cried out, ` My Faith is gone! After one stupid moment,
There is no good on earth; and sin is but a name. Come devil! for
to thee is this world given.'(6) He even invited the devil to
harbor in his mind.

" Evil is the nature of mankind, Evil must be your only
happiness, Welcome, again my children, to the communion of your
race!" said the figure.'(7) Brown's heart was filled with the same
ideas as the figure now . Brown wanted to find the true nature of
mankind. He loved the truth more than his wife, though he loved
Faith very much.

Robert W. Cochan in his `Hawthorne's Veil or the Jaundiced
Eye' said, " Brown's is therefore a typical human journey—out of
innocence and into experience."(8) Truly Brown got all the
experiences but died unhappily.

b. An attack on Puritan Calvinism

Some background will help us to realize how this theme and
thought came from Hawthorne.

> Hawthorne was born on independence Day 1804, in Salem
> , Massachusetts, a descendent of Puritan, immigrants.
> (9) Salem is a well-known place of Puritans. If we
> turn now to New England itself, we find a mass of no-
> seperating Puritans pouring into the Massachusetts Bay
> area throughout the decade of the 1630's.(10)

Hawthorne talked about sin, unpardonable sin, but we know Calvin
maintained, that the visible church must be ` composed of good
and had men mingled together and the failure to correct faults by

discipline was no cause for withdraw.(11)

That's why Brown became a strang man after he came back from the dark. Hawthorne used "Unpardonable sin" to fight Calvinnism.

We also can find "Faith" is a religious term which represents a symbol in this novel and connects to religion.` A confession of faith or a creed had formed a standard part of the worship in both the Ang- lican and Catholic Churches,...(12) `.../None being to be admitted/ till they were able to make confession/ of their faith before the whole congregation (13)

Godly conversation and confessions of faith are important to a Puritanic Calvinism, but Brown said, "My Faith is gone" which meaned he didn't believe in God any more.

c.Pride

Brown's pride presecuted him to believe that human beings even his wife are not good on this earth, so he lived an isolated life. `Plots of his stories came from the same background; time after time he presented a proud man who had cut himself off from society and suffered the tor- tures of isolation.'(16) In Hawthorne's story Brown thought to look at his wife was a shame.

The stories reflected a conflict between his instincts and for oneself was a sin against nature.(17) Hawthorne used some ironic techniques to criticize the short comings of mankind.

2. Characters

Goodman Brown, Faith, and the devil figures shared roles in

the story.

a.Visible men

(Brown and Faith) :

Goodman Brown is the most important figure in this story. What's the misery in his name:

> Hawthoirne puns on the title used to adress a man of
> `good man'; what with `Brown' as a surmane, the hero
> is equivalent to Young Mister Anybody.(18)
> That Hawthorne uses the term "goodman" in Brown's name
> to indicate that Brown is a member of the race which
> includes Goody Cloyse, Deacon Gookin, and his own fa-
> ther and his own grandfather is generally recognized.
> (19)

He wanted to find the nature of Mankind, but he was too young to keep himself well and at last received the devil.

Brown came from a honest faimily : "My father never went into the woods on an errand, nor his father before him. We have been a race of honest men and good Christians."(20) brown's choice let himself come to a tragic end. Maybe we can say he is the weakest man of the Puritans.

Faith is a tender wife. She loves her husband with all her heart. She is a traditional good wife. She `kissed her husband before the whole village.'(21) She is a woman confirming to society.

(Devil figures) :

   [1]. Man is the devil

1`..., he passed a crook of the road, and looking forward
again, behold the figure of a man, in grave and decent
attire, Seated at the foot of an old tree. He arose, at
Goodman Brown's

approach, and onward, side by side with him.(22)

[2]. A Fifty-year-old man

As nearly as could he discerned, the second traveler was
about fifty years old.(23)

[3]. Goody Cloyse

She is a Christian woman

[4]. Deacon Gookin

Mighty well, Deacon Gookin!' replied the solemn old tones
of the minister. (24)

b. Invisible men

The minister and the whole people of the village are the in-
visible men in the dark forest. The devil figures and the
invisible men were tested in Brown's journey. Some body said that
they were doing jobs for Satan.

3. Symbols (Subtle symbols)

Hawthorne used subtle symbols to rich his story and all of
those symbols enlightened our eyes.

a. staff

his staff, which bore the likeness of a great black,
so curiously wrought, that it might almost be seen to
twist and wriggle itself, like a living serpent. This,
of course, must have been an ocular deception, assisted

by the uncertain light.(25)

In the Bible, a serpent worked for satan to test Adam and Eve.
Since the serpent is a pattern on the satff, it also represents
evil.

b. Pink ribbons

We find that Hawthorne talks about Pink ribbons several times
`and Faith, as the wife was aptly named, thrust her own pretty
head into the street, letting the wind play with pink ribbons of
her cap when she called to goodman Brown '(26) `"then God bless
you! "said Faith, with the pink ribbons.'(27)

> ...; he looked back, and saw the head of Faith still
> peeping after him, with a melancholy air, in spite of
> her pink ribbons.(28)
> `But something fluttered lightly down throught the
> air, and caught on the branch of a tree. the young
> man seized it, and beheld a pink ribbons.'(29)

Pink ribbons represents Faith's virtue and all the beautiful
things, but it also symbolizes the bad nature of mankind.

c. The dark forest

Young Goodman Brown tested his life to the forest, but ` yet Brown
ends his life in darkness, disillusionment, and despair;...(30)
The dark forest symbolizes the delling of evil. What might be
happening in the dark forest? God knows.

4 ·Sound Patterns

There are two sound patterns in the story: natural sounds and man–made sounds.

a. Natural sounds

Natural sounds made by wind and the universal whistle.which constructed musical effects and melancholy waves.

b. Man–made sounds

(a). Brown's voices

`Ha! ha! ha! shouted he, again and again (31)

He made the same sounds twice in the forest, it stand for surprise and terror.

(b). Hymn

He paused... and the swell of what seemed a hymn, rolling solemnly from a distance, with the weight of many voice.(32)

another verse of the hymn arose, a slow and solemn strain, such as the pious love.(33)

Hymn is a holy songs from Heaven. Men sing it to confort people's mind.,Here hymns are used for irony.

(c)The voice of the village people

The whole forest was peopled with frightful sounds; the creaking of the treets, the howling of wild beasts and the yell of the indians;...(34)

Those are sounds of the unseen multitude including Faith. Those sounds also come to test Brown.

5 · conclusion

Hawthorne's ironic techniques catch a number of readers for

him large portion of Hawthorne's sucess derives from his accurate imposition of the romantic connections of a Puritan. Like a good Puritan, he concentrated his dramatic attention more on the effects of sin than on its causes, but his analysis and his adjugement on distinctions that would make the allegory acceptable to his non-Puritan audience.'(35) Goodman brown couldn't distinguish the false from the true; he the forest and his Faith never came back again. Those imaginations and symbols push the story to a high climax.

> Hawthorne, of cause, intended this extention of the imagination to occur; his sensibility was attuned to the inward life of man, for which overt acts were but outward, physical appearences of nature and the creation of Mankind were at best only a meaningful simulacrum.
>
> In his stories he learned the effetive use of symbols, ...he learned to give everything a double meanings, one within another, like the endless series of reflections in two mirrors standing face to face.

such as symbols, imaginations, characters, and ironic images, those are what Hawthorne succed.

(1) Hawthorne: Selected Stories. Edited by D. Bruce Lockerbie. Published by Holt, and Winston, Inc., New York, Toronto, U. S. A., 1969. p.20.

(2) Ibid, p.25.

(3) Ibid, p.26.

(4) Hawthorne : Selected Stories. Edited by Bruce Lockerbie. Published by Holt ,Rinehart and Winston, Inc., 1969. p.23

(5) Ibid, p.25.

(6) Ibid, p.26.

(7) Ibid, pp.28-29.

(8) Collge English. P.343.

(11) Norton Anthonlogy of American Literature. p.874.

(12) Visible Saints : A History of a Puritan Idea. Edmund S. Morgan. published in the United Kingdom by Cornell University Press LTD. 1963 by New York University. Reprinted by permission of Cornell University.

(13) Ibid, pp.21-22.

(14) Visible Saints. p.41.

(15) Ibid, pp.43-44.

(16) The Portable Hawthorne. Introduction by Malcolm Cowley. p.18.

(17) Ibid, p.12.

(18) The Norton Anthology of American Literature. Footnote. p.910.

(19) College English. p.343.

(20) Hawthorne: Selected Stories. Edited by D. Bruce Lockerbie. Published by Holt,Rinehart and Winston, Inc., 1969. p.22.

(21) Ibid. p.30.

(22) Hawthorne: Selected Stories. Edited by D. Bruce Lockerbie. Published by Holt, Rinehart and Winston, Inc., 1969. p.21.

(23) Ibid, p.21.

(24) Ibid, p.21.

(25) Hawthorne: Selected Stories. Edited by D. Bruce Lockerbie.
     Published by Holt, Rinehart and Winston, Inc., 1969. p.21.

(26) Ibid, p.2o.

(27) Ibid, p.20.

(28) Ibid, P.2o.

(29) Hawthorne: Selected Stories. Edited by D. Bruce Lockerbie.
     published by Holt, Rinehart and winston, Inc., 1969. p.26.

(30) College English. p.342.

(31) Hawthorne: Selected Stories. Edited by D. Bruce Lockerbie.
     Published by Holt, Rinehaet and Winston. Inc., p.22.

(32) Hawthorne : Selected Stories. Edited by D. Bruce Lockerbie
     Published by Holt, Rinehart and Winston. Inc., 1969. p.27.

(33) Ibid, p.28.

(34) Hawthorne:Selected Stories. Edited by D. Bruce Lockerbie.
     Published by Holt, Rinehart and Winston, Inc., 1969.
     p.26.

(35) The portable Hawthorne. Introduction, by Malcolm Cowley.,
     p.18.

(36) Ibid, p.18.

蘇東坡映顯終生達觀之詩詞名篇徽音譜

鍾克昌

一、前　言

　　恩師陳教授嘗作〈從蘇詩的名篇看蘇軾的一生〉一文，爲　黃老師天成祝壽；茲篇使後生受益良多，復蒙慨允駕臨余任教之臺灣工業技術學院，以該題啓迪工技學生之人文修養。感佩之餘，吟哦再三，遂於恩師駕臨前，將所選九首名篇寫成歌譜，分享有緣諸生。早逾不惑之年而猶惑時，余有幸回母校臺灣師大修博士學位，恭聆恩師之東坡詩研究課程，且受鼓舞而隨意任情以吟誦詩篇，兼憶念　先父吟詩頌詞唱曲之神韻，遂興發寫成歌譜之作；而早年撰碩士論文時，受恩師指點而熟諳古音，輒喜以漢語吟誦以揣摩先哲心聲，更有助於所謂「歌永言」而自信所譜曲調之協律。

　　今茲恭逢恩師六十華誕，同門以佳構傑作彙成祝壽論文集，以彰顯恩師學術之淵博潤澤；余以才疏傭憁，始於春節佳日依仿恩師東坡名詩選而作東坡名詞選，並自得其樂以歌謳。今將余所選東坡詞附庸於恩師所選詩篇中，俱以所擬歌譜表之，未遑詞費。東坡言語妙天下，「詞達而旨隱，文華而體質，天才澔瀚而津涘莫測」（略引《詩篇註集成》梁同書序語）；幸同門諸友多才識，由十九篇詩詞，亦足見東坡一生之心志焉。

　　東坡詩詞名篇寫作之時地，大抵參酌清王文誥《蘇文忠公詩編註集成總案》，兼採羅琪編選之《中國歷代詞選》。而〈念奴嬌〉「大

江東去」一詞文句，乃本之於宋洪邁《容齋隨筆》及清朱彝尊《詞綜》所論述，而完全合乎東坡另首〈念奴嬌〉「憑空眺遠」之格律。又〈永遇樂〉一詞，「跳」字若從國語作去聲，則不諧律矣；然廣韻則僅有平聲徒聊切一音。由此可知蘇東坡絕非不拘格律者；此不可不辨。

茲將所選東坡詩詞名篇依次標明創作年代及文忠公年歲與所處地位，以供卓參：

㈠和子由澠池懷舊——-宋仁宗嘉祐六年十一月，公年二十六；赴鳳翔府簽判任，途中過澠池。

㈡飲湖上初晴後雨——宋神宗熙寧六年六月二十一日，公年三十八；任杭州通判時。

㈢江城子——宋神宗熙寧七年，公年三十九；任杭州通判時。

㈣水調歌頭——宋神宗熙寧九年中秋，公年四十一；知密州時。

㈤永遇樂——宋神宗元豐元年十月十六日，公年四十三；知徐州時。

㈥東坡——宋神宗元豐二年，公年四十四；黃州團練副使安置時。

㈦念奴嬌——宋神宗元豐四年九月二十三日，公年四十六；在黃州安置時。

㈧海棠——宋神宗元豐七年，公年四十九；在黃州安置時。

㈨滿庭芳——宋神宗元豐七年，公年四十九；在黃州安置時。

㈩題西林壁——宋神宗元豐七年，公年四十九；離杭州赴汝州安置時，路過廬山。

(十一)惠崇春江晚景——宋哲宗元祐元年，公年五十一；在京任知制誥中書舍人時。

(十二)水龍吟——宋哲宗元祐二年，公年五十二；在京任知制誥中書舍人時。

(十三)贈劉景文——宋哲宗元祐五年，公年五十五；知杭州時。

(十四)賀新涼——宋哲宗元祐六年，公年五十六；知杭州時。

㈩臨江仙——宋哲宗元祐七年，公年五十七；知揚州時。

㈥蝶戀花——宋哲宗紹聖三年，公年六十一；在惠州安置時。

㈦縱筆——宋哲宗紹聖三年，公年六十一；在惠州安置時。

㈧八聲甘州——宋哲宗紹聖四年，公年六十二；在瓊州昌化安置時。

㈨六月二十日夜渡海——宋哲宗元符三年，哲宗崩而徽宗即位後，公年六十五；由瓊州昌化安置改廉州安置而渡海北上時。

【附註】

本譜製有錄音帶；而獻給恩師之〈慶長春〉曲冠首焉。錄音包括余自行單音演奏之旋律及漢語歌唱。錄音帶將敬呈陳老師一卷；而同門知音好友，若有興趣，請通知，余將有所奉焉。

二、徵音譜：

㈠ 和子由澠池懷舊

蘇東坡詩·鍾克昌擬曲

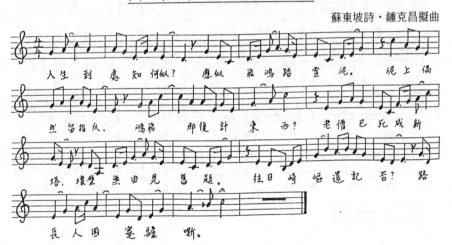

(二) 飲湖上初晴後雨　二之二

蘇東坡詩・鍾克昌擬曲

水光 瀲灩 晴方好，　山色 空濛 雨亦奇。

若把 西湖 比 西子，　淡妝 濃 抹總 相宜。

(三) 江 城 子：湖上與張先同賦

蘇東坡詞・鍾克昌擬曲

鳳凰 山 下 雨 初晴，　水風 清，　晚霞 明。

一朵 芙蕖，　開遍 尚盈 盈。　何處 飛來

雙白 鷺，　如有意，　慕 娉 婷。

忽聞 江上 弄 哀箏，　苦含 情。　遣誰

聽？　煙斂 雲收，　依約 是 湘 靈。

欲待 曲終 尋問 取，　人 不見，　數峯 青。

(四)　水調歌頭：丙辰中秋，歡飲達旦，大醉作此篇，兼懷子由。

蘇東坡詞・鍾克昌擬曲

明月幾時有？把酒問青天。不知　天上
宮闕，今夕是何年？　我欲乘風
歸去，唯恐瓊樓玉宇，高處不勝寒。
起舞弄清影，何似在人間？　轉朱
閣，低綺戶，照無眠。不應有恨，何事長
向別時圓？　人有悲歡離合，月有陰
晴圓缺，此事古難全。但願人長
久，千里共嬋娟。

(五)　永遇樂：彭城夜宿燕子樓，夢盼盼，因作此詞。

蘇東坡詞・鍾克昌擬曲

明月如霜，好風如水，清景無限。

曲港 跳魚,圓荷 瀉露, 寂寞無人 見。

紞如 三鼓, 鏗然 一葉; 黯黯夢雲 驚斷。

夜茫茫,重 尋無處, 覺來小園 行遍。

天涯 倦客,山 中歸路; 望斷 故園

心眼。 燕子樓空, 佳人 何在; 空

鎖樓中 燕。 古今 如夢, 何曾夢覺; 但

有舊 歡新 怨。 異時對, 黃樓夜景, 為

余浩 歎。

(六) 東 坡

蘇東坡詩・鍾克昌擬曲

雨洗東坡月色 清, 市 人行盡 野人 行。

莫嫌 犖确 坡頭路, 自愛 鏗然 曳杖聲。

(七) 念 奴 嬌：赤壁懷古

蘇東坡詞・鍾克昌擬曲

大江東去，　　浪聲沈千古，　　風流人物。

故壘　西邊　人道是，　三國孫吳赤

壁。亂石　崩雲，　驚濤　裂岸，　卷

起　千堆雪。　江山　如畫，　一

時多少豪　傑。　　　遙想　公

瑾當年，　小喬初嫁，　了雄姿英

發。　　羽扇　綸巾　談笑處，　檣艣灰飛

煙　滅。　故國神遊，　多情應是，　笑

我生華髮。　　人間　如夢，　一

樽　還酹江月。

(八) 海 棠

蘇東坡詩・鍾克昌擬曲

東風嫋嫋泛崇光，香霧空濛月轉廊。

只恐夜深花睡去，故燒高燭照紅妝。

(九) 滿庭芳：余將去黃移汝，留別雪堂鄰里二三君子。

蘇東坡詞・鍾克昌擬曲

歸去來兮！吾歸何處？萬里家在岷峨。

百年強半，來日苦無多！坐見黃州再閏，

兒童盡楚語吳歌。山中友，雞豚社

酒，相勸老東坡。云何當此去？人

生底事，來往如梭？待閒看，秋風洛水

清波。好在堂前細柳，應念我，莫剪

柔柯。仍傳語：江南父老，時與曬

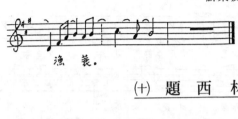

漁　蓑。

(十) 題 西 林 壁

蘇東坡詩・鍾克昌擬曲

橫看成嶺　側成峰，遠近高低總不同。　不識廬山

真面目，只緣身在此山　中。

(十一) 惠崇春江晚景　二之一

蘇東坡詩・鍾克昌擬曲

竹外桃花三　兩枝，春江水暖鴨先知。

蔞蒿滿地蘆芽短，正是河豚欲上　時。

(十二) 水龍吟：次韻章質夫楊花詞

蘇東坡詞・鍾克昌擬曲

似花還似非花，　也無人惜從教墜。

拋家傍路，思量卻是：無情有思。縈

損柔腸，困酣嬌眼，欲開還閉。

夢隨風萬里，尋郎去處，又還被，

驚呼起。不恨此花飛盡，恨西園

落紅難綴。曉來雨過，遺蹤何在？

一池萍碎。春色三分：二分塵土，一分

流水。細看來，不是楊花點點，是

離人淚。

(三) 贈劉景文

蘇東坡詩・鍾克昌擬曲

荷盡已無擎雨蓋，菊殘猶有傲霜枝。

一年好景君須記，最是橙黃橘綠

時。

㈤ 賀 新 涼

蘇東坡詞·鍾克昌擬曲

乳燕飛華屋；悄無人，桐陰轉午，晚涼新浴。手弄生絹白團扇，扇手一時似玉。漸困倚，孤眠清熟。簾外誰來推繡戶？枉教人，夢斷瑤臺曲。又卻是，風敲竹。

石榴半吐紅巾蹙；待浮花浪蕊都盡，伴君幽獨。濃豔一枝細看取，芳心千重似束。又恐被，秋風驚綠。若待得君來向此，花前對酒不忍觸。共粉淚，兩簌簌。

(卋) 臨江仙：夜到揚州席上作

蘇東坡詞．鍾克昌擬曲

尊酒何人懷李白？草堂遙指江東。

珠簾十里卷香風。花開花謝，離恨

幾千重。輕舸渡江連夜到，

一時驚笑衰容。語音猶自帶吳儂。

夜闌對酒，依舊夢魂中。

(卆) 蝶戀花

蘇東坡詞．鍾克昌擬曲

花褪殘紅青杏小。燕子飛時，綠水

人家繞。枝上柳綿吹又少。

天涯何處無芳草。牆裏鞦韆牆

外道。牆外行人，牆裏佳人笑。

笑漸 不聞聲 漸悄。 多情 卻被無 情惱。

(七) 縱筆 三之一

蘇東坡詩‧鍾克昌擬曲

白頭蕭散滿霜風，小閣藤床寄病 容。 報道先生
春睡美， 道人輕打 五更鐘.

(六) 八聲甘州：寄參寥子

蘇東坡詞‧鍾克昌擬曲

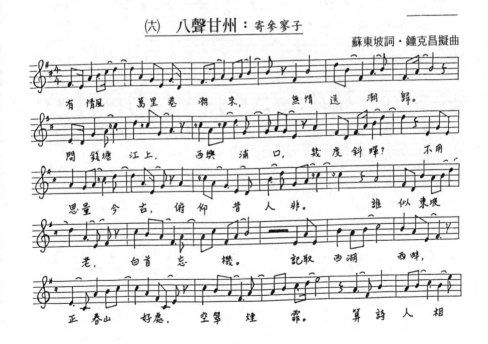

有情風 萬里卷潮來， 無情送 潮 歸。
問 錢塘 江上. 西興 浦口, 幾度斜暉? 不用
思量今古, 俯仰昔人非。 誰似東坡
老. 白首忘 機。 記取 西湖 西畔,
正春山 好處, 空翠 煙霏。 算詩人 相

得，如我與君稀。　約它年，東還海
道，願謝公，雅志莫相違。　西州路，
不應回首，為我沾衣。

㈩　六月二十日夜渡海

蘇東坡詩・鍾克昌擬曲

參橫斗轉欲三更，苦雨終風也解晴。　雲散月明
誰點綴？天容海色本澄清。　空餘魯叟
乘桴意，麤識軒轅奏樂聲。　九死南荒吾不恨，
茲遊奇絕冠平生。

附錄一

聲韻功夫・詩詞情懷

——在學術道路上鍥而不捨的陳新雄教授

潘麗珠

陳新雄，字伯元，江西省贛縣人。國家文學博士。曾任中國文化大學教授兼中國文學系主任，淡江、政治、高雄師大、輔大中（國）文系所兼任教授，美國喬治城大學、香港浸會學院、珠海書院、新亞研究所、港中文大學等校客座教授或訪問學人、中華民國聲韻學會理事長；現任國立臺灣師大國文系所教授、東吳大學中研所任教授、古典文學研究會顧問、中國文字會常務理事，中國訓詁學會理事長。擅長聲韻學、訓詁學、文字學、東坡詩、東坡詞、詩經等。

臺灣師大國文系榜首的治學工夫

陳新雄老師會考讀臺灣師大，說起來是當年羅家倫和潘重規兩位先生的一場筆戰所導引的機緣。

就讀建國中學時，總用中午午睡時間到圖書館翻閱報紙，瞭解時事，有一次，看到羅家倫在報上倡言「簡體字之提倡甚爲必要」的一篇文章，以當時羅氏地位之崇高、文名之隆盛，青年學子誰不景仰？陳老師對羅氏的言論相當信服，幾乎跟著以爲：實施簡體字是應該且必要的。

不料沒隔多久，報上出現一篇署名「潘重規」的文章，依據羅氏文章內容提出諸多質疑，其中的一個疑問是請教羅氏：「『迁』字見

於《說文解字》，但不知是哪個版本的《說文》？」陳老師心想：這個「潘重規」是誰啊？不自量力，竟敢問這些簡單的問題，羅先生一定會很快就提出答覆，讓他知難而退。等了又等，羅先生的答覆始終未出現，報上開始有人投書，希望羅先生儘早回覆，而且這樣的投書愈來愈多。終於，羅先生說話了：「我有說話的自由，我也有不說話的自由。」

這下子，可讓陳老師對潘先生產生了欽佩之心，經向國文老師請教，才明白潘先生是黃季剛的女婿，而黃季剛是章太炎的高徒，系出名門，學問根基篤實。國文老師並且鼓勵陳老師：若要打好治學基礎，臺灣師大國文系足以提供極佳的環境及師資。

於是，陳老師以高於錄取標準四十多分的成績，登榜臺灣師大國文系第一名！

潘重規先生正是陳老師進入國文系時的系主任。他把陳老師找去，慈藹、殷切地問了許多話，勉勵有加，尤其知道陳老師也是江西贛縣同鄉，更是歡喜。他特別將陳老師的大一國文和僑生同學安排在一組，一方面期勉陳老師多多幫助僑生的學習，一方面讓陳老師有機會得到林景伊先生的指引。

林先生每講完一篇文章，總要學生背誦，而背誦者往往便是陳老師。第一次，林先生問：「哪一個同學會背？」陳老師見沒有其他人舉手，自己確實用心背過，爲何不試試？結果有了這第一次，第二次、第三次……林先生便都指名點陳老師。這樣一來，陳老師的壓力大增，卻也無形中更督促他努力用功。

一天，林先生說：「如果你背得出《莊子・逍遙遊》，我就教你聲韻學。」

陳老師獲得了親炙的機會，從此奠定學術研究的根基！

如今學習聲韻學的學生，常被反切上下字的廣韻作業，磨得苦不

堪言；當初，陳老師在記憶、歸納、系聯反切上下字時，一樣也不輕鬆。只是他沒有想到，當林先生隨口考幾個反切上字而陳老師對答如流時，林先生立即帶著他，高高興興地去找住在第六宿舍（今師大美術系大樓處）的高仲華先生，向高先生推薦：「這個學生會背全本《廣韻》。」陳老師聽了，暗自叫苦。

高先生笑咪咪地問了幾個簡單的問題，陳老師的回答當然沒有讓林、高兩位先生失望。陳老師永遠忘不了那一天——和高先生初見面的溫馨、歡暢。

後來，陳老師又在許世瑛、程旨雲兩位先生的教導下，開闊了學問的進境。

大四結業生教聲韻學，學生想考倒也難

提到聲韻學，沒有人不知道「廣韻作業表」的。這「廣韻作業表」就是陳老師利用一個星期，幾乎不眠不休、殫精竭慮完成的傑作。

由於「廣韻作業表」畫得極為進步、成功，林先生非常激賞，相信陳老師在聲韻學上的工夫已經十分紮實，即刻安排陳老師去東吳大學任教。那時陳老師才剛修畢大四，內心的惶恐自是不在話下，然而師命難違，更何況林先生全然是出於一片栽培的美意，陳老師唯有戮力赴了。

如今的臺北市立師院黃永武教授、陽明醫學院張曉風教授，就如此因緣際會地成為陳老師的學生；數年前有一次張教授演講，陳老師在座，張教授還特別向聽眾提及陳老師呢！可見不但陳老師印象深刻，他所教的第一班大學生也同樣記憶猶新。

然而，以大學剛結業的年紀上大學生的課，很難不讓人懷疑究竟有多少實力。才上過林先生聲韻學的那一班，對林先生居然安排這麼個年輕人來給學弟妹上課，頗不服氣，於是陳老師班上來了一些旁聽

生。

　　說來也巧，當艾森豪到臺灣訪問時，東吳大學大部分的學生也跟其他學校的學生一樣，被派去夾道歡迎，剛好那天陳老師有課，但他並不知道學生全部公差去了，旁聽的某個學生也不知道，因此當陳老師到達教室時，只有這個學生一個人。趁此難得的機會，乃藉著問問題的名義，著著實實地「考」了陳老師兩個小時有餘。最後，他豎起白旗，向學弟妹們宣稱：陳老師是絕對考不倒的！

　　沒有被考倒的陳老師倒不覺得有什麼得意，他評量自己第一年的教學成績是「無過也無功」，畢竟教材還不夠熟悉，還不能揮灑自如。林先生對陳老師務實的態度深表嘉許，期勉他再接再勵。

　　當然，第二年以後，陳老師駕輕就熟，慢慢地，課堂上更可見陳老師意興風發的神采了。

　　許多學生上陳老師的課，無法不感受巨大的壓力，因為老師的要求極多，規定頗嚴。

　　以「東坡詩」這門課來說，陳老師深感受益於《蘇文忠公詩編注集成》匪淺（曾有一回，陳老師向汪履安先生提及東坡詩不好解，汪先生建議他讀這部書，尤其是「總案」的部分須特別留意；由此，陳老師瞭解了東坡作詩的生活背景，解讀了詩，進一步解讀了詞，又進而窺得寫祭文、撰事略的技巧與方法），便要求學生須圈點這部書，學期末老師親自檢查，檢查通過才能參加期末考試。

　　此外，老師還要求學生作詩，每星期至少作一首。學詩而不會作詩，不能算真學詩；會作詩，才真能體會詩的精妙。陳老師以身作則，經常作詩，並且在課堂上與學生分享創作的心路歷程，去年林先生逝世十週年，陳老師即和了一首東坡的〈醉翁〉紀念師尊，並且鼓勵選修「東坡詩」的十多位學生共同唱和，這十多首作品就附在紀念林景伊先生逝世十週年的論文集後，極具薪火傳承的象徵意義。

　　除了點書、作詩，陳老師還規定學生要會「吟詩」，點書、作詩可以增進對詩歌作品文情之美的了解，而吟詩則有助於「聲情之美」的體認，所以每位學生至少得吟一首詩給老師聽，以做為一次考評。這個規定最讓學生緊張，許多平素膽量不小的學生，一到了吟詩的時刻就張口結舌、臉紅不已，其實平時可真是花了不少時間練習哩！

　　關於「吟詩」，陳老師特別提及：中央大學洪惟助教授擅戲曲、知音律，會彈奏樂器，聽學生說中山大學的孔仲溫教授會吟詩，有機會聆聽，讚賞再三，遇到陳老師，向陳老師打聽孔教授向誰學習？沒想到陳老師正是孔教授的業師！洪教授的這一問，問出了陳老師的許多快意，讓老師更加肯定「吟詩」的重要性。

　　儘管要求很多、規定嚴格，每年還是有許多學生選修陳老師的課。

電腦輸入媲美專家，把聲韻學作業設計成電腦遊戲

　　「×××，你現在打電腦的速度怎樣？」

　　幾乎每一回陳老師走進國文研究所辦公室時，都會問這麼一句。

　　被問到的人總是不好意思地回答：「很慢。」

　　兩年前，陳老師以治學的態度學習中文文書處理，積極、勤勞、樂在其中。他現在的速度可一分鐘鍵入九十一個中文字，而專業標準的要求也不過是九十二個，他還會造字──把中文系統中沒有的字鍵進去。

　　不只中文輸入，陳老師還把「資料庫處理」的好處和使用技巧教給學生，他期望學生能運用最進步的科技做為研究學問的利器。

　　他自己的論文、詩詞作品，都用電腦處理、記錄，若要出書，只需把磁碟片交給出版者重新排版即可。當老師把新出爐的詩詞創作列印出來影印給大家時，辦公室的同仁總能感受到老師自然外顯的歡欣，那種感覺，對年輕的同仁們來說無疑是一種策勵。

　　陳老師還計畫把聲韻學的作業設計成電腦遊戲，一旦成眞，學生練習廣韻作業再也不會視爲畏途，寫作業就是玩遊戲，多好！

學生票選第一的「優良教師」

　　八十一學年度，陳老師獲選爲國文系的優良教師。提起這件事，他最感欣慰的是：他是學生票選的第一名！不過，四年前陳老師在香港浸會書院擔任首席講師時，得到「優良教師」的榮譽，才是他最大的得意！

　　因爲，那完完全全是學生票選產生，絲毫沒有加入教師互評的成分，無所謂禮讓不禮讓的問題。

　　當年，陳老師從文化大學中文系系主任的位置退下來的時候，學生有感於老師對系務的推展與貢獻，自動自發地合力送給老師一塊「惠我良多」的銀盤，也爲老師的粉筆生涯增添了美好的回憶。

　　陳老師的嚴格是極出名的，可是他依然深深受到學生的擁戴與歡迎，他常說：「教書本諸良心；教完以後自己覺得歡喜、快樂最重要。」這話，也是他對師大學生的期許。而「樂在教書」，正是他至佳的寫照。

　　許多人都知道陳老師是國文系的「重炮」，看到不合理的事情絕不沈默，他的《放眼天下》文集便是針砭時事、臧否人物的有感之作，率眞的性情、讀書人的風骨，字裏行間顯露無遺。讀他的文章，很自然令人想起他在課堂上談到蘇東坡和呂惠卿事的慷慨激昂！

　　老師每天工作十個小時以上，除了教書，就是與文字爲伍，不到凌晨兩點，他是不會就寢的。他五十歲時有《鍥不舍齋論學集》問世，今年年屆六十，老師又有六十萬字的學術論文集即將出版，同時還有一本《詩詞吟唱及欣賞》與錄影帶要和讀者見面。至於「詩詞創作」的結集，等他把「和東坡詞三百首」完成，再挑選一些自己比較滿意

的作品以後再說，也許七十歲時可以考慮。

　　陳老師得以專心致志於教書和研究，師母葉詠琍教授是幕後的大功臣；每當老師完成一篇論文，如果需要英譯篇名或英文提要，師母便是理所當然的最佳執筆人。師母對老師的影響，由老師「勤練毛筆字」這件事可見一斑：

　　文大中文系學生畢業時，請當時的研究所博士班主任林景伊先生、碩士班主任潘重規先生及中文系主任陳老師共同簽名題字，陳老師自認那是他有史以來寫得最好看的毛筆字，可是和林、潘兩位先生一比，頓覺羞愧惶然。回家告訴師母：等家裏窗明几淨，便要開始練字。師母聽了，淡淡地笑著說：「如果你非等窗明几淨不可，你永遠也開始不了。」師母的意思是：練字靠的是決心，不必用外在的條件做藉口。老師立刻開車下山購買文房四寶，從那天開始練字，至今不曾間斷！

　　師母最欽佩老師的地方，就是老師數十年來樂在教書，從不倦怠。她能夠分享老師的滿足。夫婦倆的共同休閒活動——到頂樓蒔花藝草，修剪蔓枝。偶爾，他們也會沿著和平東路散散步，找一家北方館或越南餐廳情趣小吃一番。

　　老師自己為「家居生活」的感覺下了一個註腳：倒吃甘蔗！

附錄二

陳新雄教授六秩華誕紀事年表

民國二十四年（１９３５）　先生一歲。

是年中共盤據贛南，　先生尊翁陳公定湛爲避共禍，乃自贛縣陽埠鄉故里，遷居於贛州城內。二月六日（陽曆三月十日）先生誕生於贛州城內鬱孤臺畔賃居住宅。

二十五年（１９３６）　先生二歲。

國民政府五次圍剿成功，中共西竄陝北，遷返陽埠黃沙村故居。

二十六年（１９３７）　先生三歲。

是年七月七日抗戰軍興，　先生尊翁定湛公投筆從戎，轉戰於河南、湖北諸地。

二十七年（１９３８）至二十九年（１９４０）　先生四歲至五歲。

隨太夫人李育清女士在故居黃沙。

三十年（１９４１）　先生六歲。

先生尊翁定湛公因　先生王姚徐太夫人年逾九十，自軍請退奉養，延請塾師在家設館。　先生破蒙讀書，因聰穎過人，記憶力特強，未及一年，已識兩千餘字。是年秋，正式入小學，因先生外婆家李屋凹小學校長李文彬先生辦學認眞，又爲　先生尊翁之故友，定湛公乃令　先生寄居外婆家，就讀李屋凹國民初級小學。

三十一年（１９４２）至三十三年（１９４４）　先生七至九歲。

在李屋凹就讀國民小學。在學期間，屢次被選拔爲代表，參加各項演講比賽，成績優異，深獲師長嘉許。三十三年　先生丁祖母徐老太夫人憂，輟學在家守制。

三十四年（1945） 先生十歲。

是年秋抗戰勝利， 先生初學四年卒業，住校就讀於陽埠鄉惜分中心小學。

三十五年（1946）至三十六年（1947） 先生十一至十二歲。

就讀惜分中心小學，完成小學學業，在校期間，學會游泳，並為足球選手。

三十七年（1948） 先生十三歲。

小學畢業，至縣城報考初中，一千餘人應考，僅錄取一百二十名，先生以第八名優異成績考取江西省立贛縣中學就讀。

三十八年（1949） 先生十四歲。

是年秋，共軍渡江，大陸淪陷， 先生從尊翁定湛公隨軍遷徙，由贛南而粵北而粵東，所經名城有梅縣、潮州、汕頭，軍次潮州龍湖鎮， 先生於龍湖中學就讀一月有餘，因不能操潮州話，每為同學欺凌，由是深感國語統一之重要。是年十月二十四日奉命抵基隆，翌日（十月二十五日）金門古寧頭大捷，人心士氣，為之一振。 先生不久隨軍移居花蓮。

三十九年（1950） 先生十五歲。

尊翁定湛公令 先生持省贛中所發肄業證書報考省立花蓮中學，插班為初中二年級就讀，在學期間，最為得益之老師，國文教師綦書晉老師，英文教師張光圮老師，而接識良友有曾開明、張少傑等，互相砥礪，得益良多。

是年韓戰爆發，美國杜魯門政府，發表協防臺灣聲明，國家危局，至是始安。

四十年（1951） 先生十六歲。

因尊翁定湛公駐地遷移至板橋，舉家西遷， 先生乃考入縣立板橋初級中學就讀，在校期間，受益良師，在國文有范效純老師、

王克佐老師，而受益最大者，厥爲數學老師梅煥洛老師，　先生
數學基礎欠佳，成績常在及格邊緣徘徊，自遇梅老師後，受其啓
發，乃能徹悟。自此以後，數學成績超越儕輩。　先生亦因此體
悟課程本無難易，教學方法厥爲最要。

四十一年（1952）　先生十七歲。

先生以第一名優異成績畢業於板橋初中，旋參加省立臺北建國中
學高中入學考試，　先生順利被取，進入建中高中就讀。

四十二年（1953）　先生十八歲。

先生肄業建中高二，因急性盲腸炎在國軍野戰醫院動手術割治，
以消毒欠佳，受細菌感染轉爲腹膜炎，因家貧無力送大醫院治療，
建中師生聞悉，乃發動全體師生捐款，得以轉診臺大醫院，前後
住院達半歲之久。同學中最熱心出力者有謝善元、胡匡九、陶景
怡諸君。　先生尊翁爲解　先生病中鬱悶，乃教　先生作詩，　先
生初識平仄，開始學而爲詩。

四十三年（1954）　先生十九歲。

身體康復，復學就讀。導師閣全老師，於　先生病後照顧良多。
是年三月十七日至二十日臺北各大報刊登羅家倫先生〈簡體字之
提倡甚爲必要〉一文，洋洋灑灑，近萬餘言，　先生初亦爲之折
服。旋讀三月二十七日至三十日臺灣新生報刊載潘重規先生〈論
羅家倫所提倡之簡體字〉一文，於羅氏所主張之理由，多所反駁。
於　先生印象最深刻者，潘先生第一條質問「羅先生列舉的 "古
文" 是甚麼古文？」羅先生以 "迁" 爲 "遷" 之古文，而《說文》
遷下所載古文爲栖，而非羅氏所謂之迁。因請當時建中國文教師
李福祥老師分析潘羅二家之文，始知潘重規教授乃民國國學大師
黃季剛先生女婿，於中國文字，學有本源，非羅氏可比。　先生
始初聞國內學術之流派。

四十四年（１９５５）　先生二十歲。

是年夏　先生建中畢業，參加五院校聯合招生，　先生因對潘重規教授之崇敬，而潘先生適任師大國文系主任，　先生乃以第一志願第一名考取師大國文系。初識潘重規、程發軔、許世瑛、牟宗三、王壽康、唐傳基等師大名師。因諸大師皆訓誨文史不宜分家，國文系學生應讀《資治通鑑》，先生始讀《資治通鑑》。

四十五年（１９５６）　先生二十一歲。

是年二月大一國文改由林尹教授講授，　先生因能背誦，得林教授之賞識，著意栽培，爲　先生一生學問事業之轉捩點。是年從高鴻縉教授受文字學，林尹教授受詩選，許世瑛教授受國文文法，李辰冬教授受中國文學史。始圈點《說文解字》。

四十六年（１９５７）　先生二十二歲。

是年三月，始從林尹教授習聲韻學，極得林教授賞識，親贈《廣韻》一冊，並題字云：「中華民國四十六年歲次丁酉三月廿五日即夏正二月廿四日持贈　新雄，願　新雄其善讀之。瑞安林尹識於臺北。」是年　先生完成《廣韻》切語上下字系聯練習。林先生攜同前往拜見高明教授於師大教員宿舍，高教授勉　先生曰：「記問之學，不足以爲人師。」　先生牢記在心，作爲日後教學之座右銘。秋升入大三，從許世瑛教授正式習聲韻學，　先生因已熟習《廣韻》切語上下字，故學習聲韻學，乃有事半功倍之效。因林先生之介紹，初識李漁叔教授。

夫人葉詠琍女士考入師大國文系就讀，在同鄉迎新郊遊活動中，首次相識。

四十七年（１９５８）　先生二十三歲。

暑假中蒙林尹先生之招，寄寓於林先生家，協助林先生編輯《兩漢三國文彙》，從事點校分段工作，　先生辭章之學，乃奠基礎。

因相處一寓，朝夕相會，日親謦欬，而於聲韻之學，更日聞要義，
漸得奧窔。　林先生更鼓勵　先生大學畢業應報考國文研究所，
爲研究高深學問作準備，　先生始準備應研究所試。

四十八年（１９５９）　先生二十四歲。

是年春　先生在林尹教授指導之下，以一週時間創立《廣韻聲韻
類歸類習作表》，深得林教授賞識。師大國文系結業，參加研究
所入學試，以優異成績，名登榜首。秋分發至師大附中任實習教
師，並承林尹教授推薦，受聘爲東吳大學中文系兼任講師，主講
聲韻學，爲當時各大學中最年輕講師。讀畢《資治通鑑》，撰成
《讀通鑑論》一鉅冊。

四十九年（１９６０）　先生二十五歲。

九月進師大國文研究所碩士班就讀，從林尹教授習廣韻研究、古
音研究；熊公哲先生習學術流變史、群經大義；許世瑛先生習文
法研究；程發軔先生習沿革地理。圈點畢《說文解字》、《昭明
文選》、《莊子》、《文心雕龍》。

五十年（１９６１）　先生二十六歲。

程發軔教授爲　先生論文指導教授，命　先生撰寫論文《春秋異
文考》，圈點畢《左傳注疏》、《公羊傳注疏》、《穀梁傳注疏》、《
論語注疏》、《孟子注疏》。

五十一年（１９６２）　先生二十七歲。

圈點畢《荀子集解》、《詩經注疏》、《禮記注疏》。完成碩士
論文《春秋異文考》並通過學位考試，榮獲碩士學位。七月以第
一名考取師大國文研究所博士班就讀，從　孔德成教授習三禮研
究，魯實先教授習古文字研究，高明教授習文學理論研究。林尹
教授推薦參加《中文大辭典》編纂工作，　先生受聘爲編纂。

五十二年（１９６３）　先生二十八歲。

圈點畢《爾雅注疏》、《孝經注疏》。從許世瑛教授習高等語音學。

九月十九日，與夫人葉詠琍女士結婚，于右任先生爲證婚人，林尹教授爲介紹人。婚後新居設於中和鄉景平路三巷十五號。

五十三年（１９６４）　先生二十九歲。

嘉新水泥公司文化基金會出版　先生碩士論文《春秋異文考》，是爲　先生第一部出版著作。

是歲夫人畢業文化學院中研所碩士班第一期，受聘爲文化學院講師，　先生乃遷居於華岡新村宿舍定居。

五十四年（１９６５）　先生三十歲。

六月二十八日，長子昌華生。　先生應徵服預官役一年，服役於空軍公館機場爲行政官，因文筆流暢，深受長官與同事之禮遇與敬重。圈點畢《儀禮注疏》。

五十五年（１９６６）　先生三十一歲。

役畢，受聘爲省立臺灣師範大學國文系專任講師，主講代辦國文專修科大一國文及國學導讀。圈點畢《周禮注疏》。

十月五日，次子昌蕲生。

五十六年（１９６７）　先生三十二歲。

博士論文《古音學發微》資料搜集齊備，開始著手撰寫。調回師大本部，任教育系大一「國文」，及國文系四年級「訓詁學」。並於夜間部開講「聲韻學」，是爲　先生在師大主講聲韻學之始。

五十七年（１９６８）　先生三十三歲。

李方桂院士在臺大主講「上古音」，　先生得許世瑛教授之介紹，前往聽講，是爲認識李方桂先生之始。受文化學院中文系聘爲兼任講師，主講聲韻學與文字學。高明教授六十誕辰，　先生發表第一篇學術論文〈文則論〉於《慶祝高郵高仲華先生六秩誕辰論

文集》。

七月十九日長女逸菲生。

五十八年（１９６９） 先生三十四歲。

先生博士論文《古音學發微》完成，於二月五日經校內考試通過，以總評九十四分高分，成為教育部國家博士學位候選人。六月十日教育部組成博士考試委員會，考試委　員毛子水、戴君仁、陳槃、程發軔、屈萬里、何容、高明、許世瑛及林尹等九人，而以毛子水為主任委員。僉以為　先生之作述故創新，邁越前修，故全票通過，授予國　家博士學位，為中華民國第七位文學博士。指導教授林尹先生稱許　先生論文為「青出於藍」，高明教授稱為「元元本本，殫見洽聞」，許世瑛教授讚許為「成一家言」。臺灣各報競相刊登，為學術界一大盛事。七月被推選為第七屆中華民國「十大傑出青年」候選人。八月受聘為國立臺灣師範大學國文系副教授。是年適逢林尹教授六十誕辰，受業諸生為感師恩，籌設祝壽委員會，出版《慶祝瑞安林景伊先生六秩誕辰論文集》，論文集之出版，　先生盡力最多。並撰成《音略證補》一文為壽，其後此文　印成單行本，近二十年來，為臺灣各大學採用為聲韻學教材。十一月二日　先生博士論文《古音學發微》獲嘉新水泥公司文化基金會獎助出版。

五十九年（１９７０） 先生三十五歲。

受聘為師大國文研究所副教授，講授「廣韻研究」與「古音研究」。並應聘為輔仁大學中文研究所兼任副教授，講授「說文研究」。任中國文化學院中文研究所兼任副教授，主講「廣韻研究」。

發表單篇學術論文〈蘄春黃季剛先生古音學說駁難辨〉一文於《師大學報》第十五期，〈高本漢之詩經韻讀及其擬音〉於《許詩英先生六秩誕辰論文集》。

指導文化學院中研所賈禮「詩經韻考」論文，使獲碩士學位。此為　先生指導學位論文之始。

六十年（１９７１）　先生三十六歲。

受聘於輔仁大學中文系講授「語音學」、「文字學」、「聲韻學」等課程。中國文化學院張董事長禮聘　先生為文化學院研究生業務組主任。發表《六十年來之聲韻學》一文於程發軔教授主編之《六十年來之國學》中，後印成單行本，由文史哲出版社刊行。

指導碩士論文者有：

國立臺灣師範大學國文研究所：

林炯陽〈魏晉詩韻考〉、鍾克昌〈戴氏轉語索隱〉、王芳彥〈五均論研究〉。

中國文化學院中文研究所：

林慶勳〈經史正音切韻指南與等韻切音指南比較研究〉、柯淑齡〈說文上聲字根研究〉、戴瑞坤〈陳澧切韻考考辨〉、林慕曾〈崔豹古今注疏證〉、許燈城〈初唐詩人用韻考〉等論文。

皆獲碩士學位。

六十一年（１９７２）　先生三十七歲。

受聘為師大國文研究所教授，並受文化學院聘為中文系教授兼系主任，國立政治大學聘為中文系兼任教授，講授「聲韻學」。五月二十三、二十四兩日於聯合報副刊發表「繼往與開來——成立國學院與強化編譯館之我見」一文。由嘉新水泥文化基金會出版博士論文《古音學發微》第一版。

發表單篇學術論文計有：

〈說文古籀排列次第先後考〉於《中華學苑》第九期。

〈論上古音中脂—r隊— d兩部的區別〉於《文史季刊》第三卷第一期。

〈無聲字多音說〉於輔仁大學《人文學報》第二期。

指導完成碩士論文計有：

國立臺灣師範大學國文研究所：

蔡謀芳〈爾雅義疏指例〉、竺家寧〈四聲等子音系蠡測〉、黎光蓮〈中越字音比較研究〉。

中國文化學院中文研究所：

王文相〈音韻闡微韻譜研究〉、傅兆寬〈四聲切韻表研究〉。

六十二年（1973）　先生三十八歲。

國立政治大學中文研究所聘　先生爲兼任教授，主講「廣韻研究」與「工具書之用法」。淡江大學夜間部中文系主講「聲韻學」。文史哲出版社出版　先生《六十年來之聲韻學》。參與《大學字典》編纂。潘重規教授在文化學院中文研究所講授「詩經研究」與「文心雕龍研究」，　先生親往聽講。

發表單篇論文〈音學簡述〉於《木鐸》第二期、〈類書概說〉於《華風》第八期。

指導完成碩士論文者有：

國立臺灣師範大學國文研究所：

姚榮松〈切韻指掌圖研究〉、王三慶〈杜甫詩韻考〉。

中國文化學院中文研究所：

陳弘昌〈藤堂明保等韻說〉、蕭永雄〈元白詩韻考〉。

輔仁大學中文研究所：

謝碧賢〈文始研究〉。

六十三年（1974）　先生三十九歲。

於國立政治大學中文研究所主講「古音研究」，輔仁大學中文研究所講授「古韻源流」。是年　先生由華岡新村遷至臺北市和平東路鍥不舍齋現址。

主編《國民字典》由華岡出版部出版。

發表單篇論文計有：

〈評介瀛涯敦煌韻輯新編〉於《華學月刊》第二十五期。

〈廣韻韻類分析之管見〉於《中華學苑》第十四期。

指導完成碩士論文者有：

國立臺灣師範大學國文研究所：

王勝昌〈說文篆韻譜之源流及其音系研究〉。

國立政治大學中文研究所：

李達賢〈五代詞韻考〉。

中國文化學院中文研究所：

周小萍〈說文形聲字聲母假借發凡〉、黃正賜〈孫輯倉頡篇疏證〉。

輔仁大學中文研究所：

陳堯階〈說文初文六書分類考辨〉

六十四年（１９７５）　先生四十歲。

四月五日先總統蔣公崩逝，　先生有〈恭挽　總統蔣公〉詩，發
表於《大華晚報・瀛海同聲》，後收入《先總統　蔣公哀思錄》，
是爲　先生正式發表詩作之始，詩云：

廣布仁恩數十秋。祥暉長耀孰能侔。方期旌旆收京早，忽有元戎
棄世憂。

萬姓悽如亡考妣，一心誓欲剗讎仇。願將無盡傾河淚，滌淨妖氛
復九州。

教育部新規定專任教授只可專任於一校，遂辭文化學院中文系主
任職，專任師大國文研究所教授。文化學院中文系師生爲感念
先生四年來之辛勤作育，特贈　先生「惠我良多」銀牌一面。開
始圈點嚴衍《資治通鑑補》並作箚記。圈點王文誥編《蘇文忠公
詩編註集成》，完成《蘇詩七律分韻類鈔》、《蘇詩七絕分韻類

鈔》、《陸放翁七律分韻類鈔》、《陸放翁七絕分韻類鈔》。

由藝文印書館出版　先生《等韻述要》一書。與于大成教授共同主編《文字學論文集》、《尚書論文集》、《淮南子論文集》、《史記論文集》、《文心雕龍論文集》。發表單篇論文〈幾本有價值的聲韻學要籍簡介〉於《木鐸》三、四期合刊。

與林尹教授共同指導師大國文研究所許璧完成博士論文《史記稱代詞與虛詞研究》，　爲　先生指導博士論文之始。

指導完成碩士論文者有：

國立臺灣師範大學國文研究所：

吳靜之〈上古聲調之蠡測〉、康世統〈廣韻韻類考正〉。

輔仁大學中文研究所：

鄭邦鎮〈說文省聲探賾〉、吳秀英〈廣韻入聲字演變爲國語音讀考〉。

六十五年（１９７６）　先生四十一歲。

是年九月應美國喬治城大學中日文系聘爲客座教授一年。完成《元遺山詩分韻類鈔》、《黃山谷詩分韻類鈔》。

與于大成教授共同主編《聲韻學論文集》、《左傳論文集》、《莊子論文集》、《漢書論文集》、《昭明文選論文集》。

《中原音韻概要》一書由學海出版社出版。

發表單篇論文〈聲韻學入門〉於《學粹》十八卷一、二期。

指導完成碩士論文者有：

師範大學國文研究所：

呂源德〈從廣韻又音考群母之古讀〉。

中國文化學院中文研究所：

鄭寶美〈孔廣森詩聲分例證補〉。

輔仁大學中文研究所：

符濟梅〈段玉裁詩經韻分十七部表正誤〉。

六十六年（１９７７）　先生四十二歲。

六月　先生由美返國，受三民書局之邀參與《大辭典》編纂，應國立高雄師範學院國文研究所聘為兼任教授，主講「古音研究」。

完成《陳後山詩分韻類鈔》。

十二月四日，次女逸蘭生。

發表單篇論文計有：

〈簡介佛瑞斯特中國古代語言之研究方法〉於《潘重規教授七秩誕辰論文集》。

〈說文解字分部編次〉於《木鐸》第五、六期合刊。

指導輔仁大學中文研究所李貴榮完成碩士論文〈廣韻脣音字開合研究〉。

六十七年（１９７８）　先生四十三歲。

完成圈點《水經注》，完成《王荊公詩分韻類鈔》。

發表單篇論文計有：

〈上古音當中的－ｄ跟－ｒ韻尾〉於《木鐸》第七期。

〈萬緒千頭次第尋－－談讀書指導〉於《幼獅月刊》第四十八卷第二期。

〈評介潘陳合著中國聲韻學〉於《出版與研究》第三十一期。

〈酈道元水經注裏所見的語音現象〉於《中國學術年刊》第二期。

〈聲韻學入門〉於中華學術與現代文化叢書第二冊《文學論集》。

指導完成碩士論文者有：

國立臺灣師範大學國文研究所：

許金枝〈東坡詞韻研究〉。

國立政治大學中文研究所：

耿志堅〈宋代近體詩用韻通轉之演變研究〉。

六十八年（1979）　先生四十四歲。

完成《李白七絕分韻類鈔》、《杜甫七律分韻類鈔》、《李義山七律分韻類鈔》、《杜樊川七律分韻類鈔》。完成圈點《烏臺詩案》。

發表單篇論文計有：

〈聲韻學導讀〉於《國學導讀叢編》。

〈切韻性質的再檢討〉於《中國學術年刊》第三期。

〈廣韻四十一聲紐聲值的擬測〉於《木鐸》第八期。

指導完成碩士論文者有：

國立臺灣師範大學國文研究所；

吳淑惠〈聲響與文情關係之研究〉。

中國文化學院中文研究所：

葉鍵得〈通志七音略研究〉、陳麗珊〈段注說文音義關係之研究〉。

輔仁大學中文研究所：

金周生〈廣韻一字多音現象初探〉、凌亦文〈增訂碑別字中俗字之研究〉。

六十九年（1980）　先生四十五歲。

完成《王維五律分韻類鈔》、《李白五律分韻類鈔》。

與夫人葉詠琍女士合著《旅美泥爪》由幼獅文化事業出版公司出版。

發表單篇論文計有：

〈禮記學記不學博依不能安詩解〉於《孔孟月刊》第十八卷第九期。

〈廣韻聲類諸說述評〉於《華岡文科學報》第十二期。

〈廣韻以後韻書簡介〉於《木鐸》第九期。

〈如何從國語的讀音辨識廣韻的聲韻調〉於《輔仁學誌》第九期。

與林尹教授共同指導師大國文研究所林炯陽完成博士論文《廣韻音切探源》、與林尹、潘重規教授共同指導文化大學中文研究所林慶勳完成博士論文《段玉裁之生平及其學術成就》。

指導完成碩士論文者有：

國立臺灣師範大學國文研究所；

姜忠姬〈五音集韻與廣韻之比較研究〉

輔仁大學中文研究所；

李添富〈晚唐律體詩用韻通轉之研究〉。

七十年（1981）　先生四十六歲。

應邀參加中央研究院主辦第一屆國際漢學會議，在語言文字組發表論文〈群母古讀考〉並刊載於中央研究院《國際漢學會議論文集》。

與林尹教授共同指導中國文化大學中文研究所竺家寧完成博士論文《古漢語複聲母研究》。

指導完成碩士論文者有：

國立政治大學中文研究所：

孔仲溫〈韻鏡研究〉。

中國文化大學中文研究所：

王允莉〈高郵王氏讀書雜志訓詁術語之研究〉。

輔仁大學中文研究所:

宋麗瓊〈方言郭璞音之研究〉。

七十一年（1982）　先生四十七歲。

四月召開中華民國第一次聲韻學教學研討會。九月應香港浸會學院聘為中文系高等講師，主講「文字學」、「聲韻學」、「左傳」、「尚書」等課程，深獲好評。

《聲類新編》一書由臺灣學生書局出版。

發表單篇論文計有：

〈從詩經的合韻現象看諸家擬音的得失〉於《輔仁學誌》第十一期。

〈說文解字之條例〉於《香港浸會學院學報》第九卷。

與林尹教授共同指導國立臺灣師範大學國文研究所姚榮松完成博士論文〈上古漢語同源詞研究〉、與林尹、潘重規教授共同指導中國文化大學中文研究所柯淑齡完成博士論文〈黃季剛先生之生平及其學術〉、與林尹教授共同指導中國文化大學中文研究所曾榮汾完成博士論文〈干祿字書研究〉。

指導完成碩士論文者有：

國立臺灣師範大學國文研究所：

吳傑儒〈異音別義之源起及其流變〉。

七十二年（１９８３）　先生四十八歲。

是年六月八日林尹教授病逝，　先生自五月底聞訊遄返侍病，林教授病逝，　先生經紀其喪，備極勞瘁，所有事略、祭文、挽聯，無不親手撰寫。　先生爲哀悼林尹教授因撰挽詩二十七首，潘重規教授評爲「至性過人，讀之悽咽。」茲錄其最後五章：

颯颯秋風露氣清。孺思難巳及門情。堂前桃李花千樹，絕學誰當隻手擎。

燈前小字寫黃庭。詩稿如今巳殺青。定使先生浩然氣，常留宇內作儀型。

門牆百仞忝先登。壇坫當年日見稱。死後未能揚絕學，如斯弟子豈堪憑。

時當柔兆始從游。屈指韶光廿七秋。往日有言無不盡，今朝未語淚先流。

佳城一閉鬱重陰。追憶師門恩義深。今日哀歌和淚下，可能重聽

我沈吟。

是年九月圈點畢六冊《蘇文忠公詩編註集成》。

發表單篇論文〈古音學與詩經〉於《輔仁學誌》第十二期。

與周何教授共同指導國立臺灣師範大學國文研究所金相根完成博士論文〈韓國人運用漢字與韓國漢字入聲韻之研究〉、指導國立政治大學中文研究所耿志堅完成博士論文〈唐代近體詩用韻研究〉。

指導完成碩士論文者有：

國立臺灣師範大學國文研究所：

馮永敏〈杜甫詩中對句疊字所見之聲情〉。

七十三年（1984） 先生四十九歲。

應東吳大學哲學系聘為兼任教授，主講「語言哲學」。於師大夜間部講授「蘇東坡詩」。

先生集前所撰學術論文為《鍥不舍齋論學集》，都八百頁，約六十餘萬言，由臺灣學生書局出版。與李殿魁、袁炯、余迺永共同主編《字形匯典》，由聯貫出版社出版第一輯五冊。

先生手鈔林尹教授遺著《景伊詩鈔》由學海出版社出版。潘重規教授序謂：「吾知此一卷詩，殷勤手寫，必將長留天地間，伯元可謂不負其師矣。」高明教授序謂：「是伯元之輯景伊遺詩，非徒敬愛其師，實亦有裨於余，非徒有裨於余，實亦可風世而振俗，觀伯元之所為，固亦為性情中人，可以承繼景伊之衣缽，余於是感景伊之道已得其人而傳，乃大為景伊幸，即書此意，以為《景伊詩鈔》之序。」

發表單篇論文有：

〈尙書堯典日中星鳥永星火解〉於《中國學術年刊》第六期。

指導中國文化大學中文研究所司仲敖完成博士論文〈錢大昕之生平及其經學〉。

指導完成碩士論文者有：

中國文化大學中文研究所：

陳美華〈說文干支字研究〉、朴萬圭〈三國志東夷傳韓國譯名之研究〉。

七十四年（１９８５）　先生五十歲。

及門弟子五十餘人相聚爲　先生祝壽，並獻贈「經師人師」銀牌一塊。　先生〈五十自賦〉詩云：

行年五十尙何求。家有藏書好解憂。淑世恨難令側帽，明音差可仰前修。

登壇講學心猶壯，對酒吟詩意亦悠。一事至今聊足樂，及門桃李巳盈疇。

是年　先生正式發表第一闋詞〈行香子〉於《大華晚報・瀛海同聲》。詞云：

藻思芊眠。詞意纏綿。凝成了雲錦佳篇。心羅萬字，筆落千聯。盡香江夢，元朗月，太平顚。　　故人不見，舊曲難編。只低頭猛憶當年。宋皇臺畔，大嶼山邊。共杯中酒，書中句，雨中煙。

在師大國文研究所博士班講授「中國文字綜合研究」。東吳大學中文研究所講授「詩經研究」。

應邀至輔仁大學中文系、東吳大學中文系演講，講題爲「從蘇東坡的小學造詣看他在詩學上的表現」，文化大學中文系講「春秋左傳的現代意義。」

三民書局《大辭典》編纂竣事出版，書中凡例皆　先生起草。

詩集《香江煙雨集》由學海出版社出版。

發表單篇論文計有：

〈從蘇東坡的小學造詣看他在詩學上的表現〉於《古典文學》第七集。

〈詩經的憂患意識進一解〉於《中國學術年刊》第七期。

指導國立政治大學中文研究所孔仲溫完成博士論文〈類篇研究〉。

指導完成碩士論文者有：

國立臺灣師範大學國文研究所：

吳聖雄〈康熙字典字母切韻要法探索〉。

輔仁大學中文研究所：

辛基荦〈廣韻入聲字韓漢音演變考〉、王婉芳〈韓非子通假文字音義商榷〉、駱嘉鵬〈廣韻音韻辨識法：如何以國語、閩南語讀音分辨廣韻的聲韻調〉。

七十五年（1 9 8 6） 先生五十一歲。

參加中央研究院舉辦第二屆國際漢學會議，宣讀論文〈論談添盍怗分四部說〉。

在師大國文研究所講授「專家詩研究與討論」。

發表單篇論文計有：

〈民國古音學研究的開創人黃侃〉於《師大學報》第三十一期。

〈論詩經中的楊柳意象〉於《國文學報》第十五期。

〈尚書堯典納于大麓解〉於《中國學術年刊》第八期。

指導完成碩士論者有：

東吳大學中文研究所：

林慶盛〈李白詩用韻之研究〉。

七十六年（1 9 8 7） 先生五十二歲。

在師大國文研究所開授「詩經研究」課程。

《民生報》調查大學院校熱門教授， 先生獲選爲師大熱門教授。

政府開放探親， 先生賦詩發表於十二月三日《大華晚報・瀛海同聲》，題爲〈開放探親有感次金伯叔韻〉，詩云：

開放探親喜欲狂。仁恩今許細端詳。人爲隔絕心常怨，天厭乖離

道總昂。

陟彼岵岡瞻望久，憫斯骨肉性情章。南來北往途無阻，把臂應堪
慰別腸。

發表單篇論文計有：

〈陳澧切韻考系聯廣韻切語上下字補充條例補例〉於《國文學報》
第十六期。

〈詩韻的通轉〉於《木鐸》第十一期。

指導國立臺灣師範大學國文研究所姜忠姬完成博士論文〈五音集
韻研究〉、文化大學中文研究所葉鍵得完成博士論文《十韻彙編
研究》。

指導完成碩士論文者有：

國立臺灣師範大學國文研究所：

吳鍾林〈廣韻去聲索源〉。

輔仁大學中文研究所：

金泰成〈中國國語與現代韓國漢字音語音系統對應關係的研究〉。

東吳大學中文研究所：

江惜美〈烏臺詩案研究〉。

國立政治大學中文研究所：

沈壹農〈原本玉篇引述唐以前舊本說文考異〉。

七十七年（１９８８）　先生五十三歲。

七月十一日中華民國聲韻學學會正式成立，　先生被推舉爲理事
長。是年　先生再度受聘爲香港浸會學院中文系首席講師，講受
聲韻學、詩經、左傳及東坡詩與東坡詞，教學認眞，深獲好評。
香港中文大學中文系、珠海書院文史研究所、新亞研究所等校紛
紛約請　先生前往授課。

發表單篇論文計有：

〈戴震答段若膺論韻書對王力脂微分部的啓示〉於中央研究院《歷史語言研究所集刊》第五十九本第一分冊。

〈古今音變與韻書〉於《古典詩絕句入門》。

指導完成碩士論文者有：

國立臺灣師範大學國文研究所：

潘天久〈廣韻重紐索源〉。

輔仁大學中文研究所：

李相機〈二徐說文學研究〉。

七十八年（１９８９）　先生五十四歲。

應邀參加香港大學舉辦「章黃學術研討會」，宣讀論文〈蘄春黃季剛先生古音學說是否循環論證辨〉。榮獲香港浸會學院學生票選傑出教師獎。大陸發生六‧四天安門事件，有感於「國家興亡，匹夫有責」，遂於青年日報副刊撰寫「放眼天下」專欄，將所見所聞所感，一一借筆端剴切披露，祈能喚起同胞之愛國心。

《蘇軾詩選》一書由學海出版社出版，《語言學辭典》由三民書局出版。

發表單篇論文計有：

〈論談添盍怗分四部說〉於《中央研究院第二屆國際漢學會議論文集》。

〈中共簡體字混亂古音韻部系統說〉於第七屆中國聲韻學學術會議宣讀。

〈毛詩韻譜‧通韻譜‧合韻譜〉於《中國學術年刊》第十期。

〈蘄春黃季剛先生古音學說是否循環論證辨〉於《孔孟學報》第五十八期。

指導文化大學中文研究所許端容完成博士論文〈可洪新集藏經音義隨函錄音系研究〉。

指導完成碩士論文者有：

國立臺灣師範大學國文研究所：

金鐘讚〈高本漢複聲母擬音法之商榷〉。

七十九年（１９９０）　先生五十五歲。

六月十一、十二兩日在香港浸會學院與中文系主任左松超博士共同舉辦中國聲韻學國際學術研討會，海峽兩岸與海外學者歡聚一堂，增進學術交流，溝通彼此瞭解，是爲海峽兩岸學人第一次學術交流，意義至爲重大。　先生特賦詩一首贈與會學人。詩云：炎黃綿世胄。東亞稱俊秀。歷史五千年，文化尤淑茂。尋音出本株，相接同聲臭。一峽分兩岸，卅載互纏鬥。兄弟鬩于牆，志氣何鄙陋。攜手在今朝，歡如遇故舊。學術共發皇，各歸論其幼。殷勤道寸心，寬仁宜在宥。重建大中華，山河如錦繡。聲威復漢唐，昂頭步宇宙。

七月初訪大陸，蒞廣州中山大學，與李新魁教授相談甚歡，順道謁黃花岡七十二烈士墓、參觀越秀公園、訪六榕寺，　先生皆有詩與詞紀遊，遂有《神州萬里詞》之作。八月中赴惠州訪東坡遺跡、惠州西湖、白鶴峰東坡故居、朝雲墓、合江樓遺址，到處塡詞紀事。九月赴桂林、柳州遊覽，並轉南京，謁國父陵，上黃山，抵杭州，遊西湖，遊蘇州寒山寺、虎丘，到處紀以詩或詞。

九月底自港返臺，於師大國文研究所講授「東坡詩專題研究與討論」。當選連任中華民國聲韻學會理事長。

十月初尊翁定湛公病重住院，　先生與夫人及兄弟輪流在院照料，備極辛勞。十一月十二日定湛公與世長辭，　先生親撰「先君事略」，至於家祭祭文、挽聯等皆　先生一手任之。尊翁喪禮，由師大校長主治，備極哀榮。

發表單篇論文計有：

〈百年身世千年慮之林尹教授〉於《中國語文通訊》第八期。

〈中國聲韻學國際學術研討會報導〉於《漢學研究通訊》第九卷第三期。

指導國立臺灣師範大學國文研究所李添富完成博士論文〈古今韻會舉要研究〉。

八十年（1991） 先生五十六歲。

二月二十五日太夫人李育清女士，因老年喪偶，過於悲痛，不幸辭世。 先生親撰「先妣事略」，挽聯、祭文，卜葬於高雄燕巢三信墓園。 先生賦〈江城子〉詞以紀哀。詞曰：

春暉朗朗浩茫茫。廣難量。怎能忘。鞠育深恩，追念益悲涼。問暖噓寒無限愛，思往事，囓冰霜。 去年剛道欲還鄉。倚南窗。洗塵妝。歸夢猶存，魂逐父齊行。悵恨慈雲從此杳，哀淚滴，燕巢岡。

在師大國文研究所講授「東坡詞專題研究與討論」。十一月首次率團赴大陸武漢市華中理工大學參加漢語言國際學術研討會，初與嚴學宭教授相晤，相談甚歡。在會中宣讀「今本廣韻切語下字系聯」論文。並填〈畫堂春〉詞一闋以紀盛。詞曰：

乘風萬里踏清波。漢川岸，共研磨。論音析韻語如梭。相對聆聲歌。 靄靄群峰聳翠，洋洋流水齊和。匆匆三日聚無多。來歲渡黃河。

先生會後暢遊黃州赤壁、蒲圻赤壁、黃鶴樓、並南下岳陽，泛舟洞庭、上君山、登岳陽樓。所到之處皆紀以詩或詞。

先生初學電腦，習中文文書處理半年，已能使用電腦撰寫論文。

先生專著《放眼天下》一書，由東大圖書股份有限公司出版。

發表單篇論文計有：

〈毛詩韻三十部諧聲表〉於《孔孟學報》第六十一期。

〈從蘇詩的名篇看蘇軾的一生〉於《慶祝莆田黃天成先生七秩誕辰論文集》。

〈戴震答段若膺論韻書幾則聲韻觀念的啓示〉於《漢學研究》第九卷第一期。

〈所得者少‧所失者多——大陸推行簡體字四十年的檢討〉於《中國語文通訊》第十五期。

〈說文借形爲事解〉於《中國語文通訊》第十六期。

〈今本廣韻切語下字系聯〉於《語言研究》增刊Ⅱ。

指導國立臺灣師範大學國文研究所吳聖雄完成博士論文〈日本吳音研究〉、東吳大學中文研究所江惜美完成博士論文〈蘇軾詩學理論及其實踐〉、中國文化大學中文研究所李義活完成博士論文〈續一切經音義反切研究〉、朴萬圭完成博士論文〈韓國三國時代韻文研究〉、香港珠海書院文史研究所林鳳慧完成博士論文〈詩經與詩聖韻例比較研究〉。

八十一年（１９９２）　先生五十七歲。

榮獲師範大學國文系八十一學年度優良教師。

八月十九日應北京中國社會科學院語言研究所劉堅所長之邀，前往該所舉行座談會，座談「兩岸語言學研究之發展」。參加座談者除該所劉堅所長、侯精一、賀巍兩位副所長外，尚有研究員李榮、邵榮芬等，臺灣學者有董忠司、李添富，香港黃坤堯，日本瀨戶口律子教授等。二十三日赴北京師範大學參加「海峽兩岸文字統合學術研討會　」，發表〈章太炎先生轉注說之眞諦與漢字統合之關聯〉一文。在會中初識語文學前輩學人周祖謨教授、胡厚宣教授、張志公教授等人。二十五日，續參加北方工業大學主辦「海峽兩岸文化統合研討會」，發表「詩歌吟唱與詩歌教學」論文一篇。並當場塡〈漁家傲〉詞贈北方工業大學仇校長春霖。

詞曰：

兄弟何庸分我女。相逢一笑人歡語。夢想朝朝還暮暮。今來處、京城石景山前浦。

此日新知明舊雨。溫文儒雅佳風度。迎客殷勤頻叩戶。須記取、他年仍要常來去。

八月底轉赴山東威海市參加「中國音韻學會第七次年會暨國際學術研討會」，宣讀論文〈李方桂先生上古音研究的幾點質疑〉。會後轉赴青島、濟南、曲阜、泰山暢遊。並專程赴西安，參觀西北大學與中文、哲學系教授舉行學術座談，會後暢遊西安古城，秦始皇兵馬俑、華清池等地。九月初由西安折返北京，應北大中文系邀請前往演講，講題為〈從蘇軾的小學造詣看他在詩學上的表現〉，深獲好評。演講後暢遊北京大學、萬里長城、北海公園、頤和園、故宮紫禁城、景山公園、明十三陵、天壇等名勝。所到之處，皆紀以詞，創獲甚豐。十一月十日應國立技術學院之邀作學術演講，十一月廿九日應臺南市中正文化中心之邀作學術演講，十一月三十日上午應國立臺南師範學院之邀作學術演講，下午應國立成功大學中文系之邀作學術演講，講題均為「從蘇詩的名篇看蘇軾的一生」。

發表單篇論文計有：

〈章太炎先生轉注假借說一文之體會〉於《國文學報》第二十一期。

〈史記秦始皇本紀所見的聲韻現象〉於《聲韻論叢》第四輯。

〈李方桂先生上古音研究的幾點質疑〉於《中國語文》一九九二年第六期。

〈章太炎轉注說之真諦與漢字統合之關聯〉於《中國國學》第二十期。

指導國立臺灣師範大學國文研究所金鐘讚完成博士論文〈許慎說文會意字與形聲字歸類之原則研究〉。

指導中國文化大學中文研究所林維祥完成碩士論文〈說文解字敘析論〉。

八十二年（1993）　先生五十八歲。

三月十九日至二十日參加「中國文字學全國學術研討會」，發表論文〈倉頡檢字法與文字構造的關聯〉。並當選為文字學會常務理事。三月廿七日應國立雲林技術學院之邀前往該校作學術演講，講題為〈國色朝酣酒・天香夜染衣〉。

五月率團經重慶，下三峽，經葛洲壩，過宜昌，轉赴武漢，參加「中國海峽兩岸黃侃學術研討會」，發表〈黃季剛先生及其古音學〉一文。並赴蘄春謁季剛先生墓，參加黃侃紀念館破土典禮。初識季剛先生哲嗣黃念寧、黃念平二君，蒙贈《黃侃手批白文十三經》一冊，對　先生頗多親切之感。

五月二十九日，中國訓詁學會正式成立，　先生以高票當選為第一屆理事長。

六月八日，林尹教授逝世十週年紀念，　先生主辦「紀念林尹教授逝世十週年學術研討會」，並發表〈景伊師論律詩對仗之體用及其實踐〉一文。又填〈醉翁操〉詞一闋，以誌哀思。詞曰：

潸然。珠圓。悲彈。失樑山。人言。我公昔年光流天。如今花葉娟娟。由不眠。放眼畫堂前。濟濟相聚來眾賢。　為公高詠，聲響奔泉。弦歌未絕，無盡朝啼暮怨。聚石成為山巔。大海寬容群川。思公年復年。公雖為天仙。遺愛滿人間。請臨一聽心上絃。

七月十一日，次子昌蘄在臺北與王倩楠小姐結婚、敦請孔德成先生證婚。

八月初率團赴河北石家莊參加「詩經國際學術研討會」，發表論

文〈詩序存廢議〉一文，賦詩一首，均引起極大回響。詩曰：

乾坤事業始雎鳩。勝地良朋聚九州。文學源頭數風雅，百花開處識清幽。

萋萋釆釆群爭秀，洩洩融融眾競啾。應是雞鳴終不巳，吾華詩苑足千秋。

八月中轉赴山西太原參加「漢語言國際學術研討會」，發表論文〈黃侃的古音學〉一篇。並賦〈蝶戀花〉詞以紀其事。詞曰：

萬里間關多少路。穿越溪山，一意將心注。夜宿晉祠聞曉鷺。塵囂不染眞佳處。

舊雨新知相見語。盡道區區，文化交流去。兩岸精神融聚後，胸懷自有新情趣。

會後參觀晉祠、大同雲岡石窟、北岳恒山、五臺山。亦均紀以詩詞。

九月應中山大學中文研究所聘，在博士班主講「宋代文學專題研究與討論」新課。開始圈點《東都事略》。

十二月參加中山大學主辦「第一屆國際暨第三屆全國清代學術研討會」，應邀擔任大會特約演講，講題爲「清代古韻學之主流與旁支」。

十二月十八、十九兩日在輔仁大學召開第一屆中國訓詁學學術研討會，先生擔任大會會長，主持會議，並發表論文〈訓詁方式中義界與推因之先後次第說〉一文。

發表單篇論文計有：

〈黃季剛先生及其古音學〉於《中國學術年刊》第十四期。

〈景伊師論律詩章法與對仗之理論及其實踐〉於《國文學報》第二十二期。

〈景伊師論律詩對仗體用及其實踐〉於《林尹教授逝世十週年學

術論文集》。

〈國色朝酣酒‧天香夜染衣——林語堂先生蘇東坡傳所提到的東坡兩首詩辨析〉於《教學與研究》第十五期。

〈倉頡檢字法與文字構造的關聯〉於《第四屆中國文字學全國學術研討會論文集》。〈黃侃的古音學〉於《中國語文》一九九三年第六期。

〈訓詁方式中義界與推因之先後次第說〉於《第一屆中國訓詁學學術研討會論文集》。

指導國立臺灣師範大學國文研究所都惠淑完成碩士論文〈王念孫及其古音學〉。

八十三年（１９９４）　先生五十九歲。

一月，　先生大著《文字聲韻論叢》由東大圖書股份有限公司出版。十八日應高雄市教師研習中心之聘，為國中國文科教師研習班主講〈國色朝酣酒‧天香夜染衣——蘇東坡幾首詩的辨析〉。

三月十七日（夏曆二月初六日），門弟子為感　先生培育之恩，於福華大飯店設席上壽，並彙編論文集，以為稱觴之慶。

（成　玲整理）

附錄三

陳新雄教授著作目錄

一、專書著作：

1. 春秋異文考　　　　1964.11　初版　嘉新水泥公司文化基金會 264頁
2. 古音學發微　　　　1972.01　初版　文史哲出版社　1330頁
　　　　　　　　　　　　　　　　　　（1983.02　三版）

3. 六十年來之聲韻學　1973.08　初版　文史哲出版社　120頁
4. 等韻述要　　　　　1974.07　初版　藝文印書館　114頁
　　　　　　　　　　　　　　　　　　（1991.06　五版）

5. 中原音韻概要　　　1976.09　初版　學海出版社　202頁
　　　　　　　　　　　　　　　　　　（1990.03　七版）

6. 重校增訂音略證補　1978.09　初版　文史哲出版社　478頁
　　　　　　　　　　　　　　　　　　（1993.10　增訂版十六刷）

7. 旅美泥爪　　　　　1980.07.01　　　幼獅文化事業公司　287頁
　（與葉詠琍合著）

8. 聲類新編　　　　　1982.03　初版　臺灣學生書局　482頁
　　　　　　　　　　　　　　　　　　（1992.09　初版三刷）

9. 鍥不舍齋論學集　　1984.08　初版　臺灣學生書局　801頁
　　　　　　　　　　　　　　　　　　（1990.10　初版二刷）

10. 香江煙雨集　　　　1985.07　初版　學海出版社　94頁
11. 毛詩　　　　　　　1985.08　初版　學海出版社　304頁

（1989.10　三版）

12.蘇軾詩選　　　　1989.08　初版　學海出版社　234頁

13.放眼天下　　　　1991.02　初版　東大圖書公司　186頁

14.文字聲韻論叢　　1994.01　初版　東大圖書公司　412頁

二、學術論文：

1.黃帝　　　　　　　1959.08.10　　民族正氣月刊1期　p.13

2.中國語音學的原理　1967.05.31　　華風2期　P.6-8
　與原則

3.文則論　　　　　　1968.03　　　慶祝高郵高仲華先生六秩誕辰
　　　　　　　　　　　　　　　　論文集（下）　p.1163-1184

4.蘄春黃季剛（侃）　1970.06.05　　師大學報15期　p.97-108
　先生古音學說駁難辨

5.高本漢之詩經韻讀及　1970.10.28　　許詩英先生六秩誕辰論文集
　其擬音　　　　　　　　　　　　　（鷲聲文物供應公司）　p.159-174
　（譯　高本漢：The
　Rimes of The SHI
　KING ）

6.無聲字多音說　　　1972.01　　　輔仁大學文學院人文學報2期
　　　　　　　　　　　　　　　　　p.431-460

7.說文古籀排列次第先　1972.03.01　　中華學苑9期　p.9-38
　後考

8.論上古音中脂　r隊　1972.10　　　文史季刊3卷1期　p.13-30
　d兩部的區別
　（譯　GORAN　MALMQVIST原著）

9.類書概說　　　　　1973.06.30　　華風8期　p.26-33

10.音學簡述　　　　　　1973.11.11　　木鐸2期（慶祝中國文學研究會暨中
　　　　　　　　　　　　　　　　　　　國文學會成立週年紀念特刊）p.5-30

11.「瀛涯敦煌韻輯新編」1974.01.21　　華學月刊25期　p.23-30
　　（與林烔陽合著）

12.如何利用工具書　　　1974.06.01　　學粹16卷2期　p.9-13

13.廣韻韻類分析之管見　1974.09.01　　中華學苑14期（慶祝熊翰叔教授八
　　　　　　　　　　　　　　　　　　　十大慶專號）　p.31-86

14.幾本有價值的聲韻學　1974.06　　　輔仁文學8期　p.7-11
　　要籍簡介

　　　　　　　　　　　　1975.11.11　　木鐸3、4期合刊　p.11-20

15.聲韻學入門　　　　　1976.04.30　　學粹18卷1、2期
　　　　　　　　　　　　　　　　　　　（國學研究方法專號）p.1-12

　　　　　　　　　　　　1977.11　　　國學研究論集（學海出版社）p.6-17

16.簡介佛瑞斯特中國古　1977.03.02　　潘重規教授七秩誕辰論文集 p.79-86
　　代語言之研究方法

17.說文解字分部編次　　1977.03.02　　木鐸5、6期合刊（慶祝婺源潘石禪先
　　　　　　　　　　　　　　　　　　　生七秩華誕特刊）　p.55-63

18.上古音當中的-d跟-r　1978.03　　　木鐸7期（慶祝高郵高仲華先生七秩
　　韻尾（譯 B:KARLGREN原著）　　　　華誕特刊）　p.13-22

19.酈道元水經注裏所見　1978.06　　　中國學術年刊2期（慶祝高師仲華七
　　的語音現象　　　　　　　　　　　　秩華誕專號）　p.87-112

20.萬緒千頭次第尋－談　1978.08.02　　幼獅月刊48卷2期（總號308號）
　　讀書指導　　　　　　　　　　　　　p.3-7

21.評介潘陳合著「中國　1978.10.01　　出版與研究31期　p.39-43
　　聲韻學」

22.聲韻學導讀　　　　　1979.04 初版　國學導讀叢編下冊

（康橋出版事業公司） p.1131–1182

23.切韻性質的再檢討　　　1979.06　　　中國學術年刊3期　p.31–58

24.廣韻四十一聲紐聲值　1979.12.23　木鐸8期（慶祝瑞安林景伊先生七秩
　的擬測　　　　　　　　　　　　　　華誕特刊） p.61–75

25.廣韻聲類諸說述評　　1980.03.01　華岡文科學報12期　p.159–196

26.禮記學記「不學博依　1980.05.28　孔孟月刊18卷9期（總號２１３號）
　不能安詩」解　　　　　　　　　　　 p.36–42

27.如何從國語的讀音辨　1980.06　　　輔仁學誌文學院之部9期　p.109–152
　識廣韻的聲韻調

28.廣韻以後韻書簡介　　1980.11.01　木鐸9期（慶祝鄞縣張曉峰先生八秩
　　　　　　　　　　　　　　　　　　華誕特刊） p.97–120

29.群母古讀考　　　　　1981.10.10　中央研究院國際漢學會議論文集語言
　　　　　　　　　　　　　　　　　　文字組(慶祝中華民國建國七十週年)
　　　　　　　　　　　　　　　　　　p.223–246

30.從詩經的合韻現象看　1982.06　　　輔仁學誌文學院之部11期 p.145–162
　諸家擬音的得失

31.說文解字之條例　　　1982　　　　　香港浸會學院學報９卷　p.1–14
　　　　　　　　　　　　1984.06　　　木鐸10期（林景伊先生逝世周年紀念
　　　　　　　　　　　　　　　　　　論文集） p.51–77

32.古音學與詩經　　　　1983.06　　　輔仁學誌文學院之部12期 p.263–273

33.尚書堯典日中星鳥永　1984.06　　　中國學術年刊6期　p.15–22
　星火解

34.詩經的憂患意識進一解1985.06　　　中國學術年刊 7期　p.17–26

35.從蘇東坡的小學造詣　1985.08 初版　古典文學 7集(上)（中國古典文學第
　看他在詩學上的表現　　　　　　　　一屆國際會議論文專輯）p.531–555

36.民國古音學研究的開　1986.06.05　師大學報31期　p.367–421

創人黃侃

37.論《詩經》中的楊柳　1986.06.05　　國立臺灣師範大學國文學報15期
　　意象　　　　　　　　　　　　　　　p.11–22
　── 對鍾玲女士「先秦文學中楊柳的象徵意義」一文的商榷

38.尚書堯典納于大麓解　1986.06　　　中國學術年刊8期　p.7–14

39.詩韻的通轉　　　　　1987.02　　　木鐸11期（慶祝　潘重規先生八秩華
　　　　　　　　　　　　　　　　　　誕特刊）　p.83–104

40.陳澧切韻考系聯廣韻　1987.06.05　　國立臺灣師範大學國文學報16期
　　切語上下字補充條例補例　　　　　（第五屆全國聲韻學討論會論文集）
　　　　　　　　　　　　　　　　　　p.1–18

41.戴震答段若膺論韻書　1988.03　　　中央研究院歷史語言研究所集刊59本
　　對王力脂微分部的啓示　　　　　　1分（李方桂先生紀念論文集）p.1–6

42.古今音變與韻書　　　1988.12　　　古典詩絕句入門　p.75–86

43.從科際整合觀點檢討　1988.08.20　　中華民國七十六年（1987）科際整合
　　國小語文教材　　　　　　　　　　研討會會前論文集I（我國人文社會
　　　　　　　　　　　　　　　　　　教育科際整合的現況與展望）
　　　　　　　　　　　　　　　　　　p.173–183

44.毛詩韻譜、通韻譜、　1989.02　　　中國學術年刊10期（慶祝高師仲華八
　　合韻譜　　　　　　　　　　　　　秩華誕專號）　p.37–68

45.中共簡體字混亂古音　1989.05.29　　青年日報14版副刊藝林漫步
　　韻部系統說

46.論談添盍怗分四部說　1989.06.　　　中央研究院第二屆國際漢學會議論文
　　　　　　　　　　　　　　　　　　集語言文字組（慶祝中央研究院院慶
　　　　　　　　　　　　　　　　　　六十週年）p.53–66

47.蘄春黃季剛先生古音　1989.09.28　　孔孟學報58期　p.319–364
　　學說是否循環論證辨

48.蘇東坡的政治睿識　　　1990.04.02　　　青年日報12版副刊書劍集

49.東坡欲乘甚麼風　　　　1990.10.02　　　青年日報14版副刊藝林漫步

50.以詩爲詞的沁園春　　　1991.01.16　　　青年日報14版副刊藝林漫步
　　—— 蘇詞賞析之一

51.東坡《海棠》詩的寄託1991.02.12　　　中央日報17版長河副刊

52.春江水暖鴨先知　　　　1991.02.28　　　中央日報17版長河副刊
　　—— 東坡的詩畫心聲

53.毛詩韻三十部諧聲表　　1991.03.28　　　孔孟學報61期　p.165–182

　　　　　　　　　　　　1991.05 初版　　聲韻論叢第三輯（臺灣學生書局）
　　　　　　　　　　　　　　　　　　　　p.1–24

54.道人輕打五更鐘　　　　1991.04.22　　　中央日報17版長河副刊
　　—— 爲什麼把東坡打上了海南島

55.意內言外的《永遇樂》1991.04.27　　　青年日報14版副刊藝林漫步
　　—— 蘇詞賞析之二

56.鏗然曳杖聲　　　　　　1991.05.28　　　中央日報17版長河副刊
　　——東坡向惡勢力抗爭不屈的精神

57.人生到處知何似　　　　1991.06.22　　　中央日報17版長河副刊
　　—— 蘇軾和韻勝原作的鶯啼第一聲

58.戴震答段若膺論韻書　　1991.06　　　　漢學研究9卷1期（總號17號）
　　幾則聲韻觀念的啓示　　　　　　　　　p.45–52

59.從蘇詩的名篇看蘇軾　　1991.07.28　　　孔孟月刊29卷11期（總號347號）
　　的一生　　　　　　　　　　　　　　　p.37–45

60.所得者少・所失者多　　1991.07　　　　中國語文通訊15期　p.20–23
　　—— 大陸推行簡體字四十年的檢討

61.不識廬山眞面目・只　　1991.09.04　　　中央日報19版長河副刊
　　緣身在此山中

　　—— 蘇東坡的生活哲理

62.《說文》借形爲事解　1991.09　　　中國語文通訊16期　p.19–21

63.前無古人後無來者的　1991.10.10　　中央日報21版長河副刊
　　名篇

64.菊殘猶有傲霜枝　　　1992.01.02　　中央日報17版長河副刊
　　—— 蘇東坡與劉景文的交情

65.《史記‧秦始皇本紀》1992.05 初版　聲韻論叢第四輯（臺灣學生書局）
　　所見的聲韻現象　　　　　　　　　　p.1–14

66.今本廣韻切語下字系聯1992.06.03　　第二屆國際暨第十屆全國聲韻學學術
　　　　　　　　　　　　　　　　　　　研討會論文集　p.169–196

　　　　　　　　　　　　1992.06.05　　國立臺灣師範大學文學院教學與研究
　　　　　　　　　　　　　　　　　　　14期　p.79–113

67.章太炎先生轉注假借　1992.06.10　　國立臺灣師範大學國文學報21期
　　說一文之體會　　　　　　　　　　　p.229–234

68.天容海色本澄清　　　1992.07.01　　中央日報17版長河副刊
　　—— 蘇東坡的天生本色

69.李方桂先生《上古音　1992.11.10　　中國語文1992年6期（總號231期）
　　研究》的幾點質疑　　　　　　　　　p.410–417

70.章太炎轉注說之眞諦　1992.11　　　 中國國學20期　p.35–40
　　與漢字統合之關聯

71.黃季剛先生及其古音學1993.03　　　 中國學術年刊14期　p.399–438

　　　　　　　　　　　　1993.05　　　 中國海峽兩岸黃侃學術研討會論文集
　　　　　　　　　　　　　　　　　　　p.39–55

　　　　　　　　　　　　1993.11　　　 中國國學21期　p.末1–34

72.倉頡檢字法與文字構　1993.05　　　 第四屆中國文字學全國學術研討會論

造的關聯		文集（大安出版社）　p.205–212
73.〈國色朝酣酒・天香 　　夜染衣〉 　　—— 林語堂先生《蘇東坡傳》所提到的東坡兩首詩辨析	1993.06.05	國立臺灣師範大學文學院教學與研究 15期　p.37–44
74.景伊師論律詩之章法 　　與對仗理論及其實踐	1993.06.05	國立臺灣師範大學國文學報22期 p.229–250
75.景伊師論律詩對仗體	1993.06　初版	林尹教授逝世十週年學術論文集 p.1–12
76.黃侃的古音學	1993.11.10	中國語文1993年6期（總號237期） p.445–455
77.訓詁方式中義界與推 　　因之先後次第說	1994.01	訓詁論叢（文史哲出版社）p.11–18

三、藝文創作：

1.俞院長與周「總理」	1989.09.22	青年日報14版副刊書劍集
2.歷史是不可以竄改的	1989.10.20	青年日報12版副刊書劍集
3.長江變黃河	1989.10.21	青年日報12版副刊書劍集
4.誰搞兩個中國	1989.10.30	青年日報12版副刊書劍集
5.擒賊先擒王挽弓當挽強	1989.10.31	青年日報11版副刊書劍集
6.十億難民	1989.11.17	青年日報19版副刊書劍集
7.兩岸的地震	1989.11.18	青年日報19版副刊書劍集
8.海峽兩岸中國人的強 　　烈願望是什麼？	1989.11.22	青年日報19版副刊書劍集
9.可愛的香港可愛的國旗	1989.11.26	青年日報19版副刊書劍集
10.井水不犯河水	1989.12.09	青年日報12版副刊書劍集
11.連戰連捷	1989.12.12	青年日報12版副刊書劍集

12.盲流	1989.12.13	青年日報12版副刊書劍集
13.執法從嚴	1989.12.16	青年日報12版副刊書劍集
14.長征什麼	1989.12.17	青年日報12版副刊書劍集
15.柏林拆牆	1989.12.20	青年日報12版副刊書劍集
16.千秋正氣	1989.12.21	青年日報12版副刊書劍集
17.談兩岸學術交流	1989.12.25	青年日報12版副刊書劍集
18.相鼠有皮	1989.12.26	青年日報12版副刊書劍集
19.澄清天下	1990.01.02	青年日報12版副刊書劍集
20.扼阻投機	1990.01.06	青年日報12版副刊書劍集
21.僑選立委的精英	1990.01.08	青年日報12版副刊書劍集
22.中國的前途	1990.01.11	青年日報12版副刊書劍集
23.試譜新曲頌中國	1990.01.12	青年日報12版副刊書劍集
24.精英政治	1990.01.13	青年日報12版副刊書劍集
25.訪臺又何妨	1990.01.15	青年日報12版副刊書劍集
26.便民乎？擾民乎？	1990.02.06	青年日報12版副刊書劍集
27.加強海防	1990.02.08	青年日報12版副刊書劍集
28.小雨與颱風	1990.02.16	青年日報12版副刊書劍集
29.香港的鐵路	1990.02.19	青年日報12版副刊書劍集
30.展望與隱憂	1990.02.21	青年日報12版副刊書劍集
31.香港的交通	1990.02.23	青年日報12版副刊書劍集
32.黃維將軍	1990.02.27	青年日報12版副刊書劍集
33.真知灼見的政治家	1990.03.03	青年日報12版副刊書劍集
34.香港的渡輪	1990.03.04	青年日報12版副刊書劍集
35.流芳百世與遺臭萬年	1990.03.09	青年日報12版副刊書劍集
36.擾嚷幾時休	1990.03.10	青年日報12版副刊書劍集
37.時乎不再來	1990.03.18	青年日報12版副刊書劍集

38.反統中共一戰如何　1990.03.26　青年日報12版副刊書劍集

39.得獎感言　1990.04.03　青年日報12版副刊放眼天下

40.勞工不足問題　1990.04.08　青年日報12版副刊書劍集

41.喜柴玲脫險　1990.04.29　青年日報14版副刊放眼天下

42.欣見國內政情祥和　1990.04.30　青年日報14版副刊放眼天下

43.國旗國歌與黨旗黨歌　1990.05.08　青年日報14版副刊放眼天下

44.臺港關係　1990.05.09　青年日報14版副刊放眼天下

45.富而好禮　1990.05.18　青年日報14版副刊放眼天下

46.九龍城寨與七號公園　1990.05.23　青年日報14版副刊放眼天下

47.誰在干政　1990.05.31　青年日報14版副刊放眼天下

48.百年身世千年慮之林　1990.05　中國語文通訊8期　p.34–38
尹教授

49.臺北舉辦中國聲韻學　1990.05　中國語文通訊8期　p.39
國際學術研討會

50.民主女神號　1990.06.01　青年日報14版副刊放眼天下

51.畢業典禮　1990.06.10　青年日報14版副刊放眼天下

52.諤諤之言　1990.06.13　青年日報14版副刊放眼天下

53.一夕樽罍感慨多　1990.06.14　青年日報14版副刊放眼天下

54.陳力就列不能則止　1990.06.19　青年日報14版副刊放眼天下

55.國是會議　1990.06.30　青年日報14版副刊放眼天下

56.學術對等交流　1990.07.08　青年日報14版副刊放眼天下

57.立法權與監察權　1990.07.22　青年日報14版副刊放眼天下

58.伸張考試院職權　1990.08.01　青年日報14版副刊放眼天下

59.中國統一的障礙　1990.08.08　青年日報14版副刊放眼天下

60.廣州見聞　1990.08.19　青年日報14版副刊放眼天下

61.百花齊放的政黨　1990.08.20　青年日報14版副刊放眼天下

62.一則新聞幾種報導	1990.08.28	青年日報14版副刊放眼天下
63.伊拉克出兵的警示	1990.08.29	青年日報14版副刊放眼天下
64.難以理解的說法	1990.09.08	青年日報14版副刊放眼天下
65.立法從寬執法從嚴	1990.09.20	青年日報14版副刊放眼天下
66.中國聲韻學國際學術 　研討會報導	1990.09	漢學研究通訊9卷3期（總號35期） p.173–174
67.知彼知己百戰不殆	1990.10.21	青年日報14版副刊放眼天下
68.究竟是誰的責任	1990.10.30	青年日報14版副刊放眼天下
69.實至名歸	1990.11.07	青年日報14版副刊放眼天下
70.釣魚臺事件的沉思	1990.11.19	青年日報14版副刊放眼天下
71.討了便宜又賣乖	1990.11.21	青年日報14版副刊放眼天下
72.談卜波夫來訪	1990.11.22	青年日報14版副刊放眼天下
73.民主新管道	1990.11.25	青年日報14版副刊放眼天下
74.柴契爾夫人	1990.12.06	青年日報14版副刊放眼天下
75.靖廬鼓噪	1990.12.29	青年日報14版副刊放眼天下
76.兩岸當局如何	1991.01.10	青年日報14版副刊放眼天下
77.行駛路肩的心態	1991.01.22	青年日報14版副刊放眼天下
78.史不可忽忘	1991.01.30	青年日報14版副刊放眼天下
79.睜眼說瞎話	1991.02.02	青年日報14版副刊放眼天下
80.也談大專教師考績獎金	1991.02.07	青年日報14版副刊放眼天下
81.世界展望・台灣定位 　・中國前景	1991.02.09	青年日報14版副刊放眼天下
82.多難興邦有備無患	1991.02.10	青年日報14版副刊放眼天下
83.告朔餼羊	1991.02.26	青年日報14版副刊放眼天下
84.華叔硬是要得	1991.03.02	青年日報14版副刊放眼天下
85.爲民服務	1991.03.15	青年日報14版副刊放眼天下

86.待客之道　　　　　　1991.03.16　　青年日報14版副刊放眼天下

87.擲地有聲的質詢稿　　1991.03.18　　青年日報14版副刊放眼天下

88.頭腦僵化　　　　　　1991.04.24　　青年日報14版副刊放眼天下

89.偷渡何時了　　　　　1991.04.26　　青年日報14版副刊放眼天下

90.第一次接觸　　　　　1991.05.11　　青年日報14版副刊放眼天下

91.不考歷史有共識嗎？　1991.05.15　　青年日報14版副刊放眼天下

92.大陸當局　　　　　　1991.05.20　　青年日報14版副刊放眼天下

93.欲治而不知自治之源　1991.05.21　　青年日報14版副刊放眼天下
　　惡亂而不知防亂之術

94.電源與水源　　　　　1991.06.09　　青年日報14版副刊放眼天下

95.作繭自縛　　　　　　1991.07.02　　青年日報14版副刊放眼天下

96.和平演變　　　　　　1991.07.03　　青年日報14版副刊放眼天下

97.展現國力　　　　　　1991.08.07　　青年日報14版副刊放眼天下

98.參觀白宮　　　　　　1991.08.16　　青年日報14版副刊放眼天下

99.錯失良機　　　　　　1991.08.28　　青年日報14版副刊放眼天下

100.滔滔千里心　　　　　1991.09.03　　青年日報15版副刊放眼天下

100.中文電腦　　　　　　1991.09.05　　青年日報14版副刊放眼天下

四、序跋文章：

1.「古音學發微」自序　1972.09.28　　木鐸1期（慶祝華岡暨本系十週年紀
　　　　　　　　　　　　　　　　　　念特刊）　p.19–20

2.「古音學發微」提要　1972.09.28　　木鐸1期（慶祝華岡暨本系十週年紀
　　　　　　　　　　　　　　　　　　念特刊）　p.26–29

3.周禮賦稅考序　　　　1977.09 初版　周禮賦稅考（林耀曾著，學海出版社
　　　　　　　　　　　　　　　　　　）　共三頁

4.反切探原與門法解說序1980.03　　　（脫稿）

5.景伊詩鈔跋	1984.06	木鐸10期（林景伊先生逝世周年紀念論文集）　p.13–16
6.詩經周南召南發微序	1986.08　初版	詩經周南召南發微（文幸福著，學海出版社）
7.黃侃聲韻學未刊稿出版序	1986.10.12	（脫稿）
8.韻鏡研究序	1987.10　初版	韻鏡研究（孔仲溫著，臺灣學生書局）p. I
9.老子釋義序	1987.12　初版	老子釋義（黃登山著，臺灣學生書局）p. III–IV
10.類篇研究序	1987.12　初版	類篇研究（孔仲溫著，臺灣學生書局）p. I – II
11.字樣學研究序	1988.04　初版	字樣學研究(曾榮汾著，臺灣學生書局)p. I – II
12.無益詩稿序	1990.02.08	（脫稿）
13.中華民國聲韻學學會緣起	1990.06	漢學研究通訊 7 卷 2 期（總號 2 6 期）p.101–103
14.簡明訓詁學增訂本綴言	1991.01.02	（脫稿）
15.《放眼天下》自序	1991.01.28	青年日報 1 4 版副刊
16.古代漢語詞源研究論衡序	1991.05.05	（脫稿）
17.聲韻論叢序	1991.05　初版	聲韻論叢第三輯（臺灣學生書局）p.1–2
18.聲經韻緯求古音表序	1992.02.05	（脫稿）
19.發刊詞	1992.05	聲韻學會通訊 1 期　p.一—三
20.聲韻論叢第四輯弁言	1992.05　初版	聲韻論叢第四輯（臺灣學生書局）

　　　　　　　　　　　　　　　　　p. I–II

21.晚唐律體詩用韻通轉　1992.09.30　（脫稿）
　　之研究序

22.《唐五代韻書集存》跋1992.09　　中國語文通訊２２期　p.28–30

23.解字說文序　　　　　1993.01.29　（脫稿）

24.說文形聲字研究序　　1993.02.20　（脫稿）

25.文字聲韻論文集序　　1993.07.07　（脫稿）

26.發刊辭　　　　　　　1993.12　　　中國訓詁學通訊１期　p.1–2

27.訓詁論叢弁言　　　　1994.01　　　訓詁論叢（文史哲出版社）　p.1–4

五、編纂典籍：

1.中文大辭典　　　　　1968.08　　　中國文化學院出版部
　　（三十八冊，索引二冊）

2.大學字典（一冊）　　1973.10　　　華岡出版部

3.國民字典　　　　　　1974.10　　　華岡出版部
　　（與李殿魁合編）

4.尚書論文集　　　　　1975.12　　　文光出版社
　　（國學論文薈編經部第一輯）（與于大成合編）

5.史記論文集　　　　　1975.12　　　文光出版社
　　（國學論文薈編史部第一輯）（與于大成合編）

6.淮南子論文集　　　　1975.12　　　文光出版社
　　（國學論文薈編子部第一輯）（與于大成合編）

7.文心雕龍論文集　　　1975.12　　　文光出版社
　　（國學論文薈編集部第一輯）（與于大成合編）

8.文字學論文集　　　　1975.12　　　文光出版社
　　（國學論文薈編小學部第一輯）（與于大成合編）

9.左傳論文集　　　　　　1976.05　　　　　木鐸出版社
　（國學論文薈編經部第二輯）（與于大成合編）

10.漢書論文集　　　　　　1976.05　　　　　木鐸出版社
　（國學論文薈編史部第二輯）（與于大成合編）

11.莊子論文集　　　　　　1976.05　　　　　木鐸出版社
　（國學論文薈編子部第二輯）（與于大成合編）

12.昭明文選論文集　　　　1976.05　　　　　木鐸出版社
　（國學論文薈編集部第二輯）（與于大成合編）

13.聲韻學論文集　　　　　1976.05　　　　　木鐸出版社
　（國學論文薈編小學部第二輯）（與于大成合編）

14.常用國字標準字體表　1979.06初版　正中書局（1982.06.20教育部公布）
　（甲表）

15.次常用國字標準字體表1982.12初版　正中書局（1982.12.20教育部公布）
　（乙表）

16.字形匯典（二十五冊）1983.03　　　　　聯貫出版社
　（與余迺永、李殿魁、袁炯合編)

17.異體國字字表（丁表）1984.03.29　　　教育部

18.大辭典（三冊）　　　　1985.08　　　　　三民書局

19.新辭典（一冊）　　　　1989.05　　　　　三民書局

20.語言學辭典（一冊）　　1989.10　　　　　三民書局
　（與竺家寧、姚榮松、羅肇錦、孔仲溫、吳聖雄編著）

　　　　　　　　　　　　　　　　　　　　　　（王玉如　整理）

附錄四

陳新雄教授指導完成
博、碩士論文一覽表

一. 博士論文

著作者	論　文　題　目	畢業學校	年度	附註
許　璧	史記稱代詞與虛詞研究	臺灣師大	1975	(1)
林炯陽	廣韻音切探源	臺灣師大	1980	(2)
林慶勳	段玉裁之生平及其學術成就	文化大學	1980	(3)
竺家寧	古漢語複聲母研究	文化大學	1981	(4)
姚榮松	上古漢語同源詞研究	臺灣師大	1982	(5)
柯淑齡	黃季剛先生之生平及其學術	文化大學	1982	(6)
曾榮汾	干祿字書研究	文化大學	1982	(7)
金相根	韓國人運用漢字與韓國漢字入聲韻之研究	臺灣師大	1983	(8)
耿志堅	唐代近體詩用韻通轉演變之研究	政治大學	1983	
司仲敖	錢大昕之生平及其經學	文化大學	1984	
孔仲溫	類篇研究	政治大學	1985	
姜忠姬	五音集韻研究	臺灣師大	1987	
葉鍵得	十韻彙編研究	文化大學	1987	
許端容	可洪新集藏經音義隨函錄音系研究	文化大學	1989	
李添富	古今韻會舉要研究	臺灣師大	1990	

吳聖雄	日本吳音研究	臺灣師大	1991
江惜美	蘇軾詩學理論及其實踐	東吳大學	1991
李義活	續一切經音義反切研究	文化大學	1991
朴萬圭	韓國三國時代韻文研究	文化大學	1991
林鳳慧	詩經與詩聖韻例比較研究	珠海書院	1991
金鐘讚	許慎說文會意字與形聲字歸類之原則研究	臺灣師大	1992

【附註】

註　一　與林尹教授共同指導。

註　二　與林尹教授共同指導。

註　三　與林尹、潘重規教授共同指導。

註　四　與林尹教授共同指導。

註　五　與林尹教授共同指導。

註　六　與林尹、潘重規教授共同指導。

註　七　與林尹教授共同指導。

註　八　與周何教授共同指導。

二. 碩士論文

著作者	論　文　題　目	畢業學校	年度
賈　禮	詩經韻考	文化大學	1970
林炯陽	魏晉詩韻考	臺灣師大	1971
鍾克昌	戴氏轉語索隱	臺灣師大	1971
王芳彥	五均論研究	臺灣師大	1971
林慶勳	經史正音切韻指南與等韻切音指南		

	比較研究	文化大學	1971
柯淑齡	說文上聲字根研究	文化大學	1971
戴瑞坤	陳澧切韻考考辨	文化大學	1971
林慕曾	崔豹古今注疏證	文化大學	1971
許燈城	初唐詩人用韻考	文化大學	1971
蔡謀芳	爾雅義疏指例	臺灣師大	1972
竺家寧	四聲等子音系蠡測	臺灣師大	1972
黎光蓮	中越字音比較研究	臺灣師大	1972
王文相	音韻闡微韻譜研究	文化大學	1972
傅兆寬	四聲切韻表研究	文化大學	1972
王三慶	杜甫詩韻考	臺灣師大	1973
姚榮松	切韻指掌圖研究	臺灣師大	1973
陳弘昌	藤堂明保等韻說	文化大學	1973
蕭永雄	元白詩韻考	文化大學	1973
謝碧賢	文始研究	輔仁大學	1973
王勝昌	說文篆韻譜之源流及其音系研究	臺灣師大	1974
李達賢	五代詞韻考	政治大學	1974
陳堯階	說文初文六書分類考辨	輔仁大學	1974
周小萍	說文形聲字聲母假借發凡	文化大學	1974
黃正賜	孫輯倉頡篇疏證	文化大學	1974
吳靜之	上古聲調之蠡測	臺灣師大	1975
康世統	廣韻韻類考正	臺灣師大	1975
鄭邦鎮	說文省聲探賾	輔仁大學	1975
吳秀英	廣韻入聲字演變爲國語音讀考	輔仁大學	1975
呂源德	從廣韻又音考群母之古讀	臺灣師大	1976
符濟梅	段玉裁詩經韻分十七部表正誤	輔仁大學	1976

鄭寶美	孔廣森詩聲分例證補	文化大學	1976
李貴榮	廣韻脣音字開合研究	輔仁大學	1977
許金枝	東坡詞韻研究	臺灣師大	1978
耿志堅	宋代近體詩用韻通轉之演變研究	政治大學	1978
吳淑惠	聲響與文情關係之研究	臺灣師大	1979
金周生	廣韻一字多音現象初探	輔仁大學	1979
凌亦文	增訂碑別字中俗字之研究	輔仁大學	1979
葉鍵得	通志七音略研究	文化大學	1979
陳麗珊	段注說文音義關係之研究	文化大學	1979
姜忠姬	五音集韻與廣韻之比較研究	臺灣師大	1980
李添富	晚唐律體詩用韻通轉之研究	輔仁大學	1980
孔仲溫	韻鏡研究	政治大學	1980
王允莉	高郵王氏讀書雜志訓詁術語之研究	文化大學	1981
宋麗瓊	方言郭璞音之研究	輔仁大學	1981
吳傑儒	異音別義之源起及其流變	臺灣師大	1982
馮永敏	杜甫詩中對句疊字所見之聲情	臺灣師大	1983
陳美華	說文干支字研究	文化大學	1983
朴萬圭	三國志東夷傳韓國譯名之研究	文化大學	1984
吳聖雄	康熙字典字母切韻要法探索	臺灣師大	1985
辛基莘	廣韻入聲字韓漢音演變考	輔仁大學	1985
王婉芳	韓非子通假文字音義商榷	輔仁大學	1985
駱嘉鵬	廣韻音韻辨識法：如何以國語、閩南語讀音分辨廣韻的聲韻調	輔仁大學	1985
林慶盛	李白詩用韻之研究	東吳大學	1986
吳鍾林	廣韻去聲索源	臺灣師大	1987
沈壹農	原本玉篇引述唐以前舊本說文考異	政治大學	1987

金泰成	中國國語與現代韓國漢字音語音系統對應關係的研究	輔仁大學	1987
江惜美	烏臺詩案研究	東吳大學	1987
潘天久	廣韻重紐索源	臺灣師大	1988
李相機	二徐說文學研究	輔仁大學	1988
金鐘讚	高本漢複聲母擬音法之商榷	臺灣師大	1989
林維祥	說文解字敘析論	文化大學	1992
都惠淑	王念孫及其古音學	臺灣師大	1993

（李添富整理）

附錄五

陳新雄教授六秩壽慶論文集作者簡歷

孫劍秋　浙江瀚洲縣人，民國五十一年生。國立政治大學中文研究所博士。曾任政治大學、東吳大學中文系講師。現任東吳大學中文系副教授。著有《顧炎武經學之研究》、《清代吳派經學之研究》等書。

林葉連　南投縣人，生於民國四十八年二月。中國文化大學文學博士。曾任景文專校副教授兼訓導主任，中國文化大學講師、副教授。現任國立雲林技術學院副教授。在潘重規先生指導下，撰寫《中國歷代詩經學》，於八十二年出版。

文幸福　字在我，廣東省寶安縣人，出生於香港，民國五十九年夏來台就讀師大國文系。國文研究所碩士、博士，現任師大大國文系副教授。著有《詩經周南召南發微》、《詩經毛傳鄭箋辨異》、《無益詩詞稿》等書暨學術論著數十篇。

汪惠敏　安徽省績溪人，民國三十八年生。輔仁大學中國文學系、中國文學研究所畢業。曾任輔仁大學中國文學系助教、講師，現任輔仁大學中國文學系副教授。著有《南北朝經學初探》、《三國時代之經學研究》、《宋代經學之研究》、《史記政治人物述評》等書，及〈何晏論語集解考辨〉、〈王肅學述〉等論文二十餘篇。

王金凌　廣東省豐順縣人，民國三十八年生。輔仁大學中國文學究所畢業，東吳大學中國文學研究所博士班畢業。曾任輔仁大學教授，今執教於中山大學中國文學系。著有《劉勰年譜》、《文心雕龍文論術語析論》、《中國文學理論史》（上古篇）（六朝篇）等書，

與〈呂氏春秋的天人思想〉、〈公羊傳的居正與行權〉、〈皎然詩式研究〉等論文。

劉文起　山東沂水人，民國卅六年生。國立台灣師範大學國文研究所畢業，中華民國國家文學博士。現任教國立中正大學中文系、所。

劉黎卿　台灣省花蓮縣人，民國五十三年生。輔仁大學中國文學研究所畢業，輔仁大學中國文學研究所博士班肄業，現任教於國立台中商專。著有《唐代詠安史之亂詩歌研究》及〈唐代詠安史之亂詩歌內容初探〉等文。

高秋鳳　臺灣省臺南市人，民國四十年生。國立臺灣師範大學國文研究所文學博士。曾任國小、國中教師，師大國文系助教、講師，現任師大國文系副教授。撰有《楚辭三九暨後世以九名篇擬作之研探》、《天問研究》，及單篇論文〈鵩鳥賦與鸚鵡賦之比較研究〉、〈說文所見方言研探〉、〈穀梁時月日例之盟例試探〉、〈詩經周南汝墳篇研探〉、〈文心辨騷析論〉、〈明汪瑗《楚辭集解》述評〉等十餘篇。

江惜美　廣東省陸豐縣人，民國四十五年生。東吳大學中國文學研究所文學博士。現任台北市立師範學院語文教育系副教授。民國七十七年獲頒「斐陶斐榮譽學會」會員證書。民國八十二年，赴菲律賓擔任「菲華暑期師資講習班」講座。八十三年，膺選台北市立師院傑出校友。著有《烏台詩案研究》、《蘇軾詩學理論及其實踐》、《文學論簡編》等。

劉昭明　臺灣師範大學國文研究所碩士班畢業，東吳大學中文研究所博士班肄業，曾任世界新聞傳播學院專任講師、東吳大學中文系兼任講師。著有專書：《蘇軾嶺南詩論析》（碩士論文，自印本）、《經學研究論著目錄》（合編，漢學研究中心出版）；單篇論文：〈蘇軾與王朝雲關係考〉（《國立編譯館館刊》）、〈蘇軾〈虞

美人〉詞考索〉（《國立編譯館館刊》）、〈蘇軾〈卜算子·黃州定慧院寓居作〉發微〉（《國立編譯館館刊》）、〈蘇軾〈賀新郎〉新論〉（《漢學研究》）；詩詞選釋：陳新雄先生〈把酒三十首·依三十平韻次第〉（《國語日報·古今文選》）。

司仲敖　山東省蓬萊縣人，民國三十六年四月六日生。畢業於師範大學國文系，文化大學中國文學研究所，現爲中興大學教授。教授詩經，詩詞欣賞，大一國文。著有《張九齡詩集校注》、《錢大昕之生平及其經學》、《袁枚及其詩學》、《隨園及其性靈詩說之研究》、《袁枚及其性靈論之探究》。

王三慶　台灣高雄人。國立台灣師範大學國文研究所碩士，中國文化大學中文研究所博士。曾任中國文化大學教授，現任國立成功大學中國文學系所教授。著有《杜甫詩韻考》等書。

徐信義　臺灣臺南縣人，1947年生。臺灣師範大學國文學系、研究所畢業，文學博士。現任教於中山大學中國文學系、研究所，講授詩經、詞學、詞曲選、戲劇選、文學批評等課程。著《張炎詞源探究》（碩士論文，1974）、《碧雞漫志校箋》（博士論文，1981）、《詞學發微》（臺北：華正書局，1985），及其他單篇論文。

潘麗珠　台北市人，民國四十八年生。國立臺灣師範大學國文系、國文研究所碩士班、博士班畢業。現任國立臺灣師範大學國文系副教授、《國文天地》副總編輯、教育部《人文及社會學科教學通訊》雙月刊召集人。專攻古典詩詞及戲曲，並從事現代文學散文、小說與戲曲劇本之創作，著有《盛唐王孟詩派美學研究》、《元曲選百種雜劇情節結構析論》、《詩筆映千古——唐宋詩選粹》、《高歌一曲斜陽晚--元明散曲選》、《青春雜歌》散文集等。

汪中文　湖南省湘陰縣人，民國四十五年一月一日生。國立台灣師範

大學國文研究所博士，現任國立台南師範學院語文教育系副教授。著有《儀禮鄉射禮儀節研究》、《西周冊命金文所見官制研究》、《兩周官制論稿》、《微史家族銅器群文字暨疑難文字考釋》。另與周何教授、季旭昇教授合編《金文書目彙編》、《金文論文資料引得》、《金文字形編》、《金文單字引得》等書。

瀨戶口律子　本姓西銘，1945年山生於日本沖繩縣，1968年於日本大東文化大學國文系畢業，又於1972年在國立台灣師範大學國文研究所（碩士班）畢業。現爲大東文化大學中文系副教授。主要研究中國語言學，著作有《中國散文選》（上、下冊），《中文發言課本》（由明治書院出版）《中文四百字故事》（駿河台出版社）《日語擬聲詞、擬態詞辭典》（北京出版社）以及論文若干篇等。

林慶勳　台灣桃園人，1945年生。中國文化大學中文研究所畢業，獲國家文學博士。曾任文化大學中文系副教授兼中文系主任、日本國立東京大學文學部外國人研究員。現任高雄師範大學國文所系教授兼國文系主任。講授聲韻學、音韻學研究、詞匯學研究、漢語方言學專題研究等課程。著有《音韻闡微研究》、《古音學入門》（與竺家寧合著）、〈刻本圓音正考所反映的音韻現象〉、〈試論日本館譯語的聲、韻母對音〉、〈拍掌知音的聲母〉、〈中州音韻輯要的反切〉等文。

竺家寧　浙江奉化人，民國三十五年生。國立台灣師範大學國文研究所碩士，中國文化大學中文研究所博士班畢業，獲國家文學博士。曾任漢城檀國大學客座教授，淡江大學中文研究所教授。現任國立中正大學中文研究所教授。曾擔任聲韻學、訓詁學、語音學、漢語語言學、辭彙學、漢語語法學等課程。著有《四聲等子音系蠡測》、《九經直音韻母研究》、《古漢語複聲母研究》、《古

今韻會舉要的語音系統》、《古音之旅》、《古音學入門》（合
著）、《語言學辭典》（合著）等書。

曾榮汾　台灣雲林人，民國四十年四月生。師範大學國文研究所碩士，
中國文化大學中文研究所博士。曾任中國文化大學中文系副教授。
現任中央警官學校資訊系教授，並兼任教育部國語辭典修訂委員
會副總編輯。主要著作有《呂刑研究》、《康誥研究》、《干祿
字書研究》、《字樣學研究》、《辭典編輯學研究》、《中國近
代警察史料初編》、《字典中部首歸屬問題探析》、《處理中文
資料的電腦利用及實例介紹》、《中國字的工具書》、《歇後語
小辭典》、《談部首序字典編輯觀念的改進》等。

蔡宗陽　字伯龍，號逸廬，臺灣省嘉義縣人。民國三十四年生。國立
臺灣師範大學國文學系、國文研究所碩士班、博士班畢業。曾任
中學訓導主任、師大課外活動組主任、助教、講師、副教授。現
任國立臺灣師範大學國文系所教授兼中國語文學會副秘書長、中
國語文月刊編撰委員。民國七十四年榮獲教育部頒發青年研究著
作獎。著有《陳騤文則新論》、《劉勰文心雕龍與經學》、《文
燈》、《國學淺說》、《莊子之文學》、《標點符號》、《譴詞
造句》等書，單篇論文數十篇。

季旭昇　民國四十二生。國立台灣師範大學國文系、國文研究所碩士
班、博士班畢業，目前於國立台灣師範大學國文系任職副教授。
著有《詩經吉禮研究》（碩士論文）、《甲骨文字根研究》（博士
論文）、《金文單字引得》（集體編纂），及其他有關《詩經》、
古文字之單篇論文若干。

孔仲溫　江西鄱陽人，民國四十五年生。國立政治大學文學博士。曾
任靜宜大學、東吳大學中文系副教授，中興大學、逢甲大學兼任
副教授。現任國立中山大學中文系所副教授，國立高雄師範大學

國文系兼任副教授。講授文字學、聲韻學、訓詁學、國音、中國文字學專題討論、古文字研究、上古音學專題討論、漢語專題研究等課程。著有《韻鏡研究》、《類篇研究》、《類篇字義析論》、《語言學辭典》（合著）等書。〈敦煌首溫韻學殘卷析論〉、〈殷商甲骨諧聲字之音韻現象試探〉、〈段注說文牡妹二字形構述論〉等單篇論文二十餘篇。

金鐘讚 大韓民國慶尚北道浦項人，生於西元一九五七年。成均館大學文學士、韓國外國語大學文學碩士、國立臺灣師範大學文學碩士、國立師範大學文學博士。著有《高本漢複聲母擬音法之商榷》、《許慎說文會意字與形聲字歸之原則研究》。現任國立安東大學中文系教授。

柯淑齡 中國文化大學中文研究所博士。現任中國文化大學中文系所教授。著有《說文上聲字根研究》、《黃季剛先生之生平及其學術》等書。

黃坤堯 廣東中山人，1950生。國立台灣師範大學國文系畢業，香港中文大學哲學碩士、哲學博士，現任香港中文大學中文系講師。著有《溫庭筠》、《書緣》、《經典釋文動詞異讀新探》、《新校索引經典釋文》等書。另有聲韻學、訓詁學、古典文學、現代文學之論文二十餘篇，散見於香港、台灣、大陸之學報及期刊內。

林炯陽 台灣基隆人，民國二十八年生。國立台灣師範大學國文研究所畢業，國家文學博士。曾任中華民國聲韻學學會秘書長，東吳大學中國文學研究所所長、中國文學系系主任。現任中華民國聲韻學學會理事長、東吳大學中國文學研究所、中國文學系系專任副教授，輔仁大學中國文學研究所、逢甲大學中國文學研究所、國立中興大學中國文學系兼任副教授。講授中國文學聲律研究、中國語言學史、廣韻研究、古音學、聲韻學等課程。著有《魏晉

詩韻考》、《廣韻探源》、〈周易卦爻辭之作者〉、〈論曾運乾切韻五聲五十一紐說〉、〈磨光韻鏡在聲韻學研究上的價值〉、〈敦煌韻書殘卷在聲韻學研究上的價值〉、〈敦煌寫本王梵志詩用韻研究〉、〈切韻系韻書反切異文形成的原因及其價值〉等文。

李義活　韓國人，1951年生。中國文化大學中國文學研究所碩士、博士，現任曉星女子大學中語中文科副教授。著有《字鑑引說文考》、《續一切經音義反切研究》、《漢語音韻學通論》等書。另有〈二徐本說文解字流傳小考〉、〈希麟音義唇音考〉、〈希麟音義舌音考〉等單篇論文十餘篇。又譯有日人田中清一郎《中國語用法便覽》一書。

李貴榮　字亦寧，南京市人，民國三十六年生。輔仁大學中文碩士。曾任崑山工專講師、台南家專講師，現任國立高雄餐旅管理專校籌備處副研究員兼秘書。著有《廣韻唇音字開合研究》、《從廣韻又切看唇音字之演變》、《顏習齋思想研究》、《顏習齋之生平及其思想》。目前從事於《李恕谷思想研究》。

朴萬圭　一九五五年四月八日生於韓國慶尚道。一九七八年畢業於韓國外國語大學中文系，負笈台灣。一九八四年得中國文化大學中研所碩士學位，論文題目乃《三國志東夷韓國譯名之研究》；一九九一年得中國文學博士學位，題目乃《韓國三國時代韻文研究》；均遊於伯元師門下，專攻中國聲韻之學。現任韓國蔚山大學中文系系主任，論文十餘篇。

姚榮松　民國三十五年生於臺灣省雲林縣。畢業於國立台灣師範大學國文系（59年）、國文研究所（62年碩士、71博士）。曾任台北市弘道國中教師、台灣師大國文系所助教、講師，副教授，現任台灣師大國文系教授，擔任中國文字綜合研究（國研所）、訓詁學、國音等課程。1993--1994年度為國科會科技人員國外進修甲

種人員，正在法國社會科學高等學院語言系進修，並于1984年在哈佛大學燕京學社研究一年。主要著作爲：《切韻指掌圖研究》（1973年）、《上古漢語同源詞研究》（1982年）、《古代漢語詞源研究論衡》（1991年）、《語言學詞典》(與陳伯元師等合撰)、《語言學》（1993年三民書局國學導讀叢書內）等。

金周生 浙江海寧人，民國四十三年生。輔仁大學中文研究所碩士，輔仁大學中文研究所博士班肄業，曾任輔仁大學中國文學系助教、講師，現任輔仁大學中國文學系副教授。著有《廣韻一字多音現象初探》、《宋詞入聲韻部考》等書，另有文字學、聲韻學等單篇論文二十餘篇。

吳傑儒 廣東省增城縣人，生於一九五七年，國立台灣師範大學國文研究所碩士，現任教於大仁藥專。著有〈異音別義之源起及其流變〉、〈韻略匯通初探〉、《韻略匯通音系研究》、《韻略易通音系研究》、〈有關韻略易通的幾個問題〉。

吳世畯 韓國京畿道人，一九六二年生。畢業於韓國明知大學中文系，東吳大學中文研究所碩士班。現讀東吳大學中文研究所博士班。撰有碩士論文《王力上古音學說述評》， <從朝鮮漢字音看一二等重韻問題>。譯注書有《漢語音韻》(王力原著)。

葉鍵得 臺灣省嘉義縣人，民國四十三年生。中國文化大學中文研究所文學博士。曾任教於德明商專、銘傳商專、文化大學、淡江大學、空中大學、政戰學校，現任台北市立師範學院語文系副教授、兼國語文研究及教學中心資料組組長。著作有《通志七音略研究》、《十韻彙編研究》、〈七音略與韻鏡之比較〉、〈論故宮本王仁煦刊謬補缺切韻一書拼湊的眞象〉、〈《內府藏唐寫本刊謬補缺切韻》一書的特色及其在音韻學上的價值〉等多篇。

鮑國順 安徽人，民國36年生。先後畢業於政治大學中文系、中文所

碩士班、博士班，獲國家文學博士。曾任靜宜大學、政治大學、中山大學、高雄師範大學教授。現任中山大學中文所教授兼文學院院長。主要著作有《段玉裁校改說文之研究》、《戴東原學記》、《荀子學說析論》。目前研究，以先秦儒學與清代學術為主要領域。

李添富　臺灣省臺北縣人，民國四十一年生。輔仁大學中文研究所碩士，國立臺灣師範大學國文研究所博士。現任輔仁大學中國文學系專任副教授，國立成功大學中國文學系所、淡江大學中國文學系兼任副教授，中國訓詁學會秘書長。講授古音學研究、語音學、文字學、聲韻學、訓詁學、詩經等課程。著有《古今韻會舉要研究》、《晚唐律體詩用韻通轉之研究》及〈國語的輕聲〉、〈語音規範的問題〉、〈餘杭章君轉注說探源〉、〈假借與破音字的關係〉〈周南卷耳「采采」意象試釋〉等論文二十餘篇。

成　玲　河南商城縣人，民國五十四年生。輔仁大學中國文學系畢業，國立台灣師範大學國文研究所碩士，現就讀國立台灣師範大學國文研究所博士班二年級。服務於新店市景文工商專科學校，並兼任國立台灣師範大學國文系、輔仁大學中國文學系講師，擔任四書、語音學等課程；研究範圍以經學、小學為核心，著有《春秋公羊傳稱謂例釋》等。

許玟芳　臺灣省澎湖縣人。四歲自澎湖遷臺，卓居高雄。童年歲月泰半漫躞於高雄。高雄女中畢業後，舉家北上，又徙居汐止、永和，並就讀於文化大學、師範大學碩士班。其時，便對中外文學有相當濃郁之興趣，及深切之喜愛，故秉心優遊於比較文學之領域。碩士論文為：《元雜劇趙氏孤兒與服爾德中國孤兒之比較研究》。師大畢業後，曾任教於金甌商職，現職龍華工專專任教師、師範大學兼任教師。並於去年就讀於師大國文研究所博士班一年級。著有《紅樓夢中的夢探研》、〈詩經中羔裘之疑義〉、〈蘇東坡

詞「卜算子」之賞析〉、〈年青人布朗〉；創作〈迴想〉、〈蘇聯鑽戒〉、〈似曾相識〉、〈閃亮的日子〉、〈抄襲如同僞造文書〉、〈不純淨的司法空間〉及英文著作〈The LiteraryTechniques of Nathaniel Hawthorne's "Young GoodmanBrown." 〉和 q"Dreams in Literature among China 、England and America" 〉。

鍾克昌 台灣雲林人，民國二十八年生。國立台灣師範大學國文研究所碩士班、博士班畢業，現任國立工業技術學院副教授，學生輔導中心主任。著有《戴氏轉語索引》、《老子章句字義新探》及〈藉聲韻學辨言筌而得道--以新探道德經爲例 〉等。

附記：凡未提供簡歷者，由編輯小組就所知撰述；如有訛奪，敬祈 諒察。